ISS

CF E LC 116 COMENTADAS

LEANDRO PAULSEN
OMAR AUGUSTO LEITE MELO

ISS

CF E LC 116 COMENTADAS

De acordo com as alterações da LC n. 175/2020

2021

saraiva jur

saraiva EDUCAÇÃO | saraiva jur

Av. Paulista, 901, 3º andar
Bela Vista – São Paulo – SP – CEP: 01311-100

SAC | sac.sets@somoseducacao.com.br

Diretoria executiva	Flávia Alves Bravin
Diretoria editorial	Renata Pascual Müller
Gerência de projetos e produção editorial	Fernando Penteado
Planejamento	Josiane de Araujo Rodrigues
Novos projetos	Sérgio Lopes de Carvalho Dalila Costa de Oliveira
Edição	Clarissa Boraschi Maria (coord.) Aline Darcy Flor De Souza
Produção editorial	Daniele Debora de Souza (coord.) Luciana Cordeiro Shirakawa
Arte e digital	Mônica Landi (coord.) Camilla Felix Cianelli Chaves Claudirene de Moura Santos Silva Deborah Mattos Guilherme H. M. Salvador Tiago Dela Rosa
Projetos e serviços editoriais	Daniela Maria Chaves Carvalho Kelli Priscila Pinto Laura Paraíso Buldrini Filogônio Marília Cordeiro Nicoly Wasconcelos Razuk
Diagramação	Fabricando Ideias Design Editorial
Revisão	Lígia Alves
Capa	Deborah Mattos
Produção gráfica	Marli Rampim Sergio Luiz Pereira Lopes
Impressão e acabamento	Gráfica Paym

DADOS INTERNACIONAIS DE CATALOGAÇÃO NA PUBLICAÇÃO (CIP)
ANGÉLICA ILACQUA CRB-8/7057

Paulsen, Leandro; Melo, Omar Augusto Leite
ISS: CF e LC 116 comentadas / Leandro Paulsen, Omar Augusto Leite Melo. – São Paulo: Saraiva Educação, 2021.
648 p.

Bibliografia
ISBN 978-65-5559-086-9 (impresso)

1. Imposto sobre serviços - Brasil. I. Título. II. Melo, Omar Augusto Leite.

20-0428 CDD 341.39
CDU 34:336.241(81)

Índice para catálogo sistemático:
1. Brasil : Imposto sobre serviços : Direito tributário

Data de fechamento da edição: 5-10-2020

Dúvidas? Acesse www.editorasaraiva.com.br/direito

CL 606685 CAE 734283

Nota dos autores

Os Municípios, enquanto entes que se ocupam da vida cotidiana dos cidadãos, gozam de autonomia política, tributária e administrativa. O exercício da sua competência tributária e da atividade de fiscalização e cobrança dos seus créditos de modo eficaz é o que viabiliza o exercício das suas atividades e, indiretamente, cidades com boa infraestrutura e serviços de saúde e de educação adequados, redundando numa boa qualidade de vida para a população.

O ISS é o principal imposto municipal, constituindo importante fonte de arrecadação para os Municípios. Incide sobre o setor terciário – prestação de serviços –, que é o que mais cresce e se reinventa na economia moderna, abrangendo os avanços tecnológicos que colocam no mercado novas utilidades.

As propostas de reforma tributária trazem regras de transição que asseguram a convivência simultânea do novo IBS (Imposto sobre Bens e Serviços) com o ISS ainda por cinco ou dez anos... Isso sem falarmos do contencioso respectivo, que ainda se estenderá por outros tantos anos nos tribunais administrativos e judiciais. Temos, folgadamente, portanto, pelo menos mais uma década de ISS pela frente!

Importa, portanto, que possamos trabalhar da melhor maneira com o ISS, sejam os auditores fiscais e procuradores dos Municípios, para bem realizarem a fiscalização e encaminharem a sua cobrança, sejam os contadores e advogados, de modo a bem cumprirem as obrigações tributárias e orientarem seus clientes, bem como apresentarem, administrativa e judicialmente, as suas razões contra exigências ilegais ou inconstitucionais.

Temos mais de vinte anos de dedicação intensa ao Direito Tributário como um todo e aos Tributos Municipais, em particular. Ambos já enfrentamos a matéria em outros livros.

Neste novo trabalho, unimos nossos esforços para oferecer aos legisladores, fiscais, procuradores, contadores, advogados, magistrados e contribuintes o que há de melhor em termos de informação sobre as normas que estruturam esse imposto, quais sejam, a Constituição e a Lei Complementar n. 116. Foram três anos de trabalho na preparação desta obra.

O texto é claro, objetivo e abrangente. Alcança todas as necessidades de interpretação e aplicação das normas relativas ao ISS. Abordamos tudo o que lhe é pertinente: os densos temas teóricos, as técnicas tributárias e as questões práticas mais comezinhas. Esclarecemos o alcance da competência tributária em face das diversas atividades que se sujeitam ao imposto, os conflitos de competência, os condicionamentos relativos ao fato gerador, aos sujeitos passivos e ao aspecto quantitativo desse imposto, a substituição e a responsabilidade tributárias, bem como as obrigações acessórias. Enfim, fizemos a obra mais abrangente possível, com mais de mil notas e uma bibliografia que ultrapassa duzentos artigos, pareceres e livros, sem falar das centenas de decisões do STF, STJ, tribunais regionais federais e tribunais de justiça.

Trabalhamos muito para chegar a esse resultado e esperamos que possa ser útil aos operadores do Direito Tributário, servindo de referencial seguro no dia a dia da aplicação do ISS.

Sumário

Constituição Federal

Lei Complementar n. 116, de 31 de julho de 2003

Constituição Federal

SEÇÃO V
Dos Impostos Dos Municípios

Art. 156. Compete aos Municípios instituir impostos sobre:

1. Autonomia tributária dos Municípios. A República Federativa do Brasil conta com aproximadamente 5.570 Municípios. São entes políticos voltados à legislação e ao governo das questões de interesse local. A Constituição Federal lhes outorga competência tributária, de modo que podem instituir seus próprios tributos, elencados exaustivamente. Essa competência, forte na combinação do art. 145, I, com o art. 156, inicia pelos três impostos que lhes cabem: o imposto sobre a propriedade predial e territorial urbana (IPTU), o imposto sobre a transmissão, *inter vivos*, de bens imóveis ou direitos a eles relativos (ITBI) e o imposto sobre serviços de qualquer natureza (ISSQN ou ISS). A par disso, nos termos do art. 145, II, podem instituir taxas relativamente aos serviços públicos específicos e divisíveis que prestarem ou ao exercício do poder de polícia consistente nas fiscalizações que lhes caibam e que sejam diretamente relacionadas a cada contribuinte. Têm competência, ainda, para instituir as seguintes contribuições: a) de melhoria (art. 145, III); b) para o custeio da previdência municipal de seus servidores (art. 149, § 1º); e c) de custeio do serviço de iluminação pública (art. 149-A).

2. Importância do ISS e dos demais tributos próprios para os Municípios. "A depressão econômica atual (2014-2019) aprofundou ainda mais a dependência de todo o país dos serviços públicos municipais. Os municípios assumiram participações importantes no financiamento e na execução de inúmeros serviços públicos de responsabilidade de outras esferas da Federação, tais como: segurança pública (inclusive com as Guardas Municipais); serviços educacionais do Ensino Médio; saneamento público (inclusive com o uso das GAP – Galerias de Águas Pluviais para transporte de esgoto, permitindo a cobrança das tarifas das empresas estaduais); serviços de saúde de média e alta complexidade, entre outras centenas de ações administrativas, cujo detalhamento não cabe nos limites deste artigo. Não fosse a eficientização das Prefeituras e, sobretudo, das melhorias na gestão fiscal dos impostos de arrecadação própria (ISSQN, IPTU e ITBI) nos últimos 15 anos, os Municípios já teriam quebrado sistemicamente. Mesmo assim, os efeitos da crise, do corte de crédito e da concorrência fiscal desleal promovida pelas outras esferas da Federação, gerou mais de 400 Decretos Municipais de Calamidade Financeira, o que indica o risco de um 'apagão' de serviços públicos no país, caso avance a deterioração das receitas públicas municipais, nos moldes propostos nas Reformas Tributárias em tramitação no Congresso Nacional. Os municípios buscaram organizar novos ambientes de desenvolvimento tecnológico próprio e incentivaram a criação e o intercâmbio de boas práticas, por meio de associações representativas, como a Abrasf (Associação Brasileira das Secretarias de Finanças das Capitais), a FNP (Frente Nacional dos Prefeitos) e diversas Associações e Fundações de Municípios de âmbito estadual, como a Fecam (Federação Catarinense de Municípios) e a Famurs (Federação das Associações de Municípios do Rio Grande do Sul). Entre as diversas soluções propostas pelas entidades municipalistas, merece destaque o anteprojeto que culminou na íntegra da Lei Complementar n. 116/2003, elaborado no âmbito da Abrasf. O avanço normativo, amplamente discutido com os maiores setores de serviços do país, gerou novos critérios de incidência que ajudaram o ISSQN a se tornar o imposto com a melhor performance fiscal do Brasil na última década, sendo destaques: (1) tributo com o maior ganho de arrecadação real, descontada a inflação de serviços, com redução ou manutenção de carga tributária individual; (2) menor litigiosidade entre os impostos sobre o consumo; (3) menor custo para cumprimento de obrigações acessórias e, por tudo isso, (4) menor impacto na competitividade das empresas brasileiras. Apenas o Confaz se negou a negociar a disciplina da zona cinzenta entre o ICMS e ISSQN na lei complementar, ameaçando barrar a tramitação do projeto (então um substitutivo do Relator ao PLS 169/89). Com isso, os serviços de valor adicionado ficaram, até a presente data, sem um bom arbitramento legislativo, tendo os Estados preferido arrastar as disputas com os contribuintes e com os Municípios no âmbito do Poder Judiciário" (SILVA, Ricardo Almeida Ribeiro da. Municípios e reforma tributária: propostas não podem retirar recursos, autonomia política e criatividade fiscal de municípios. *Jota*, 2019. Disponível em: <https://www.jota.info/opiniao-e-analise/colunas/coluna-da-abdf/municipios-e-reforma-tributaria-04112019>. Acesso em: 5 nov. 2019).

3. Cenário financeiro dos Municípios, que revela uma dependência das transferências constitucionais da União e dos Estados, em face da baixa e insuficiente arrecadação de receitas tributárias próprias. "O cenário financeiro dos Municípios é assim descrito pela Confederação Nacional dos Municípios: 'Nos últimos anos o que o Brasil tem feito, é jogar nas costas dos municípios várias responsabilidades sem apontar de onde os recursos saíram. A tábua de salvação dos municípios o Fundo de Participação dos Municípios (FPM) vem perdendo sua representatividade ao longo dos últimos 26 anos. No primeiro ano de aplicação plena da Constituição de 1988, o FPM era composto por 20,5% do IPI e IR, ele respondia a 15% da denominada Receita Administrada pela Receita Federal. Em 2012, mesmo com ampliação para 23,5% do IPI e IR, o FPM correspondeu a apenas 10% da Receita Administrada' (CNM, 2015a, p. 18). Outro estudo elaborado para avaliar as finanças municipais foi realizado pelo Ministério da fazenda e que traçou o perfil e a evolução das finanças municipais no período compreendido entre 1998 e 2007. Esse estudo foi publicado pela Secretaria do Tesouro Nacional e apontou dados alarmantes: a) as receitas de arrecadação própria (IPTU, ISSQN, IRRF e outras) nunca alcançaram 37% da Receita Bruta; b) as receitas de transferências (FPM, LC n. 87/96, ICMS, IPVA, SUS, FUNDEF, FNDE, transferência de capital e outras) sempre representaram mais de 63% das Receitas Líquidas Municipais; e c) durante todos os anos da avaliação, as receitas de arrecadação própria nunca cobriram as despesas dos Municípios com o pessoal (STN, 2008). No ano de 2013 a participação dos Municípios no percentual total da arrecadação alcançou o percentual de 5,79% (RECEITA FEDERAL, 2014, p. 3), número que se mostra ínfimo se relacionado ao extenso rol de responsabilidades outorgado constitucionalmente ao ente municipal. A baixa arrecadação municipal é um entrave à autonomia local, tendo em vista que os Municípios não possuem condições financeiras de construir as decisões públicas de forma independente. Também analisando as contas públicas municipais, a Confederação Nacional dos Municípios dividiu os Municípios em grande, médio e pequeno porte, os últimos compreendendo cerca de 80% do total. O resultado ao qual se chegou foi previsível: a precariedade das finanças municipais e a enorme dependência de repasses, fruto do desequilíbrio entre capacidade tributária própria e responsabilidades constitucionais: 'Há os Municípios de grande porte – com número superior a 150 mil – que têm uma capacidade muito maior de arrecadar as receitas próprias como o ISS, o IPTU e o ITBI. E isso por uma lógica de que ali a capacidade econômica e contributiva dos cidadãos é muito mais elevada, o que garante a importância dessas receitas próprias no orçamento do Município. Já os Municípios de médio porte (entre 50 e 150 mil habitantes) dependem fortemente do ICMS; e os pequenos – abaixo de 50 mil habitantes – dependem quase que integralmente das transferências constitucionais, o

Fundo de Participação dos Municípios (FPM)' (CNM, 2015b, p. 9). Denota-se, então, a escassez de recursos próprios municipais para a execução das tarefas públicas, resultando em um cenário de extrema dependência financeira, o que contraria a autonomia municipal projetada pelo constituinte. Alarmante é o fato de que os Municípios não possuem renda própria suficiente para custear sequer as despesas com o pessoal. A consequência desse cenário é que o espaço público municipal, projetado constitucionalmente para ser um espaço deliberativo aberto ao cidadão, torna-se um espaço onde os temas debatidos são muito restritos, pois pouco é decidido efetivamente na esfera local ante a debilidade financeira" (TURELA, Alexandre de Almeida; PEREIRA, Eduardo Peres. O fortalecimento dos cofres públicos municipais como condição essencial à intensificação democrática brasileira. *Revista Tributária e de Finanças Públicas,* n. 131, ano 24, 2016. p. 149-150).

4. Crítica ao "preconceito" contra a autonomia tributária municipal. "Diga-se, de plano, que existe enorme preconceito contra os municípios no Brasil enquanto atores institucionais de primeira grandeza. A pecha ignora o papel do municipalismo na formação e no desenvolvimento do constitucionalismo brasileiro e, ainda, a performance fiscal dos entes locais na gestão tributária e financeira dos impostos de sua competência nos últimos anos. Portanto, não se está aqui simplesmente a evocar o princípio de que 'a República Federativa do Brasil é fundada pela união de Estados e Municípios' (*caput* do artigo 1º da Carta de 1988), ou sublinhar que a União sequer figura como um ente ontológico da Federação no plano da Constituição Federativa nacional, pois seria a simples resultante juspolítica da integração das comunidades regionais e locais, na textualidade da norma constitucional. A perspectiva desta breve análise se estadia na compreensão das dinâmicas constitucionais e no desempenho dos entes locais como desenvolvedores de boas soluções fiscais para a gestão de tributos no Brasil, habilitando-os para os desafios da tributação das novas tecnologias na economia digital. É fato que existem municípios que sequer deveriam ostentar a condição de entes políticos com competência legiferante, pois evidente sua inviabilidade econômico-financeira, insistindo em se comportar como meras 'autarquias territoriais', viciadas em repasses financeiros e em práticas político-fisiológicas junto aos Poderes Executivos e Legislativos da União e dos Estados. Mas não é desses 'municípios' que aqui se trata. O foco desta análise centra-se nas centenas de município brasileiros que 'carregam o piano' da Federação e atendem a mais de 70% da população brasileira, prestando serviços públicos essenciais à vida nacional. (...) Fato é que, após a década de oitenta –

quando se assistiu à falência endêmica dos Estados e da própria União – os Municípios assumiram a quase totalidade dos serviços públicos elementares ao exercício da cidadania no país. Não por outro motivo, a Carta de 1988 reconhece definitivamente a essencialidade dos Municípios na ontologia constitucional do Brasil, enunciando-os como entes federados fundantes da República, em igualdade axiológica com os Estados – e até com prioridade na legitimação da República, para os que afirmam a subsidiariedade como corolário do federalismo pátrio" (SILVA, Ricardo Almeida Ribeiro da. Municípios e reforma tributária: propostas não podem retirar recursos, autonomia política e criatividade fiscal de municípios. *Jota*, 2019. Disponível em: <https://www.jota.info/opiniao-e-analise/colunas/coluna-da-abdf/municipios-e--reforma-tributaria-04112019>. Acesso em: 5 nov. 2019).

5. Requisitos para que um tributo alcance o nível "ótimo", dentro de uma análise econômica do direito. "Em termos de análise normativa, a decisão do legislador deve visar o melhor tributo possível, o que significa o menos distorcivo economicamente e o menos interventor na liberdade econômica do indivíduo. Richard Posner (1998, p. 533) aponta quatro requisitos para que o tributo alcance o nível ótimo: 1) ter uma base grande de contribuintes; 2) incidir sobre produtos e serviços de demanda inelástica; 3) atenda a isonomia; e 4) ter baixo custo administrativo. A esses quatro acrescento um quinto requisito: que o tributo seja regulado por poucas regras, e que sejam simples e objetivas. Passemos a analisar um a um dos requisitos: 1) *Base grande de contribuintes*. No sistema tributário há tributos que incidem sobre atividades ou situações praticadas por um grande número de pessoas, físicas ou jurídicas, assim como há tributos que atingem apenas determinadas classes de contribuintes. Se o intuito é primordialmente arrecadatório, o legislador pode instituir, dentro das balizas constitucionais, exações sobre atividades de grande relevo financeiro. A tributação sobre ganho de capital, no contexto do imposto sobre a renda, cuja alíquota é de 15% sobre o resultado positivo obtido numa venda de um bem, é um bom exemplo. Quanto maior a exação, maior será o estimulo para que o contribuinte busque evitá-la, consoantes as premissas da escolha racional. Da mesma forma, quanto mais especifica e mais relevante do ponto de vista financeiro for a situação sobre a qual o tributo incide, mais recursos os contribuintes terão para contratar profissionais treinados em expedientes elisivos. Por outro lado, tributos que incidam sobre atividades realizadas indistintamente por um grande número de contribuintes permitem que a carga *per capita* da exação seja relativamente baixa, uma vez que é rateada por todos. Não só isso tem o potencial de gerar grandes receitas para o Estado, como também incentiva o adimplemento das obrigações tributarias. Ora, pelo cálculo custo – benefício, se o tributo é relativamente baixo, todo o ônus envolvido em contestar a cobrança (contratar advogados, ingressar com ação judicial, contingenciar possíveis perdas etc.) pode não compensar tal medida, sendo mais 'barato' simplesmente arcar com a exação. 2) *Incidir sobre produtos e serviços de demanda inelástica*. Como vimos, os tributos são distorcivos, pois interferem no sistema de preços e alteram o comportamento dos produtores e consumidores desestabilizando o equilíbrio entre oferta e demanda. Com tudo, se o tributo sobre produtos e serviços com demanda inelástica, i.e., de baixa sensibilidade dos consumidores à alteração nos preços, não ocorrera o efeito substituição e, consequentemente, não haverá ineficiência alocativa (peso morto). Isso ocorre porque os consumidores continuarão consumindo aquele bem, mesmo com o tributo incorporado ao preço e, consequentemente, possibilitara que o produtor repasse o tributo ao seu produto sem que isso altere demanda. A forma de atender a esse critério é tributando bens e serviços dos quais as pessoas não possam abrir mão, não só por sua importância, como também pela falta de bens substitutos. Bens e serviços essenciais (o que é contra intuitivo, uma vez que usualmente se pugna pela isenção desses produtos, como dita a sistemática da essencialidade do IPI e do ICMS), tais como combustíveis, energia, alimentos básicos e serviços bancários, são alguns exemplos. 3) *Atenda à isonomia (seja não discriminatório)*. Como não é possível, em vista da Constituição, instituir tributos fixos não distorcivos, deve-se aliar a busca pela mínima distorção possível com o simultâneo atendimento aos critérios de justiça tributária, notadamente a isonomia. Outro sim, os tributos devem atender a capacidade contributiva dos cidadãos, tanto em sua vertente objetiva, demonstrada pelo valor que serve de base ao tributo (v.g., tributos sobre a propriedade, que incidem sobre o valor de bem, o que remete ao critério da tributação proporcional), quanto em sua vertente subjetiva, que leva em conta os aspectos pessoais do contribuinte (art. 145, § 1º, da CF). 4) *Ter baixo custo administrativo*. A complexidade do sistema tributário não afeta apenas o contribuinte, mas também o próprio Estado. Quanto mais complexo, mais custos são incorridos na administração do tributo (por exemplo, mais agentes administrativos serão necessários para fiscalizar e cobrar os contribuintes), o que leva a um ciclo vicioso, como salienta James Buchanan (1975, p. 91): se é mais custoso administrar o tributo, mais recursos, leiam-se tributos, serão necessários para tanto. Se o tributo tiver uma forma de cobrança e, sobretudo, de fiscalização simples e eficaz, os seus custos de administração serão drasticamente reduzidos. A sistemática de responsabilidade tributária é de retenção resolve parcialmente esse problema, mas não totalmente, como se pode observar em tributos complexos e ineficientes como o PIS, a Cofins e o ICMS. (...). 5) *Regras poucas, simples e objetivas*. Em termos empíricos, é extremamente difícil encontrar tributos com regramentos enxutos, simples e de fácil compreensão pelos contribuintes. As legislações do Imposto sobre a Renda dos Estados Unidos da América e do Brasil, apenas para citar dois exemplos, são extensas, frequentemente modificadas e muitas vezes obscuras, ensejando milhares de consultas fiscais à Administração, de modo a aclarar o conteúdo das locuções legais e infralegais. Da mesma forma, a sistemática não cumulativa das contribuições do PIS e da Cofins, por sua vez dificilmente será superada em nível de complexidade e falta de clareza. Ainda sim, não é utópica a pretensão de ter legislações parcimoniosas na tributação, desde que a estrutura do tributo assim o permita. O Imposto sobre Serviços, por exemplo, costuma ser regrado por legislações simples, não obstante a atividade econômica sobre a qual ele incide ser a que mais cresce atualmente, em todo o mundo, o que faz um tributo altamente arrecadatório. O regramento parcimonioso, simples e objetivo reduz custo de conformidade e, por conseguinte, custo de transação, evitando desperdícios e ineficiências a locativas" (CARVALHO, Cristiano. *Teoria da decisão tributária*. São Paulo: Saraiva, 2013. p. 210-213)

6. Competências privativa e residual para instituir impostos. Os arts. 153, 155 e 156 estabelecem as bases econômicas sobres as quais cada ente político, de forma privativa, poderá instituir imposto. A União goza, ainda, da competência residual e para instituir impostos extraordinários de guerra, nos termos do art. 154. Não se pode dizer que a competência dos Municípios para a tributação de serviços seja exclusiva, porquanto ao Distrito Federal também é dada tal competência (art. 147), porque há serviços específicos dados à tributação via ICMS (art. 155, II) e, também, porque, no contexto de uma guerra, a União pode instituir impostos extraordinários que recaiam sobre quaisquer bases (art. 154, II).

– "A competência se diz privativa quando sua atribuição a uma pessoa jurídica de direito público exclui a possibilidade de que outro ente federal institua tributo sobre o mesmo fenômeno. Esta é a regra no ordenamento brasileiro: uma vez efetuada a repartição de competências, se uma pessoa jurídica de direito público pretender instituir tributo sobre campo reservado a outro ente federal, haverá *invasão de competência*" (SCHOUERI, Luís Eduardo. *Direito tributário*. 2. ed. São Paulo: Saraiva, 2012. p. 222).

7. Competência privativa dos Municípios para instituir os impostos do art. 156, I a III. O art. 156, I a III, estabelece os impostos da competência privativa dos Municípios, indicando as respectivas bases econômicas (riquezas tributáveis). Com isso, dá sequência aos artigos constitucionais em que foram estabelecidas as competências privativas da União e dos Estados para instituir determinados impostos (arts. 153 e 155) e a competência exclusiva da União para instituir impostos residuais e extraordinários de guerra (art. 154).

8. ISS como imposto de competência municipal e distrital. O ISS é um imposto de competência dos Municípios e do Distrito Federal. A Constituição atribui expressa competência a essas entidades federadas nos arts. 156, III, e 147, 2ª parte.

9. ISS federal na hipótese de território não dividido em Município. Excepcionalmente, a União também poderá instituir esse imposto, na hipótese do art. 147, 1ª parte, da CF, ou seja, em caso de território não dividido em município. Vale frisar que essa situação ainda não se concretizou sob a égide da atual Carta Magna de 1988.

10. ICMS estadual: imposto sobre serviços de transportes interestadual e intermunicipal e de comunicação/telecomunicação. Há conjuntos de serviços cuja tributação é atribuída à competência dos Estados pelo art. 155, II, da CF: os serviços de transporte interestadual ou intermunicipal e os serviços de comunicação/telecomunicação. O imposto devido é o ICMS, mas não recai sobre a circulação de mercadorias (ICM) e, sim, sobre a prestação desses serviços, razão pela qual é acrescido o S, remetendo a tais serviços. Essa, aliás, é a razão pela qual o imposto estadual já não é denominado de ICM apenas, mas de ICMS, retratando a incorporação, ao seu âmbito de incidência, dos referidos serviços de transporte e de comunicação.

11. ISS extraordinário da União. A União também tem competência para instituir um imposto extraordinário sobre serviços "na iminência ou no caso de guerra externa", conforme art. 154, II, CF, por lei ordinária ou medida provisória (art. 62, § 2º, CF), sem precisar observar o princípio da anterioridade (art. 150, § 1º, CF). Isso porque a competência extraordinária da União, no caso de guerra, envolve a instituição de impostos compreendidos ou não na sua competência tributária, com o que se extrai autorização constitucional para, em caso de guerra, incorrer em *bis in idem* ou em bitributação.

12. Potencial conflito entre a competência privativa dos Municípios para instituir ISS e a competência residual da União para instituir impostos novos. Uma vez definida taxativamente a competência de cada ente político conforme as bases econômicas que lhes foram reservadas, cabe à União, ainda, tributar outras realidades econômicas no exercício da sua competência residual. Mas pode haver um conflito com os Municípios nisso. Explicamos. A competência para instituir impostos sobre o ISS é ampla, abrangendo serviços "de qualquer natureza", o que, conforme entendimento do STF (RE 651.703), alcança todo e qualquer "oferecimento de uma utilidade para outrem, a partir de um conjunto de atividades materiais ou imateriais, prestadas com habitualidade e intuito de lucro, podendo estar conjugada ou não com a entrega de bens ao tomador". Envolve, assim, potencialmente, as diversas atividades econômicas que não se encontram arroladas como já sendo da competência tributária da União (operações com produtos industrializados e operações de crédito, cambio, seguro, títulos e valores mobiliários) e dos Estados (circulação de mercadorias e alguns serviços específicos). Desse modo, aquilo que, numa interpretação mais tradicional, apegada ao conceito das obrigações de fazer, estaria fora também da competência dos Municípios e, portanto, sujeito apenas à competência residual da União, em verdade, pode ser outorgado, por Lei Complementar, aos Municípios, desde que constitua atividade econômica revestida das referidas características. O campo da competência residual da União, assim, fica mais restrito. Vale referir que o exercício da competência residual da União depende, igualmente, de lei complementar, de modo que é o mesmo legislador, pela mesma via, que o faz.

III – serviços de qualquer natureza, não compreendidos no art. 155, II, definidos em lei complementar. (Redação dada pela EC n. 3/93.)

---

1. Histórico da tributação sobre serviços no Brasil. "Estudiosos da matéria vislumbram no Alvará de 20 de outubro de 1812, baixado pelo Príncipe Regente D. João VI, a origem do imposto sobre serviços. Esse Alvará criava o imposto do banco com o objetivo de permitir que o Real Erário pudesse cumprir suas obrigações como acionista principal do Banco do Brasil. Em 1836, por meio da Lei Orçamentária n. 70, de 22 de outubro, passou a denominar-se *imposto sobre lojas*, incidindo sobre todos os estabelecimentos com gêneros à venda, tais como casas de modas e os estabelecimentos que expunham à venda quaisquer obras manufaturadas, como as de escultor, marceneiro, gravador, sapateiro etc. Como assinala Bernardo Ribeiro de Moraes, pode-se afirmar que, no Alvará de 20 de outubro de 1812, encontramos a primeira manifestação de tributação de serviços no Brasil, mas com campo de incidência bastante restrito alcançando apenas certas profissões ou atividades lucrativas. Com o advento da Lei Orçamentária n. 1.174, de 27 de setembro de 1860, surge o imposto sobre industrias e profissões mediante transformação do então vigente 'imposto sobre lojas', passando a abarcar qualquer atividade lucrativa e, consequentemente, substituindo diversos outros impostos como aquele incidente sobre casas de moeda, sobre casas de leilão, sobre despachantes, sobre corretores etc. Esse novo imposto passou a incidir sobre o exercício de quaisquer atividades lucrativas, dentre as quais a de prestação de serviços. Esse imposto veio a ter previsão constitucional no art. 92, § 42, da Constituição Republicana de 1891, inserido na competência exclusiva dos Estados-membros. No Estado de São Paulo, a Lei n. 16, de 13 de fevereiro de 1891, transferiu a competência impositiva desse imposto aos municípios. Vários autores referem-se a essa delegação como faculdade outorgada pela Constituição, mas não se encontra nos textos da Constituição Federal de 1891 tal delegação; pelo contrário, o texto constitucional refere-se à competência exclusiva dos Estados. Portanto, deve-se entender que, na ausência de vedação expressa do Texto Magno, o Estado de São Paulo, por critério de oportunidade e conveniência, transferiu o exercício da competência impositiva a seus municípios. Até hoje, não há, na Constituição Federal, vedação expressa à delegação de competência tributária, contida apenas no art. 7º do CTN, mas pela doutrina atual, acolhida pela jurisprudência de nossos tribunais, não seria possível sustentar a transferência de competência impositiva, cuja proibição resulta do princípio da discriminação constitucional de impostos. A Constituição Federal de 1934 manteve o imposto sobre indústrias e profissões sob a competência tributária dos Estados (art. 8º, g), porém arrecadado pelo Estado e município em partes iguais (§ 2º do art. 8º). Outrossim, conferiu ao município a faculdade para instituição do imposto sobre diversões públicas (art. 13, § 2º, III). A atribuição de competência concorrente entre a União e os Estados (art. 10, VII) ensejou a instituição, pela maioria dos Estados, do imposto sobre transações incidindo sobre determinados serviços como empreitadas, conserto, locação de móveis, hospedagem etc. Essa estrutura foi mantida na Constituição Federal de 1937. A Constituição Federal de 1946 transferiu o imposto sobre indústrias e profissões para a esfera impositiva municipal, sem prejuízo da manutenção do imposto sobre diversões públicas (art. 29, III e IV). O imposto sobre serviços, com as feições ostentadas atualmente, só veio surgir com o advento da Reforma Tributária implantada pela Emenda Constitucional n. 18, de 10 de dezembro de 1965, que conferiu aos municípios o poder de instituir o imposto sobre serviços de qualquer natureza, não compreendidos na competência tributária da União e dos Estados" (HARADA, Kiyoshi. *ISS*: doutrina e prática. São Paulo: Atlas, 2008. p. 1-3).

2. O ISS como substituto do imposto de indústrias e profissões. O ISS veio substituir o antigo imposto sobre profissões e indústrias. Aliás, o ISS "Veio substituir várias espécies tributárias do sistema pretérito, a saber: o Imposto de Indústrias e Profissões, o Imposto sobre Transações e o Imposto sobre Diversões Públicas" (MARTINS, Ives Gandra da Silva; RODRIGUES, Marilene Talarico Martins. Advocacia – função essencial à da justiça na dicção constitucional – razão do regime diferenciado de tributação fixa e do ISS – inteligência do Decreto-lei n. 406, artigo 9º, §§ 1º e 3º, e das Leis Complementares ns. 116 e 157 – parecer. *Revista de Estudos Tributários* (RET), Porto Alegre: Síntese, n. 121, p. 56/90, maio/jun. 2018. p. 62).

– "Já vimos que o ISS foi previsto na Emenda Constitucional n. 18, de 1º.12.1965. Sua certidão de nascimento está fundamentada no art. 15 da referida Emenda. O que nos interessa saber, em relação a este tributo criado com a expressão 'imposto sobre serviços de qualquer natureza', é se o mesmo seria um imposto novo ou, ao contrário, um tributo já conhecido anteriormente, mas com nova roupagem ou novo *nomen juris*. Tal indagação é importante, pois no caso de tratar-se de imposto já conhecido, de tradicional passado, a doutrina e a jurisprudência já consagradas para tal tributo poderiam ser úteis e aplicáveis no estudo e exame do ISS e seus problemas. Sabemos que alguns autores, eminentes doutrinadores afirmam que o ISS é um imposto novo 'apenas no nome', trata-se de 'vinho velho em pipa nova', conforme diz Aliomar Baleeiro. Para este, o ISS representa 'o resíduo do mais que secular imposto de indústrias e profissões, que aos autores daquela Emenda pareceu de base tributária indefinida'. No mesmo sentido é o expressar de Barcelos de Magalhães, que atesta ser o ISS 'o velho imposto de indústrias e profissões, outrora de competência dos Estados, e hoje dos Municípios'. Por outro lado, corrente mais volumosa afirma que uma nova forma impositiva (ISS) originou-se do art. 15 da Emenda Constitucional n. 18, de 1965. Alexandre da Cunha Ribeiro Filho, referindo-se ao ISS, diz que 'a nova fonte de arrecadação municipal não é a simples substituição do antigo imposto de indústrias e profissões'. O ISS, dizem, é um imposto novo, que inexistia no sistema tributário anterior. Com quem estaria a razão? Para nós, inexiste dúvida quanto ao fato do ISS ser um imposto que somente ingressou no elenco dos tributos integrantes de nosso sistema tributário com a Emenda Constitucional n. 18, de 1º.12.1965 (art. 15), sendo legislado em todo Brasil para vigir a partir de 1º de janeiro de 1967. À primeira vista, podemos ter a impressão de que o ISS seria o imposto de indústrias e profissões (IIP) com outro nome ou outra roupagem: o IIP era devido pelo efetivo exercício de atividade lucrativa; o ISS é devido também pelo efetivo exercício da atividade lucrativa, embora apenas por algumas delas. Uma vez suprimidas as incidências relativas ao comércio, à indústria, e à produção agrícola (com o novo sistema tributário alcançadas pelo ICM) e suprimidas também as incidências relativas às atividades financeiras, de empresas de seguro e capitalização (oneradas agora pelo imposto sobre operações financeiras), a área residual das demais incidências do antigo IIP, salvo raríssimas exceções, passou a ser onerada pelo ISS. Assim, a grosso modo, tudo indica que o ISS surgiu para substituir o antigo IIP, este de campo de incidência mais amplo. A Comissão Especial que projetou a reforma tributária consignou expressamente em seu relatório que 'a sua intenção foi restringir o campo de incidência do imposto, chamado de indústrias e profissões'. Entretanto, examinando melhor o problema, vemos que o ISS é uma nova figura tributária. De fato, a própria Comissão Especial de reforma tributária deixou patente em seu relatório o desejo de suprimir, do nosso sistema tributário, o IIP, procurando fazer uma 'substituição' por um imposto sobre serviços. De acordo com as palavras utilizadas no aludido relatório: '(...) a Comissão entende que o imposto de indústrias e profissões converteu-se num exemplo flagrante daquela interpenetração dos campos tributários privativos, a que de início fez referência, exacerbando assim os defeitos inerentes à sua condição de tributo falho de base econômica real, pois o mero exercício de qualquer atividade – que configura o seu fato gerador – justificará, quando muito, uma presunção de capacidade contributiva, mas nunca, fornecerá dessa capacidade. Justifica-se, pois, a propositura de sua substituição por um imposto sobre serviços'. *Substituir* um imposto é colocar 'outro' no lugar do anterior. Toda substituição pressupõe a existência de dois elementos (no caso, de dois impostos) diferentes: o anterior, que desaparece do sistema; e o posterior, que toma o lugar do anterior. Se, na hipótese examinada, o IIP foi substituído pelo ISS, sem dúvida alguma este último tributo se apresenta como um tributo diferente do anterior. Em consequência, o ISS é um imposto novo, concebido pela Emenda Constitucional n. 18, de 1965. E a Emenda Constitucional citada, ao distribuir o ISS à competência dos municípios, conforme iremos ver, o fez estabelecendo um tributo novo, com sua área de incidência nitidamente específica, não coberta por qualquer outro imposto conhecido. Sua hipótese de incidência aponta uma situação de fato bem nítida, genérica quanto à oneração dos 'serviços de qualquer natureza'. Com muita propriedade adverte Manoel Lourenço dos Santos, apontando tal peculiaridade do ISS: 'Inovação da Emenda Constitucional n. 18 é a tributação específica dos serviços. Dissemos tributação específica para distingui-la de outras que então oneravam alguns serviços, em nosso país, como as dos impostos sobre diversões públicas e de indústrias e profissões.' Embora o campo de incidência do ISS seja constituído apenas de uma parte do gênero atividade lucrativa (abrangida pelo anterior IIP), o certo é que não podemos pensar em cotejo ou em identidade relativamente aos dois impostos (IIP e ISS). Não seria correto admitir comparação entre os dois impostos, quando os mesmos pertencem a sistemas tributários diferentes, elaborados com fundamentos diversos. Os impostos do sistema tributário anterior (onde se situa o IIP) permitiam a coexistência, no país, de três sistemas tributários autônomos (federal, estadual e municipal), bem como foram previstos sob critério nominalístico ou jurídico (por ter por base fatos geradores assentados em denominações jurídicas). Os impostos do sistema tributário atual (onde se situa o ISS) fazem parte de um único sistema tributário (uno e nacional), sendo elaborados por via de referência às suas bases econômicas. Portanto, podemos afirmar ser o ISS um imposto novo no Brasil, cuja hipótese de incidência jamais pode ser confundida com qualquer outro imposto até então previsto no ordenamento tributário brasileiro. Sua origem é encontrada, já dissemos, no art. 15 da Emenda Constitucional n. 18, de 1.º.12.1965. Interessa saber, também, se o ISS é um tributo nosso, criado no Brasil para o Brasil. Seria o ISS invenção brasileira, ou, ao contrário, um tributo já conhecido em outros países, com o mesmo nome ou sob denominação diferente, transplantado para nosso sistema tributário? A resposta já foi dada. Já vimos que diversos países, de há muito, previam a tributação das vendas em geral, onerando, tanto os bens materiais (produtos ou mercadorias) como os bens imateriais (serviços)" (MORAES, Bernardo Ribeiro de. *Doutrina e prática do Imposto sobre Serviços*. São Paulo: Revista dos Tribunais, 1975. p. 58-62).

3. Histórico legislativo do ISS. O ISS surgiu com a EC 18/65, cujo art. 15 o outorgou aos Municípios. A CF/67 manteve essa competência com os Municípios, o mesmo ocorrendo com a EC 1/69 e, finalmente, com a CF/88. O CTN ocupou-se dos principais aspectos do ISS em seus arts. 71 a 73, que foram alterados pelos Atos Complementares n. 27/66, 34/67, 35/67 e 36/67. Esses dispositivos do CTN restaram revogados pelo DL 406/68, arts. 8º a 13 que, por sua vez, foram alterados pelo DL 834/69. O DL 406/68, com suas alterações, restou revogado, quanto à disciplina do ISS (exceto com relação ao seu art. 9º), pela LC n. 116/2003, que cumpre o papel reservado à lei complementar pela CF/88. A par disso, há as leis municipais que instituem o ISS em cada Município. Por vezes, são leis anteriores à CF/88, por ela recepcionadas; em outros casos, leis posteriores, editadas à luz do novo texto constitucional e da nova lei complementar de normas gerais em matéria de ISS, a LC n. 116/2003. Devemos destacar, ainda, os Decretos que regulamentam o ISS em cada Município, editados pelos respectivos prefeitos, e os atos administrativos normativos das Secretarias da Fazenda municipais.

4. Nem toda prestação de serviço está sujeita ao ISS. É preciso atentar para: a) a extensão do conceito de serviços de qualquer natureza; b) as imunidades; c) os serviços sujeitos ao ICMS. Além de alguns serviços não serem tributáveis por não se enquadrarem no conceito constitucional de prestação de serviços dada à tributação (e.g., serviços prestados a si mesmo ou que estejam abrangidos por uma relação de emprego), devemos considerar, ainda, que há serviços protegidos por imunidade em razão da sua própria natureza ou do seu prestador (e.g., serviços públicos típicos) e outros que se submetem a imposto distinto (e.g., serviços de transportes interestadual ou intermunicipal e de comunicação sujeitam-se ao ICMS).

– "... a definição da hipótese de incidência do ISS, além dos elementos positivos do seu aspecto material..., envolve também elementos negativos, igualmente essenciais... O primeiro desses elementos é a não configuração do serviço como uma atividade passível de tributação pelo ICMS. A hipótese de incidência do ISS é necessariamente limitada pela cláusula 'não compreendidos no art. 155, II', constante do artigo 156, inc. III, da Constituição. Também é elemento negativo ... a não configuração do serviço como um serviço público, prestado sob regime de direito público, seja em razão da imunidade constitucional prevista no artigo 150, inc. VI, alínea *a*, seja em razão da reserva constitucional dos serviços específicos e divisíveis à incidência das taxas (artigo 145, inc. II). O terceiro elemento negativo diz respeito a todas as relações que se estabelecem entre pessoas que se obrigam a fazer algo mediante remuneração, à semelhança do que há no contrato de prestação de serviços, mas que têm natureza jurídica distinta... O primeiro exemplo disso é a relação de trabalho... Outro exemplo... é o das relações estabelecidas entre cooperativa e cooperado..." (BRAZUNA, José Luis Ribeiro. Não incidência do ISS sobre serviços prestados por associações não imunes, após a Lei Complementar 116. *RDDT* 155, 2008. p. 57).

– Aos Estados, é dado instituírem imposto sobre serviços de transporte interestadual e intermunicipal e de comunicação ou telecomunicação, nos termos do art. 155, II e § 3º, da CF (ICMS). Os Municípios ficam com a competência privativa para a tributação dos demais serviços, de qualquer natureza, indicados por lei complementar.

– "Examinando o conteúdo da expressão 'serviços de qualquer natureza', empregada pelo constituinte para fins de incidência desse gravame, percebe-se, desde logo que o conceito de 'prestação de serviço', nos termos da previsão constitucional, não coincide com o sentido que lhe é comumente atribuído no domínio da linguagem ordinária. Na dimensão de significado daquela frase, não se incluem: a) o serviço público, tendo em vista ser ele abrangido pela imunidade (art. 150, IV, *a*, da Carta Fundamental); b) o trabalho realizado para si próprio, despido que é de conteúdo econômico; c) o trabalho efetuado em relação de subordinação, abrangido pelo vínculo empregatício. Para configurar-se a prestação de serviços, é necessário que aconteça o exercício, por parte de alguém (prestador) de atuação que tenha por objetivo produzir uma utilidade relativamente a outra pessoa (tomador), a qual remunera o prestador (preço do serviço)" (CARVALHO, Paulo de Barros. Não incidência do ISS sobre atividades de franquia (*franchising*). *RET* 56/65, 2007).

5. Atribuição de competência aos Municípios pelo critério da base econômica. A Constituição de 1988, consagrando o critério utilizado desde a EC 18/65, distribui a competência tributária relativa a impostos apontando as manifestações de riqueza a serem tributadas. Ou seja, não se refere aos impostos pela sua denominação. Refere-se, isso sim, à situação econômica e, às vezes, também jurídica sobre a qual devem recair. A norma do art. 156, III, da CF, refere não apenas "serviços", mas "serviços de qualquer natureza", com o que alcança atividades econômicas que não foram, nos artigos anteriores, reservadas à União (operações com produtos industrializados e operações de crédito, cambito, seguro, títulos e valores mobiliários) nem aos Estados (operações de circulação de mercadorias).

5.1. Condicionamento dos legisladores complementar e ordinário à noção de "serviços de qualquer natureza". A outorga de competência, pelo critério da base econômica, circunscreve a tributação às possibilidades semânticas e sintáticas do seu enunciado. A amplitude significativa da locução "serviços de qualquer natureza" condiciona a abrangência possível desse imposto à tributação de tal fenômeno econômico. Tanto o legislador complementar, em nível de normas gerais, como o ordinário, quando da instituição efetiva do imposto, estão vinculados a esse limite ao disporem sobre a matéria e definirem, por exemplo, a hipótese de incidência do tributo, sua base de cálculo e seu contribuinte.

5.2. A interpretação da norma de competência "serviços de qualquer natureza". O Código Tributário Nacional, ao estabelecer normas gerais sobre a interpretação e integração da legislação tributária, dispõe: "Art. 110. A lei tributária não pode alterar a definição, o conteúdo e o alcance de institutos, conceitos e formas de direito privado, utilizados, expressa ou implicitamente, pela Constituição Federal, pelas Constituições do Estados, ou pelas Leis Orgânicas do Distrito Federal ou dos Municípios, para definir ou limitar competências tributárias". Esse dispositivo tem a virtude tornar expresso que o campo de atuação dos entes políticos é condicionado pelas normas constitucionais de competência, não podendo, eles, ampliarem sua própria competência atribuindo sentido mais largo e inédito aos institutos, conceitos e formas referidos no Texto Maior. Mas o STF, no RE 651703, justamente ao cuidar de um caso de ISS, destacou que, na interpretação do potencial de cada norma de competência estabelecida pelo critério da base econômica, não se está vinculado, de modo absoluto, a conceitos estabelecidos pela legislação infraconstitucional, mesmo que anteriores à Constituição e ainda que consolidados. Quando se disponha de outros elementos no texto constitucional a indicar amplitude diversa daquela que se poderia inferir se considerássemos apenas os institutos infralegais, podem ser considerados aqueles elementos, porquanto a interpretação é processo complexo que se faz mediante o uso de diversas técnicas e a interpretação constitucional não pode ser restringida por normas de interpretação ditadas pelo CTN nem ser moldada e enrijecida pelo legislador infraconstitucional.

– "ISSQN. ART. 156, III, CRFB/88. CONCEITO CONSTITUCIONAL DE SERVIÇOS DE QUALQUER NATUREZA. ARTIGOS 109 E 110 DO CTN. [...] 5. O conceito de prestação de 'serviços de qualquer natureza' e seu alcance no texto constitucional não é condicionado de forma imutável pela legislação ordinária, tanto mais que, de outra forma, seria necessário concluir pela possibilidade de estabilização com força constitucional da legislação infraconstitucional, de modo a gerar confusão entre os planos normativos. 6. O texto constitucional ao empregar o signo "serviço", que, a priori, conota um conceito específico na legislação infraconstitucional, não inibe a exegese constitucional que conjura o conceito de Direito Privado. 7. A exegese da Constituição configura a limitação hermenêutica dos arts. 109 e 110 do Código Tributário Nacional, por isso que, ainda que a contraposição entre obrigações de dar e de fazer, para fins de dirimir o conflito de competência entre o ISS e o ICMS, seja utilizada no âmbito do Direito Tributário, à luz do que dispõem os artigos 109 e 110, do CTN, novos critérios de interpretação têm progressivamente ampliado o seu espaço, permitindo uma releitura do papel conferido aos supracitados dispositivos. (...) 10. A Constituição Tributária deve ser interpretada de acordo com o pluralismo metodológico, abrindo-se para a interpretação segundo variados métodos, que vão desde o literal até o sistemático e teleológico, sendo certo que os conceitos constitucionais tributários não são fechados e unívocos, devendo-se recorrer também aos aportes de ciências afins para a sua interpretação, como a Ciência das Finanças, Economia e Contabilidade. 11. A interpretação isolada do art. 110, do CTN, conduz à prevalência do método literal, dando aos conceitos de Direito Privado a primazia hermenêutica na ordem jurídica, o que resta inconcebível. Consequentemente, deve-se promover a interpretação conjugada dos artigos 109 e 110, do CTN, avultando o método sistemático quando estiverem em jogo institutos e conceitos utilizados pela Constituição, e, de outro, o método teleológico quando não haja a constitucionalização dos conceitos. 12. A unidade do ordenamento jurídico é conferida pela própria Constituição, por interpretação sistemática e axiológica, entre outros valores e princípios relevantes do ordenamento jurídico" (STF, Tribunal Pleno, RE 651.703, 2016).

– "As pessoas políticas... não têm total liberdade na escolha da base de cálculo dos tributos que criam legislativamente, já que ela tem seus paradigmas prefigurados na Constituição. Logo, ao tratarem deste assunto, devem necessariamente levar em conta a base de cálculo possível da exação, também predeterminada na Lei Maior. Afinal, a natureza do tributo é obtida não apenas pelas normas que traçam sua hipótese de incidência, mas, também, por aquelas que disciplinam sua base de cálculo. Se houver conflito entre elas, o tributo deixa de ser o previsto na lei tributária" (CARRAZZA, Roque Antonio. ICMS – comunicação: sua não incidência sobre a denominada tarifa de assinatura básica mensal – questões conexas. *RDDT* 155/84, 2008).

5.3. Serviços de qualquer natureza: oferecimento de uma utilidade. Conforme decidido pelo STF no RE 651703, o "artigo 156, III, da CRFB/88, ao referir-se a serviços de qualquer natureza não os adstringiu às típicas obrigações de fazer". Nesse precedente, aparece como elemento conceitual da prestação de serviços de qualquer natureza, isso sim, o "oferecimento de uma utilidade para outrem, a partir de um conjunto de atividades materiais ou imateriais, prestadas com habitualidade e intuito de lucro, podendo estar conjugada ou não com a entrega de bens ao tomador". O STF, com isso, enseja que se tenha uma visão bastante mais ampla dessa base econômica a ensejar a tributação, a título de ISS, das diversas atividades econômicas que, não estando na competência privativa da União ou dos Estados, sejam colocadas, por lei complementar, para tributação pelos Municípios. Esse entendimento abre margem para que possam ser acrescentados à lista de serviços tributáveis pelo ISS diversas novas atividades relacionadas a novas tecnologias.

– A EC n. 18/65 à Constituição de 1946 já estabelecia competir aos Municípios "o impôsto sôbre serviços de qualquer natureza". Desse modo, tanto o art. 71 do CTN como o Decreto-lei n. 406/68, que o revogou, já surgiram sob a égide dessa base econômica. Tendo, a Constituição de 1988, reproduzido a mesma base econômica, sobreveio a LC n. 116/2003 para cuidar da matéria em nível de normas gerais. Em todos esses diplomas infralegais, ensejou-se a tributação de atividades que extrapolavam o objeto estrito das obrigações de fazer, alcançando-se, por exemplo, a locação de bens móveis.

– Serviço tributável é "o desempenho de atividade economicamente apreciável, sem subordinação, produtiva de utilidade para outrem, sob regime de direito privado, com fito de remuneração, não compreendido na competência de outra esfera de governo" (BARRETO, Aires F. *ISS na Constituição e na lei*. 4. ed. São Paulo: Noeses, 2018. p. 43).

– "Se o texto constitucional estipula que a exação municipal só pode incidir sobre serviços de qualquer natureza, a expressão 'de qualquer natureza', pela própria sistemática da Carta Republicana, nada tem a ver com a possibilidade de tais serviços incluírem obrigações de dar. Pelo contrário, o que ela traça é esboço de uma competência tributária cujos limites materiais estão unicamente no conceito de serviço" (REIS, Emerson Vieira. Não incidência do ISS sobre licenciamento ou cessão de direito de uso de programas de computador. *RDDT* 160/25, 2009).

5.4. Um "fazer" em favor de terceiros. "Prestar serviços é atividade irreflexiva, reivindicando, a sua composição, o caráter da bilateralidade. Em vista disso, torna-se invariavelmente necessária a existência de duas pessoas diversas, na condição de prestador e de tomador, não podendo cogitar-se de alguém que preste serviço a si mesmo" (CARVALHO, Paulo de Barros. Não incidência do ISS sobre atividades de franquia (*franchising*). *RET* 56/65, 2007).

– "... não é todo e qualquer 'fazer' que se subsume ao conceito, ainda que genérico, desse preceito constitucional. Serviço é conceito menos amplo, mais estrito que o conceito de trabalho constitucionalmente pressuposto. É como se víssemos o conceito de trabalho como gênero e o de serviço como espécie desse gênero. De toda a sorte, uma afirmação que parece evidente, a partir da consideração dos textos constitucionais que fazem referência ampla aos conceitos, é a de que a noção de trabalho corresponde, genericamente, a um 'fazer'. Pode-se mesmo dizer que trabalho é todo esforço humano, ampla e genericamente considerado. (...) É lícito afirmar, pois, que serviço é uma espécie de trabalho. É o esforço humano que se volta para outra pessoa; é fazer desenvolvido para outrem. O serviço é, assim, um tipo de trabalho que alguém desempenha para terceiros. Não é esforço desenvolvido em favor do próprio prestador, mas de terceiros. Conceitualmente, parece que são rigorosamente procedentes essas observações. O conceito de serviço supõe uma relação com outra pessoa, a quem se serve. Efetivamente, se é possível dizer-se que se fez um trabalho 'para si mesmo', não o é afirmar-se que se prestou serviço 'a si próprio'. Em outras palavras, pode haver trabalho, sem que haja relação jurídica, mas só haverá serviço no bojo de uma relação jurídica" (BARRETO, Aires F. *ISS na Constituição e na lei*. 3. ed. São Paulo: Dialética, 2009. p. 29).

– "... a CF/88 ao utilizar o termo 'serviços' na regra de competência tributária municipal, incorporou o conceito infraconstitucional pré-constitucional de obrigação de fazer, cujo núcleo semântico é o esforço humano empreendido em benefício de outrem" (ÁVILA, Humberto. Imposto sobre a Prestação de Serviços de Qualquer Natureza. ISS. Normas constitucionais aplicáveis. Precedentes do Supremo Tribunal Federal. Hipótese de incidência, base de cálculo e local da prestação. *Leasing* financeiro: análise da incidência. *RDDT* 122/120, 2005);

– "... para configurar-se a prestação de serviços é necessário acontecer o exercício, por parte de alguém (prestador), de atuação que tenha por objetivo produzir uma utilidade relativamente a outra pessoa (tomador), a qual remunera o prestador (preço do serviço). Prestar serviços é atividade irreflexiva, reivindicando, em sua composição, o caráter da bilateralidade. Em vista disso, torna-se invariavelmente necessária a existência de duas pessoas diversas, na condição de prestador e de tomador, não podendo cogitar-se de alguém que preste serviço a si mesmo" (SILVA, Daniel Cavalcante. Cobrança do Imposto sobre Serviços de Qualquer Natureza (ISSQN) em face das bolsas concedidas pelo programa Universidade para Todos (Prouni): análise sobre a sua legalidade. *RDDT* 221/7, 2014).

– *Vide*, também: ANDRADE, Valentino Aparecido de. Da obrigação de fazer e sua construção conceitual no direito tributário (o ISS e o *leasing*). *RDDT* 130/86, jul. 2006.

5.5. Serviço como objeto negocial, como fim colimado. "... alvo de tributação pelo ISS é o serviço-fim, isto é, o esforço humano prestado a terceiros como fim ou objeto. Não as suas etapas, passos ou tarefas intermediárias promovidas, realizadas 'para' o próprio prestador e não 'para terceiros', ainda que estes os aproveitem (já que, aproveitando-se do resultado final, beneficiam-se das condições que o tornara possível)" (BARRETO, Aires F. ISS e IOF: estremação da incidência: descontos como elementos adjetivos. *RDDT* 163/109, 2009).

– "... o ISS incide sobre o fato 'relação jurídica de prestar serviços' e não sobre o fato 'prestar serviços'" (DÁCOMO, Natália de Nardi. *Hipótese de incidência do ISS*. São Paulo: Noeses, 2006. p. 300)

5.6. Prestação de serviço. "... é forçoso que a atividade realizada pelo prestador apresente-se sob a forma de 'obrigação de fazer'. Eis aí outro elemento caracterizador da prestação de serviços. Só será possível a incidência do ISS se houver um negócio jurídico mediante o qual uma das partes se obrigue a praticar certa atividade, de natureza física ou intelectual recebendo, em troca, remuneração. Por outro ângulo, a incidência do ISS pressupõe atuação decorrente do dever de fazer algo até então inexistente, não sendo exigível quando se tratar de obrigação que imponha a mera entrega, permanente ou temporária, de alguma coisa que já existe" (CARVALHO, Paulo de Barros. Não incidência do ISS sobre atividades de franquia (*franchising*). *RET* 56/65, 2007).

– "Não se pode considerar a incidência tributária restrita à figura de 'serviço', como uma atividade realizada; mas, certamente, sobre a 'prestação do serviço', porque esta é que tem a virtude de abranger os elementos imprescindíveis à sua configuração, ou seja, o prestador e o tomador, mediante a instauração de relação jurídica de direito privado, que irradia os naturais efeitos tributários. O tributo não incide unicamente sobre utilidade, comodidade, coisa, bem imaterial etc. A circunstância de no âmbito estadual a CF haver estipulado 'prestações e serviços de transporte interestadual e intermunicipal, e de comunicação' (art. 155, II – ICMS); e no âmbito municipal haver omitido o referido vocábulo ('prestações') – só mencionando 'serviços de qualquer natureza' (art. 156, III – ISS) – não significa que também não se estaria cogitando da necessidade de efetiva prestação. O DL 406/68 (art. 8º) estabelecera que o fato gerador do ISS é a prestação de serviço previsto em lista específica. A LC n. 116/03 (art. 1º) repete essa materialidade, e acrescenta que a incidência ocorre, 'ainda que os serviços não se constituam como atividade preponderante do prestador'" (MELO, José Eduardo Soares de. *ISS:* aspectos teóricos e práticos. 5. ed. São Paulo: Dialética, 2008. p. 38).

– "Deflui da genérica descrição constitucional que só é tributável a prestação de serviço, e não o seu consumo, a sua fruição, a utilidade ou a sua utilização. Toda vez que o legislador constituinte descreve um fato – ao distribuir competências tributárias – está fazendo referência à pessoa produtora do fato, ou de alguma maneira a ele ligada por um tipo de conexão constitucionalmente qualificada para produzir não só o efeito de fazer nascer a obrigação tributária, como, ainda, o especial efeito de fazê-la nascer tendo por sujeito passivo uma determinada pessoa. Sendo a síntese do critério material do ISS representada pelo verbo prestar e pelo respectivo complemento serviço, o correto é que o tributo atinja o produtor da ação 'prestar serviço', o agente dessa ação, que inexoravelmente é o prestador do serviço. (...) Em face da Constituição, não se pode admitir liberdade do legislador na deslocação da sujeição passiva porque fazê-lo importaria tornar inócuas as dicções constitucionais e esvaziar totalmente o significado das demarcações constitucionalmente estabelecidas dos fatos, que não são meros pressupostos das obrigações tributárias, mas, muito mais do que isso, devem ser – em homenagem ao princípio da capacidade contributiva, conjugado com o princípio da discriminação rígida das competências – fatos reveladores de riqueza de determinadas pessoas: aquelas pessoas constitucionalmente visadas pelo constituinte..." (BARRETO, Aires F. *ISS na Constituição e na lei.* 4. ed. São Paulo: Noeses, 2018. p. 36-39).

– "Definimos, portanto, o critério material de incidência do Imposto Sobre Serviços como a relação jurídica entre um tomador e um prestador que tem por objeto um produto ou um processo de produção do serviço normativamente qualificado. O objeto dessa relação, ou seja, o serviço, foi definido como sendo a ação ou o efeito de servir, propiciar, dar, conceder, dispensar, dar de si algo em forma de atividade, executar um trabalho intelectual ou obra material, descrito pela Lei Complementar n. 116/2003. Dessa forma, para ser critério material do Imposto Sobre Serviços, o fato deve atender a três conceitos: ser relação jurídica, ser serviço e estar descrito na Lei Complementar n. 116/2003" (DÁCOMO, Natália de Nardi. *Hipótese de incidência do ISS*. São Paulo: Noeses, 2006. p. 48).

– *Vide*: PAÇO, Daniel Hora do: DOUEK, Leonardo Gil. Limite para cobrança e quantificação do ISS: efetiva prestação do serviço. *RDDT* 225/39, 2014.

– "A relação de prestação de serviço pode ter como objeto tanto uma obrigação de dar (produto) como também uma relação de fazer (processo). É importante mencionar que serviço envolve sempre um processo (ação) e um produto (efeito), e, de acordo com o caso, a ênfase é dada a um ou outro elemento... A hipótese vai incidir sobre a relação de prestação de serviço cujo objeto pode ser tanto o processo de produção como o produto do serviço" (DÁCOMO, Natália de Nardi. *Hipótese de incidência do ISS*. São Paulo: Noeses, 2006. p. 299-300).

5.7. O serviço oneroso prestado a terceiro. "INCORPORAÇÃO IMOBILIÁRIA. CONSTRUÇÃO FEITA PELO INCORPORADOR EM TERRENO PRÓPRIO. ISS. NÃO INCIDÊNCIA. AUSÊNCIA DE PRESTAÇÃO DE SERVIÇO A TERCEIRO. 1. Nos termos da jurisprudência desta Corte, não incide ISS na hipótese de construção feita pelo próprio incorporador, haja vista que, se a construção é realizada por ele próprio, em terreno próprio, não há falar em prestação de serviços a terceiros, mas a si próprio, o que descaracteriza o fato gerador. Precedentes..." (STJ, 1ª T., AgRg no REsp 1.295.814/MS, 2013).

– No mesmo sentido: STJ, 1ª T., REsp 922.956/RN, 2010; STJ, 2ª T., REsp 1.166.039/RN, 2010.

– "... é imprescindível que o contrato bilateral tenha conteúdo econômico, fixando-se um 'preço' em contraprestação à utilidade imaterial fornecida pelo prestador. A necessidade de que a prestação de serviço seja remunerada, apresentando, assim, conteúdo econômico, é decorrência direta do princípio da capacidade contributiva. Com efeito, a hipótese tributária de qualquer exação deve descrever fato realizado por pessoa que manifeste, objetivamente, riqueza. Ao recortar, no plano da realidade social, aqueles fatos que julga de porte adequado para fazerem nascer a obrigação tributária o legislador deve sair à procura de acontecimentos passíveis de serem medidos segundo parâmetros econômicos, uma vez que o vínculo jurídico a eles atrelado deve ter como objeto uma prestação pecuniária. É evidente que de uma ocorrência insusceptível de avaliação patrimonial jamais se conseguirão cifras monetárias que traduzam, de alguma forma, um valor em dinheiro" (CARVALHO, Paulo de Barros. Não incidência do ISS sobre atividades de franquia (*franchising*). *RET* 56/65, 2007).

– "Só é serviço tributável, destarte, o esforço humano com conteúdo econômico. Somente aqueles fatos que tenham real conteúdo econômico poderão ser erigidos em materialidade da hipótese de incidência do ISS, dado que é a dimensão econômica de cada fato que irá permitir que a sua ocorrência concreta dimensione, de alguma maneira, o tributo, e, portanto, possa ser reconhecida como indício de capacidade contributiva" (BARRETO, Aires F. *ISS na Constituição e na lei*. 4. ed. São Paulo: Noeses, 2018. p. 35).

– "... o ISS... deve, por injunção constitucional, necessariamente incidir sobre a prestação onerosa de serviços, pouco importante se ela deriva de uma ou mais relações (...) o princípio da capacidade contributiva leva a que só sejam consideradas, na composição da base de cálculo deste imposto, os serviços com conotação econômica. Reduzindo a ideia à sua dimensão mais simples, só enquanto presta serviços em caráter negocial, é que o contribuinte poderá ser validamente tributado; nunca quando presta serviços para si próprio. (...) não podemos considerar preço do serviço o mero ressarcimento de despesas antecipadas ao seu tomador. (...) nos grupos de empresas, não há incidência de ISS quando desempenham, em favor uma das outras, funções de apoio ou administrativas. Isto porque os valores reembolsados entre elas não tipificam 'preço dos serviços', mas meras 'recuperações de despesas administrativas'. Os necessários lançamentos contábeis deverão, no caso, ser realizados por meio da emissão de notas de débitos. Para comprovar os reembolsos das despesas, as notas fiscais faturas poderão ser substituídas por simples recibos" (CARRAZA, Roque Antonio. Grupo de empresas – autocontrato – não incidência de ISS – questões conexas. *RDDT* 94/130-132, jul. 2003).

– "A Constituição prevê vários impostos sobre prestação de serviços; a saber: a) o imposto sobre a prestação de serviços de transporte interestadual e intermunicipal (ICMS-transporte); b) o imposto sobre a prestação de serviços de comunicação (ICMS-comunicação); e, c) os impostos sobre prestações de serviços de outras naturezas (ISS). Os dois primeiros a Carta Magna reservou aos Estados-membros; os últimos, aos Municípios. Ressalte-se, de logo, que as referidas pessoas políticas estão constitucionalmente credenciadas a tributar, por meio de impostos, não propriamente os serviços, mas as prestações onerosas destes serviços. Queremos com tal assertiva significar que, em si mesmos considerados, o transporte transmunicipal, a comunicação ou qualquer outro serviço não fazem nascer nenhum dos tributos em tela. Na realidade, o ICMS-transporte, o ICMS-comunicação e o ISS somente serão devidos, quando, respectivamente, o transporte transmunicipal, a comunicação ou outro serviço resultarem, isto é, forem objeto, de contrato oneroso firmado entre um prestador e um tomador" (CARRAZZA, Roque Antonio. Grupo de empresas – autocontrato – não incidência de ISS – questões conexas. *RDDT* 94/114, jul. 2003).

– "O Imposto sobre Serviços, de acordo com a hipótese de incidência descrita no artigo 156, inciso III, da Constituição Federal, somente pode incidir sobre serviços que guardem as seguintes características: a) contrato bilateral de prestação de serviço; b) onerosidade; c) regime não trabalhista; e d) serviço constante da lista de serviços anexa à LC n. 116/03" (VILLAÇA, Ana Cristina Othon de Oliveira. Serviços notariais e de registro público e a incidência do ISS. *RDDT* 119/9, 2005).

5.8. Distinção entre obrigações de fazer e de dar e reflexos na tributação da atividade pelo ISS, ICMS ou IPI. "A partir das distinções entre obrigações de fazer e de dar, pode-se afirmar: a) o ISS só pode incidir sobre prestação de serviço, assim entendido o produto de esforço humano que se apresenta sob forma de bem imaterial, ou no caso de implicar utilização de material preserve a sua natureza no sentido de expressar uma obrigação de fazer, isto é, ter como objeto da prestação a própria atividade; b) o ICMS incide sobre circulação de bens corpóreos ou incorpóreos, mas que expressa uma obrigação de dar, cujo objeto da prestação é uma coisa ou direito, algo já existente; c) o IPI, apesar de a industrialização envolver um 'fazer', só pode ter por fundamento uma obrigação de dar, porque, por expressa definição, é um imposto que incide sobre venda, importação ou arrematação de produto industrializado. Concluindo, pode-se afirmar que o fato gerador do ISS é a prestação efetiva e onerosa do serviço, definido em lei complementar, por pessoa jurídica ou física, sob o regime de autonomia, expressando uma obrigação de fazer. É importante lembrar que a lista da lei complementar não é auto-aplicável, cabendo a cada município incluir na definição do fato gerador a sua lista de serviços tributáveis (pode conter menos itens, mas não poderá conter mais itens do que consta da lista anexa à lei nacional), explicitando, quando for o caso, quais são os serviços 'congêneres' que pretende tributar. Repita-se, não pode haver analogia no campo do direito material, sob pena de ferir o princípio da estrita legalidade tributária" (HARADA, Kiyoshi. *ISS*: doutrina e prática. São Paulo: Atlas, 2008, p. 39).

5.9. Não incidência do ISS sobre prestações gratuitas de serviços: ausência de base de cálculo. O fato gerador do ISS requer a onerosidade do contrato de prestação de serviços, até mesmo para que haja uma base de cálculo tributável.

– "... FORNECIMENTO DE TALÃO DE CHEQUES. INEXISTÊNCIA DE PREVISÃO NA LEGISLAÇÃO MUNICIPAL. OFENSA A NORMAS CONSTITUCIONAIS DE COMPETÊNCIA TRIBUTÁRIA. NÃO CONHECIMENTO. GRATUIDADE DO SERVIÇO. RELEVÂNCIA DA QUESTÃO. BASE DE CÁLCULO DO IMPOSTO... 2. Quanto à gratuidade do serviço, alegada pela instituição financeira, o TJ consignou que seria irrelevante para a incidência do ISS. 3. Ocorre que a inexistência de preço afasta, em tese, a possibilidade de quantificação do tributo, pois corresponde à base de cálculo do ISS (art. 9º do DL 406/1968). 4. Por outro lado, é cediço que as instituições financeiras não prestam serviços gratuitos a seus clientes (como nos lembram os economistas, não há almoço grátis – 'there's no free lunch'). 5. O STJ já se manifestou pela impossibilidade de cobrança de ISS nos serviços efetivamente gratuitos, ou seja, na ausência de formação de contrato bilateral. Não se trata, evidentemente, dos serviços prestados pelos bancos, em que a bilateralidade é essencial (o consumidor tem direito de exigir a prestação, apesar da alegada 'gratuidade'). 6. O preço relativo ao fornecimento dos talões de cheque está embutido nas tarifas bancárias cobradas. Para que o imposto municipal seja impingido, é necessário sua aferição e distinção, até para evitar dupla tributação (o ISS não pode incidir sobre o total da tarifa bancária genérica e, novamente, sobre o preço do talão de cheques). 7. Assim, embora o TJ/MG erre quanto à premissa de que a gratuidade seria irrelevante para a cobrança do ISS, não há como o STJ apreciar imediatamente a demanda. Os autos devem retornar para que a Corte Estadual verifique, efetivamente, o preço do serviço, que será a base de cálculo para o imposto municipal. 8. Caso descaiba essa identificação, é inexigível o ISS sobre esse serviço específico, considerando que a base de cálculo é, repito, exatamente o preço cobrado" (STJ, 2ª T., REsp 1.212.026, 2011).

– STJ, 1ª T., REsp 1.439.753, 2014: conferir acórdão transcrito nesta obra na nota 8.2.3 feita ao art. 4º da LC n. 116.

– "É evidente que a empresa ou o profissional autônomo pode prestar um serviço gratuito, sem cobrança de preço, sem *animus lucrandi* algum. Todavia, tal serviço, mesmo gratuito, será alcançado pelo ISS (o preço será obtido por estimativa ou arbitramento), visto que o Fisco não pode admitir que a empresa ou o profissional autônomo, preparados para o exercício de uma atividade lucratividade, passe a nada lucrar com suas vendas. O serviço, quando negociado por empresa ou profissional autônomo, seja com cobrança de preço ou não, tem sempre um valor, tem sempre um preço. Sobre este recairá o ISS" (MORAES, Bernardo Ribeiro de. *Doutrina e prática do Imposto sobre Serviços.* São Paulo: Revista dos Tribunais, 1975., p. 122-123).

5.10. Indispensável autonomia do prestador. "A incidência do ISS reclama efetiva prestação de serviço mediante paga, por pessoa jurídica, ou pessoa física em nome próprio ou com autonomia. O imposto não grava o serviço, mas apenas o serviço prestado sob responsabilidade do contribuinte com indispensável autonomia. O advogado que presta serviço em seu escritório age com autonomia, em nome próprio, porém, isso não acontece com sua secretária, que lhe presta serviços em razão do vínculo empregatício. Outrossim, um representante comercial não trabalha por conta própria, mas sempre por conta de terceiros; porém, ele presta serviços em nome próprio e com autonomia, isto é, age em nome próprio, por isso está sujeito ao pagamento do ISS" (HARADA, Kiyoshi. *ISS:* doutrina e prática. São Paulo: Atlas, 2008, p. 34).

5.11. Habitualidade não é requisito. "... a habitualidade não é essencial para a tributação pelo ISS, mas apenas para a caracterização do profissional autônomo, que exerce determinada profissão com certa continuidade. O requisito da habitualidade não tem fundamento na Constituição Federal... (...) Prestado determinado serviço especificado na lista concretiza-se o fato gerador, dando nascimento à obrigação tributária, não importando saber se a prestação daquele serviço constitui ou não atividade preponderante do prestador" (HARADA, Kiyoshi. *ISS:* doutrina e prática. São Paulo: Atlas, 2008. p. 34-35).

5.12. Contrato de cessão de direito de uso de software. Ausência de obrigação de fazer. Não incidência. "... no contrato que pactua a criação de um novo *software* deveras há de se prever a obrigação de um profissional programador desenvolver um programa de computador, nos termos requisitados pelo contratante, o que caracteriza prestação de serviços (obrigação de fazer). Entretanto, no contrato de cessão de direito de uso de *software*, não há prestação de serviço, nem transmissão da titularidade, mas a concessão temporária de direito de uso de um programa já existente e não constituído em razão do contrato. Assim, referida licença corresponde a uma obrigação de dar e não de fazer, razão pela qual existem argumentos plausíveis para o questionamento judicial do contribuinte que pretender afastar a incidência do ISSQN sobre os pagamentos de *royalties* relativos à cessão de uso de *software*" (SANTOS, Ramon Tomazela. A compensação entre os prejuízos e os lucros apurados por controladas e coligadas no exterior e o registro do Imposto de Renda diferido: a mensuração do prejuízo do exterior. *RDDT* 213/110, 2013).

6. Serviços imunes. Há três imunidades que podem impedir a incidência e a cobrança do ISS: a recíproca (garantia da federação), a dos templos (que resguarda a liberdade de crença) e a dos partidos políticos, das entidades sindicais e das instituições de educação e de assistência social (que preservam o pluralismo político e interesses sociais). Vejamos o texto Constitucional: "Art. 150. Sem prejuízo de outras garantias asseguradas ao contribuinte, é vedado à União, aos Estados, ao Distrito Federal e aos Municípios: VI – instituir impostos sobre: a) patrimônio, renda ou serviços, uns dos outros; b) templos de qualquer culto; c) patrimônio, renda ou serviços dos partidos políticos, inclusive suas fundações, das entidades sindicais dos trabalhadores, das instituições de educação e de assistência social, sem fins lucrativos, atendidos os requisitos da lei". A imunidade recíproca estende-se às autarquias e às fundações públicas (art. 150, § 2º), bem como, mediante construção jurisprudencial, também às empresas públicas e sociedades de economia mista prestadoras de serviços públicos típicos, sob regime de monopólio. Vale frisar que a imunidade recíproca é restrita às finalidades essenciais dos entes públicos alcançados ou delas decorrentes, não se aplicando às atividades econômicas regidas pelas normas aplicáveis a empreendimentos privados, ou em que haja contraprestação ou pagamento de preços ou tarifas pelo usuário (art. 150, § 3º). As imunidades dos templos de qualquer culto, dos partidos políticos e das entidades sindicais, educacionais e assistenciais sem fins lucrativos, por sua vez, só compreende os serviços relacionados às suas finalidades essenciais (art. 150, § 4º).

6.1. Imunidade se aplica apenas aos contribuintes de direito. No caso do ISS, somente aos prestadores de serviços (art. 5º da LC n. 116). Nesse sentido: STF, RE 608.872, Plenário, 2017, tema 342 em repercussão geral.

6.2. Imunidade recíproca. "A imunidade recíproca é uma garantia ou prerrogativa imediata de entidades políticas federativas, e não de particulares que executem, com inequívoco intuito lucrativo, serviços públicos mediante concessão ou delegação, devidamente remunerados. Não há diferenciação que justifique a tributação dos serviços públicos concedidos e a não tributação das atividades delegadas. Ação Direta de Inconstitucionalidade conhecida, mas julgada improcedente" (STF, Plenário, ADI 3.089/DF, 2008).

6.2.1. Autarquias. A imunidade recíproca alcança as autarquias, nos termos do art. 150, § 2º, da CF.

6.2.2. Empresa pública. Em regra, não goza de imunidade porque não referida como abrangida pela imunidade e também porque empresa pública que exerce atividade econômica não pode gozar de privilégios fiscais não extensíveis às empresas privadas. Porém, quando prestadora de serviço público de prestação obrigatória e exclusiva do Estado, em regime de monopólio, é alcançada ela imunidade, conforme entendimento do STF.

– "... quando o Estado age como empresa na iniciativa privada, com suas empresas públicas e sociedades de economia mista, sujeita-se, como dito, às regras das empresas privadas, não gozando dos privilégios fiscais não extensíveis a estas. Dessa forma, como exemplo, poderíamos citar a Caixa Econômica Federal, empresa pública, e o Banco do Brasil, sociedade de economia mista, que, embora sejam 'estatais', pois seus controles acionários pertencem à União, não gozam dos privilégios da imunidade recíproca. Ocorre que há de se levar também em consideração que, mesmo agindo como empresa privada no setor privado, logo, fora dos monopólios estatais, em algumas situações ou circunstâncias, essas 'estatais' poderão agir com estatalidade, passando, neste momento, a auferir o tão desejado benefício imunizatório. (...) Note-se que a imunidade tributária recíproca, antes deferida apenas à União, aos Estados, ao Distrito Federal e aos municípios, extensível originariamente às autarquias e fundações públicas, agora passou a ser considerada também para as empresas públicas e sociedades de economia mista que desenvolvam atividade com certa estatalidade". A imunidade estende-se "às empresas pública sou sociedades de economia mista que atuem no âmbito privado, seja em razão de monopólio estatal, seja em razão da prestação de serviço público essencial, caracterizado pela estatalidade" (LIMA, Luatom Bezerra Adelino de. Da extensão da imunidade recíproca às empresas públicas e sociedades de economia mista e os impostos indiretos. *RET* 57/116, 2007).

6.2.3. Infraero. O STF, com repercussão geral, no ARE 638.315 (Tema 412), reafirmou sua jurisprudência sobre a matéria nos termos da manifestação do ministro relator: "3. A questão suscitada neste recurso versa sobre a possibilidade de extensão da imunidade tributária recíproca, nos termos do art. 150, VI, *a*, da Constituição Federal, à Empresa Brasileira de Infraestrututa Aeroportuária – INFRAERO, na qualidade de empresa pública prestadora de serviço público. 4. Esta Corte possui jurisprudência firmada no sentido de que a INFRAERO faz jus à imunidade recíproca prevista no art. 150, VI, *a*, da Constituição Federal... 5. Ante o exposto, reafirmo a jurisprudência da Corte para negar provimento ao recurso extraordinário".

– Nesse sentido: STF, 2ª T., RE 363.412 AgR, Celso de Mello, 2007.

6.2.4. ECT. Serviço postal em regime de monopólio. "Recurso extraordinário com repercussão geral. 2. Imunidade recíproca. Empresa Brasileira de Correios e Telégrafos. 3. Distinção, para fins de tratamento normativo, entre empresas públicas prestadoras de serviço público e empresas públicas exploradoras de atividade. Precedentes. 4. Exercício simultâneo de atividades em regime de exclusividade e em concorrência com a iniciativa privada. Irrelevância. Existência de peculiaridades no serviço postal. Incidência da imunidade prevista no art. 150, VI, *a*, da Constituição Federal. 5. Recurso extraordinário conhecido e provido" (STF, Pleno, RE 601392, 2013).

– Nesse sentido: STF, Plenário, ACO 803 TAR-QO, 2008; STF, ACO 765, 2009; STF, 2ª T., RE 407.099-5, 2004.

– Sobre a matéria, ainda: MARTINS, Ives Gandra da Silva. Imunidade tributária dos correios e telégrafos. *RDDT* 74/58-65, 2001; BELLO, Raquel Discacciati. Imunidade tributária das empresas prestadoras de serviços públicos. *Revista de Informação Legislativa* 132, 1996.

– Sobre o monopólio dos serviços de correio, *vide* ADPF 46/DF.

6.2.5. ECT. Outros serviços prestados em regime de concorrência. Abrangência. Ao cuidar da imunidade da ECT, o STF entendeu que o exercício simultâneo de atividades em regime de exclusividade e em concorrência com a iniciativa privada era irrelevante, considerando ambas imunes.

– "2. A jurisprudência da Casa assentou o entendimento de que a imunidade recíproca prevista no art. 150, VI, *a*, e §§ 2º e 3º, da Constituição Federal é extensível à ECT, prestadora de serviços públicos essenciais, obrigatórios e exclusivos do Estado, quais sejam, o serviço postal e o correio aéreo nacional (art. art. 21, X, da CF/88). 3. Nos termos do entendimento majoritário desta Suprema Corte, a imunidade da ECT constitui consequência imediata de sua natureza de empresa estatal prestadora de serviço público essencial, e subsiste em relação a todas as suas atividades, incluídos os serviços não exclusivos, dispensados em regime concorrencial, os quais se prestam, via subsídio cruzado, ao financiamento do serviço postal deficitário" (STF, 1ª T., ACO 811 AgR-segundo, 2016).

– *Vide* também: STF, Pleno, RE 627.051, 2014; STF, Pleno, RE 601392, 2013.

– Em sentido contrário. SARAIVA FILHO, Oswaldo Othon de Pontes. Imunidade tributária recíproca e a ECT. *RFDT* 26/19, 2007.

6.2.6. Casa da Moeda. "Casa da Moeda do Brasil: Art. 150, VI, *a*, da CF e ISS. O Tribunal iniciou julgamento de agravo regimental interposto contra decisão que indeferira pedido de tutela antecipada formulado em ação cível originária na qual a Casa da Moeda do Brasil pretende ver afastada a exigibilidade, pelo Município do Rio de Janeiro, do Imposto sobre Serviço de Qualquer Natureza – ISSQN e das sanções decorrentes do não pagamento do tributo. Alega a autora a imunidade tributária de serviços por ela prestados, a teor do artigo 150, VI, *a*, da CF, quer pela condição de empresa pública da União, quer pela natureza pública desses serviços. O Min. Marco Aurélio, relator, negou provimento ao recurso. Asseverou que a inspiração para a propositura da ação estaria nos precedentes do Tribunal sobre a Empresa Brasileira de Correios e Telégrafos – EBCT, mais precisamente no fato de essa pessoa jurídica de direito privado estar alcançada pela imunidade própria aos entes públicos. Entendeu, entretanto, inexistir verossimilhança, haja vista que a Casa da Moeda constitui empresa pública, pessoa jurídica de direito privado, descabendo separar função que se mostre estritamente pública, como a emissão do papel-moeda, de outras previstas no estatuto. Considerou que, não bastasse a problemática de haver o envolvimento de pessoa jurídica de direito privado, e não público, seria impossível dizer-se, ao menos na fase de tutela antecipada, que ela não seria contribuinte quanto a tudo aquilo que alcance o gênero serviço público, sendo-o no que tange às demais atividades. Após, pediu vista dos autos o Min. Eros Grau" (STF, AgRACO 1.342, 2009, *Informativo* n. 556).

6.2.7. Sociedade de economia mista. O STF entende que "a imunidade tributária prevista na alínea *a* do art. 150, VI, da Constituição Federal alcança a sociedade de economia mista prestadora de serviço público essencial, sem caráter concorrencial" (STF, 1ª T., ARE 944.558 AgR, 2016).

6.2.7.1. Sociedade de economia mista (anômala). "IMUNIDADE RECÍPROCA. SOCIEDADE DE ECONOMIA MISTA... No julgamento do RE 253.472 (rel. min. Marco Aurélio, red. p/ acórdão min. Joaquim Barbosa, Pleno, j. 25.08.2010), esta Corte reconheceu que a imunidade tributária recíproca aplica-se às sociedades de economia mista que caracterizem-se inequivocamente como instrumentalidades estatais (sociedades de economia mista 'anômalas'). O foco na obtenção de lucro, a transferência do benefício a particular ilegítimo ou a lesão à livre iniciativa e às regras de concorrência podem, em tese, justificar o afastamento da imunidade" (STF, 2ª T., AI 558682 AgR, 2012).

6.2.7.2. Sociedade de economia mista prestadora de serviço público. Saúde. "1. A saúde é direito fundamental de todos e dever do Estado (arts. 6º e 196 da Constituição Federal). Dever que é cumprido por meio de ações e serviços que, em face de sua prestação pelo Estado mesmo, se definem como de natureza pública (art. 197 da Lei das leis). 2. A prestação de ações e serviços de saúde por sociedades de economia mista corresponde à própria atuação do Estado, desde que a empresa estatal não tenha por finalidade a obtenção de lucro. 3. As sociedades de economia mista prestadoras de ações e serviços de saúde, cujo capital social seja majoritariamente estatal, gozam da imunidade tributária prevista na alínea *a* do inciso VI do art. 150 da Constituição Federal. 3. Recurso extraordinário a que se dá provimento, com repercussão geral" (STF, Plenário, RE 580.264).

6.2.7.3. Sociedade de economia mista exploradora de atividade econômica. "2. O Supremo Tribunal Federal já assentou, em sede de repercussão geral, que a regra imunizante do art. 150, VI, *a*, da Constituição Federal, estende-se à Companhia Docas do Estado de São Paulo. Precedente: RE-RG 253.472..." (STF, Pleno, AR 1.923 AgR, 2015).

– Mesmo sentido: STF, Pleno, RE 253472, 2010.

6.2.8. Concessionárias de serviços públicos. As concessionárias de serviços públicos e os serviços por elas prestados não estão abrangidas pela imunidade do art. 150, VI, *a* c/c o § 2º do mesmo artigo. Confira-se o art. 13 do CTN.

6.2.8.1. Serviços prestados por concessionárias. Tributação. Inexistência de imunidade. "A imunidade recíproca é uma garantia ou prerrogativa imediata de entidades políticas federativas, e não de particulares que executem, com inequívoco intuito lucrativo, serviços públicos mediante concessão ou delegação, devidamente remunerados. Não há diferenciação que justifique a tributação dos serviços públicos concedidos e a não tributação das atividades delegadas" (STF, Plenário, ADI 3089/DF, 2008).

– Cartórios não fazem jus à imunidade: STF, Plenário, ADI 3089/DF, 2008.

– Cadesp não goza de imunidade: TRF3, 4ª T., AC 91.03.0279993-6/SP, 1995.

– "Em relação às concessionárias de serviços públicos, o direito brasileiro, desde a Constituição de 1937, veda a outorga de imunidade tributária. A atual Carta Magna é expressa, não podendo ser objeto de imunidade empreendimentos em que se receba contraprestação por tarifa ou preço público, tipo de remuneração feita pelo usuário ao concessionário de serviços públicos" (BELLO, Raquel Discacciati. Imunidade tributária das empresas prestadoras de serviços públicos. *Revista de Informação Legislativa,* n. 132, 1996. p. 182/2).

6.2.9. Pela não tributação do serviço público, ainda quando prestado por particular. "'Art. 1º... § 3º...' (...) A prestação do serviço público incumbe ao Poder Público que, por razão de conveniência administrativa, concede ao particular a faculdade de prestá-lo. A atribuição ao particular em nada altera a natureza jurídica da atividade realizada. Da mesma forma, a circunstância de o serviço público estar sendo prestado por um concessionário em nada altera a natureza jurídica da remuneração, que continua sendo taxa. (...) a Constituição elegeu a taxa de serviços como única possível remuneração para a prestação de serviços públicos específicos e divisíveis, isto é, aqueles serviços que, ainda que gerais, possam ser referenciados diretamente a alguém, que será o sujeito passivo da taxa e que responderá por parte do custo total do serviço na exata medida de sua fruição. (...) Assim, se este serviço... está fora do alcance de aplicação do artigo 173, por não se tratar de atividade econômica, mas sim de serviço público com conteúdo econômico, não se lhe aplicará, também, a vedação constante do § 2º do art. 173, estando a prestação do referido serviço ao abrigo da imunidade relativamente à incidência de impostos, posto que remunerado por taxa. (...) Pela distinção posta com clareza pela Constituição traçando uma linha muito clara entre atividade econômica – exercida pelo Estado, ou por terceiros que lhe façam as vezes – e prestação de serviço público – pelo próprio Estado ou por terceiros –, emerge claro que o desígnio constitucional foi o de excluir do campo de abrangência da imunidade o exercício de atividades econômicas e não a prestação de serviço público. A meu ver, não importa quem presta o serviço público, se o Estado, se uma empresa pública ou sociedade de economia mista ou mesmo se uma empresa particular, concessionária de serviço público. A natureza pública do serviço e seu regime jurídico constitucional, prevalecem em qualquer hipótese. Nesse sentido, sujeitar a prestação de serviço público à incidência do ISS, quando esse serviço seja prestado por particular, é negar a natureza mesma da imunidade recíproca" (ALVES, Anna Emilia Cordelli. ISS: aspectos relevantes decorrentes da análise do artigo 1º da Lei Complementar n. 116, de 31 de julho de 2003. *RDDT* 99, 2003).

– "1. Os serviços notariais e de registro público têm natureza de serviços públicos, frente aos critérios: a) orgânico – trata-se de serviço de titularidade do Estado, prestado mediante delegação, de acordo com o artigo 236 da Constituição; b) formal – submete-se a regime diferenciado, com contornos nitidamente públicos – é disciplinado por lei específica (artigo 236, § 2º, da CF), exige-se concurso público para a seleção dos agentes delegatários (artigo 236, § 3º, da CF) e sofre fiscalização do Poder Judiciário (artigo 236, § 1º, da CF); e c) material – constitui atividade necessária à satisfação da coletividade. (...) 10. Os itens 21 e 21.1 da lista anexa à Lei Complementar n. 116, de 31 de julho de 2003, ao definirem os serviços notariais e de registro público como fato gerador do Imposto sobre Serviços, incorrem em flagrante violação aos artigos 150, VI, 'a', e 145, II, § 2º, da Constituição Federal" (VILLAÇA, Ana Cristina Othon de Oliveira. Serviços notariais e de registro público e a incidência do ISS. *RDDT* 119/9, 2005).

– "... o ISSQN instituído pelo § 3º do artigo 1º da Lei Complementar n. 116/03 não se refere à incidência do tributo sobre serviços públicos disponibilizados pelos entes estatais. A sua incidência, na verdade, dá-se sobre o serviço prestado pelo particular, com intuito lucrativo, mas que conjuga na sua execução a utilização de um bem ou serviço público concedido pelo ente estatal. Sendo a tributação de uma atividade exercida pelo particular, efetuada em termos econômicos, apesar de algumas prerrogativas inerentes aos contratos administrativos, não se aplica ao caso a imunidade prevista pelo artigo 150, VI, 'a' da Constituição Federal. Além da incidência do ISSQN sobre os serviços que se utilizem na sua prestação de bens ou serviços públicos concedidos pelo poder estatal, existe a possibilidade dos Municípios exigirem também preços públicos sobre a utilização de bens de domínio público. Tendo em vista a distinta natureza das duas formas de cobrança, entendemos não ser possível alegar a existência de uma dupla tributação. Contudo, no caso de concessionárias de serviços públicos privativos, existem sólidos argumentos para se questionar a cobrança de preço público, uma vez que a utilização do bem público no caso se dá em interesse da coletividade, beneficiária do sérvio, o que retiraria o fundamento da sua exigência" (CARDOSO, Alessandro Mendes. A incidência do ISSQN e de preço público sobre a exploração econômica de serviços públicos concedidos. *RDDT* 115/7, 2005).

6.2.10. Delegatários de serviço público. Serviços notariais e de registro. Tributação. "1. O Supremo Tribunal Federal, ao julgar improcedente a ADI 3.089 (*DJe* de 01/08/2008), decidiu, com eficácia vinculante e efeitos retroativos, serem constitucionais os itens 21 e 21.1 da Lista Anexa à Lei Complementar n. 116/2003, que tratam da tributação dos serviços de registros públicos, cartorários e notariais" (STF, Pleno, Rcl 6.999 AgR, 2013).

6.2.11. No sentido de que os serviços públicos não podem dar ensejo à cobrança de imposto, mas somente de taxa. "O ISS... só pode incidir sobre fatos decorrentes de contratos de cunho eminentemente privado. O serviço sobre o qual pode recair o imposto é, exclusivamente, o regido pelo direito privado, isto é, o serviço situado no 'mundo dos negócios', cujos timbres são a igualdade das partes contratantes e a autonomia das vontades. A previsão do art. 156, III, da Constituição Federal esgota-se nas prestações de serviço consumadas no âmbito e sob regime privado. Não colhe a prestação de serviço público. Isso é incontroverso, inequívoco, fluindo ainda da classificação jurídica dos tributos, como passaremos a ver. (...) no sistema brasileiro, todo tributo cuja hipótese de incidência expresse fato consistente em atividade estatal jamais poderá assumir a natureza de imposto, ou seja, nenhum imposto poderá incidir sobre situação 'dependente' de atividade estatal. Disso resulta evidente e manifesto que a prestação de serviços públicos – típica e ontológica atividade estatal que é – não pode consistir em hipótese de incidência de imposto; de nenhum imposto, inclusive do imposto sobre serviços" (BARRETO, Aires F. *ISS na Constituição e na lei*. 4. ed. São Paulo: Noeses, 2018. p. 85-87).

6.3. Imunidade das entidades de assistência social sem fins lucrativos. Compete ao Fisco comprovar a tredestinação que afaste a imunidade. "ISS. IMUNIDADE TRIBUTÁRIA. REQUISITOS PARA O RECONHECIMENTO DA IMUNIDADE. REEXAME DO ACERVO PROBATÓRIO DOS AUTOS. IMPOSSIBILIDADE. SÚMULA 279/STF. VINCULAÇÃO DOS BENS OU RENDAS ÀS FINALIDADES ESSENCIAIS. ÔNUS DA PROVA. 1. O Tribunal de origem, ao apreciar a controvérsia, consignou que a parte recorrida preencheu todos os requisitos legais para o reconhecimento da imunidade tributária. Para firmar entendimento diverso, seria imprescindível o reexame da legislação infraconstitucional e do acervo fático-probatório dos autos, providência vedada em sede de recurso extraordinário. A hipótese atrai a incidência da Súmula 279/STF. Precedentes. 2. A jurisprudência do Supremo Tribunal Federal entende que não cabe à entidade demonstrar que utiliza seus bens ou rendas de acordo com suas finalidades institucionais. Ao contrário, compete à Administração tributária demonstrar a eventual tredestinação do bem ou da atividade gravados pela imunidade" (STF, 1ª T., ARE 1010350 AgR, 2017).

6.4. Imunidade dos livros. A imunidade dos livros alcança as operações de compra e venda desses livros, sejam eletrônicos ou físicos e, nesse caso, também do seu suporte físico, via de regra, o papel. Mas não alcança os serviços necessários à produção do livro, revista ou jornal, como os serviços de diagramação, de impressão etc.

6.4.1. Produção, distribuição e comercialização. Poder-se-ia entender que a imunidade afastaria a competência para exigência de tributos que dissessem com a produção e comercialização dos livros, jornais e periódicos, abrangendo a composição, impressão, distribuição e venda de tais veículos do pensamento, tocando, pois, o ISS, IPI e ICMS. Aliás, o STF chegou a se manifestar no sentido de que "o livro não é apenas o produto acabado, mas o conjunto de serviços que o realiza". Ademais, há decisão no sentido de que a imunidade alcança a distribuição. De outro lado, porém, pronunciou-se no sentido de que a imunidade não aproveita à composição gráfica.

6.4.2. Pela abrangência do conjunto de serviços. Composição, impressão, revisão, distribuição. "IMUNIDADE TRIBUTÁRIA. SERVIÇOS DE DISTRIBUIÇÃO DE LIVROS, JORNAIS E PERIÓDICOS. ABRANGÊNCIA. IMPOSSIBILIDADE... 1. O Supremo Tribunal Federal possui jurisprudência firmada de que os serviços de distribuição de livros, jornais e periódicos não são abrangidos pela imunidade tributária estabelecida pelo art. 150, VI, *d*, da Constituição Federal (RE 630462 AgR, Relator(a): Min. AYRES BRITTO, Segunda Turma, *DJe* de 07-03-2012; RE 530121 AgR, Relator(a): Min. RICARDO LEWANDOWSKI, Primeira Turma, *DJe* de 29-03-2011)" (STF, 2ª T., RE 568454 AgR, 2013).

– A matéria está em julgamento no STF, AgRE 434826, 2009, conforme Informativo n. 538 do STF.

– Conferir decisão do Min. Marco Aurélio, no RE 453.670/BA, em prol da imunidade.

6.4.3. Pela não abrangência da imunidade para o ISS. "ISS. IMUNIDADE TRIBUTÁRIA DO ART. 150, VI, *D*, DA CF. ABRANGÊNCIA. SERVIÇOS DE COMPOSIÇÃO GRÁFICA. IMPOSSIBILIDADE. INTERPRETAÇÃO RESTRITIVA. AGRAVO IMPROVIDO. I – A imunidade tributária prevista no art. 150, VI, *d*, da Constituição Federal não abrange os serviços de composição gráfica. Precedentes. II – O Supremo Tribunal Federal possui entendimento no sentido de que a imunidade em discussão deve ser interpretada restritivamente" (STF, 2ª T., RE 659.637 AgR, 2012).

– No mesmo sentido: STF, 1ª T., RE 130.782/SP, 2000.

– Em sentido contrário, reconhecendo a imunidade: STF, 1ª T., 2002.

6.4.4. Serviços de distribuição de encartes de propaganda de terceiros por jornais e periódicos. Inexistência de imunidade. "ISS: incidência sobre serviços de distribuição de encartes de propaganda de terceiros por jornais e periódicos: inexistência da imunidade prevista no artigo 150, VI, *d*, da Constituição: precedente (RE 213.094, Galvão, *DJ* 15.10.99)" (STF, 1ª T., AgRg AI 368.077-1, 2004).

– No mesmo sentido: STF, 1ª T., RE 213.094-0, 1999.

6.4.5. Entendendo que a imunidade abrangeria os serviços de anúncios e de propaganda. "... a imunidade estabelecida na Constituição é ampla, abrangendo os serviços prestados pela empresa jornalística na transmissão de anúncios e de propaganda" (STF, RE 87.049/SP, ainda à luz da EC n. 1/69, *RTJ* 87/608).

7. A competência dos Estados para instituírem impostos sobre a prestação de serviços: o ICMS sobre serviços. Os serviços de transporte interestadual e intermunicipal e de comunicação estão sujeitos ao ICMS estadual, nos termos do art. 155, II, da CF. Confira-se o art. 2º, II, LC n. 87/96.

7.1. Transporte interestadual e intermunicipal: ICMS. São tributáveis, pelos Estados, a título de ICMS, os diversos serviços de transporte: de passageiros, de valores, de bens ou de mercadorias, mas desde que sejam interestaduais ou intermunicipais, ou seja, que alcancem o território de mais de um Município.

– A base econômica dada aos Estados não é o transporte em si, mas o "serviço" de transporte. Desse modo, exige-se a contratação onerosa de tal fazer para ensejar a incidência do imposto. O transporte realizado por uma empresa em veículo próprio para levar bens ou mercadorias de um a outro dos seus estabelecimentos ou mesmo para entregar mercadorias aos clientes que as tenham adquirido não se sujeita à incidência do imposto. No caso, trata-se de um serviço prestado a si mesma, um atuar da empresa a que não corresponde nenhuma operação jurídica enquanto negócio oneroso. Não há fato gerador e não haveria, de qualquer modo, base de cálculo. Ademais, conforme adverte Roque Carrazza, "a eventual existência de várias inscrições estaduais não tem o condão de desvirtuar a regra-matriz constitucional do ICMS em exame. Simples controles administrativos não podem atropelar direitos dos contribuintes, dando 'autonomia fiscal' a estabelecimentos de uma mesma empresa" (CARRAZZA, Roque Antonio. *ICMS*. 16. ed. São Paulo: Malheiros, 2012. p. 216).

– Não se deve confundir a incidência do ICMS sobre serviço de transporte com a consideração do custo do transporte na composição da base de cálculo do ICMS incidente sobre a circulação de mercadorias ou mesmo sobre a importação. Nos termos do art. 13, § 1º, II, da LC n. 87/96, o valor correspondente ao frete integra a base de cálculo do ICMS "caso o transporte seja efetuado pelo próprio remetente ou por sua conta e ordem e seja cobrado em separado". Ademais, o frete integra o valor aduaneiro das mercadorias, razão pela qual também compõe a base de cálculo do imposto na sua incidência sobre a importação.

7.2. Transporte interestadual de mercadoria destinada à exportação.

– Conferir art. 3º, II, da LC n. 87/96. No STJ: 1ª T., AgRg no REsp 1.292.197/SC, 2013; 2ª T., AgRg no REsp 1.301.482/MS, 2013.

7.3. Transporte terrestre/rodoviário de passageiros.

– Conferir: STF, Tribunal Pleno, ADI 2.669, 2014.

7.4. Transporte de energia.

– Conferir STJ, 1ª T., AgRg no REsp 1.278.024/MG, 2013. As operações relativas a energia elétrica estão expressamente sujeitas ao ICMS pelo art. 155, § 3º, da CF.

7.5. Transporte de gás.

– Viabilidade da incidência do ICMS sobre o transporte de gás via canalização: "Em razão da análise dos contornos dos negócios jurídicos atinentes à 'distribuição' do gás, executada pelas concessionárias e remunerados por tarifa, é possível entender que as atividades se enquadram à figura do 'transporte de bens', mediante a movimentação de quantidade de gás canalizado dos pontos de recepção aos pontos de entrega a usuários livres" (José Eduardo Soares de Melo, no livro escrito em coautoria com Leandro

Paulsen, *Impostos federais, estaduais e municipais*. 11. ed. São Paulo: Saraiva, 2018. p. 253).

7.6. Transporte aéreo de passageiros e de cargas. Tratados internacionais. Desoneração. Não pode ser cobrado ICMS no transporte aéreo de passageiros e no transporte aéreo internacional de cargas. É o que decidiu o STF nas ADIs 1.089 e 1.600.

7.7. Transporte de turista. Incide ISS, e não ICMS, pois não é verdadeiro serviço de transporte (GASPAR, Walter. Transporte de turista: incide o ISS. *RDDT* n. 31, 1998).

7.8. Locação de veículos com motoristas. Não caracterização de serviço de transporte. "... os quatro pontos abaixo desautorizam a qualificação da atividade em tela como serviço de transporte...: I – a remuneração devida à locadora não avaria segundo o número de trechos cumpridos pelos seus veículos ou pela extensão de tais trechos... II – todos os padrões de utilização dos veículos são estabelecidos pelo locatário, o que demonstra ser ele o detentor de sua posse direta... III – a observação do item precedente reforça-se pelo fato de os veículos permanecerem ao inteiro dispor do locatário (...) mesmo fora do horário de trabalho dos motoristas... IV – o combustível, em todos os casos – inclusive no das rotas fixas... cuja reiteração é livremente determinada pelo locatário – é custeado por este, o que outra vez é de todo incompatível com o contrato de transporte... Em face do exposto, concluídos que o contrato de locação de veículos com motoristas... encontra-se fora do campo de incidência do ICMS e do ISSQN por não configurar serviço de transporte" (SANTIAGO, Igor Maules; BREYNER, Frederico Menezes. Locação de veículos com motorista. *RDDT* 168/66, 2009).

7.9. Transporte de valores intermunicipal. "TRANSPORTE DE VALORES EM ÂMBITO INTERMUNICIPAL. FATO GERADOR. ISSQN E ICMS. ATIVIDADE MISTA. PRINCÍPIO DA PREPONDERÂNCIA. REEXAME FÁTICO-PROBATÓRIO. SÚMULA 7/STJ. 1. Discute-se nos autos a concomitância da exigência tributária do ISSQN e do ICMS sobre a atividade de transporte de valores em âmbito intermunicipal. 2. O Tribunal de origem, soberano na análise das circunstâncias fáticas e probatórias da causa, interpretou o art. 1º, § 2º, da Lei Complementar n. 116/03, c/c o subitem 26.01 da Lista de Serviços a partir de argumentos de natureza eminentemente fática, e concluiu que a atividade de transporte interestadual e intermunicipal de valores se sobrepõe à prestação dos serviços a ele inerentes ou dele decorrentes, dando-se assim a incidência do ICMS. 3. Observado que a questão gravita em torno do princípio da preponderância, em face das provas coligidas no presente feito, para dirimir a contenda, seria necessário o reexame do conjunto probatório, o que é inviável neste conduto recursal, ante o óbice contido na Súmula 7/STJ. Precedentes" (STJ, 2ª T., AgRg no REsp 1.375.282/MG, 2013).

7.10. Transporte municipal: ISS. O transporte restrito ao território de um único Município se sujeita ao ISS, constando do item 16 da lista anexa à Lei Complementar n. 116/2003: "Serviço de transporte de natureza municipal".

7.11. Transportes multimodal e intermodal. No transporte multimodal, em que são utilizadas mais de uma modalidade de transporte sob a responsabilidade de um único operador e mediante emissão de apenas um documento de transporte para todo o trajeto, teremos a incidência do ICMS sobre o valor total sempre que a origem e o destino se encontrem em Estado ou município distintos. Já no transporte intermodal, quando se utilizam diversas modalidades de transporte mediante contratos específicos com cada transportador, mediante documentos próprios, eventual modalidade que não transponha sequer a fronteira de um município não se sujeitará ao ICMS. Também no transporte por uma única modalidade, rodoviária, por exemplo, que envolva o transbordo de um caminhão para outro, a incidência ou não de ICMS dependerá de se tratar de um único contrato e preço para levar da origem ou destino ou de se tratar de vários contratos distintos, hipóteses em que os estritamente municipais não ensejarão a incidência do ICMS, mas do ISS.

7.12. Transporte internacional: imposto residual da União. Não pode incidir ICMS sobre o serviço de transporte internacional, não abrangido pela base econômica (STJ, 1ª T., REsp 241.674, 2000), "ainda que tenha que ocorrer o transbordo para veículos de outro contribuinte" para a transposição da fronteira (José Eduardo Soares de Melo, no livro escrito em coautoria com Leandro Paulsen *Impostos federais, estaduais e municipais*. 11. ed. São Paulo: Saraiva, 2018. p. 41; CARRAZZA, Roque Antonio. *ICMS*. 16. ed. São Paulo: Malheiros, 2012. p. 217). Conforme ROQUE CARRAZZA, "se a Constituição expressamente permite a tributação por via de ICMS quando o serviço transmunicipal começa no exterior e termina no Brasil, *a contrario sensu* a veda quando o mesmo serviço começa no Brasil e termina no exterior" (CARRAZZA, Roque Antonio. *ICMS*. 16. ed. São Paulo: Malheiros, 2012. p. 217). O STJ destaca que "não incide ICMS sobre operações e prestações que destinem ao exterior mercadorias" e que "está acobertado pela isenção tributária o transporte interestadual dessas mercadorias", forte no aspecto teleológico da exoneração, de "tornar o produto brasileiro mais competitivo no mercado internacional" (STJ, 2ª T., AgRg no AREsp 249.937/PA, 2012). Aliás, anteriormente, já firmara posição no sentido de que, "se o transporte pago pelo exportador integra o preço do bem exportado, tributar o transporte no território nacional equivale a tributar a própria operação de exportação, o que contraria o espírito da LC n. 87/96 e da própria Constituição Federal" (STJ, 1ª S., EREsp 710.260/RO, *DJe* de 14-4-2008).

8. Serviços de comunicação/telecomunicação. São tributáveis, pelos Estados, a título de ICMS, os diversos serviços de comunicação ou telecomunicação, referidos no art. 155, II e § 3º, da CF.

– Conferir art. 2º, III, LC n. 87/96 (ICMS).

8.1. Prestação de serviços de comunicação. Há vários questionamentos envolvendo tecnologias que se disseminaram após o advento da Constituição, com dúvidas sobre configurarem ou não serviço de comunicação.

8.2. Comunicação. "A prestação de serviços de comunicação constitui o cerne da materialidade da hipótese de incidência tributária, compreendendo um negócio (jurídico) pertinente a uma obrigação 'de fazer', de conformidade com os postulados do direito privado. Esse imposto incide sobre a prestação de serviços de comunicação em regime de direito privado (por particulares, empresas privadas, empresas públicas ou sociedades de economia mista). (...) O significado jurídico de 'comunicação' – para fins e efeitos tributários – mantém prévia implicação com a realização do serviço, que só tem condição de ser configurado mediante a existência de duas (ou mais) pessoas (físicas ou jurídicas), nas qualidades de prestador e tomador (usuário) do serviço, constituindo heresia jurídica pensar-se em serviço consigo mesmo. (...) Naturalmente, na comunicação torna-se necessária a participação de elementos específicos (emissor, mensagem, canal e receptor), podendo ocorrer (ou não) a compreensão pelo destinatário... Apesar de ter sido asseverado que 'comunicação é diálogo entre pessoas, de modo a colocá-las uma perante a outra, embora se encontrem distanciadas no tempo fusos horários) e no espaço (lugares)', de modo perspicaz ponderou-se que a relação comunicativa se dá independentemente do emissor e o receptor manterem diálogo, porque, se esta situação ocorrer, estar-se-á diante de uma nova relação. A materialidade (fato gerador) do imposto não ocorre pelo simples ato que torna possível a comunicação (disponibilização de informações), sendo necessária a prestação de serviços de comunicação, em que os sujeitos desta relação negocial (prestador e tomador, – devidamente determinados) tenham uma efetiva participação" (MELO, José Eduardo Soares de. *ICMS:* teoria e prática. 11. ed. São Paulo: Dialética, 2009. p. 138-140).

– "Para que haja a incidência do ICMS-comunicação, é imperioso que exista uma fonte emissora, uma fonte receptora e uma mensagem transmitida pelo prestador do serviço. Sem esses elementos, não há comunicação; sem comunicação, não há ICMS-comunicação. (...) o fato gerador do ICMS em tela na CR/88 é a efetiva prestação de serviço de comunicação. Para que este ocorra, é necessário que um terceiro preste, mediante remuneração, serviço que possibilita a formação da relação comunicativa, composta por cinco elementos: emissor, receptor, mensagem, código e meio de transmissão" (MOREIRA, André Mendes. *A tributação dos serviços de comunicação.* São Paulo: Dialética, 2006. p. 158 e 217). O autor faz uma análise completa da tributação das comunicações, com análise profunda da sua base econômica, da Lei Geral de Telecomunicações, da LC n. 87/96 e dos conflitos de competência relativos ao ISS, tratando, pois, para tanto, também da LC n. 116/2003.

– "... relevante é o fato de a comunicação ocorrer das mais variadas formas, seja através de cartas, televisão, ligações telefônicas e outros meios de telecomunicação. Para tanto, é preciso analisar que tipo de comunicação poderá ser tributado pelo ICMS, pois pode existir comunicação tributariamente irrelevante, não surgindo obrigação tributária. (...) o poder tributante determinou que só incidirá ICMS sobre o serviço de comunicação quando se verificar o fato de uma pessoa prestar a terceiro, mediante contraprestação, um serviço de comunicação. Verifica-se a incidência do referido imposto quando há atividade em caráter negocial de fornecer a terceiro, condições materiais para que ocorra a comunicação. (...) não incide ICMS sobre os meios necessários à consecução da finalidade de comunicar, ou seja, as meras atividades-meios necessárias a sua concretização. (...) a colocação à disposição dos meios e modos necessários à transmissão e recepção de mensagens é uma etapa preliminar a prestação do serviço de comunicação tributável por ICMS. Para incidir ICMS, além de se verificar a prestação onerosa de serviço de comunicação, é preciso que haja bilateralidade na comunicação, ou seja, a possibilidade do receptor retornar a mensagem. Enfim, é preciso que exista um instrumento que possibilite transmitir e receber mensagens. Nesse caso, o receptor da mensagem deve ser uma pessoa determinada e que está apta a interagir com o emissor. (...) conclui-se que haverá incidência tributária do referido tributo quando houver efetivamente a prestação de serviço de comunicação, fornecida a terceiro de forma onerosa, onde há pleno conhecimento de quem é o emissor e o receptor e com a possibilidade da bilateralidade, ou seja, a transmissão e recepção de mensagens que são compreendidas tanto por quem envia, quanto por quem recebe" (MARTINS, Daniele de Moura. ICMS e ISS: tributações sobre serviço de voz na internet. *RDDT* 209/24, 2013).

– "A CF/88 empregou uma expressão composta de três termos (prestação + serviços + comunicação), determinando que a competência tributária estadual surge com a sua conjugação, e nem chega a existir sem ela; há 'prestação' quando houver um ato ou negócio jurídico que tenha por objeto o 'serviço de comunicação'; há 'serviço' quando houver um ato ou negócio jurídico que tenha por objeto o esforço humano empreendido em benefício de outrem; há 'comunicação' quando houver um receptor determinado e uma remuneração diretamente relacionada à interação entre ele e o emissor" (ÁVILA, Humberto. Veiculação de material publicitário em páginas na internet. Exame da competência para instituição do imposto sobre serviços de comunicação. Ausência de prestação de serviço de comunicação. *RDDT* 173/153, 2010).

– "... iii) o conceito jurídico de 'comunicação', para fins de ICMS, possui um significado amplo, incluindo os conceitos de 'telecomunicação' e 'radiodifusão', que compreendem todo o processo comunicacional de transmissão de mensagens por meio do emissor para o receptor; iv) a obrigação de 'fazer', resultante de um contrato oneroso de 'prestação de serviço de comunicação', consiste na transmissão de uma mensagem pelo prestador do serviço do emissor para o receptor, onde há o fornecimento do meio ('canal');" (HENRIQUES, Elcio Fiori. O fato gerador do ICMS-Comunicação e o serviço de veiculação de imagens por outdoor. *RDDT* 164/14, maio 2009).

8.3. Telecomunicação.

– Conferir arts. 60 e 61 da Lei n. 9.472/96, que dispõe sobre a organização dos serviços de telecomunicações.

8.4. Comunicação x radiodifusão x propaganda. "... o que diferencia a 'comunicação' da 'radiodifusão' é, precisamente, a qualidade do receptor e a relação entre ele e o emissor. 2.1.4.7. De fato, 'difundir' tem o sentido de propagar uma mensagem, enviando-a a um sem número de pessoas, independente de elas serem determinadas ou pagarem pela sua recepção. O termo 'propaganda', também usado pela CF/88, denota o mesmo sentido:

difusão de ideias para público indeterminado. O que interessa, pois, para a ocorrência de difusão é a ação da propagação pelo emissor, e não a interação entre o emissor e um determinado receptor. Não por acaso, a veiculação de propaganda, até o ano de 2003, estava incluída na lista de serviços tributáveis pelos Municípios: sendo uma ação custeada por quem tem interesse em difundir ideias, a veiculação de propaganda encaixa-se, no conceito de esforço humano prestado em benefício de outrem, para o qual é irrelevante a interação entre anunciante e o público-alvo. 2.1.4.8. Ora, se a CF/88 usa, a par do termo 'comunicação', também o vocábulo 'difusão', e esse tem o conceito de propagação de mensagens a um público indeterminado, então a locução 'comunicação' quer significar a interação entre emissor e receptor determinado a respeito de uma mensagem. Isso significa que o conceito de comunicação, para efeito de instituição do ICMS-C, é o que envolve um receptor determinado e uma remuneração diretamente relacionada à interação entre ele e o emissor" (ÁVILA, Humberto. Veiculação de material publicitário em páginas na internet. Exame da competência para instituição do Imposto sobre Serviços de comunicação. Ausência de prestação de serviço de comunicação. *RDDT* 173/153, 2010).

8.5. Serviços de comunicação como atividades de transmissão/recepção de sinais. "2. Os serviços de comunicação a que se referem os arts. 2º, III, e 12, VII, da Lei Complementar n. 87/96 são os relativos às atividades de transmissão/recepção de sinais de TV. 3. Recurso especial provido" (STJ, 2ª T., REsp 726.103/MG, 2007).

8.6. Serviço de valor adicionado.

– Conferir o 61 da Lei n. 9.472/96, que define "serviço de valor adicionado".

8.7. Serviços preparatórios, acessórios, intermediários ou suplementares. Não incidência. Atividade-fim x atividades-meio. A base econômica é o serviço de comunicação propriamente, e não as atividades-meio realizadas e cobradas com ao menos relativa autonomia, assim considerados os serviços suplementares de caráter preparatório, acessório ou auxiliar que configurarão serviços comuns, não sujeitos ao ICMS.

– "ICMS. TELEFONIA CELULAR. SERVIÇOS SUPLEMENTARES AO SERVIÇO DE COMUNICAÇÃO. NÃO INCIDÊNCIA... 1. 'Os serviços de habilitação, instalação, disponibilidade, assinatura (enquanto sinônimo de contratação do serviço de comunicação), cadastro de usuário e equipamento, entre outros serviços, que configurem atividade-meio ou serviços suplementares, não sofrem a incidência do ICMS'. Acórdão submetido ao regime do art. 543-C do CPC e da Resolução STJ 08/2008 (REsp 816.512/PI, Primeira Seção, *DJe* 1º/2/10)" (STJ, 1ª T., AgRg nos EDcl no RMS 31.147/RR, maio 2014).

– Mesmo sentido: STJ, 1ª T., AgRg no REsp 1.197.495/GO, 2013.

– "... alvo de tributação por via de ICMS é a prestação do serviço de comunicação; não as etapas, passos ou tarefas preliminares a esta mesma prestação. As atividades-meio, como as de disponibilização e manutenção de equipamentos aos assinantes, mesmo sendo, algumas delas, essenciais à atividade-fim de prestação do serviço de comunicação, não fazem parte deste serviço e, portanto, passam ao largo do ICMS. Nem a lei complementar, nem a lei ordinária estadual, podem superar estas barreiras, transformando etapas prévias do serviço de comunicação, ou serviços dele diversos, em matéria tributável por meio de ICMS" (CARRAZZA, Roque Antonio. ICMS-comunicação: sua não incidência sobre a denominada tarifa de assinatura básica mensal – questões conexas. *RDDT* 155/84, 2008).

8.8. Atividade preparatória. Instalação de linha.

– Não incidência do ICMS sobre as atividades meramente preparatórias ou de acesso aos serviços de comunicação, tais como os serviços de instalação de linha telefônica fixa. Precedentes no STJ: REsp 451.166, *DJ* 20-4-2006; REsp 601.056-BA, *DJ* 3-4-2006, e AgRgREsp 1.054.543-RJ, j. em 21-8-2008.

8.9. Atividades-meio não se sujeitam nem ao ICMS nem ao ISSQN. "... os SVAs, serviços suplementares, facilidades adicionais e outros serviços conexos aos de telecomunicações, por não serem tributáveis pelo ICMS (...), podem ser objeto de cobrança do ISSQN desde que: b.1) estejam previstos na lista editada pela lei complementar; b.2) não consistam em atividades-meio necessárias à prestação do serviço de comunicação (a jurisprudência do STF e do STJ impede a cobrança do ISSQN sobre serviços que não possuam autonomia própria)" (MOREIRA, André Mendes. *A tributação dos serviços de comunicação*. São Paulo: Dialética, 2006. p. 219).

8.10. Atividades-meio. Não sujeição ao ICMS. Importa considerar que a base econômica é o serviço de comunicação propriamente, e não as atividades-meio realizadas e cobradas com autonomia, assim considerados os serviços preparatórios, acessórios ou auxiliares que configurarão serviços comuns, não sujeitos ao ICMS. O STJ, por isso, já decidiu que não incide ICMS na instalação de linha telefônica (STJ, AgRgREsp 1.054.543-RJ, 21 de agosto de 2008), na adesão, habilitação e instalação de ponto relativo a serviços de TV (STJ, 2ª T., AgRg no Ag 1108510/RJ, 2009) e na produção de programas de TV (STJ, 2ª T., AgRg no REsp 788.583/MG, maio 2009. Também: STJ, AgRg nos EDcl no RMS 31.147/RR, 1ª T., 2014). Há inclusive a **Súmula 350** do STJ: "O ICMS não incide sobre o serviço de habilitação de telefone celular". O STF, na mesma linha, entende que a incidência se dá tão somente sobre serviços de comunicação propriamente ditos, não sendo viável a extensão do tributo "aos serviços preparatórios e suplementares" (STF, ARE 904.294 AgR, 1ª T., 2015. Também o ARE 851.103 AgR, 1ª T., 2015).

– "... interpretação do disposto no art. 2º, III, da LC n. 87/96, o qual só contempla o ICMS sobre os serviços de comunicação *stricto sensu*, não sendo possível, pela tipicidade fechada do direito tributário, estender-se aos serviços meramente acessórios ou preparatórios à comunicação" (STJ, 2ª T., REsp 710.774/MG, 2006).

8.11. Serviços de comunicação mediante locação de bens móveis. "... os julgadores do TIT/SP adotam o entendimento de que os serviços de locação são indissociáveis dos serviços de comunicação e que, por estarem intimamente ligados, os valores recebidos a título de locação de bens móveis devem ser incluídos na base de cálculo do ICMS. (...) tal entendimento não leva em conta as diferentes naturezas jurídicas da atividade de locação e da prestação dos serviços de comunicação e o fato de que a locação sequer pode ser considerada um serviço (e muito menos um serviço sujeito ao ICMS). ... vale destacar que os argumentos pela não incidência do ICMS na atividade de locação de bens ficam fortalecidos sempre que os contratos tragam a previsão da locação de forma segregada e que os valores auferidos com cada uma das atividades sejam proporcionais com os custos incorridos para o desenvolvimento e oferecimento das mesmas aos clientes" (CARPINETTI, Ana Carolina; LARA, Henrique Amaral. A não incidência do ICMS sobre as receitas auferidas pelas empresas prestadoras de serviços de telecomunicação com a locação de bens móveis. *RDDT* 223/17, 2014).

8.12. *Outdoor.* "... no serviço de veiculação de imagens por placas e painéis não existe a transposição da informação de seu suporte físico inicial para um canal fornecido pelo prestador, motivo pelo qual não se enquadra no conceito constitucional de 'prestação de serviço de comunicação'" (HENRIQUES, Elcio Fiori. O fato gerador do ICMS-comunicação e o serviço de veiculação de imagens por *outdoor*. *RDDT* 164/14, maio 2009).

8.13. Produção de programas de TV. Não incidência de ICMS.

– Conferir STJ, 2ª T., AgRg no REsp 788.583/MG, 2009; e STJ, 1ª T., REsp 799927/MG, 2008).

8.14. Telefonia e TV por assinatura. Já decidiu o STJ que incide o ICMS sobre a tarifa de assinatura básica mensal de telefonia: STJ, 2ª T., REsp 1022257/RS, 2008. Considerou também que incide na transmissão de sinais de TV a cabo (STJ, 2ª T., AgRg no REsp 1.064.596/SP, 2008, *DJe* 9-3-2009) e via satélite (STJ, 2ª T., 677.108/PR, 2008).

8.15. TV via satélite. Transmissão de sinais. Incidência do ICMS. "ICMS. TELEVISÃO VIA SATÉLITE DTH. INCIDÊNCIA... LOCAL DA PRESTAÇÃO. COBRANÇA DO SERVIÇO E, APÓS A LC n. 102/2000, ESTABELECIMENTO DO TOMADOR... 2. O serviço de TV via satélite DTH é considerado serviço de telecomunicação, seja do ponto de vista material, disponibilização de modo oneroso, de meios (ou canais) necessários à comunicação a distância seja por expressa disposição legal, artigos 60 e 170 da Lei 9.472/97 e Resolução n. 220/2000, o que implica na incidência de ICMS. 3. Por se tratar de atividade meramente preparatória à comunicação, não incide ICMS no valor pago a título de adesão ao serviço" (STJ, 2ª T., REsp 677.108/PR, 2008).

8.16. TV a cabo. Transmissão de sinais. Incidência do ICMS.

– Conferir STJ, 2ª T., AgRg no REsp 1064596/SP, 2008, *DJe* 9-3-2009.

8.17. TV a cabo. Serviços acessórios ou preparatórios: adesão, habilitação e instalação de ponto etc. O STF entende que a incidência se dá tão somente sobre serviços de comunicação propriamente ditos, não sendo viável a extensão do tributo "aos serviços preparatórios e suplementares" (STF, 1ª T., ARE 904294 AgR, 2015. Também o ARE 851.103 AgR, 1ª T., 2015). Assim, também, o STJ.

– Mesmo sentido no STJ: REsp 710.774/MG, 2ª T., *DJ* 6-3-2006; AgRg no Ag 1.108.510/RJ, 2ª T., 2009.

– Pela incidência do ISS sobre os serviços de assistência técnica, de adesão, de instalação de equipamentos e de ponto extra, mudança na seleção de canais e habilitação de decodificador: STJ, 2ª T., REsp 710.774/MG, 2006.

– "As características operacionais e legais permitem vislumbrar que apenas as comunicações televisivas – Assinatura e a Cabo – tipificam autênticos serviços de comunicação, em razão da identificação dos tomadores, e caráter oneroso, materializadas em espécie de contratos. (...) Aliás, quando uma mensagem é transmitida para pessoas indeterminadas (via televisão, por exemplo, em que há uma simples expectativa da emissora de que se encontre destinatário), há uma simples difusão de mensagens, intributável por via ICMS. Como se isso não bastasse, não há uma obrigação de fazer entre a emissora e seus destinatários (o que já descaracteriza o fato imponível do ICMS), e, ainda que houvesse, o imposto seria inexigível, por falta de base de cálculo, porquanto o serviço de televisão (como o de radiodifusão sonora) é gratuito (art. 6º da Lei 4.117/62). Só quando o destinatário assume papel ativo, contratando o serviço de comunicação e dele participando, através do envio e do recebimento de mensagens, é que o ICMS pode incidir (CARRAZZA, Roque Antônio. *ICMS*. 4. ed. São Paulo: Malheiros, 1998, p. 117). Entretanto, positiva-se certa insegurança sobre o assunto, uma vez que nas comunicações veiculadas por TV a cabo ou por assinatura, em que o destinatário das mensagens é identificado, é tanto razoável entender que se trata de radiodifusão (não incidência do ICMS), como também entender que o imposto incide porque se trata de comunicação onerosa, ou remunerada (Hugo de Brito Machado, ICMS e radiodifusão, RDT 23/60)" (MELO, José Eduardo Soares de. ICMS/ISS TV por assinatura e a cabo, *courrier* e internet. *RDT* n. 71).

8.18. Serviço de voz pela internet. Não sujeição ao ICMS. "A tributação do serviço de voz pela internet (VoIP) é um debate atual e de alta relevância... (...) entende ser o VoIP um conjunto de tecnologias que possibilitam conversações em uma Rede IP, que pode ser pública (internet) ou privada, como Skype, MSN, dentre outros. Posiciona-se como uma alternativa a telefonia convencional, pois reduz o custo operacional devido ao uso de uma única rede para transportar dados e voz, facilitando tarefas e proporcionando um número maior de serviços. Por transportar dados VoIP sem custo adicional, vem chamando atenção do Fisco Estadual (ICMS) e do Fisco Municipal (ISS). (...) há quem entenda ser o caso de prestação de serviço de comunicação, devendo incidir ICMS. Porém, outros entendem ser o caso de prestação de serviço, mas não o de comunicação, devendo incidir ISS. Existe também o entendimento que não há tributação, por se tratar de um serviço de valor adicionado. E, por fim, há quem entenda que, dependendo de como seja prestado, o VoIP pode ser um serviço de comunicação, incidindo ICMS ou um serviço de valor adicionado, não havendo tributação. (...) A Agência Nacional de Telecomunicações entende que quando a comunicação de voz é efetuada entre dois computadores pessoais, sendo uma comunicação de PC a PC, não há um serviço de telecomunicação, sendo um serviço de valor adicionado, não havendo tributação. Esse também o entendimento internacional" (MARTINS, Daniele de Moura. ICMS e ISS: tributações sobre serviço de voz na internet. *RDDT* 209/24, 2013).

– Resolução Anatel n. 73/98: "Voz sobre IP (VoIP) é um conjunto de tecnologias que usam a internet ou redes IP privadas para a comunicação de voz, substituindo ou complementando os sistemas de telefonia convencionais. A Anatel não regulamente as tecnologias, mas os serviços de telecomunicações que delas se utilizam. A comunicação de voz utilizando computadores conectados à internet – uma das aplicações desta tecnologia – é considerada Serviço de Valor Adicionado, não sendo necessária autorização da Anatel para prestá-lo. (...) entendo, assim como a Anatel, que em alguns casos o VoIP é um serviço de valor adicionado e, em outros casos, é um serviço de telecomunicação. Quando o servidor de VoIP for prestado na modalidade PC a PC, temos um serviço de valor adicionado, ou seja, uma tecnologia que acrescenta e complementa um serviço de comunicação, não havendo incidência tributária. Mas, quando o serviço VoIP se utilizar de telefonia, seja fixa ou móvel, estar-se-á diante de um serviço de comunicação. Porém, é preciso saber se esse serviço é prestado de forma onerosa, pois se for haverá a incidência de ICMS, mas se não for, não haverá obrigação de pagar o tributo. (...) não devendo se cogitar a incidência de ISS, tendo em vista que não há previsão em nenhum item ou subitem da lista anexa da Lei Complementar n. 116/2003..." (MARTINS, Daniele de Moura. ICMS e ISS: tributações sobre serviço de voz na internet. *RDDT* 209/24, 2013).

8.19. Telefone celular. Habilitação. Não sujeição ao ICMS. O STF está analisando a questão no RE 572020 (Informativo n. 643 STF, 2011), mas o STJ já tem súmula sobre a matéria. Súmula: 350 do STJ: O ICMS não incide sobre o serviço de habilitação de telefone celular. (2008)

– Nesse sentido no STJ: REsp 1.022.257/RS, 2ª T., 2008; REsp 769.569, 1ª T., 2007.

8.20. Telefone celular. Taxa de recarga. "A taxa de recarga não é cobrada pela prestação de serviço de comunicação, mas sim pelo serviço administrativo prestado pela empresa para 'ativação' do cartão pré-pago. Trata-se de remuneração por atividade que precede a prestação do próprio serviço de comunicação (embora, por razões técnicas, muitas vezes a cobrança da taxa de recarga ao ocorra no exato momento em que o cartão é ativado. A taxa de recarga se assemelha, de cera forma, à taxa de habilitação do aparelho. (...) O STJ já assentou à unanimidade por sua Primeira Seção (RMS n. 11.368/MT), a não incidência de ICMS sobre os valores cobrados a título de habilitação de telefones decisão que, *mutatis mutandis*, se aplica à taxa de recarga" (COÊLHO, Sacha Calmon Navarro; MOREIRA, André Mendes.

ICMS-comunicação – taxa de recarga – não incidência – direito da operadora de estornar débitos de ICMS lançados a esse título – inaplicabilidade do art. 166 do CTN ao caso da consulente. *RDDT* 142/120, 2007).

8.21. Telefone celular. Operações de *roaming*. "Cinge-se a questão ao pagamento de ICMS sobre os serviços de telefonia móvel prestados na modalidade *roaming*. (...) Ressaltou-se que o serviço de *roaming* ocorre quando um usuário de linha móvel celular realiza uma chamada a partir de território que não está abrangido pela concessionária por ele contratada, sendo que essas ligações são feitas (transmitidas) pela concessionária local, ou operadora visitada, a qual é remunerada, mediante repasse, pela concessionária que disponibilizou a linha ao usuário. Observou-se que esse serviço torna-se complexo na medida em que pressupõe a realização de dois negócios jurídicos simultâneos para viabilizar o serviço de comunicação pretendido: um entre o usuário e a sua operadora original, pela qual foi disponibilizada a linha, e outro entre essa sociedade empresária titular do contrato e aquela que efetivamente realiza a comunicação (operadora visitada). Consignou-se, ainda, que, da relação jurídica existente entre as concessionárias, resultam os valores cobrados pela operadora local mediante repasse registrado no documento de declaração de tráfego e prestação de serviços (Detraf), pela efetiva prestação de serviço de comunicação, razão pela qual há a incidência do ICMS sobre tais valores. *In casu*, visto que, nas operações denominadas *roaming*, a obrigação tributária deve recair sobre a empresa que viabilizou a chamada telefônica, qual seja, a operadora com cobertura na área de onde partiu a ligação do usuário do sistema, a recorrente é a verdadeira contribuinte da exação em comento. (...) Precedentes citados: AgRg no REsp 1.157.106-MT, *DJe* 5/8/2011; REsp 996.752-RJ, *DJe* 19/2/2009, e REsp 589.631-MG, *DJ* 27/2/2007" (STJ, 1ª T., REsp 1.202.437/MT, 2011).

8.22. Provedores de internet. Não sujeição ao ICMS. O STF, em 2010, no RE 583.327, entendeu tratar-se de matéria infraconstitucional: "ICMS. SERVIÇOS DE ACESSO À INTERNET. SERVIÇO DE VALOR ADICIONADO. MATÉRIA DE ÍNDOLE EMINENTEMENTE INFRACONSTITUCIONAL. AUSÊNCIA DE REPERCUSSÃO GERAL. Nos termos da jurisprudência do Supremo Tribunal Federal, o tema atinente à incidência de ICMS aos serviços de acesso à internet está circunscrito ao âmbito infraconstitucional. Não havendo, em rigor, questão constitucional a ser apreciada por esta nossa Corte, falta ao caso 'elemento de configuração da própria repercussão geral', conforme salientou a Ministra Ellen Gracie, no julgamento da Repercussão Geral no RE 584.608".

8.23. Súmula 334 do STJ: "O ICMS não incide no serviço dos provedores de acesso à Internet".

– "... verifica-se que o serviço prestado pelo provedor de acesso à Internet não se caracteriza como serviço de comunicação prestado onerosamente (art. 2º, III, da LC n. 87/96), de forma a incidir o ICMS, porque não fornece as condições e meios para que a comunicação ocorra, sendo um simples usuário dos serviços prestados pelas empresas de telecomunicações. Não cuida, tampouco, de serviço de telecomunicação, porque não necessita de autorização, permissão ou concessão da União, conforme determina o art. 21, inciso XI, da Constituição Federal. Trata-se de mero serviço de valor adicionado, porquanto o prestador utiliza a rede de telecomunicações que lhe dá suporte para viabilizar o acesso do usuário final à Internet, por meio de uma linha telefônica. (...) Conclui-se, portanto, que, não podem os Estados ou o Distrito Federal alterar a definição, o conteúdo e o alcance do conceito de prestação de serviços de conexão à Internet, para mediante Convênios Estaduais, tributá-la por meio do ICMS" (FRANCIULLI NETTO, Domingos. ICMS sobre operações eletrônicas (provedores de acesso à internet). *RFDT* 10/9, 2004).

8.24. Propaganda em página na internet. "6) A cessão de espaço publicitário em páginas de Internet também não se compreende no conceito de serviço, pois não envolve uma obrigação de fazer, mas uma obrigação de dar ou ceder espaço. 7) A cessão de espaço publicitário em páginas de Internet, ainda que fosse serviço, igualmente não seria de comunicação, pois não abrange uma relação bilateral e remunerada entre emissor e receptor determinados, mas a mera cessão de espaço para difusão ou propagação de mensagens, previamente fornecidas pelo anunciante, ao público em geral. 8) A relação entre anunciante e o público em geral não se compreende no conceito de comunicação, pois ela não envolve interação, mas mera atividade de acesso, e, mesmo que ela fosse considerada como interação, não teria por objeto a troca de mensagens. 9) a relação entre o emissor da mensagem e o público que acessa a publicidade em páginas da Internet não é remunerada, e a única onerosidade existente diz respeito à cessão do espaço, e não à relação comunicativa. 10) A atividade de veiculação de publicidade em páginas da Internet não se enquadra no âmbito de competências dos Estados para tributação por meio do imposto sobre a prestação de serviços de comunicação" (ÁVILA, Humberto. Veiculação de material publicitário em páginas na internet. Exame da competência para instituição do imposto sobre serviços de comunicação. Ausência de prestação de serviço de comunicação. *RDDT* 173/153, 2010).

8.25. Serviços de telecomunicação internacional e serviços auxiliares. Não incidência de ICMS. "... tanto as operações relativas à circulação de mercadorias, como as prestações de serviços iniciados no exterior são tributadas pelo imposto estadual. 'A contrario sensu', as operações iniciadas no país não são tributadas, se o destinatário do serviço estiver no exterior, a utilidade do serviço é auferida por alguém que está fora do território nacional. A questão tributária nada tem a ver com a saída ou entrada de divisas, mas com a destinação do serviço, que, nitidamente, na segunda hipótese, é voltada ao usuário externo. Embora iniciado no Brasil, sua prestação é concluída fora do território brasileiro. O constituinte, ao admitir que só a prestação de serviços iniciada fora e concluída no Brasil, é sujeita ao ICMS, afastou o entendimento de que o serviço concluído fora esteja sujeito ao ICMS, o que, de resto, quando vinculada a legislação complementar explicitadora de tal inteligência foi confirmado" (MARTINS, Ives Gandra da Silva. Serviços de telecomunicação iniciados no Brasil e concluídos no exterior – hipótese de não imposição do ICMS – operadoras locais sem concessão para ligações internacionais não são contribuintes do ICMS para tais efeitos, se devido fosse, que não é. *RDDT* 73/159-169, 2001).

– "... a série de atos, que colocam à disposição dos usuários os meios e modos aptos à prestação dos serviços de telecomunicação internacional (serviços telefônicos fixos comutados de longa distância internacional), é etapa propedêutica, que não deve ser confundida com a própria prestação destes serviços. (...) Embora importantíssima, esta atividade-meio deve, inclusive para fins tributários, ser apartada da atividade-fim, que, no nosso caso, é a prestação, como um todo considerada, dos serviços de telecomunicação internacional. Noutras palavras, o ICMS não pode incidir isoladamente, sobre as etapas necessárias à execução destes serviços. (...) Muito bem, tudo o que até aqui escrevemos aplica-se ao serviço de telecomunicação internacional (serviço telefônico fixo comutado de longa distância internacional), que, para ser executado, exige, a utilização da rede fixa local, da rede fixa interurbana e da rede móvel. (...) A utilização destas redes não passa, é bem de ver, de condição para a cabal prestação do serviço em tela. Na hipótese, não há falar, ainda, em prestação de serviço de telecomunicação internacional, que só se realiza quando a chamada se completa, no exterior. (...) A disponibilização de equipamentos, são essenciais à atividade-fim de prestação do serviço de telecomunicação internacional, nela se incluindo, indissociavelmente. Logo, não podem ser consideradas em estado de isolamento. Não pelo menos no que concerne à incidência do ICMS. (...) É que não praticam o fato imponível deste tributo, mas apenas, executam etapas necessárias à sua implementação, pela Embratel ou Intelig" (CARRAZZA, Roque Antonio. ICMS: sua não incidência sobre prestações de serviços de telecomunicação internacional (serviços de longa distância internacional), bem como sobre os serviços que os viabilizam (serviços auxiliares). *RDDT* 60/99, 2000).

– No sentido de que incidirá o ICMS somente no caso de o serviço conexo ser de prática obrigatória para a prestação do serviço de telecomunicação propriamente dito: "Na hipótese de o 'serviço conexo' representar o próprio serviço de telecomunicação ..., incidirá o ICMS sobre o mesmo. ... Se for impossível a prestação do serviço de telecomunicação sem a utilização do 'serviço conexo', este último irá aderir ao próprio serviço de telecomunicação, sendo competente o Estado para exigir o ICMS sobre o mesmo. ... Caso o serviço de telecomunicação seja autônomo em relação ao 'serviço conexo', o Estado não terá competência tributária. Deverá então ser segregado do serviço de telecomunicações, o que significa dizer que há necessidade de, inclusive, atribuir-lhe um preço específico. Desta forma, se o serviço conexo ao serviço de telecomunicação estiver contido na lista anexa ao DecretoLei n. 406/68 haverá a incidência do ISS sobre o preço deste 'serviço conexo', caso contrário não haverá a incidência desse imposto sobre esta parcela" (BRANCO, Carlos Augusto Coelho. Tributação sobre os serviços conexos aos serviços de telecomunicação. *RDDT* 63/29, 2000).

8.26. Tarifa de assinatura básica mensal de telefonia. Incidência do ICMS. "LC n. 87/96... 4. Incide ICMS sobre a cobrança de assinatura básica residencial, que se constitui em verdadeira remuneração do serviço de telefonia, já que sua previsão legal é de estabelecer valor mínimo que justifique a viabilidade econômica do serviço com a contrapartida de franquia de utilização" (STJ, 2ª T., REsp 1.022.257/RS, 2008).

– Pela não incidência do ICMS. "Os valores cobrados a título e 'assinatura básica de telefonia' não se referem diretamente a nenhum serviço de comunicação; antes, correspondem ao custo das providências necessárias a tornar os aparelhos telefônicos aptos a enviar e captar mensagens. Segue-se, portanto, que tais valores não podem integrar a base de cálculo do ICMS, que – nunca é demais repetir – é o preço do serviço de comunicação efetivamente prestado" (CARRAZZA, Roque Antonio. ICMS-comunicação: sua não incidência sobre a denominada tarifa de assinatura básica mensal – questões conexas. *RDDT* 155/84, 2008).

8.27. No sentido de que o inadimplemento definitivo afasta o fato gerador do ICMS nos serviços de comunicação. "(...) o fato gerador do referido imposto é a prestação *onerosa* de serviços de comunicação, sendo, pois, *juridicamente relevante* o fato de o consumidor definitivamente não pagar pela sua obtenção. Esclareça-se, de início, que não se analisa a *mera inadimplência* do consumidor, que deixa de pagar, mas continua com o dever de fazê-lo, ainda que sob constrição judicial. Examina-se, em vez disso, a sua inadimplência definitiva, isto é, os casos em que o seu adimplemento se tornou objetivamente impossível, inexigível ou mesmo incapaz de realizar os interesses objetivos do prestador que, em razão disso, deixa de manter o contrato e de contabilizar o seu crédito, e opta por resolvê-lo e por contabilizar definitivamente a perda dele decorrente. Nesse caso, defende-se que a prestação de serviço de comunicação não pode ser considerada onerosa. Sustenta-se, assim, que o fato gerador do ICMS não pode ser considerado ocorrido porque o inadimplemento exerce o papel de causa superveniente de impedimento do seu surgimento, já que o negócio jurídico subjacente não se consuma quando ocorre o inadimplemento absoluto do consumidor. A essa conclusão se chega mediante o exame de argumentos jurídicos, de nível constitucional e legal: como o fato gerador do ICMS depende da existência de uma operação caracterizada pela onerosidade, requer-se a tanto a prestação quanto o respectivo pagamento ou a persistência do direito ao crédito, cuja ausência afasta a sua onerosidade; como a resolução por inadimplemento é um direito legal do prestador que extingue os efeitos do negócio jurídico desde o início, o pagamento do tributo com base na sua consumação deve ser considerado indevido" (ÁVILA, Humberto. ICMS como imposto sobre o consumo: inocorrência de prestação onerosa de serviço de comunicação no caso de inadimplemento do consumidor. *RDDT* 186/110, 2011).

8.28. *Pager*. Não incidência de ICMS sobre locação e secretariado.

– Conferir REsp 848.490-RJ, 2008.

8.29. Radiodifusão. Imunidade dos serviços de recepção livre e gratuita. A Constituição considera a radiodifusão comunicação, mas concede imunidade às "prestações de serviço de comunicação nas modalidades de radiodifusão sonora e de sons e imagens de recepção livre e gratuita" (art. 155, § 2º, X, *d*).

– HUMBERTO ÁVILA, por sua vez, distingue a comunicação, de um lado, da radiodifusão e da propaganda, de outro: "[...] o que diferencia a 'comunicação' da 'radiodifusão' é, precisamente, a qualidade do receptor e a relação entre ele e o emissor. 2.1.4.7. De fato, 'difundir' tem o sentido de propagar uma mensagem, enviando-a a um sem-número de pessoas, independente de elas serem determinadas ou pagarem pela sua recepção. O termo 'propaganda', também usado pela CF/88, denota o mesmo sentido: difusão de ideias para público indeterminado. O que interessa, pois, para a ocorrência de difusão é a ação da propagação pelo emissor, e não a interação entre o emissor e um determinado receptor. Não por acaso, a veiculação de propaganda, até o ano de 2003, estava incluída na lista de serviços tributáveis pelos Municípios: sendo uma ação custeada por quem tem interesse em difundir ideias, a veiculação de propaganda encaixa-se no conceito de esforço humano prestado em benefício de outrem, para o qual é irrelevante a interação entre anunciante e o público-alvo. 2.1.4.8. Ora, se a CF/88 usa, a par do termo 'comunicação', também o vocábulo 'difusão', e esse tem o conceito de propagação de mensagens a um público indeterminado, então a locução 'comunicação' quer significar a interação entre emissor e receptor determinado a respeito de uma mensagem. Isso significa que o conceito de comunicação, para efeito de instituição do ICMS-C, é o que envolve um receptor determinado e uma remuneração diretamente relacionada à interação entre ele e o emissor". (ÁVILA, Humberto. Veiculação de material publicitário em páginas na internet. Exame da competência para instituição do imposto sobre serviços de comunicação. Ausência de prestação de serviço de comunicação. *RDDT*, 173/153, 2010).

8.30. ***Streaming.*** Há quem entenda que não incide o ICMS-comunicação sobre o *streaming*, considerando que as respectivas empresas "detêm apenas o conteúdo que disponibilizam aos seus assinantes, mas o canal comunicacional por meio do qual esses assinantes podem acessá-lo (i.e., Internet) é de propriedade das empresas de telecomunicações, responsáveis pela Internet de banda larga" (RISTOW, Rafael Pinheiro Lucas; FARIA, Ligia Ferreira de. *Streaming* e a incidência (ou não) do ICMS: Caso "TV por Assinatura x *Streaming*. *RET* n. 113, 2017. p. 111).

– Conferir nota ao subitem 1.09.

9. Serviços definidos em lei complementar. O art. 156, III, da CF remete à lei complementar a definição dos serviços de qualquer natureza sujeitos à tributação. A LC, de um lado, está adstrita à base econômica "serviços de qualquer natureza" e, de outro, não pode definir como sujeitos ao ISS aqueles atribuídos à competência dos Estados (art. 155, II, da CF). Estabelecida a lista de serviços por lei complementar, cabe aos Municípios, mediante lei própria, instituírem o imposto. Normalmente, as leis municipais copiam a lista de serviços constante da lei complementar, com o que os Municípios exaurem sua competência tributária.

– "Há quem indague se o Imposto sobre Serviços de Qualquer Natureza – ISSQN seria imposto de caráter residual, isto é, com campo de incidência determinado pela exclusão. Podemos responder que o ISSQN tem um campo de incidência próprio, que não é determinado pela exclusão, porém pela definição dos serviços listados em lei complementar. Qualquer outro serviço estaria fora do campo de incidência do ISSQN. Os serviços não onerados pelo ISSQN seriam, assim, os seguintes: a) os serviços de transporte interestadual e intermunicipal tributados pelo ICMS; b) os serviços de comunicação tributados pelo ICMS; c) todos os serviços não constantes da lista anexa à Lei Complementar n. 116, de 2003" (BORGES, José Cassiano; REIS, Maria Lúcia Américo dos. *ISS ao alcance de todos*. Rio de Janeiro: Lumen Juris, 2010. p. 15).

– "A expressão *definidos em lei complementar* não autoriza conceituar como serviço o que serviço não é. Admitir que o possa equivale a supor que, a qualquer momento a lei complementar possa dizer que é serviço a operação mercantil, a industrialização, a operação financeira, a venda civil, a cessão de direitos. Em outras palavras, que a lei complementar possa, a seu talante, modificar a CF; que a limitação posta pela CF à competência municipal para só tributar atividades configuradoras de serviço, não tem a menor relevância; que pode ser desobedecida pela lei complementar. A lei complementar tem que se cingir a definir ou a listar atividades que, indubitavelmente, configurem serviço. Será inconstitucional toda e qualquer legislação que pretenda ampliar o conceito de serviço constitucionalmente posto, para atingir quaisquer outros fatos (iluminados pelos contratos respectivos). (...) A lei complementar completa a Constituição; não a modifica" (BARRETO, Aires F. *ISS na Constituição e na lei*. 3. ed. São Paulo: Dialética, 2009. p. 110-111).

– "A determinação constitucional de que os serviços tributáveis pelo Município estejam definidos em lei complementar tem por finalidade dar uniformidade ao sistema tributário nacional e evitar conflitos de competência não só entre municípios, mas entre estes e os Estados, tendo em vista a existência de inúmeras situações em que o fornecimento de mercadoria ocorre com prestação de serviços, sem que seja possível distinguir uma atividade da outra; – no cumprimento da função de evitar conflitos de competência, a lei complementar, ao mesmo tempo em que define os serviços passíveis de tributação pelo Município, explicita o regime que deve ser seguido quando tais serviços são prestados juntamente com o fornecimento de mercadorias, de forma a excluir operações mistas. – o mesmo escopo ostenta o art. 155, § 2º, IX, *b* da CF, ao estabelecer o regime a ser aplicado, sempre que, estando o fornecimento de mercadorias intimamente ligado à prestação de serviço, este serviço não tenha sido definido na lei complementar como de competência municipal" (MARTINS, Ives Gandra da Silva; SOUZA, Fátima Fernandes Rodrigues de. ICMS: exegese do art. 155, II, § 2º, IX, *b*, da CF. *RFDT* 6/161, 2003).

– "Definir significa limitar, demarcar, determinar a extensão ou os limites dos serviços tributáveis pelo ISS. É diferente de simples conceituação de serviços" (HARADA, Kiyoshi. *ISS:* doutrina e prática. São Paulo: Atlas, 2008. p. 45).

– "Coloca-se, desde logo, a questão: é o ISS um imposto residual, ou seja, o seu campo de incidência é determinado por exclusão? [...] O legislador constitucional, ao determinar que os serviços incluídos no campo de incidência do ISS seriam aqueles 'definidos em Lei Complementar', quis dizer que qualquer prestação de serviços não contemplada ou não elencada na lista estaria fora do campo de incidência do ISS" (GASPAR, Walter. *ISS*: teoria e prática. Rio de Janeiro: Lumen Juris, 1997. p. 19-20).

9.1. Definição dos serviços tributáveis: questões "de direito" (constitucionalidade e adequação à lei complementar) e, também, "de fato". Os serviços definidos pela LC n. 116/2003 como sujeitos ao ISS estão sujeitos a discussões de direito e também, quando da sua aplicação aos casos concretos, de fato. Há discussões que versam sobre a constitucionalidade da cobrança do ISS quanto a determinadas atividades em face das suas verdadeiras características e de serem tributáveis pelo ISS ou por outros impostos (ICMS, IPI, IOF, ITBI). Abundam os debates doutrinários, administrativos e judiciais, tais como: industrialização por encomenda, manipulação de fórmulas, *leasing*, fabricação de embalagens personalizadas, plano de saúde, franquia, cessão de direitos, dentre outros. Ainda dentro dessas temáticas exclusivamente "de direito", também afloram debates sobre a imunidade para fins de ISS (gerais e específicas), como no caso da ECT. Além das questões de índole constitucional (cuja decisão final fica sempre a cargo do

STF), ainda há diversas matérias de direito infraconstitucional, que se referem à interpretação e aplicação da própria LC n. 116, assim como do DL 406/68. Neste aspecto, aparecem os questionamentos em torno da composição da base de cálculo, local de ocorrência e definição do sujeito ativo, por exemplo. A última palavra, nesses debates de cunho infraconstitucional (lei federal, LC n. 116, DL 406/1698), compete ao STJ.

– A definição de serviço envolve simultaneamente análise e interpretação cuidadosas sobre questões de direito e de fato. Obviamente, a LC n. 116 entra apenas na "questão de direito", catalogando as atividades sujeitas ao ISS, deixando para as partes contratantes do negócio jurídico e para as Administrações Tributárias a apreciação fática e casuística do serviço efetivamente prestado. Dito de outro modo, além da "questão de direito" (validade da cobrança do ISS sobre todos aqueles serviços listados), os aplicadores da LC n. 116 também precisarão se deparar concretamente com o enquadramento da atividade em um dos subitens da lista de serviços, ensejando questões "de fato" relacionadas ao ônus da prova, fiscalização, análise de contratos e de outros documentos etc.

9.2. Serviço tributável pelo ISS requer uma relação pessoal e contratual entre prestador e tomador do serviço e a destinação para um consumidor final. "3. Não é, entretanto, o serviço do empregado ao empregador que sofre incidência do ISS, pois dele está expressamente excluído pelo art. 10, parágrafo único, do DLF 406/68. O serviço tributável é apenas o prestado por empresas ou profissionais autônomos, como determina o art. 8º desse mesmo DLF. A subordinação ou dependência do locador ou trabalhador já não é pessoal, mas restrita à realização do serviço, que se deve executar segundo regras ou ordens específicas estabelecidas pelo locatário. Quando se trata de empreitada (*locatio operis*) a subordinação ou dependência é ainda mais restrita, pois se cinge às especificações da coisa empreitada, diferentemente dos demais serviços (*locatio operarum*) em que o locatário ou empregador pode exigir que o trabalho se desenvolva sob suas vistas. 4. Essas considerações mostram que na locação de serviço existe sempre relação pessoal entre locador e locatário. Eis por que, como se lê no art. 1.216 do Código Civil, 'toda espécie de serviço ou trabalho lícito, material ou imaterial, pode ser contratada mediante retribuição'. Como diz Clóvis, 'é o contrato pelo qual uma pessoa se obriga a prestar certos serviços a uma outra, mediante remuneração... 'Esse vínculo, entretanto, inexiste no trabalho da empresa industrial ou agrícola, que produzem para o mercado e não para determinadas pessoas, isto é, para o próprio consumidor final. Nenhum vínculo há entre este e aquelas empresas. 5. Quando se trata, entretanto, da produção de coisas móveis, não basta aquela relação pessoal para caracterizar a prestação de serviço. É necessário que a produção seja feita especialmente para o consumidor final, pois se ela já estiver pronta, terá sido realizada para o mercado. Tratar-se-á de indústria e não de prestação de serviço. É preciso, ainda, que a quantidade seja compatível com o trabalho pessoal ou artesanal do prestador, o que reduz a máquina a sua mera auxiliar e exclui a produção numerosa ou em série, também característica da indústria. De acordo com esses princípios, o DF 70.162/72 'não considera industrialização', para efeito de cobrança do IPI, os fatos econômicos arrolados nos 11 itens do § 4.º do art. 1.º, nos quais há sempre relação pessoal entre o produtor e o cliente, digamos melhor, entre o prestador final e o usuário final, pois é de serviço que se trata. No item V, limita a 5 operários o trabalho profissional de confecção e preparo de produto, 'por encomenda direta do consumidor ou usuário', e no item IV, refere-se a produção artesanal e doméstica que utilize trabalho assalariado. São critérios práticos para traçar a linha divisória entre a industrialização e a prestação de serviços, na região obscura em que confrontam" (RAMOS, José Nabantino; VERGUEIRO, Vera Damiani. *Dicionário do imposto sobre serviços*. São Paulo: Revista dos Tribunais, 1975. p. 96).

9.3. Lista anexa à LC n. 116/2003. A LC n. 116, de 31 de julho de 2003, que disciplina o ISS, traz, em anexo, a lista de serviços sujeitos ao imposto municipal. Tendo como referência essa lista, e nos limites dela, é que os Municípios, via lei municipal, definem os serviços tributados.

9.3.1. Anteriormente, lista anexa ao DL 406/68, atualizada pela LC n. 56/87. O Decreto-lei n. 406, de 31 de dezembro de 1968, que revogou os arts. 71 a 73 do CTN, alterado posteriormente pela LC n. 56/87, foi recepcionado pela CF/88 e cumpria, com alterações também pela LC n. 100/99, a função de lei complementar definidora dos serviços sobre os quais incidiam o ISS. Estabelecia, como fato gerador do imposto, a prestação de serviços constante de listagem a ele anexa, menor que a lista atual, da LC n. 116/2003.

– "IMPOSTO SOBRE SERVIÇOS – ISS... O Decreto-Lei n. 406/68 foi recepcionado como lei complementar pela Constituição da República" (STF, 1ª T., RE 262.598, 2007).

9.4. Só é válida a inclusão, na lista, do que efetivamente configure prestação de serviço. "A expressão 'definidos em lei complementar' não autoriza que seja conceituado como serviço aquilo que efetivamente não o é. Indigitada prática subverte a hierarquia do sistema positivo brasileiro, pois o constituinte traçou o quadro dentro do qual os Municípios podem mover-se..." (CARVALHO, Paulo de Barros. Não incidência do ISS sobre atividades de franquia (*franchising*). *RET* 56/65, 2007).

– "A inclusão na lista de serviço de fatos que não configuram prestação de serviço, por afastada a ideia de trabalho, de esforço humano, afronta o disposto no art. 156, III, da Constituição Federal. Assim se dá na locação de bens móveis, como já proclamou o Supremo Tribunal Federal. Assim também e por identidade de razões no arrendamento mercantil. É que não importa esteja listado o serviço; importa, sim, se o fato que lá está descrito se caracteriza como tal. A lista não é critério ou não é o único critério para descrever o fato gerador do ISS, até porque não define o tipo, não conceitua o que seja prestação de serviço" (TJRS, 11º GCív., EI 70012234555, Des. Genaro José Baroni Borges, *DJRS* 5-7-2005).

9.5. Definir x conceituar. "... a razão está com os que defendem a taxatividade da lista. É importante destacar que *definir* é mais do que *conceituar*. *Conceituar* é a compreensão de uma palavra, concepção ou ideia; já *definir* é a 'operação linguística que busca a determinação clara e precisa de um conceito ou objeto'. O termo empregado na CF foi *definir*, o que nos leva a acreditar que, embora a norma mitigue a competência impositiva dos Municípios, fá-lo por imposição expressa do texto constitucional. (...) não se trata de restrição inconstitucional ao princípio da autonomia municipal, pois a restrição foi estabelecida ano bojo do texto original da CF, não foi fruto de emenda constitucional..." (GRUPENMACHER, Betina Treiger. Imposto sobre serviços: critério espacial – a questão do domicílio do prestador e o papel do Poder Judiciário enquanto guardião das instituições democrática. *In:* GRUPENMACHER, Betina Treiger (coord). *Tributação*: democracia e liberdade. São Paulo: Noeses, 2014. p. 155).

9.6. Taxatividade da lista. A lista de serviços anexa à LC n. 116/2003 é taxativa, por imposição constitucional, na medida em que a competência é outorgada para instituir imposto sobre "serviços de qualquer natureza... definidos em lei complementar". Ademais, a redação do art. 1º da LC n. 116/2003 também permite tal exegese. Na vigência do DL 406/68 também já definia os serviços em lista e já se consolidara o entendimento do STF no sentido da sua taxatividade. Apenas no período anterior ao advento do DL 406/68 (que revogou os arts. 71 a 73 do CTN) é que o inciso VI do § 1º do art. 71, § 1º, VI, do CTN, incluído pelo Ato Complementar n. 34/67, acrescera ao rol de serviços sujeitos ao imposto a possibilidade de tributação das "demais formas de fornecimento de trabalho, com ou sem utilização de máquinas, ferramentas ou veículos". Tal cláusula aberta, que permitia aos municípios tributar quaisquer prestações de serviços, não foi mais repetida na legislação posterior, tendo então se consolidado o entendimento no sentido da taxatividade.

– Conferir art. 1º, *caput* e § 1º, da LC n. 116/2003.

– "Os serviços exclusivamente tributáveis pelos Municípios, por intermédio do ISS, acham-se relacionados em lista cuja taxatividade constituindo natural consequência do princípio da legalidade tributária, tem sido reconhecida tanto pela doutrina (Rui Barbosa Nogueira, *in* RT 482/263; Aliomar Baleeiro, *Direito tributário brasileiro*, p. 270, 8. ed., 1976, Forense) quanto pela jurisprudência do Supremo Tribunal Federal (*RTJ* 68/8 – *RTJ* 89/281 – *RTJ* 97/357 *RDA* 118/155..." (STF, RE 156.568-3/SP, excerto do voto do Min. Celso de Mello, 1993).

– "ISSQN. LC n. 116/03. PRODUÇÃO DE FITAS E FILMES SOB ENCOMENDA. NÃO INCIDÊNCIA... 2. 'A partir da vigência da Lei Complementar n. 116/03, em face de veto presidencial em relação ao item 13.01, não mais existe previsão legal que ampare a incidência do ISS sobre a atividade de produção, gravação e distribuição de filmes, seja destinada ao comércio em geral ou ao atendimento de encomenda específica de terceiro, até mesmo porque o item vetado não fazia tal distinção' (REsp 1.308.628/RS, Primeira Turma, 2/8/12)" (STJ, 1ª T., EDcl no AgRg no Ag 1353885/RS, 2013).

– "Considerando que o STF firmou diretriz concernente à taxatividade da lista de serviços anexa a lei complementar, a despeito do princípio da autonomia municipal, por vezes, os Municípios fazem tabula rasa da jurisprudência inserindo um item adicional, intitulado 'fornecimento de trabalho, qualificado ou não, não especificado nos itens anteriores'" (MELO, José Eduardo Soares de. *ISS:* aspectos teóricos e práticos. 5. ed. São Paulo: Dialética, 2008. p. 60).

– "Quando a Carta Magna exige definição dos serviços pela lei complementar no ISS, o faz para reforçar a permanência do entendimento existente ao tempo da Carta anterior e, portanto, agasalhado no art. 97, II e IV, vale dizer, os tipos legais tributários são cerrados, pois devem ser definidos através da indicação exaustiva das notas características desses serviços, sempre necessárias. Essa exigência constitucional tem sua razão de ser na recalcitrância de alguns Municípios e parte minoritária da doutrina, que recusa a definição exigida na Constituição porque deseja tipos abertos, que se descrevem, possibilitando elencos exemplificativos que assegurem limites flexíveis, passíveis de extensão segundo a conveniência do intérprete. Mas a clareza do texto constitucional não deixa dúvidas – os tipos tributários, inclusive os veiculados através de listas taxativas, são definidos como conceitos legais, funcionando como tipos cerrados. (...) Todavia, o legislador complementar, ao elaborar as listas de serviços, por desconhecimento ou comodismo, às vezes encerra certos itens com cláusulas gerais – 'congêneres, demais formas de fornecimento de serviços, outros serviços'–, no que são acompanhados por legisladores municipais. Cláusulas gerais não devem ser consideradas, devendo ser rechaçadas pelo Judiciário" (DOLÁCIO DE OLIVEIRA, Yonne. *In:* MARTINS, Ives Gandra da Silva (coord.). *Comentários ao Código Tributário Nacional*. São Paulo: Saraiva, 1998. v. 2, p. 10-11).

9.7. Discussão sobre o caráter taxativo ou exemplificativo da lista de serviços. "Assim, 'definidos em lei complementar' quer dizer estabelecidos em lei complementar, isto é, fixados, indicados, arrolados, em lei complementar. Compete à lei complementar estabelecer quais as atividades que devem ser tidas como serviços, para efeito de incidência do ISS. Ao estabelecer o rol dos serviços, a lei complementar não pode violar o Estatuto Supremo que lhe é superior. Ao estabelecer, de forma precisa, não genérica, os serviços oneráveis pelo ISS, a lei complementar deve obedecer fielmente à discriminação constitucional de rendas tributárias. Aliomar Baleeiro, utilizando expressão mais feliz e menos discutida, ao conceituar a hipótese de incidência do ISS, diz que os serviços de qualquer natureza devem estar 'previstos em lei complementar'. O Decreto-lei n. 406, de 31.12.1968, utiliza a expressão 'serviço constante da lista anexa' (art. 8º), ao conceituar a hipótese de incidência do ISS. De acordo com a exigência constitucional, os serviços sujeitos ao ISS devem ser definidos em lei complementar, através de uma enumeração do elenco de atividades alcançadas pelo imposto, isto é, de uma lista de serviços. Somente estão sujeitos ao ISS os serviços arrolados nesta lista baixada por lei complementar, por ordem constitucional. Será serviço (bem imaterial), mas não poderá dar origem a cobrança do ISS, a atividade que não esteja incluída na lista de serviços (v.g.: cessão de direitos em geral, venda de pontos comerciais sem ser através de terceiros, etc). A lei complementar (Decreto-lei) n. 406, de 31.12.1968, explicita o fato de forma a não deixar dúvidas, estabelecendo: 'o imposto ...sobre serviços de qualquer natureza, tem como fato gerador a prestação, ..., de serviço constante da lista anexa' (art. 8º). E mais: 'os serviços incluídos na lista ficam apenas sujeitos ao imposto previsto neste artigo' (ISS), 'ainda que sua prestação envolva o fornecimento de mercadorias' (art. 8º, § 1º) e, inversamente, 'o fornecimento de mercadorias com prestação de serviços não especificados na lista fica sujeito ao imposto sobre circulação de mercadorias' (art. 8º, § 2º – redação do art. 3º, alteração III, do Decreto-lei n. 834, de 8.9.1969). Em que pesem a evidência da exposição acima, natural decorrência dos textos constitucionais e complementares, alguns autores postulam ser a lista de serviços meramente explicativa, exemplificativa ou não taxativa, abrangendo apenas alguns dos serviços alcançados pelo ISS. Com a devida vênia, inexistem argumentos convincentes apresentados por essa corrente da não taxatividade da lista de serviços. Em geral apregoam: a intenção do legislador (elemento prejurídico) foi a de afastar problemas e não de limitar o campo de incidência do ISS; não se pretende (elemento prejurídico) deixar sem tributação as demais atividades; o legislador teve a ideia de facilitar as autoridades municipais na tributação (elemento prejurídico); a lei complementar deve delinear apenas os serviços que se encontram nas zonas cinzentas (não é essa a tarefa da lei complementar, por termos expressos da Constituição). Não podemos deixar de conceber a lista de serviços baixada por lei complementar como taxativa, por imperativo de ordem constitucional (Emenda Constitucional n. 1, de 1969, art. 24, n. II; Decreto-lei n. 406, de 1968, art. 8º). Sua função é exatamente limitativa, restritiva, contendo as únicas atividades (serviços ou bens imateriais) sujeitas ao ISS. Assim se manifesta a doutrina especializada, a começar por Aliomar Baleeiro que inicialmente entendera ser a lista de serviços não taxativa para posteriormente, na segunda edição de seu *Direito Tributário Brasileiro*, reconsiderar seu ponto-de-vista, passando a afirmar que 'a lista a que se referem o art. 24, n. II, da Constituição Federal e o art. 8.º do Decreto-lei n. 834, de 1969, é taxativa: tributáveis serão só os serviços nela mencionados, embora cada item dessa lista comporte interpretação ampla e analógica'. Já afirmamos, de há muito, que a única corrente coerente com o ordenamento constitucional 'é a da taxatividade da lista de serviços baixada por lei complementar'. Maioria esmagadora dos autores agasalham o mesmo ponto-de-vista, de forma categórica, pronunciando-se pela taxatividade da lista de serviços, v.g., Ruy Barbosa Nogueira, Rubens Gomes de Sousa, Arnold Wald, Manoel Lourenço dos Santos, José Afonso da Silva, Fábio Fanucchi, e muitos outros" (MORAES, Bernardo Ribeiro de. *Doutrina e prática do Imposto sobre Serviços*. São Paulo: Revista dos Tribunais, 1975. p. 107-110).

9.8. Taxatividade, no geral; exemplificativa, onde aponta para "e outros" ou "e congêneres". "Assim, a lista é taxativa no geral e exemplificativa em alguns de seus itens, onde constem expressões do tipo 'e outros', 'e congêneres', etc. Nos casos em que existem conflitos a dirimir, a própria lista encarrega-se de dirimi-los" (GASPAR, Walter. *ISS*: teoria e prática. Rio de Janeiro: Lumen Juris, 1997. p. 26).

9.9. Taxatividade, sem prejuízo da interpretação extensiva de cada item, resguardada a pertinência. Serviços bancários. Súmula 424 do STJ: "É legítima a incidência de ISS sobre os serviços bancários congêneres da lista anexa ao DL 406/1968 e à LC n. 56/1987" (*DJe* maio/2010).

– Ver notas ao item 15 da lista e tema 296 em RG (RE 784.439).

– "2. A Primeira Seção deste Tribunal Superior, ao julgar o REsp 1.111.234/PR, sob o regime dos regime do art. 543-C do CPC, reconheceu que a lista de serviços anexa ao Decreto-Lei 406/1968 e à Lei Complementar n. 116/2003, para fins de incidência do ISS sobre serviços bancários, é taxativa, admitindo-se, porém, uma leitura extensiva de cada item, para que se possam enquadrar os serviços correlatos nos previstos expressamente, de modo que prevaleça a efetiva natureza do serviço prestado e não a denominação utilizada pela instituição financeira" (STJ, 1ª T., AgRg no REsp 1.311.856/SP, 2013).

– "ISS. SERVIÇOS BANCÁRIOS. Quanto à incidência do ISS sobre serviços bancários, a jurisprudência do STJ já se consolidou no sentido de que a lista de serviços anexa ao DL 406/1968 é taxativa, mas admite uma leitura extensiva de cada item com o escopo de enquadrar serviços correlatos àqueles previstos expressamente. Se assim não fosse, a simples mudança de nomenclatura de um serviço determinaria a não incidência do referido imposto. Sucede que aferir a natureza de cada um dos serviços prestados pelo banco recorrente pelo confronto com as previsões constantes da retrocitada lista resultaria no reexame das provas, expressamente vedado na sede especial pela Súm. n. 7-STJ. Precedente citado: AgRg no Ag 577.068-GO, *DJ* 28/8/2006. AgRg no Ag 1.082.014-PB, Rel. Min. Herman Benjamin, julgado em 1º/9/2009" (*Informativo* 405 do STJ, 2009).

– No mesmo sentido: STJ, 2ª T., REsp 445.137/MG, 2006; TRF4, 1ª S., EINF 5023748-27.2010.404.7000, 2013.

– "a) Não basta para a incidência de ISS sobre receitas de operações bancárias o fato de que não estejam sendo tributadas pelo IOF. b) Não basta para a incidência de ISS a alegação de que estariam sujeitos ao imposto por configurarem genericamente serviços bancários, sendo necessário para tanto que configurem serviços indicados especificamente na lista de serviços. c) As listas de serviço veiculadas mediante leis complementares conforme o artigo 156, inciso III, *in fine*, configuram elencos taxativos dos tipos de serviço que podem ser tributados pelo Imposto sobre serviços, admitindo-se interpretação extensiva de seus itens concretos, para o fim de alcançar os serviços sob nomenclaturas diferentes, mas que correspondam em sua substância àqueles listados expressamente. d) A incidência do ISS depende da demonstração de pertinência dos serviços concretamente prestados àqueles descritos na Lista de Serviços, devendo constar este cotejo analítico nas autuações fiscais sob pena de nulidade. e) Tal como nas autuações fiscais, as decisões judiciais relativas ao cabimento ou não de ISS relativamente a serviços haverão de trazer a análise concreta de sua pertinência ou discrepância relativamente aos itens da lista veiculada por lei complementar, incumbindo às partes demonstrá-las" (FERRAZ, Roberto; BOARETO, Luiz Alfredo. ISS: a taxatividade das listas... *RDDT* 168/134, 2009).

9.10. Contra a taxatividade. Embora reconhecendo ainda dominante na doutrina e na jurisprudência a tese da taxatividade, Aires F. Barreto diverge: "A corrente que sustenta a taxatividade da lista de serviços contida em lei complementar se esvazia dia a dia. A tese correta começa a ser exporta com pioneirismo pelo especialista e procurador do Município de São Paulo Arthur Carlos Pereira Gomes...: '... evidenciam que a lista foi baixada simplesmente para desanuviar a zona cinzenta e não para restringir o campo do imposto sobre serviços, o que constituiria absurdo sem limite... Logo, a taxatividade só alcança a mencionada zona cinzenta, sem retirar do campo do imposto sobre serviços puros, serviços que não constituem fato gerador de imposto federal ou estadual... Em face do exposto podemos afirmar que a lista federal é taxativa tão somente na parte relativa à prestação de serviços consorciada com o fornecimento de mercadorias.' (...) Recentemente, Alexandre da Cunha Ribeiro Filho e Vera Lúcia Ferreira de Mello Henriques... escreveram: 'Da análise dos Textos Constitucionais e dos diplomas federais complementares, podemos declarar, sem qualquer dúvida, que é facultado às administrações locais, examinando as atividades econômicas desenvolvidas por seus contribuintes, proceder à sua inclusão na lei local. Achamos e continuamos firmes no nosso entendimento de que o legislador federal, ao baixar as normas sobre o ISS, não o fez de forma exaustiva, que excluísse qualquer outra conceituação emanada do poder competente.' E demonstram os estudiosos que a validade e eficácia da lista diz respeito, acertadamente, a inibir a tributação municipal no caso de serviços de transporte e comunicação transmunicipal ou no de serviços confundíveis com operações financeiras, ou ainda próximo, ontologicamente, de atividades de industrialização" (BARRETO, Aires F. *ISS na Constituição e na lei*. 3. ed. São Paulo: Dialética, 2009. p. 115-116).

9.11. Caráter conotativo da lista e os congêneres. "A lista de serviços introduzida no ordenamento pela Lei Complementar n. 116/2003 compõe a classe da norma geral e abstrata do Imposto sobre Serviços; isso significa eu seus enunciados são conotativos, ou seja, estabelecem os critérios de identificação de um evento como fato jurídico. É importante enfatizar que as normas gerais e abstratas contêm notas (conotação) que os sujeitos ou as ações devem ter para pertencer ao conjunto. Convém lembrar que classe é um conjunto de elementos que têm em comum uma propriedade... Ora, o ato de construção de uma classe pressupõe necessariamente uma tomada de decisão do classificador, pois é este quem escolhe os critérios para delimitá-la. Assim, classificar significa distribuir em grupos segundo um critério preestabelecido. Destacamos, mais uma vez, que se pode definir uma classe enumerando os membros que a compõem (denotação), ou indicando a propriedade comum de todos os seus membros (conotação). O que nos permite qualificar a lista de serviços como conotativa é o fato de que ela compõe a classe da norma geral e abstrata (lei); sendo assim, estabelece, em seus enunciados, os critérios de identificação de um fato futuro e incerto. Ressalte-se, desse modo, que a função da lista de serviços é estabelecer os critérios para que os eventos do mundo real possam ser identificados pelos operadores do direito como fatos jurídicos, mais precisamente como serviços tributáveis pelo ISS. [...] Verifica-se que a própria lista traz em suas 'descrições' a palavra 'congêneres', que, em nosso entendimento, ratifica esse caráter conotativo, uma vez que congênere significa que é do mesmo gênero, espécie, tipo, classe, modelo, função etc. (que outro); similar, congenérico. Gênero, por sua vez, é o conceito geral que engloba todas as propriedades comuns que caracterizam um dado grupo ou classe de seres ou de objetos. Ora, a utilização do vocábulo 'congênere' na lista de serviços veiculada pela Lei Complementar n. 116/2003 pressupõe a existência de classe (propriedade), o que confirma o entendimento de que a lista é descritora dos critérios de identificação de um fato, ou seja, é conotativa. [...] ... a lista de serviços descreve atividades, isto é, tem caráter eminentemente conotativo. [...] A lista de serviços veiculada pela lei complementar tem função sintática de adjunto adnominal, ou seja, restringe a extensão do significado do substantivo 'serviço', na medida em que descreve os critérios para compor um subconjunto conotativo dentro de um conjunto, também, conotativo. [...] Portanto, concluímos que a lista, em relação ao critério material do ISS, do ponto de vista normativo, é conotativa (descreve critérios de identificação de um fato), e do ponto de vista sintático, tem função de adjunto adnominal (restringe a extensão do significado do substantivo 'serviço')" (DÁCOMO, Natália de Nardi. *Hipótese de incidência do ISS*. São Paulo: Noeses, 2006. p. 41-43).

9.12. A questão dos "congêneres". "Outra questão importante relativamente ao *caput* deste artigo 1º, diz respeito à lista de serviços anexa à nova Lei Complementar. Essa lista inova, como visto acima, posto que arrola 40 itens de serviços, cada um desses itens desdobrado em subitens. Portanto, optou o legislador complementar por definir, nos 40 itens, o gênero de serviço a ser tributado, discriminando, no diversos subitens as espécies integrantes do respectivo gênero, isto é os serviços congêneres. Daí por que inadequada a utilização da expressão 'congêneres' pela nova lista de serviços tributáveis pelo ISS, uma vez que todos os serviços congêneres passíveis de tributação estão expressamente elencados na lista de serviço, que, portanto, é taxativa" (ALVES, Anna Emilia Cordelli. ISS: aspectos relevantes decorrentes da análise do artigo 1º da Lei Complementar n. 116, de 31 de julho de 2003. *RDDT* 99, 2003).

– "A lista anexa à Lei Complementar n. 56/87 que arrola os serviços sobre os quais incide o ISSQN é taxativa, confortante interpretação ampla e analógica somente quando houver a previsão de um gênero de serviços, seguido de expressão 'e congêneres'. Nos itens 95 e 96, onde estão previstos os serviços bancários as únicas brechas possíveis para serviços correlatos ou assemelhados dizem respeito à cobrança ou recebimento, pelo banco, de crédito de terceiros, não se vislumbrando seja o caso presente onde estão sendo tributadas tarifas relativas a outros serviços" (TAPR, 6ª C.Cív., AC-RN 142.187-4/PR, Juiz Anny Mary Kuss, *DJPR* 3-3-2000). Destaco do voto condutor: "Não estaria equivocado dizer que atualmente a lista de serviços tributáveis pelo ISSQN é mista, ora taxativa, ora utilizando expressões ampliativas, como quando inclui após a descrição de um serviço específico 'demais formas de fornecimento de trabalho', o que não é vedado pela Constituição. Nesse quadro é que devem ser vistas as decisões no sentido de que a lista é taxativa, comportando interpretação ampla e analógica, esta última é pertinente quando houver a previsão e um gênero de serviços, que normalmente vem seguido da expressão 'e congêneres'".

– Sobre a distinção entre analogia e interpretação extensiva, *vide* nota ao art. 108, I, do CTN na conhecida obra de Leandro Paulsen.

9.13. Veto presidencial como impedimento à interpretação extensiva. "Existindo veto presidencial quanto à inclusão de serviço na Lista de Serviços Anexa ao decreto-lei 406/68, com a redação da Lei Complementar n. 56/87, é vedada a utilização da interpretação extensiva" (STJ, 2ª T., REsp 1.027.267, 2009).

– "... essa atividade foi objeto de veto presidencial, o que impede a sua inclusão, a partir de interpretação extensiva, em outra modalidade de serviços..." (GOUVEIA, Carlos Marcelo. Considerações a respeito da não incidência do ISS sobre contratos de patrocínio. *RDDT* 202/49-56, 2012).

9.14. No sentido de que a lista de serviços não seria taxativa nem exemplificativa, mas sim sugestiva. "A doutrina tradicional sustenta que esta *lista é taxativa* e, nesta medida, só quem prestar os serviços nela elencados poderá ser alcançado pelo ISS. Embora esta discussão seja estranha ao objeto do vertente estudo, queremos deixar consignado que esta lista não pode ser taxativa, sob pena de termos de aceitar que a União, querendo, pode esvaziar a competência que os Municípios receberam, da Carta Constitucional, para tributar, por via de imposto, os serviços de qualquer natureza. Deveras, se, hoje, a lista arrola mais de 500 serviços tributáveis pelos Municípios, nada impede, em tese, que, amanhã, por força da edição de novas leis complementares, venha a reduzi-los para 50, 30, 20, 10 ou 5. Ainda em tese, nada impede que a *lista de serviços* seja pura e simplesmente revogada. Muito bem: que aconteceria, nesta *'situação limite'*? Uma lei complementar (norma infraconstitucional) paralisaria a eficácia de uma *norma constitucional de eficácia plena,* subvertendo o sistema constitucional tributário, já que, por via reflexa (ou seja, pelo esvaziamento de uma competência impositiva), desconsideraria o magno *princípio da autonomia municipal*. Terá, então, a *lista de serviços* caráter exemplificativo? Também não, porque muitos dos *serviços'* nela contidos simplesmente não são serviços de qualquer natureza. É o caso da locação de bens móveis, típica cessão de direitos e, nesta medida, intributável por meio de ISS. A única pessoa política que poderia tributar, por meio de imposto, a cessão de direitos seria a União, com base em sua competência residual (art. 154, I, da Constituição Federal). Portanto, a *lista de serviços*, a nosso ver, não é nem taxativa, nem exemplificativa, mas meramente *sugestiva*. Contém *'sugestões'* que – desde que evidentemente constitucionais – poderão ser levadas em conta pelo legislador municipal, ao instituir, *in abstracto*, o ISS. É o caso da prestação de serviços auxiliares ou complementares da construção civil (*item 32*, da *Lista de Serviços*), dentre os quais se insere o serviço de concretagem, que – já adiantando nossas conclusões – exige, para ser prestado, o fornecimento de pedras, cimento, areia, aditivos etc." (CARRAZZA, Roque Antonio. ISS – base de cálculo – serviços de concretagem – questões conexas. *In:* HARADA, Kiyoshi. *Temas de direito tributário*. São Paulo: Juarez de Oliveira, 2000. p. 103).

10. Leis municipais. Ainda que caiba à lei complementar definir os serviços sujeitos ao ISS, são as leis municipais que instituem o imposto, como, em São Paulo, o fez a Lei n. 13.656, de outubro de 2003. Em regra, bastará uma lei municipal ordinária; porém, há Municípios cujas leis orgânicas exigem a edição de uma lei complementar municipal.

– "... o estabelecimento da incidência de tributo depende de duas leis: a complementar, definindo-o, e a ordinária, instituindo-o" (GASPAR, Walter. *ISS*: teoria e prática. Rio de Janeiro: Lumen Juris, 1997. p. 25).

10.1. Pela inconstitucionalidade da lei municipal que tributa serviços não arrolados no anexo da LC n. 116/2003. "... os Municípios não poderão instituir ISS sobre serviços que sejam congêneres ou que possuam a mesma natureza daqueles previstos na LC n. 116/03, sem observar se eles se enquadram efetivamente na esfera de referência semântica dos signos utilizados pelo legislador complementar. Se, a pretexto de tributar serviços listados na Lei Complementar, forem arrolados pelos Municípios novos serviços ali não especificados, ainda que por meio de cláusulas gerais, haverá inconstitucionalidade da norma municipal. É o caso de se desejar tributar qualquer atividade de consultoria ou assessoria de 'qualquer natureza', não contida nos outros itens da lista (17.01). A amplitude da norma já revela a sua inconstitucionalidade, porque a Carta determinou fossem 'definidos' os serviços, não podendo o legislador simplesmente apontar para aquela forma de uso da cláusula geral. Aliás, o ISS já é o imposto sobre serviço de 'qualquer natureza', não havendo necessidade, se a adoção de uma cláusula geral assim tão vaga fosse por si só suficiente, de fazer a discriminação dos serviços tributados" (COSTA, Adriano Soares da. Breves notas sobre a LC n. 116/2003 e as cláusulas gerais: os limites da taxatividade. *RTFP* 56/39, 2004).

10.2. Pela inconstitucionalidade da lei municipal que não especifica os "congêneres". "Nem a Constituição, nem a lei complementar cria o imposto, que é tarefa exclusiva do legislador ordinário da entidade política que recebeu a outorga de competência impositiva. À lei tributária material de cada município cabe definir o fato gerador do ISS, o que importa na elaboração completa da lista de serviços tributáveis, com a explicitação dos diversos serviços que entenda ser abrangidos pela expressão 'congêneres', que continua figurando na atual lista nacional de serviços, anexa à Lei Complementar de n. 116/2003. É comum ver nas legislações municipais a transposição pura e simples da lista anexa à lei de regência nacional do ISS, inclusive reproduzindo a expressão 'congêneres', sem definir quais seriam esses serviços congêneres. Ora, esse fato configura patente inconstitucionalidade, por violação do princípio de legalidade tributária (art. 150, I, da CF). Não há nem pode haver analogia no campo do direito material" (HARADA, Kiyoshi. *ISS:* doutrina e prática. São Paulo: Atlas, 2008. p. 23-24).

10.3. Entendendo que tributação de serviço fora da lista é questão de ilegalidade. "A tentativa de tributar serviço não constante da lista pelo ISS é violação ao princípio da legalidade" (GASPAR, Walter. *ISS*: teoria e prática. Rio de Janeiro: Lumen Juris, 1997. p. 25).

---

§ 3º Em relação ao imposto previsto no inciso III do *caput* deste artigo, cabe à lei complementar: (Redação dada pela EC n. 37/2002.)

---

1. Tributo municipal, mas com estrutura disciplinada por lei complementar federal. O ISS "é um tributo de competência municipal, embora a sua estrutura esteja disciplinada em legislação complementar federal de âmbito nacional" (MARTINS, Ives Gandra da Silva; RODRIGUES, Marilene Talarico Martins. Advocacia – função essencial à da justiça na dicção constitucional – razão do regime diferenciado de tributação fixa e do ISS – inteligência do Decreto-lei n. 406, artigo 9º, §§ 1º e 3º, e das Leis Complementares ns. 116 e 157 – parecer. *Revista de Estudos Tributários* (RET), Porto Alegre: Síntese, n. 121, p. 56/90, maio/jun. 2018. p. 67).

2. Ideia geral do dispositivo: ampliação da reserva de lei complementar para o ISS. O dispositivo amplia o espaço da lei complementar na disciplina deste imposto. Além da matéria referida no art. 146 da CF – com destaque para a definição do fato gerador, base de cálculo e alíquotas –, passa a disciplinar também alíquotas mínimas e máximas, dispor sobre a não incidência na exportação e condicionar a concessão de benefícios.

3. Diversas reservas de lei complementar que afetam o ISS: arts. 146, 156, III e § 3º, da CF. O art. 146, I, reserva à lei complementar dispor sobre conflitos de competência em matéria tributária, o que também abrange os conflitos entre Municípios (ISS x ISS) e entre os Municípios e os Estados (ISS x ICMS). Seu inciso II remete à regulação das limitações ao poder de tributar, o que, envolve, e.g., a legalidade. E seu inciso III, *a*, reserva à lei complementar dispor sobre o fato gerador, a base de cálculo e o contribuinte dos impostos previstos na Constituição, dentre os quais, o ISS. A par disso, há as reservas de lei complementar estabelecidas especificamente para o ISS, como a prevista no art. 156, III, relativa à indicação dos serviços tributáveis, e a do art. 156, § 3º, de fixação das suas alíquotas máxima e mínima, de exclusão da incidência sobre exportação de serviços e de regulação da forma e das condições como isenções, incentivos e benefícios fiscais serão concedidos e revogados, ou seja, de como podem ser estabelecidas desonerações.

4. Art. 146, I, da CF. A LC n. 116/2003 enquanto *norma que dirime conflitos de competência tributária.* Trata-se de uma de suas funções mais célebres e práticas, na medida em que distingue a incidência do ISS da incidência de outros impostos que apresentam uma materialidade próxima ou parecida com os "serviços de qualquer natureza" e, assim, dão azo para conflitos de competência tributária, especialmente no que diz respeito ao ICMS, IPI e IOF.

– Em razão do âmbito de incidência dos impostos ICMS, IPI, IOF e ITBI, convém esclarecer que não podem ser consideradas sujeitas ao ISS as seguintes materialidades: a) serviço de comunicação (ICMS); b) serviço de transporte intermunicipal ou interestadual (ICMS); c) operação relativa à circulação de mercadoria (ICMS); d) operação com produto industrializado (IPI); e) operações de crédito, câmbio, seguro ou com títulos ou valores mobiliários (IOF); f) operação de transferência imobiliária (ITBI). Além disso, o serviço precisará estar previsto na lista anexa à LC n. 116/2003.

– A definição de um serviço como tributável, mediante inclusão na lista anexa à LC n. 116/2003, desde que válida, evidencia que sobre ele não se pode cogitar da incidência dos demais impostos sobre outras atividades econômicas, como o IPI, o ICMS e o IOF.

4.1. Complexidades trazidas pela economia digital na classificação da atividade como serviço, mercadoria ou locação, sugerindo uma reforma tributária que encampe e discipline mais adequadamente essa

realidade. "Outro fenômeno interessante é chamada servificação de mercadorias. Alguns produtos, como pneus, celulares e outros, são negociados na forma de um pagamento mensal pelo direito ao seu uso. O mesmo poderia acontecer com sapatos, roupas e qualquer outra mercadoria onde se possa prever seu prazo de consumo ou obsolescência e se possibilite a troca do produto a partir de determinado prazo de carência. Nestes casos o consumidor não adquire o produto em si, mas sim o direito de usá-lo enquanto suas funcionalidades estiveram atuais, ou não tenha se deteriorado a ponto de comprometer o uso. Estaríamos neste caso, diante de um contrato de serviços, cessão de direito de uso, aquisição mercadorias? Essa discrepância, além de controvérsias fiscais, gera externalidades negativas que afetam a competitividade. Ofertas similares poderão obter vantagem competitiva não por sua eficiência e qualidade, mas por uma distorção do sistema tributário. O mesmo fenômeno se verifica nas ofertas de IOT. Qual a natureza jurídica de IOT? Essa é mais uma pergunta sem resposta apriorística. Possíveis são os enquadramentos de ofertas de IOT tanto como mercadorias, serviços de telecom ou ainda como serviços sujeitos ao ISS, a depender do tipo de negócio em que estiver inserido. Veja-se a respeito o interessante exemplo oferecido por Schourei e Guilherme Galdino: 'Sob a perspectiva do Direito Tributário brasileiro, tomando-se como base os exemplos da Chamada de Emergência Inteligente e das roupas inteligentes, surge a dificuldade de se encaixarem transações em torno de objetos inteligentes como meras mercadorias, prestações de serviços ou prestações de serviços de comunicação. (...) A depender do objeto ou das funções por ele exercidas, todavia, a resposta acima pode não ser tão óbvia. Pelo fato de objetos inteligentes não só transmitirem dados, mas também verem as informações captadas ou recebidas tratadas por outras máquinas, potencializando as suas funções específicas ou tomando para si outras atribuições, pode ser que a empresa vendedora também esteja prestando um serviço. Desse modo, surge o problema de verificar se há uma ou mais obrigações. Como em uma relação contratual pode haver mais de uma obrigação, divisíveis, ainda que com uma única contraprestação (dinheiro), é possível constatar dois fatos geradores distintos. Caso se chegue a essa conclusão, aparece o entrave em se alocar o valor pago para cada obrigação. (...) Desse modo fica claro que a divisão efetuada pelo legislador complementar foi no sentido de atribuir para cada obrigação a regra do tudo ou nada. Ou estamos diante de um fornecimento de uma mercadoria com prestação de serviços ou de prestação de serviços de transporte interestadual ou intermunicipal ou de comunicação, sujeito ao ICMS, ou de uma prestação de serviço de qualquer natureza (ainda que envolvendo um produto), sujeita ao ISS. Assim, cabe ao aplicador do direito verificar no caso concreto e definir em qual campo de incidência ela se encontra, se no ICMS ou se no ISS. O raciocínio cartesiano acima proposto enfrenta obstáculo, entretanto, quando se encontram relações jurídicas complexas, envolvendo mais de um contrato, posto que coligados.' A digitalização da economia traz um forte ingrediente de complexidade ao enquadramento da realidade negocial aos conceitos constitucionais e assim uma grande potencialização de conflitos de competência, tornando um cenário que já era caótico ainda pior. Isso porque a digitalização da economia diminui ainda mais as fronteiras entre serviços, mercadorias e indústria, aumentando significativamente a insegurança jurídica na tributação sobre o consumo dentro do modelo vigente. Por isso uma tributação ideal sobre o consumo deve se pautar pela uniformização da alíquota, créditos financeiros irrestritos e incidência no destino. Em uma possível reforma tributária isso precisa ser levado (e muito!) em consideração, sob pena de reformarmos tudo para mudarmos quase nada. Eis o grande desafio do tributarias, políticos, empresários e Governo" (FERREIRA, Luiz Guilherme de Medeiros; NÓBREGA, Marcos. A tributação na economia digital. *Jota*, 2019. Disponível em: <https://www.jota.info/opiniao-e-analise/artigos/a-tributacao-na-economia-digital-19092019>. Acesso em: 20 set. 2019).

4.2. Ação consignatória para pagamento de ISS ou ICMS. Depósito do tributo maior. Decadência afastada.

– Conferir STJ, 2ª T., AgInt nos EDcl no AREsp 937.088, 2018.

4.3. ISS *vs.* ICMS. LC n. 116 e LC n. 87/96. O § 2º do art. 1º da LC n. 116/2003 e os subitens 1.09, 7.02, 7.05, 13.05, 14.01, 14.03, 17.11 de sua lista anexa expressamente mencionam o ICMS, separando as suas incidências. Além dessas previsões explícitas, o conflito entre ISS e ICMS também tem sido objeto de questionamentos doutrinários, administrativos e judiciais nos subitens 1.04, 1.05, 4.07, 8.01, 8.02, 9.01, 11.02, 14.04, 14.05, 14.06, 14.12, 14.13, 15.06, 15.09, 17.06, 17.25, 23.01, 24.01, 25.01, 25.02, 26.01, e será abordado mais adiante, tanto nas referências ao § 2º do art. 1º da LC n. 116/2003, como nos respectivos subitens da lista anexa.

– Essa *aproximação* entre ISS e ICMS enseja uma análise não apenas da LC n. 116 como também da LC n. 87/96 (norma geral do ICMS), nessas atividades que acabam desafiando uma apreciação mais atenta sobre os dois impostos tanto em seus aspectos normativos como fáticos.

4.4. Operações mistas: ISS x ICMS. A LC n. 116/2003, nos subitens 1.09, 7.02, 7.05, 13.05, 14.01, 14.03 da lista anexa, de um lado, afasta a incidência do ISS nas hipóteses ali consignadas e, de outro, atrai a cobrança do ICMS. Aliás, a própria Constituição Federal versa sobre esse concerto entre ISS e ICMS em seu art. 155, § 2º, IX, *b*, ao prever a incidência do ICMS *"sobre o valor total da operação, quando mercadorias forem fornecidas com serviços não compreendidos na competência tributária dos Municípios"*. O art. 2º, IV e V, da LC n. 87/96 também prevê a incidência do ICMS sobre: *"IV – fornecimento de mercadorias com prestação de serviços não compreendidos na competência tributária dos Municípios; V – fornecimento de mercadorias com prestação de serviços, de competência dos Municípios, quando a lei complementar aplicável expressamente o sujeitar à incidência do imposto estadual"*.

4.5. ISS *vs.* IPI. Esses dois impostos entram em choque naquelas atividades desenvolvidas pelo setor gráfico (subitem 13.05), bem como na chamada "industrialização por encomenda" (subitem 14.05). O parágrafo único art. 46 do CTN, assim como o art. 2º da Lei n. 4.502/64 trazem uma definição de industrialização que também precisa ser levado em consideração no momento de se afastar o IPI do ISS. Sobre o IPI: arts. 46-51 do CTN, Lei n. 4.502/1964 e Decreto n. 7.212/2010 (Regulamento do IPI). Esse tema polêmico consta mais adiante, nas referências aos subitens acima consignados.

4.6. Conflito entre IPI e ISS na tributação sobre o consumo envolvendo impressão 3D. "A tributação de impostos sobre o consumo nas operações envolvendo impressão 3D trouxe desafios interpretativos que demandam uma percuciente análise não só dos fatos envolvendo esse novel modelo negocial, mas também dos fatos geradores dos impostos sobre o consumo IPI, ICMS e ISS, existentes no Brasil. Com isso, temos que: (i) O fato de o mercado utilizar da expressão 'Serviço de Impressão 3D' não afasta a incidência do IPI na operação, dado que se trata apenas, da produção de um bem por intermédio de um novo processo produtivo, a impressão 3D; (ii) Analisando os critérios de discrímen entre as materialidades do ISS e do IPI, é fundamental que ocorra não só a industrialização, ambos realizados pela mesma pessoa, mas também a circulação desse produto industrializado, e ambos realizado pela mesma pessoa, ainda que haja eventual terceirização parcial dessa industrialização – industrialização por encomenda – a qual ficará sujeita ao ISS, conforme inclusive previsão no item 14 da Lista de Serviços Anexa à Lei Complementar n. 116/2003. (iii) Se uma empresa elabora um arquivo digital de modelo 3D, e vende esse arquivo digital, e o adquirente desse arquivo digital não tem como utilizar o bem resultante dele enquanto o não impresso, então estamos diante de um 'arquivo digital com vocação para ser impresso', continuando a venda desse arquivo digital sujeita ICMS e ao IPI; (iv) Esse conceito decorre de interpretação teleológica pela qual esse bem, que antes era só produzido fisicamente, hoje pode ser adquirido como bem imaterial no momento desta aquisição, mas sinceramente tem de ser impresso para poder ser utilizado como antes, estando, por isso, sujeito aos mesmos impostos sobre o consumo – IPI e ICMS; (v) Esse raciocínio interpretativo não infirma o fato de que o ISS incide sobre a prestação de serviço de qualquer natureza, considerando-se serviço como bem imaterial, dado que não demanda materialização física, diferentemente do 'arquivo digital com vocação para ser impresso'" (MACEDO, Alberto. Impressão 3D e a tributação do consumo no Brasil. *In:* PISCITELLI, Tathiane (coord.). *Tributação da economia digital*. São Paulo: Revista dos Tribunais, 2018. p. 191-192).

4.7. Impacto das impressoras 3D na economia e, consequentemente, na tributação sobre o consumo. "Essas transformações tão significativas na organização das cadeias comerciais e de produção colidem frontalmente com conceitos tradicionais de tributação, que pressupõem operações comumente encontradas na 'velha economia': circulação física de mercadorias, produção industrial, importação e exportação envolvendo bens físicos, de 'carne e osso' etc. Torna-se claro, assim, que os fundamentos da tributação das atividades econômicas que, até recentemente, vinham sendo utilizadas pelos governos de forma relativamente eficiente podem estar com os dias contados. Isso porque, em um novo mundo em que os bens físicos (*brick and mortar*), bem como a propriedade a atividade econômica desenvolvida substancialmente por pessoas jurídicas cada vez mais dão espaço aos bens imateriais, ao compartilhamento e a participação direta de indivíduos no desenvolvimento de atividades econômicas, as bases de tributação anteriormente conhecidas não mais permanecerão válidas, devendo ser repensadas. Ao corroborar o exposto, vale mencionar recente manifestação de Everardo Maciel, ex-Secretário da Receita Federal do Brasil durante o período de 1995 a 2002, sobre o tema: 'Há uma mudança global nas bases de arrecadação. No mundo inteiro a forma de comunicação mudou e há a quarta revolução industrial, com a inteligência artificial tomando o lugar da inteligência humana. O problema é que as bases de tributação estão ultrapassadas'. Não obstante, tem-se que o sistema tributário brasileiro é baseado na imposição de tributos específicos sobre a atividades industriais, comerciais e de prestação de serviços. Ademais, há imposição de tributos na importação de bens, verificada quando da entrada das mercadorias em território nacional. São situações muito bem demarcadas, cuja tributação exige um enquadramento desses fatos nas hipóteses de incidência tributarias pré-definidas pela legislação fiscal. Assim, se um fabricante produzir um determinado produto e comercializá-lo, estará sujeito, no que interessa à presente discussão, à incidência do IPI e do ICMS. Dependendo do produto, mais complexidade pode ser adicionada, com a imposição de regimes de substituição tributária. Por exemplo, em uma operação típica de um fabricante de vestuário, o fisco pode seguramente esperar o recolhimento do IPI e do ICMS devidos nas operações de fabricação e comercialização da roupa ao consumidor. A necessidade de uma qualificação precisa da natureza das operações para os fins de incidência tributária, na qual está baseado o atual modelo de tributação brasileiro, torna-se dramática quando confrontada como surgimento da tecnologias que desafiam os paradigmas jurídicos existentes. Assim quando se insere a tecnologia de impressoras 3D nessa equação, o resultado é explosivo: como impor tributação em um novo modelo de negócios, em que a produção é descentralizada, podendo, até mesmo, alcançar, a 'autoprodução', sendo cada vez mais expressiva a relevância de bens imateriais/intangíveis nas cadeias de valor, em contraponto aos bens físicos propriamente ditos. Ora, espera-se que, em um futuro próximo, sejamos capazes de produzir nossos próprios produtos no conforto de nossas residências. Neste 'novo mundo', o consumidor poderá, com um clique, fazer o *download* de um modelo digital da roupa de sua marca preferida e produzir a peça na impressora 3D de sua preferência. De forma simplificada, teremos consumidores finais pagando à empresa que fabricava roupas pela aquisição do aplicativo/*software*. Em paralelo, tais consumidores adquirirão matérias-primas para a produção do vestuário. Já que se espera que grande parte do valor dessas transações seja atribuído ao aplicativo/*software*, o governo brasileiro sofrerá, de imediato, duros golpes na sua capacidade de arrecadar tributos. O primeiro golpe evidencia-se pela impossibilidade de arrecadação do IPI sobre os pagamentos feitos pelos usuários para a aquisição da 'roupa virtual' contida no aplicativo/*software*. Se a roupa é produzida pelos próprios consumidor, não há que se falar em incidência do IPI nesta etapa da operação, nos moldes da legislação atual. Deve-se reconhecer que o IPI continuará a incidir na aquisição das matérias-primas que alimentarão as impressoras 3D, mas os valores tendem a ser pouco expressivos na medida em que grande parte do valor da transação deve ser atribuído ao aplicativo/*software* que contenha o plano para a impressão da roupa. Como regra geral, o preço pago por um produto pronto é composto majoritariamente de custos 'reais' de produção/comercialização vis-à-vis o seu componente intangível, tais como custos incorridos pelo fabricante com design e desenvolvimento do produto. Se o consumidor passa a produzir o bem conta própria, essa distribuição tende a se inverter, com mais recursos sendo alocados para os componentes intangíveis do que para a realização física do produto em si. Espera-se, assim, uma inversão do modelo de custos de produção atualmente existentes para a manufatura de produtos. Ou seja, partindo do pressuposto de que o local da produção tornar-se-á irrelevante com a adoção de tecnologias como a impressora 3D, custos de natureza intelectual ou intangível (design, conceito etc.) serão mais relevantes que os custos físicos para a produção do produto" (VEITZMAN, Flávio. Impressão em 3D. *In:* PISCITELLI, Tathiane (coord.). *Tributação da economia digital.* São Paulo: Revista dos Tribunais, 2018., p. 165-167).

4.8. Incidência simultânea do ISS e do IPI no Simples Nacional: art. 18, § 4º, VI, LC n. 123. No âmbito do Simples Nacional, há essa previsão de tributação simultânea entre o ISS e o IPI, de *duvidosa* constitucionalidade, pois esses impostos são excludentes, na medida em que incidem sobre atividades diversas.

– Conferir art. 18, § 4º, VI, da LC n. 123.

4.9. ISS *vs.* IOF. Nas atividades relacionadas ao setor bancário (item 15 e subitem 17.23 da lista anexa à LC n. 116), há uma complexa disputa entre o ISS e o IOF (imposto federal) que, quase sempre, enseja uma análise casuística dos fatos e contratos envolvidos. Uma outra atividade empresarial que foi alvo dessa disputa tributária foi a operação de planos de saúde (subitens 4.22 e 4.23). Sobre o IOF: arts. 63 a 67 do CTN, DL n. 1.783/80 e Decreto n. 6.306/2007. Consultem-se os subitens 4.22 e 4.23 e o item 15 da lista de serviços.

4.10. ISS *vs.* ITBI. Curiosamente, nas incorporações imobiliárias o ISS também concorre com o ITBI, outro imposto municipal, especialmente nas conhecidas "vendas na planta", na medida em que precisa definir se tais operações imobiliárias consistem em prestações de serviços (subitem 7.02 da lista) ou alienações imobiliárias (ITBI), conforme tratado nas referências ao respectivo subitem. O CTN versa sobre o ITBI nos seus arts. 35 a 42.

4.11. ISS e locação de bens móveis. Além das dificuldades existentes para se definir, tipificar e diferenciar "serviços de qualquer natureza não compreendidos na competência tributária estadual" (ISS), serviços de comunicação (ICMS), serviços de transporte intermunicipal e interestadual (ICMS), mercadorias (ICMS), produtos (IPI), operações financeiras (IOF) e operações imobiliárias (ITBI), uma outra atividade que precisa ser separada das prestações de serviços e, por conseguinte, do campo de incidência do ISS, é a locação de bens móveis. Conforme a Súmula Vinculante n. 31 do STF, o ISS não incide sobre a locação de bens móveis. Além dessa questão constitucional, que afasta essa atividade de locação de bens móveis da hipótese de incidência do ISS, a LC sequer a previu em sua lista. O subitem 3.01, que contemplava a "locação de bens móveis" foi vetado pelo Presidente da República. No entanto, a lista de serviços ainda tipifica como serviços de qualquer natureza sujeitos ao ISS algumas atividades que, muito embora não se resumam a "locações de bens móveis", apresentam essa atividade como uma atividade-fim ou atividade-meio, a saber: 1.03, 1.04, 1.05, 1.09, item 3, 9.01, 11.01, 11.04, 12.14, 15.03, 25.05. Essa situação fica ainda mais complexa naqueles negócios empresariais em que há expressa previsão de divisão do contrato, contemplando, separada e simultaneamente, uma prestação de serviço e uma locação de bens móveis. Nas referências a esses subitens da lista, esse tema polêmico será tratado de forma mais particular.

– "IMPOSTO SOBRE SERVIÇOS DE QUALQUER NATUREZA. INCIDÊNCIA EM CONTRATOS MISTOS. LOCAÇÃO DE MAQUINÁRIO COM OPERADORES. RECLAMAÇÃO. ALEGAÇÃO DE DESCUMPRIMENTO DA SÚMULA VINCULANTE 31. DESCABIMENTO. A Súmula Vinculante 31, que assenta a inconstitucionalidade da incidência do Imposto sobre Serviços de Qualquer Natureza – ISS nas operações de locação de bens móveis, somente pode ser aplicada em relações contratuais complexas se a locação de bens móveis estiver claramente segmentada da prestação de serviços, seja no que diz com o seu objeto, seja no que concerne ao valor específico da contrapartida financeira. Hipótese em que contratada a locação de maquinário e equipamentos conjuntamente com a disponibilização de mão de obra especializada para operá-los, sem haver, contudo, previsão de remuneração específica da mão de obra disponibilizada à contratante. Baralhadas as atividades de locação de bens e de prestação de serviços, não há como acolher a presente reclamação constitucional. Agravo regimental conhecido e não provido" (STF, Plenário, Rcl 14.290, 2014)

4.11.1. Crítica à decisão do STF na Rcl 14.290, entendendo que o fornecimento de operadores não afasta a locação de bens móveis e, assim, também estaria fora da incidência do ISS. "Com efeito, o primeiro critério aduzido para estabelecer a diferença entre as mencionadas atividades é a do fornecimento de motoristas e/ou ajudantes pela locadora, não estando o veículo, dessa forma, totalmente livre para o uso e gozo do locatário. Nesse ponto, parece-nos não assistir razão ao Supremo Tribunal Federal nessa decisão. De início, cumpre destacar que o *leading case*, levado a julgamento, que culminou com a declaração de inconstitucionalidade do item da lista de serviços que previa a tributação da locação de bens móveis, tinha por objeto um contrato de locação de guindastes, veículo pesado que inegavelmente exige do locador o fornecimento de condutores especializados, além de manutenção própria. A propósito, vem a calhar o trecho de extraído de voto do Ministro Francisco Rezek, que bem elucida a questão: 'O fato, porém, de se haverem posto motoristas à disposição da locatária não descaracteriza a essência do contrato. Tanto os caminhões quanto os manobristas ficam, a teor o contratado, ao dispor da locatária, que os pode utilizar como lhe aprouver, respeitados os limites da avença. Não me parece, assim, duvidoso que a locatária de invista em tais casos no uso e gozo de bens. A espécie evoca a frequente de locação de automóvel, quando a empresa coloca, ao dispor do cliente, um motorista que conduz o carro segundo a orientação do locatário. À vista do objeto principal de tais avenças, não se nega sua natureza de locação. Afirma-o, a propósito, com a autoridade de especialista no tema, Bernardo Ribeiro de Moraes. Menciona o consagrado professor o seguinte caso prático, que prefigura locação de bem móvel, de acordo com os elementos típicos desse negócio jurídico: '(...) o locador de veículos (automóveis, barcos, aviões, etc.) apenas entrega o veículo ao locatário para que este guie ou conserve o veículo em seu poder durante certo período de tempo. Essa locação pode ser feita com ou sem condutor, fato que não desnatura o contrato (o essencial é que o objeto do contrato não seja o transporte)' ('Doutrina e Prática do Imposto sobre Serviços. São Paulo: Revista dos Tribunais, 1975, p. 372-3' (STF, 2ª Turma, RE n. 107.363/SP, Rel. Min. FRANCISCO REZEK, *DJ* 01.08.86)'. Conforme podemos depreender do texto acima, a distinção entre as atividades que são objeto do presente trabalho não se perfaz pela adoção desse critério proposto. Note-se a percuciente lição de Gabriel Lacerda Troianelli ao analisar questão similar: 'Desse modo não há a menor dúvida de que, nas hipóteses em que a utilização do bem pelo locatário dependa de uma atividade por parte do locador, tal atividade não descaracteriza a locação, mas a ela se subordina. Trata-se na verdade, de uma atividade-meio direcionada a uma obrigação-fim, de ceder, por certo tempo, o uso e gozo da coisa, característica da locação; e. como atividade-meio, não dotada de autonomia, não pode ser tributada pelo ISS'. Concordamos, nesse ponto, que não merece prosperar o ponto de vista manifestado pela decisão acima transcrita. Resta claro, portanto, que os elementos trazidos à baila na decisão mencionada em nada contribuem para, definitivamente, descaracterizar a atividade de locação de bem móvel" (LIMA, José Antônio Balieiro. ISS: ainda sobre a tributação da locação de bens móveis. *In:* MACEDO, Alberto; CASTRO, Leonardo Freitas de Moraes e (coord.). *Tributação indireta empresarial*: indústria, comércio e serviços. São Paulo: Quartier Latin, 2016. p. 733-734).

– "1. A Súmula Vinculante 31 não exonera a prestação de serviços concomitante à locação de bens móveis do pagamento do ISS. 2. Se houver ao mesmo tempo locação de bem móvel e prestação de serviços, o ISS incide sobre o segundo fato, sem atingir o primeiro. 3. O que a agravante poderia ter discutido, mas não o fez, é a necessidade de adequação da base de cálculo do tributo para refletir o vulto econômico da prestação de serviço, sem a inclusão dos valores relacionados à locação. Agravo regimental ao qual se nega provimento" (STF, 2ª T., ARE 656.709, 2012)

4.12. Mudança de postura do STF no RE 547.245 (constitucionalidade do ISS sobre o *leasing*) com relação ao entendimento firmado no memorável RE 116.121 (inconstitucionalidade do ISS sobre locação de bens móveis). "Analisando os votos proferidos no acórdão do RE 547.245, não temos dúvida em afirmar que a postura interpretativa que prevaleceu em 2000 no acórdão do RE 116.121 foi rechaçada. Enquanto a maioria formada em 2000 adotava uma postura conceitualista mais rígida, vinculando o alcance da incidência do ISSQN à aplicação de clássicos institutos civilistas (locação de coisas, locação de serviços, obrigação de dar, obrigação de fazer), a postura de 2009 é de cunho pragmático, pois considera que os contratos engendrados na economia contemporânea não se ajustam às classificações tradicionais do Direito Civil. O primeiro aspecto a se levar em conta nessa análise é que, dos 11 Ministros que participaram do julgamento do RE 547.245 em 2009. Um deles, o Ministro Marco Aurélio, que ficou vencido, afirmou que expressamente – em tom de advertência – que o Tribunal estaca se desviando da orientação firmada em 2000 no RE 116.121. Após dizer que havia uma semelhança absoluta entre as questões examinadas nos dois casos, Marco Aurélio afirmou: 'São passados, é certo, nove anos, mas não houve mudança substancial da Carta da República a ditar outra óptica. Houve mudança, sim, na composição do Supremo, mas o Direito posto continua o mesmo.' (fl.895). O outro Ministro que participou dos dois julgamentos foi o Ministro Celso de Mello, que proferiu longo voto oral mas, curiosamente, optou por cancelar as notas taquigráficas e não registrar voto escrito no acórdão do RE 547.245. A manifestação oral do Ministro Celso de Mello (vídeo disponível no *Youtube*) teve a seguinte tônica: apoio e reafirmação de suas convicções manifestadas no julgamento do RE 116.121, e tentativa de distinção entre o contrato de *leasing* financeiro e o contrato de locação de bens móveis. Segundo o Ministro Celso de Mello, o *leasing* financeiro é uma estrutura jurídica 'complexa' e 'nova', uma relação contratual 'híbrida', em que há tanto elementos de obrigação de dar quanto elementos de obrigações de fazer, e que portanto não pode ser encarada da mesma forma com que se encarou, em 2000, o contrato de locação de máquinas e equipamentos. O rechaço à postura do RE 116.12 ficou mais claro e explícito nos votos dos Ministros Eros Grau, Joaquim Barbosa e Cezar Peluso. Eros Grau assume abertamente que há serviços tributáveis pelo ISSQN que 'não consubstanciam típicas obrigações de fazer', e que é errônea a afirmação de que "haveria serviço apenas nas prestações de fazer, nos termos do que define o direito privado" (fl. 868-A). Joaquim Barbosa também avança contra a premissa básica do RE 116.121, a premissa de que o Direito privado tem um conceito único e inequívoco de prestação de serviço (fls. 878-880). Cezar Peluso, aludindo implicitamente à doutrina adotada no RE 116.121, aponta claramente num 'erro' histórico e de perspectiva. Esse erro seria o seguinte (RE 547.245, fl. 893): 'tentar interpretar não apenas a complexidade da economia do mundo atual,, mas sobretudo os instrumentos, institutos e figuras jurídicos com que o ordenamento regula tais atividades complexas com a aplicação de concepções adequadas a certa simplicidade do mundo do império romano, em que certo número de contratos típicos apresentavam obrigações explicáveis com base na distinção escolástica entre obrigações de dar, fazer e não fazer.' O trecho acima transcrito é uma inequívoca demonstração de que a perspectiva dogmática (formalista e conceitualista) adotada pela maioria dos Ministros no RE 116.121 foi abandonada pela atual composição do STF" (GODOI, Marciano Seabra de. *Crítica à jurisprudência atual do STF em matéria tributária*. São Paulo: Dialética, 2011. p. 166-168).

5. Art. 146, II, da CF. LC n. 116 enquanto *norma que regula as limitações constitucionais ao poder de tributar.* Trata-se de outra nobre função da LC n. 116, na medida em que disciplina princípios tributários e imunidades para fins de ISS.

5.1. Regulação da legalidade, legalidade qualificada e a taxatividade da lista de serviços. No art. 156, III, a Constituição Federal atribuiu competência para os Municípios e ao Distrito Federal instituir o ISS sobre os serviços não abrangidos pelo ICMS, e "definidos em lei complementar". Além do seu inequívoco papel de dirimir conflitos de competência entre o ISS e aqueles impostos que guardam aproximação em sua materialidade (IPI, ICMS, IOF, ITBI), a exigência de lei complementar também se evidencia como uma decorrência do princípio tributário da legalidade, ou melhor, de uma legalidade *qualificada*, uma vez que se exige a edição de uma lei complementar nacional.

5.1.1. Incidência do ISS independe da habilitação ou regularização profissional do prestador do serviço. A incidência do ISS não depende da habilitação ou da regularização do prestador do serviço para a execução dos serviços. Por exemplo, incidirá o ISS sobre um serviço de engenharia executado, ainda que a empresa ou o profissional não tenha registro ou sequer habilitação técnica para tanto. Outro exemplo: incidirá o ISS sobre serviços advocatícios efetivamente prestados por um advogado, mesmo que ele esteja legalmente impedido ou sujeito às incompatibilidades previstas nos arts. 27 a 30 do Estatuto da OAB. Enfim, o que importa é a prestação do serviço, abstraindo-se a validade ou regularidade do exercício profissional, conforme reforça o art. 118 do CTN.

5.1.2. Incidência do ISS independe do atendimento de exigências legais, regulamentares ou administrativas na prestação do serviço. "Assim, se um contribuinte não possui licença para exercer sua atividade de prestação de serviços, deixa de regularizar sua situação perante o Poder Público ou não tem habilitação legal, pratica atividade irregular. Todavia, essas irregularidades não podem elidir a incidência do ISS. Ao se fazer o lançamento do ISS, o aplicador da lei tributária deve fazer abstração das irregularidades constatadas em referência ao cumprimento de exigências legais, regulamentares ou administrativas. Se a lei tributária escolhe como elemento integrante da hipótese de incidência um fato ou conjunto de fatos, a lei os considera na sua realidade fática. Uma vez concretizado o fato, nada impede a incidência da norma jurídica, nem mesmo a existência de ilicitudes desse fato. No ISS, o legislador escolheu para hipótese de incidência a prestação de serviços, com abstração de sua natureza lícita ou ilícita. O aplicador da lei tributária apenas examinará os fatos. Quem presta serviços deve sujeitar-se ao ISS, independentemente da satisfação de outras exigências legais, regulamentares ou administrativas relativas à atividade tributada. Se o advogado presta serviços, deve ele pagar o imposto. O aplicador da lei não irá examinar as situações da prestação de serviços, isto é, se o advogado está habilitado ou se seus atos foram todos praticados corretamente. O fato da empresa instalar seu estabelecimento em lugar proibido ou não possuir licença para tal, não prejudica a incidência da lei tributária relativa ao ISS. Da mesma forma, se um chofer prestar serviços de transporte, mesmo sem a devida habilitação, será ele contribuinte do imposto" (MORAES, Bernardo Ribeiro de. *Doutrina e prática do Imposto sobre Serviços*. São Paulo: Revista dos Tribunais, 1975. p. 127-128).

5.1.3. Numeração dos subitens de serviços sujeitos ao ISS: diferença entre lei municipal e LC n. 116. "Alguns municípios realizaram adaptações quanto à sequência da numeração dos itens da lista em função dos vetos presidenciais a algumas atividades. Por conta disso, em determinados municípios o item 3.01 consta da legislação local como sendo 'Cessão de direito de uso de marcas e de sinais de propaganda', que equivale ao subitem 3.02 da Lei Complementar. Em outros município o legislador preferiu manter a simetria entre ambas as listas e os itens subsequentes aos vetados têm sua codificação idêntica à da LC n. 116. Embora pareça um detalhe de menor importância, para os tomadores de serviços que trabalham com diversos municípios essa falta de sincronia pode representar um grande óbice à parametrização de seus sistemas informatizados. Por exemplo, o código 7.15 em certo município pode ser um subitem vetado (tal como na LC n. 116/ 2003), enquanto em outro pode se referir ao item 'Escoramento, contenção de encostas e serviços congêneres', que é o subitem 7.17 da LC n. 116/ 2003, mas comumente é renumerado nas legislações locais. O ideal é que uma nova lei complementar padronize esta codificação e os municípios adaptem suas normas locais para o mesmo padrão" (LEMOS, Alexandre Marques Andrade. *Gestão tributária de contratos e convênios*. 4. ed. Salvador: Open Editora, 2015. p. 406-407).

5.1.4. Preservação do princípio da legalidade quando o Fisco Municipal implantar obrigações acessórias do ISS. "Mas toda essa facilidade que decorre do uso de *softwares* por aquela Administração Tributária sempre deverá ser pautada na estrita aplicação do princípio constitucional da legalidade tributária. Um exemplo claro sobre esses limites que devem ser observados pelos Municípios no exercício de sua competência tributária diz respeito aos *softwares* que são disponibilizados de forma gratuita para que os prestadores de serviços possam emitir notas fiscais eletrônicas de serviços (NFS-e), de acordo com as regras previstas na legislação municipal que trate sobre a cobrança do Imposto sobre o Serviços. Para cumprir o dever instrumental de emitir uma nota fiscal para registrar cada serviço prestado, o prestador de serviço deve ter a possibilidade de incluir, nesse documento fiscal, todas as informações corretas correlacionadas ao serviço efetivamente realizado, especialmente aquelas que influenciem diretamente na forma como serão calculados e cobrados cada um dos tributos (inclusive os federais) que incidem sobre esse fato jurídico. E nessa ideia de facilitar o cumprimento desses deveres instrumentais, é valido que a Administração Tributária Municipal adote um *software* jurídico que utilize essas funcionalidades (i) que restrinjam as atividades que podem ser informadas na nota fiscal de determinado prestador de serviços, tendo como base de dados fornecidos por ele próprio na realização do seu cadastro junto a Prefeitura Municipal, (ii) que indiquem qual a alíquota que será aplicada no cálculo do ISS incidentes sobre o preço do serviço registrado naquela nota fiscal, tendo como fundamento o valor desse elemento quantitativo previsto na legislação municipal, ou (iii) que apliquem automaticamente obrigatoriedade ou a proibição de retenção daquele ISS pelo tomador de serviços, conforme as regras de responsabilidade prevista na legislação do Município credor desse imposto. Contudo, o princípio da legalidade tributária impede, por exemplo, que esse mesmo *software* defina automaticamente o Município em que considerava devido o ISS incidente sobre o serviço que está sendo registrado na NFS-e quando isso estiver em desacordo com as normas gerais previstas no art. 3º da Lei Complementar n. 116/2003, atribuindo o crédito tributário desse imposto ao Município onde a nota fiscal está sendo emitida, ainda que ele não seja o ente competente para a sua cobrança. No mesmo sentido, não seria possível admitir que o sistema da emissão de NFS-e automaticamente atribuísse ao tomador do serviço identificado naquela nota fiscal a responsabilidade pela retenção do valor do ISS incidente sobre o preço do serviço recebido por ele sem que essa responsabilidade estivesse expressamente prevista na legislação municipal. O respeito ao princípio da legalidade tributária também deve ser preservado quando a Administração Tributária Municipal utiliza o *software* como ferramenta para facilitar a cobrança de tributos, de tal forma que os mecanismos empregados não fujam da mera busca de eficiência na arrecadação de receitas próprias e se aproximem de medidas coercitivas e, portanto, inconstitucionais. É o caso, por exemplo, do bloqueio do acesso ao sistema emissor de nota fiscal de serviços eletrônicas pelo prestador de serviços que possuir algum débito tributário vencido e não pago junto ao Município" (ALVES, Francielli Honorato. O uso do *software* no exercício da competência tributária municipal e o necessário respeito ao princípio da legalidade. *In:* CARVALHO, Paulo de Barros (coord.). *30 anos da Constituição Federal e o sistema tributário brasileiro*. São Paulo: Noeses, 2018. p. 481-483).

5.1.5. Parametrização da nota fiscal de serviço eletrônica (NFS-e) para fechar o cerco contra sonegação. "Podemos definir a Nota Fiscal de Serviços Eletrônica (NFS-e) como um documento virtual de registro de relações comerciais. O foco principal desse documento eletrônico é a desburocratização e o aumento da arrecadação tributária municipal. Em outras palavras, a NFS-e é um documento eletrônico que substitui a NFS impressa. Da mesma forma que a nota impressa, a NFS-e documenta e prestação de serviços e fornece todos os dados necessários à apuração e/ou lançamento do ISS. Por ser um documento eletrônico, a NFS-e simplifica as rotinas dos prestadores de serviços, agregando agilidade e segurança para os cidadãos. Não só facilita a vida dos empreendedores, diminuindo significativamente a burocracia, como também conforma o funcionamento da máquina administrativa a uma plataforma de tecnologia que dá mais segurança ao serviço prestado. Na prática, quando um prestador de serviços solicita nota fiscal pelo site da prefeitura, abrirá um sistema que é interligado à receita municipal. Ao preencher os dados sobre a movimentação financeira, o prestador estará, automaticamente, declarando aquela relação comercial, bem como o Imposto Sobre Serviços de Qualquer Natureza (ISS) que é cobrado sobre os serviços. É um documento de existência exclusivamente digital, gerado e armazenado eletronicamente na Secretaria da Fazenda, elaborado pelo prestador de serviços devidamente autorizado. Sua geração é feita automaticamente, por meio de serviços informatizados, disponibilizados aos contribuintes via soluções *on line* e *webservice*. A solução *on line* consiste na utilização nos serviços de geração de NFS-e diretamente do sítio da Fazenda Municipal, utilizando um navegador de internet (browser) no site. Já pela solução *webservice*, as empresas poderão integrar seus próprios sistemas de informações com o sistema de NFS-e. Dessa forma, o processo de geração e consulta ficam plenamente automatizados, conforme especificações técnicas previamente definidas em manuais de integração disponibilizados aos contribuintes. Eis o conceito do sistema de NFS-e. Só que um bom programa de NFS-e não deve apenas servir de instrumento para emissão e armazenamento de tais documentos. Mais do que isso, ele deve apresentar ferramentas de inteligência fiscal, o que, infelizmente, não temos visto no plano empresarial, pelo menos como regra. Um sistema dessa natureza deve ser concebido com o claro propósito de se tornar uma verdadeira 'malha fina' para os contribuintes do ISS. Destarte, deve possibilitar a importação e cruzamento de informações advindas das mais diversas obrigações acessórias existentes em nossa seara, tais como: DIRF, DIPJ, DMED, DA-CON, DOI, DIMOB, DECRED, e-FINANCEIRA, DASN, PGDAS-D, DEFIS, BOH, CENSO DA EDUCAÇÃO etc." (MANGIERI, Francisco Ramos. *Administração tributária municipal*: eficiência e inteligência fiscal municipal. Porto Alegre: Livraria do Advogado, 2015. p. 19-20). *Vide* a LC 175/20.

5.2. Regulação do princípio federativo. A Constituição Federal outorgou competência para o legislador federal (Congresso Nacional) instituir essa lei complementar nacional com vistas a ratear a tributação entre os entes federados, a título de ISS, ICMS, IPI, IOF e ITBI. Essa opção constitucional certamente partiu de uma visão federalista, especialmente no que concerne à pacificação entre essas entidades, no intuito de se evitar as "guerras fiscais" entre Municípios e Estados (ICMS *vs.* ISS), Municípios e União (ISS *vs.* IPI/IOF), e entre os próprios Municípios (local de ocorrência do ISS; ISS *vs.* ITBI, carga tributária mínima).

5.3. Regulação da segurança jurídica. Ao dirimir conflitos tributários, definir os serviços suscetíveis ao ISS e os demais elementos do seu fato gerador, a LC n. 116 atribui uma segurança jurídica aos sujeitos da obrigação tributária, ainda mais levando-se em consideração seu alcance nacional, no sentido de vincular os milhares de Municípios brasileiros, os vinte e seis Estados, o Distrito Federal e a própria União.

5.4. Regulação da isonomia. A sua abrangência nacional, decorrente de seus *status* de norma geral, atende ao princípio da isonomia tributária, eis que os elementos de seu fato gerador terão uma padronização nacional, ainda que persista uma margem política para que os Municípios estabeleçam a carga tributária do imposto. No entanto, essa discricionariedade na fixação da alíquota caiu radicalmente com o advento da LC n. 157/2016 que, ao regular o art. 88 do ADCT, impôs sanções severas contra os Municípios e seus agentes políticos que inobservarem a alíquota mínima de 2%

do ISS (art. 8º-A da LC n. 116). O estabelecimento da alíquota máxima de 5% (art. 8º) ratifica essa isonomia ao criar essa variação de alíquotas entre 2% e 5%. Por conseguinte, a LC n. 116 também serve como um veículo normativo hábil de defesa da livre concorrência. Nesse sentido, pode-se invocar o art. 146-A da CF.

5.5. Regulação da não confiscatoriedade. Há quem sustente que a fixação da alíquota máxima de 5% constituiria manifestação da própria vedação do confisco: art. 150, IV, CF, reforçado pelo art. 156, § 3º, I. Também podem ser invocados os princípios da razoabilidade e da proporcionalidade para justificação deste dispositivo da LC n. 116. Temos que constitui escolha política do constituinte, com vista a dar menor margem à guerra fiscal entre os Municípios. Aliás, esse objetivo também resta materializado no estabelecimento de alíquotas mínimas e na vedação da concessão de benefícios que reduzam a carga tributária para patamar inferior. *Vide* art. 8º da LC n. 116.

5.6. Regulação das imunidades tributárias. A LC n. 116 também enfrentou o tema da imunidade tributária, mas apenas no que diz respeito à não incidência do imposto sobre as exportação de serviço (art. 156, § 3º, II, CF). A disciplina sobre as imunidades gerais, isto é, aplicáveis a todos os impostos, não foi objeto de regulamentação nesta lei complementar, exatamente em razão de seu contexto reservado ao ISS. Logo, no que tange às imunidades recíproca, dos templos de qualquer culto, dos sindicatos dos trabalhadores, partidos políticos, entidades beneficentes e assistência social e de educação, aplicam-se os arts. 9º e 14 do CTN.

5.6.1. A ausência de imunidade dos serviços públicos prestados por terceiros. O § 3º do art. 1º afasta a imunidade do ISS sobre os serviços públicos explorados economicamente por particulares. Por isso, na lista de serviços aparecem alguns desses serviços prestados por particulares (permissionários, concessionários e autorizados) mediante a utilização de bens e serviços públicos: 16.01; itens 20, 21, 22, 25.01, 25.04, 25.05 e 26.01. O serviço de transporte coletivo (16.01), inclusive, pode ser objeto de benefício fiscal ou ter alíquota que implique numa carga tributária inferior a 2%, consoante art. 8º-A, § 1º, da LC n. 116.

6. Art. 146, III, *a*, da CF. LC n. 116 enquanto lei de *normas gerais sobre o ISS* (definição do fato gerador, base de cálculo e contribuintes). A maioria dos artigos da LC n. 116 traz normas gerais sobre o ISS, estabelecendo modelos de fato gerador, base de cálculo e contribuintes a serem observados pelos legisladores municipais quando da instituição do ISS, e prevenindo conflitos de competência tributária dos Municípios entre si e dos Municípios com os Estados e com a União.

7. LC n. 116 e hipóteses de não incidência do seu art. 2º. O art. 2º da LC n. 116/2003 cuida da não incidência do ISS, procurando explicitar os serviços que não são sujeitos ao imposto, e.g., por opção política (exportação de serviços), ou por lhe faltar autonomia (serviço prestado no bojo de relação de emprego). Há polêmica acerca da natureza das não onerações tributárias previstas nos três incisos, se imunidades, isenções ou hipótese de não incidência. Mas, lembre-se que imunidades são sempre constitucionais, que isenções são normas que afastam a cobrança de tributo em hipótese que configura seu fato gerador e que não incidências implicam a não subsunção do fato à norma.

8. A CF não estabelece a não cumulatividade para o ISS que é tributo cumulativo. Diferentemente do que fez relativamente ao ICMS (art. 155, § 2º, I) e ao IPI (art. 153, § 3º, II), a Constituição Federal não determinou que o ISS fosse não cumulativo. Tampouco a legislação complementar determinou isso. O ISS é um imposto cumulativo, não se admitindo o creditamento do imposto cobrado nas operações anteriores. Em matéria de ISS, porquanto, não se trabalha com sistema de créditos e débitos, não havendo que se falar, via de regra, em compensações. Aliás, o art. 8º-A, § 1º, da LC n. 116 veda expressamente a concessão de créditos presumidos ou outorgados, caso a carga tributária fique inferior a 2% do preço do serviço. A única exceção legalmente prevista que se aproxima de um regime não cumulativo do ISS, mas no sentido da tributação do valor agregado, é a do art. 9º, § 2º, *b*, do DL 406/1968, na medida em que admite a dedução do "valor das subempreitadas já tributadas pelo imposto".

I – fixar as suas alíquotas máximas e mínimas; (Redação dada pela EC n. 37/2002.)

---

1. Alíquotas máximas. Art. 8º da LC n. 116/2003.

– O texto constitucional "se refere às alíquotas máximas, no plural, o que não admite um teto único e fixo de tributação. (...) A Lei Complementar n. 100 acrescentou o item 101 para permitir a tributação do serviço de exploração de rodovia. Só que, ao acrescentar esse novo serviço, a lei complementar já fixou a sua alíquota máxima por ora, somente um único item de serviços tributáveis, o item 101 da lista anexa à Lei Complementar n. 56/1987, correspondente ao item 22.01 da lista anexa à Lei Complementar

n. 116/2003, está submetido à alíquota máxima de 5%" (HARADA, Kiyoshi. Imposto sobre Serviços: polêmica sobre alíquotas máximas e mínimas. *RET* 47, 2006).

1.1. Aplicação imediata já em 2003? De um lado, pode-se entender que sendo, a alíquota máxima, um teto para a tributação, requerido pelo próprio texto constitucional, aplicar-se-ia de imediato, não se submetendo à anterioridade, só invocável a favor do contribuinte. De outro, contudo, tem-se que o orçamento dos entes políticos é anual e que violaria a segurança jurídica e a autonomia financeira dos Municípios a imposição de redução imediata das alíquotas, já durante o exercício de 2003, pois comprometeria a receita esperada e, por consequência, a execução orçamentária.

1.2. Não havia alíquota máxima genérica no regime anterior. "2. A Lei Complementar n. 100/99 alterou o Decreto-Lei n. 406/68 e a Lei Complementar n. 56/87, acrescentando serviço sujeito ao Imposto sobre Serviços de Qualquer Natureza (item 101), qual seja, 'exploração de rodovia mediante cobrança de preço dos usuários...'. No que concerne ao serviço mencionado, a referida Lei Complementar uniformizou a cobrança do ISS em todo território nacional, estipulando para tal serviço – e tão somente para ele – uma alíquota máxima de 5%. Essa alíquota máxima não foi estendida aos demais serviços constantes da lista do ISS e, sim, apenas aquele instituído pela Lei Complementar n. 100/99... 3. No caso dos autos, em se tratando de serviços bancários cobrados com base no Decreto-Lei 406/68 (regime anterior à vigência da LC n. 116/2003), não é aplicável a limitação prevista no art. 4º da LC n. 100/99. 4. A reforçar essa tese, há que se destacar que, apenas com o advento da EC 37/2002 que, entre outras disposições, alterou o art. 156, § 3º, I, da CF/88 foi estabelecida a previsão de fixação das alíquotas máximas e mínimas do ISS através de lei complementar (federal), em relação aos serviços sujeitos à incidência desse imposto, o que se efetivou apenas com a vigência da LC n. 116/2003 (que regulamentou o preceito constitucional referido)" (STJ, 2ª T., REsp 1.372.512/PR, 2013).

2. Alíquota mínima de 2% desde 2002. Art. 88 do ADCT e, atualmente, art. 8º-A da LC n. 116/2003, acrescido pela LC n. 157/2016. A fixação da alíquota mínima de ISS, em nível de lei complementar, sobreveio com a LC n. 157/2016, que a estabeleceu em 2%. Até então, como não havia disposição a respeito na redação original da LC n. 116/2003, vigia a norma do art. 88 do ADCT, decorrente da EC 37/2002, que já estabelecia a alíquota mínima de 2% em caráter transitório. Na prática, portanto, desde

2002 temos a alíquota mínima de 2002 e o impedimento de os Municípios estabelecerem alíquota menor, ainda que mediante o uso de artifícios como a redução da base de cálculo ou a concessão de outros benefícios fiscais.

– Conferir art. 88 do ADCT e art. 8º-A da LC n. 116, incluído pela LC n. 157/2016.

2.1. Descabimento da redução da base de cálculo e da concessão de outros benefícios que tenham o efeito de reduzir a carga mínima. Inconstitucionalidade. O art. 88 do ADCT já impedia, expressamente, manobras que implicasse carga inferior a mínimo de 2%. Quanto a essas manobras que podem desequilibrar o pacto federativo, instaurando uma guerra fiscal entre os entes federados, são ricas as discussões ocorridas relativamente ao ICMS e a vedação constitucional de concessão de benefícios não autorizados por Convênio, nos termos do art. 155, § 2º, XII, *g*, da CF, sob o que há farta jurisprudência do STF.

– "ARGUIÇÃO DE DESCUMPRIMENTO DE PRECEITO FUNDAMENTAL. DIREITO TRIBUTÁRIO. IMPOSTO SOBRE SERVIÇOS DE QUALQUER NATUREZA – ISSQN. ALÍQUOTA MÍNIMA. ART. 88 DO ADCT. COMPETÊNCIA LEGISLATIVA DA UNIÃO. NORMAS GERAIS DA LEGISLAÇÃO TRIBUTÁRIA. USURPAÇÃO. BASE DE CÁLCULO. DEFINIÇÃO POR LEI MUNICIPAL. CONCEITO DE RECEITA BRUTA DO PREÇO DO SERVIÇO. PRINCÍPIO FEDERATIVO. FEDERALISMO FISCAL. [...] 5. Reveste-se de inconstitucionalidade formal a lei municipal na qual se define base de cálculo em que se excluem os tributos federais relativos à prestação de serviços tributáveis e o valor do bem envolvido em contratos de arrendamento mercantil, por se tratar de matéria com reserva de lei complementar, nos termos do art. 146, III, *a*, da Constituição da República. 6. No âmbito da inconstitucionalidade material, viola o art. 88, I e II, do Ato das Disposições Constitucionais Transitórias do Texto Constitucional, incluído pela Emenda Constitucional 37/2002, o qual fixou alíquota mínima para os fatos geradores do ISSQN, assim como vedou a concessão de isenções, incentivos e benefícios fiscais, que resultasse, direta ou indiretamente, na redução da alíquota mínima estabelecida. Assim, reduz-se a carga tributária incidente sobre a prestação de serviço a um patamar vedado pelo Poder Constituinte. 7. Fixação da seguinte tese jurídica ao julgado: 'É inconstitucional lei municipal que veicule exclusão de valores da base de cálculo do ISSQN fora das hipóteses previstas em lei complementar nacional. Também é incompatível com o Texto Constitucional medida fiscal que resulte indiretamente na redução da alíquota mínima estabelecida pelo art. 88 do ADCT, a partir da redução da carga tributária incidente sobre a prestação de serviço na territorialidade do ente tributante'. 8. Modulação prospectiva dos efeitos temporais da declaração de inconstitucionalidade, a contar da data do deferimento da medida cautelar em 15.12.2015. 9. Arguição de Descumprimento de Preceito Fundamental parcialmente conhecida a que se dá procedência com a finalidade de declarar a inconstitucionalidade dos arts. 190, § 2º, II; e 191, § 6º, II e § 7º, da Lei 2.614/97, do Município de Estância Hidromineral de Poá" (STF, Tribunal Pleno, ADPF 190, 2016).

– "Em relação aos incentivos fiscais, há determinados tributos que não comportam isenções. Para os Municípios, em relação a um deles, não se admitem desonerações absolutas (ISS), por determinar a Constituição que caberá à lei complementar estabelecer alíquotas mínimas ao imposto. O próprio texto da EC 37/2002 não abre espaço para tal política. A alíquota mínima objetiva eliminar a guerra fiscal entre Municípios, quando da atuação do contribuinte em mais de um deles. Por isso, determina que as alíquotas mínimas sejam definidas por lei complementar, entendendo eu, que esta alíquota não poderá ser inferior a 2%, por força do inc. II do art. 88 do ADCT" (MARTINS, Ives Gandra da Silva. Limites da Constituição e da Lei de Responsabilidade fiscal: autonomia financeira, administrativa e política das unidades federativas. *RTFP* 97/307, 2011).

2.2. Questionamento da alíquota mínima em face do pacto federativo. "A autonomia política dos entes federativos está umbilicalmente ligada a sua autonomia financeira. Esta, por sua vez, depende da livre disposição parar arrecadação e aplicação do produto de seus tributos, de acordo com seus próprios interesses. Nada mais condizente com o interesse local e, *ipso facto*, com a autonomia municipal, do que a manutenção da competência municipal para a instituição das alíquotas dos próprios tributos. A Magna Carta outorgou aos municípios o direito de instituir as alíquotas do ISS de acordo com o interesse local, limitando apenas as alíquotas máximas. A EC 37 transformou a descentralização política do ISS em 'administrativa' (leia-se: revogável, típica dos estados unitários), ao restringir a autonomia municipal, ignorando que ela faz parte do Pacto Federativo; esbarrou, desta forma, em cláusula pétrea, sendo inconstitucional. (...) A instituição de alíquotas mínimas também fere o princípio da proporcionalidade em todas as suas dimensões: i) é inútil para resolver a pretensa guerra fiscal, porque somente uma alíquota uniforme seria apta para tanto; ii) utilizou-se de um meio mais restritivo do que o necessário, na medida em que abrangeu regiões que em tese nada tema a ver com a pretensão guerra fiscal; e iii) não se compatibiliza com os valores do Estado democrático brasileiro. Descabida, ainda, a comparação com o regime do ICMS, pois vimos que este tem um sistema compatível com a sua natureza, fato inocorrente com o atual regime do ISS. Consequentemente, os contribuintes somente serão obrigados a recolher o ISS na alíquota mínima de 2% se a lei municipal assim dispuser. Lei esta que deverá obedecer, dentre outros, os princípios da irretroatividade e da anterioridade tributária" (BIM, Eduardo Fortunato. A inconstitucionalidade da alíquota mínima para o ISS: a violação do Pacto Federativo pela EC n. 37/02. *RDDT* 94/37, 2003).

II – excluir da sua incidência exportações de serviços para o exterior. (Incluído pela EC n. 3/93.)

---

1. Política de não exportação de tributos. A norma desonerativa do ISS acolheu o princípio do destino, no que tange aos tributos que a economia rotula de indiretos e regula as operações internacionais de bens e serviços. De acordo com este princípio, a transação internacional deve ser tributada apenas uma vez, no país importador, com a consequente exoneração das imposições sofridas no país de origem (onde o serviço foi prestado ou o bem produzido), justamente para que não haja "exportação do imposto'" (MELO, José Eduardo Soares de. *Importação e exportação no direito tributário:* impostos, taxas e contribuições. São Paulo: Aduaneiras, 2018. p. 342).

2. Não se trata de imunidade. A Constituição Federal não imuniza a exportação de serviços da incidência do ISS, remetendo à lei complementar não a simples regulamentação de uma decisão política superior já tomada, mas a decisão política de excluir a incidência. A técnica utilizada pelo constituinte, portanto, é distinta daquela constante, e.g., do art. 150, VI, *c*.

2.1. A exclusão da incidência é decisão do legislador complementar, que, querendo, pode revogá-la. Tratando-se de uma opção do legislador complementar, pode excluir a incidência ou não, a qualquer tempo. O dispositivo que exclui a incidência do ISS nas exportações de serviços – art. 2º, I, da LC n. 116/2003 – pode, portanto, vir a ser revogado.

2.2. A exclusão poderia ter sido seletiva. Sendo uma opção do legislador complementar excluir ou não a exportação de serviços da incidência do ISS, poderia fazê-lo, também, em parte, especificando os serviços cuja exportação não seria tributada.

2.3. Se o legislador complementar não excluísse a incidência, incidiria o ISS. Na definição do fato gerador do ISS, o art. 1º da LC n. 116/2003 prevê a prestação de serviços constante da lista anexa. Não faz qualquer referência a que sejam prestados para fruição ou produção de efeitos dentro do território nacional. Assim, não fosse a exclusão expressa da incidência sobre exportações, realizada pelo art. 2º, I, daquela mesma LC n. 116/2003, haveria a incidência. Isso leva à situação de que, caso, algum dia, venha a ser revogado o inciso I do art. 2º, haverá a automática incidência também sobre as exportações.

3. Não incidência na exportação. A Lei Complementar n. 116/2003 excluiu a incidência. Não incide ISS na exportação de serviços, pois a LC n. 116, em seu art. 2º, I, exerceu a delegação feita pelo Constituinte e excluir da sua incidência a exportação de serviços. Com isso, afastou a possibilidade de os legisladores municipais determinarem tal incidência e de se fazer qualquer interpretação no sentido de que fosse devido o ISS na exportação de serviços.

– Conferir art. 2º da LC n. 116/2003.

4. Conceituação da exportação de serviços. "O Guia Básico para Exportação de Serviços do Ministério da Indústria, Comércio Exterior e Serviços... apresenta uma excelente conceituação da exportação de serviços: 'Exportação de serviços refere-se à produção, venda e entrega de um produto intangível entre produtor e consumidor, pessoa física ou jurídica, residentes ou domiciliados em países distintos. No sentido mais abrangente, adotado pela Organização Mundial do Comércio – OMC, a exportação de serviços compreende diferentes situações envolvendo a transposição de fronteiras, seja do serviço, seja do consumidor ou da pessoa física prestadora do serviço, seja mediante estabelecimento de presença comercial no exterior da própria empresa prestadora do serviço. Estas situações são denominadas modos de prestação de serviços.' Esse conceito engloba descrição substancial e concisa da operação de exportação de serviços, porquanto identifica a produção, a venda e a entrega de um produto intangível entre pessoas residentes em diferentes países. De fato, a prestação de serviço refere-se à reunião da produção com a entrega do resultado de um serviço, objeto de uma relação negocial. À exportação, basta incluir um sujeito alienígena ao Direito nacional: o tomador do serviço. O sentido abrangente adotado pelo Organização Mundial do Comércio (OMC) reflete concretamente a dimensão do conceito de prestação de serviço anteriormente desenvolvido, aplicado ao âmbito do Comércio Exterior. Segundo a OMC, a exportação de serviços envolve a movimentação de um serviço, de um tomador de serviço ou de um prestador de serviço entre dois territórios sujeitos a legislações soberanas. Aqui, discordamos em apenas um ponto: o serviço *de per si* não pode ser exportado, mas sim o seu resultado. [...] O que se exporta é o resultado do serviço, motivo pelo qual o conceito trazido pelo Guia do MDIC pareceu-nos extremamente feliz ao referenciar a 'entrega de um produto intangível'" (*apud* LIMA, Tarciano José Faleiro de. *Exportação de serviços*. Porto Alegre: Rígel, 2018. p. 114-115).

– Conferir art. 25, § 4º, da Resolução CGSN n. 140/2018.

4.1. A utilidade deve ser fruída no exterior. "Exportar serviço só pode significar que alguém elaborou aqui, por exemplo, um projeto de construção de usina hidrelétrica, para surtir efeito no estrangeiro, por encomenda de um tomador localizado no exterior do país. Se o projeto surgir efeito no Brasil (produzir resultado, na terminologia da lei) de exportação de serviço não se tratará, ficando sujeito ao pagamento do ISS" (HARADA, Kiyoshi. *ISS:* teoria e prática. São Paulo: Atlas, 2008. p. 47).

4.2. Exportação de serviços para o exterior. Redundância? A redundância tem o efeito de frisar que não se trata de prestação de serviços intermunicipal ou interestadual, mas internacional. Ocorrerá exportação de serviços quando seja prestado por profissional ou empresa aqui domiciliados para o proveito de tomador de serviço no exterior. Parece-nos desimportante se os atos materiais são realizados aqui ou no exterior, porquanto, de qualquer modo, teremos os elementos necessários à caracterização da exportação de serviços que são o prestador nacional, o tomador estrangeiro e o objeto como sendo o fazer em seu proveito. Importa é que a atividade seja desenvolvida em favor de tomador de serviço para seu proveito no exterior. Mas há acórdão do STJ, adiante reproduzido, que adota posicionamento mais restritivo.

4.3. Parecer Normativo Cosit n. 1, de 11-10-2018, que trata das exportações de serviço no âmbito da tributação federal. Ementa: "Considera-se exportação de serviços a operação realizada entre aquele que, enquanto prestador, atua a partir do mercado doméstico, com seus meios disponíveis em território nacional, para atender a uma demanda a ser satisfeita em um outro mercado, no exterior, em favor de um tomador que atua, enquanto tal, naquele outro mercado, ressalvada a existência de definição legal distinta aplicável ao caso concreto e os casos em que a legislação dispuser em contrário. (...) O prestador de serviços, enquanto tal, atua a partir do mercado doméstico quando inicia a prestação em território nacional por meio de atos preparatórios anteriores à realização material do serviço, relacionados com o planejamento, a identificação da expertise indispensável ou a mobilização de recursos materiais e intelectuais necessários ao fornecimento. (...) O tomador de serviços, enquanto tal, atua no mercado externo quando sua demanda pela prestação ocorre no exterior, devendo ser satisfeita fora do território nacional. (...) Se o tomador de serviços, enquanto tal, atua no mercado externo e os serviços são executados em um imóvel ou em um bem incorporado a um imóvel, a demanda se considera atendida no território onde se situa o imóvel. (...) Se o tomador de serviços, enquanto tal, atua no mercado externo e os serviços são executados em um bem móvel não incorporado a um imóvel, uma vez demonstrado que aquele bem será utilizado apenas no exterior, a demanda se considera atendida no território ou nos territórios onde esse bem deverá ser utilizado. (...) Se o tomador de serviços, enquanto tal, atua no mercado externo e os serviços são executados em um bem móvel sem conexão necessária com determinado território ou são executados sem referimento a qualquer bem físico, a demanda: a) quando uma parte relevante da prestação deva se realizar necessariamente em determinado local com a presença física do prestador, se considera atendida naquele local; b) quando, embora dispensada a presença física do prestador, for necessária sua presença indireta (por subcontratação) ou virtual (pelo acesso compulsório a serviços eletrônicos locais sem os quais se tornaria obrigatória sua presença física direta ou indireta), se considera atendida onde sua presença indireta ou virtual for indispensável; e c) não havendo qualquer elemento de conexão territorial relacionado com o resultado da prestação, se considera atendida no local onde o tomador tem sua residência ou domicílio. Dispositivos Legais: CF/88, art. 149, § 2º, I, art. 153, V, art. 155, § 2º, X, alínea a e XII, alíneas *e* e *f* e art. 156, § 3º, III; Lei n. 9.841, de 13 de agosto de 1997, art. 1º, inciso XI; Lei n. 10.406, de 10 de janeiro de 2002, art. 79; Lei n. 10.637/02, art. 5º, II; Lei n. 10.833/03, art. 6º, II; MP 2.158-35/01, art. 14, III; Dec. n. 6.306, de 14 de dezembro de 2007, art. 15-B. n. do e-processo 10030.000022/1207-02".

4.4. Modos de prestação de serviços definidos no GATS. "Em consulta ao Guia Básico para Exportação de Serviços do MDIC, já referido, colhemos os modos de prestação de serviços definidos conforme o GATS, acordo multilateral estabelecido pela ONU, do qual o Brasil é signatário: 'Os modos de prestação identificam, conforme estabelecido no Acordo Geral sobre o

Comércio de Serviços da OMC (GATS), a prestação de serviços, segundo a localização do prestador e do tomador. Os modos de prestação são os seguintes: Modo 1 – Comércio transfronteiriço: serviços prestado do território de um país ao território de outro país, por residente ou domiciliado no Brasil a residente ou domiciliado no exterior. Modo 2 – Consumo no Brasil: serviço prestado por residente ou domiciliado no Brasil e consumido no território brasileiro por residente e domiciliado no exterior. Modo 3 – Presença comercial no exterior: consiste na prestação de serviço por pessoa jurídica domiciliada no exterior relacionada a uma pessoa jurídica domiciliada no Brasil. Modo 4 – Movimento temporário de pessoas físicas: residentes no Brasil deslocam-se por tempo limitado ao exterior com vistas a prestar um serviço a residente ou domiciliado no exterior.' [...] A exportação de serviços pode assumir diferentes formatos de operação, não convindo limitá-la através de conceito jurídico, advindo de duvidosa interpretação da lei, em detrimento da situação fática, procedente da lógica do comércio internacional de serviços" (LIMA, Tarciano José Faleiro de. *Exportação de serviços*. Porto Alegre: Rígel, 2018. p. 116-117).

4.5. Serviço prestado dentro do país, para empresas estrangeiras. Incidência do ISS. "ISSQN... SERVIÇO DE RETÍFICA, REPARO E REVISÃO DE MOTORES E DE TURBINAS DE AERONAVES CONTRATADO POR EMPRESA DO EXTERIOR. EXPORTAÇÃO DE SERVIÇOS. NÃO CARACTERIZAÇÃO. SERVIÇO EXECUTADO DENTRO DO TERRITÓRIO NACIONAL. APLICAÇÃO DO ART. 2º, PARÁGRAFO ÚNICO, DA LEI N. LC n. 116/03... 1. Tratam os autos de mandado de segurança preventivo impetrado por GE CELMA LTDA. com a finalidade de obstar eventual ato do Secretário Municipal de Fazenda de Petrópolis, Estado do Rio de Janeiro, que importe na cobrança de ISSQN sobre prestação de serviços consubstanciada em operações de retificação, reparo e revisão de motores e turbinas de aeronaves, contratadas por empresas aéreas do exterior. Sentença denegou a segurança. (...) 4. Nos termos do art. 2º, inciso I, parágrafo único, da LC n. 116/03, o ISSQN não incide sobre as exportações de serviços, sendo tributáveis aqueles desenvolvidos dentro do território nacional cujo resultado aqui se verifique, ainda que o pagamento seja feito por residente no exterior. *In casu*, a recorrente é contratada por empresas do exterior e recebe motores e turbinas para reparos, retífica e revisão. Inicia, desenvolve e conclui a prestação do serviço dentro do território nacional, exatamente em Petrópolis, Estado do Rio de Janeiro, e somente depois de testados, envia-os de volta aos clientes, que procedem à sua instalação nas aeronaves.

5. A Lei Complementar n. 116/03 estabelece como condição para que haja exportação de serviços desenvolvidos no Brasil que o resultado da atividade contratada não se verifique dentro do nosso País, sendo de suma importância, por conseguinte, a compreensão do termo 'resultado' como disposto no parágrafo único do art. 2º. 6. Na acepção semântica, 'resultado' é consequência, efeito, seguimento. Assim, para que haja efetiva exportação do serviço desenvolvido no Brasil, ele não poderá aqui ter consequências ou produzir efeitos. A contrário senso, os efeitos decorrentes dos serviços exportados devem-se produzir em qualquer outro País. É necessário, pois, ter-se em mente que os verdadeiros resultados do serviço prestado, os objetivos da contratação e da prestação. 7. O trabalho desenvolvido pela recorrente não configura exportação de serviço, pois o objetivo da contratação, o resultado, que é o efetivo conserto do equipamento, é totalmente concluído no nosso território. É inquestionável a incidência do ISS no presente caso, tendo incidência o disposto no parágrafo único, do art. 2º, da LC n. 116/03: 'Não se enquadram no disposto no inciso I os serviços desenvolvidos no Brasil, cujo resultado aqui se verifique, ainda que o pagamento seja feito por residente no exterior'. 8. Recurso especial parcialmente conhecido e não provido" (STJ, 1ª T., REsp 831.124/RJ, 2006).

– "Ação Declaratória. ISS. Pretensão de isenção tributária. Exportação de Serviços. Sentença de improcedência do pedido. Pretensão à reforma. Desacolhimento. Serviço de logística especial. Empresa que atua no transporte de bens para sua utilização em eventos sediados no território brasileiro. Resultado dos serviços que são verificados no Brasil, já que, essencialmente, o tomador se beneficia de sua execução por ocasião da realização do evento. Necessário retorno dos bens ao exterior que constitui mera consequência necessária à sua finalidade. Isenção não configurada. Aplicação do artigo 2º, parágrafo único da LC n. 116/03. Circunstância que torna o Município réu competente para exigir o ISS sobre os serviços prestados em seu território. Majoração dos honorários sucumbenciais nos termos do art. 85, § 11, do CPC/2015 e do Enunciado administrativo n. 7 do C. STJ. Sentença mantida. Recurso não provido" (TJSP, 18ª Câmara de Direito Público, Apelação Cível 1048422-05.2015.8.26.0053, 2017).

– "O artigo 156, § 3º, II, da Constituição Federal de 1988 (CF/1988) estabelece caber à lei complementar a exclusão da incidência do ISS sobre 'exportações de serviços para o exterior'. Em 2003, foi editada a Lei Complementar n. 116 (LC n. 116/2003), cujo artigo 2º, I, dispõe que o imposto não incide nessa hipótese. Porém, conforme seu parágrafo único, 'Não se enquadram no disposto no inciso I os serviços desenvolvidos no Brasil, cujo resultado aqui se verifique, ainda que o pagamento seja feito por residente no exterior'. Diante de algumas decisões do Conselho Municipal de Tributos paulistano, especificamente, voltadas à compreensão do 'resultado' de que fala a LC n. 116/2003, o tema da exportação de serviços voltou à pauta. (...) interpretação (...) Naquela adotada pelo Conselho Municipal, o resultado do serviço é equiparado à sua plena fruição pelo tomador/beneficiário, ficando em segundo plano os produtos/consequências/efeitos primeiros ou imediatos, acordados e verificados empiricamente, da prestação do serviço. Voltando ao exemplo dos motores e turbinas consertados no Brasil, para tal interpretação, mais importante do que o conserto deles é o fato de que, com o conserto, pode a empresa aérea estrangeira restabelecer suas rotas e dar seguimento às suas atividades normais, baseadas no exterior. Assim, ali se verificaria o resultado do serviço. Já na interpretação alternativa apresentada, admite-se, como resultados do serviço, seu produtos/consequências/efeitos primeiros ou imediatos, decorrências da obrigação inerente à prestação ajustada, com a ressalva de que, nos serviços cujos resultados são informações (a destinatários no exterior), tais resultados não têm como verificar-se no Brasil, i.e., condicionam-se ao alcance de seu destinatário que está fora do país. Talvez se possa dizer que interpretações como a do Conselho Municipal atentam a que a compreensão atribuível ao (local do) resultado do serviço não se desvincule do intento constitucional de 'excluir da sua incidência [ISS] exportações de serviços para o exterior' – intento voltado ao incremento de riqueza no país à custa do cliente estrangeiro –, de modo que seja a CF/1988 a guiar a intelecção dos termos da LC n. 116/2003. Daí, uma noção mais ampla do que seria o resultado do serviço focada não nos seus efeitos (previstos e) verificáveis no Brasil, mas na sua plena fruição por um beneficiário situado no exterior" (GRANATO, Marcelo de Azevedo. O lugar da informação: considerações sobre a interpretação do termo "resultado" na Lei Complementar n. 116/2003. *Revista Dialética de Direito Tributário,* 227/73, ago. 2014).

5. Exportação de serviços no âmbito do Simples Nacional. No âmbito do Simples Nacional, há diversas referências à exportação de serviços: arts. 3º, §§ 14 e 15, e 18, § 4º-A, IV, e § 14, da LC n. 123. *Vide*, ainda, o art. 25, § 4º, da Resolução CGSN n. 140/2018.

6. Importação de serviços. *Vide* nota ao art. 1º, § 1º, da LC n. 116.

III – regular a forma e as condições como isenções, incentivos e benefícios fiscais serão concedidos e revogados. (Incluído pela EC n. 3/93.)

1. Guerra fiscal entre Municípios. Paralelo com a guerra fiscal entre Estados. Ao regrar o ICMS, Constituição Federal, em seu art. 155, § 2º, XII, *g*, estabeleceu que caberia à lei complementar "regular a forma como, mediante deliberação dos Estados e do Distrito Federal, isenções, incentivos e benefícios fiscais serão concedidos e revogados". Essas deliberações ocorrem mediante os Convênios Confaz. No caso do ISS, a Constituição não refere qualquer deliberação pelos Municípios, de modo que o regramento da matéria compete, de modo direto e suficiente, ao legislador complementar.

2. Não se pode burlar, através de benefícios fiscais, a alíquota mínima do ISS. O art. 88 do ADCT, acrescido pela EC 37/2002, ao estabelecer a alíquota que vigeria até que a lei complementar cuidasse da matéria, ressaltou que, enquanto a lei complementar não dispusesse a respeito, o ISS não seria objeto de concessão de isenções, incentivos e benefícios fiscais, que resultasse, direta ou indiretamente, na redução da alíquota mínima estabelecida no inciso I. Com o art. 8º-A da LC n. 116 estabelecendo a mesma alíquota mínima de 2%, mais uma vez restou expressa a impossibilidade de se utilizar de benefícios fiscais de qualquer natureza para puxar a carga tributária aquém desse patamar. *Vide* as notas ao art. 8º-A da LC n. 116.

Lei Complementar n. 116, de 31 de julho de 2003

Dispõe sobre o Imposto Sobre Serviços de Qualquer Natureza, de competência dos Municípios e do Distrito Federal, e dá outras providências.

1. Coordenação das fontes normativas: CF, LC n. 116/2003 e leis municipais. O detalhamento do Sistema Tributário Nacional na Constituição de 1988 e a forma federativa de Estado adotada, com a repartição das competências tributárias entre os entes políticos, fazem com que tenhamos de coordenar diversas fontes normativas, a começar pela Constituição Federal (CF), passando pelas leis complementares de normas gerais (CTN e LC n. 116/2003) e chegando às leis municipais complementares ou ordinárias (LCM ou LM), culminando, ainda, com os Decretos editados pelos Prefeitos e os atos normativos consistentes em instruções normativas, portarias etc.

1.1. CF: competência tributária. Competência é matéria constitucional. *Vide* notas ao art. 156, III, da CF, em que se destaca que, embora a competência para instituir o ISS seja dos Municípios e do Distrito Federal, a União também poderá instituí-lo nos territórios federais, caso voltem a existir, e tributar os serviços de qualquer natureza através do imposto extraordinário de guerra, além do que há serviços sujeitos ao ICMS.

1.2. CTN e LC n. 116/2003: normas gerais em matéria de ISS. LC n. 116 não institui o imposto. Juntamente com o CTN, dispõe, isso sim, sobre as matérias que lhe são reservadas pelos arts. 146, 156, III e § 3º, conforme analisamos, com detalhamento, em nota ao art. 156, III, da CF. O CTN traz normas gerais em matéria de legislação tributária e a LC n. 116/2003 cuida dos normas gerais especificamente relacionadas ao ISS.

– Os Municípios não podem cobrar o ISS com suporte exclusivo na LC n. 116, porquanto essa lei cuida das normas gerais em matéria de ISS, mas não institui o imposto, competência essa que é dos próprios Municípios e, diga-se, indelegável como qualquer competência tributária, nos termos do art. 7º do CTN.

1.3. Leis municipais: instituição do ISS, novos casos de substituição e de responsabilidade. A LC n. 116/2003 estabelece as normas gerais em matéria de ISS, mas a instituição do imposto é feita por cada um dos Municípios brasileiros, através de leis municipais. A instituição dos tributos é matéria de lei em sentido estrito, nos termos do art. 150, I, da CF e 97 do CTN. Cabe aos entes competentes, no caso, os Municípios, instituírem o ISS mediante leis aprovadas pelas suas câmaras de vereadores e sancionadas pelos seus prefeitos. Via de regra, estaremos tratando de leis ordinárias municipais que costumam simplesmente reproduzir os dispositivos desta lei nacional e estabelecer as alíquotas do imposto sobre os serviços listados.

– Em alguns Municípios, a Lei Orgânica do Município (LOM) prevê a figura da lei complementar municipal, a ela reservando determinadas matérias como a edição do código tributário do município e a própria instituição dos tributos. Por isso é que vemos algumas leis complementares municipais cuidando da instituição do ISS, isoladamente ou no bojo do código tributário do Município. No silêncio da LOM, bastará uma lei ordinária municipal.

– Também o estabelecimento de novos casos de responsabilidade e de substituição tributárias cabe ao legislador municipal, que o faz em face da autorização constante do art. 128 do CTN.

1.4. Iniciativa de lei sobre ISS: prefeito, vereadores, iniciativa popular. Os vereadores detêm competência para iniciar projeto de lei relativo ao ISS, ou a qualquer outro tributo municipal, conforme pacífico entendimento jurisprudencial do STF (ADI n. 724, n. 2.304, n. 1.759 e n. 2.392). Enfim, inexiste qualquer reserva na iniciativa de lei sobre o ISS, ficando aberta a possibilidade dos vereadores, do prefeito e, até mesmo, dos cidadãos municipais, por iniciativa popular (art. 61, § 2º, CF), iniciarem o processo legislativo.

1.5. Decretos, instruções normativas e portarias: regulamentação do ISS. As leis municipais instituidoras do ISS são regulamentadas por decretos dos Prefeitos (art. 99 do CTN) e detalhadas por normas complementares (art. 100 do CTN), como, e.g., instruções normativas e portarias.

1.6. Deveres instrumentais relativos ao ISS. As obrigações acessórias têm autonomia. A LC n. 175/2020 versa sobre o padrão nacional de obrigação acessória do ISS incidente sobre os serviços previstos nos subitens 4.22, 4.23, 5.09, 15.01 e 15.09 da lista de serviços.

– "ISS. DEVERES INSTRUMENTAIS (OBRIGAÇÕES ACESSÓRIAS). EMISSÃO DE NOTAS FISCAIS. Autonomia em relação à regra matriz de incidência. Exigência de pessoa física ou jurídica sujeita à imunidade, isenção, não incidência ou outro benefício fiscal que afaste algum encargo tributário. Constitucionalidade" (STF, 1ª T., ARE 1.055.477 AgR, 2017).

O PRESIDENTE DA REPÚBLICA Faço saber que o Congresso Nacional decreta e eu sanciono a seguinte Lei Complementar:

Art. 1º O Imposto Sobre Serviços de Qualquer Natureza, de competência dos Municípios e do Distrito Federal, tem como fato gerador a prestação de serviços constantes da lista anexa, ainda que esses não se constituam como atividade preponderante do prestador.

1. Ideia geral do dispositivo. O ISS incide sobre a prestação de serviços da lista anexa tão somente. O art. 1º da LC n. 116 define que o fato gerador do imposto municipal sobre "serviços de qualquer natureza" é a prestação dos serviços que arrola na chamada "Lista de serviços", o que remete a uma tributação *numerus clausus*, ou seja, que só pode ocorrer quando da prestação dos serviços arrolados e não de qualquer serviço. Suas hipóteses de incidência são, portanto, taxativas.

2. Fato gerador: situação necessária e suficiente ao surgimento da obrigação. Conforme o art. 114 do CTN, "Fato gerador da obrigação principal é a situação definida em lei como necessária e suficiente à sua ocorrência".

2.1. A prestação do serviço é suficiente, prescinde do pagamento. "Nos termos da jurisprudência desta Corte, a exigibilidade do ISS, uma vez ocorrido o fato gerador – que é a prestação do serviço –, não está condicionada ao adimplemento da obrigação de pagar-lhe o preço, assumida pelo tomador dele" (STF, 1ª T., ARE 936.067 AgR, 2016).

3. Fato gerador do ISS fixo: efetiva prestação de serviço profissional, não bastando a simples inscrição em cadastro. "1. É inexigível a cobrança do Imposto sobre Serviços de Qualquer Natureza, na medida em que não restou configurado o fato gerador do tributo prestação de serviços no Município de Santana do Livramento no período da cobrança. 2. A existência de inscrição do profissional nos cadastros municipais enseja presunção relativa do exercício da atividade profissional, o qual pode ser elidido por prova em contrário. 3. Hipótese em que o embargante demonstra de modo inequívoco a inexistência da dívida em razão da cessação da atividade profissional, consoante determina o art. 3º, parágrafo único, da LEF. 4.

Configurada a inexistência do crédito por ausência de fato gerador vício material, cogente a inexigibilidade dos créditos que instruem a execução fiscal n. 025/1.07.0005431-6. RECURSO DESPROVIDO" (TJRS, 1ª Câmara Cível, Apelação Cível n. 70078711595, Rel. 2018).

4. Fato gerador do ISS: *caput* e parágrafos do art. 1º. O *caput* traz uma definição geral e abrangente do campo de incidência do ISS: prestação de serviço. Por sua vez, seus quatro parágrafos reforçam essa incidência do imposto municipal para algumas situações particulares, no intuito de evitar dúvidas quanto à extensão desse elemento material do fato gerador.

– A LC n. 95/98 dispõe sobre a elaboração, a redação, a alteração, e a consolidação das leis, conforme determina o parágrafo único do art. 59 da Constituição Federal, e estabelece normas para a consolidação dos atos normativos que menciona. Em seu art. 11, III, *c*, refere a função dos parágrafos: "Art. 11. As disposições normativas serão redigidas com clareza, precisão e ordem lógica, observadas, para este propósito, as seguintes normas: III – para a obtenção de ordem lógica: c) expressar por meio de parágrafos os aspectos complementares à norma enunciada no *caput* do artigo e as exceções à regra por este estabelecida".

4.1. Fato gerador: a prestação do serviço e, na importação, o consumo do serviço (prestar *vs.* tomar serviço). O art. 156, III, CF não determina que o ISS seja necessariamente um imposto sobre a *prestação* de serviço. O Texto Constitucional, ao tratar desse imposto municipal, sempre se limitou a mencionar "imposto sobre serviços", de tal forma que inexiste vedação *constitucional* para o ISS ser um imposto incidente sobre o uso ou consumo do serviço, é dizer, ao invés de "prestar" serviço, o legislador infraconstitucional (complementar) poderia ter escolhido como elemento material da regra-matriz de incidência do ISS o "tomar" serviço. Porém, não foi esta a orientação dada pela LC n. 116, nem pelo Decreto-lei n. 406/68 (legislação anterior de regência nacional do ISS), com exceção da previsão da "importação" do serviço, conforme § 1º do art. 1º da LC n. 116. A propósito, a LC n. 116 se aproveitou dessa flexibilidade constitucional para incluir a importação de serviço em seu núcleo de incidência. Outrossim, essa visão constitucional em torno da definição do ISS entre "prestação" (prestar) ou "utilização" (usar, consumir, tomar) de um serviço também abre o leque de opções para o Congresso Nacional tratar do elemento espacial deste imposto, no que pertine à escolha política entre tributar na origem (estabelecimento prestador) ou no destino (estabelecimento tomador), como bem explorou o art. 3º da LC n.

116. Com efeito, diferentemente do que ocorreu com o ICMS, cujo art. 155, § 2º, VII delineou explicitamente a competência tributária estadual para as chamadas operações *interestaduais* (tributação na origem ou no destino), a Constituição Federal silencia acerca da circulação de serviços entre pessoas estabelecidas em Municípios diferentes ("operações intermunicipais"), delegando essa árdua tarefa exatamente para uma lei complementar.

4.2. Contra o entendimento de que o ISS pode incidir sobre o consumo, a fruição ou aquisição de serviço, cabendo a sua incidência tão somente sobre a *prestação* do serviço. "Não prospera o entendimento que pode ser gravado o consumo, a destinação, ou aquisição dos serviços, sob o argumento de que a CF tratara da incidência de 'Imposto sobre Serviços' (art. 153, III). Na verdade, o imposto incide sobre a 'Prestação de Serviços' (art. 156, III). É cediço que os impostos sobre a produção, circulação, e serviço recaem sobre negócios bilaterais, envolvendo distintas pessoas na relação de direito privado (pertinentes às obrigações de dar ou fazer), em consonância com os tradicionais postulados do direito privado. Não há sentido jurídico de tributar um bem, ou determinada coisa; mas, situações contempladas pelo Direito, que tem por conteúdo tais elementos (materiais ou imateriais). Não se aceita a invocação da exigência do IPI que se fundaria na assertiva que incide sobre industrializações realizadas no exterior. Realmente, a CF outorga competência à União relativamente a especifico tributo (federal) referente à importação de produtos estrangeiros (Imposto de Importação), não tendo sentido – e nem fundamento constitucional –, a cobrança de um outro imposto federal (caso do IPI) que se arrima em norma hierarquicamente inferior à CF (art. 46 do CTN). Não se sustenta o argumento de que se objetiva estimular a economia nacional, desestimulando a importação de serviços, fundada em lei complementar, uma vez que competiria à CF tratar de referida discriminação, como até mesmo operou-se no caso do ICMS ao ser ampliada a tributação de âmbito estadual nas operações de importação (Emenda Constitucional n. 33/2001 dando nova redação ao art. 155, IX, alínea *a*) "(MELO, José Eduardo Soares de. ISS: importação e exportação de serviços. entendimentos e jurisprudência. *In:* CARVALHO, Paulo de Barros (coord.). *30 anos da Constituição Federal e o sistema tributário brasileiro.* São Paulo: Noeses, 2018. p. 583).

4.3. "Teoria da ilusão fiscal" de Amilcare Puviani, que se aplica ao ISS, enquanto imposto sobre consumo. "Uma forma de abordagem da tributação nesse caso está em como explicar o comportamento da classe dominante me tomar decisões sobre a economia pública, bem como explicar como a classe dominada se comporta em resistir à imposição de tributos. Para *Puviani* a classe dominante terá uma questão fundamental: *que ações devem ser tomadas para minimizar a resistência ou o descontentamento da parte dominada quanto aos tributos?* Para responder a este questionamento *Puviani* irá apresentar algumas hipóteses, dentre as quais a noção de *ilusão fiscal* é uma das mais significativas. Para o autor, o grupo dominante deve tentar na maior medida criar para os contribuintes a ilusão fiscal de que a carga tributária suportada pela classe dominada é inferior à realmente existente; bem como demonstrar que os investimentos públicos são mais relevantes do que realmente são. Para demonstrar desta hipótese *Puviani* irá estudar e verificar as diversas instituições fiscais e comparar a sua tese. A primeira forma de ilusão está no velamento do custo de cada investimento público e o total de tributos exigidos do contribuinte. Dentre os diversos casos cita o autor a tributação sobre o consumo, em que o tributo incide sobre parcela do preço, contudo, não fica transparente para o contribuinte o montante do tributo suportado por lei. Outra forma de ilusão apresentada por *Puviani* está na criação de programas e despesas fiscais que aparentemente são provisórios e de curto prazo, mas na verdade trata-se de despesas que uma vez criadas não serão mais descontinuadas, sob a falsa alegação de despesas ocultas (*sunk costs*). A proposta de *Puviani* é mais uma teoria da reação fiscal (*fiscal reaction*) do que uma teoria das escolhas fiscais (*theory of fiscal choice*). A neoclássica formulação de a tributação como 'menor sacrifício agregado' (*least aggregate sacrifice*) é reformulada sob a forma de a classe dominante encontrar meios para minimizar a resistência do contribuinte ao pagamento de tributos e sua transferência para os governantes. O objetivo principal da classe dominante é passar a impressão de que está tributando menos e transferindo mais investimentos públicos para o contribuinte" (CALIENDO, Paulo. *Direito Tributário e análise econômica do direito*. São Paulo: Elsevier, 2009, p. 31-32)

4.4. Amplitude da hipótese de incidência. Na parte final do *caput* já consta a primeira observação em favor da amplitude do termo prestação de serviços: "ainda que" tal atividade não seja a preponderante do prestador. O § 1º dispõe que o ISS "incide também" sobre a importação de serviços: "serviço proveniente do exterior do País ou cuja prestação se tenha iniciado no exterior do País". O § 2º esclarece que o ISS incidirá sobre os serviços listados, "ainda que" a sua prestação envolva fornecimento de mercadorias (*rectius:* bens ou materiais), exceto quando a própria lista prever a submissão ao ICMS. Já o § 3º prescreve que o ISS "incide ainda" sobre a prestação de serviços públicos, quando explorados em regime de autorização, permissão ou concessão, com o pagamento de tarifa, preço ou pedágio pelo usuário final do serviço. Finalmente, o § 4º aduz que a tipificação do serviço na lista independe da denominação dada ao serviço. Em outras palavras, esses quatro parágrafos do art. 1º, juntamente com a parte final do *caput*, ressaltam o caráter abrangente do termo "prestação de serviços", elemento material da hipótese de incidência do ISS: "ainda que" não se constitua como atividade preponderante do prestador; "ainda que" o serviço seja proveniente de outro País ou tenha iniciado no exterior; "ainda que" a prestação envolva fornecimento de materiais e bens; "ainda que" seja um serviço público prestado sob regime de autorização, permissão ou concessão, com o pagamento de tarifa, preço ou pedágio pelo usuário final; e "ainda que" as partes contratantes tenham dado uma denominação diferente daquela constante na lista de serviços.

4.5. Exceções à hipótese de incidência do ISS. O art. 1º da LC n. 116 traz exceções expressas e exceções implícitas ou *a contrario sensu* à sua incidência. O art. 2º da LC n. 116 também contempla hipóteses de não incidência do ISS.

4.6. Exceção expressa afastando a incidência sobre o todo quando a lista submeter a mercadoria ao ICMS. Nas operações mistas em que há serviço sujeito ao ISS, a regra é que esse imposto incida sobre o valor total. Porém, o § 2º traz a única exceção expressa no art. 1º à incidência do ISS ao afastar a tributação do ISS quando a lista anexa previr a sujeição da atividade ao ICMS.

– Há, também, diversas exceções implícitas ou *a contrario sensu*, a começar pelo *caput*.

4.7. Exceção implícita afastando a incidência sobre serviços não constantes da lista. Ao prever a incidência do ISS sobre a prestação de serviços "constantes da lista anexa", revelando seu caráter taxativo, afasta a tributação de serviços não arrolados na lista. Com isso, os serviços não catalogados nos 40 itens da lista anexa à LC n. 116, não estão sujeitos ao ISS. Lembre-se que a lista anexa à LC n. 116 foi alterada uma única vez, através da LC n. 157/2016.

4.8. Exceção implícita afastando a incidência sobre serviços prestados e concluídos no exterior. Muito embora o § 1º do art. 1º expresse a incidência do ISS na importação de serviços, exige-se a sua proveniência do exterior ou que a execução do serviço tenha iniciado no exterior. *Vide*, mais abaixo, as referências feitas ao § 1º.

4.9. Exceção implícita afastando a incidência sobre serviços públicos prestados diretamente pelo Poder Público. A LC n. 116 não regulou as imunidades tributárias gerais, previstas no art. 150, VI, da CF, dentre as quais, a imunidade recíproca que, por isso, não recebe nenhuma referência na LC n. 116, pelo menos de forma expressa. No entanto, ao expressar a incidência do ISS sobre os serviços públicos prestados tão somente em regime de "autorização, permissão ou concessão", não foi inserido na hipótese de incidência do ISS os serviços prestados diretamente pelo próprio Poder Público, exatamente por conta da imunidade recíproca.

5. Aspecto material da hipótese de incidência do ISS. "A hipótese de incidência do ISS (art. 156, II) é a prestação de qualquer serviço excluído o compreendido na competência tributária dos Estados (art. 155, II) com conteúdo econômico, sob regime de direito privado" (BARRETO, Aires. ISS: serviços de despachos aduaneiros/momento de ocorrência do fato imponível/local da prestação/base de cálculo/arbitramento. *RDT* 66/115, São Paulo: Malheiros).

6. Irrelevância de o serviço ser prestado com fins lucrativos. Os revogados arts. 71 do CTN e 8º, *caput*, do Decreto-lei n. 406/68 inseriam expressamente como condição para a ocorrência do fato gerador do ISS que o serviço fosse prestado "por empresa ou profissional autônomo", ou seja, com ânimo de lucro. Assim, os serviços prestados por associações e fundações (pessoas jurídicas desprovidas de ânimo lucrativo) estavam fora do campo de incidência do ISS, eis que não são "empresas" nem "profissionais autônomos", conforme arts. 53 e 62, parágrafo único, do Código Civil Brasileiro. A LC n. 116 eliminou essa restrição, de tal forma que o ISS também passou a abranger os serviços prestados independentemente do ânimo de lucro, incluindo as associações e fundações no rol de contribuintes do imposto. Ou, conforme constou na parte final do *caput* do art. 1º da LC n. 116, "ainda que esses [serviços] não se constituam como atividade preponderante do prestador".

6.1. Sociedade civil sem fins lucrativos (associações e fundações) não é contribuinte do ISS por não ter "estabelecimento" prestador. "Vale dizer que o conceito de prestador ficou legalmente qualificado, abarcando os prestadores dos serviços consignados na lista anexa à LC n. 116/2003, cujo estabelecimento configure unidade econômica. Nada obstante, a empresa não se confundir com o estabelecimento, que é, numa palavra, o lugar onde o empresário exerce suas atividades, ao adjetivar o estabelecimento como unidade econômica, a LC n. 16/2003 – novo estatuto do ISS – parece ter seguido na linha da legislação anterior, exigindo atividade econômica, ínsito nessa definição, a nosso ver, o fim de obtenção de lucro. Com o advento da Lei Complementar n. 116/2003, *contribuinte* é o prestador do serviço (art. 5º), aquele que possui estabelecimento em que 'desenvolva a atividade de prestar serviços [também constantes de lista anexa], de modo permanente ou temporário, e que configure *unidade econômica* ou profissional, sendo irrelevantes para caracterizá-lo as denominações de sede, filial, agência, posto de atendimento, sucursal, escritório de representação ou contato ou quaisquer outras que venham a ser utilizadas'. No regime do Decreto-lei 406/1968, como se averbara, eram contribuintes a *empresa ou o profissional autônomo* (art. 8º), *categorias nas quais nunca foi possível enquadrar* as associações civis, aqui compreendidas as fundações. Tem-se agora, substituindo o vocábulo *empresa*, a expressão unidade econômica como adjetivação do prestador do serviço, o qual foi erigido em contribuinte do imposto municipal (arts. 4º e 5º da LC n. 116)" (ARZUA, Heron. O ISS: as fundações e as organizações não econômicas. *RDDT* n. 225, 2014, p. 99-100).

7. O ISS e a preponderância do serviço prestado (parte final do art. 1º, *caput*). "10. Sendo assim, parece-me de todo claro que a interpretação que se deve atribuir ao aludido *caput* do art. 1º da LC n. 116/2003, não é a de que um fato gerador prepondera ou não em relação ao outro, mas sim que haverá a incidência do ISS quando averiguar-se a concretização do respectivo aspecto material de sua regra matriz deste imposto municipal, sendo irrelevante, para a subsunção deste aspecto material, a circunstância de haver uma base de cálculo com perspectiva dimensível irrisória, quando eventualmente comparada à regra matriz de outro serviço tributável pelo ISS ou então de outro tributo, como sói acontecer com algumas situações em que se verifica também a ocorrência da regra matriz do ICMS. 11. O legislador complementar, portanto, deixa transparecer nestes dêiticos de conteúdo que a incidência do ISS ocorrerá mesmo se insignificante for o valor da respectiva base de cálculo. A irrelevância monetária da base de cálculo é insuficiente para impedir a subsunção do respectivo fato gerador da regra matriz do ISS. Se há fato gerador, então há relação jurídica obrigacional do ISS, mesmo que a base de cálculo apresente valores ínfimos" (LUNARDELLI, Pedro Guilherme Accorsi. ICMS. ISS. Alterações e pontos controvertidos da lei complementar n. 116/2003. *In:* CAMPILONGO, Paulo

A. Fernandes (coord.). *ICMS*: aspectos jurídicos relevantes. São Paulo: Quartier Latin, 2008. p. 79-80).

7.1. Irrelevância da atividade de prestar serviços ser preponderante ou não. A incidência do imposto não requer que o prestador de serviço desenvolva a atividade de prestar serviço de forma preponderante. Não se exige que a receita preponderante do contribuinte decorra da prestação de serviços. O que interessa, para fins de configuração do elemento material do fato gerador do ISS, é a atividade (prestação do serviço) em si mesma. Dessa forma, uma indústria que preste serviço de forma secundária será contribuinte do ISS. Enfim, a ocorrência do fato gerador do ISS independe da receita decorrente da prestação de serviços ser a principal da empresa.

7.2. Irrelevância da preponderância das mercadorias ou serviços, para fins de resolução do conflito entre ISS e ICMS sobre as atividades que envolvem prestação de serviço associado ao fornecimento de mercadoria ou material. "Grandes são as dúvidas e questionamentos em torno da incidência do ISS e do ICMS nas atividades que envolvem prestação de serviço associado ao fornecimento de mercadoria. E não raramente essa característica se verifica nas operações negociais entre empresas e até mesmo pessoas físicas. Por essa razão que recomendamos a fixação de um princípio basilar como parâmetro de interpretação adequada da legislação: o próprio texto legal. O que pretendemos afirmar com isso? Simplesmente que o critério da predominância das mercadorias na composição do custo do serviço – elemento muitas vezes adotado como referência pelos tomadores de serviços – é absolutamente irrelevante para se determinar se haverá ou não incidência de ICMS na operação. A regra geral, embora comporte exceções, passa pelo exame da Lei Complementar n. 116/2003, que estabelece que os serviços constantes da lista são tributados exclusivamente pelo ISS, não podendo haver incidência do ICMS sobre os mesmos, ainda que haja fornecimento de mercadorias. Em termos práticos, quando uma empresa prestadora de serviços de limpeza predial é obrigada contratualmente a fornecer os materiais necessários à execução dos serviços, não incide ICMS sobre os produtos de limpeza por ela aplicados na prestação. Por critério do legislador, a última etapa da cadeia produtiva passível de incidência do imposto estadual foi a venda, por parte do fornecedor da empresa de limpeza, dos produtos que ela adquiriu para aplicação em sua atividade de prestação de serviços. Como afirmamos que se trata de regra geral dá para se depreender facilmente que o raciocínio acima predomina na maioria dos itens de serviços que compõem a lista anexa à Lei Complementar no 116/2003. Por isso enfatizamos que a predominância do material sobre a parcela que poderia ser chamada de 'mão de obra' – embora impropriamente – não possui relevância na determinação da natureza da operação e tampouco dos tributos incidentes. Nos serviços gráficos em que determinada empresa contrata a confecção de 10.000 (dez mil) envelopes timbrados a um prestador, a operação será exclusivamente de prestação de serviços, ainda que os materiais, inclusive os envelopes, sejam fornecidos integralmente pelo prestador. Isso significa que, na formação do preço do serviço, o valor do material incluído na operação pode representar a maior parcela da composição do custo e ainda assim a operação será exclusivamente prestação de serviços" (LEMOS, Alexandre Marques Andrade. *Gestão tributária de contratos e convênios*. 4. ed. Salvador: Open Editora, 2015. p. 421-422).

7.3. Não aplicação do critério da preponderância dos custos e das despesas para diferenciar serviços (ISS), operações mercantis (ICMS), industrialização (IPI), operações financeiras (IOF) e locação de bens móveis. Nas atividades chamadas "mistas", isto é, operações que envolvem simultaneamente a prestação de um serviço (obrigação de fazer) e o fornecimento de bens ou materiais (obrigação de dar), não deve ser levado em conta esse critério financeiro da preponderância dos materiais sobre a mão de obra. Não é porque o maior custo (financeiro ou contábil) da atividade corresponde a materiais que a atividade não poderá ser considerada um serviço (ISS), mas sim uma venda de mercadoria (ICMS). Em cima desse critério, há várias disputas polêmicas entre ISS e ICMS, como na manipulação de fórmulas (serviço farmacêutico do subitem 4.07 ou venda de mercadoria?), concretagem (venda de mercadoria ou serviço do subitem 7.02?), industrialização por encomenda (serviço do subitem 14.05 ou industrialização?), ensino (as apostilas são insumos do serviço previsto no subitem 8.01 ou uma venda autônoma de mercadoria?).

7.4. Limites para o planejamento tributário: aplicação, ou não, do critério da preponderância para fins de divisão da atividade (e, consequentemente, de sua base de cálculo) em dois ou mais contratos. Algumas atividades que contém tanto serviços (obrigações de fazer) como locação (obrigação de dar) e fornecimento de bens acabam alimentando a criatividade dos contribuintes em busca de uma menor carga tributária, no sentido de dividir a atividade em dois ou mais contratos. Obviamente, esses planejamentos não se baseiam isoladamente no ISS, mas também nos tributos federais (IRPJ, CSLL, PIS, Cofins, IPI, IOF) e no ICMS.

8. Análise econômica do direito (AED) e ISS. A análise econômica do Direito é uma escola que se ocupa dos efeitos econômicos do ordenamento jurídico e da sua aplicação, de modo a orientar soluções jurídicas que promovam a eficiência econômica. Tem como principal referência o economista britânico Ronald Coase, com sua obra *The Problem of Social Cost.*

8.1. Análise econômica da tributação à luz das escolas neoclássica e institucionalista. "A *constituição fiscal (fiscal constitution)* deve ser entendida, dessa forma, como o conjunto de regras sobre a imposição de tributos (*tax – sharing rules);* o disciplinamento das despesas (*budgetary criteria)* e regras para alcançar acordos políticos (*rules for reaching political – collective decisions). James Buchanan* tentará responder igualmente a importante pergunta sobre a reabilitação dos *'princípios tributários' ('tax principles').* Para este autor é importante a distinção entre a perspectiva neoclássica e a institucionalista, para a primeira, a ação do governo pode sempre ser considerada como *improdutiva* e, portanto, não se espera nem se imagina nenhum retorno de tributos. A tributação é um peso morto a ser suportado pelos contribuintes. Assim, os tributos são analisados em termos de sua capacidade de produzir o menor prejuízo ou *sacrifício possível (least – aggregate sacrifice).* Justa e eficiente tributação significa para a escola neoclássica a menor distorção possível no regime de preços de mercado (*least – price distortion),* visto que o sistema de preços é a base e o fundamento da teoria econômica nesta escola. Não há, desse modo, nenhuma correlação entre tributação eficiente e a alocação de benefícios ou investimentos públicos, visto que estes sempre serão ruins em algum grau. Na escola *institucionalista,* em contra posição, a verificação dos benefícios decorrente da tributação em determinado período é um fator fundamental a ser tomado em consideração (*benefit principle).* A análise institucionalista permite uma fundamentação das regras de tributação e financiamento de investimentos públicos, com tudo, esta correlação não será sempre direta, devendo ser considerada em termos de alocação durante períodos de tempo e em relação a diversos bens. Nem sempre a tributação terá uma correlação exata em determinado momento entre os benefícios e a carga fiscal suportada, contudo em uma série temporal este resultado tende a ser equilibrado" (CALIENDO, Paulo. *Direito tributário e análise econômica do direito.* São Paulo: Elsevier, 2009. p. 37-38).

8.2. AED aplicada ao Direito Tributário. "A análise econômica do Direito Tributário se constitui em uma esfera de indagações teóricas incipientes nos estudos nacionais e internacionais, e a superação de diversos problemas teóricos impõe uma agenda de pesquisa bastante relevante. Os seus estudos, contudo, serão altamente bem-vindos se ajudarem a responder a perguntas legítimas, dentre diversas outras: em que medida as normas tributárias influenciam o comportamento dos agentes econômicos? Quais os reflexos de normas econômicas sobre a decisão dos agentes econômicos a respeito de investimentos e gastos? De que modo as normas econômicas podem auxiliar a distribuição e a produção de riquezas? É uma tarefa legitima que um sistema tributário eficiente tente auxiliar na busca por um mercado orientado social e ambientalmente objetivando a justiça social? O movimento denominado de *análise econômica do Direito* (*Law and economics)* se constitui em uma alternativa à filosofia moral e política do utilitarismo que era dominante no contexto teórico norte – americano até a década de 1960. O utilitarismo alcançou significante proeminência com os escritos de *Jeremy Bentham* e, posteriormente, de seus seguidores tais como *James Mill, James Stuart Mill* e *Henry Sigdwick. A análise econômica do Direito (Law and Economics)* possui como característica: i) rejeição da autonomia do Direito perante a realidade social e econômica; ii) utilização de métodos de outras áreas do conhecimento, tais com economia e filosofia; iii) crítica à interpretação jurídica como interpretação conforme precedentes ou o direito, sem referência ao contexto econômico e social" (CALIENDO, Paulo. *Direito tributário e análise econômica do direito*. São Paulo: Elsevier, 2009. p. 12-13).

8.3. AED entre ISS e lucro presumido (IRPJ e CSLL): reflexos no enquadramento da atividade como uma prestação de serviço. Nos termos dos arts. 15 e 20 da Lei n. 9.249/95, as receitas decorrentes de vendas de mercadorias se submetem ao percentual de presunção de 8% para fins de IRPJ, e de 12% para CSLL; ao passo que as receitas decorrentes de prestação de serviços estão sujeitas, em regra, ao percentual de 32% de presunção do lucro tanto do IRPJ como na CSLL. Logo, dentro do regime de tributação do lucro presumido, percebe-se que a prestação de serviço desencadeia uma carga tributária bem superior, estimulando o empresário a inclinar, lícita ou ilicitamente, o enquadramento de sua atividade fora do ramo de prestação de serviços. Exemplos: oficina que aumenta o preço das peças revendidas e diminui o valor da mão de obra (preço do serviço do subitem 14.01); *buffets* que turbinam o valor das refeições e das bebidas em detrimento do serviço (subitem 17.11). Essa tendência de comportamento do empresário será ainda maior nas hipóteses de revendas de mercadorias sujeitas à substituição tributária do ICMS, na medida em que este imposto já terá sido pago nas operações anteriores. Diante desses incentivos maiores para a atividade comercial e industrial, é possível que os empresários se planejem (licitamente) ou soneguem para recolher menos tributo a partir da desconsideração ou subfaturamento da receita de prestação de serviços, com reflexos negativos para o ISS. Por isso, as atividades mistas reclamam uma constante fiscalização por parte das Administrações Tributárias Municipais.

8.4. AED da opção pelo Simples Nacional (planejamento tributário induzido). "O ingresso ou não no Simples Nacional é uma opção de planejamento tributário que cabe exclusivamente ao contribuinte. Este tipo de planejamento tributário é induzido pela legislação, na exata medida em que permite ao contribuinte a opção por dois regimes distintos, a exemplo do que sucede com o IRPJ, no qual se permite ao contribuinte a opção pela apuração pelo lucro real ou pelo lucro presumido. A opção econômica pelo ingresso no Simples Nacional dependerá de variáveis de natureza operacional. Essas variáveis, por estarem revestidas de diversas sutilezas legais e contábeis, devem ser analisadas pelo responsável da pessoa jurídica, em conjunto com profissional devidamente capacitado para tanto. Existem programas específicos que permitem, inclusive, a realização de simulações comparativas entre o regime especial e o regime geral para os diversos ramos de atividade. Semelhantes ensaios numéricos podem ser determinantes para a opção. De todo modo, esse exame deverá, necessariamente, considerar os principais fatores determinantes para o enquadramento do contribuinte no regime especial, quais sejam: (a) o setor de atividades, (b) a receita bruta, (c) a receita bruta projetada), (d) composição da receita bruta e (e) a existência de outros regimes fiscais especiais. A primeira análise a ser feita refere-se ao setor de atividades da pessoa jurídica. Deve-se, antes de mais nada, verificar se sua atividade econômica não está presente nos grupos de vedação do art. 17 ou nos impedimentos do art. 3º. Deve-se também verificar se, mesmo figurando no rol de vedação, essa proibição comporta discussão administrativa ou judicial. Sendo possível o exercício da opção, deve ser verificado em quais distintos grupos de atividades a pessoa jurídica está enquadrada: comércio, indústria, serviços e locação de bens móveis. Dessa forma estará determinada qual tabela de alíquotas será aplicável. Uma vez verificado o setor de atividades, a análise da receita bruta é o segundo fator necessário para a determinação da faixa de enquadramento da microempresa ou empresa de pequeno porte. A faixa de enquadramento, aliada ao tipo de atividade, indica precisamente qual a alíquota a ser aplicada à receita bruta mensal, que é o primeiro indicativo da carga tributária que decorrerá do regime especial. Embora a projeção de faturamento seja exercício muitas vezes de difícil realização, cumpre ao empresário considerar as possíveis oscilações de faturamento a que a empresa poderá estar exposta. Grandes oscilações, sobretudo para cima, podem alterar a equação que determinará o benefício fiscal decorrente do ingresso no Simples Nacional. Há hipóteses em que o faturamento realizado nos últimos 12 meses recomenda a opção, enquanto que, para a mesma empresa, o faturamento projetado pode indicar que o ingresso se tornará desvantajoso ao longo do período. Essa avaliação é especialmente importante se considerarmos a regra da irretratabilidade para o ano-calendário, de que tratamos acima. Além da receita bruta como um todo, deve ainda o contribuinte verificar detalhadamente se a composição de sua receita pode interferir na análise econômica de seu ingresso no regime especial. Para tanto, deve examinar, separadamente, conforme a atividade, as receitas decorrentes de revenda de mercadorias, de venda de mercadorias industrializadas pelo contribuinte, da prestação de serviços, da locação de bens móveis, da venda de mercadorias sujeitas a substituição tributária e da exportação de mercadorias para o exterior, e, para as empresas prestadoras de serviços, deverá ser analisado o impacto da folha de salários em relação à sua receita bruta. Esse fator é especialmente relevante para alguns setores de serviços, onde a intensidade da mão de obra aplicada, revelada pela folha de salários, determinará as faixas de alíquotas a serem aplicadas. Por fim, uma vez encontrada a alíquota específica que será aplicada à receita bruta, o contribuinte deve analisar sua situação fiscal fora do sistema do Simples Nacional, verificando se está gozando de benefícios fiscais locais ou específicos, de caráter federal, estadual ou municipal, conforme o tipo de atividade. Em alguns casos, os benefícios já desfrutados (como isenções, imunidades ou regimes especiais locais) podem tornar desvantajosa a adesão ao regime especial" (MARINS, James; BERTOLDI, Marcelo M. *Simples Nacional*: Estatuto da Microempresa e da Empresa de Pequeno Porte comentado. São Paulo: Revista dos Tribunais, 2007. p. 105-106).

8.5. AED: ISS e lucro presumido na construção civil, serviço com e sem fornecimento de materiais. No regime de tributação federal do lucro presumido, as receitas decorrentes da construção civil sofrem diferentes percentuais de presunção do lucro, dependendo do formato contratual adotado: se a empresa forneceu todos os materiais para a obra (empreitada global), aplicam-se os percentuais menores do lucro presumido de 8% (IRPJ) e 12% (CSLL). Agora, se inexistiu o fornecimento de materiais ou este foi apenas parcial, a alíquota de presunção sobe para 32% (IRPJ e CSLL). Logo, por ser mais vantajosa, a empreitada global pode ser o caminho escolhido validamente pelo contribuinte; mas também pode ser que o contribuinte distorça a realidade, optando por esse contrato apenas formalmente (sonegação). Essa tributação federal também reflete no ISS, pois os materiais fornecidos podem ser deduzidos da base de cálculo do ISS, de tal forma que é possível encontrar autênticos planejamentos tributários (lícitos), mas também pode haver abusos ou sonegações.

8.6. AED: ISS no Simples Nacional. As tabelas anexas à Lei Complementar n. 123/2006 trazem uma carga tributária superior para as receitas decorrentes de prestação de serviços; logo, no âmbito do Simples Nacional, o comércio e a indústria gozam de percentuais menores de tributação, assim como a locação de bens móveis. Essa menor carga tributária acaba se tornando um fator indutor de comportamento do contribuinte, no sentido de migrar parcial ou totalmente a receita de serviços para essas outras receitas que oferecem uma tributação mais baixa. Daí o imperioso papel das Administrações Tributárias Municipais conferirem regularmente a efetividade desses valores declarados pelos contribuintes.

8.7. AED: ISS e IOF nos serviços bancários. Há hipóteses em que a instituição financeira opta por reduzir os juros em troca de tarifas bancárias maiores, seja para recolher menos IOF, como, ainda, para apresentar e oferecer aos seus clientes uma menor taxa de juros nominal, que na essência, acaba sendo compensada ou recuperada em tarifas. É claro que essa composição no preço dos assim chamados "produtos bancários" trarão repercussão no campo do ISS, cabendo uma apreciação casuística que defina o imposto devido (ISS ou IOF).

8.8. AED: ISS e ICMS nas atividades que envolvem serviços e materiais (operações mistas). Muito embora o ICMS tenha uma alíquota quase sempre muito superior ao ISS (5% *vs.* 17%/18%), o que levaria ao desinteresse do empresário em optar pela venda de mercadorias em detrimento da receita de serviços, o aumento vertiginoso na adoção da substituição tributária do ICMS pelos Estados (art. 150, § 7º, CF; arts.6º a 10 da LC n. 87/96) merece ser visto como um outro fator indutor para a "escolha" do ICMS (revenda de mercadorias) em detrimento do ISS (serviço). Com efeito, ao invés de sofrer uma "nova" tributação do ISS entre 2% e 5% em cima desses bens ou materiais, os empresários acabam adotando a forma contratual de revenda de mercadorias, afastando o imposto municipal. É o caso, por exemplo, da atividade (mista) de *buffet*, que opta por aumentar o valor da operação de revenda de bebidas (mercadorias sujeitas à substituição tributária do ICMS, logo já tributadas anteriormente), diminuindo o preço do serviço (logo, do ISS). Quando se trata de uma empresa optante pelo Simples Nacional ou lucro presumido, a economia é ainda maior, como já abordado mais acima. Idem com relação às atividades do subitem 9.01, 13.05, 14.01 e 14.05.

8.9. AED: ISS e ICMS/IPI sob o prisma da não cumulatividade dos impostos federal e estadual. Outro fator econômico que pode motivar deturpações no enquadramento atribuído pelo empresário à sua atividade consiste na não cumulatividade do ICMS e do IPI (arts. 153, § 3º, II e 155, § 2º, I, CF), em detrimento da cumulatividade do ISS. O baixo índice de valor adicionado às revendas (margem de valor adicionado) ou, ainda, a redução do faturamento associado a um acúmulo de estoque também podem implicar na "preferência econômica" do empresário pelas atividades de comércio e indústria. Por outro lado, na prática, verifica-se, ainda, uma forte pressão comercial e financeira por parte dos clientes, notadamente indústrias e revendedores atacadistas ou varejistas, em prol da operação relativa à circulação de mercadoria (ICMS) e de industrialização (IPI), uma vez que aproveitariam os respectivos créditos oriundos da não cumulatividades desses impostos recuperáveis com a consequente redução nos seus custos de aquisição. Por isso, é possível que os empresários direcionem, lícita ou ilicitamente, suas atividades para o lado comercial ou industrial, em detrimento da prestação de serviços.

8.10. AED: ISS *vs.* ICMS, vantagens econômicas do ISS que podem direcionar as decisões do empresário em favor do enquadramento da atividade como prestação de serviço. Também há situações em que o enquadramento como prestação de serviço poderá ser economicamente mais vantajoso para o empresário do que a industrial ou comercial. Isso pode ocorrer em vários casos: alta margem de valor adicionado nas revendas, compras com geração de baixos créditos recuperáveis, diferença entre as alíquotas do ICMS/IPI e ISS, clientela que não utiliza ou não precisa de créditos de ICMS/IPI (usuários finais ou consumidores do produto/serviço). Essa situação tem se mostrado corrente no setor de tecnologia de informação, por exemplo, relativamente aos *softwares* padronizados, eis que a alíquota do ICMS pode chegar a 18%, e a empresa desenvolvedora ou comercializadora pode não ter nenhum crédito do imposto para redução dessa carga. Para desestimular o comportamento do contribuinte no sentido de enquadrar sua atividade como uma prestação de serviço (ISS) e, assim, facilitar e incentivar o recolhimento do ICMS, os Estados celebraram o Convênio Confaz n. 181/2015, autorizando a redução da base de cálculo do imposto estadual de tal forma que a carga tributária corresponda a 5% do valor da operação, ou seja, mesma alíquota máxima do ISS. Essa mesma tática estadual de aproximar ou equiparar a carga do ICMS com o ISS também foi adotada pelo Convênio Confaz n. 78/2001, relativamente ao serviço de provimento de conexão à Internet, à época em que havia dúvidas acerca da tributação desses dois impostos sobre essa atividade que, judicialmente, acabou sendo posteriormente desonerada de ambos os impostos, por não se tratar de um serviço de comunicação (ICMS) e por falta previsão expressa na lista de serviços (ISS).

8.11. AED: ISS *vs.* ICMS com base no maior rigor e eficiência da Administração Tributária Estadual. Na prática, também se observam comportamentos de contribuintes mais tendenciosos ao ICMS do que ao ISS em razão da fiscalização estadual ser mais rigorosa, proativa e, consequentemente, mais eficiente, naquelas atividades que motivam conflitos de competência entre ISS e ICMS, por exemplo, no setor gráfico e da manipulação de fórmulas. A falta ou baixa estrutura pessoal e técnica de alguns Municípios também colaboram para um maior receio ou temor dos contribuintes em relação aos fiscos estaduais, o que acaba gerando indevidas migrações de fatos geradores para o ICMS em detrimento do ISS.

8.12. AED: serviço *vs.* locação de bens móveis. Desde a decisão do STF no célebre RE 116.121, sufragada pela Súmula Vinculante 31, que declarou a não incidência do ISS sobre a atividade de locação de bens móveis, houve uma (natural) migração da prestação de serviços para a locação de bens móveis, certamente provocada pela redução da carga tributária, que pode chegar em até 5% (alíquota máxima do ISS). Assim, empresas que vinham sendo completa e exclusivamente tributadas pelo ISS passaram a ser divididas entre serviço e locações ou, ainda, totalmente substituídas pelas locações. Nesse sentido: serviços de transporte intramunicipal (subitem 16.01) que passaram a ser tratados pelos empresários como locação de bens (veículo) e fornecimento de mão de obra (subitem 17.05); serviços de construção civil (17.02) pra locação de máquinas com operador (17.05). Quando o serviço original não desaparece, percebe-se a ocorrência de uma redução da base de cálculo, com a transferência parcial para receita de locação. Por exemplo, um *show* que tinha preço de R$ 100 caiu para R$ 60 mais R$ 40 de locação de equipamentos e do palco. De outro lado, há contratos que acumulam em seus objetos tanto um serviço como uma locação, ensejando genuínas e complicadas dúvidas acerca da viabilidade de tratarem autonomamente cada uma delas, como é o caso, v.g., da "locação" das máquinas na administração de cartões de crédito e débito, ou do licenciamento temporário de *software* padronizado associado a um serviço de suporte, instalação, treinamento ou atualização. São casos que sempre merecerão uma apreciação casuística dos fatos para certificar a validade do comportamento empresarial.

8.13. AED e dificuldades e inadequações do ISS (do sistema tributário como um todo) diante da economia digital. "No modelo de empresa analisado por Coase, o tamanho da firma vai depender do custo de transação que ela tem de ir ao mercado e se esse custo for elevado, faz mais sentido realizar suas ações internamente. Com a tecnologia, os custos de transação diminuem, de tal maneira que é muito provável que o tamanho da empresa também se reduza. Assim, se o sistema tributário foi formatado para tributar uma empresa cujo modelo de negócios não existe mais, o que se tributará agora? Muito tem-se falado sobre a pertinência e necessidade de uma reforma tributária constitucional, que unifique a tributação sobre o consumo em um único tributo sobre o valor agregado, de forma similar ao que ocorre nos países pertencentes à OCDE, na forma do IVA (Imposto sobre valor agregado). Entre as propostas mais conhecidas está a do Centro de Cidadania Fiscal – CCIF, encampada na PEC 45, com aprovação recente pela Comissão de Constituição e Justiça da Câmara dos Deputados. Tal debate ganhou força nos últimos tempos com o advento de novos negócios decorrentes da chamada Economia Digital, ou como preferem alguns, digitalização da economia. Com estes novos negócios, os desafios jurídicos e fiscais se intensificaram aumentando o debate sobre eventual reforma tributária. Fica clara a inadequação do nosso sistema tributário atual e a necessidade de um sistema mais moderno, que abandone a rigidez determinada pela definição de competências por materialidades, para um sistema focado no valor agregado de cada negócio, com créditos financeiros irrestritos, alíquota única e tributação no destino. Os últimos anos demonstraram um aumento vertiginoso de ofertas digitais, atualmente observáveis em praticamente qualquer segmento econômico. Importante notar que a digitalização não é restrita às empresas da chamada economia digital. Ao contrário, a digitalização está para muito além de Facebook e Google e demais empresas que já nasceram digitais. (...) Setores tradicionais já são altamente digitalizados. O setor bancário com as fintecs, o agribusiness muito intensivo em IOT, o setor automotivo com seus carros autônomos, a educação com suas plataformas on-line e até a indústria de base com suas linhas de fábrica inteligentes. A verdade é que a transformação digital é hoje uma prioridade na maioria das empresas e provavelmente será um dos mais importantes fatores de competitividade para sua sobrevivência. A digitalização da economia traz uma fluidez muito maior aos conceitos de serviço, comércio e indústria, atribuindo às ofertas uma ideia de funcionalidade extrínseca em detrimento de uma natureza intrínseca ao objeto contratado. Além disso, outras categorias não previstas expressamente nas competências constitucionais ganham relevância, principalmente no que se refere à exploração de Direitos, como Direitos Autorais, Royalties e Licenciamentos. Por funcionalidade extrínseca circunstancial do objeto, queremos nos referir à sua mutabilidade em razão da função desempenhada em determinado modelo de negócios. Enquanto que na economia tradicional as ofertas, ou o objeto contratado, geralmente possuíam uma natureza intrínseca, que as acompanhava qualquer que fosse o tipo de negócio, nas novas ofertas aos objetos contratados serão atribuídos diferentes características a depender das funções que exerçam naquele negócio específico, diluindo-se na prática negocial a possibilidade de 'descobrir' sua natureza intrínseca e imutável. Ou seja, estamos passando pela migração da preponderância da ideia de natureza intrínseca permanente para a ideia de funcionalidade extrínseca circunstancial, ou temporária, do objeto contratado. Vários são os exemplos dessa importante mudança de paradigma. Veja-se por exemplo o que tem ocorrido com uma grande variedade de mercadorias chamadas de 'smart'. A ideia tradicional de uma geladeira, por exemplo, na categoria dos tangíveis (mercadoria), cuja função sempre foi de resfriamento, nas suas versões smart ganha várias outras funcionalidades de natureza intangível, relegando o resfriamento, possivelmente, a uma funcionalidade de segunda ordem. Já há geladeiras que são verdadeiros assistentes residenciais. Se comunicam com o supermercado via Internet das Coisas, fazem compras autonomamente para repor determinado produto que é consumido, agendam sua própria revisão, informam a previsão do tempo, eventualmente até sintonizam sua rádio de preferência etc. Essa mutação também pode ser observada com as televisões, celulares, roupas, carros e qualquer produto que ganhe a alcunha de 'smart'. Em todos esses casos, o valor agregado do produto possui um componente intangível (sua inteligência) maior que sua função original, tangibilizada no produto como conhecido tradicionalmente. Ou seja, diferentes funções agregadas ao produto fazem diminuir a relevância de seu valor por sua função primária e dificultar a identificação de sua 'verdadeira natureza jurídica', trazendo distorções na tributação. Em ofertas de *Software*, por exemplo, por vezes pode preponderar sua funcionalidade como finalidade contratual específica, ou servirem como meio para prestação de outros serviços. Ou seja, o mesmo objeto com a mesma finalidade, a depender do modelo de negócios em que esteja inserido pode revestir-se de diferentes características, impossibilitando seu enquadramento apriorístico, a partir da identificação de sua natureza" (FERREIRA, Luiz Guilherme de Medeiros; NÓBREGA, Marcos. A tributação na economia digital. *Jota*, 2019. Disponível em: <https://www.jota.info/opiniao-e-analise/artigos/a-tributacao-na-economia-digital-19092019>. Acesso em: 20 set. 2019).

9. Fracionamento de serviços. "Esse dispositivo (refere-se o art. 1º da LC n. 116) possibilita ao Poder Público o fracionamento do serviço prestado pelo contribuinte, e consideração *de per si*, para fins de tributação pelo ISS, de atividades correlatas ao serviço propriamente dito. Isto fica claro pela análise de diversos itens da lista de serviços e respectivos subitens. ... a renovação do cadastro bancário, antes entendida como uma atividade-meio necessária à prestação do serviço bancário propriamente dito, passa a ser considerado serviço autônomo, sujeito também ao ISS. De se ressaltar que determinada atividade somente poderá ser considerada *de per si*, para efeito de incidência do ISS, se possuir conteúdo econômico próprio, sob pena de não caracterização da capacidade contributiva, pressuposto necessário de toda exigência tributária via impostos. Como fórmula de se evitar conflitos de competência intermináveis entre os diversos Municípios, parece-nos possível, diante de serviços complexos ... a adoção do fracionamento..." (ALVES, Anna Emilia Cordelli. ISS: aspectos relevantes decorrentes da análise do artigo 1º da Lei Complementar n. 116, de 31 de julho de 2003. *RDDT* 99, 2003).

10. Atividades-meio. "As atividades desenvolvidas como requisito para a realização de outra utilidade qualquer são atividades-meio, ao passo que os atos praticados como fim, acarretando, por si só, uma vantagem material ou imaterial colocada à disposição de outrem, configuram atividades-fim. Apenas a segunda espécie (atividade-fim) deve ser examinada par ao escopo de possível tributação... O alvo da tributação deve limitar-se ao objeto final da contratação, não às suas etapas ou tarefas intermediárias. Muitas vezes, para atingir a finalidade almejada, são requeridas atividades de planejamento organização, administração, assistência técnica, dentre outras, conquanto esse não seja o objetivo contratualmente perseguido. Entre atividade-fim e atividade-meio estabelece-se um nexo indissociável, ficando esta a serviço daquela objeto principal da contratação. (...) Para que não pairem dúvidas sobre o assunto, imaginemos a singela hipótese de uma operação mercantil em que o vendedor do bem o embala para presente. Temos, aí, uma prestação de serviço (realizar o empacotamento de um bem) ligada a um contrato de compra e venda. Seria cabível, então, a exigência de ISS sobre a atividade e embalagem? Obviamente, não! O fim da contratação, no caso, é a aquisição de mercadoria, sendo esse o fato jurídico susceptível de tributação..." (CARVALHO, Paulo de Barros. Não incidência do ISS sobre atividades de franquia (*franchising*). *RET* 56/65, 2007).

10.1. Atividade-meio. Construção de obra pública em parceria público-privada. Recomposição do custo. "... a parcela relativa à recomposição do custo de construção não deve ser caracterizada como uma remuneração decorrente da prestação de serviço. Sendo assim, a nosso ver, é defensável a não inserção dos valores correlatos na base de cálculo do ISSQN. Isso porque, a caracterização da prestação de serviços para efeitos de incidência do ISSQN pressupõe a necessária existência de um caráter remuneratório e negocial correlacionado como serviço prestado. No caso em questão, o ressarcimento da construção não tem esse indispensável caráter remuneratório (preço), na medida em que visa recompor os custos incorridos pelo concessionário na viabilização da PPP. Na realidade, a construção da obra pública pode deixar de se caracterizar como uma prestação de serviço já que não está diretamente voltada para a obtenção de lucro pela concessionária, mas, sim, essencialmente tratando-se de meio para a consecução da finalidade pretendida, que é a remuneração decorrente da operação do empreendimento" (SADDY, André; ROLIM, João Dácio. Regime jurídico de recursos públicos relacionados à parceria público-privada (PPP) para construção de obras e prestação de serviços... sobre as subvenções para investimento. *RDDT* 218/142, 2013).

10.2. Atividades-meio. Companhias telefônicas. STJ já consolidou o entendimento no sentido de que "os serviços de atividade-meio indispensáveis ao alcance da atividade-fim, prestados pelas companhias telefônicas, não são passíveis da incidência do ISS. Precedentes..." (STJ, 1ª T., AgRg no REsp 1.331.306/AM, 2013).

10.3. Atividades-meio. Serviços de despachos aduaneiros. "Alvo de tributação é o esforço humano prestado a terceiros como fim ou objeto. Não as suas etapas, passos ou tarefas intermediárias, necessárias à obtenção do fim. (...) somente podem ser tomadas, para compreensão do ISS, as atividades entendidas como fim, correspondentes à prestação de um serviço integralmente considerado em cada item. Não se pode decompor um serviço porque previsto, em sua integridade, no respectivo item específico da lista da lei municipal nas várias ações-meio que o integram, para pretender tributá-las separadamente, isoladamente, como se cada uma delas correspondesse a um serviço autônomo, independente. Isso seria uma aberração jurídica, além de construir-se em desconsideração à hipótese de incidência do ISS" (BARRETO, Aires. ISS: serviços de despachos aduaneiros/momento de ocorrência do fato imponível/local da prestação/base de cálculo/arbitramento. *RDT* 66/114-115, São Paulo: Malheiros).

11. Prestação de serviço entre empresas do mesmo grupo econômico. Nos termos do art. 265 da Lei n. 6.404/76 (Lei das S/A), "a sociedade controladora e suas controladas podem constituir, nos termos deste capítulo, grupo de sociedade, mediante convenção pela qual se obriguem a combinar recursos ou esforços para a realização dos respectivos objetos, ou a participar de atividades ou empreendimentos comuns". Dentro dessa formatação empresarial, é comum a prestação de serviços entre as empresas do grupo, o que ensejaria o fato gerador do ISS. No entanto, ao invés de se cobrar um "preço do serviço", inclusive para evitar a carga tributária (inclusive do imposto municipal), alguns desses grupos celebram entre as empresas coligadas, controladas e controladoras um contrato de rateio e compartilhamento de despesas que podem ser objeto de questionamentos por parte da Administração Tributária Municipal. Neste cenário empresarial, surgem discussões concretas em torno na real natureza de tais contratos: se configuram verdadeiros contratos de rateio e compartilhamento de despesas, caso em que não haveria incidência do ISS, ou se mascaram autênticas prestações de serviços sujeitas ao ISS. Trata-se de um tema que reclama uma aprofundada análise casuística dos fatos para se chegar a uma definição em torno da verdadeira natureza da operação.

12. Serviço entre estabelecimentos da mesma pessoa jurídica (matriz e filial, ou entre filiais): Súmula 166 do STJ. Não haverá prestação de serviço, logo, não incidirá o ISS, entre estabelecimentos da mesma pessoa jurídica, na medida em que a "prestação" do serviço pressupõe necessariamente duas pessoas distintas. Nesse sentido, a Súmula 166 do STJ, que, muito embora se reporte ao ICMS, também tem total implicância para o ISS:

"não constitui fato gerador do ICMS o simples deslocamento de mercadoria de um para outro estabelecimento do mesmo contribuinte".

13. Serviços prestados por associações aos seus associados. "... ainda que tenha sido excluída a expressão 'por empresa ou profissional autônomo' da descrição do fato gerador do imposto, no artigo 1º, *caput*, da LC n. 116/2003, isto não implica concluir que o ISS poderá passar a onerar atividades realizadas fora do contexto de um negócio jurídico de prestação de serviço, ainda que envolvam um fazer e o pagamento de uma remuneração em contrapartida. Sendo assim, tal como já ocorria na vigência do DL 406/68, as associações não imunes não estão sujeitas ao pagamento do ISS sobre as receitas auferidas com a realização de serviços em favor dos seus associados, quando tais atividades tiverem pertinência com os objetivos sociais da entidade" (BRAZUNA, José Luis Ribeiro. Não incidência do ISS sobre serviços prestados por associações não imunes, após a Lei Complementar n. 116. *RDDT* 155, 2008. p. 57).

14. Serviços de agenciamento marítimo/aeroportuário. *Vide*: MIRANTE, Ricardo Fonseca. O ISS e a não incidência sobre prestação de serviços de agenciamento marítimo/aeroportuário, antes da Lei Complementar n. 116/2003. *RDDT* 117/96, 2005).

15. *Leasing*. Súmula 138 do STJ: "O ISS incide na operação de arrendamento mercantil de coisas móveis".

– Súmula 293 do STJ: "A cobrança antecipada do valor residual garantido (VRG) não descaracteriza o contrato de arrendamento mercantil". Restou cancelada a anterior Súmula n. 263 do STJ, que assim dispunha: "A cobrança antecipada do valor residual (VRG) descaracteriza o contrato de arrendamento mercantil, transformando-o em compra e venda a prestação". *Vide* o REsp 443.143/GO e o REsp 470.632/SP.

– "DIREITO TRIBUTÁRIO. ISS. ARRENDAMENTO MERCANTIL. OPERAÇÃO DE *LEASING* FINANCEIRO. ART. 156, III, DA CONSTITUIÇÃO DO BRASIL. O arrendamento mercantil compreende três modalidades, [i] o *leasing* operacional, [ii] o *leasing* financeiro e [iii] o chamado *lease-back*. No primeiro caso há locação, nos outros dois, serviço (...) No arrendamento mercantil (*leasing* financeiro), contrato autônomo que não é misto, o núcleo é o financiamento, não uma prestação de dar. E financiamento é serviço, sobre o qual o ISS pode incidir, resultando irrelevante a existência de uma compra nas hipóteses do *leasing* financeiro e do *lease-back*" (STF, Pleno, RE 547.245, 2009).

– Conferir: art. 3º, VIII, da LC n. 87/96 (ICMS).

– "De 1º.1.1987 até 31.7.2003 (LC n. 56/1987) só os bens móveis arrendados sofriam a tributação municipal; com a LC n. 116/2003, os *leasings* imobiliários também foram contemplados em prol dos Municípios" (MANGIERI, Francisco Ramos; MELO, Omar Augusto Leite. *ISS sobre o "leasing"*. Ed. Tributo Municipal, 2011. p. 24).

15.1. *Leasing* internacional. "... defendemos a tributação do ISS sobre o arrendamento mercantil financeiro, mesmo nas importações, não se aplicando mais o que fora decidido pelo STF no RE n. 206.069. Agora, com relação à importação, via *leasing* financeiro, de aeronaves, peças e equipamentos de aeronaves, o assunto está muito mais 'tranquilo' em prol dos Municípios, eis que o STF, no RE n. 461.968, já havia afastado o ICMS sobre tais operações" (MANGIERI, Francisco Ramos; MELO, Omar Augusto Leite. *ISS sobre o "leasing"*. Ed. Tributo Municipal, 2011. p. 68).

16. Momento de ocorrência do ISS: prestação de serviço corresponde a uma "situação de fato". A prestação de serviço é uma "situação de fato", de tal forma que o elemento temporal da hipótese de incidência do ISS se dará, em regra, no momento em que o serviço for prestado, exceto se houver disposição expressa de lei municipal em sentido contrário e, ainda, no Simples Nacional (art. 18, § 3º, LC n. 123/2006).

– Conferir art. 116 do CTN.

16.1. Critério temporal do ISS e a necessária correlação com o respectivo critério material. "Então pactuar um contrato de prestação de serviços, ou de assistência técnica, por exemplo, gera sim efeitos jurídicos circunscritos ao contratante e ao contratado, mas não é situação suficiente para a produção imediata de efeitos tributários no âmbito do ISS. Já para o STJ, 'em se tratando de ISS, o fato imponível configura-se com a 'prestação de serviços' e não ocasião do pagamento'. Porém, a mesma Corte admitiu que é por ocasião da venda do ingresso ao consumidor que se configura o fato gerador do ISS incidente sobre diversões públicas. Salientamos, quanto ao precedente do STJ sobre a venda de bilhetes, que isto pode ocorrer muito antecipadamente a realização do espetáculo, o que ao nosso impediria a exigência do ISS, isto porque nesse contexto, somente quando da verificação do evento em questão é que se deve considerar materializada a prestação do serviço. Idêntico raciocínio aplica-se à prestação onerosa do serviço de *valet* (guarda e estacionamento, com manobrista, em restaurantes, lojas, bares, restaurantes e shopping centers), cuja incidência do ISS não pode se considerar ocorrida quando da mera aquisição antecipada de cupom de estacionamento, mas sim no instante em que referida prestação concretamente tiver sido realizada. Em tempo: não aceitamos a invocação do art. 150, § 7º, da CF/88 ('substituição tributária para frente'), como fundamento para a exigência do ISS antecipadamente à efetivação da prestação do serviço, uma vez que o dispositivo constitucional é pertinente a tributos cujos fatos jurídicos tributários se sucedem em cadeia os (IPI, ICMS, Cofins), situação esta que não se amolda ao ISS. À vista disso, preferimos não tomar o pagamento como situação relevante para fins de identificação do marco temporal que define a incidência do ISS, fazendo surgir o vínculo jurídico entre o sujeito ativo e o sujeito passivo desse gravame. Recebimentos antecipados, simples emissão de notas fiscais, constituição de uma empresa para prestar serviço ou obtenção de inscrição cadastral de profissional autônomo, são hipóteses que não bastam para que nasça o dever de pagar o ISS, pois que não cabe fazer incidir esse imposto sobre 'serviço potencial'. Tampouco o atraso ou até mesmo a ausência de pagamento interferem na identificação do marco temporal definidor da incidência do ISS. Nesta direção trilham o STF e o STJ. Por sua vez, é certo que para os denominados 'serviço fracionáveis', que são aqueles que admitem segmentação em etapas, fases, trechos ou períodos de tempo, haverá tantos fatos tributários (prestação de serviço) quantas forem as frações possíveis. Aqui o critério temporal irá coincidir com o remate de cada uma das referidas partições. Já para os serviços que pela própria natureza não são fracionáveis, irrecusavelmente o critério temporal aperfeiçoa-se apenas e tão somente com a efetiva conclusão da prestação do serviço. Em resumo: não podem vingar posturas oficiais voltadas a antecipar o critério temporal do ISS para instante anterior àquele em que concretamente materializa-se integralmente o fato jurídico tributário do ISS" (CINTRA, Carlos César Sousa. Algumas controvérsias em torno dos critérios material e temporal da regra-matriz de incidência do ISS: análise pragmática. *In:* CARVALHO, Paulo de Barros (coord.). *Direito tributário e os novos horizontes do processo.* São Paulo: Noeses, 2015. p. 276-279).

16.2. Classificação do fato gerador do ISS quanto ao momento da sua ocorrência: em regra, corresponde a um fato gerador instantâneo. Como o momento da prestação do serviço é um fato isolado que ocorre num determinado momento plenamente identificável, o ISS implica, em regra, num fato gerador instantâneo. Ex.: desenvolvimento de programa de computador, serviço hospitalar, guarda de bem, limpeza etc.

16.3. Acerca da "fluidez temporal" dos serviços. "A segunda característica dos serviços é que sua pretensão, muitas vezes, estende-se no tempo. Por isso, não faltam exemplos de serviços que se dão na forma periódica. São exemplos de serviços dessa natureza os clássicos serviços de construção civil, cuja obra não tem curta duração, levando muitos meses para se concluir, assim também os serviços de administração em geral; e os serviços mais modernos, em que o pagamento se dá por uma assinatura, como o *Software* as a service (SaaS), que traz o licenciamento de *software* em conjunto com o processamento ou armazenamento de dados e o suporte técnico em informática" (MACEDO, Alberto. Impressão 3D e a tributação do consumo no Brasil. *In:* PISCITELLI, Tathiane (coord.). *Tributação da economia digital*. São Paulo: Revista dos Tribunais, 2018. p. 181).

16.4. Classificação do fato gerador do "ISS fixo": fato gerador continuado. O fato gerador do ISS assume uma feição diferente no chamado "ISS fixo" cobrado dos profissionais liberais e sociedades profissionais (art. 9º, §§ 1º e 3º do DL 406/68), pois, nesse regime especial de apuração do imposto, seu fato gerador está associado a uma situação jurídica que se perpetua no tempo (mensal, trimestral, semestral, anual, conforme dispuser a lei municipal), qual seja, a inscrição do prestador do serviço (profissional liberal ou sociedade profissional) no cadastro municipal. Com efeito, no ISS fixo o imposto não incide sobre cada prestação de serviço, até porque a sua base de cálculo não está atrelada à "importação paga a título de remuneração do próprio trabalho", mas sim "em função da natureza do serviço ou de outros fatores pertinentes" distintos da retribuição pelo serviço prestado. Daí ser comum o lançamento anual desse imposto pelas Administrações Tributárias Municipais, inclusive em "carnês".

16.5. Classificação do fato gerador do ISS como complexo (ou de período). Há alguns serviços que implicam a cobrança de ISS baseada em um conjunto de fatos, inclusive relacionados às despesas do prestador do serviço. Em tais casos, nota-se até mesmo certa proximidade do ISS com o IR e CSLL, quanto a esse aspecto do fato gerador. Na construção civil, por exemplo, além do preço do serviço (receitas), a apuração final do ISS dependerá dos valores dos materiais empregados e das subempreitadas já tributadas pelo imposto, que deverão ser deduzidos da base de cálculo. No serviço de plano de saúde a complexidade é ainda maior, implicando uma situação composta por diversos fatos considerados em conjunto, eis que os prestadores de serviços poderão excluir do montante bruto recebido dos tomadores aqueles valores que meramente transitaram em suas contas e foram repassados aos executores dos serviços prestados aos beneficiários do plano, tais como hospitais, médicos, laboratórios etc. Tal situação também pode ser enfrentada nas atividades que envolvem um agenciamento (arts. 710 a 721 do Código Civil Brasileiro), como nos serviços listados no item 10 e subitens 9.02, 17.04, 17.06 e 17.11 (organização de formaturas).

16.6. Exteriorização do fato gerador ou definição legal do elemento temporal da hipótese de incidência do ISS. "Assim, podemos dizer que a exteriorização do fato gerado do ISS ocorre com a efetiva prestação de serviços. Na hipótese de serviços instantâneos, o fato gerador se concretiza após a efetiva prestação do serviço, como se dá com a locação de bens móveis. Uma vez beneficiado o interessado com o uso e gozo do bem móvel, restituído este, temos o fato gerador do tributo municipal. Para os casos de prestação de serviços de execução continuada, compete à legislação tributária optar por um momento como o de concretização do fato gerador do imposto. Poderá a lei municipal aguardar seja esgotada a prestação integral do serviço ou desde logo admitir a consumação do mesmo por etapas, sem que com isso o contribuinte seja prejudicado mas seja de interesse da fiscalização e da arrecadação do tributo. Alguns casos práticos podem desde já serem destacados, como opções do legislador ordinário. São eles: a) prestação de serviços sob a forma de trabalho pessoal do próprio contribuinte. O ISS deve ser exigido através de alíquotas fixas. Nada impede que o legislador ordinário considere ocorrido o fato gerador do imposto na data do início do exercício de suas atividades ou a 1º de janeiro de cada exercício – fato que possibilita o Poder Público realizar a feitura do lançamento de ofício ou por declaração. Engenheiros, advogados, médicos, arquitetos, trabalhos fornecidos como serviço pessoal do próprio contribuinte, etc., podem ser tributados dessa forma; b) prestação de serviços de diversões públicas. O legislador pode considerar ocorrido o fato gerador do ISS à medida que, diariamente, se vendam os respectivos ingressos; c) prestação de serviços de intermediação ou de corretagem. O legislador pode considerar ocorrido o fato gerador do ISS, no momento da realização do negócio entre os terceiros aproximados; d) prestação de serviços de representantes comerciais. O fato gerador do ISS pode ser considerado concretizado no momento em que o vendedor é creditado pelas vendas realizadas; e) prestação de serviços de consultoria técnica e de assistência. O legislador pode considerar ocorrido o fato gerador por ocasião dos pagamentos mensais auferidos pelo prestador do serviço; f) prestação de serviços de execução de obras de construção civil. O fato gerador pode ser considerado realizado nas medições parciais da obra. Tais casos constituem apenas opções para o legislador. A prática é que aconselhará a adoção de regras ou normas idôneas, uma vez que os serviços onerados pelo ISS não são de uma única natureza, possuindo diferentes conotações quanto a efetiva prestação de serviços. Um cuidado deve merecer a regra a ser estabelecida pelo legislador: não confundir o momento da exteriorização do fato gerador do ISS (que dá origem ao nascimento da obrigação tributária) com o do pagamento (momento posterior ao nascimento do crédito tributário)" (MORAES, Bernardo Ribeiro de. *Doutrina e prática do Imposto sobre Serviços*. São Paulo: Revista dos Tribunais, 1975. p. 502-503).

16.7. Momento de ocorrência do fato gerador do ISS retido na fonte: regimes de caixa ou de competência. "Em que pese a Lei Complementar n. 116/2003 definir que a prestação de serviço constante da lista resulta na incidência do imposto, algumas legislações municipais definem momento distinto para se considerar nascida a obrigação tributária do tomador do serviço no que respeita à retenção do imposto na fonte. Há muitos municípios que vêm adotando como parâmetro a simples emissão da nota fiscal, considerando que o contratante dos serviços deve recolher o ISS retido até determinado dia do mês subsequente. Em situações assim, a gestão das operações exige atenção e cuidado maiores. Imaginemos a hipótese de certo prestador de serviço emitir nota fiscal contra seu cliente no dia 31/03. Se houver exigência quanto à retenção na fonte pelo tomador, supondo que o vencimento da obrigação fiscal se dê no dia 05/04, haverá um intervalo muito curto para que o documento seja recepcionado, analisado e aprovado para pagamento. Nessa situação é inevitável efetuar o recolhimento do imposto antes mesmo do pagamento ao prestador. Entretanto, convém também adotar medidas administrativas que evitem a ocorrência de fatos assim, que acabam exigindo agilidade e atenção redobrados, aumentando os riscos de erro e fragilizando os mecanismos de controle. Uma medida salutar é o estabelecimento de norma contratual pela empresa tomadora para que seus prestadores não emitam nota fiscal de serviços a partir de determinado dia do mês (após o dia 25 de cada mês, por exemplo). O contexto se torna diferente e muito mais fácil de ser enfrentado quando a legislação municipal dispõe que o tomador do serviço deve recolher o ISS retido até certo dia do mês seguinte ao pagamento, hipótese que denominamos de regime de caixa. Não é a situação mais recorrente, embora tenhamos exemplo de municípios que regulamentam dessa forma. O mais comum mesmo é encontrarmos leis municipais que só permitem o regime de caixa para entidades públicas, a exemplo do que está consignado no art. 8º do Decreto n. 11.956/2005, de Belo Horizonte: 'Art. 8º – O ISSQN-Fonte deverá ser recolhido até o dia 5 (cinco) do mês subsequente àquele em que ocorrer qualquer pagamento ou crédito a título da prestação do serviço, considerando-se o evento que primeiro se efetivar, sendo que, na não ocorrência de ambos, o imposto será devido no mês subsequente ao da emissão do documento fiscal ou de outro comprovante da prestação do serviço, exceto quando: I – o tomador do serviço for órgão, empresa ou entidade integrante da Administração Direta ou Indireta, hipótese em que o imposto deverá ser recolhido até o dia 5 (cinco) do mês subsequente ao do pagamento; (...)'. Disposição semelhante é encontrada em muitos outros municípios, com algumas variações, ta1 como no Decreto n. 17.671/2007, de Salvador-BA. Dessa forma, só a análise de cada legislação municipal vai permitir a adoção do critério adequado. Qualquer município, pela forma como está redigido o art. 1º, tem legitimidade para cobrar o ISS no mês da efetiva prestação do serviço, independentemente da emissão do documento fiscal. Assim mesmo, alguns municípios elegem como fato gerador do tributo apenas a emissão da nota ou seu respectivo pagamento" (LEMOS, Alexandre Marques Andrade. *Gestão tributária de contratos e convênios*. 4. ed. Salvador: Open Editora, 2015. p. 389-390).

16.8. Configuração do fato gerador do ISS somente com a *efetiva* prestação do serviço, e não sobre o serviço meramente em potencial. "Já em relação ao ISS, a dimensão temporal, o momento da ocorrência do fato gerador, só se configura com a prestação do serviço constante da lista anexa à Lei Complementar n. 116/2003. O contrato de prestação de serviço firmado entre as partes (tomador e prestador) representa tão somente o compromisso firmado e pactuado entre elas, para ser prestado um serviço, mas não faz surgir por si só a obrigação tributária de pagar o ISS. Esta obrigação só se configura com a efetiva e real prestação do(s) serviço(s) objeto do contrato firmado. Não pode haver exigência do ISS sobre serviço potencial, mas apenas sobre o serviço efetivamente prestador, ocorrido concretamente verificado, inclusive no caso de mediação por etapas de execução. Independe aqui se o serviço foi previamente faturado ou pago, não interessando eventuais fatos meramente negociais ou documentais, pois só com a sua efetiva realização (a prestação do serviço) é que fica configurado o elemento temporal que faz nascer a exigência do ISS. (...) faz-se a ressalva de que na prestação de serviços com prazo de execução alongado, como no caso de obras de construção civil, que podem demandar meses ou anos para a sua completa execução, o aspecto temporal em relação ao ISS não será considerado apenas ou necessariamente quando da conclusão da obra, podendo ser mensurado por etapas, conforme medição física ou de execução dos serviços" (OLIVEIRA, Jonathan José Formiga de. Correlação, convergência e discrepâncias entre os tributos de bases de incidência relacionadas: ISS, ICMS, IPI, CPRB, PIS/PASEP e Cofins. *In:* MADRUGA, Edgar; SILVA, Fábio Almeida e; OLIVEIRA, Fábio Rodrigues de (coord.). *"Compliance" tributário:* práticas, riscos e atualidades. Santos: Realejo Edições, 2018. p. 83).

16.9. Momento de ocorrência do fato gerador e tempo do pagamento (data de vencimento) do ISS: distinções. O momento de ocorrência (prestação do serviço) se reporta ao elemento temporal da hipótese de incidência do ISS, é dizer, data em que restará ocorrido o fato gerador da obrigação tributária, de tal forma que deve estar definido em lei municipal, consoante art. 97, III, CTN. Já o tempo do pagamento (data de vencimento recolhimento) do imposto se refere ao momento para o cumprimento da obrigação tributária, e dispensa a previsão em lei, cabendo sua fixação por ato infralegal, conforme implicitamente prevê a Súmula Vinculante 50 do STF. Em caso de omissão da legislação tributária municipal em torno da data de vencimento do imposto, aplica-se o art. 160 do CTN, segundo o qual "o vencimento do crédito ocorre 30 (trinta) dias depois da data em que se considera o sujeito passivo notificado do lançamento". Assim, enquanto o momento de ocorrência (elemento temporal da regra-matriz de incidência) marca o nascimento da obrigação tributária; a data de vencimento versa sobre o instante em que a obrigação tributária deve ser extinta pelo sujeito passivo através do pagamento ou outra modalidade especial de extinção do crédito tributário.

16.10. Momento de ocorrência do fato gerador e notificação do lançamento: distinções. O momento de ocorrência do fato gerador da obrigação tributária do ISS, consistente na prestação do serviço, também não deve ser confundido com a notificação do lançamento. Esta retrata o momento da constituição do crédito tributário, que dá com por meio do lançamento, de acordo com o art. 142 do CTN. A obrigação tributária nasce com a ocorrência do fato gerador (momento da prestação do serviço), ao passo que o crédito tributário é constituído através do lançamento. Entre o momento de ocorrência do fato gerador (ou a data de vencimento do tributo, se este ocorrer por último) e a notificação do lançamento corre prazo decadencial (art. 173 do CTN). A partir da notificação do lançamento inicia-se o lustro prescricional (art. 174 do CTN).

16.11. Momento de ocorrência do fato gerador e data de emissão de nota fiscal de prestação de serviços: distinções. A nota fiscal é o documento previsto na legislação tributária municipal para acobertar a prestação do serviço, devendo trazer em seu bojo a data em que o serviço foi prestado, ou seja, o momento em que ocorreu o fato gerador do imposto. Assim, a nota fiscal é o documento que registra e prova a ocorrência da prestação do serviço. A presunção é sempre de fidelidade das datas ali consignadas pelo contribuinte, mas a Administração Tributária pode provar o desacerto desta data mediante fiscalização.

16.12. Momento de ocorrência do ISS no Simples Nacional (LC n. 123): regime de caixa ou regime de competência. O art. 18, § 3º, da LC n. 123/2006 oportuniza ao contribuinte escolher o momento de reconhecimento de receita e, consequentemente, a apuração dos tributos devidos no âmbito do Simples Nacional entre o regime de competência ou o regime de caixa. A Resolução CGSN n. 94/2011 regulamenta essa opção em seus arts. 16 a 19.

16.13. Lucro presumido e adoção do regime de caixa: não aplicação automática para o ISS. A legislação tributária *federal* também confere opção para o contribuinte escolher entre o "regime de caixa" ou o "regime de competência" para fins de IRPJ, CSLL, PIS, Cofins e CPRB, conforme art. 20 da MP 2.158-35/2001, art. 12, § 9º da Lei n. 12.546/2011 e art. 13, § 2º, da Lei n. 9.718/98. Tais legislações federais, diferentemente da LC n. 123 (Simples Nacional), não se aplicam ao ISS, mas apenas àqueles tributos de competência da União.

16.14. Momento de reconhecimento de receita no regime de competência: Pronunciamento Técnico CPC n. 47 – receita de contrato com o cliente. O item 9 do referido pronunciamento contábil versa sobre o momento de reconhecimento de receita (inclusive de serviços).

16.15. Irrelevância da adimplência contratual para fins de caracterização do elemento temporal do fato gerador do ISS. Dentro do regime de caixa, o efetivo recebimento do preço do serviço é condição *sine qua non* para a ocorrência do fato gerador do imposto; entretanto, no regime de caixa a exigência do tributo não depende da efetiva adimplência do preço do serviço, conforme decisões do STF (AI 228.337 e RE 586.482) e do STJ (AgRg no AREsp 138.672 e REsp 956.842). Porém, tal como ocorre no âmbito do lucro real para fins de IRPJ e CSLL (art. 9º da Lei n. 9.430/96), as perdas no recebimento de créditos também mereceriam um tratamento diferenciado no âmbito do ISS (e demais tributos), em atendimento aos princípios da igualdade e não confiscatoriedade e, sobretudo, à capacidade contributiva.

– Nesse sentido: STF, 1ª T., AG (AgRg) 228.337-3, 1999.

16.15.1. Inadimplência do preço do serviço: incidência do ISS. O ISS será devido mesmo se o prestador de serviço não tiver recebido o preço do serviço, ou seja, na hipótese de inadimplência do contratante. No Simples Nacional, o contribuinte pode optar pelo regime de caixa, quando, então, a incidência somente ocorrerá no momento do *efetivo* recebimento da receita, conforme art. 18, § 3º da LC n. 123, e arts. 16 a 20 da Resolução CGSN n. 140/2018.

16.15.2. Efeitos da inadimplência da obrigação tributária principal do ISS. O não pagamento do ISS devido na data do vencimento previsto na legislação municipal implica incidência dos encargos moratórios (correção monetária, juros e multa), conforme disposto em lei municipal (art. 97, V, CTN). O art. 161, § 1º, do CTN prevê juros de mora à taxa de 1% (um por cento) ao mês, se a lei municipal for omissa.

16.16. Antecipação do pagamento do preço do serviço e momento de ocorrência do ISS. Em algumas atividades, é comum o prestador do serviço receber sua retribuição antes mesmo da execução, como é o caso, por exemplo, das reservas hoteleiras (subitem 9.01), das matrículas escolares (8.01) e dos valores adiantados pelos formandos às empresas de organização de formaturas (17.11). Tal antecipação do pagamento, em regra, não tem o condão de abreviar o momento de ocorrência do ISS, que requer a prestação do serviço e a consequente aquisição definitiva do direito ao preço do serviço. Com efeito, o ISS não incide sobre o pagamento do preço do serviço (obrigação de dar; contraprestação do tomador do serviço), mas sim sobre a prestação do serviço (obrigação de fazer do prestador). O Pronunciamento Técnico CPC n. 47 versa sobre o reconhecimento contábil dessas antecipações de pagamento, especialmente em seus itens 15 e 16, tratando-as como passivos (obrigações) da entidade que as recebeu até a execução do serviço e, pois, o cumprimento da obrigação assumida com o cliente.

16.17. Substituição para a frente no ISS. Aplicação do art. 150, § 7º, CF para o ISS. Não há qualquer vedação ao uso desse critério de tributação para o ISS, de tal forma que a lei municipal pode instituir essa cobrança antecipada do imposto para aquelas hipóteses "cujo fato gerador deva ocorrer posteriormente", desde que assegure ao sujeito passivo um procedimento administrativo especial de restituição imediata e preferencial do ISS, "caso não se realize o fato gerador presumido". Esse critério que confere maior praticabilidade (e antecipação) à tributação do ISS pode ser empregado, por exemplo, nas reservas hoteleiras, matrículas escolares, aprovações de obras da construção civil, rendas antecipadas de instituições financeiras (conta Cosif 5.1.1.10.00-4) etc.

16.17.1. Pelo não cabimento da substituição tributária "para a frente" (art. 150, § 7º, CF) no ISS, por não se tratar de um tributo plurifásico. "O § 7º do artigo 150 é direcionado para a sujeição passiva tributária, criando uma nova modalidade de *responsabilidade* (segundo as palavras textuais do legislador): a responsabilidade por fato futuro. Para nós, não se trata de responsabilidade, mas de verdadeira substituição. Como apenas no próximo capítulo ficará evidente o que seja o responsável para nós, devemos apenas manter na retentiva essa informação, que será provada, portanto, adiante. Essa responsabilidade por fato futuro será chamada, aqui, de *substituição tributária 'para frente'*. Essa substituição tributária 'para frente' é possível nos chamados tributos plurifásicos, onde ocorre uma repetição da incidência tributária ao longo da cadeia produtiva ou comercial. Não há falar-se na modalidade *sub examine* para tributos que incidam uma única vez, como o imposto sobre a renda. A substituição que cuidamos agora vale principalmente para o ICMS. Neste imposto, em cada 'operação de circulação de mercadoria', há a incidência do tributo. Assim, do industrial para o macroatacadista (primeira incidência), deste para atacadista regional (segunda incidência), que repassa a mercadoria para o comerciante (terceira incidência), que a oferece ao consumidor final (quarta incidência)" (BECHO, Renato Lopes. *Sujeição passiva e responsabilidade tributária*. São Paulo: Dialética, 2000. p. 135-136).

16.18. Periodicidade na apuração do ISS. Cabe à lei municipal fixar a periodicidade da apuração do imposto. Na prática, a apuração do ISS vem sendo tratada mensalmente pelas legislações municipais. No chamado "ISS fixo" (art. 9º, §§ 1º e 3º, do DL 406/68), essa apuração também varia de um Município para outro: mensal, trimestral, semestral ou anual. A periodicidade do imposto traz importantes reflexos no cômputo dos prazos decadencial, prescricional e da homologação tácita.

17. Inconstitucionalidade da trava de emissão de nota fiscal ou não liberação de alvará em razão de dívida tributária. "Sendo assim e sabendo-se que os prestadores de serviços são obrigados por lei a emitir nota fiscal de cada serviço prestado e que muitos tomadores não contratam a prestação de serviços se souberem que não receberão o documento fiscal que a registre, a atitude de impedir a emissão de NFS-e até que o prestador pague os tributos que deve ao Município prejudica o próprio exercício da atividade econômica desse prestador. A mesma inconstitucionalidade é verificada quando a Administração Tributária Municipal utiliza o sistema eletrônico para verificar que determinada pessoa jurídica possui dívidas tributárias vencidas e não pagas junto ao Município e, em razão disso, faz com que esse mesmo *software* não emita o alvará de funcionamento para o estabelecimento que essa possui no território desse mesmo Município. Sem a autorização municipal para exercer sua atividade econômica em seu estabelecimento, a pessoa jurídica não tem meios de auferir a receita necessária para adimplir a sua dívida tributária, o que deixa claro a inconstitucionalidade também dessa medida" (ALVES, Francielli Honorato. O uso do *software* no exercício da competência tributária municipal e o necessário respeito ao princípio da legalidade. *In:* CARVALHO, Paulo de Barros (coord.). *30 anos da Constituição Federal e o sistema tributário brasileiro*. São Paulo: Noeses, 2018. p. 483-484).

17.1. Ilegalidade dos sistemas empregados pelas Prefeituras que criam dificuldades ou impedimento no pagamento do imposto. "Outro mecanismo, que também não deve ser implementado pelas Administrações Tributarias nos *softwares* utilizados para emissão dos documentos de arrecadação de tributos, é o condicionamento do pagamento de um crédito tributário que o sujeito passivo tenha com o Município ao adimplemento de todos ou de alguns dos outros créditos tributários que esse mesmo sujeito passivo tenha em aberto com esse mesmo Município. Como já dito, a Administração Tributária tem meios legais próprios para buscar o recebimento dos créditos tributários que lhes são devidos, da mesma forma que o sujeito passivo tem o direito de discutir a legalidade da cobrança de determinado crédito tributário constituído em seu nome, direito esse que é prejudicado caso o sujeito passivo seja coagido a pagar um desses créditos que entende como ilegal como condição para que possa adimplir outro crédito de cuja cobrança não discorde. Nesse caso, a solução para enfrentar esse tipo de coerção está prevista no próprio Código Tributário Nacional, que prevê, no inciso I do seu art. 164, a consignação em pagamento como mecanismo para fazer garantir o respeito à legalidade tributária quando o pagamento de um tributo for condicionado ao pagamento de outro tributo ou penalidade ou ao cumprimento de obrigação acessória. Esses são apenas alguns exemplos das mais diferentes hipóteses em que se tem visto a cobrança do pagamento do tributo ou a exigência do cumprimento de um dever instrumental realizadas de formas ilegais sob a justificativa de que o *software* utilizado pela Administração Tributária Municipal para tanto não disponibiliza de outra forma de atuação. Justificava que, repita-se, em nenhuma hipótese poderá prevalecer sobre a aplicação do princípio constitucional da legalidade tributária" (ALVES, Francielli Honorato. O uso do *software* no exercício da competência tributária municipal e o necessário respeito ao princípio da legalidade. *In:* CARVALHO, Paulo de Barros (coord.). *30 anos da Constituição Federal e o sistema tributário brasileiro*. São Paulo: Noeses, 2018., p. 485-486).

18. Prazo decadencial no ISS (art. 173 do CTN). O momento de ocorrência do fato gerador do ISS desencadeia o prazo decadencial de cinco anos para o Fisco Municipal constituir o crédito tributário através do lançamento.

18.1. Prazo decadencial para o Fisco Municipal constituir o crédito tributário do ISS na hipótese do inciso I do art. 173 do CTN. Como o fato gerador da obrigação tributária do ISS nasce no momento da prestação do serviço, o prazo decadencial se iniciará em 1º de janeiro do ano seguinte ao da prestação do serviço. Todavia, nas hipóteses em que o ISS estiver sujeito ao lançamento por homologação (art. 150 do CTN), o imposto devido sobre os serviços prestados no mês de dezembro terá a contagem do prazo decadencial iniciada apenas em 1º de janeiro do segundo ano subsequente. Com efeito, no lançamento por homologação, cabe ao próprio sujeito passivo declarar e confessar o débito fiscal, e isso somente se dá no mês seguinte ao da prestação do serviço. Sendo assim, o lançamento do ISS sobre as prestações de serviços ocorridas em dezembro somente poderá ser efetuado em janeiro do ano seguinte; por isso, o prazo decadencial se iniciará apenas em 1º de janeiro do exercício seguinte em que o lançamento poderia ter sido efetuado, e não necessariamente no ano seguinte ao da ocorrência do fato gerador, nos termos do inciso I do art. 173 do CTN. Ex.: serviços de consultoria prestados em dezembro de 2010, cujo lançamento somente poderia ter sido efetuado em janeiro de 2011, uma vez submetido ao lançamento por homologação. Nos termos do inciso I do art. 173 do CTN, o lapso decadencial se iniciará no exercício seguinte àquele em que o lançamento poderia ter sido efetuado, ou seja, somente a partir de 1º de janeiro de 2012.

18.2. Prazo decadencial para a constituição do crédito tributário relativo ao ISS fixo. Por envolver um fato gerador continuado, que não leva em conta cada serviço individualmente prestado, mas sim uma situação do contribuinte que se protrai no tempo (inscrição municipal como profissional liberal ou sociedade profissional), o prazo decadencial do ISS fixo se iniciará em 1º de janeiro do ano seguinte ao do período de apuração. Exemplo: o prazo decadencial para o lançamento do ISS fixo referente ao período de competência de 2016 iniciou em 1º-1-2017, operando-se a decadência em 1º-1-2022.

18.3. Prazo decadencial para o Fisco Municipal constituir o crédito tributário do ISS na hipótese do inciso II do art. 173 do CTN. Trata-se de hipótese de reabertura ou recontagem, por inteiro, do prazo decadencial, uma causa de interrupção do prazo decadencial, que renova o prazo quinquenal.

18.4. Prazo decadencial para o Fisco Municipal constituir o crédito tributário do ISS na hipótese do parágrafo único do art. 173 do CTN. Trata-se de uma causa de antecipação do termo *a quo* do prazo decadencial, isto é, aplica-se quando a Administração Tributária inicia uma fiscalização antes do início do prazo previsto no inciso I (1º de janeiro do ano seguinte), abreviando a contagem da decadência. Por exemplo, em 10-8-2017, o Município iniciou uma fiscalização em relação a um contribuinte, compreendendo os fatos geradores ocorridos no primeiro semestre de 2017. Ao invés de seguir a contagem do inciso I do art. 173 (1º-1-2018), o início da contagem do prazo decadencial será antecipado para 10-8-2017, data em que foi iniciada a constituição do crédito tributário pelo termo de início de fiscalização.

19. Prazo prescricional no ISS: art. 174 do CTN. A execução fiscal para a cobrança do ISS prescreve em cinco anos, contados da data da constituição definitiva do crédito tributário. A constatação desta data que servirá como *dies a quo* do prazo prescricional vai depender do que ocorrer por último entre a data de vencimento do imposto ou a constituição definitiva do lançamento. Quanto à data de vencimento ou recolhimento do ISS, sua fixação cabe à legislação tributária municipal. Ex.: ISS relativo a prestações de serviços ocorridas em janeiro de 2015, com data de vencimento fixada na legislação municipal para 20-2-2015. Se o lançamento foi definitivamente constituído antes de 20-2-2015, o prazo prescricional iniciou em 20-2-2015 (data mais recente); entretanto, se a constituição definitiva ocorreu posteriormente (v.g., 20-6-2015), a contagem inicial do prazo prescricional somente se deu em 20-6-2015. Enfim, deve-se levar em conta a última data.

19.1. Configuração do momento em que o crédito tributário do ISS foi "definitivamente constituído": termo *a quo* da prescrição, se posterior à data de vencimento do imposto. Por se tratar de um imposto geralmente sujeito ao lançamento por homologação, a constituição definitiva do crédito tributário do ISS dar-se-á, neste caso, na data em que o sujeito passivo declarar e confessar seu débito, consoante Súmulas n. 436 e n. 446 do STJ. No entanto, se o imposto tiver sido lançado de ofício pela Administração Tributária Municipal, como costuma ocorrer no ISS fixo e, ainda, nos lançamentos suplementares ou complementares (quando o sujeito passivo não realizou os atos que lhe cabiam na hipótese do lançamento por homologação, ensejando a lavratura de auto de infração), o crédito tributário correspondente adquirirá esse caráter definitivo: a) no momento em que extrapolou o prazo conferido pela legislação tributária municipal para sujeito passivo impugnar o lançamento; ou b) no instante em que transitar em julgado a decisão administrativa que analisou a impugnação ou recurso administrativo do sujeito passivo. De tais termos é que se contará o prazo prescricional, exceto se o prazo de vencimento for posterior. Exemplo: ISS fixo de 2015 com notificação do lançamento em 1º-2-2015, sem impugnação administrativa, e vencimento para o dia 10-4-2015; prazo prescricional com início em 10-4-2015. Outro exemplo: ISS declarado pelo contribuinte em 10-1-2017, com vencimento para 20-1-2017; início do prazo prescricional se deu em 20-1-2017.

19.2. Fechamento voluntário e de ofício automatizado do livro fiscal de Registro de Prestação de Serviços e reflexos na constituição do crédito tributário do ISS, com respaldo da Súmula 436 do STJ. "Nesse passo verificamos uma grande falha da maioria dos sistemas de NFS-e existentes no mercado: o não fechamento automático do Livro de Registro de Prestação de Serviços – LRPS. O normal é o contribuinte fechar o livro no início do mês seguinte ao das prestações de serviços e emitir o boleto para pagamento do ISS. Mas e se ele não o fizer? Lamentavelmente, muitos sistemas apenas emitem relatórios indicando os contribuintes que não encerraram determinados períodos. Enquanto o Fisco não tomar uma posição de lançar o ISS, os valores decorrentes das motas fiscais emitidas ficam simplesmente 'aguardando' essa ação fiscal. Com isso, não são gerados créditos e a CND é liberada tranquilamente. Pergunta-se: O correto não seria o sistema encerrar o LRPS automaticamente e gerar os créditos de ISS, bloqueando a CND e permitindo inclusive a inscrição dos membros em dívida ativa e o seu encaminhamento a protesto? Não temos a menor dúvida que sim, especialmente porque a nossa jurisprudência pátria pacificou que a declaração de faturamento do contribuinte constitui o crédito tributário, não sendo necessário qualquer procedimento por parte do Fisco" (MANGIERI, Francisco Ramos. *Administração tributária municipal*: eficiência e inteligência fiscal municipal. Porto Alegre: Livraria do Advogado, 2015. p. 47-48).

19.3. Termo *a quo* da prescrição do crédito tributário do ISS no âmbito do Simples Nacional. Os tributos abrangidos nesse regime especial de tributação para ME e EPP estão sujeitos ao lançamento por homologação, de tal forma que cabe ao sujeito passivo declarar os tributos devidos dentro dessa sistemática, conforme art. 25 da LC n. 123/2006. Até o período de apuração de 2011, os tributos compreendidos no "Super Simples" (inclusive o ISS) eram constituídos anualmente através de declaração de apuração do Simples Nacional (DASN), que os contribuintes deveriam entregar eletronicamente nos meses de março ou abril do ano subsequente ao dos fatos geradores. Assim, relativamente aos períodos mensais de apuração de 2007 a 2011, o contribuinte somente entregava e constituía definitivamente o crédito tributário em março ou abril do ano seguinte, mas os vencimentos se davam no mês seguinte ao da ocorrência do fato gerador (art. 21, III, LC n. 123/2006), de tal forma que o vencimento do documento de arrecadação do Simples Nacional (guia DAS) sempre antecedia ao momento da constituição do crédito tributário. Por isso, o prazo prescricional somente iniciava com a entrega da DASN, e não no momento do vencimento do tributo. A partir de 1º de janeiro de 2012, a DASN foi substituída pelo Programa Gerador do DAS (PGDAS-D), que "tem caráter declaratório, constituindo confissão de dívida e instrumento hábil e suficiente para a exigência dos tributos devidos no Simples Nacional em cada mês, relativamente aos fatos geradores ocorridos no mês anterior" (art. 18, § 15º-A, I, LC n. 123/2006. O PGDAS-D deverá ser entregue "à RFB mensalmente até o vencimento do prazo para pagamento dos tributos devidos no Simples Nacional em cada mês, de acordo com o art. 37, § 2º, II, da Resolução CGSN n. 94/2011. Destarte, o termo *a quo* da prescrição do ISS apurado no Simples Nacional será: a) a data do vencimento do prazo para pagamento, caso o PGDAS-D seja entregue dentro do prazo previsto na legislação; ou b) a data de entrega do PGDAS-D, se o sujeito passivo cumprir intempestivamente essa sua obrigação tributária acessória, ou seja, somente depois do vencimento da guia DAS.

19.4. Causa de interrupção da prescrição: despacho ordenatório da citação (art. 174, parágrafo único, I, CNT). O despacho ordenatório da citação na execução fiscal interrompe o prazo prescricional, zerando a sua contagem, de acordo com a redação atribuída pela LC n. 118/2005, com vigência a partir de 9-6-2015. Antes desta data, o CTN exigia a efetiva citação do devedor na execução fiscal para fins de interrupção do prazo. Importante ressaltar que não basta a mera distribuição da execução fiscal, exigindo-se "o despacho do juiz que ordena a citação". Essa interrupção também alcança aos eventuais codevedores do débito como os administradores responsabilizados pessoalmente nos termos do art. 135 do CTN e Súmula 435 do STJ. No REsp 1.201.993, afetado à sistemática do recurso repetitivo sob o tema n. 444, o STJ ainda decidirá acerca da contagem do prazo prescricional para o redirecionamento da execução fiscal.

19.5. Aplicação da Súmula 106 do STJ nas execuções fiscais do ISS. De acordo com a Súmula 106 do STJ, "proposta a ação no prazo fixado para o seu exercício, a demora na citação, por motivos inerentes ao mecanismo da Justiça, não justifica o acolhimento da arguição de prescrição ou decadência". O novo CPC/2015, em seu art. 240, § 3º, ratifica tal posicionamento jurisprudencial: "A parte não será prejudicada pela demora imputável exclusivamente ao serviço judiciário".

19.6. Prescrição intercorrente na execução fiscal. Prescrição intercorrente é aquela que ocorre no curso de uma execução fiscal, em virtude de inércia da Fazenda pública por mais de cinco anos. O art. 40, § 4º da LEF (Lei n. 6.830/80) versa sobre a prescrição intercorrente, fixando seu *dies a quo* somente após o decurso de um ano de suspensão do processo.

– STJ, 1ª S., REsp 1.340.553, 2018, temas repetitivos 566, 567, 568, 569, 570 e 571: "4. Teses julgadas para efeito dos arts. 1.036 e seguintes do CPC/2015 (art. 543-C, do CPC/73): 4.1.) O prazo de 1 (um) ano de suspensão do processo e do respectivo prazo prescricional previsto no art. 40, §§ 1º e 2º da Lei n. 6.830/80 – LEF tem início automaticamente na data da ciência da Fazenda Pública a respeito da não localização do devedor ou da inexistência de bens penhoráveis no endereço fornecido, havendo, sem prejuízo dessa contagem automática, o dever de o magistrado declarar ter ocorrido a suspensão da execução; 4.1.1.) Sem prejuízo do disposto no item 4.1., nos casos de execução fiscal para cobrança de dívida ativa de natureza tributária (cujo despacho ordenador da citação tenha sido proferido antes da vigência da Lei Complementar n. 118/2005), depois da citação válida, ainda que editalícia, logo após a primeira tentativa infrutífera de localização de bens penhoráveis, o Juiz declarará suspensa a execução. 4.1.2.) Sem prejuízo do disposto no item 4.1., em se tratando de execução fiscal para cobrança de dívida ativa de natureza tributária (cujo despacho ordenador da citação tenha sido proferido na vigência da Lei Complementar n. 118/2005) e de qualquer dívida ativa de natureza não tributária, logo após a primeira tentativa frustrada de citação do devedor ou de localização de bens penhoráveis, o Juiz declarará suspensa a execução. 4.2.) Havendo ou não petição da Fazenda Pública e havendo ou não pronunciamento judicial nesse sentido, findo o prazo de 1 (um) ano de suspensão inicia-se automaticamente o prazo prescricional aplicável (de acordo com a natureza do crédito exequendo) durante o qual o processo deveria estar arquivado sem baixa na distribuição, na forma do art. 40, §§ 2º, 3º e 4º da Lei n. 6.830/80 – LEF, findo o qual o Juiz, depois de ouvida a Fazenda Pública, poderá, de ofício, reconhecer a prescrição intercorrente e decretá-la de imediato; 4.3.) A efetiva constrição patrimonial e a efetiva citação (ainda que por edital) são aptas a interromper o curso da prescrição intercorrente, não bastando para tal o mero peticionamento em juízo, requerendo, v.g., a feitura da penhora sobre ativos financeiros ou sobre outros bens. Os requerimentos feitos pelo exequente, dentro da soma do prazo máximo de 1 (um) ano de suspensão mais o prazo de prescrição aplicável (de acordo com a natureza do crédito exequendo) deverão ser processados, ainda que para além da soma desses dois prazos, pois, citados (ainda que por edital) os devedores e penhorados os bens, a qualquer tempo – mesmo depois de escoados os referidos prazos –, considera-se interrompida a prescrição intercorrente, retroativamente, na data do protocolo da petição que requereu a providência frutífera. 4.4.) A Fazenda Pública, em sua primeira oportunidade de falar nos autos (art. 245 do CPC/73, correspondente ao art. 278 do CPC/2015), ao alegar nulidade pela falta de qualquer intimação dentro do procedimento do art. 40 da LEF, deverá demonstrar o prejuízo que sofreu (exceto a falta da intimação que constitui o termo inicial – 4.1., onde o prejuízo é presumido), por exemplo, deverá demonstrar a ocorrência de qualquer causa interruptiva ou suspensiva da prescrição. 4.5.) O magistrado, ao reconhecer a prescrição intercorrente, deverá fundamentar o ato judicial por meio da delimitação dos marcos legais que foram aplicados na contagem do respectivo prazo, inclusive quanto ao período em que a execução ficou suspensa. 5. Recurso especial não provido. Acórdão submetido ao regime dos arts. 1.036 e seguintes do CPC/2015 (art. 543-C, do CPC/1973)".

19.7. Prescrição intercorrente no processo administrativo. Não tem sido admitida a prescrição intercorrente no âmbito do processo tributário administrativo, sob o argumento de que o crédito tributário não está "definitivamente constituído" enquanto estiver pendente de julgamento administrativo (AREsp 1.638.268, 2ª T.).

19.8. Causa de interrupção da prescrição: protesto judicial (art. 174, parágrafo único, II, CTN). O protesto judicial é procedimento de jurisdição voluntária, com previsão no novo CPC/15 (arts. 716 a 729). Não pode estender essa causa interruptiva para o protesto extrajudicial, admitida a partir do advento da Lei n. 12.767/2012, que incluiu expressamente no art. 1º, parágrafo único, da Lei de Protestos (Lei n. 9.492/97), a possibilidade do protesto extrajudicial da certidão da dívida ativa. Portanto, em que pese a validade do protesto extrajudicial da CDA (ADI 5135), não se dará a interrupção do prazo prescricional, por falta de previsão em lei complementar.

19.9. Causa interruptiva da prescrição no ISS: qualquer ato inequívoco ainda que extrajudicial, que importe em reconhecimento do débito pelo devedor (art. 174, parágrafo único, IV, CTN). O exemplo mais comum desta causa de interrupção é o parcelamento do imposto concedido na forma e condições estabelecidas na lei municipal (art. 155-A, CTN), que pressupõe o reconhecimento do débito. A confissão inequívoca do ISS também é vislumbrada nos pedidos de compensação, de remissão ou de dação em pagamento. Na compensação e na dação em pagamento, que dependem de previsão expressa em lei municipal (arts. 156, XI, 170 e 170-A, todos do CTN), o sujeito passivo tanto reconhece a dívida que oferece créditos (compensação) ou bens (dação) como forma de pagamento. Já na remissão, que também deve ser concedida em lei municipal (art. 172 do CTN), o devedor também confessa o débito, apresentando e fundamentando seu pedido de perdão, nos termos da legislação.

19.10. Recontagem do prazo prescricional em razão do rompimento de parcelamento. De acordo com a Súmula 248 do extinto Tribunal Federal de Recursos (TFR), "o prazo da prescrição interrompido pela confissão e parcelamento da dívida fiscal recomeça a fluir no dia em que o devedor deixa de cumprir o acordo celebrado". Esse entendimento também tem sido adotado pelo STJ (AgRg nos EDcl no AREsp 91.345).

19.11. Suspensão da prescrição por força da suspensão da exigibilidade do crédito tributário (art. 151 do CTN). Uma vez suspensa a exigibilidade do crédito tributário por uma das causas dos incisos I a V do art. 151 do CTN (moratória, depósito do montante integral, impugnação e recurso administrativo, liminar em mandado de segurança, liminar ou antecipação de tutela em outras ações), também restará suspensa a fluência do prazo prescricional (STJ, EREsp 572.603; AgRg no AREsp 356.479). O parcelamento, muito embora seja uma causa suspensiva da exigibilidade do crédito tributário (art. 151, VI, CTN) não apenas suspende, mas sim interrompe o prazo prescricional, na medida em que se configura como um ato inequívoco que importa em reconhecimento do débito fiscal, ensejando a aplicação do art. 174, parágrafo único, IV, do CTN. Vale frisar a diferença entre suspensão e interrupção do prazo: na suspensão, o prazo é apenas paralisado, computando-se o tempo até então decorrido; na interrupção, o prazo é zerado, recontando-se por inteiro o prazo quinquenal.

19.12. Inscrição em dívida ativa não suspende nem interrompe o prazo prescricional. A inscrição do débito em dívida ativa não exerce qualquer influência sobre o prazo prescricional tributário. Muito embora o art. 2º, § 3º, da LEF estabeleça expressamente a suspensão de até 180 dias do lapso prescricional, essa hipótese não se aplica em matéria tributária, pois a matéria relativa à prescrição tributária é reservada à lei complementar (art. 146, III, *b*, CF), consoante pacífico entendimento jurisprudencial (STJ, REsp 1.326.094).

20. Pagamento antecipado e a homologação do lançamento no ISS: art. 150, § 4º, CTN. Por se tratar de um imposto comumente sujeito ao lançamento por homologação, "se a lei não fixar prazo à homologação, será ele de cinco anos, a contar da ocorrência do fato gerador; expirado esse prazo sem que a Fazenda Pública se tenha pronunciado, considera-se homologado o lançamento e definitivamente extinto o crédito, salvo se comprovada a ocorrência do dolo, fraude ou simulação". Aqui, o marco inicial do prazo quinquenal é a data de ocorrência do fato gerador do ISS. De acordo com entendimento pacificado pelo STJ (1ª S., EDivREsp 279.473), esse prazo do art. 150, § 4º, do CTN somente afastará a aplicação do prazo decadencial do art. 173, I, do CTN, se o sujeito passivo efetuar o pagamento do tributo declarado. Dentro do prazo quinquenal iniciado a partir da prestação do serviço, no caso do ISS, o Fisco Municipal deve fiscalizar o sujeito passivo, analisando o pagamento efetuado e, se entender que é insuficiente, caberá o lançamento de ofício em cima da diferença não confessada ("autolançada"). Exemplo: serviços prestados em 10-10-2015, prestador do serviço declarou e pagou o imposto no mês seguinte; o Fisco Municipal terá até 9-10-2020 para notificar o contribuinte acerca da lavratura do auto de infração sobre eventual diferença de ISS devido, sob pena de ocorrência da homologação tácita em 10-10-2020, com a consequente extinção do crédito tributário (art. 156, VII, CTN). Porém, a parte final do § 4º do art. 150 excepciona a adoção desse termo *a quo*, uma vez comprovada a ocorrência de dolo, fraude ou simulação, quando, então, aplicar-se-á o prazo do art. 173, I, do CTN, isto é, a contagem do prazo decadencial deverá ser contado a partir de 1º de janeiro do ano seguinte àquele em que o lançamento poderia ter sido efetuado. Exemplo: serviços prestados pelo contribuinte em 5-1-2012, mas o contribuinte emitiu notas fiscais e declarou apenas parcialmente ao Fisco Municipal, recolhendo o ISS em cima apenas das operações confessadas; uma vez comprovada a sonegação dolosa do contribuinte, não se aplica o prazo da homologação tácita (cinco anos da ocorrência do fato gerador = 5-1-2017), mas sim o prazo decadencial do art. 173, I (logo, início da contagem em 1º-1-2013), de tal forma que o Fisco Municipal teve até 31-12-2017 para notificar o contribuinte do auto de infração; em 1º-1-2018, o ISS caducou, se a notificação não tiver sido realizada.

---

§ 1º O imposto incide também sobre o serviço proveniente do exterior do País ou cuja prestação se tenha iniciado no exterior do País.

---

1. Determinação constitucional de incidência do ICMS sobre a importação dos serviços de transporte e de comunicação a ele sujeitos. O art. 155, II e § 2º, IX, *a*, da CF estabelece que incidirá ICMS sobre prestações de serviços de transporte interestadual e intermunicipal e de comunicação, "ainda que as operações e as prestações se iniciem no exterior" e que o ICMS incidirá também sobre "o serviço prestado no exterior, cabendo o imposto ao estado onde estiver situado o domicílio ou o estabelecimento do destinatário da mercadoria, bem ou serviço".

2. Incidência do ISS na importação de serviços sujeitos ao imposto. O art. 156, III e § 3º, da CF não prevê, expressamente, a incidência de ISS sobre a importação de serviços; a LC n. 116 o faz, estabelecendo, portanto, que os serviços tributados nos termos da sua lista anexa se sujeitam ao ISS ainda que provenientes do exterior com cuja prestação nele tenha se iniciado. A situação, portanto, é semelhante à do IPI, para o qual não há previsão constitucional de incidência na importação, o que, no entanto, é estabelecido pelo art. 46, I, do CTN.

2.1. Incidência de ISS na importação de serviços e incidência, também, do PIS-Importação e da Cofins-importação sobre o pagamento dos respectivos serviços. Note-se que o § 1º do art. 1º da LC n. 116/2003 prevê a incidência do ISS na importação de serviços, sendo certo que, de outro lado, na importação de bens, incidem IPI-Importação e ICMS-Importação. Além disso, em ambos os casos, trate-se da importação de serviços ou de bens, incidem as contribuições PIS-Importação e Cofins-importação. O art. 3º, II, da Lei n. 10.865/04 estabelece como fato gerador dessas contribuições, na importação, no que diz respeito aos serviços, "o pagamento, o crédito, a entrega, o emprego ou a remessa de valores a residentes ou domiciliados no exterior como contraprestação por serviço prestado".

2.2. Na importação, o valor do ISS não entra na base de cálculo do PIS/Cofins-importação.

– Conferir: STF, 2ª T., RE 1.105.428 AgR, 2018.

2.3. Inexistência de bitributação com o imposto federal sobre importação de produtos estrangeiros (II). O II é um imposto federal que incide sobre a importação de "produtos estrangeiros" (obrigação de dar), não abrangendo a importação de serviços. Por isso, não há bitributação entre II e o ISS. O II tem previsão constitucional no art. 153, I, CF e nos arts. 19 a 22 do CTN (normas gerais). O II foi instituído pelo Decreto-lei n. 37/66, e está regulamentado nos arts. 69 e seguintes do Decreto n. 6.759/2009 (Regulamento Aduaneiro).

2.4. A tributação do ISS na importação de serviços relacionados à economia digital está compatível com a proposta da OCDE sobre a tributação internacional da economia digital. Em outubro de 2019, a OCDE lançou uma consulta pública propondo mudanças na tributação das atividades empresariais relacionadas à economia digital, em prol da tributação no local do consumo, rompendo com o critério tradicional da presença física (constatação de estabelecimento). Nesta proposta, a organização internacional propõe a taxação em favor dos países onde os usuários dos modelos de negócio altamente digitalizados estão localizados". Nesse sentido, o item 17 da referida proposta: "The Secretariat's proposal is designed to address the tax challenges of the digitalisation of the economy and to grant new taxing rights to the countries where users of highly digitalised business models are located" (disponível em: <https://www.oecd.org/tax/beps/public-consultation-document-secretariat-proposal-unified-approach-pillar-one.pdf>. Acesso em: 16 out. 2019).

3. Discussões sobre a constitucionalidade da cobrança do ISS na importação de serviços. A cobrança do ISS na importação encontra resistência por parte de alguns doutrinadores e importadores, sob as seguintes alegações: a) extraterritorialidade da cobrança, uma vez que o ISS estaria incidindo sobre serviços prestados fora do País, pelo menos no que diz respeito aos serviços "provenientes do exterior"; b) essa cobrança transforma o ISS num imposto sobre o uso ou consumo do serviço (tomar serviço), substituindo a prestação do serviço. Em contrapartida, outros doutrinadores e os Municípios defendem o ISS na importação: a) ausência de vedação expressa na Constituição; b) inexistência de violação à territorialidade, uma vez que o tomador ou intermediário do serviço deve estar necessariamente estabelecido no País, criando esse rastro territorial no País, até porque a incidência do imposto na importação pressupõe a existência de um estabelecimento ou domicílio do tomador ou intermediário aqui no País, conforme art. 3º, I, da LC n. 116; c) não há uma limitação constitucional para o ISS incidir exclusivamente sobre a "prestação" do serviço (tributação na origem), podendo também recair na contratação e no uso ou consumo do serviço (tributação no destino); d) nos serviços "cuja prestação se tenha iniciado no exterior do País" há a prestação do serviço em território nacional, pelo menos no que diz respeito às suas etapas finais; e) por decorrência do art. 152 da CF, deve incidir o ISS na importação de serviços, sob pena de se "estabelecer uma diferença tributária entre bens e serviços, de qualquer natureza, em razão de sua procedência ou destino", pois, caso contrário, o prestador de serviço estrangeiro teria uma vantagem tributária sobre o prestador de serviço nacional, a título de ISS. Esse tema ainda não foi enfrentado no STF especificamente com relação ao ISS. Todavia, o STF já decidiu em prol da constitucionalidade da incidência do ICMS e do IPI nas importações (STF, RE 439.796 e 474.267).

3.1. A incidência na importação evita a discriminação inversa. A incidência dos tributos internos nas operações de ingresso de bens e serviços equaliza a carga tributária relativamente às operações internas.

3.2. É vedada diferença tributária em razão da procedência dos serviços. A Constituição veda que os Estados e Municípios estabeleçam diferença tributária em razão da procedência ou do destino dos bens e serviços: "Art. 152. É vedado aos Estados, ao Distrito Federal e aos Municípios estabelecer diferença tributária entre bens e serviços, de qualquer natureza, em razão de sua procedência ou destino".

3.3. Entendendo inconstitucional a incidência do ISS na importação de serviços. "1. Inconstitucional a incidência do ISS sobre o 'serviço proveniente do exterior', uma vez que viola o princípio da territorialidade das normas que não admite a tributação de fatos/operações, etc. ocorridas no exterior. 2. A Constituição Federal não outorgou competência aos Municípios para instituir o ISS nas importações. Somente em caráter excepcional, e taxativo, complementou os tributos que podem incidir sobre situações (riquezas) ocorridas fora do País (Imposto de Importação; Imposto sobre a Renda; ICMS, ITCMD; CIDE, PIS e Cofins-importações). 3. Inconsistente a assertiva de que se pode tributar o consumo ('serviço'), pela circunstância de que o imposto somente pode incidir sobre 'prestação de serviços' (negócios jurídicos). 4. Não há fundamentos jurídicos para se tributar a 'prestação que tenha se iniciado no exterior do país', especialmente pelo fato de que a legislação não contempla a figura do contribuinte (prestador do serviço localizado no exterior), mas apenas o tomador do serviço" (MELO, José Eduardo Soares de. ISS: importação e exportação de serviços. entendimentos e jurisprudência. *In:* CARVALHO, Paulo de Barros (coord.). *30 anos da Constituição Federal e o sistema tributário brasileiro*. São Paulo: Noeses, 2018. p. 599).

– "Esse preceito viola, às escâncaras, o princípio da territorialidade das normas, ligado ao aspecto espacial do fato gerador da obrigação tributária, ou seja, onde ocorre o fato gerador concretamente. Serviço prestado no exterior não pode gerar efeito jurídico no território municipal do Brasil, a menos que haja um tratado ou convenção internacional, bilateral ou multilateral, firmado, às avessas, não para evitar dupla tributação, como acontece na área do imposto de renda, mas para possibilitar a dupla incidência tributária. Nem se argumente com o art. 102 do CTN, que confere eficácia extraterritorial das normas tributárias nos seguintes termos: 'A legislação tributária dos Estados, do Distrito Federal e dos municípios vigora no país, fora dos respectivos territórios, nos limites em que lhe reconheça extraterritorialidade os convênios de que participem, ou de que disponham esta ou outras leis de normas gerais expedidas pela União'. Essa norma legitima a tributação do ISS no local do estabelecimento prestador, embora o serviço seja prestado em outro município, mas não legitima tributar o serviço prestado no exterior, sempre dependente de tratado, às avessas, repita-se, para acentuar a carga tributária mundial. O citado art. 102 estabelece exceção ao princípio da territorialidade no âmbito interno da Federação Brasileira, como não poderia deixar de ser. Pouco importa que o tomador do serviço esteja localizado no território do município brasileiro, pois o imposto não é de importação de serviços, mas de prestação de serviços. Ao aceitar como válida a tributação do serviço proveniente do exterior do país, como preconizada no § P do art.

12 da Lei Complementar n. 116/03, estaríamos admitindo a violação do princípio da territorialidade das leis tributárias, uma vez que a legislação municipal brasileira poderia alcançar os fatos ocorridos em território estrangeiro. Um serviço de análise laboratorial, por exemplo, inteiramente executado no exterior, poderia ser tributado pelo município onde estiver domiciliado o seu tomador (§ 1º do art. 1º c.c inc. I do art. 3º). Seria um caso típico de serviço procedente do exterior à medida que ele foi totalmente executado no exterior, apenas, com comunicação do seu resultado ao tomador aqui domiciliado. Ora, a Carta Política não autorizou os municípios a tributarem serviços executados no exterior. O art. 156, III, da Constituição Federal, que outorga o poder impositivo municipal, sequer fez a ressalva dos serviços iniciados no exterior como o fez em relação ao ICMS, conforme se verifica do art. 155, II. Daí por que o § 1º do art. 1º na parte que se refere ao serviço proveniente do exterior é inconstitucional. Nem se argumente, também, como querem alguns, que o texto constitucional refere-se ao imposto sobre serviços de qualquer natureza e não à prestação de serviços de qualquer natureza, como prescrevia o art. 71 do CTN e o art. 8º do Decreto-lei n. 406/68, regulando dispositivo constitucional concernente ao ISS encartado na Constituição Federal anterior. A mesma redação é mantida pela atual Lei Complementar n. 116/03 para designar o imposto inserido na competência impositiva municipal. Mas, como não poderia ser diferente, a Lei Complementar n. 116/03, que regula o imposto referido no art. 156, III, da Constituição Federal vigente, continua definindo o fato gerador como sendo a prestação de serviços constantes da lista. Todavia, Gabriel Lacerda Troianelli e Juliana Gueiros sustentam que: 'a Lei Complementar n. 116/03 estabeleceu urna nova modalidade de incidência sobre os serviços (e não uma nova incidência), que é o efetivo consumo do serviço. Até o advento dessa Lei Complementar, o ISS era um tributo incidente sobre a prestação dos serviços. (...) Nos termos da Lei, o ISS, que incidirá sobre o serviço, não será cobrado sobre a prestação do serviço, que de fato está fora da jurisdição brasileira de tributação, mas sobre o serviço consumido, tendo como contribuinte natural o respectivo contratante domiciliado no Brasil'. Sustentar que o imposto grava o serviço e não a sua prestação, para tentar justificar a tributação do tomador do serviço (consumidor do serviço) prestado no exterior, *data venia*, implica grave confusão entre objeto do ISS, que é o serviço, com o fato gerador do ISS, que é a prestação do serviço especificado na lista. Está expresso no art. 1º da Lei Complementar n. 116/03 que o ISS 'tem como fato gerador a prestação de serviços constantes da lista anexa'. E ao definir o fato

gerador desse imposto, a lei complementar atuou nos limites da competência outorgada pelo art. 146, III, a, da Constituição Federal" (HARADA, Kiyoshi. *ISS*: doutrina e prática. São Paulo: Atlas, 2008. p. 40-41).

– "A despeito das diversas classificações existentes em relação ao princípio da territorialidade tributária, a mais adequada referiria que o princípio deve servir como condutor do raciocínio que pressupõe a aplicação da legislação tributária entro dos limites geográficos de cada unidade federativa, o que afasta a aplicação da legislação de um ente tributante dentro dos limites geográficos de outro, de igual, superior ou inferior hierarquia, e também que coíbe a aplicação da legislação estrangeira em território nacional. Da mesma forma, segundo o princípio da territorialidade, somente em casos excepcionais a legislação brasileira se aplicará em território estrangeiro. Nesse diapasão, ainda que considerada a previsão contida no art. 6º, § 2º da Lei Complementar n. 116/20003, que prevê a tributação da Importação de Serviços, entendidos como constitucionais por parcela da doutrina que sustenta, entre outros argumentos, que este postulado estaria em consonância com o moderno princípio de tributação no país de destino, o posicionamento mais acetado seria o de que tal previsão é inconstitucional, pois embora considerado que a tributação segundo o princípio do destino possa representar um avanço, coerente com o postulado da tributação no local do consumo, por exemplo, esta vantagem não teria o condão de impor a modificação dos critérios material, pessoal e espacial integrantes da hipótese de incidência do Imposto sobre Serviços de Qualquer Natureza. A inconstitucionalidade da previsão da tributação dos serviços importados decorre da impossibilidade de sustentação da pretensão do município brasileiro de tributar prestadores de serviços que se situem no exterior, dada a falta de soberania destes entes tributantes em território estrangeiro, assim como da impossibilidade de modificação do aspecto material do imposto, caracterizado pela prestação de serviços e não pelo ato de tomar serviços, ou ainda pela inviabilidade de que seja atribuída a condição de sujeito passivo da tributação ao tomador destes serviços situado em território nacional, o qual em hipótese alguma adquire capacidade contributiva para responder por este ônus. É possível afirmar, ainda, que a previsão contida na Constituição Federal, no sentido de que seja possível a exoneração das exportações de serviços reforça o entendimento de que a competência para a cobrança do tributo ocorra no local onde caracterizada a prestação de serviços, pois, se assim não fosse, seria desnecessária ou redundante a previsão de não incidência do Imposto nas Exportações de serviços contida na Constituição Federal.

Nessa toada, a conclusão mais acertada seria a de que a correta demarcação do aspecto espacial da hipótese de incidência do Imposto sobre Serviços de Qualquer Natureza decorre da aplicação do princípio da territorialidade tributária, que delimita a área geográfica sob a qual determinado ente tributante tem força coercitiva, e, portanto, capacidade tributária ativa para a exigência do Imposto" (LAKS, Larissa. O princípio da territorialidade tributária e o debate acerca da incidência do Imposto Sobre Serviços de Qualquer Natureza nas importações de serviços. *Revista Tributária e de Finanças Públicas,* n. 129, ano 24, 2016. p. 138-139).

– "Dessarte, mesmo que a atividade tenha sido realizado fora do Brasil (total ou parcialmente), mas o usuário aqui se localiza e aqui aufere as vantagens dela decorrentes, o imposto municipal em referência é devido pelo tomador do serviço, avultando certo que, para tanto, a atividade deve constar da lista definidora dos serviços tributáveis (anexa à LC n. 116/03). É verdade que, em louvor à isonomia, a incidência do ISS sobre serviços importados visa a estabelecer simetria com os mesmos aqui prestados. Contudo, depara-se de duvidosa validez sobredito preceito da lei complementar, pois, o local da prestação é aspecto relevante do fato gerador do ISS, significando que a lei deve alcançar exclusivamente as prestações de serviços desenvolvidas dentro do respectivo território municipal, pena de acutilar-se o princípio da territorialidade. Corolário disso é que a sujeição passiva do ISS só pode recair sobre o prestador do serviço (LC n. 116/03, art. 5º) haja vista tratar-se de imposto que não incide sobre a utilização do serviço, mas sim sobre sua realização. Aí ressalta o critério da imposição do ISS na origem (de fonte constitucional), com o que não se compadece a incidência relativa a serviços oriundos do exterior, ou cuja prestação lá se tenha iniciado. Nessa razão, peca o art. 3º, I, da LC n. 116/2003, ao fixar que o ISS será devido no local 'do estabelecimento do tomador ou intermediário do serviço' (no caso de importação), isso sem contar a possível verificação de conflito de competência quando tomador e intermediário se situarem em Municípios distintos. Sublinhe-se, de outro prisma, que a incidência do ISS na importação carece do necessário supedâneo na Carta Maior, como lá se prevê para o ICMS (CF, art. 155, II e § 2º, IV, a) e para o imposto de renda, em razão do critério da universalidade (CF, art. 153, § 2º), sem falar no imposto de importação (por sua própria natureza)" (OLIVEIRA, José Jayme de Macêdo. *Impostos municipais:* ISS, ITBI e IPTU. 2. ed. São Paulo: Saraiva, 2011. p. 213-214).

– "Ao aceitar como válida a tributação do serviço proveniente do exterior do país, como preconizada no § 1º do art. 1º da Lei Complementar n.

116/03, estaríamos admitindo a violação do princípio da territorialidade das leis tributárias, uma vez que a legislação municipal brasileira poderia alcançar os fatos ocorridos em território estrangeiro. Um serviço de análise laboratorial, por exemplo, inteiramente executado no exterior, poderia ser tributado pelo município onde estiver domiciliado o seu tomador (§ 1º do art. 1º c.c. inciso I do art. 3º). Seria um caso típico de serviço procedente do exterior, à medida que ele foi totalmente executado no exterior, apenas, com comunicação do seu resultado ao tomador aqui domiciliado. Ora, a Carta Política não autorizou os municípios a tributarem serviços executados no exterior. O art. 156, III, da constituição Federal, que outorga o poder impositivo municipal, sequer fez a ressalva dos serviços iniciados no exterior como o fez em relação ao ICMS, conforme se verifica do art. 155, II. Daí por que o § 1º do art. 1º na parte que se refere ao serviço proveniente do exterior é inconstitucional" (HARADA, Kiyoshi. *ISS:* doutrina e prática. São Paulo: Atlas, 2008. p. 40-41).

– "Trata-se de regra que atribui extraterritorialidade à lei municipal, alcançando, inclusive, o serviço prestado integralmente no exterior. Tributa, em verdade, não só o serviço realizado parcialmente no exterior e parcialmente no País, mas também a importação de serviço por tomador domiciliado no País. (...) A regra em questão altera o critério territorial adotado constitucionalmente na partilha de competências tributárias... Pela leitura do texto constitucional, verifica-se que os Estados têm competência para exigir ICMS sobre aqueles serviços, ainda que as operações e as prestações se iniciem no exterior. Já com relação à competência dos Municípios para exigir o ISS, outorga a Constituição à lei complementar competência para excluir da incidência do ISS as exportações de serviços para o exterior (art. 156, § 3º, inciso II). Quer isso dizer que pode a lei complementar criar hipótese de não incidência, isto é, isenção, sobre serviços que, executados no âmbito de determinado Município, seja exportados para o exterior. Veja-se, portanto, que na hipótese constitucionalmente prevista, o serviço é integralmente realizado no território do Município. A regra constitucional supramencionada, não autoriza a determinação ora constante do § 1º do art. 1º da nova Lei Complementar, posto referir-se à incidência de ISS sobre importação de serviços, hipótese, a meu ver, não autorizada constitucionalmente" (ALVES, Anna Emilia Cordelli. ISS: aspectos relevantes decorrentes da análise do artigo 1º da Lei Complementar n. 116, de 31 de julho de 2003. *RDDT* 99, 2003).

4. Tratados internacionais e isenção do ISS. Em que pese o art. 151, III, CF, vedar as chamadas isenções heterônomas, a República Federativa do Brasil (Estado brasileiro) pode celebrar validamente tratados internacionais isentando o ISS (STF, RE 223.336 e 229.096).

4.1. GATS (Acordo Geral sobre o Comércio de Serviços). O *General Agreement on Trade in Services* estabelece normas para a liberalização e transparência do comércio internacional de serviços, incluindo transporte aéreo, serviços financeiros, transporte marítimo e telecomunicações, dentre outros.

– "... para se averiguar se a concessão de subsídios a serviços fere o princípio do tratamento nacional no GATS é necessária análise setorial com base nos compromissos firmados pelo Brasil em sua Lista de Concessões para a liberação de serviços, não sendo possível, portanto, com base em uma mera constatação da existência de determinado benefício fiscal aplicável à exportação de serviços, concluir que há ofensa às regras da OMC. Por outro lado, no tocante ao reconhecimento da aplicabilidade da regra constitucional de imunidade à CSLL, basta lembrar que esse tributo não incide sobre a importação de serviços, de tal forma que, à luz das considerações acima, não haveria qualquer ofensa ao princípio do tratamento nacional. (...) Os precedentes jurisprudenciais (Recursos Extraordinários ns. 564.413/SC, 474.132/SC e 566.259/RS) do STF acerca da aplicabilidade do artigo 149, § 2º, inciso I, da Constituição à CSLL não versam especificamente sobre exportação de serviços, porquanto as empresas envolvidas nesses casos são todas comerciais... (...) poderão ser suscitados os seguintes argumentos...: i) a exportação de serviços não é objeto das normas do ASMC, de tal forma que eventual caracterização de subsídio proibido não atingiria a imunidade da CSLL em relação ao lucro decorrente da exportação de serviços; ii) essa mesma regra de imunidade da CSLL não ofende a cláusula do tratamento nacional (artigo XVII do GATS), porquanto não acarreta qualquer espécie de discriminação ou vantagem às empresas nacionais exportadoras de serviços em detrimento das empresas estrangeiras exportadoras de serviços. Por todas essas ponderações, conclui-se que é perfeitamente viável o reconhecimento da imunidade da CSLL às empresas exportadoras de serviços, inexistindo qualquer impedimento para tanto nas regras da OMC" (BAPTISTA, Luiz Olavo; SILVEIRA, Rodrigo Maito da. A imunidade da CSLL sobre as receitas de exportação das empresas prestadoras de serviço à luz das normas do comércio internacional. *RDDT* 214/78, 2013).

4.2. ASMC (Acordo sobre Subsídios e Medidas Compensatórias). "Em termos práticos a caracterização de um subsídio é feita mediante a aplicação de um teste com duas etapas, tendo por base o artigo 1.1. do ASMC. Deve haver i) uma contribuição financeira por parte do governo, e (ii) um benefício deve ser auferido pelo setor privado em decorrência da contribuição governamental. Presentes esses dois requisitos, o subsídio será classificado em alguma das seguintes categorias, que levam em consideração a admissibilidade da sua adoção, em vista dos efeitos correspondentes sobre o comércio internacional: 1. proibidos (ou vermelhos): são subsídios vinculados ao desempenho das exportações, à vista de determinadas condições; subsídios vinculados ao uso de bens nacionais em detrimento de bens importados, observadas determinadas condições (v.., isenções ou diferimentos de impostos diretos em relação à produção para exportação); tais subsídios são calcados na presunção absoluta de que são específicos e que, portanto, causam dano (artigo 3º); 2. acionáveis (ou recorríveis ou amarelos): são aqueles que causam (i) dano ou prejuízo à indústria doméstica de outro país, (ii) anulação ou redução de vantagens oriundas das regras do Gatt a outro país, e (iii) grave dano aos interesses de outro membro (artigos 5º e 6º); no caso deste tipo de subsídios, há a transferência do ônus da prova relativamente à existência de dano; e 3. não acionáveis (ou verdes): aqueles que não são específicos ou aqueles que, sendo específicos, atendam determinadas condições previstas no artigo 8º, item 2 (v.g., subsídios vinculados a apoio de atividades de pesquisa, desenvolvimento de regiões desfavorecidas de um país-membro, entre outros), como também no artigo 6º, item 7. Para que um subsídio se enquadre na categoria de acionável ou proibido é imprescindível que seja considerado específico. (...) Nos termos do artigo 2º do ASMC, a existência de um subsídio passou a depender da constatação de que esse benefício aproveitaria a um setor específico ou a um grupo de indústrias específico. (...) Benefícios econômicos fornecidos pelo governo e que são disponíveis para qualquer um não podem, em princípio, ser considerados como subsídio, como o que ocorre, por exemplo, com as regras constitucionais de imunidade, por lhes faltar a especificidade. Os subsídios proibidos não estão sujeitos aos testes de especificidade e de dano, pois há uma presunção *juris tantum* de que são danosos e, por isso proibidos" (BAPTISTA, Luiz Olavo; SILVEIRA, Rodrigo Maito da. A imunidade da CSLL sobre as receitas de exportação das empresas prestadoras de serviço à luz das normas do comércio internacional. *RDDT* 214/78, 2013).

5. Amplitude da incidência do ISS na importação: serviço "proveniente do exterior do País" ou "cuja prestação se tenha iniciado no exterior do País". Nos termos do dispositivo art. 1º, § 1º, da LC n. 116/2003, nota-se que a importação sujeita ao ISS envolve tanto os serviços prestados exclusivamente no exterior, porém tomados aqui no País ("provenientes do exterior"); como também aqueles serviços que tiveram um início fora do País, mas que foram concluídos em território nacional ("cuja prestação se tenha iniciado no exterior do País"). Logo, para fins de incidência do ISS, é desnecessário que alguma etapa da prestação do serviço tenha ocorrido em território nacional, desde que sua utilização ou consumo ocorra no País. Entretanto, as expressões utilizadas – "serviço *proveniente* do exterior" e "prestação se tenha *iniciado* no exterior" – levam à conclusão de que o serviço precisa ter sido tomado aqui no País.

– "A regra mostra que o serviço não pode ser iniciado no Brasil, mas no exterior, sendo terminado em nosso país. São serviços iniciados no exterior e concluídos no Brasil. Exemplo pode ser a hipótese de uma empresa encomendar um projeto no exterior, que é realizado todo lá e depois implantado no Brasil. Outro exemplo pode ser de parte do projeto ser feito no exterior e a conclusão é feita no Brasil. Se o serviço já foi completado no exterior, não está sendo prestado no Brasil. A legislação municipal não pode alcançá-lo, diante da regra da territorialidade da lei brasileira, mesmo que haja importação de serviços. O exportador está no exterior, não podendo sujeitar-se à lei tributária brasileira. O legislador elegeu o destino para a incidência do ISS" (MARTINS, Sérgio Pinto. *Manual do Imposto sobre Serviços*. 8. ed. São Paulo: Atlas, 2010. p. 69).

– *Vide*: XAVIER, Alberto. A tributação da prestação internacional de serviços, em especial de serviços técnicos e de assistência técnica. *RDDT* 235/7, 2015.

– *Vide*: RONCAGLIA, Marcelo Marques. O ISS e a importação e exportação de serviços. *RDDT* 129/98, 2006.

– *Vide*: GRUND, Fabíola Fernandez; RIVERO, Juliana Burkhart. Tributação de valores remetidos ao exterior pela aquisição de *software* e por serviços de administração e suporte a estes relacionados. *RDDT* 119/19, 2005.

5.1. Domicílio do prestador no exterior; execução ou resultados no Brasil. O art. 1º, § 1º da Lei n. 10.865/2004, ao dispor sobre o PIS e a Cofins devidos pelo importador de serviços, adotou conceito mais bem elaborado, colocando como critério básico a prestação de serviço "por pessoa física ou pessoa jurídica residente ou domiciliada no exterior", exigindo, ainda, que sejam "executados no País" ou "cujo resultado se verifique no País".

5.2. Irrelevância do local de pagamento para fins de caracterização da importação do serviço. É fundamental separar "contrato de prestação de serviços" e suas "formas de extinção e adimplemento". O pagamento é, por excelência, o meio mais comum de adimplemento e extinção de qualquer obrigação, ao lado de outras formas previstas nos arts. 304 e seguintes do Código Civil Brasileiro. O ISS é um imposto que incide sobre a prestação do serviço, o que afasta a utilização do local do pagamento como critério hábil para de se definir o elemento material do ISS, notadamente na importação. O pagamento pode e costuma ser utilizado como um fator importante apenas no que tange à definição do responsável tributário do ISS (eleição da fonte pagadora como responsável tributário) ou do momento de sua ocorrência (regime de caixa ou de competência), mas não para fins de sua materialidade. No campo fático, o pagamento também pode servir como meio de prova da efetiva ocorrência do fato gerador.

5.3. "Serviço proveniente do exterior": importação depende de o serviço ser usado ou consumido no País. Essa primeira previsão consignada para a importação de serviço alcança aqueles serviços cujas etapas foram totalmente realizadas no exterior, mas seu uso ou consumo se deu em território nacional (serviço tomado no Brasil). Exemplos: a) serviço de consultoria prestado por um escritório estrangeiro em favor de uma empresa brasileira, relativamente a uma pesquisa de mercado brasileiro; b) serviços de engenharia e arquitetura prestados por empresa estrangeira referente a uma obra a ser executada em território nacional. De outro lado, não haverá a incidência do ISS, por ausência de uma importação, nas hipóteses de serviços prestados fora do País cujo uso ou consumo do serviço também se operou fora do País, de tal forma que se afasta qualquer utilização econômica dentro do território nacional. É o caso típico de um serviço de hotelaria prestado por um hotel estrangeiro (obviamente que no seu estabelecimento fora do território nacional): não haverá o ISS, pois o serviço foi prestado e tomado em território estrangeiro, ainda que o pagamento parta de um estabelecimento brasileiro. Idem com relação aos serviços de estacionamento prestados fora do País, na medida em que tanto a prestação como o seu uso e o consumo do serviço se dão, por imposição física e lógica, no estrangeiro.

5.4. Serviços que não admitem importação, por imposição física e lógica. Há alguns serviços listados no anexo da LC n. 116 que jamais poderão sofrer incidência do ISS a título de importação, pois são serviços que necessariamente são prestados e tomados completamente fora do País, ou seja, nunca se encaixarão nas hipóteses de "serviço proveniente do exterior" (prestado totalmente no exterior, mas usados e consumidos no País) ou "cuja prestação se tenha iniciado no exterior do País" (começo no exterior e finalizado no País). Exemplos: instalação de andaimes em obra localizada no estrangeiro (subitem 3.05); subempreitada em obra executada fora do País (subitem 7.02); serviço de limpeza num imóvel localizado em outro País (subitem 7.10); serviço de hotelaria relativamente a um estabelecimento hoteleiro localizado em outro País (9.01); serviço de hospital prestado num estabelecimento hospitalar estrangeiro (4.03). Ainda que a fonte pagadora seja uma pessoa física ou jurídica domiciliada ou estabelecida no Brasil, não haverá importação do serviço, pois o local do pagamento ou o domicílio ou residência da fonte pagadora não são aptos para configurar uma importação.

5.5. Serviço "cuja prestação se tenha iniciado no exterior do País". A segunda hipótese caracterizadora de uma importação de serviço envolve aqueles serviços desenvolvidos em mais de uma etapa ou fase, com execuções realizadas em parte no território nacional e também no estrangeiro. Literalmente, inclusive, o texto fala apenas em prestações "iniciadas" no exterior, o que pode ensejar pelo menos duas interpretações: a) iniciado no exterior, uma vez que o prestador é estrangeiro (ênfase no prestador), não interessando se as primeiras fases se deram em outro País; ou b) as primeiras etapas executadas ocorreram no exterior e o serviço foi apenas finalizado no País (foco nas *primeiras* fases da execução do serviço). Essa diferença, por mais sutil que se pareça, pode trazer reflexos distintos para fins de caracterização da importação de serviços no campo prático. Exemplo: serviço de arquitetura iniciado no Brasil, prestado por um escritório estrangeiro, através de reuniões, pesquisas de campo e análises gerais realizadas aqui no Brasil, com etapas seguintes (estudos, elaboração do projeto arquitetônico, reuniões) executadas no estrangeiro, e finalmente concluídos no Brasil. Uma vez que esse trabalho exemplificado não foi "iniciado no exterior", estaria descaracterizada a importação? Neste caso em testilha, a importação do serviço estaria configurada por ter sido "proveniente do exterior", já que algumas etapas foram por lá executadas? Por isso, essas particularidades podem reclamar esse nível específico de interpretação e aplicação. Todavia, valendo-se de uma interpretação *lógica*, como a LC n. 116 admite a incidência do ISS na importação de um serviço *totalmente* executado no exterior ("proveniente do exterior"), também deve ser admitida a cobrança do ISS na importação de um serviço iniciado no Brasil, com etapas posteriormente executadas no exterior e finalizado em território nacional.

6. Local de ocorrência do ISS-Importação. O art. 3º, I, da LC n. 116 insere a importação de serviço como uma das exceções à incidência do imposto municipal no estabelecimento prestador. Nos termos do referido dispositivo, o ISS será devido no local "do estabelecimento do tomador ou intermediário do serviço ou, na falta de estabelecimento, onde estiver domiciliado", na hipótese de importação de serviço. Essa medida se mostra como uma imposição lógica para a tributação, pois, caso contrário, o ISS seria devido fora dos limites territoriais brasileiros.

6.1. A necessária definição do local onde se verificou o uso ou consumo do serviço tomado: adoção do art. 3º, I, da LC n. 116. Como a incidência do imposto municipal pressupõe que o uso ou consumo do serviço por parte do tomador domiciliado ou residente no Brasil, mister se faz definir o local onde o serviço deve ser considerado como tomado. Incidirá o ISS sobre uma prestação de serviço desenvolvida por uma empresa estrangeira referente a um imóvel ou mercado localizado num outro País? Exemplo: uma empresa brasileira que contrata uma empresa de engenharia estrangeira para elaborar um projeto de obra a ser realizada no exterior. Outro exemplo: empresa brasileira contrata uma empresa estrangeira para desenvolver um *software* que será utilizado por sua filial localizada em outro País. A LC n. 116 não entrou nesse detalhamento para a importação do serviço, diferentemente do que fez para a exportação do serviço, ao estipular que "os serviços desenvolvidos no Brasil, cujo resultado aqui se verifique" não devem ser tratados como exportação de serviços (art. 2º, parágrafo único). Todavia, o art. 3º, I, determina de forma bastante genérica que o ISS será devido "no estabelecimento tomador ou intermediário do serviço ou, na falta de estabelecimento, onde ele estiver domiciliado", sem restringir ou exigir qualquer resultado verificado aqui no Brasil. Esse tratamento diferenciado entre "exportação" (exigência de um resultado aqui verificado) e "importação" (basta que o estabelecimento tomador esteja domiciliado ou residente no Brasil) não implica em qualquer inconstitucionalidade, tendo em vista que a Constituição não define o que seja importação ou exportação, outorgando certa flexibilidade para a lei complementar. Portanto, com respaldo no art. 3º, I, da LC n. 116, para configurar o uso ou consumo de um serviço importado, e a consequente incidência do ISS, basta que o tomador ou intermediário tenham domicílio ou residência no País, de tal forma que ocorrerá o fato gerador do ISS ainda que o serviço esteja vinculado a uma obra, mercado ou pessoa situada no estrangeiro. Nos dois exemplos acima, ainda que a obra venha a ser realizada no exterior, o tomador brasileiro vai utilizar o projeto para definir se fará, ou não, a construção ou, ainda, tomará o projeto (serviço) como base para a realização da obra. Ainda que indiretamente, o serviço será consumido e usado. Mesmo raciocínio deve ser seguido no tocante àquela exemplificada contratação de empresa estrangeira para desenvolver um *software* para sua filial localizada no exterior: ainda que indiretamente, esse tomador do serviço que contratou o serviço vai, sim, valer-se dele, ainda que indiretamente.

6.2. Local do estabelecimento do tomador ou intermediário do serviço ou, na falta de estabelecimento, onde estiver domiciliado o tomador ou o intermediário. Até mesmo por imposição técnica, nas importações de serviço, ao invés do ISS ser devido no "estabelecimento prestador" (ou seja, no exterior), o inciso I prevê que o imposto será devido no local "do estabelecimento do tomador ou intermediário do serviço ou, falta de estabelecimento, onde ele estiver domiciliado". Quatro são as possibilidades consignadas no dispositivo: *estabelecimento* do *tomador, estabelecimento* do *intermediário* do serviço ou, na falta de estabelecimento, no *domicílio* do *tomador* ou, finalmente, no *domicílio* do *intermediário*. A adoção do critério do "domicílio" do tomador ou do intermediário não traz qualquer confusão, pois terá aplicação apenas subsidiária: na falta de estabelecimento do tomador ou do intermediário, tributa-se o ISS no local do domicílio. Com relação a esse "intermediário" que pode aparecer nas importações de serviços, trata-se da figura da *trading company*, pessoa jurídica especializada em importações, que realizam as importações para terceiros (tomadores do serviço). Essa prática é mais comum nas importações de produtos, mas também podem ocorrer com serviços, nas chamadas importações indiretas ou "por conta e ordem de terceiros". Quando o serviço for importado por um intermediário, o ISS será devido no local do estabelecimento deste intermediário (*trading*) ou, na falta de estabelecimento, no domicílio do intermediário. Importante frisar que essa exceção do inciso I somente se aplicará nas hipóteses em que o ISS for devido no estabelecimento prestador (regra do *caput*); logo, se o serviço envolvido estiver contemplado nos outros incisos do art. 3º, o ISS será devido no local previsto especificamente para aquele serviço, e não no estabelecimento tomador ou do intermediário. Por exemplo, em caso de contratação de uma empresa estrangeira para a execução de serviço de organização de exposição (subitem 17.10), o ISS não será devido no local do estabelecimento do tomador, mas sim no local da exposição, conforme art. 3º, XXI, da LC n. 116. Outro exemplo: uma empresa de Foz do Iguaçu contrata uma empresa paraguaia para a cessão e instalação de andaimes de que serão montados numa obra em Cascavel. Nos termos do art. 3º, II, da LC n. 116, o ISS será devido em Cascavel (local da instalação dos andaimes), e não no estabelecimento do tomador do serviço importado.

7. Sujeição passiva do ISS-Importação. O art. 6º, § 2º I, da LC n. 116 já estabeleceu como responsável tributário "o tomador ou intermediário de serviço proveniente do exterior do País ou cuja prestação se tenha iniciado no exterior do País". Trata-se de uma previsão necessária para a própria viabilidade da cobrança do tributo, pois se o imposto ficasse sob a responsabilidade direta do contribuinte (prestador do serviço), o Município precisaria cobrar uma pessoa estabelecida em outro País.

8. Base de cálculo do ISS-Importação. "Dispõe a LC n. 116/2003 que a base de cálculo do imposto é o preço do serviço, sem delimitar o que estaria englobado neste preço, se a totalidade do pagamento ou apenas o valor recebido a título da prestação do serviço. (...) acreditamos ser indevido qualquer reajuste a título de assunção de ônus tributário, para inclusão do próprio ISS em sua base de cálculo. O mesmo se aplica quanto ao cálculo do tributo sobre qualquer outra base que não se refira exatamente à remuneração pelo serviço prestado, como é o caso do valor da remessa reajustado pelo IRRF. Portanto, tendo em vista a ausência de expressa previsão legal sobre o reajustamento da base de cálculo do ISS incidente sobre a importação de serviços, o valor passível de ser utilizado como base de cálculo é aquele correspondente ao preço do serviço prestado, sem os reajustes do IRRF" (VALENTIN NETO, Geraldo; FERRARI, Bruna Camargo. A importação de serviços e o reajustamento da base de cálculo do IRRF. *RDDT* 211/57, 2013).

9. Siscoserv (Sistema Integrado de Comércio Exterior de Serviços). "A Lei n. 12.546, de 14 de dezembro de 2011, instituiu a obrigação de prestar informações ao Sistema Integrado de Comércio Exterior de Serviços (Siscoserv). Com o advento dessa Lei, o importador e o exportador de serviços (residentes no Brasil) têm o dever de informar ao Ministério da Indústria e Comércio, as transações que consistem na aquisição de serviços, intangíveis e outras operações que produzam variações no patrimônio de pessoas físicas jurídicas ou dos entes despersonalizados. O dever de cumprir com a obrigação acessória em questão foi regulamentado pela IN SRF n. 1.277/2012 e alterações posteriores, sendo que a Secretaria de Comércio de Serviços, juntamente com a Secretaria da Receita Federal, vêm editando os Manuais do Siscoserv por meio de portarias conjuntas baixadas pelas duas instituições. Em 30 de dezembro de 2013 foi aprovada a 8ª versão do Manual do Siscoserv, que foi introduzida pela Portaria Conjunta RFB/SCS n. 1.895/2013" (TEIXEIRA, Alessandra M. Brandão; SOUZA, Bárbara Amaranto de. O Siscoserv e a tributação da importação dos serviços: confissão de dívida? *RDDT* 233/24, 2015).

– "... a Secretaria da Receita Federal do Brasil (RFB) e a Secretaria de Comércio e Serviços do Ministério do Desenvolvimento, Indústria e Comércio Exterior (SCS), com base na Instrução Normativa RFB n. 1.277, de 28 de junho de 2012, e na Portaria Mdic n. 113, de 17 de maio de 2012, instituíram o Sistema Integrado de Comércio Exterior de Serviços, Intangíveis e outras Operações que Produzam Variações no Patrimônio (Siscoserv), para registro das informações a que se refere o art. 25 da Lei n. 12.546, de 2011 – o que se deu mediante a edição da Portaria Conjunta FRB/SCS n. 1.908, de 19 de julho de 2012. O Siscoserv conta com dois Módulos: Venda e Aquisição. No Módulo Aquisição, que interessa ao nosso estudo, são registrados os serviços, intangíveis e outras operações que produzam variações no patrimônio, adquiridos por residentes ou domiciliados no Brasil de residentes ou domiciliados no exterior. Nesse módulo estão previstos o Registro de Aquisição de Serviços (RAS) e o Registro de Pagamento (RP). As orientações e procedimentos relativos a esse sistema constam nos Manuais Informatizados dos Módulos Venda e Aquisição do Siscoserv, cuja 11ª edição foi aprovada pela Portaria Conjunta RFB/SCS n. 768, de 13 de maio de 2016" (GOMES, Daniel Soares. Esclarecimentos sobre qual país de destino no transporte internacional deve ser registrado no Siscoserv – módulo aquisição. *Revista de Estudos Tributários* (RET), Porto Alegre: Síntese, n. 111, p. 238-241. 2016. p. 238-239).

9.1. Esclarecimentos sobre o Siscoserv e sua relevância na fiscalização do ISS sobre os serviços importados e exportados. "O Siscoserv surgiu a partir de uma necessidade do Governo brasileiro de aprimorar o monitoramento da chamada balança comercial de serviços (i.e., fluxo de dinheiro entre o Brasil e o exterior para pagamento e recebimento de bens e serviços). Até a implantação do Siscoserv, esse tipo de monitoramento por parte do Governo era possível apenas por meio dos bancos de dados vinculados ao Sistema de Informações Banco Central (Sisbacen) – que visa identificar operações e investimentos com moeda estrangeira – e, em alguns casos específicos, por meio do Sistema Integrado de Comércio Exterior (Siscomex) – que monitora as operações que envolvem importação e exportação de mercadorias. Ocorre que as informações contidas nestes bancos de dados são demasiadamente pobres para que se pudesse promover um levantamento estatístico minimamente confiável daquilo que o Brasil compra e venda de serviços além de suas fronteiras. O Governo brasileiro, por exemplo, não tinha condições de saber quanto o país importa em serviços jurídicos, quanto exporta em serviços de tecnologia de informação etc. sem conhecer os fluxos comerciais entre Brasil e exterior em detalhes, ficava impossível desenvolver políticas públicas de estímulo à exportação de serviços. Do mesmo modo, mas agora sob um invés de fiscalização cambial, o Governo brasileiro não dispunha de dados estatísticos confiáveis acerca do valor médio que as empresas brasileiras recém/pagam por determinados serviços vendidos/adquiridos do exterior, o que, em alguma medida, era uma porta aberta para a prática de crimes como lavagem de dinheiro e evasão de divisas. Identificado o problema, o Governo Federal lançou, em meados de 2008, a Política de Desenvolvimento Produtivo, que teve como uma de suas ações o desenvolvimento e estruturação do Siscoserv. Desde então, todos os estudos que culminaram no Siscoserv ficaram a cargo do Ministério do Desenvolvimento, Indústria e Comércio Exterior (MDIC) e da Secretaria da Receita Federal do Brasil (RFB), que são atualmente os gestores do sistema. Em dezembro de 2011, a Lei n. 12.546, em seus artigos 25 a 27, instituiu a obrigação legal de os residentes ou domiciliados no País (mais especificamente, as pessoas físicas, jurídicas e os entes despersonalizados) prestarem, para fins econômico-comerciais, informações relativas às transações realizadas com residentes ou domiciliados no exterior que compreendam serviços, intangíveis e outras operações que produzam variações no patrimônio. Essa prestação de informações não compreende as operações de compra e venda efetuadas exclusivamente com mercadorias, as quais permanecem sujeitas a registro apenas no Siscomex. A fim de organizar a base de dados estatística que seria gerada pelo Siscoserv de maneira manejável e confiável para os propósitos acima, o Governo brasileiro criou, com evidente inspiração na Nomenclatura Brasileira de Mercadorias (NBM), uma codificação que organiza e classifica os (i) serviços, (ii) intangíveis e (iii) outras operações que produzam variações no patrimônio sujeitos a registro no Siscoserv. Tal nomenclatura, criada pelo Decreto n. 7.708, de 02 de abril de 2012, foi denominada Nomenclatura Brasileira de Serviços, Intangíveis e outras Operações que Produzam Variações no Patrimônio (NBS). Vale destacar que a NBS foi elaborada com base na *Central Product Classification* (CPC 2.0), das Nações Unidas – classificador utilizado em todos os acordos comerciais firmados e em negociação pelo Brasil –, e nas diretrizes do Acordo Geral sobre Comercio de Serviços (GATS) da Organização Mundial do Comércio (OMC), aprovado pelo Decreto Legislativo n. 330, de 15 de dezembro de 1994, e promulgado pelo Decreto n. 1.355, de 30 de dezembro de 1994. Criada a obrigatoriedade de prestação das informações, assim como a nomenclatura que deveria ser adotada, forma vários os atos normativos infralegais editados pelo MDIC, pela RFB e em conjunto por ambos, para disciplinar e regulamentar de que maneira tais informações deveriam ser prestadas. Para auxiliar aqueles que deveria prestar as informações, foram também editados alguns manuais, que se encontram disponíveis para *download* na página eletrônica do MDIC. De fato, alguns avanços decorrentes da implantação do Siscoserv já podem ser percebidos. Como exemplo, a NBS foi utilizada na definição dos serviços elegíveis ao financiamento no âmbito do Programa de Financiamento às Exportações (PROEX) e na ampliação dos serviços elegíveis aos Adiantamentos de Contrato de Câmbio (ACC) e Adiantamento de Cambiais Entregues (ACE), que até então eram aplicados apenas como mecanismos de apoio às exportações de mercadorias. Além destas consequências, que, de alguma forma, já eram esperadas, a implantação do Siscoserv também despertou o interesse de órgãos da arrecadação tributária, especialmente dos Municípios, que passaram a ter a possibilidade de confrontar, com os dados declarados no Siscoserv, as informações apresentadas pelos contribuintes nas obrigações acessórias relacionadas com o ISS, conforme melhor se dirá a seguir" (NAVARRO, Carlos Eduardo de Arruda; PEREIRA, André Luiz dos Santos. Reflexões acerca do papel do Siscoserv na fiscalização do ISS. *In:* MACEDO, Alberto; CASTRO, Leonardo Freitas de Moraes e (coord.). *Tributação indireta empresarial*: indústria, comércio e serviços. São Paulo, Quartier Latin, 2016. p. 695-697).

9.2. Utilização do Siscoserv na fiscalização do ISS que envolva importação e exportação de serviços. "Não se pode olvidar o fato de que a criação do Siscoserv constitui uma importante base de dados para a criação e implementação de políticas públicas nos âmbitos federal, estadual e municipal, especialmente aquelas voltadas a estimular as exportações de serviços, intangíveis e outras operações que produzam variações no patrimônio de residentes e domiciliados no país. Por ser também uma obrigação tributária acessória federal, o Siscoserv pode ser utilizado como mecanismo de fiscalização e cruzamento de dados pela RFB. Em relação às demais autoridades tributárias (estaduais e municipais), a provável edição de um ato de cooperação com a RFB certamente lhes proporcionará o acesso a uma importante base de dados econômico-fiscais. Contudo, é fundamental que todos os entes tributantes, especialmente o municipal – por sua competência para instituir e cobrar o ISS –, façam uma leitura cautelosa dos dados disponíveis no Siscoserv, a fim de evitar erros na identificação do fato tributável e/ou na determinação da base de cálculo dos tributos sob sua competência. Tal como abordado, o critério utilizado para a classificação dos serviços, intangíveis e outras operações que produza variações no patrimônio não guarda correlação imediata com o critério utilizado pelo Poder Constituinte para conferir competência aos Municípios para instituir e cobrar o ISS, na esteira da Lei Complementar n. 116/2003 e do entendimento atual do STF. Nesse sentido, consideramos que as operações constantes dos itens 11 e 27 da NBS estão totalmente excluídas do campo de incidência do ISS. Não obstante, mesmo em relação aos códigos NBS 1 a 10, e 12 a 26, o mero registro de determinada transação no Siscoserv não poderá traduzir prova suficiente da ocorrência do fato gerador do ISS, seja para refletir a sua materialidade, seja até mesmo para quantificar a obrigação tributária. Eventuais autos de infração lavrados exclusivamente com base em informações coligidas por meio do Siscoserv padeceriam do mesmo vicio que inspirou a edição da Súmula n. 182, do extinto Tribunal Federal de Recursos, segundo a qual *'é ilegítimo o lançamento do imposto de renda arbitrado com base apenas em extratos ou depósitos bancários'*. Assim, nos parece não ser possível uma pura e simples 'adaptação' ou assimilação das informações constantes do Siscoserv pela fiscalização relativamente aos itens da Lista de Serviços constantes de sua legislação local" (NAVARRO, Carlos Eduardo de Arruda; PEREIRA, André Luiz dos Santos. Reflexões acerca do papel do Siscoserv na fiscalização do ISS. *In:* MACEDO, Alberto; CASTRO, Leonardo Freitas de Moraes e (coord.). *Tributação indireta empresarial*: indústria, comércio e serviços. São Paulo: Quartier Latin, 2016. p. 707).

9.3. Comentários a respeito do Siscoserv e seus reflexos na CIDE-tecnologia, que também são válidos para o ISS-importação, *mutatis mutandis*. "Os artigos 25 a 27 da Lei n. 12.546, de 14 de dezembro de 2011, instituiu a obrigação de prestar ao MDIC, para fins econômico-comerciais, informações relativas às transações entre residentes ou domiciliados no país e residentes ou domiciliados no exterior que compreendam serviços, intangíveis e outras operações que produzam variações no patrimônio das pessoas físicas, jurídicas ou dos entes despersonalizados, não compreendidas as operações de compra e venda efetuadas somente com mercadorias. Desta obrigação nasceu o Sistema Integrado de Comércio Exterior de Serviços, Intangíveis e Outras Operações que Produzam Variações no Patrimônio (Siscoserv). Podemos dizer que este sistema está para a área de serviços como o Siscomex está para o registro de mercadorias. Estão obrigados a prestar as informações nos registros do Siscoserv '(...) o residente ou domiciliado no País que mantenha relação contratual com residente ou domiciliado no exterior e que por este seja faturado (na aquisição) ou fature (na venda) pela prestação de serviço, transferência de intangível ou realização de outra operação que produza variação no patrimônio, ainda que ocorra a subcontratação de residente ou domiciliado no País ou no exterior'. Ao confrontarmos a prestação dessas informações com a hipótese de incidência da CIDE-Tecnologia, encontramos um denominador comum, o dever de recolher a ainda desconhecida contribuição de intervenção no domínio econômico. Digo 'ainda', porque a fiscalização e os lançamentos por auto de infração de CIDE-Tecnologia pela Receita Federal *(sic)* é menor em relação ao IRRF incidente na importação de serviço. Todavia, coo a base de informações é a mesma, tudo leva a crer que este número tende a se equiparar. Recentes discussões no Superior Tribunal de Justiça (STJ), envolvendo autuações de grandes empresas, sobre a incidência da contribuição em contrato para licença de uso de programa de computador celebrado entre empresa espanhola e sua sucursal no Brasil, mostram um novo direcionamento do órgão arrecadador. Nesse sentido, o contribuinte deve estar atento ao enquadramento no NIF e NBS e aos documentos fiscais para registro. A informalidade no setor de serviço pode levar a uma eventual irregularidade no recolhimento do tributo e ao desconhecimento dos prestadores de serviço. O Siscoserv ainda é desconhecido para boa parte dos prestadores de serviços, no que diz respeito: ao acesso a informações claras e precisas dos prestadores de fora do Brasil, ou tomadores, com as empresas domiciliadas no exterior; à definição da área responsável pelas informações prestadas e, por fim, à falta de informações e parametrizações adequadas no sistema integrado. Em suma, o Siscoserv é uma obrigação acessória. Não tem competência para criar tributos ou alterá-los, todavia, evidencia problemas em obrigações principais quando há contratação de serviço no exterior, dentre as quais, a obrigação de recolher CIDE-Tecnologia" (MARCHETTI, Cláudia. CIDE-tecnologia e Siscoserv: uma relação de *compliance*. *In:* MADRUGA, Edgar; SILVA, Fábio Almeida e; OLIVEIRA, Fábio Rodrigues de (coord.). *"Compliance" tributário*: práticas, riscos e atualidades. Santos: Realejo Edições, 2018. p. 74-75).

§ 2º Ressalvadas as exceções expressas na lista anexa, os serviços nela mencionados não ficam sujeitos ao Imposto Sobre Operações Relativas à Circulação de Mercadorias e Prestações de Serviços de Transporte Interestadual e Intermunicipal e de Comunicação – ICMS, ainda que sua prestação envolva fornecimento de mercadorias.

1. Operações mistas: prestação de serviços com fornecimento de mercadorias. Há possível conflito de competências entre os Estados e os Municípios, quanto à cobrança de ICMS ou de ISS, no que diz respeito às chamadas operações mistas, que envolvem tanto a circulação de mercadorias como a prestação de serviços. As operações verdadeiramente mistas apresentam duplo objeto negocial: um dar e um fazer, ambos com certa autonomia. Eram conceituadas pelo art. 71, § 2º, do CTN como aquelas em que havia prestação de serviços "acompanhados do fornecimento de mercadorias", sendo que estabelecia critério para tributação proporcional. O conceito ainda é válido, mas aquele artigo foi revogado porque hoje o que temos é uma sistemática diversa de tributação, em que incide o ICMS ou o ISS sobre o todo, um ou outro.

– "A operação mista pressupõe duplo objeto negocial, visando a prestações diversas embora conexas e complementares uma da outra, envolvendo tanto a prestação de serviços como a circulação de mercadorias. Alcança, portanto, o contrato que tenha por objeto um dar e um fazer, mas não aquele em que alguém se compromete a fazer para dar, em que o fazer constitui apenas meio para a produção e colocação do bem à disposição do comprador" do voto do Min. Joaquim Barbosa, na ADI 4.389, em 2011.

– "Na qualidade de prestador de serviço de caráter misto, o contribuinte estava sujeito aos dois impostos (ICM e ISS) duas escriturações fiscais; duas fiscalizações; e duas técnicas de recolhimento de imposto. A aplicação de ambos os conceitos originou muitos atritos, alguns práticos e outros decorrentes de inexistência de condições para atender ao legislador. Escalonado o recolhimento do ICM de 10 em 10 dias e o do ISS em períodos quinzenais e até semestrais, o sentido da expressão 'renda média mensal' tornava-se de difícil aceitação. A doutrina, desde logo, colocou-se contra a ideia de um 'serviço de caráter misto', onde uma única operação recebe duas tributações diferentes. José Washington Coelho escreve a propósito: 'o critério não nos parece feliz, especialmente pela complexidade que o onera. O contribuinte precisa aparelhar-se para desatar as notórias dificuldades que resultam da aplicação simultânea, em escalas variáveis, de duas legislações sobre operação única.' Manoel Lourenço dos Santos, também salientou os inconvenientes desse conceito legal de serviço de caráter misto: 'É muito difícil, em todos os casos, verificar-se, num determinado período, se o valor das mercadorias fornecidas ultrapassa, ou não, a percentagem dos 25% (vinte e cinco por cento), estabelecida pela lei, como divisor dos dois campos de imposição — o do ICM e o do imposto de serviços, havendo a possibilidade de fraude por parte do contribuinte que deseje fugir à taxação do ICM, e de arbítrio do fisco, para não deixá-lo escapar dessa taxação. Além disso, esse campo comum de imposições apresenta outros inconvenientes: a) obrigada o contribuinte a uma dupla escrita, senão à contabilidade de custos; b) dificuldade de determinação dos componentes da receita – mercadorias e serviços – que podem variar nos diversos períodos de incidência, não havendo, ademais, prazos coincidentes de recolhimento dos dois impostos – o ICM, estadual, e o imposto de serviços, municipal. Vale notar que em alguns Estados certas atividades mistas são disputadas, com exclusividade, respectivamente, pela tributação estadual e municipal, havendo dupla incidência de impostos sobre uma mesma base econômica.' Ninguém, a não ser os criadores, via com otimismo este conceito legal de serviço de caráter misto. Muitos especialistas propugnavam, como mais racional e prático, pelo regime da tributação única, exclusiva, por um dos dois impostos (ICM ou ISS). Rubens Gomes de Sousa, relator da Comissão de Reforma Tributária, chegou a confessar que a figura das 'operações mistas' foi admitida 'erroneamente'" (MORAES, Bernardo Ribeiro de. *Doutrina e prática do Imposto sobre Serviços.* São Paulo: Revista dos Tribunais, 1975. p. 423-424).

1.1. "Fazer para dar" não caracteriza operação mista. Não são operações mistas aquelas cujo objeto seja um fazer para dar, em que o fazer constitui apenas meio para a produção e colocação do bem à disposição do comprador, incidindo sempre o ICMS. É o caso, e.g., da industrialização por encomenda, em que incidirá, aliás, tanto o IPI como o ICMS, mas não o ISS, tendo em conta que o fazer é meio.

– "Ainda que a lógica do sistema seja relativamente clara e de fácil compreensão, a aplicação dos critérios referidos só levará a uma solução em conformidade com a Constituição quando sejam bem distinguidas as operações mistas daquelas em que a prestação de serviços seja apenas uma das etapas do processo produtivo, sem predominância ou equivalência que justifique atrair a incidência do ISS em detrimento da incidência dos demais impostos passíveis de incidir na espécie" (excerto do voto da Min. Ellen Gracie na ADI 4.389).

– A matéria seria discutida pelo STF na ADI 4.413, mas, em face da alteração do item 13.05 da lista anexa à LC n. 116/2003, pela LC n. 157/2016, restou ela considerada prejudicada. A nova redação explicitou exceção à incidência do ISS, determinando a sujeição ao ICMS.

1.2. Industrialização sob encomenda. A 2ª T. do STJ, no AgInt no AREsp 1121490, 2018, considerou que a industrialização sob encomenda não enseja incidência do ISS, porquanto o fazer é, no caso, atividade acessória.

2. Operações mistas e seus efeitos jurídico-tributários em face do ISS e do ICMS. Nessas operações mistas, há três alternativas possíveis: a) incidência exclusiva do ICMS. Ex.: fornecimento de alimentação e bebidas em bares, restaurantes e estabelecimentos similares (art. 2º, I, LC n. 87/96). Muito embora haja nesta atividade, a prática de serviços de preparação e atendimento, o legislador complementar prestigiou a operação relativa à circulação de mercadoria (atividade-fim) em detrimento dos serviços ali empregados, considerando-os como insumos ou atividade-meio da operação mercantil sujeita ao ICMS; b) incidência exclusiva do ISS. Exemplo: serviço hospitalar (subitem 4.03). Na prestação de serviços hospitalares, ainda que acompanhada da administração de medicamentos e materiais hospitalares ou, ainda, de fornecimento de refeições, a LC n. 116 previu a incidência total e exclusiva do ISS, de tal forma que esses bens utilizados devem ser tratados como insumos, compondo a base de cálculo do ISS ("preço do serviço"); c) rateio da incidência entre ICMS e ISS. Uma terceira opção por vezes adotada pelo legislador complementar foi a de dividir a atividade entre circulação de mercadoria (ICMS) e a prestação de serviço (ISS). Vale dizer que essa postura não implica em uma exceção em prol da bitributação, mas sim o oposto disso, pois visa exatamente evitar que o fato se submeta concomitantemente aos dois impostos. Exemplo: serviços de conserto de veículos com revendas de peças (subitem 14.01). As peças e partes empregadas devem ser consideradas como operações mercantis sujeitas ao ICMS, ao passo que o conserto ("mão de obra") dará nascimento ao fato gerador do ISS.

2.1. O ISS e o ICMS são impostos necessariamente excludentes: impossibilidade de bitributação. Um mesmo fato gerador não pode sofrer simultânea tributação pelo ISS e ICMS. Todavia, na prática, algumas atividades acabam ensejando um conflito (aparente) de competências entre Estados e Municípios, por questões fáticas ou jurídicas. Por vezes, a discussão envolve matéria de fato, carecendo uma análise concreta dos fatos para verificar a real natureza do contrato ou da atividade. Exemplo: investigação se o programa de computador é personalizado (ISS) ou padronizado (ICMS). De outro lado, há atividades que geram polêmicas sobre sua natureza jurídica de prestação de serviço "de qualquer natureza" (ISS), serviço de comunicação, revenda de mercadoria ou industrialização de produto (ICMS), tais como recauchutagens de pneus, manipulações de fórmulas, *outdoors*, *streamings* etc. O campo se torna ainda mais fértil para conflitos nas chamadas atividades ou operações mistas, que envolvem simultaneamente serviços e bens (mercadorias, produtos).

2.1.1. ISS ou ICMS sobre o todo. O art. 155, § 2º, IX, *b*, da Constituição trata especificamente das operações mistas, estabelecendo que o ICMS incidirá sobre o valor total da operação, quando mercadorias forem fornecidas com serviços não compreendidos na competência tributária dos Municípios. Associando-se tal regra com a do art. 156, III, que diz que os Municípios tem competência para instituir impostos sobre serviços de qualquer natureza, definidos em lei complementar, chegamos à conclusão de que as operações mistas em que o serviço envolvido não está arrolado no anexo da LC n. 116/2003 sujeita-se ao ICMS, mas, quando estiver arrolado, sujeita-se ao ISS. Desse modo, aliás, é que a questão se encontra disciplinada na LC n. 87/96, que dispõe sobre o ICMS, e na LC n. 116/2003, que dispõe sobre o ISS. O art. 2º, IV, da LC n. 87/96 determina que o ICMS incida sobre o fornecimento de mercadorias com prestação de serviços não compreendidos na competência tributária dos Municípios. O art. 1º, *caput* e § 2º, da LC n. 116/2003 estabelece que o ISS tem como fato gerador a prestação de serviços constantes da sua lista anexa e que os serviços nela mencionados não ficam sujeitos ao ICMS, ainda que sua prestação envolva fornecimento de mercadorias. Mas, para que tal possa ocorrer, é indispensável que a prestação de serviços seja o cerne da contratação, tendo caráter nuclear ou predominante.

– "2. Na presente hipótese, a execução de serviços de manutenção de elevadores, prevista no item 14.01 da Lista Anexa à LC n. 116/2003, encontra previsão expressa de incidência do ICMS sobre os materiais empregados no desempenho da atividade" (STJ, 2ª T., AgRg no AREsp 731.694/MG, 2015).

– "1. Segundo decorre do sistema normativo específico (art. 155, II, § 2º, IX, *b*, e 156, III da CF, art. 2º, IV, da LC n. 87/96 e art. 1º, § 2º, da LC n. 116/03), a delimitação dos campos de competência tributária entre Estados e Municípios, relativamente à incidência de ICMS e de ISSQN, está submetida aos seguintes critérios: (a) sobre operações de circulação de mercadoria e sobre serviços de transporte interestadual e internacional e de comunicações incide ICMS; (b) sobre operações de prestação de serviços compreendidos na lista de que trata a LC n. 116/03 (que sucedeu ao DL 406/68), incide ISSQN; e (c) sobre operações mistas, assim entendidas as que agregam mercadorias e serviços, incide o ISSQN sempre que o serviço agregado estiver compreendido na lista de que trata a LC n. 116/03 e incide ICMS sempre que o serviço agregado não estiver previsto na referida lista" (STJ, 1ª S., REsp 1092206/SP, 2009).

2.1.2. Súmula 163 do STJ. "O fornecimento de mercadorias com a simultânea prestação de serviços em bares, restaurantes e estabelecimentos similares constitui fato gerador do ICMS a incidir sobre o valor total da operação".

2.1.3. Súmula 167 do STJ. "O fornecimento de concreto, por empreitada, para construção civil, preparado no trajeto até a obra em betoneiras acopladas a caminhões, é prestação de serviço, sujeitando-se apenas à incidência do ISS".

2.1.4. As ressalvas da lista anexa à LC n. 116/2003 para incidência, em separado, do ICMS e do ISS, sobre seus respectivos objetos. O ICMS e o ISS, como regra, são excludentes um do outro:, "ou a situação enseja a instituição de ICMS ou de ISS" (voto da Min. Ellen Gracie na ADI 4.389). Importa observar, entretanto, que a lista de serviços anexa à LC n. 116/2003 faz algumas ressalvas. No seu item 14.01, ao submeter ao ISS aos serviços de "Lubrificação, limpeza, lustração, revisão, carga e recarga, conserto, restauração, blindagem, manutenção e conservação de máquinas, veículos, aparelhos, equipamentos, motores, elevadores ou de qualquer objeto", abre um parêntesis: "(exceto peças e partes empregadas, que ficam sujeitas ao ICMS)". Isso também ocorre com outros poucos itens, como o 7.02, relativo aos serviços de construção civil realizados mediante empreitada ou subempreitada, sendo ressalvada a incidência do ICMS sobre o fornecimento de mercadorias produzidas fora do local da prestação dos serviços. Nesses casos expressamente excepcionados na lista anexa à LC n. 116/2003, portanto, serão especificados os valores do serviço e das mercadorias fornecidas, porquanto incidirá o ISS sobre aquele e o ICMS sobre esse.

– "Na prestação de serviços de qualquer natureza sujeita à incidência do ISS (LC n. 116, de 31-7-2003, e LC n. 157, de 19-12-2016), excepcionalmente, incidirá o ICMS se a respectiva lista de serviços fizer ressalva específica relativamente aos materiais empregados na atividade" (PAULSEN, Leandro; MELO, José Eduardo Soares de. *Impostos federais, estaduais e municipais*. 8. ed. Porto Alegre: Livraria do Advogado, 2013. p. 233).

2.1.5. Rateio entre ICMS e ISS no caso em que o contribuinte do Simples Nacional exerça atividades incluídas no campo de incidência do ICMS e ISS e seja apurada omissão de receita de que não se consiga identificar a origem. O art. 39, § 2º, da LC n. 123/2006 determina que, em tal hipótese, "a autuação será feita utilizando a maior alíquota prevista nesta Lei Complementar, e a parcela autuada que não seja correspondente aos tributos e contribuições federais será rateada entre Estados e Municípios ou Distrito Federal". Trata-se de uma presunção relativa que inverte o ônus da prova para o contribuinte autuado. O § 3º ainda prescreve que, na hipótese dessa divisão salomônica entre ICMS e ISS, o julgamento do processo administrativo fiscal caberá ao Estado ou Distrito Federal. Muito embora o art. 39, § 2º, da LC n. 123 trate especificamente sobre a cobrança do ISS e do ICMS no âmbito do Simples Nacional, esta presunção também poderá ser adotada por analogia (art. 108, I, CTN) pelos Estados e Municípios mesmo fora desse regime de tributação favorecida para ME e EPP, caso não haja lei estadual ou municipal em sentido contrário. Ademais, por se tratar de uma disposição contida em lei complementar, atende a exigência do art. 146, I, CF.

3. Preponderância do serviço sobre a circulação de mercadoria nas operações mistas. O art. 155, § 2º, IX, *b*, da CF condiciona a incidência do ICMS "sobre o valor total da operação, quando mercadorias forem fornecidas com serviços não compreendidos na competência tributária dos Municípios". Logo, se as mercadorias (*rectius*: os bens) forem fornecidas com serviços catalogados na lista anexa à LC n. 116, deverá prevalecer o ISS. A regra, portanto, é da preponderância dos serviços sobre os materiais fornecidos para a sua execução, de tal forma que a prestação do serviço atrai para o campo de incidência do ISS todo o valor da operação, incluindo os materiais utilizados, que acabam assumindo uma feição de insumo da prestação de serviços. Os incisos IV e V da LC n. 87/96 também condicionam a incidência do ICMS sobre "IV – fornecimento de mercadorias com prestação de serviços não compreendidos na competência tributária dos Municípios; V – fornecimento de mercadorias com prestação de serviços sujeito ao imposto sobre serviços, de competência dos Municípios, quando a lei complementar aplicável expressamente o sujeitar à incidência do imposto estadual". Enquanto o inciso IV traz uma redação *a contrario sensu* do art. 155, § 2º, *b*, da CF, o incisivo V estipula que a lei complementar do ISS também pode trazer "exceções" em prol do ICMS. Tais dispositivos da LC n. 87 reforçam que as operações mistas são, em regra, deslocadas para o campo de atração do ISS, exceto se o serviço não estiver definido na lista ou se a lei complementar do ISS expressamente prever a incidência do ICMS. É dentro de todo esse contexto que o § 2º do art. 1º da LC n. 116 deve ser interpretado: ainda que a prestação de serviço envolva fornecimento de mercadorias, ou melhor, de bens, incidirá o ISS sobre o valor total da operação, exceto se houver previsão em sentido contrário que rateie a tributação entre ISS e ICMS.

3.1. Inexistência de um critério de preponderância baseado no valor dos materiais ou da mão de obra. A definição entre ICMS e ISS não se dá sob o critério da preponderância financeira dos materiais ou da mão de obra. Logo, ainda que os materiais utilizados na prestação de serviço supere o valor da mão de obra, o imposto devido será o ISS, caso o serviço esteja previsto na lista e não haja qualquer ressalva neste sentido. Exemplo: incidirá o ISS sobre serviços de composição gráfica para usuário final, ainda que os custos com materiais excedam o valor da mão de obra. De outro lado, incidirá o ICMS sobre o fornecimento de alimentação, ainda que o custo com a mão de obra supere o valor dos bens utilizados na preparação.

4. Operação mista de prestação de serviços e locação de bem móvel. Operações vistas desse tipo ocorrem, muitas vezes, na contratação de sonorização de eventos, em que o contratado se responsabiliza por levar o equipamento necessário e selecionar as músicas, e na contratação de guindastes com seu respetivo operador. E há inúmeros outros casos. Quando houver locação com prestação de serviços, sem que esteja especificado o valor correspondente a cada qual, importará determinar o que é predominante na operação, se a locação ou a prestação de serviços.

– "ISS. Natureza da atividade...1. O Tribunal de origem consignou que prevalece, no caso, o serviço de guarda e proteção de veículos de terceiros, não constituindo a atividade da recorrente mera locação, razão pela qual estaria sujeita à incidência do ISS. 2. Para ultrapassar o entendimento do Tribunal *a quo* e acolher a alegação da recorrente, seria imprescindível o revolvimento do conjunto fático-probatório constante dos autos, bem como da legislação ordinária e das cláusulas contratuais" (STF, 1ª T., ARE 745279 AgR, 2014).

– "A Súmula Vinculante 31, que assenta a inconstitucionalidade da incidência do Imposto sobre Serviços de Qualquer Natureza – ISS nas operações de locação de bens móveis, somente pode ser aplicada em relações contratuais complexas se a locação de bens móveis estiver claramente segmentada da prestação de serviços, seja no que diz com o seu objeto, seja no que concerne ao valor específico da contrapartida financeira. Hipótese em que contratada a locação de maquinário e equipamentos conjuntamente com a disponibilização de mão de obra especializada para operá-los, sem haver, contudo, previsão de remuneração específica da mão de obra disponibilizada à contratante. Baralhadas as atividades de locação de bens e de prestação de serviços, não há como acolher a presente reclamação constitucional" (STF, Pleno, Rcl 14290 AgR, maio 2014).

4.1. Prestação de serviços mediante o uso de ferramentas, máquinas ou equipamentos em geral. Na contratação de serviços, pressupõe-se, via de regra, que o prestador disponha das ferramentas necessárias à realização do trabalho, o que não transforma o negócio em uma operação mista. Há hipóteses, todavia, em que o custo do uso do bem pode ser estimado como sendo superior ao do próprio trabalho envolvido. Nesses casos, a contratação não se faz com foco predominante na habilidade do prestador, na sua perícia em fazer, mas na máquina ou equipamento de que dispõe. Podemos entender, por isso, que haja uma operação mista envolvendo prestação de serviços e locação de bem móvel, como, aliás, muitas vezes é documentado pelas partes desses negócios. Todavia, na ausência de disposição específica a respeito, cabe aplicar sim a analogia para entender-se que, se o serviço consta da lista anexa à LC n. 116/2003 como serviço tributável a título de ISS, incidirá esse imposto sobre o valor total da operação, exceto se ficar caracterizada a autonomia e independência de cada negócio jurídico contratado.

– "... a par dos serviços chamados 'puros', ultimados sem o auxílio de qualquer instrumento, há os serviços cuja execução requer o manuseio de ferramentas, máquinas e aparelhos diversos; a maioria dos esforços humanos, dizemos sem medo de errar, cataloga-se certamente nesta segunda categoria. Pois os serviços executados com equipamentos configura uma realidade incindível: não é possível dissociar o esforço humano propriamente do equipamento que o viabiliza e dá suporte. O valor do 'fazer', aí, absorve, inclui o valor pertinente ao uso do equipamento que lhe é inerente. (...) Da mesma forma que serviços com emprego de materiais não são cindíveis em (i) serviço puro e (ii) fornecimento de mercadoria, serviços com emprego de equipamentos não são cindíveis em (i) serviço puro e (ii) locação de bem móvel. (...) imaginemos o prestador de serviço de sonorização que impute parte do preço a título de locação dos equipamentos (mesa de som, autofalantes etc.); ou, ainda, o clássico caso da locadora de guindastes que fornece esse equipamento juntamente com o profissional que irá operá-lo na obra de terceiro. Ao nosso ver, o controle do equipamento locado por um preposto da própria locadora faz toda a diferença, transmuda inexoravelmente a realidade que temos diante dos olhos. O que era 'dar coisa móvel' torna-se 'fazer com coisa móvel'" (ANDRADE, Paulo Roberto. ISS e a locação de bens móveis conjugada com serviços: a necessidade de correta qualificação jurídica dos fatos. *RDDT* 226/125, 2014).

---

§ 3º O imposto de que trata esta Lei Complementar incide ainda sobre os serviços prestados mediante a utilização de bens e serviços públicos explorados economicamente mediante autorização, permissão ou concessão, com o pagamento de tarifa, preço ou pedágio pelo usuário final do serviço.

---

1. Imunidade dos serviços públicos prestados diretamente pelo poder público (entes políticos e suas autarquias e, por extensão, empresas públicas e sociedades de economia mista). A imunidade tributária recíproca prevista no art. 150, IV, *a* e § 2º, da CF, impede a instituição de impostos sobre "patrimônio, renda ou serviços" dos entes políticos e suas autarquias. O STF estendeu essa imunidade às empresas públicas e sociedades de economia mista quando atuam como *longa manus* do ente político na prestação de serviços públicos típicos. Atribui, assim, caráter objetivo à imunidade, colocando seu foco, seu fundamento e seu objetivo no serviço público típico que, assim, fica preservado de ser onerado por impostos.

1.1. Imunidade de empresa pública ou sociedade de economia mista prestadora de serviço público. Em regra, a imunidade recíproca não alberga as empresas públicas e as sociedades de economia mista, nos termos do art. 173, § 2º, da CF, segundo o qual "as empresas públicas e as sociedades de economia mista não poderão gozar de privilégios fiscais não extensivos às do setor privado". Todavia, tem-se estendido a imunidade tributária, inclusive do ISS, para as empresas públicas e sociedades de economia mista quando prestadoras de serviços públicos típico em regime de monopólio, sem concorrência com o setor privado. No RE 601.392, o Plenário do STF decidiu pela imunidade da ECT em relação ao ISS mesmo nas atividades que não tenham características de serviços postais, como aqueles relacionados a cobranças (subitem 15.10) e de intermediações (subitem 10.05). Neste julgamento, o STF manteve a imunidade da ECT, ainda que tais serviços sejam desempenhados em concorrência com a iniciativa privada.

1.2. Exame crítico do RE 604.392, que versou sobre a imunidade recíproca da ECT ("Correios") mesmo sobre os serviços que não constituem serviço postal. "Parece-nos que o subsídio cruzado não constitui justificativa juridicamente relevante para se ter por aplicável a imunidade recíproca em contextos de livre concorrência. Pensamos assim pelo simples motivo de que o subsídio ou o financiamento cruzado pode conviver perfeitamente com a tributação isonômica entre os Correios e as empresas privadas do setor. Num contexto fático em que as empresas privadas e os Correios são tributados isonomicamente quanto à prestação de serviços de, por exemplo, entre rápida de encomendas e distribuição de revistas e periódicos, o lucro pós-tributários das empresas privadas será distribuído aos sócios ou reinvestido na atividades empresariais, e o resultado pós-tributário dos Correios – segundo a lógica do subsidio cruzado – será destinado a cobrir o déficit financeiro em que os Correios incorrem por ocasião da prestação dos típicos serviços postais à população de baixa renda. Vale dizer: não há qualquer necessidade de haver imunidade tributária para viabilizar o tal subsídio cruzado. Em outros termos: se as empresas privadas conseguem praticar preços que. Após a dedução de todos os tributos, geram lucros a ser distribuídos aos sócios, os Correios também hão de conseguir taxas de lucro pós-tributário com que abastecer suas atividades deficitárias. Aplicando o intuitivo raciocínio do teste de proporcionalidade, não há razão ou justificativa para restringir o princípio de livre iniciativa e livre concorrência se isso não se revela absolutamente necessário para se viabilizar o atendimento aos direitos fundamentais (de comunicação e integração social) que o subsidio cruzado estaria a prestigiar" (GODOI, Marciano Seabra de. *Crítica à jurisprudência atual do STF em matéria tributária*. São Paulo: Dialética, 2011. p. 58).

1.3. Afastamento da imunidade recíproca da ECT através de uma reinterpretação baseada na mutação constitucional. "O regime jurídico ao qual se submetem os Correios foi desenhado através de sucessivas decisões do STF ao longo da existência da empresa. Os marcos legais que contornam suas atividades, posto que já muito antigos, sofreram questionamentos que foram dirimidos pela Suprema Corte ao fim de afirmar sua compatibilidade e a forma de aplicação na ordem constitucional inaugurada em 1988. O certo é que, nascido antes da atual ordem jurídica, o privilégio do desempenho do serviço postal conferido à União há de ser questionado sobretudo quanto a sua atualidade e sua consonância com todos os princípios e valores defendidos pela Constituição e com a concepção de

Estado que se busca atingir. As mudanças que aqui se propõe, seja no questionamento do privilégio do art. 21, X, CF, seja na possibilidade de tributação de suas atividades concorrenciais, podem ser promovidas pelo STF através do poder de afirmar balizas da atividade dos Correios que, consoante o exposto, sempre foi feito pela Corte. Todas as diretrizes que foram propostas seriam apenas mais uma manifestação do STF, que adequaria a prestação do serviço postal ao cenário jurídico e econômico atual, como sempre fez em relação à ECT. A superação do entendimento ora discutido poderá ser feita, inclusive, através da reinterpretação, através da mutação constitucional, do referido artigo, de modo a adequá-lo ao modelo de sociedade que a ordem constitucional de 1988 pretendeu construir. O questionamento acerca do privilégio postal encontra suporte sobretudo em um ambiente democrático e libertário que se apresenta após o advento da CF de 1988 e das reformas administrativas do final dos anos 90 e início dos anos 2000 sofridas pelo Brasil. Com a mudança de entendimento do STF, abre-se a possibilidade da tributação de atividades prestadas pelos Correios, sobretudo daquelas que podem ser individualmente consideradas em relação à empresa, como é o caso das tributáveis por ISS, Assim, considerando que as balizas fáticas já se encontram presentes (haja vista que a própria ECT já pratica fatos geradores tributáveis por aquele imposto) a tributação aqui defendida apenas esbarra na ocorrência do fato gerador e impede a tributação em virtude da imunidade que o STF ainda garante à ECT. Por fim, acredita-se que o tratamento aqui proposto possa contribuir para que a ECT seja compreendida, naquilo que concorre com particulares, como se um deles não gozasse de privilégios tributários injustificadamente extensíveis, o que se mostra indesejado à construção de um cenário econômico democrático" (ROSENBLATT, Paulo; VALADARES, Victor David de Azevedo. A imunidade recíproca dos Correios e a necessidade de superação da jurisprudência do Supremo Tribunal Federal. *Revista Tributária e de Finanças Públicas* n. 130, ano 24, 2016. p. 127).

2. Incidência do ISS sobre serviços prestados mediante a utilização de bens públicos. O dispositivo ratifica que o imposto municipal "incide ainda" sobre os serviços prestados mediante a utilização de bens públicos, afastando a aplicação da imunidade tributária, em que pese o serviço envolver um bem público. Exemplos de serviços desta natureza elencados na lista: locação, sublocação, arrendamento, direito de passagem ou permissão de uso, compartilhado ou não, de ferrovia, rodovia, postes, cabos, dutos e condutos de qualquer natureza (subitem 3.05); serviços portuários, aeroportuários, ferroportuários, de terminais rodoviários, ferroviários e metroviários (item 20); serviços de exploração de rodovia (item 22). Também entram nessa regra de incidência aqueles serviços desempenhados por particulares em imóveis públicos, tais como os hospitais (subitem 4.03), *shows* (12.07) ou serviços funerários (25.04).

3. Incidência do ISS sobre serviços públicos explorados economicamente mediante autorização, permissão ou concessão, com o pagamento de tarifa, preço ou pedágio pelo usuário final do serviço. O § 3º do art. 150 da CF é expresso no sentido de que a imunidade recíproca não se aplica às atividades econômicas regidas pelas normas aplicáveis a empreendimentos privados nem a aquelas em que haja contraprestação ou pagamento de preços ou tarifas pelo usuário. Nessa medida, é possível a incidência de ISS mesmo sobre a prestação de serviços públicos, desde que nessas condições. E é o caso, justamente, dos serviços públicos referidos nesse art. 1º, § 3º, da LC n. 116/2003, explorados economicamente mediante autorização, permissão ou concessão, com o pagamento de tarifa, preço ou pedágio pelo usuário final do serviço.

3.1. Impossibilidade de cobrança do ISS sobre serviços públicos não explorados economicamente. "Este trabalho tem o objetivo de demonstrar a impossibilidade legal da tributação a título de ISS em relação aos serviços públicos sem finalidade econômica, ou seja, serviços públicos que são prestados sem o foco na rentabilidade, liquidez, estrutura de capital e retorno de investimento. Nesse sentido, os serviços públicos prestados não devem ser tributados pelo Município a título de cobrança de ISS, uma vez que é clara a disposição legal do art. 1º, § 3º, da LC n. 116/2003 no sentido de tributar serviços explorados economicamente. Necessário a definição dos conceitos de prestação de serviços, empregando-lhes a correta semântica com o escopo de providenciar uma hermenêutica que esteja em acordo com os princípios constitucionais tributários que visam equalizar esta relação junto ao ente político arrecadador. Serviços prestados a si mesmo, como por exemplo, o caso das estatais dependentes e sob o regime de direito privado estão fora do campo de incidência material previsto em norma constitucional e infraconstitucional, conforme balizado em jurisprudência sobre a matéria. Nesse sentido, descabe à lei alterar conteúdos e conceito de direito privado para definir competências tributárias nos moldes do art. 110 do CTN. Havendo a prestação de serviços públicos, com objetivo econômico e concorrencial, conclui-se que o regime de direito privado aplicar-se-ia ao caso, aplicando-se, por conseguinte, a hipótese de incidência do ISS. Havendo subordinação nos serviços públicos prestados, sem amparo em regime de direito privado e sem caráter de lucratividade, a pessoa jurídica não se satisfaz como contribuinte do ISS, uma vez que não possui capacidade contributiva (art. 145, parágrafo único, da CF/1988) e da isonomia (art. 150, II, da CF/1988), uma vez que deve possuir tratamento diferenciado em razão das condições subjetivas. O art. 145, II, da CF/1988 e o art. 77 do CTN demonstram de forma inequívoca que o único tributo a ser cobrado em função da prestação de serviços públicos é a taxa e não o imposto" (TREVISAN, Vinicius Monte Serrat; TREVISAN, Paulo Roberto. A impossibilidade de cobrança do ISS em relação aos serviços públicos sem caráter econômico. *Revista Tributária e de Finanças Públicas* n. 128, ano 24, 2016. p. 256).

3.2. Prestação de serviços públicos e a sua delegação para particulares mediante regime de autorização, permissão ou concessão. Nos termos do art. 175 da CF, a prestação dos serviços públicos compete originalmente ao Poder Público, admitindo-se a delegação para particulares sob os regimes de permissão e concessão, sempre através de licitação pública, na forma da Lei n. 8.987/95. A concessão de serviço público está definida no art. 2º, II, da referida Lei n. 8.987/95. A permissão de serviço público também foi definida nesta mesma lei, no art. 2º, IV. Nos arts. 9º a 13, essa lei federal versa sobre a política tarifária, reforçando sua onerosidade e o ânimo lucrativo, inclusive com expresso resguardo do equilíbrio econômico-financeiro dos contratos (art. 9º, § 2º).

3.3. Irrelevância da omissão acerca da incidência do ISS sobre os serviços públicos prestados em regime de direito privado, delegado a uma pessoa natural mediante concurso público: serviços cartorários. Muito embora o § 3º se refira apenas às modalidades de autorização, permissão e concessão, a prestação de serviço público delegado a particular mediante concurso público também estará submetida ao ISS, se houver previsão na lista de serviço, como é o caso do item 21, que tipificou os "serviços de registros públicos, cartorários e notariais". Essa cobrança já foi alvo de discussão judicial, inclusive com o enfrentamento do tema da imunidade recíproca, definindo-se em prol da cobrança do ISS na ADI 3089. Quanto ao ISS sobre os serviços cartorários, consulte-se o item 21 da lista de serviços.

4. Exemplos de serviços públicos prestados por particulares e que se sujeitam ao ISS. Eis um rol exemplificativo: serviços de transporte coletivo municipal rodoviário, metroviário, ferroviário e aquaviário de passageiros (subitem 16.01); serviços portuários, aeroportuários, ferroportuários, de terminais rodoviários, ferroviários e metroviários (item 20); serviços de registros públicos, cartorários e notarias (item 21); serviços de exploração de rodovia (item 23); serviços funerários de manutenção e conservação de jazigos e cemitérios (subitem 25.04).

5. ISS e margem de preferência nas licitações públicas. O art. 3º, §§ 5º e 6º, da Lei n. 8.666/93, prevê o estabelecimento de uma margem de preferências nos processos licitatórios, com base em estudos revistos periodicamente, em prazo não superior a cinco anos, que levem em consideração, dentre outros fatores, o efeito na arrecadação de tributos municipais (inciso II). Logo, a incidência do ISS pode servir como um fator dessa margem de preferência em certames licitatórios.

5.1. ISS nas concorrências públicas de âmbito internacional. Conforme art. 42, § 4º, da Lei de Licitações Públicas, "para fins de julgamento da licitação, as propostas apresentadas por licitantes estrangeiros serão acrescidas dos gravames consequentes dos mesmos tributos que oneram exclusivamente os licitantes brasileiros quanto à operação final de venda". Como o ISS também incide nas importações de serviços (arts. 1º, § 2º; 3º, I; e 6º, § 2º, I), na prática não deverá ocorrer uma situação em que apenas o licitante brasileiro estará sujeito ao imposto, ou seja, o ISS não enseja tratamento tributário diferenciado entre prestadores nacionais e estrangeiros, em consonância com o que estabelece o art. 152 da CF.

5.2. Criação, extinção, aumento ou redução do ISS e seus reflexos nos contratos administrativos. Nos contratos administrativos, a alteração do montante da carga tributária pode ser invocada pelas partes contratantes para fins de revisão do valor do contrato. Nesse sentido: art. 65, § 5º da Lei n. 8.666/93 e art. 9º, § 3º, da Lei n. 8.987/95.

6. ISS sobre serviços tomados pelo Poder Público (contribuinte "de fato"). De acordo com a Súmula 591 do STF e decisões mais recentes, a imunidade tributária deve ser aplicada em favor do contribuinte "de direito" (prestador do serviço, no caso do ISS), mas não do tomador do serviço (contribuinte "de fato"). Aliás, o ente público tomador do serviço pode até ser eleito pela lei municipal como responsável tributário, na condição de tomador do serviço, conforme art. 6º, § 2º da LC n. 116 e art. 9º, § 1º do CTN. Outrossim, à luz do princípio da capacidade colaborativa, os entes públicos também podem ser sujeitos passivos de obrigações tributárias acessórias e se submetem à fiscalização tributária municipal (art. 194, parágrafo único, do CTN).

§ 4º A incidência do imposto não depende da denominação dada ao serviço prestado.

1. Norma geral antielisão: art. 116, parágrafo único, do CTN. Através da LC n. 104/2001, foi acrescentado parágrafo único ao art. 116 do CTN, cuja redação segue: "a autoridade administrativa poderá desconsiderar atos ou negócios jurídicos praticados com a finalidade de dissimular a ocorrência do fato gerador do tributo ou a natureza dos elementos constitutivos da obrigação tributária, observados os procedimentos a serem estabelecidos em lei ordinária".

– Note-se que a norma geral antielisão mira ações dolosas dos contribuintes que, para fugirem da incidência tributária, dão aos seus negócios uma roupagem jurídica que dissimulem a ocorrência dos fatos geradores. *Vide* as notas que seguem adiante sobre os efeitos da simulação.

– Mas também há negócios nominados erroneamente, em razão de ter sido considerado sob uma perspectiva própria, com assento em elemento que não represente bem a sua essência, situações em que pode não restar evidenciado o dolo do contribuinte. Mesmo nesses casos de divergência de enquadramento jurídico, o Fisco poderá realizar a requalificação dos negócios e lançar o ISS.

2. A incidência do ISS não depende da denominação dada ao serviço prestado. O dispositivo traz duas mensagens importantes sob o aspecto da tipificação tributária do negócio jurídico, sendo uma explícita e outra, implícita. Explicitamente, o dispositivo adverte que a denominação dada pelas partes ao contrato não é algo inquestionável ou absoluto, de tal forma que o Fisco Municipal tem poder para reclassificar ou desconsiderar a forma ou denominação dadas pelos particulares.

3. O nome é relevante, mas pode ser afastado. A regra explicitada pelo dispositivo não implica, propriamente, a irrelevância do nome dado ao contrato celebrado pelas partes, na medida em que, para fins probatórios, o nome atribuído pelo contribuinte gozará de uma presunção relativa de veracidade, até prova em sentido contrário, cujo ônus é do Fisco Municipal.

3.1. Presunção de veracidade das declarações constantes de documentos assinados: art. 219 do Código Civil Brasileiro. Nos termos do referido artigo do diploma civil, "as declarações constantes de documentos assinados presumem-se verdadeiros em relação aos signatários". Assim, a presunção conspira em favor das partes contratantes, de tal forma que, *a priori,* deve ser respeitado o nome dado pelas partes ao contrato, assim como o seu enquadramento fiscal, não obstante a pertinência e o cabimento de uma fiscalização tributária criteriosa em cima das cláusulas do instrumento contratual ou da própria realidade dos fatos, que poderá concluir pela desconsideração ou reclassificação da modalidade contratual nominal e formalmente adotada pelo contribuinte. O nome, ou melhor, a classificação dada pelas partes ao contrato não é irrelevante, pois traz essa consequência importante no campo probatório, cabendo à Administração Tributária demonstrar o erro, dolo ou simulação das partes.

3.2. O Direito Tributário é um direito de superposição (sobreposição): reflexos no ISS. Para descobrir a verdadeira espécie contratual e, por conseguinte, se o fato estará, ou não, sujeito ao ISS, mister se faz analisar a relação jurídica sob os princípios e regras do ramo jurídico que a rege, notadamente direito civil, direito empresarial ou direito do consumidor. Compete exclusivamente à União legislar sobre esses contratos, de tal forma que os Municípios deverão observar essas legislações contratuais. No Código Civil Brasileiro (Lei n. 10.406/2002), os contratos estão disciplinados nos arts. 421 a 853. Além desse diploma civil, há leis especiais que versam sobre contratos relacionados aos serviços previstos no anexo da LC n. 116, tais como: Lei n. 8.935/94 (serviços cartorários), Lei n. 11.668/2008 (atividade de franquia postal), Lei n. 6.009/74 (*leasing*), lei n. 8.906/94 (advocacia), Lei n. 9.609/98 (*software*), Lei n. 8.955/94 (*franchising*), Lei n. 4.886/65 (representação comercial) etc.

– *Vide*, porém, em comentários ao art. 156, III, da CF, a interpretação do STF sobre a norma de competência do ISS, em que afirma que não está adstrita, necessariamente, aos tipos contratuais tal como disciplinado no Direito Privado. Em especial, preste-se atenção ao precedente em que se admite que o ISS incida sobre contratos que tenham por objeto utilidades colocadas à disposição do contribuinte, ainda que não caracterizem, propriamente, um contrato de prestação de serviços que tenha por objeto um fazer, como regulado pelo Código Civil.

4. Prevalência da essência sobre a forma. O dispositivo, implicitamente, prestigia a essência sobre a forma, quando vincula a inutilização da denominação dada a um "serviço prestado", pressupondo, portanto, que se constate concretamente a prestação de um determinado serviço cuja denominação do contrato destoe da sua real essência.

– A tipificação tributária não depende do nome atribuídos pelas partes contratantes ao contrato, mas sim da conjugação das obrigações e dos direitos que regem a relação contratual. A Administração Tributária Municipal não está atrelada à denominação dada ao contrato, nem ao seu enquadramento fiscal, devendo averiguar a sua verdadeira essência, que levará à correta tipificação contratual e, consequentemente, tributária. Por exemplo, não é porque o contribuinte denominou seu contrato de uma prestação de serviço de comunicação, e até recolheu o ICMS, que o Fisco Municipal estará impedido de analisar tais fatos e reclassificar ou desconsiderar o contrato de comunicação, tipificando-o como um serviço suscetível ao ISS.

4.1. Prevalência da essência sobre a forma também nas normas internacionais de contabilidade. O item 35 do Pronunciamento Conceitual Básico do Comitê de Pronunciamentos Contábeis CPC 00 assim tratava a primazia da essência sobre a forma, que orienta o padrão de normas brasileiras: "Para que a informação represente adequadamente as transações e outros eventos que ela se propõe a representar, é necessário que essas transações e eventos sejam contabilizados e apresentados de acordo com a sua substância e realidade econômica, e não meramente sua forma legal". Muito embora esse trecho tenha sido retirado do atual CPC 00 (R1), logo no seu prefácio cuidou-se de ressalvar: "A característica essência sobre a forma foi formalmente retirada da condição de componente separado da representação fidedigna, por ser considerado isso uma redundância. A representação pela forma legal que difira da substância econômica não pode resultar em representação fidedigna, conforme citam as Bases para Conclusões. Assim, essência sobre a forma contínua, na realidade, bandeira insubstituível nas normas do IASB".

5. Diz respeito à prova da natureza do negócio realizado. Logo, esse dispositivo tem uma conotação mais formal-processual (direito probatório). Ao contrário da parte final do *caput*, e dos §§ 1º, 2º e 3º anteriores, que lidam sobre a extensão do elemento material do fato gerador do ISS ("ainda que" não seja atividade preponderante; "ainda que" proveniente do exterior ou cuja prestação tenha se iniciado no estrangeiro, "ainda que" a prestação envolva fornecimento de bens); "incide ainda" sobre o serviço público explorado economicamente por autorizado, permissionário ou concessionário, este § 4º versa sobre a prova da ocorrência da prestação do serviço sujeito ao ISS, relativizando a formalidade do contrato, sobretudo a denominação dada pelas partes.

6. Ônus da prova na constituição do crédito tributário relativo ao ISS. Compete à Administração Tributária Municipal provar a ocorrência do fato gerador da obrigação tributária do ISS, conforme art. 142 do CTN. Neste mister, o Fisco Municipal poderá se valer de suas prerrogativas fiscalizatórias para fins de efetuar, de ofício, o lançamento do ISS.

7. Sobre a aplicação da Lei de Abuso de Autoridade (Lei n. 13.869/2019) nas fiscalizações e processos tributários. "A polêmica Lei n. 13.869/2019 também conhecida como Lei de Abuso de Autoridade vem causando grande comoção no meio jurídico e político nacional. (...) Sem pretender exaurir o tema, serão abordadas algumas considerações gerais que deverão impactar no contencioso administrativo e judicial tributário, salienta-se ainda que a princípio não se pode prever a jurisprudência que será criada a partir da Lei, tampouco se as Ações Diretas de Inconstitucionalidade que a questionam irão prosperar. Na seara tributária, onde o Fisco exerce atividade administrativa plenamente vinculada, cujo vértice lhe impõe o dever de agir de ofício, ante a ocorrência do fato gerador da obrigação tributária, sob pena de responsabilização funcional, a Lei provoca forte impacto, posto que os artigos 25, 27 e 29 a 34 estabelecem penas de privação de liberdade e multa, caso o agente público exceda no uso de sua autoridade. (...) Foi justamente nas 'prerrogativas' da administração fiscal que a Lei de Abuso de Autoridade mais trouxe inovações, em seu Art. 27 e 29 o diploma previu a punição do agente público que instaure procedimento administrativo sem indícios do cometimento de infração, como também aquele que preste informações falsas com o fito de prejudicar o contribuinte. Ao longo do seu texto podemos constatar ainda a punição para aquele agente público que inicia procedimento administrativo sem justa causa fundamentada ou tendo ciência da inocência do fiscalizado, punição para o prolongamento injustificado do procedimento, responsabilização diante da negativa de acesso aos autos da fiscalização, impossibilidade de exigir informação ou cumprimento de obrigação sem amparo legal, bem como a não correção de erro relevante existente no processo ou procedimento. A simples leitura dos Arts. 30 a 34 da Lei n. 13.869/19, confirma o movimento de salvaguardar expressamente Direitos Fundamentais dos contribuintes ante as fiscalizações tributárias que possam vir a sofrer. A administração tributária, bem como a cobrança de tributos deve ser baseada na aplicação da Lei Tributária, a criação do chamado 'interesse fiscal' é a escusa perfeita e preferida para o desrespeito dos Direitos básicos do cidadão e contribuinte. Em relação ao processo judicial tributário, podemos citar duas inovações trazidas pelos arts. 36 e 37, a responsabilização pela decretação de indisponibilidade de ativos financeiro em quantia que extrapole exacerbadamente o valor da satisfação do débito, situação que ocorre com certa frequência. Como também a punição pela demora excessiva e injustificada no exame de processos em que houve pedidos de vista em órgão colegiado, no claro intuito de retardar o andamento e julgamento dos mesmos. Os Arts. 36 e 37 objetivam justamente diminuir a ocorrência de situações rotineiras na atividade forense, tanto o bloqueio quantitativamente e qualitativamente equivocado, quanto a demora em função de pedidos sucessivos de vista no julgamento de processos com grande repercussão em face da Fazenda Pública" (PAIVA, João Vitor. Lei de Abuso de Autoridade e os efeitos no contencioso tributário. *Jota*, 2019. Disponível em: <https://www.jota.info/opiniao-e-analise/artigos/lei-de-abuso-de-autoridade-e-os-efeitos-no-contencioso-tributario-17102019>. Acesso em: 19 out. 2019).

8. Acerca da "fluidez" da denominação dos serviços. "Já a tributação da prestação de serviços, cujo termo 'prestação' não é ato de prestar, mas sim relação jurídica envolvendo ao menos duas partes (prestador e tomador), podendo ainda envolver uma terceira (beneficiário), quando não consubstanciada no tomador, tem como características principais: (i) a identificação (nominação) que se dá aos serviços é muito mais fluida que a de mercadorias ou produtos. Primeiro porque, no mais das vezes, nunca um serviço é praticado somente com a realização de um único ato ou disponibilização de um uso somente. Tivemos a oportunidade de registrar essa característica em trabalho pretérito, em que reputamos de suma importância (tanto que foi citado como 'emblemático' na prolação oral do voto do Ministro Relator Luiz Fux, no paradigmático julgamento sobre o conceito constitucional de serviços ocorridos no RE 651.703/PR em 29.09.2016) para se entender o conceito de serviço para fins de tributação do consumo no Brasil e no mundo. Vejamos: '[...]; no caso dos serviços, cujas espécies ganham uma variedade cada vez maior, conforme a criatividade humana, a atividade não se resume a uma única ação, e muito menos a um objeto, contendo diversas ações, as quais, sejam imediatas ou mediatas, ensejam utilidades pelas quais paga o contratante do serviço'. Nos serviços, a denominação de suas espécies muitas vezes demanda uma simplificação terminológica que acaba por aglutinar todas as atividades e utilidades – ressalte-se, utilidades – que consubstanciam um serviço específico. Por exemplo, em que consiste o serviço de administração de bens imóveis de terceiros? Ele não se resume num único fazer. Essa administração abrange um sem fim de atividades, como efetuar os registros necessários desses bens nos órgãos competentes, efetuar as cobranças sobre aqueles que deles usufruem, pagar os encargos correspondentes, bem como os tributos e taxas que sobre eles incidirem, efetuar vistorias nos bens, prover suporte jurídico, gerir as contas etc. E várias dessas atividades, por sua vez, poderia se desdobrarem vários outros fazeres. Mas, a atividade tem de 'ganhar um nome', e o conceito 'administração de bens imóveis de terceiros' satisfaz bem essa demanda. Além disso, como o que se pretendeu (explicitamente desde 1965 com a reforma tributária advinda com a Emenda Constitucional n. 18)com a tributação do consumo de bens e serviços foi alcançar todo o universo de produtos da atividade econômica, então, nos serviços destaca-se muito aquilo que neles realmente interesse, e pelo qual os tomadores pagam, a utilidade consubstanciar menos ou mais fazeres é irrelevante, na medida em que importa para o tomador não é o quantum de fazeres envolvido, mas sim quanto aquela atividade lhes trás (*sic*) de utilidade. Afinal, como procurarmos demonstrar acima, a Ciência Econômica, ao tratar do universo de produtos decorrentes da atividade econômica, sempre denominou-se como bens e serviços, nunca se referindo a um terceiro gênero, ou a um mínimo de fazeres no serviços envolvidos. Isso porque o que interessa é a movimentação dos recursos, como contraprestação desses bens ou serviço disponibilizados. A utilidade pela qual se paga decorre de atividades imediatas ou mediatas, no serviço prestado. Exemplos em profusão podem ser elencados. Citemos, por exemplo, o serviço de hospedagem, que abrange desde os tradicionais hotéis até flat, apart-hotéis residência, *residence-service* e *suíte service*. As utilidades que esses serviços apresentam não decorrem tão somente de atividade imediatas, como o serviço das camareiras, de limpeza, troca de roupa de cama de atendimento ao hóspede quando solicitado, de recepção etc. Decorrem também de atividade mediata, consubstanciada na disponibilização do espaço, do quarto, bem como de todas as suas facilidades, mobília, chuveiro com água quente, ar condicionado etc. Na medida em que o que interessa, para a Economia, e que o Direito incorporou, por intermédio da expressão bens e serviços, não é quanto valem os fazeres mais imediatos acima transcritos, mas sim o quanto de valor circula entre aquele que toma o serviço e aquele que presta o serviço, simplesmente a atividade de hospedagem como um todo consubstancia-se como um serviço, ainda que o hotel economize nos serviços de quarto para o hóspede. Outro serviço: locação de cofre em bancos. Ainda que se considere a jurisprudência atual do STF, pela não incidência do ISS na locação de bens móveis, há que se lembrar do exposto acima, no que tange à denominação dos serviços. O nome 'locação de cofre em bancos' está longe de representar tão somente a disponibilização para que o contratante guarde seus valiosos pertences, a qual já representa uma utilidade, e portanto um serviço, mas também todas as atividades que a organização bancária oferece para que o referido serviço dê a satisfação que o cliente espera, como a segurança, seja ela exercida por pessoas (guardas), seja ela decorrente do investimento feito em equipamentos de segurança, alarmes, sensores, sistema de câmeras internas, dispositivos de travas e identificação sofisticados etc. Todos esses elementos consubstanciam o serviço de locação de cofre em brancos, que representa utilidade pelas quais se paga um determinado valor, tributável pelo ISS. Assim é a correspondente circulação de valores, como contraprestação que revela a faceta quantitativa da materialidade do bem consumido. No caso da mercadoria, tributável pelo ICMS, é o valor que se paga por ela; no caso do serviço, tributável pelo ISS, é o valor que sua utilidade revela, pago pelo tomador de serviço. O exposto não passou despercebido pelo legislador complementar, que, por conta disso previu, no § 4º do art. 1º da LC n. 116/2003, que 'a incidência do imposto não depende da denominação dada ao serviço prestado'. Obviamente, nem poderia depender, sob pena de o aplicador do direito 'menos republicano' dar nomes, nos seus contratos, a atividades não literalmente previstas na lista de serviços, a fim de evitar a incidência do ISS" (MACEDO, Alberto. Impressão 3D e a tributação do consumo no Brasil. *In:* PISCITELLI, Tathiane (coord.). *Tributação da economia digital*. São Paulo: Revista dos Tribunais, 2018. p. 178-181).

9. Análise da essência do serviço para enquadrar a atividade no subitem apropriado da lista. "Para a aplicação do ISS, o serviço prestado pelo contribuinte deve ser analisado na sua verdadeira essência, a fim de enquadrá-lo no item da lista que melhor se adapte, fato somente possível quando conhecidas as características da atividade do contribuinte e do serviço gênero contido na lista de serviços. Diante do exposto, podemos já divisar três situações preliminares diferentes para o enquadramento dos serviços prestados pelo contribuinte: *1ª Situação*: prestação, pelo contribuinte, de uma única modalidade de serviço. O contribuinte deverá ser enquadrado no grupo correspondente da lista de serviços. Quem aluga bens móveis, v.g., deverá ser enquadrado no item 52 da lista de serviços. *2ª Situação:* prestação, pelo contribuinte, simultaneamente, de diversos serviços distintos. Os serviços do contribuinte serão enquadrados nos diversos grupos correspondentes a cada atividade praticada. Os serviços prestados são, na hipótese, suscetíveis de separação (são serviços distintos, separáveis). Quem aluga bicicletas, faz consertos em bicicletas de terceiros e explora depósito de bens móveis, realiza três atividades distintas, enquadráveis em três itens diferentes da lista de serviços (respectivamente, itens 52, 41 e 37). Os serviços de execução de construção civil e de incorporação imobiliária são distintos e autônomos. *3ª Situação:* prestação pelo contribuinte, simultaneamente, de diversos serviços inseparáveis. O contribuinte deverá ser enquadrado em um único grupo, correspondente ao serviço essencial que presta. O contrato, sendo do tipo misto, não permite a separação das diversas atividades prestadas, uma vez que estabelece, para o prestador do serviço, uma obrigação cumulativa única (o prestador deve satisfazer diversas prestações como se fora urna só, oriundas de uma mesma causa e decorrentes de um único objeto. O dentista que realiza prótese, presta serviços apenas de dentista. A empresa hoteleira que cede espaço em bem imóvel, fornece alimento, presta serviços e guarda bens móveis, presta apenas serviços de hospedagem" (MORAES, Bernardo Ribeiro de. *Doutrina e prática do Imposto sobre Serviços*. São Paulo: Revista dos Tribunais, 1975. p. 402-403).

10. Importância de classificar corretamente o serviço para fins de ISS retido na fonte. "Ainda como exemplo da importância que a classificação dos serviços tem para fins de gestão tributária, imaginemos situação em que a empresa tomadora contrata o acompanhamento e fiscalização de obra de construção civil. Embora se trate de serviço também típico da área de engenharia – aparentemente bem enquadrado no subitem 7.01 – encontramos no subitem 7.19 a descrição que contempla esta atividade de forma específica. Em tal hipótese, quais seriam as consequências de uma eventual emissão equivocada da nota fiscal de prestação de serviços, supondo que seja adotado o modelo eletrônico? Para demonstrar com maior clareza a importância deste aspecto, imaginemos que a companhia geradora e distribuidora de energia do Estado de Minas Gerais, CEMIG, contrate determinada empresa para execução de serviços de fiscalização de obra de construção civil, sendo a contratada sediada em Belo Horizonte, tal como a tomadora. Consideremos ainda que a. obra objeto do serviço foi executada no município de Uberlândia. Se a nota fiscal for emitida pelo sistema eletrônico da. Prefeitura de Belo Horizonte com a identificação incorreta do código do serviço (7.01 em lugar de 7.19), haverá uma vinculação automática do imposto ao tomador do serviço (CEMIG), que de acordo com a legislação da capital mineira é responsável pela retenção e recolhimento do ISS nos serviços que tomar, cujo local da incidência seja em Belo Horizonte. Entretanto, se a execução do serviço se deu em Uberlândia, nesta hipótese, conforme explicação que consta mais adiante, o correto é que o recolhimento se dê para este município. Caso a CEMIG proceda à retenção e recolhimento em favor da cidade do interior, estará agindo de acordo com a lei. Entretanto, ao permitir que a nota fiscal seja apresentada com a falha citada, chamará a atenção da fiscalização de Belo Horizonte, que exigirá o recolhimento do imposto baseado em seus controles eletrônicos. No mínimo, para evitar maiores prejuízos, a empresa tomadora terá que propor uma defesa na esfera administrativa para demonstrar que aquele lançamento decorreu de um equívoco na emissão do documento fiscal. O panorama apresentado nos permite reafirmar com ainda maior ênfase a importância da classificação prévia dos serviços contratados, preferencialmente conforme a CNAE e a LC n. 116/2003. No caso do ISS, a segunda classificação se revela ainda mais importante. Paralelamente, também é importante capacitar o gestor do contrato para que, logo que recepcionar a nota fiscal, faça o cotejo entre os dados constantes do documento com as informações de parametrização prévia ora recomendadas" (LEMOS, Alexandre Marques Andrade. *Gestão tributária de contratos e convênios*. 4. ed. Salvador: Open Editora, 2015. p. 403-404).

10.1. Portaria Conjunta STN/SOF n. 1, de 10-12-2014, que aprovou o Manual de Contabilidade Aplicada ao Setor Público – MCASP, cujo tópico 4.6.1.2 orienta sobre as divergências ocorridas entre a classificação tributária e orçamentária da operação. "Algumas vezes ocorrem dúvidas, em virtude de divergências entre a adequada classificação da despesa orçamentária e o tipo do documento fiscal emitido pela contratada (Exs. Nota Fiscal de Serviço, Nota Fiscal de Venda ao Consumidor etc.). Nesses casos, a contabilidade deve procurar bem informar, seguindo, se for necessário para tanto, a essência ao invés da forma e buscar a consecução de seus objetivos: demonstrar o patrimônio e controlar o orçamento. Portanto, a despesa orçamentária deverá ser classificada independentemente do tipo de documento fiscal emitido pela contratada, devendo ser classificada como serviços de terceiros ou material mediante a verificação do fornecimento ou não da matéria-prima. Um exemplo clássico dessa situação é a contratação de confecção de placas de sinalização. Nesse caso, será emitida uma nota fiscal de serviço e a despesa orçamentária será classificada no elemento de despesa 30 – material de consumo, pois não houve fornecimento de matéria-prima".

11. Efeitos da reclassificação dos negócios para fins de incidência do ISS. A reclassificação ou desconsideração do contrato pode implicar diversas consequências que vão desde a definição da incidência ISS em lugar do ICMS, IPI, IOF e ITBI, até averiguações relativas ao local ou momento de ocorrência do fato gerador do ISS, às sujeições ativa e passiva, à composição da base de cálculo e da alíquota que deve ser aplicada.

11.1. Erro de fato, reclassificação e lançamento ou revisão do lançamento de ISS. A denominação equivocada atribuída ao contrato pode levar ao "erro de fato" e, por conseguinte, ao lançamento ou revisão de ofício pela autoridade tributária municipal, conforme art. 149 do CTN. Por exemplo, numa primeira fiscalização, a Administração Tributária Municipal deixa de lançar o ISS, em razão de ter considerado os fatos analisados como uma locação de bens móveis (máquinas); posteriormente, ao analisar os documentos de forma mais criteriosa, conclui que se enganou sobre os fatos, chegando à conclusão de que se tratava de um serviço de bombeamento de concreto. Nesta hipótese, caberá o lançamento do ISS. Vale frisar que o erro de fato também pode resultar em cancelamento do lançamento, quando o erro de fato foi cometido em prejuízo do contribuinte: Fisco Municipal havia considerado o fato como uma prestação de serviço, quando, na realidade, tratava-se de uma operação relativa à circulação de mercadoria, logo, sujeita ao ICMS e não ao ISS. O próprio sujeito passivo pode recair em erro de fato, quando, então, caberá a retificação de sua declaração anterior ou requerimento administrativo ou judicial para extinguir o crédito tributário. De acordo com art. 172, II, do CTN, a lei pode conceder remissão do crédito tributário na hipótese de erro ou ignorância escusáveis do sujeito passivo, quanto à matéria de fato.

11.2. O erro de fato não se confunde com o erro de direito. Tal como o erro de fato, o erro de direito também enseja a revisão do lançamento tributário, a favor do Fisco ou do contribuinte. Enquanto o erro de fato situa-se exclusivamente no conhecimento dos fatos, o erro de direito diz respeito ao engano no conhecimento ou na existência da norma. Exemplo bastante comum no ISS: contribuinte recolheu o ISS para o município errado, por entender que o imposto era devido no local da sua sede, quando, na verdade, o imposto era devido no local do estabelecimento tomador.

11.3. Erro de direito e mudança de critério jurídico: prospectividade à luz do art. 146 do CTN. O erro de fato e o erro de direito, como o próprio nome sugere, pressupõem um *equívoco* cometido por alguma das partes da relação tributária, seja na apreciação dos fatos como da legislação. Já na mudança de critério jurídico, não há que se falar em erro ou engano, mas sim em uma mudança na interpretação até então dada pelo Fisco. Basicamente, o entendimento era "x" e passou a ser "y". Por não envolver um erro (de fato nem de direito), essa mudança de critério jurídico não pode retroagir, em respeito ao princípio da proteção à confiança. Neste diapasão, aduz o art. 146 do CTN: "a modificação introduzida, de ofício ou em consequência de decisão administrativa ou judicial, nos critérios jurídicos adotados pela autoridade administrativa no exercício do lançamento somente pode ser efetivada, em relação a um mesmo sujeito passivo, quanto a fato gerador ocorrido posteriormente à sua introdução". Exemplo: Município lançou de ofício o ISS fixo para os cartórios de sua cidade; somente após as decisões do STJ em prol da tributação *ad valorem* sobre o preço do serviço, alterou a forma de cobrança, e passou a tributar os titulares de cartórios de acordo com o preço do serviço multiplicado pela alíquota municipal. Trata-se de um exemplo de mudança de critério jurídico, pois não houve nenhum *erro* de fato nem de direito, mas uma alteração na interpretação da legislação tributária, de tal forma que não se pode retroagir para cobrar a diferença do imposto.

12. Denominação e enquadramento na lista como congêneres. Além de a fiscalização poder requalificar o contrato e o enquadrar na lista de serviços tributáveis anexa à LC n. 116/2003, há outro mecanismo capaz de trazer os serviços para o campo de incidência do ISS: a interpretação extensiva dos itens da lista, conforme definido pelo STF no tema 296 em RG (RE 784.439, rel. Min. Rosa Weber, jun./2020). Os serviços especificados têm um caráter exemplificativo e que contratos com outra denominação, mas que guardem a essência daquela categoria de serviços, sejam considerados abrangidos pelo respectivo item, como congêneres. Trata-se de um mecanismo importante que, de certa forma, relativiza a *taxatividade* da lista, ou melhor, cria um norte para uma interpretação que prestigie a essência do serviço e não sua nomenclatura, até porque a literalidade do nome atribuído pela lista poderia oportunizar aos contribuintes uma válvula de escape da tributação através de uma simples mudança do nome atribuído ao contrato. Essa ressalva prioriza a natureza do serviço e não a denominação dada ao serviço prestado, o que se dá, com frequência, nos denominados contratos de locação de bens móveis, que, na verdade, consistem em autênticas prestações de serviços. Nos serviços bancários isso também é bastante comum, em razão das constantes mudanças nas denominações atribuídas aos serviços prestados pela instituição financeira (item 15 da lista), cuja dinâmica poderia enfraquecer ou inviabilizar a cobrança do ISS.

12.1. Os serviços congêneres, similares, semelhantes ou correlatos.

"1. A *interpretação* e a integração das normas do ISS estão subordinadas ao disposto no art. 107 e seguintes do CTN, referente a todos os tributos. Não oferece nada de particular. 2. Reclamam exegese quatro expressões usadas pela Lista que acompanha o DLF 834/69: a) 'congêneres', dos ns. 20, 26, 28, 'a', 28, 'd', 34 e 39; b) 'serviços correlatos', do n. 36; c) 'operações similares', do n. 47; e, d) 'obras semelhantes', do n. 19. Usando-as, a lei procurou dispensar-se do trabalho de fazer numerosas especificações, que poderiam também correr o risco de ficar incompletas. Esse recurso, destinado a evitar os inconvenientes do casuísmo, é perfeitamente regular. Deixa ao intérprete o encargo de identificar na vida econômica as hipóteses que caibam nas expressões genéricas da lei. A lei abre mão da prerrogativa de especificar, para entregá-la à Economia. 3. Estamos em face de fatos geradores genéricos, que cabem na ampla disposição do art. 114 do CTN: 'Fato gerador da obrigação principal *é a situação definida em lei* como necessária e suficiente à sua ocorrência'. Não se exige a menção de fato singular, pois se admite uma 'situação', que pode compreender tanto fatos isolados como um complexo de fatos. E a fixação dos limites do fato gerador genérico não importa em prática da analogia, que está proibida pelo CTN, no art. 108, I. Paula Batista já observava que 'pela interpretação analógica aplica-se a lei a *casos novos e não previstos por ela*, nos quais se dão os mesmos motivos fundamentais e gerais que no caso previsto' (*Compêndio de Hermenêutica Jurídica*, anexo ao 'Compêndio de Teoria e Prática do Processo', Ed. Livraria Acadêmica, São Paulo, 1935, § 41). Carnelutti é da mesma opinião: 'Esta última (a analogía) como advierte la afortunada palavra, *va más allá del pensamiento del legislador*' (*Teoría General del Derecho*, Ed. Revista de Derecho Privado, Madri, 1941, p. 117). 4. Identificar o conceito de 'congêneres', 'correlatos', 'similares' e 'semelhantes', de fatos especificados na lei, não é incluir fatos novos no domínio tributário. Mas apenas demarcar os limites do gênero, isto é, do 'território a que a lei se refere'. Tributando o gênero, ela já está tributando todas as espécies de que ele se compõe. Só haveria analogia se o intérprete, ao fixar o alcance do texto, passasse de espécie prevista a outra espécie não prevista, ou de um gênero previsto a outro gênero não previsto. Isso é que seria ir além, 'más allá del pensamiento del legislador', ou aplicar a lei 'a casos novos e não previstos por ela'. 5. Enquanto determina as espécies inclusas no gênero, o intérprete não faz, sequer, *interpretação* extensiva, que é permitida, porque não proibida pela lei. Realiza *interpretação* meramente gramatical, na fixação dos limites do gênero. 6. *Data venia* do Egrégio Supremo Tribunal, é infeliz a ementa deste julgado: 'A lista a que se refere o art. 24, II, da Constituição e o art. 8.º do Decreto-lei 834/69 é taxativa, embora cada item da relação comporte interpretação ampla e analógica' (acórdão de 29.10.1973. da 2ª Turma do STF, no RE 75.952, de São Paulo, no *DJU* de 2.1.1974, p. 15). Não. A analogia está proibida pelo art. 108, § 1º do CTN, em termos absolutos, que abrangem tanto os incisos como os parágrafos e os itens das leis. Urge distinguir entre a *interpretação* analógica e a identificação do gênero que a lei estabelece como fato gerador. São coisas diferentes, como vimos há pouco" (RAMOS, José Nabantino; VERGUEIRO, Vera Damiani. *Dicionário do imposto sobre serviços*. São Paulo: Revista dos Tribunais, 1975. p. 102-103).

12.2. Embora taxativa, a lista de serviços admite interpretação extensiva. "Embora taxativa, limitativa, a lista de serviços admite interpretação extensiva para as diversas atividades que enuncia. Cada item da lista de serviços abrange certas atividades, ali contidas de forma genérica, sem caráter específico rigoroso. Ao prever 'médicos', a lista está abrangendo com tal termo todas as atividades exercidas pelo médico, inclusive as especialidades (cardiologista, psiquiatra, neurologista, etc.). Ao prever a 'lubrificação', está incluindo na lista os diversos tipos de lubrificação. Embora aceita a taxatividade da lista de serviços, não podemos desconhecer que os itens ali estabelecidos podem se referir, quando assim for proposto, a uma generalidade de serviços. São os serviços 'congêneres' e 'correlatos' a que alude a própria lista. Todavia, se determinado serviço não vem definido ou estabelecido em lei complementar (na lista de serviços), jamais ele poderá constituir fato imponível do ISS, por não ser da competência municipal sua oneração. Estão incluídos no campo de incidência do ISS os serviços previstos na aludida lista. O procedimento é o de *numerus clausus*" (MORAES, Bernardo Ribeiro de. *Doutrina e prática do Imposto sobre Serviços*. São Paulo: Revista dos Tribunais, 1975. p. 111).

12.3. Entendendo que a lei municipal deveria descrever os "serviços congêneres", em atendimento à legalidade tributária. "Os serviços tributáveis são aqueles definidos na lista anexa à lei complementar. A alteração da denominação formal desses serviços é irrelevante. Caracterizado, do ponto de vista material, o serviço especificado na lista, sua prestação ensejará ipso fato a obrigação de pagar o imposto. Denominar de serviço o que não é, nem pode sê-lo, não poderá acarretar incidência do ISS, da mesma forma que dar ao serviço tributável, por exemplo, *leasing*, a denominação de compra e venda não poderá implicar exoneração do ISS. Cabe ao aplicador da lei exercer a atividade interpretativa segundo as regras da hermenêutica, buscando o real sentido do vocábulo ou da expressão, para conferir-lhes o efeito jurídico previsto na norma. Não é uma tarefa fácil. Centenas de serviços previstos nos 193 itens diferentes não podem sofrer interpretação analógica, sob pena de violar o princípio da legalidade tributária. Nunca se pode esquecer de que a lista de serviços integra a definição de fato gerador do ISS. Por isso, naqueles itens da lista nacional, onde há referência a serviços 'congêneres'; cabe ao legislador tributário de cada município explicitar quais são os serviços abrangidos por semelhança ou similitude, do contrário, estaríamos admitindo analogia no campo do direito material. Muitos continuam sustentando que os serviços 'congêneres' não precisam de explicitação pelo legislador ordinário, porque estariam abrangidos pela expressão 'serviços de qualquer natureza'. Há um duplo equívoco nessa linha de interpretação. Primeiramente, 'serviços de qualquer natureza' é bem diferente de 'qualquer serviço'. Em segundo lugar, os serviços de qualquer natureza tributáveis pelo ISS são aqueles 'definidos em lei complementar' (art. 156, III, da CF). Definir significa limitar, demarcar, determinar a extensão ou os limites dos serviços tributáveis pelo ISS. É diferente de simples conceituação de serviços" (HARADA, Kiyoshi. *ISS*: doutrina e prática. São Paulo: Atlas, 2008. p. 45).

– Sobre a questão da taxatividade da lista anexa à LC n. 166/2003, *vide*, adiante, notas introdutórias à lista de serviços.

12.4. Interpretação extensiva dos serviços bancários. O STJ tratou esse assunto da nomenclatura do serviço à luz da interpretação extensiva, utilizando-se deste método hermenêutico para resolver discussões sobre a tipificação do serviço bancário pelo ISS. Conferir: STJ, 1ª S., REsp 1.111.234/PR, 2009.

– Súmula 424 do STJ: "É legítima a incidência de ISS sobre serviços bancários congêneres da lista anexa ao Decreto-Lei 406/1968 e à Lei Complementar n. 56/87".

13. Simulação e seus efeitos no elemento material do ISS. O art. 167 do Código Civil Brasileiro determina a nulidade do negócio jurídico simulado, mas preserva o que se dissimulou, se válido for na substância e na forma. No campo do ISS, a simulação pode envolver qualquer elemento do seu fato gerador, como o local de ocorrência, na hipótese de simulação do "estabelecimento prestador". Por exemplo, abertura meramente formal ou burocrática de um estabelecimento num município com alíquota inferior do ISS, apenas para fins de emissão de nota fiscal. No que diz respeito especificamente ao elemento material, a simulação pode envolver o mascaramento de uma prestação de serviços sujeita ao ISS por alguma outra atividade. Certamente, o ISS está inserido num terreno bastante fértil para tais simulações. Ex.: serviços de remoção e destinação de resíduos da construção simulados (*nominados*) como locações de caçambas, apenas para se esquivar do imposto municipal. Obviamente, trata-se de matéria de fato que precisa ser analisado casuisticamente.

13.1. Simulação e reflexos na imposição de multa. A simulação pode refletir no agravamento da multa punitiva, nos termos da lei municipal. No STF, há decisões limitando o percentual da multa punitiva para até 100% do valor do tributo, com base no princípio da não confiscatoriedade (art. 150, IV, CF). Nesse sentido: RE 833.106, ADI 551, RE 582.461.

13.2. Simulação tributária e reflexos criminais. A simulação também pode ter implicações penais, desde que evidenciados a supressão ou redução de tributo e o dolo, configurando prática criminal tipificada no art. 1º da Lei n. 8.137/90 (crimes contra a ordem tributária).

13.3. Simulação e reflexos no Simples Nacional. O art. 29 da LC n. 123 prevê hipóteses de exclusão de ofício de contribuintes no Simples Nacional, incluindo práticas simuladoras nos incisos IV, XI e XII. Os §§ 1º e 2º prescrevem que a exclusão implicará impedimento à opção do contribuinte pelo regime tributário diferenciado pelos próximos três anos, podendo ser elevado para até dez, nas hipóteses ali descritas.

13.4. "Pejotização" e reflexos no ISS. Em busca de redução, ainda que ilícita, nos encargos trabalhistas e tributários, vem ocorrendo que as partes de uma genuína relação de emprego simulem relação jurídica diversa, dando ares de uma prestação de serviço por pessoa jurídica. Essa prática ilícita é vulgarmente conhecida como "pejotização" e consiste na constituição de pessoas jurídicas de fachada para dissimular a prestação de serviços regidos pela CLT, o que distorce a realidade dos fatos, no sentido de acobertar uma relação de trabalho subordinada à legislação trabalhista.

– Com a prestação de serviços através desse mecanismos de "pejotização", as partes escapam de ônus previdenciários pesados, substituindo-o por outros, menos onerosos, como a própria incidência do ISS nessas prestações de serviços consideradas como negócios realizados com autonomia, fora da relação de emprego. Uma vez comprovada a prática da "pejotização", a consequência é a não incidência do imposto municipal, em razão do disposto no art. 2º, II, da LC n. 116/2003.

– No âmbito do Simples Nacional, o art. 3º, § 4º, XI, da LC n. 123, veda o enquadramento como microempresa ou empresa de pequeno porte (logo, afasta o regime especial tributário) à pessoa jurídica "cujos titulares ou sócios guardem, cumulativamente, com o contratante do serviço, relação de pessoalidade, subordinação e habitualidade".

Art. 2º O imposto não incide sobre:

1. Desonerações do ISS: imunidades, não incidências por razões de direito e de fato, sujeição a outros tributos etc. Muitas são as técnicas de não onerar ou de desonerar determinadas operações ou potenciais contribuintes. Além das não incidências estabelecida por este art. 2º, temos aquela constante do art. 1º, § 2º, que diz da não incidência do ISS sobre as ressalvas constantes na lista anexa, ou seja, que se submeterão ao ICMS, em exceção à regra geral da tributação das operações mistas, em que o ISS incide sobre o todo. Mais adiante, no art. 7º, § 2º, I, a LC n. 116 também afasta o ISS sobre o valor dos materiais fornecidos pelos prestadores dos serviços de construção civil (subitens 7.02 e 7.05). O art. 9º, § 2º, do DL 406/68, por sua vez, reforça que o imposto deverá ser calculado, na construção civil, com dedução do valor dos materiais fornecidos, bem como das subempreitadas já tributadas pelo imposto. Além dessas situações expressamente estabelecidas na LC n. 116 e no DL 406/68, o ISS também não incidirá sobre outras prestações de serviços, por força de imunidade tributária, falta de definição em lei complementar nacional ou em lei municipal, tratado internacional, benefício ou incentivo fiscal (isenções). Obviamente, também não haverá a ocorrência do fato gerador do ISS nas atividades que não corresponderem a autênticas prestações de serviços, por se tratar de operações relativas à circulação de mercadorias ou prestações de serviços de comunicação e de transporte intermunicipal e interestadual (ICMS), industrialização (IPI), operações financeiras (IOF) e locações de bens móveis.

1.1. Não incidência estabelecida, expressamente, pela LC n. 116/2003. Este art. 2º da LC n. 116/2003 prevê a não incidência do ISS sobre: a) as exportações de serviços; b) prestações de serviços que não configuram uma circulação do serviço, mas que estão inseridas em relações de emprego e societário, ou trabalho avulso; c) operações financeiras desempenhadas por instituições financeiras.

1.2. Não incidência por falta de definição do serviço em lei complementar: taxatividade da lista. Em razão da taxatividade da lista de serviços, a incidência do ISS pressupõe a previsão expressa do serviço na lista anexa à LC n. 116 e nas leis municipais. O advento da LC n. 157/2016, que acrescentou novos serviços à lista, é um exemplo de superação de causas de não incidência do imposto por falta de definição em lei complementar, muito embora alguns daqueles serviços já pudessem ser enquadrados, ainda que implicitamente, na listagem original da LC n. 116, como será abordado oportunamente.

1.3. Não incidência por falta de definição do serviço em lei municipal. A LC n. 116 não institui o ISS, por se tratar de uma *norma* geral, de tal forma que os Municípios devem legislar especificamente sobre o ISS, sob pena de não exercício da sua competência tributária. A ausência de lei municipal impede a ocorrência do fato gerador do imposto, por força do princípio da legalidade tributária. Ademias, o exercício parcial da competência e a não previsão, nas leis municipais, da tributação de terminados serviços impede que sejam tributados. Por exemplo, os Municípios que não incluíram em suas leis locais a tributação do ISS sobre aqueles novos serviços, inseridos pela LC n. 157/2016, estão impossibilitados de cobrar o ISS sobre de tais serviços, configurando uma hipótese de não incidência.

1.4. Emancipação e aplicação, nos novos municípios, da legislação anterior: art. 120 do CTN. Até que entre em vigor a sua legislação tributária própria, os novos Municípios constituídos pelo desmembramento territorial de outro, aplicarão a legislação do Município de onde se desmembraram, evitando-se, destarte, a não incidência.

– Conferir art. 120 do CTN.

1.5. Não incidência ou isenção de ISS por disposição expressa em lei municipal. Os Municípios, por meio de lei municipal, podem não apenas deixar de sujeitar determinado serviço ao ISS (omissão da lei municipal) como disporem expressamente sobre a não incidência em tais ou quais casos (hipótese de não incidência expressa na lei municipal) e, ainda, concederem isenções para determinados serviços, observando o disposto no art. 8º-A da LC n. 116, que limitou substancialmente esse exercício de exoneração tributária do ISS.

1.6. Não incidência do ISS em razão de tratados internacionais. Muito embora o art. 151, III, da CF, exclua competência tributária para a União instituir isenções de tributos da competência dos Estados, do Distrito Federal e dos Municípios (chamadas isenções heterônomas), essa vedação constitucional não impede que a República Federativa do Brasil conceda isenções ou estipule hipóteses de não incidência por via de tratados internacionais, conforme já decidiu o Plenário do STF no RE 229.096. A propósito, no AgRg no RE 543.943, a 2ª T. do STF validou a isenção de ISS sobre serviços relacionados à implementação do projeto do gasoduto Brasil-Bolívia, previsto no tratado internacional celebrado entre esses dois países.

1.7. Não incidência do ISS sobre serviços prestados por clubes a seus associados. "Algumas Prefeituras vêm pretendendo cobrar ISS de clubes sociais recreativos relativamente à atividade que desenvolvem para seus associados, notadamente de hospedagem e de estacionamento ou guarda de veículos e embarcações. Buscam fundar tal exigência no fato de tais serviços constarem da Lista anexa à LC n. 116/2003, em nada interferindo, para surgimento da obrigação de pagar o imposto municipal, a ausência de profissionalidade e de lucratividade. Não padece dúvida de que a incidência do ISS exige a concreção de relação de caráter oneroso, envolvendo o prestador e o tomador do serviço e configurando negócio mercantil (venda de mão de obra). Ora, uma entidade civil, sem fins lucrativos, que, na forma de seu estatuto, dedica-se a propiciar aos sócios recreação, alojamento, hospedagem, prática de esportes, guarda de veículos, não está aí prestando serviços, mas sim cumprindo suas finalidades institucionais. Significa dizer que, quando propicia condições e comodidades aos associados (e seus familiares) nada mais faz do que atender aos objetivos estatutariamente definidos. Deveras, associações desse jaez, i.e., com os fins acima mencionados, não teria sua existência justificada se seus membros tivessem de recorrer a hotéis (para hospedarem-se), a restaurantes (para alimentarem-se), a garagens (para guarda de seus veículos), a quadras de esportes (para praticarem futebol), considerando que a oferta desses serviços e atividades constituem exatamente a *ratio essendi* de sua existência. Por isso, antes se ressaltou a inexistência de relação jurídica de natureza mercantil entre tais entidades e seus sócios. Reforça sobredita conclusão a circunstância de a contribuição mensal devida pelos sócios não revestirem a qualidade de preço por serviços recebidos, porquanto tão só visam ao custeio das despesas globais de manutenção do clube. Daí, quando utilizam eles os alojamentos, as vagas de garagem, as quadras de esportes, as piscinas do clube, estão apenas exercitando os direitos de sócios, e não funcionando como tomadores de serviços comercialmente prestados. Por essas razões, as atividades em referência desenvolvidas por entidades clubísticas (de recreação, esporte, hospedagem, alimentação), sem finalidades lucrativas e custeadas através de rateio proporcional das despesas entre os sócios (nos termos da assembleia geral da instituição), não configuram serviços prestados (máxime à falta da mercantilidade), *est quod* não se sujeitam ao ISS" (OLIVEIRA, José Jayme de Macêdo. *Impostos municipais:* ISS, ITBI e IPTU. 2. ed. São Paulo: Saraiva, 2011. p. 239-240).

2. Imunidade tributária. As imunidades são regras constitucionais que proíbem a tributação de determinadas pessoas (subjetivas ou pessoais) ou bases econômicas (objetivas) relativamente a tributos específicos, negando, portanto, competência tributária. Muito embora a LC n. 116 não enfrente esse tema, o ISS também está sujeito a imunidades tributárias, subjetivas e objetivas. Com efeito, aplicam-se normalmente ao ISS as chamadas imunidades genéricas, estampadas no art. 150, VI, da CF.

– A respeito de imunidades específicas para o ISS, há uma discussão doutrinária e jurisprudencial acerca da natureza da desoneração prevista no art. 156, § 3º, II, da CF, que versa sobre a exportação de serviços. O art. 2º, I e parágrafo único, da LC n. 116 aborda, especificamente, essa hipótese de não incidência que é tratada como uma imunidade específica por alguns doutrinadores.

2.1. As imunidades subjetivas se aplicam aos sujeitos imunes enquanto *prestadores* de serviços enquanto contribuintes de direito e não enquanto tomadores de serviços, porquanto, nessa hipótese, são meros contribuintes de fato. A imunidade tributária alcança somente aquelas pessoas constitucionalmente beneficiadas (entes federados, sindicatos dos trabalhadores, organizações religiosas etc.) na condição de *prestadores* de serviços do ISS (contribuintes de *direito*), não se alargando para os serviços tomados por tais pessoas (na condição, pois, de contribuintes de *fato*). Assim, um serviço de assessoria contratado por uma organização religiosa (cliente tomadora do serviço) não estará amparada pela imunidade. Agora, um serviço funerário prestado por uma igreja não ensejará o fato gerador do ISS, em razão da imunidade tributária. Por outro lado, alguns Municípios acabam prevendo em suas leis municipais a não incidência do ISS sobre serviços tomados por algumas dessas entidades imunes, quando, então, tem-

-se uma *isenção* tributária ou algum outro tipo de desoneração tributária estranha à imunidade.

2.2. Imunidade tributária não impede a indicação das entidades imunes como responsáveis tributárias ou sujeitos passivos de obrigações tributárias acessórias no âmbito do ISS. Como a imunidade tributária atinge apenas os contribuintes "de direito" (no caso do ISS, os prestadores de serviços, conforme art. 5º da LC n. 116), a lei municipal pode atribuir responsabilidade tributária do ISS para as entidades imunes, enquanto tomadoras de serviços e fontes pagadoras (retentoras), bem como lhes impor obrigações tributárias acessórias. Nesse sentido, o art. 9º, § 1º, do CTN. A propósito, as leis municipais costumam eleger principalmente as entidades da Administração Pública como responsáveis tributárias do ISS pelos serviços tomados, além de criar obrigações tributárias acessórias. Há, inclusive, convênios para facilitar o cumprimento dessas obrigações tributárias, como é o caso do Acordo de Cooperação n. 01/2016 celebrado entre a União (Secretaria do Tesouro Nacional) e o Banco do Brasil, visando ao repasse a Municípios e ao Distrito Federal do ISS retido pelos órgãos públicos federais e demais entidades integrantes da cota única do Tesouro Nacional, através do SIAFI (Sistema Integrado de Administração Financeira do Governo Federal).

2.3. Imunidade recíproca do art. 150, VI, *a*, da CF. É vedado aos Municípios a cobrança do ISS sobre patrimônio, renda ou serviços de outros entes da Federação. Por exemplo, não incide ISS sobre serviços médicos prestados por um posto de saúde ou hospital do Estado. Assim, ainda que definidos na lista anexa à LC n. 116, o ISS não incidirá se o serviço for prestado pela Administração Pública federal, estadual ou municipal, estendendo essa imunidade recíproca em prol das *"autarquias e às fundações instituídas e mantidas pelo Poder Público, no que se refere ao patrimônio, à renda e aos serviços, vinculados a suas finalidades essenciais ou às delas decorrentes"* (§ 3º). Dessa forma, não há competência tributária para o Município cobrar ISS sobre serviços de exploração de rodovia diretamente prestados por autarquias estaduais. Conforme art. 1º, § 3º, da LC n. 116, a imunidade não compreende os serviços públicos explorados economicamente mediante autorização, permissão e concessão, nem através de concursos públicos, uma vez que a finalidade desse benefício tributário é prestigiar e assegurar a federação, os bens e patrimônios públicos, e não de particulares.

2.4. Imunidade aplicada à prestação de serviços públicos por empresas públicas e sociedades de economia. O art. 150, § 3º, da CF ressalva que a imunidade recíproca não se aplica aos serviços "relacionados com exploração de atividades econômicas regidas pelas normas aplicáveis a empreendimentos privados, ou em que haja contraprestação ou pagamento de preços ou tarifas pelo usuário". Ademais, a imunidade tributária não alcança as empresas públicas e sociedades de economia mista, consoante art. 173, § 2º, da CF. Por outro lado, o STF vem reconhecendo a imunidade do ISS em favor da ECT, empresa pública federal, mesmo sobre os serviços não diretamente vinculados ao privilégio postal, sob o argumento de que as receitas e os lucros advindos destas atividades econômicas são destinados para a manutenção dos serviços públicos prestados.

– Sobre o assunto, ver referências ao art. 1º, § 3º.

2.5. Imunidade dos "templos de qualquer culto": art. 150, VI, *b*, CF. Trata-se de uma imunidade subjetiva voltada às organizações religiosas, pessoas jurídicas de direito privado previstas no art. 44, IV e § 1º, do Código Civil, cuja finalidade é prestigiar a liberdade religiosa. Conforme adverte o § 4º do art. 150 da CF, essa imunidade dos templos de qualquer culto compreende "somente o patrimônio, a renda e os serviços, relacionados com as finalidades essenciais das entidades nela relacionadas". Logo, uma igreja poderá ser compelida a pagar o ISS, na hipótese de prestação de serviços com finalidade lucrativa ou qualquer outra que destoe de suas finalidades institucionais. Por outro lado, haverá imunidade quando a organização religiosa aplicar a receita advinda da prestação de serviços em suas finalidades essenciais. Exemplo: igreja que presta serviços de guarda e estacionamento de veículos (subitem 11.01) e destina os valores arrecadados para cobrir suas despesas operacionais ligadas à atividade religiosa. Muito embora o art. 14 do CTN não se dirija expressamente às organizações religiosas, os requisitos trazidos nos incisos I e III devem ser exigidos para fins de comprovação da real natureza e da própria regularidade da entidade, a saber: não distribuir qualquer parcela de seu patrimônio ou de suas rendas, a qualquer título; e manterem escrituração de suas receitas e despesas em livros revestidos de formalidades capazes de assegurar sua exatidão. Quanto ao inciso II, também merece ser averiguada a aplicação dos recursos na manutenção dos seus objetivos institucionais, apenas não exigindo que a aplicação se dê necessariamente no País, uma vez que é inerente às igrejas o compromisso com obras missionárias em qualquer canto do mundo.

2.6. Imunidade dos partidos políticos: art. 150, VI, *b*, CF. Trata-se de imunidade subjetiva conferida aos partidos políticos, pessoas jurídicas de direito privado previstas no art. 44, V, do Código Civil e na Lei n. 9.096/95 (Lei dos Partidos Políticos), com vistas a assegurar a liberdade política e a democracia. De acordo com o § 4º do art. 150 da CF, essa imunidade abrange "somente o patrimônio, a renda e os serviços, relacionados com as finalidades essenciais das entidades nela relacionadas". Assim, o partido político somente estará fora do alcance do ISS se o serviço prestado tiver relação com suas finalidades institucionais ou, ainda, se a retribuição do serviço prestador for aplicada nas finalidades da entidade. Para o reconhecimento da imunidade, os partidos políticos devem atender às exigências específicas do art. 14 do CTN, além dos preceitos gerais previstos no art. 17 da Constituição e na lei que rege os partidos políticos (Lei n. 9.096/95).

2.7. Imunidade das entidades sindicais dos trabalhadores: art. 150, VI, *b*, CF. Trata-se de imunidade subjetiva conferida exclusivamente aos sindicatos dos *trabalhadores*, não alcançando os sindicatos patronais. Essa imunidade tem como fundamento incentivar a liberdade de associação sindical dos trabalhadores, consagrada no art. 8º da Lei Maior, em reconhecimento da importância desses sindicatos no desenvolvimento e cumprimento dos direitos sociais do trabalho e do próprio fundamento da ordem econômica do trabalho humano (art. 170, *caput*, CF). Além do art. 14 do CTN, essas entidades também precisam atender os requisitos estampados nos arts. 511 a 514 e 558 da Consolidação das Leis do Trabalho (CLT).

2.8. Imunidade das instituições de educação, sem fins lucrativos: art. 150, VI, *c*, CF. Imunidade subjetiva que privilegia as pessoas jurídicas que desenvolvem a prestação de serviços educacionais sem fins lucrativos, ou seja, que adotam a forma de associações ou fundações, na forma da legislação civil (arts. 53 a 69 do Código Civil). Assim, além de atender esses requisitos de índole civil, também devem satisfazer às exigências do art. 14 do CTN. Importante dizer que a entidade não precisa ser *filantrópica*, ou seja, prestar serviços gratuitos. O que se exige é a não distribuição dos lucros, que demonstra a finalidade não lucrativa da instituição. Na verdade, para as associações e fundações, nem se fala em lucros, mas sim em *superávit*.

2.9. Imunidade das entidades beneficentes de assistência social: art. 150, VI, *c*, CF. Imunidade subjetiva voltada às associações e fundações que se dedicam à assistência social, ou seja, que colaboram com o Poder Público na área social em geral, abrangendo a atuação na seguridade social (saúde, previdência e assistência social estritamente falando), na cultura, no desporto, na comunicação social, no meio ambiente e na proteção da família, da criança, do adolescente, do idoso e dos índios. Enfim, gozam dessa imunidade aquelas entidades que atuarem em conjunto com o Estado na Ordem Social (arts. 193 a 232 da CF), e que preencherem os requisitos do art. 14 do CTN. Além disso, os serviços sociais oferecidos devem atender aos requisitos da universalidade, generalidade e gratuidade, até mesmo para alcançarem o *status* de uma assistência social.

2.10. Lei municipal não pode criar requisitos para o gozo da imunidade. Nos termos do art. 146, II, da CF, cabe exclusivamente à lei complementar nacional regular as limitações constitucionais ao poder de tributar, como é o caso das imunidades. Por isso, lei municipal não pode prever requisitos ou exigências estranhas ou imprevistas em lei complementar nacional, *in casu*, o CTN.

2.11. Imunidade dos livros, jornais, periódicos e do papel destinado a sua impressão: art. 150, VI, *d*, CF. Imunidade objetiva com foco na cultura e na educação. O STF já afastou a imunidade do ISS sobre os serviços utilizados como insumos na produção dos livros jornais, periódicos, como os serviços gráficos (RE 189.192). Portanto, no campo do ISS, os papeis utilizados na composição gráfica dos livros, jornais e periódicos devem ser deduzidos da base de cálculo do ISS, de tal forma que a imunidade fica resumida a essa desoneração do ISS sobre o papel, enquanto insumo da prestação de um serviço gráfico de confecção de jornal, livro e periódico.

2.12. Imunidade do ISS sobre fonogramas e videofonogramas musicais produzidos no Brasil: art. 150, VI, *e*, CF. Essa imunidade acrescida pela EC n. 75/2013 foi aprovada com vistas a favorecer a produção musical brasileira mediante o barateamento de CDs, DVDs e *Blue-ray* e, assim, estimular a liberdade de expressão artística nacional, fomentar a cultura brasileira e combater a pirataria neste segmento. Para o ISS, essa imunidade tem aplicação para os serviços que podem envolver essas modalidades de fonogramas e videofonogramas, como nos subitens 1.09 (inserido pela LC n. 157), 12.12, 12.14, 12.16, 12.17, 13.02, 13.03, 13.04 e 17.25.

3. O adequado tratamento tributário dos atos cooperativos, determinado pelo art. 146, III, *c*, da CF. A LC n. 116 é omissa sobre a tributação do ISS sobre os serviços prestados pelas cooperativas, limitando-se a prever a incidência do ISS sobre serviços de "outros planos de saúde que se cumpram através de serviços de terceiros contatados, credenciados, *cooperados* ou apenas pagos pelo operador do plano mediante indicação do beneficiário" (subitem 4.23 da lista de serviços). Em seu arts. 146, III, *c*, a CF determina que o ato cooperativo praticado pelas sociedades cooperativas receba um tratamento tributário "adequado", deixando para uma lei complementar estabelecer tais normas gerais. Ademais, os arts. 5º, XVIII, e 174, § 2º, da CF preveem que a lei deverá apoiar e estimular o cooperativismo, bem como outras formas de associativismo. Esses dispositivos constitucionais não criam imunidade tributária para as cooperativas, nem impõem um necessário tratamento privilegiado ou favorecido para as cooperativas; no entanto, a Constituição veda que as cooperativas sofram uma carga tributária mais gravosa que a incidente sobre outros contribuintes.

3.1. ISS sobre atos cooperativos: delimitação do tratamento tributário adequado que a Constituição Federal delegou para lei complementar nacional. A previsão constitucional de tratamento tributário adequado (privilegiado), incluindo o ISS, sobre as cooperativas deve recair tão somente sobre o "ato cooperativo", não alcançando os demais atos praticados por tais sociedades. O art. 146, III, *c*, da CF expressamente consignou que a lei complementar estabelecerá normas gerais sobre adequado tratamento tributário "ao ato cooperativo" praticado pelas sociedades cooperativas, não generalizando o alcance para todo e qualquer ato ou negócio praticados por tais pessoas jurídicas. Por atos cooperativos devem ser considerados apenas aqueles que as cooperativas praticam com os seus próprios cooperados ou com outras cooperativas, excluindo-se os negócios entabulados com terceiros, que constituem contratos comuns e, por isso, devem receber o mesmo tratamento tributário concedido às demais sociedades em geral.

3.2. Não incidência do ISS sobre o ato cooperativo "próprio" (ou interno). O art. 79 da Lei n. 5.764/71, que define a Política Nacional de Cooperativismo, conceitua como atos cooperativos aqueles "praticados entre as cooperativas e seus associados, entre estes e aquelas e pelas cooperativas entre si quando associadas, para a consecução dos objetivos sociais". Logo, ficam de fora da definição de "ato cooperativo" aqueles outros praticados com terceiros (não associados), tratados pela doutrina como atos "não cooperativos" (ou atos cooperativos impróprios ou externos). O parágrafo único arremata: "o ato cooperativo não implica operação de mercado, nem contrato de compra e venda de produto ou mercadoria". Dessa forma, esta relação interna e puramente institucional entre cooperativas e seus cooperados (ou entre cooperativas associadas), não decorre de um contrato de prestação de serviços nem configura uma venda de serviço, mas sim um contrato de sociedade, de tal forma que o ISS não incide sobre essa relação genuinamente societária ou institucional. Ademais, inexiste um "preço do serviço" para servir como base de cálculo nos atos cooperados.

– Conferir: STJ, REsp 1.213.479, 2ª T. do STJ, 2010.

– No STF, RE 672.215 e 597.315, houve reconhecimento de repercussão geral sobre a incidência, ou não, do PIS, da Cofins e da CSLL sobre atos praticados pelas cooperativas com terceiros.

– "ISS. COOPERATIVA DE TÁXI... 2. Além disso, com base na prova pericial produzida nos autos, o Tribunal de origem reconheceu que a atividade de captação de passageiros pela Cooperativa, a fim de facilitar a prestação de serviços por seus associados, não afasta o conceito de ato cooperativo, motivo pelo qual não incide o ISS. 3. Logo, o acolhimento das alegações deduzidas no Apelo Nobre do Município de São Paulo ensejaria a incursão no acervo fático-probatório da causa, o que encontra óbice na Súmula 7 do STJ, segundo a qual a pretensão de simples reexame de prova não enseja Recurso Especial. 4. Agravo Interno da COOPERATIVA UNIÃO SERV DOS TAXISTAS AUTÔNOMOS DE SP a que se dá provimento, a fim de negar provimento ao Recurso Especial do Município de São Paulo/SP" (STJ, 1ª T., EDcl no AREsp 1160270, 2018).

3.3. O ato cooperativo deve ser compreendido a partir do objeto social da cooperativa. "Ato cooperativo, pela interpretação dos referidos enunciados, seria aquele praticado pelas cooperativas, de acordo com seu objeto social, viabilizando o interesse de seus cooperadores. Nos termos do art. 79 não implica em operação de mercado, tampouco contrato de compra e venda de produto ou mercadoria. Qualquer atividade, serviço ou operação poderá figurar como objeto de uma cooperativa, conforme art. 5º, desde que voltada aos interesses de seus cooperados, visando fomentar a atividade que os levaram à esta modalidade de associação. Nesta linha de compreensão, o STJ, no AgRg no REsp 622.794/MG, entendeu que atividade praticada pelas cooperativas deve ser compreendida a partir do seu estatuto social, documento que tem o condão de traçar seus propósitos bem como os meios através dos quais serão alcançados: '1. O art. 21 da Lei 5.764/71 determina que o estatuto social, o qual estabelece a relação jurídica entre a cooperativa e seus associados, deve indicar, expressamente, a área de atuação e o objeto da cooperativa, de modo a permitir o fiel cumprimento de suas finalidades. 2. O estatuto social de uma cooperativa pressupõe o preenchimento de uma série de requisitos legais, entre os quais o dever de delimitar a área de atuação e o objeto da sociedade. Ressalta-se, ainda, que o referido documento deve ser submetido à aprovação do órgão competente, no caso, da Junta Comercial do Estado de Minas Gerais. 3. Desse modo, a suposta previsão, no estatuto, de relações com terceiros não cooperados que não ensejam a incidência do ISS, deve ser objeto de análise, caso a caso'. É, pois, o objeto social de uma cooperativa respeitada os preceitos legais contidos na Lei 5.764/71, em especial princípios norteadores do cooperativismo, o documento-base a ser avaliado para fins de enquadramento da atividade a ser praticada no conceito de ato cooperativo. Em uma cooperativa de taxistas, por exemplo, presume-se que os fundamentos de sua inscrição estejam voltados à busca de clientes para seus cooperados. Nas cooperativas de consumo, a busca de melhores condições para viabilizar a aquisição de produtos por seus cooperados. Nas cooperativas de crédito, a prestação de serviços financeiros em prol de seus cooperados. Nas cooperativas de produção rural, meios e condições para que seus associados (produtores rurais consigam produzir e, em consequência, levem seus produtos ao mercado. Indispensável, portanto, uma definição exata no estatuto social acerca dos objetivos a serem traçados pela cooperativa, de forma a evitar um possível desvirtuamento de sua atividade, ou melhor, uma má interpretação e qualificação dos atos que eventualmente vier a praticar. É imprescindível que se esclareça quais atos a cooperativa deverá realizar, 'para' os seus cooperados, 'para' a consecução de seus objetivos sociais, de forma a viabilizar o enquadramento dos mesmos no conceito de 'ato cooperativo'. Ou seja, pela mensagem prevista no art. 79 da lei, não há troca de titularidade entre cooperativa e cooperado. A relação travada entre ambos é intrínseca, devendo ser considerada como se celebrada entre mesma pessoa. Nessa esteira, todos os atos praticados pela cooperativa 'para' a consecução dos seus objetivos sociais deverão ser analisados em sua inteireza, dentro desta relação 'cooperativa/cooperado', não sendo considerada como uma operação de mercado, ou seja, operação com terceiros" (FORCENETTE, Rodrigo. Tratamento jurídico tributário do ato cooperativo: jurisprudência do STF e STJ. *In:* CARVALHO, Paulo de Barros (coord.). *30 anos da Constituição Federal e o sistema tributário brasileiro*. São Paulo: Noeses, 2018. p. 1114-1115).

3.4. Incidência do ISS sobre os atos não cooperativos, isto é, praticados com terceiros não sócios. No tocante aos negócios celebrados entre cooperativas e terceiros não associados, a tributação incidente deve ser igual às das demais sociedades, pois, nestes atos não cooperativos, as cooperativas e as outras sociedades se equivalem. A propósito, o art. 87 da Lei do Cooperativismo determina que "os resultados das operações das cooperativas com não associados, mencionados nos arts. 85 e 86, serão levados à conta do 'Fundo de Assistência Técnica, Educacional e Social' e serão contabilizados em separado, de molde a permitir cálculo para incidência de tributos". Todavia, conforme já observado pelo STJ no REsp 1.213.479 e no AgRg nos EDcl no AREsp 15.617, restará mantida incólume a natureza de atos cooperativos e, por conseguinte, a não incidência do ISS, quando a cooperativa não for lucrativa e os valores por ela arrecadados forem repassados aos seus cooperados na proporção dos serviços por eles executados. Tal constatação, vale frisar, dependerá sempre de uma ampla dilação probatória.

3.5. Só haverá incidência do ISS sobre os serviços prestados por cooperativas de créditos a clientes que não sejam cooperados. "As cooperativas quando prestam serviços aos seus cooperados não sofrem tributação de impostos. Somente quando prestam serviços a não cooperados, aí sim, sofrem tributação. Diante disso, é, realmente, difícil tributar o ISS em relação aos serviços das cooperativas de crédito, porque, em geral, todos os seus 'clientes' são imediatamente admitidos como cooperados. Por isso, os serviços prestados a clientes pessoas físicas gozam, em geral, de imunidade. Ocorre que diversas cooperativas de crédito, como intuito de aumentar suas atividades, estão aceitando clientes pessoas jurídicas, passando a operar como um banco comercial. Não entrando no mérito das vedações do Banco Central, as cooperativas que operam com pessoas jurídicas passam a sofrer a incidência do ISS em tais operações, por se tratar de prestação de serviços, pois pessoas jurídicas não podem ser consideradas cooperados. Deste modo, a fiscalização municipal precisa fiscalizar, também, tais cooperativas de crédito, a fim de verificar se todos os seus clientes são, de verdade, cooperados. Caso tenha cliente pessoa jurídica, o tratamento será idêntico ao dos bancos comerciais" (TAUIL, Roberto A. *ISS*: perguntas e respostas. Juiz de Fora: Juizforana, 2009. p. 174).

3.6. Somente as cooperativas de consumo poderão se beneficiar do regime tributário especial do Simples Nacional: art. 3º, § 4º, VI, LC n. 123/2006. De acordo com referido dispositivo, a pessoa jurídica constituída sob a forma de cooperativas não poderá se beneficiar do tratamento jurídico diferenciado previsto no Estatuto Geral da ME/EPP, incluindo o regime especial do Simples Nacional, ressalvadas as de consumo.

I – as exportações de serviços para o exterior do País;

1. Discussão sobre a natureza desta modalidade de não incidência: imunidade, isenção ou outra forma de exoneração. Há discussões voltadas à natureza dessa hipótese de incidência prevista no art. 156, § 3º, I, da CF, e regrada no art. 2º, I e parágrafo único, da LC n. 116, cuja definição traz repercussão no campo da interpretação desta desoneração tributária, uma vez que as legislações tributárias que dispõem sobre isenções devem ser interpretadas literalmente (art. 111, II, CTN), ao passo que as imunidades tributárias reclamam uma interpretação finalística, mais ampla. No meio termo entre isenções e imunidades, localizam-se as normas desonerativas de outra espécie.

1.1. Semelhança com a reserva, à lei complementar, da não incidência do ICMS sobre serviços de transporte de mercadorias destinadas à exportação. No âmbito do ICMS, a CF também previu uma hipótese de não incidência do imposto estadual que careceu de instituição por via de lei complementar nacional (*in casu,* o art. 3º da LC n. 87). Ver art. 155, § 2º, XII, e, da CF. O STF afastou a natureza de imunidade tributária para esta hipótese de não incidência, conforme RE 212.637, 2ª T., 1999 e RE 196.527, 1ª T., 1999. Em nenhum desses casos, porém, foi enfrentada a real natureza dessa hipótese de não incidência.

1.2. Não se trata de imunidade do ISS na exportação de serviços. A imunidade é uma regra constitucional que nega competência tributária em favor de algumas pessoas ou bases econômicas. É a própria Lei Maior quem diretamente retira aquelas pessoas ou fatos do campo de tributação, cabendo à lei complementar tão somente regular essa limitação constitucional ao poder de tributar, consoante art. 146, II, CF. Ao excluir a incidência do IPI e do ICMS sobre as exportações de produtos e de mercadorias, respectivamente em seus arts. 153, § 3º, III e 155, § 2º, X, *a,* a Constituição criou uma inequívoca imunidade tributária ao prever direta e expressamente a não incidência desses dois impostos sobre tais fatos, sem qualquer delegação para lei complementar. Independentemente de qualquer lei complementar, as exportações estão imunes ao IPI e ICMS. Neste mesmo sentido, o art. 149, § 2º, I, da CF (acrescentado pela EC 42/2003), que também imuniza as receitas decorrentes de exportação com relação às "contribuições sociais e de intervenção no domínio econômico". No caso do ISS, a situação é bem diferente, na medida em que a Constituição, por si só, não afastou a incidência do ISS sobre as exportações de serviços, mas apenas outorgou poderes para o Congresso Nacional disciplinar essa não incidência, através de lei complementar.

1.3. Não se trata de isenção do ISS na exportação de serviços. A isenção é causa de exclusão do crédito tributário (art. 175, I, CTN), concedida por liberalidade do legislador no exercício da competência tributária. Na isenção, o ente tributante tem competência para instituir o tributo, o faz e dispensa determinadas o seu pagamento relativamente a determinadas pessoas ou operações. Muito embora o inciso II do art. 156, § 3º, CF utilize o verbo "excluir", essa ação está diretamente associada à incidência do ISS, influenciando na definição do elemento material da hipótese de incidência. Ademais, o Texto Constitucional delegou à lei complementar nacional dispor sobre essa hipótese de não incidência, retirando a liberalidade ou facultatividade para os Municípios. Por fim, o art. 151, III, da CF veda as chamadas isenções heterônomas, ou seja, benefício fiscal concedido por um ente federado distinto daquele que possui competência tributária para instituir o tributo. No caso do ISS, a União e os Estados estão impedidos De concederem isenções relacionadas a esse imposto municipal. Dessa forma, por não configurar isenção tributária, essa hipótese de não incidência não deve ser interpretada literalmente (art. 111 do CTN). Todavia, no AgRg no MI n. 590, 2003, o Plenário do STF concluiu que o dispositivo é de eficácia reduzida, e não garante que todos os serviços exportados para o exterior estariam excluídos da incidência do ISS, atribuindo-se à lei complementar a escolha dos serviços que ficariam "isentos".

1.4. Trata-se de não incidência estabelecida por lei complementar, limitando o aspecto material do ISS. A não incidência do ISS sobre as exportações, muito embora encontre base constitucional, foi criada pelo art. 2º da LC n. 116. Antes da LC n. 116, não havia essa previsão no DL 406/68, de tal forma que as exportações de serviços estavam sujeitas ao ISS, em face da omissão legislativa. Este dispositivo, portanto, modelou ou restringiu a própria norma de incidência do ISS, atuando especificamente na delimitação do elemento material do fato gerador do ISS.

2. Não incidência do ISS sobre serviços: diferença do tratamento legal relativamente ao ICMS e às contribuições PIS e Cofins. Muito embora tenham sido geradas pela mesma casa legislativa (Congresso Nacional), as legislações tributárias que tratam das exportações de serviços adotaram critérios diferentes para cada um dos tributos envolvidos na hipótese de não incidência. Com relação à imunidade do PIS e da Cofins sobre as receitas de exportação, levou-se em consideração a residência ou domicílio do tomador do serviço e a forma de pagamento: tomador localizado no exterior e configuração do pagamento como "ingresso de divisas", expressão afeta a normas da legislação monetária e cambial, compreendendo qualquer modalidade de pagamento autorizada pela referida legislação que enseje conversão de moedas internacionais em momento anterior, concomitante ou posterior à operação de pagamento pela exportação. Nesse sentido, conferir Solução de Divergência Cosit n. 1 de 13-1-2017. Logo, no que tange ao PIS/Cofins, a exportação requer o cumprimento cumulativo de dois requisitos objetivos, um de caráter espacial (localização do tomador do serviço no estrangeiro) e outro cambial-monetário (ingresso de divisas). Já na hipótese de não incidência do ICMS sobre o serviço de transporte de mercadorias destinadas à exportação (art. 3º, II, LC n. 87/96), o foco está no destino final da mercadoria transportada, adotando-se, pois, um critério finalístico (logístico). Assim, para fins de ICMS, é irrelevante tanto a localização do tomador do serviço de transporte (pode ser um tomador residente e domiciliado no Brasil), como a forma de pagamento (dispensa-se o ingresso de divisas), distanciando-se, pois daqueles critérios válidos para o PIS e a Cofins. Finalmente, para o ISS, o art. 2º, parágrafo único, da LC n. 116 expressamente aboliu o requisito da forma ou local do pagamento do serviço, quando, na parte final, admitiu a cobrança do imposto municipal "ainda que o pagamento seja feito por residente no exterior", ou seja, ainda que haja ingresso de divisas, na linguagem da legislação do PIS e da Cofins. O dispositivo também desvinculou o gozo da não incidência do ISS ao critério finalístico, distinguindo-se daquela não incidência do ICMS, ao desenquadrar como exportação "os serviços desenvolvidos no Brasil, cujo resultado aqui se verifique". No que tange ao aspecto geográfico do tomador do serviço, a LC n. 116 não foi suficientemente clara em sua adoção ou rejeição; porém, ao prever a incidência do ISS sobre os "serviços desenvolvidos no Brasil, cujo resultado aqui se verifique", a questão geográfica ligada ao domicílio ou residência do tomador do serviço se torna insuficiente para a caracterização da hipótese de não incidência.

2.1. Caracterização da exportação de serviço para fins de PIS/Cofins: art. 6º, II, da Lei n. 10.833/2003. O referido dispositivo prevê a não incidência da Cofins sobre as receitas decorrentes das operações de "prestação de serviços para pessoa física ou jurídica residente ou domiciliada no exterior, cujo pagamento represente ingresso de divisas". No mesmo sentido, o art. 5º, II, da Lei n. 10.637/2002, relativamente ao PIS.

3. Não incidência do ISS sobre "serviços prestados no exterior" com "resultados verificados também no exterior": desnecessidade e não aplicação do inciso I do art. 2º da LC n. 116. Este dispositivo prescreve a não incidência do ISS sobre "as exportações de serviços para o exterior do País", valendo-se, pois, de uma expressão bastante genérica e abrangente. O termo "exportação", por si só, implica necessariamente numa atividade negocial que foi desenvolvida *e/ou* cujo resultado ocorreu num outro País. No caso de um serviço prestado fora do Brasil (por exemplo, uma obra de engenharia realizada na Argentina), a não incidência se impõe de forma absolutamente flagrante, a ponto, inclusive, de dispensar qualquer previsão constitucional ou infraconstitucional, por força do princípio da territorialidade: uma vez prestado em outro País, ainda que por um prestador residente ou sediado no Brasil, não há como incidir o ISS, pois o serviço não foi prestado em território nacional. E não há como equiparar o ISS ao imposto de renda, que admite a tributação no Brasil de rendimentos auferidos em outro País, pois além do fato gerador ser diferente (disponibilidade econômica ou jurídica de renda ou proventos de qualquer natureza – art. 43 do CTN), a Carta Magna explicitamente prevê que o IR será informado pelo critério da universalidade da renda. Assim, estará fora do campo de incidência do ISS todo e qualquer serviço prestado fora do País, ainda que por um prestador nacional, mas isso não por conta do art. 2º, I, da LC, mas sim por decorrência do princípio constitucional da territorialidade. Logo, mostram-se irrelevantes, também, aqueles outros critérios adotados pelas legislações do PIS e da Cofins. Uma vez prestado fora do País, não deve incidir o ISS sobre tal serviço, independentemente do tomador estar, ou não, localizado no exterior, ou do pagamento implicar num ingresso de divisas. Aqui, já não cabe qualquer comparação com a não incidência do ICMS sobre serviço de transporte de mercadoria destinada ao exterior, pois se está diante de um serviço prestado fora do País.

– "A prestação de serviços na exportação é definida pela venda e entrega do resultado de um serviço a pessoa domiciliada no exterior conforme os modos de prestação de serviços observados no comércio internacional. Em suma, só difere da prestação de serviço interna quanto às pessoas envolvidas, visto que um dos negociantes, o tomador do serviço, é estrangeiro. O resultado do serviço, enquanto bem intangível, pode, conforme a natureza do serviço, apresentar-se absorvido ou incorporado a um bem material. Na análise do aspecto espacial da hipótese de incidência do ISSQN verificamos que o parâmetro da incidência será o local do estabelecimento prestador onde houver a execução do serviço, ou seja, o estabelecimento que consumar o serviço, fazendo nascer uma possível utilidade. Portanto, somente cabível falar-se em resultado do serviço verificado no exterior se a conclusão do serviço por lá ocorrer, como, por exemplo, ocorre na maior parte dos serviços constantes nos incisos do art. 3º da LC n. 116/2003, quando prestados a tomador estrangeiro. Ocorrerá, assim, a tributação pelo ISSQN de algumas operações internacionais de venda de serviços, conforme o modelo de negócio empregado, se a atividade desenvolvedora do serviço consumar-se no Brasil, ou seja, se a materialidade do fato econômico tributado aqui se verificar" (LIMA, Tarciano José Faleiro de. *Exportação de serviços*. Porto Alegre: Rígel, 2018. p. 156).

4. Resultado-consumação x resultado-utilidade. "... as teses acerca do resultado do serviço: Resultado-consumação: o resultado do serviço dá-se pela consumação do mesmo, ou seja, pela sua conclusão. Nas exportações, implica a incidência do ISSQN quando o serviço for desenvolvido no País e enviado ao exterior já concluído. Pela característica que apresenta, desprestigia a chamada desoneração tributária das exportações, porém oferece segurança jurídica, visto que é interpretação imediata à configuração do fato imponível, independendo de qualquer ação ou verificação posterior relacionada ao tomador do serviço; b) Resultado-utilidade: o resultado do serviço dá-se pela utilidade do mesmo, associada à sua fruição ou possibilidade de fruição. Nas exportações, implica a não incidência do ISSQN se o serviço for desenvolvido no País e seja passível de fruição no exterior. Pela característica que apresenta, prestigia a chamada desoneração tributária das exportações, porém desatende aos preceitos da segurança jurídica, isto que é interpretação mediata à configuração do fato imponível, a ser realizada em momento indefinido e indefinível, dependente de ação ou verificação relacionada ao tomador do serviço. [...] Adotando a tese do resultado-utilidade: TJRS, 1ª CC, AC 70050862630, 2012, rel. Des. Carlos Roberto Lofego Canibal, Município de Novo Hamburgo, envolvendo consultoria de comércio exterior prestada a empresa americana; 21ª CC, AC 70046023594, 2011, rel. Des. Armínio José Abreu Lima da Rosa, Município de Porto Alegre, envolvendo representação comercial por empresa brasileira prestada a empresa estrangeira para venda dos seus produtos ao Brasil. STJ, REsp 587.403/RS, 2016, Min. Gurgel de Faria, Município de Porto Alegre, envolvendo projetos de engenharia: 'à luz do parágrafo único do art. 2º, I, da LC n. 116/2003, a remessa de projetos de engenharia ao exterior poderá configurar exportação quando, do seu teor, bem como dos termos do ato negocial, puder-se extrair a intenção de sua execução no território estrangeiro. Considerou-se, em todos esses casos, que houve exportação de serviços. Adotando a tese do resultado-consumação: STJ, REsp 831.124/RJ, 2006, rel. Min José Salgado, Município de Petrópolis/RJ, envolvendo reparo de motores e de turbinas de aeronaves realizado em Petrópolis, com posterior envio dos motores ao exterior. Considera-se que não havia exportação de serviços. Mas houve voto vencido do Min. Teori: 'Penso que não se pode confundir resultado da prestação de serviço com conclusão do serviço. Não há dúvida nenhuma que o serviço é iniciado e concluído aqui. Não há dúvida nenhuma que o teste na turbina faz parte do serviço. O fato de ser testado aqui foi o fundamento adotado pelo juiz de Primeiro Grau e pelo Tribunal para dizer que o teste é o resultado. Mas essa conclusão não é correta: o teste faz parte do serviço e o serviço é concluído depois do teste. Depois disso, a turbina é enviada ao tomador do serviço, que a instala no avião, quando então, se verificará o resultado do serviço. O Resultado, para mim, não pode se confundir com conclusão do serviço. Portanto, o serviço é concluído no País, mas o resultado é verificado no exterior, após a turbina ser instalada no avião" (LIMA, Tarciano José Faleiro de. *Exportação de serviços*. Porto Alegre: Rígel, 2018. p. 123 e 129). Lima segue o resultado-consumação: "resultado do serviço é o produto intangível de um desenvolvimento laboral, verificado na consumação da atividade, independentemente de sua possível utilidade ou dos efeitos de sua fruição" (LIMA, Tarciano José Faleiro de. *Exportação de serviços*. Porto Alegre: Rígel, 2018. p. 165-166).

II – a prestação de serviços em relação de emprego, dos trabalhadores avulsos, dos diretores e membros de conselho consultivo ou de conselho fiscal de sociedades e fundações, bem como dos sócios-gerentes e dos gerentes-delegados;

---

1. Não incidência do ISS sobre serviços prestados por pessoas físicas vinculadas à empresa ou por avulsos. O ISS não incide sobre "trabalhos" de qualquer natureza, mas sim sobre "serviços" de qualquer natureza. O conceito de "relação de trabalho" é o gênero, abrangendo qualquer tipo de esforço humano desempenhado por alguém em favor de outrem, incluindo as relações de emprego, o trabalhador avulso, os trabalhos societários, os atos cooperativos e, por fim, as prestações de serviços. Se, de um lado, a LC n. 116 foi omissa no que tange à não incidência do ISS sobre os atos cooperativos, o art. 2º, II, expressamente prevê que o imposto municipal não alcança os trabalhos desempenhados em relação de emprego, dos trabalhadores avulsos e aqueles inseridos numa relação de direito societário (trabalho dos diretores, conselheiros e sócios). Sob a égide do Decreto-lei n. 406/68, o revogado art. 8º também afastava a incidência do ISS sobre esses trabalhos, restringindo o elemento material do imposto material aos serviços prestados "por empresa ou profissional autônomo".

2. Não incidência do ISS sobre serviços prestados em relação de emprego. A relação de emprego é extraída a partir do art. 3º da CLT, que define "empregado" para fins da legislação trabalhista. A doutrina e jurisprudência trabalhistas apresentam os seguintes requisitos presentes em toda relação de emprego: alteridade, subordinação, pessoa física, pessoalidade, onerosidade e não eventualidade. A relação de emprego também abrange os trabalhos desenvolvidos pelos servidores públicos, de tal sorte que o ISS também não incidirá sobre as remunerações percebidas por tais trabalhadores.

2.1. "Pejotização" de relações empregatícias e reflexos no ISS. Em um caso concreto, se houver a desconsideração da pessoa jurídica e suas relações de trabalho forem reclassificadas como autênticas relações de emprego entre empregado (titular ou sócio da "pessoa jurídica" desconsiderada) e empregador ("tomador" do serviço), a consequência será a não incidência do ISS, com a subsequente anulação de débitos e restituição de pagamentos indevidos.

– A prática ilícita de desvirtuar genuínas relações celetistas em contratos empresariais de prestações de serviços celebrados com empregados disfarçados de pessoas jurídicas ou empresários individuais é vulgarmente chamada de "pejotização", um termo pejorativo para pessoa jurídica ("PJ"). Trata-se de uma infração não apenas trabalhista, mas também tributária, pois a "pejotização" também acarreta redução ilegal da carga tributária para fins de imposto de renda, contribuições sociais sobre a folha de salários, FGTS, geração de créditos de PIS/Cofins no regime não cumulativo. No âmbito do Simples Nacional, o art. 3º, § 4º, XI, da LC n. 123 veda o enquadramento como ME e EPP e, por conseguinte, a adesão ao regime do Simples Nacional, da "pessoa jurídica cujos titulares ou sócios guardem, cumulativamente, com o contratante do serviço, relação de pessoalidade, subordinação e habitualidade". Curiosamente, no que tange ao ISS, a pejotização implica um aumento de carga tributária, pois atrai para o campo de incidência do imposto municipal uma relação de emprego disfarçada em prestação de serviço.

3. Não incidência do ISS sobre serviços prestados por trabalhadores avulsos. O trabalho avulso é aquele, de natureza urbana ou rural, prestado por pessoa física sem vínculo empregatício, pois lhe falta o requisito da pessoalidade, eis que o trabalhador pode ser substituído por outra pessoa e o seu trabalho é realizado para diversas empresas. O trabalho eventual é gerenciado por um órgão gestor de mão de obra (OGMO) ou por sindicatos de classe. Enquanto a Lei n. 12.023/2009 dispõe sobre o trabalho avulso para movimentação de mercadorias em geral, a Lei n. 12.815/2013 regula o trabalho avulso especificamente nos portos. Essa não incidência do ISS tem uma maior aplicação ou ligação prática com relação aos serviços do item 20 da lista anexa à LC n. 116, a saber: "serviços portuários, aeroportuários, ferroportuários, de terminais rodoviários, ferroviários e metroviários".

4. Não incidência do ISS sobre serviços prestados por diretores, conselheiros, sócios e administradores de sociedades e fundações. O ISS também não alcança esses trabalhos desempenhados no âmbito de uma relação societária amparada num contrato societário. O ISS não incide sobre os trabalhos desenvolvidos pelos administradores, diretores e conselheiros de sociedades (simples e empresariais), empresas individuais de responsabilidade limitada (EIRELI), fundações, associações, organizações religiosas e pessoas jurídicas de direito público, muito embora o texto tenha se limitado a prever "sociedades e fundações". Com efeito, o trabalho desempenhado por administradores, diretores e conselheiros nessas outras pessoas jurídicas (EIRELI, associações, organizações religiosas e pessoas jurídicas de direito público) também não configuram "prestações de serviço" suscetíveis ao ISS.

Não incidência do ISS sobre essas relações de trabalho estranhas às prestações de serviços sujeitos ao imposto municipal: reforço pela ausência de base de cálculo do imposto. A não incidência do ISS sobre essas outras relações de trabalho também é ratificada pela ausência da base de cálculo do imposto, pois as remunerações recebidas por tais trabalhadores (salário, pró-labore, vencimentos, remuneração) não correspondem a "preço do serviço", como requer o art. 7º da LC n. 116.

III – o valor intermediado no mercado de títulos e valores mobiliários, o valor dos depósitos bancários, o principal, juros e acréscimos moratórios relativos a operações de crédito realizadas por instituições financeiras.

---

1. Não incidência do ISS sobre operações financeiras. Não incide ISS sobre operações financeiras, mas sim o IOF. Muito embora esta seja uma constatação inequívoca e incontroversa, como algumas operações financeiras vêm acompanhadas de prestações de serviços (catalogadas sobretudo no item 15 da lista), o inciso III do art. 2º cuidou de afastar explicitamente a cobrança do ISS em cima do "valor intermediado no mercado de títulos e valores mobiliários, o valor dos depósitos bancários, o principal, juros e acréscimos moratórios relativos a operações de crédito realizadas por instituições financeiras". Note-se que diferentemente dos dois incisos anteriores, ao invés de prever a não incidência do ISS sobre alguns serviços (de exportação ou decorrentes de outras relações de trabalho), o inciso III focou na base de cálculo e não no elemento material do fato gerador. Com efeito, o dispositivo não prevê que o ISS não incidirá sobre "operações de crédito", "depósitos bancários" ou "operações relativas a títulos e valores mobiliários". A redação levou em conta o afastamento do ISS sobre o "valor" intermediado no mercado de títulos e valores mobiliários, o "valor" dos depósitos bancários, e o valor ("principal, juros e acréscimos moratórios") relativo a operações de crédito realizadas por instituições financeiras. Assim, para a obtenção de uma melhor ordem lógica, consoante apregoa o art. 11, III, da LC n. 95/98, este dispositivo estaria melhor situado no art. 7º da LC n. 116, que versa especificamente sobre a base de cálculo do ISS.

1.1. Não incidência do ISS sobre as operações financeiras, sem prejuízo da incidência do ISS sobre as prestações de serviços relativas a tais operações. A forma como foi redigido o dispositivo, que enfoca a base (não incidência do ISS sobre aqueles "valores" discriminados) e não a atividade (não incidência do ISS sobre operações financeiras), tem a vantagem hermenêutica de afastar dúvidas acerca da incidência do ISS sobre as prestações de serviços relacionados ao setor bancário ou financeiro, listados no item 15. Dito de outro modo, caso o dispositivo tivesse sido redigido com ênfase na não incidência do ISS sobre as "operações financeiras", quedaria admitida (ou reforçada) a interpretação de que os serviços ligados a uma operação financeira não poderiam se sujeitar ao ISS. Assim, na forma como foi escrito o inciso III do art. 2º, ficou absolutamente claro que a não incidência do ISS se limita à operação financeira em si mesma, isoladamente considerada, cabendo a cobrança do imposto municipal sobre os valores condizentes com o "preço do serviço", ainda que haja uma operação financeira paralela e autônoma. Aliás, trata-se de mais um bom motivo para melhor contextualizar essa hipótese de não incidência no art. 7º da LC n. 116, e não neste art. 2º.

2. Prevenção de conflito de competência com a União em matéria de IOF. Como esse inciso III deve ser contextualizado à luz do conflito de competência entre ISS e IOF, conclui-se que os valores ali mencionados não esgotam todas as hipóteses de não incidência do ISS relacionadas às operações financeiras, de tal forma que convém conjugar esse dispositivo com o art. 64 do CTN. Em suma, o ISS jamais poderá incidir sobre todos aqueles valores submetidos ao IOF, e não apenas com relação aqueles citados no inciso III do art. 2º da LC n. 116.

Parágrafo único. Não se enquadram no disposto no inciso I os serviços desenvolvidos no Brasil, cujo resultado aqui se verifique, ainda que o pagamento seja feito por residente no exterior.

---

1. Incidência quando o resultado se verifique aqui no Brasil. "... são duas as condições materiais para a oneração: a) serviços desenvolvidos no Brasil; b) o resultado desses serviços aqui se verifique. [...] ... pensamos que há a oneração das exportações de serviços pelo ISSQN, porém limitada às condições estipuladas no Parágrafo único do art. 2º da LC n. 116/2003" (LIMA, Tarciano José Faleiro de. *Exportação de serviços*. Porto Alegre: Rígel, 2018. p. 121-122).

2. Não incidência do ISS sobre serviços prestados no Brasil, cujo resultado se verificou no exterior: embasamento no parágrafo único do inciso II do art. 2º da LC n. 116. À luz do texto constitucional e da jurisprudência do STF, o ISS pode incidir sobre quaisquer serviços "prestados em território nacional", ainda que o resultado se verifique no exterior. No entanto, com supedâneo no art. 156, § 3º, II, da CF, a LC n. 116 cuidou de afastar a incidência do ISS sobre aqueles serviços desenvolvidos no Brasil, quando o resultado se verificar em outro País, de tal sorte que a hipótese de não incidência do ISS sobre a exportação de serviços está necessariamente inserida nestes dois contextos espaciais contrastantes: serviço "prestado no Brasil", cujo "resultado se deu fora do País". Note-se novamente: é irrelevante a nacionalidade do tomador do serviço, bem como a forma ou local do pagamento do serviço. Também não há que se falar em serviço "prestado no exterior cujo resultado também se verificou em outro País", pois esta hipótese de não incidência dispensa qualquer previsão expressa, diante da absoluta falta de competência tributária dos Municípios para tal cobrança tributária, como outrora observado. O foco dessa não incidência, portanto, não está no local da prestação do serviço (é óbvio que se trata de serviço desenvolvido no Brasil), mas sim no local onde o resultado for verificado. Se o resultado for verificado no Brasil, incidirá o ISS; caso contrário, ainda que o serviço tenha sido prestado no Brasil, uma vez ocorrido o resultado em outro País, não incidirá o ISS.

3. A não incidência do ISS sobre a exportação de serviços relacionados à economia digital está em sintonia com o posicionamento da OCDE. Essa organização internacional propôs o deslocamento da tributação para o país de destino (logo, no consumo), quando o modelo de negócio da atividade for altamente digitalizado. Nesse sentido, conferir o documento público elaborado pela OCDE disponível em: <https://www.oecd.org/tax/beps/public-consultation-document-secretariat-proposal-unified-approach-pillar-one.pdf> (acesso em: 16 out. 2019).

4. Definição do que seja "resultado": utilização ou consumo do serviço. O parágrafo único do art. 2º afasta a hipótese de não incidência do ISS sobre exportação quando os serviços forem "desenvolvidos no Brasil cujo resultado aqui se verifique". Importante notar que a expressão "resultado aqui se verifique" aparece logo após a qualificação de "serviços desenvolvidos no Brasil". Serviços "desenvolvidos no Brasil" são aqueles iniciados *e/ou* concluídos no País, não cabendo uma interpretação restritiva no sentido de que "desenvolvidos" se resumiria a serviços "iniciados" no País e concluídos no estrangeiro. Com efeito, no § 1º do art. 1º a LC n. 116 cuidou de utilizar explicitamente "iniciado no exterior", que possui um conteúdo mais restritivo, que leva às primeiras etapas de um serviço ainda não finalizado. Mais adiante, no seu art. 4º, a LC n. 116 voltou a empregar o verbo "desenvolver" num sentido mais amplo, ao configurar o estabelecimento prestador no local onde o contribuinte "desenvolve a atividade de prestar serviços", aqui se encaixando todas as etapas necessárias para a prestação do serviço (início, meio e/ou fim). Voltando ao parágrafo único do art. 2º, ao mencionar a incidência do ISS sobre os "serviços desenvolvidos no Brasil", a LC n. 116 já embutiu nesta parte os serviços iniciados *ou* concluídos, de tal forma que o "resultado verificado" não pode ser encarado como uma conclusão do serviço (sua etapa final) sob pena de uma redundância, mas sim como o uso ou consumo do serviço por parte do tomador. Enfim, não incidirá o ISS quando o serviço tiver sido prestado no Brasil (iniciado e/ou concluído) e consumido, tomado ou utilizado no exterior. Exemplo: não incidirá o ISS sobre um serviço de desenvolvimento de *software*, ainda que concluído no Brasil, se o tomador do serviço utilizar este programa de computador no

Canadá. Por outro lado, uma vez prestado o serviço no Brasil, e aqui consumido, o ISS incidirá. É o caso, por exemplo, de um serviço hospitalar concluído no Brasil em um paciente residente no Chile, mesmo que ele retorne para seu País no mesmo dia.

– "A prestação de serviço constitui-se pelo conjunto da execução e da entrega do resultado de um serviço, sendo, em verdade, dois fatos ocorridos no mundo fenomênico, não cabendo exegese que os simplifique. Todavia, o fato econômico tributado é a execução do serviço, o fazer, o trabalho humano, a criação de valor, o esforço que visa resultar em um bem ou vantagem, tornando incompatível qualquer critério de oneração ou de desoneração tributária dessa atividade que não se relacione à sua materialidade. [...] Não há como exportar-se um serviço, pois este constitui um fazer, uma ação, mas sim o seu resultado, ou seja, é a entrega do resultado do serviço que perfectibiliza a operação econômica, atendendo, simultaneamente, o conceito de prestação do serviço anteriormente explorado e o conceito de exportação de serviços definido pela OMC e internalizado pelos países membros da Organização das Nações Unidas (ONU). [...] ... resultado do serviço é o produto intangível de um desenvolvimento laboral, verificado na consumação da atividade, independentemente de sua possível utilidade ou dos efeitos de sua fruição. [...] ... na exportação de serviço, entendida como a sua prestação a pessoa domiciliada no exterior, haverá a incidência do ISSQN se o resultado do serviço, obtido na consumação da atividade, for verificado no País" (LIMA, Tarciano José Faleiro de. *Exportação de serviços*. Porto Alegre: Rígel, 2018. p. 117-118, 120 e 166).

4.1. Resultado como efeito. "Além de defeituosa a redação por confundir 'efeito' com 'resultado', a norma é desnecessária, pois se o efeito for produzido no Brasil não se tratará de exportação de serviço para o exterior do país. Exportar serviço só pode significar que alguém elaborou aqui, por exemplo, um projeto de construção de usina hidrelétrica, para surtir efeito no estrangeiro, por encomenda de um tomador localizado no exterior do país. Se o projeto surtir efeito no Brasil (produzir resultado, na terminologia da lei) de exportação de serviço não se tratará, ficando sujeito ao pagamento do ISS" (HARADA, Kiyoshi. *ISS:* doutrina e prática. São Paulo: Atlas, 2008. p. 47).

4.2. Resultado do serviço como conclusão do serviço. "Voltando, porém, ao conceito de 'resultado', a nossa posição contradiz o entendimento de tributaristas eminentes. O motivo maior da divergência de posição ainda está assente no aspecto temporal da prestação do serviço, pois esses autores entendem que o adimplemento da relação jurídica se perfaz na circulação, ou seja, quando o resultado do serviço é entregue ao tomador pois não entendemos assim. A prestação se exaure no momento em que o cumprimento da obrigação foi atendido, enquanto a entrega do resultado de tal prestação depende de outras regras ou convenções entre as partes que nada tem a ver com a prestação-fim da relação jurídica. Para defender a tese da circulação, o ilustre Marcelo Caron Baptista dá o exemplo do alfaiate que confecciona um terno para ser enviado ao tomador localizado em outro país. Segundo o autor, a obrigação só estará adimplida no momento em que o tomador receber a roupa no endereço dele. Pois, com as vênias devidas, discordamos, porque a obrigação contratual assumida pelo devedor foi cumprida ao término do serviço prometido, sendo a forma ou a maneira de entregar o resultado um mero acordo das partes, que não influi no nascimento do fato gerador que ocorre ao término do trabalho. Seria um contrassenso admitir que o fato imponível estaria na dependência da forma estipulada de entrega, se o terno será enviado de avião, navio ou de ônibus. Tal equívoco acontece por força da tentativa de comparar o ISS com o ICMS ou IPI. Nas obrigações de dar, assume o devedor a obrigação de entregar a coisa acertada no contrato, e para efeitos tributários cumpre o compromisso assumido no momento da transmissão. Por esse motivo, torna-se importante o comprovante assinado pelo credor no canhoto da nota fiscal mercantil (quando for o caso), a servir de prova que a mercadoria lhe foi entregue. Já na obrigação de fazer, vincula-se o devedor a prestar o fato ou uma atividade, mas, em geral, dentro de um prazo fixado ou pactuado entre as panes. Ao ISS o que importa é a prestação do serviço e vai daí que pouco interesse tem ao fisco municipal o comprovante da entrega do resultado do serviço" (TAUIL, Roberto A. *ISS*: perguntas e respostas. Juiz de Fora: Juizforana, 2009. p. 46).

4.3. Resultado como consequência última do serviço realizado, e não a sua mera conclusão. "O esforço primeiro está em fixar o que seja 'exportação de serviços', cuja acepção não pode fugir do gozo, por pessoa localizada fora dos limites do território brasileiro, do resultado da utilidade produzida. É curial que qualquer serviço, como obrigação de fazer que é, esgota-se no momento de sua execução, ou seja, não se prolonga além do momento de sua concretização. O que vem depois é o seu resultado, quer dizer o efeito dele decorrente. Nessa razão, 'resultado' significa 'derivação, consequência, seguimento'. Ao executar o serviço, o prestador o faz para alguém (tomador), que, de algum jeito, dele se beneficia, obviamente que nos limites territoriais em que tem domicílio. Não por outro motivo, a norma sob foco distinguiu tomador do serviço da pessoa que efetua o pagamento do preço respectivo, no sentido de que, para configurar exportação de serviço, não é suficiente que a contraprestação seja satisfeita por não residente, mas sim que a atividade se destine a não residente. Daí, o vocábulo 'resultado' deve ser entendido como consequência última do serviço realizado, consistente no proveito que dele deriva. À guisa de exemplificação: a) empresa especializada em serviços de informática, com sede no Rio de Janeiro, foi contratada por uma empresa europeia (Portugal), para elaboração de um programa de computador, sendo certo que a atividade será aqui desenvolvida, mas seu resultado, consistente na utilização do respectivo *software*, verificar-se-á no exterior; b) sociedade brasileira foi contratada por empresa alemã, proprietária de determinado navio (atracado em porto brasileiro), para nele executar serviços de transformação e adaptação, os quais se desenvolveram no Brasil, mas o resultado, materializado na fruição do bem alvo da reforma, com certeza será experimentado pela empresa contratante do serviço quando vier a utilizar o navio transformado, isso no lugar onde bem entender. De ciência certa que, nesses dois casos, opera-se no exterior o resultado dos serviços. Entendimento diverso do até aqui exposto levaria, deveras, ao absurdo de tornar a presente disposição isentiva letra morta, pois se o resultado equivale à mera conclusão do serviço, sua verificação (do resultado) em outro país tão só ocorrerá quando lá o serviço for prestado. Porém, nesse caso, já não se dá incidência do ISS, porquanto o local da prestação é o elemento espacial de seu fato gerador. Nessa visão, não é absurdo asseverar que o parágrafo único do art. 2º da LC n. 116/2003, fere o princípio da supremacia constitucional, na medida em que a Lei Maior (art. 156, § 3º, II) é norma cogente que obriga o legislador complementar a isentar do ISS as exportações de serviço, o que, se aceita a interpretação de que resultado equivale a conclusão do serviço, sobredito parágrafo único teria negado. Em suma, é insustentável o raciocínio na direção de que, quando o serviço é desenvolvido no Brasil, aqui também necessariamente acontece a verificação do seu resultado, primeiro por não obter respaldo na realidade fática e, sobretudo, por implicar flagrante antinomia ao fraudar a razão teleológica de desoneração, que é justamente dar competitividade aos brasileiros prestadores de serviços (propósito maior do comando constitucional fonte da indigitada desoneração)" (OLIVEIRA, José Jayme de Macêdo. *Impostos municipais*: ISS, ITBI e IPTU. 2. ed. São Paulo: Saraiva, 2011. p. 215-216).

4.4. Resultado do serviço como utilização, consumo ou fruição. "1. A isenção ISS opera-se uma vez atendidos os elementos seguintes: (a) exportação de serviços; (b) efetiva destinação dos serviços ao exterior; e (c) resultado do serviço no exterior. 2. A condição relativa ao 'resultado' significa que os serviços desenvolvidos no país – compreendendo a elaboração, execução, e conclusão –, somente têm condições de ocasionar efeitos no exterior, em razão de sua utilização, consumo e fruição" (MELO, José Eduardo Soares de. ISS: importação e exportação de serviços. entendimentos e jurisprudência. *In:* CARVALHO, Paulo de Barros (coord.). *30 anos da Constituição Federal e o sistema tributário brasileiro*. São Paulo: Noeses, 2018. p. 599-600).

4.5. Resultado enquanto uso ou consumo do serviço: importação x exportação. De um lado, nos termos dos arts. 1º, § 1º, 3º, I, e 6º, § 2º, I, todos da LC n. 116, incidirá o ISS na importação de serviço "proveniente do exterior" (concluído fora do Brasil) ou "iniciado no exterior" com finalização aqui no Brasil. Para fins de incidência do imposto municipal na importação, o que interessa é o fato do "resultado", isto é, a utilização ou consumo do serviço ocorrer em território nacional. Esse consumo do serviço perfectibiliza a incidência do ISS na importação, não interessando se o pagamento envolveu ingresso de divisas, nem se o tomador do serviço é residente ou domiciliado no Brasil, até porque a responsabilidade tributária pode até mesmo recair em cima do intermediário da operação. Por outro lado, e seguindo a mesma linha de raciocínio focado no "resultado" enquanto utilização ou consumo do serviço dentro do território nacional, o art. 2º, I e parágrafo único, da LC n. 116, prevê a não incidência do ISS sobre os serviços desenvolvidos no Brasil, isto é, iniciados ou concluídos em território nacional, desde que o resultado não se verifique aqui. Se o serviço for prestado e consumido (utilizado) no Brasil, o ISS incidirá normalmente. Por fim, também é vislumbrada essa simetria e coerência legislativa entre a não incidência do ISS tanto na importação como na exportação de serviço "prestado e consumido fora do País": se o prestador do serviço desenvolvido no exterior for um contribuinte brasileiro, não haverá a incidência do ISS porque o fato gerador não ocorreu em território nacional, dispensando-se, inclusive, a regra do art. 2º, I, da LC n. 116; igualmente, sob o mesmo argumento do princípio da territorialidade, não incidirá o ISS sobre um serviço "prestado e consumido no exterior", mesmo quando o tomador for uma pessoa residente ou estabelecida no Brasil.

– "Ao tratar da importação de serviços, no art. 1º, § 1º, da LC n. 116/2003 o legislador complementar utilizou a expressão 'serviço proveniente do exterior do País ou cuja prestação se tenha iniciado no exterior do

País'. Por interpretação sistemática, podemos analogamente dizer que a exportação de serviços constitui-se no serviço destinado ao exterior do País ou cuja prestação tenha se iniciado no Brasil. A expressão 'serviço destinado ao exterior do País' é abrangente, considerados os modos de prestação vigentes no Comércio Exterior, significando, em verdade, serviço destinado a tomador domiciliado no exterior do País" (*apud* LIMA, Tarciano José Faleiro de. *Exportação de serviços*. Porto Alegre: Rígel, 2018. p. 116-117).

4.6. Crítica da decisão do STJ no REsp 831.124, que validou a cobrança do ISS sobre serviço de reparação concluído no Brasil (Petrópolis/RJ) em turbina de avião de propriedade de uma companhia estrangeira. "Não conseguimos, sinceramente, imaginar inúmeras hipóteses de serviços, prestados a não residentes, em benefício de não residentes, que não sejam finalizados no país, a menos quando tais serviços são realizados no exterior, ocasião, como dito anteriormente, já não alcançada pelo ISS. Aliás, chega a ser surpreendente a interpretação contida no acórdão, sob o ponto de vista econômico, pois ela admitiria que um prestador de serviços brasileiro seja contratado e realize um serviço parcial, não por completo no Brasil, o que contraria qualquer regra obrigacional, tornando o pagamento do prestador de serviços brasileiro uma mera liberalidade, um evento futuro e incerto. Quer nos parecer, portanto, que a conclusão adotada, por maioria, no aludido Recurso Especial, não encontrou a melhor solução para a exportação de serviços, restringindo sobremaneira a sua ocorrência, pois, segundo o raciocínio nela contido, o serviço não poderia sequer se completar no Brasil – e daí a palavra 'resultado' no sentido de 'finalizado' – porque seria aqui tributado. Ou seja, olvidando as regras do ISS, e a não tributação pelo ISS de fatos (serviços) ocorridos no exterior, o STJ equivocadamente decidiu no REsp 831.124 – RJ, de forma indireta, que apenas haveria exportação de serviços quando os serviços foram finalizados no exterior! Com a devida vênia, a conclusão do Acórdão está para o ISS, o que uma operação com mercadorias realizadas no exterior está para o ICMS ou que uma industrialização efetuada fora do território nacional, para o IPI, o que, a nosso ver, constitui tamanha injustiça, cujo rumo será certamente corrigido pelo próprio STJ ou até pelo Supremo Tribunal Federal" (BATISTA, Luiz Rogério Sawaya. Exportação de serviços no imposto sobre serviços de qualquer natureza. *In:* MACEDO, Alberto; CASTRO, Leonardo Freitas de Moraes e (coord.). *Tributação indireta empresarial:* indústria, comércio e serviços. São Paulo: Quartier Latin, 2016. p. 749-750).

4.7. Não incidência do ISS quando o beneficiário for residente do exterior. "Vemos, portanto, a palavra 'resultado' como um predicado restritivo à exportação de serviços de serviços, que estabelece uma condição para a não incidência, que o efeito do serviço prestado, que ocorre em momento posterior ao serviço, quando ocorre, se dê no exterior do país. Assim, sob a regra do resultado, se uma empresa de engenharia consultiva brasileira elabora um projeto de engenharia para uma empresa estrangeira, tal prestação apenas será considerada exportação se este projeto se destinar a ser utilizado em uma construção no exterior. De acordo com a Lei Complementar n. 116/2003, se o projeto para e em benefício do não residente, tiver como objeto uma obra que se realizaria no país, e.g., um empreendimento imobiliário imaginado por investidores estrangeiros, então não se trataria de exportação de serviços. Trata-se de condição interessante, que relega ao um evento futuro e incerto a aplicação da não incidência, nos levando a questionar, com bom humor, se haveria exportação de serviços caso o tomador de serviços, antes de realizar o seu imaginado empreendimento, fosse surpreendido por uma crise econômica internacional que lhe impossibilitasse o empreendimento internacional. Ou se o tomador de serviços, tendo contratado inúmeras empresas de engenharia em diferentes lugares do mundo, por motivos internos decidisse engavetar aquele projeto da empresa brasileira de engenharia e não o levasse para frente, de maneira que nenhum resultado possível seja verificado. Nesse aspecto, não podemos deixar de ressaltar que a Lei Complementar n. 116/2003 não estabeleceu um lapso temporal para o 'resultado' e nem delineou como ele deve ser verificado, sendo, pois, que tal condição atrelada a um evento futuro e incerto não nos parece, de nenhuma fora, o melhor rumo interpretativo. Dessa forma, pensamos que a palavra 'resultado' mais se aproxima, verdadeiramente, do tomados dos serviços, que o contrata em seu próprio interesse e para o seu benefício, para o seu próprio consumo e/ou utilização, conforme o tipo de serviço, não estando ligada a nenhum momento posterior. Assim, nos exemplos dados acima, o fato de a obra se realizar no Brasil, no exterior ou não se realizar pouco importa para a aplicação da não incidência, mas sim que o tomador de serviços era não residente e que ele se beneficiou dos serviços prestados, ficando para um segundo momento a sua decisão de dar o melhor destino ao projeto que lhe aprouver. E a regra de não incidência não tem o condão de capturar o vindouro ou se condicionar a esse segundo momento, circunstância, reiteramos que se encontra em futuro incerto. De qualquer forma, na Lei Complementar n. 116/2003 inegavelmente se apresenta o elemento geográfico, uma vez que se um não residente vier ao país e aqui for beneficiado por um serviço pontualmente prestado, não haverá exportação de serviços, uma vez que o benefício, o consumo, a utilização do serviço, ocorreu em território nacional. Portanto, para a caracterização da não incidência, na Lei Complementar n. 116/2003, faz-se necessário que o tomador seja não residente e que ele, não residente, seja o beneficiário, o recipiente da utilidade do serviço, no exterior. Importante observar que determinados serviços, e.g., um serviço de conserto, são realizados localmente, e o reparo ocorre naturalmente em território nacional, ocasião em que o bem danificado volta a funcionar, pelo reparo de uma engrenagem ou troca de uma peça. Dessa forma, se um relojoeiro conserta um relógio de luxo de um turista, de férias pelo Brasil, não se trata de exportação de serviços, uma vez que a utilidade do serviço se dá em território nacional. Sob outro prisma, se uma empresa especializada, conserta uma peça de uma máquina estrangeira, aqui enviada para tanto, ou de passagem pelo Brasil, a utilidade do serviço, o benefício do serviço, não se encontra em território brasileiro, mas além-mar, motivo pelo qual enquadramos tal hipótese como exportação de serviços. Ora, se pensarmos, como afastado anteriormente, que o resultado se daria em momento posterior ou que ele se refere à própria conclusão do serviço, então voltaremos à primeira hipótese anteriormente comentada, de pouca valia tem para o nosso estudo, uma vez que o serviço, nesse caso específico, se deu no exterior. Indo mais além. Se entendermos que o 'resultado' caracterizável como exportação de serviços seria apenas a compleição do serviço realizado no exterior; então aniquilaremos por completo a regra de não incidência, criando nova condição não prevista pelo legislador, e restringindo de tal forma a sua aplicação, tornando praticamente impossível a incidência da imunidade (ou isenção, conforme a linha adotada)" (BATISTA, Luiz Rogério Sawaya. Exportação de serviços no imposto sobre serviços de qualquer natureza. *In:* MACEDO, Alberto; CASTRO, Leonardo Freitas de Moraes e (coord.). *Tributação indireta empresarial:* indústria, comércio e serviços. São Paulo: Quartier Latin, 2016. p. 746-748).

5. Relevância da questão probatória na caracterização da exportação de serviços. "A questão probatória é um dos temas mais, senão o mais, importante do direito. Isto porque não se constrói fatos jurídicos se não for por meio do uso de provas, que possibilitarão o relato dos acontecimentos no mundo social em linguagem jurídica. No tema da isenção tributária para exportação de serviços, a análise probatória ganha ainda maior relevo quando se verifica que a redação do art. 2º da LC n. 116/2003, conquanto tenha vindo com intuito de regular uma limitação ao 'poder de tributar', salvaguardando os direitos dos contribuintes e para combater a evasão fiscal, abriu margem para diversas interpretações restritiva do valor maior que é o fomento da participação das empresas brasileiras no mercado internacional. O exame minucioso de cada caso concreto, notadamente na fase litigiosa, tornou-se capital para inclusão do prestador exportador na prerrogativa constitucional ou não. Por isso, questões como harmonia contábil, elementos contratuais, adequado cumprimento dos deveremos fundamentais tornou-se mais que desempenho de um dever legal, mas derradeiro para a aplicação do comando veiculado pela Lei Maior e para o crescimento e, por que não dizer, para a própria sobrevivência do empresariado nacional. Tudo isso chama-nos grande atenção, e deve ser sempre sublinhado, mas não podemos nos acomodar, uma boa construção probatória não apresentará os resultados almejados se interpretações que divergem no mandamento Magno continuarem a serem alimentadas e aplicadas" (PIRES, Cristiane. Caracterização da exportação de serviços para fins de fruição de isenção do ISS prevista no art. 156, § 3º, II, da CF/88 e art. 2º da LC n. 116/2003: uma abordagem pragmática. *Revista Tributária e de Finanças Públicas*, ano 24, n. 127, 2016. p. 200).

Art. 3º O serviço considera-se prestado, e o imposto, devido, no local do estabelecimento prestador ou, na falta do estabelecimento, no local do domicílio do prestador, exceto nas hipóteses previstas nos incisos I a XXV, quando o imposto será devido no local: (Redação dada pela LC n. 157/2016.)

1. Aspecto espacial do ISS: matéria infraconstitucional. Não é possível extrair do Texto Constitucional um único critério definidor do local de ocorrência do ISS. Com efeito, diferentemente do que ocorre com o ICMS interestadual, em que a Constituição cuidou da matéria de forma expressa no art. 155, § 2º, VII, para fins de ISS não há qualquer dispositivo constitucional definindo seu aspecto espacial, de tal sorte que cabe à lei complementar definir esse elemento da hipótese de incidência do imposto, por força do art. 146, III, *a*. Além disso, por envolver uma matéria bastante sensível a disputas entre os Municípios, a lei complementar também acaba assumindo a relevante função de dirimir conflitos de competência tributária entre os Municípios, conforme art. 146, I, da CF.

– "ISS. Competência para tributação. Local da prestação do serviço ou do estabelecimento do prestador do serviço. Matéria infraconstitucional. Repercussão geral rejeitada" (STF, RE 790.283, 2010)

2. Recomendação da OCDE em prol da tributação no destino e seus reflexos na hipótese do Brasil se tornar membro desta organização internacional. "O Brasil pretende se tornar membro da Organização para a Cooperação e Desenvolvimento Econômico ('OCDE'). Nessa qualidade, o Brasil teria maior acesso a e poder de voto em painéis de discussão econômica, projetos internacionais, negociações comerciais intergovernamentais, etc. É inquestionável que todas essas vantagens têm o potencial, ainda que indiretamente, de gerar riqueza para o Brasil e para o seu povo. No entanto, tornar-se membro da OCDE não significa apenas facilidades. Entre outras coisas, significa passar a seguir padrões da OCDE. E alguns desses padrões são de natureza tributária. Nesse contexto, muito se discute sobre as regras brasileiras de preços de transferência e como elas são distintas dos padrões da OCDE (aliás, distintas de quaisquer outros padrões empregados ao redor do mundo). Logo, para que o Brasil se torne membro da OCDE, é de se esperar que o Brasil tenha que abandonar suas regras de preços de transferência em favor daquelas da OCDE. No entanto, pouco ou nada se discute sobre a incoerência lógica em relação aos métodos de solução de concorrência tributária propostos pela OCDE na tributação sobre o consumo. Esses métodos são significativamente distintos dos métodos internamente empregados pelo sistema tributário brasileiro – especificamente no ICMS e no ISS, os principais tributos sobre o consumo brasileiros que envolvem múltiplas jurisdições tributárias (estaduais e municipais). Em 2017, a OCDE publicou diretrizes para tributos sobre valor agregado em transações internacionais (Diretrizes para VAT). As Diretrizes para VAT não têm efeito jurídico vinculante, inclusive porque não foram adotadas mediante acordo ou tratado internacional. No entanto, têm relativo valor político, porque oficialmente endossadas como padrão global de normatização de tributos sobre valor agregado em transações internacionais por 104 jurisdições, inclusive pelo Brasil. Entre outros aspectos, as Diretrizes para VAT reconhecem que, em transações internacionais, a concretização da lógica de transferência da carga tributária para o consumidor final não é tão simples quanto em transações nacionais. Quando uma transação envolve múltiplas jurisdições, surge o conflito sobre qual jurisdição, a jurisdição de origem da mercadoria ou serviço, ou a jurisdição de destino da mercadoria ou serviço, possui o direito de tributar. Como método de resolução desse conflito, as Diretrizes para VAT afirmam que a jurisdição de destino deve ser a titular do direito de tributar, sem exceções. Essa afirmação baseia-se no argumento de que a aplicação do princípio de destino (isto é, tributação pela jurisdição de destino), em detrimento do princípio de origem (isto é, tributação pela jurisdição de origem), é preferível tanto na teoria – porque é o único que concretiza a lógica básica de tributar o consumo – quanto na prática – porque gera neutralidade na medida em que não incentiva a reorganização da cadeia produtiva e de distribuição por motivos que não sejam exclusivamente econômicos. Assim, a lógica básica das Diretrizes para VAT é: tributação exclusiva pela jurisdição onde se dá o consumo, sem exceções. (...) No caso do ISS, também não se vê tributação exclusiva pela jurisdição onde se dá o consumo. Pelo artigo 156, inciso III e § 3º, da Constituição, e sua exequente Lei Complementar no 116/2003, a lógica básica de repartição de jurisdição tributária do ISS é de mútua exclusividade: (i) regra geral, tem jurisdição tributária o Município de estabelecimento ou domicílio do prestador de serviço (na falta de melhor expressão, 'Município de origem'); (ii) regra de exceção, tem jurisdição tributária o Município onde o serviço é prestado, ou onde o tomador ou intermediário do serviço é domiciliado ou tem estabelecimento (na falta de melhor expressão, 'Município de destino'). Aqui, não há meio termo, isto é, repartição da possibilidade de arrecadação em relação a um mesmo fato gerador. Apenas um Município tem direito de tributar determinado fato gerador. Assim, a lógica básica do ISS incidente nas prestações intermunicipais é: tributação repartida, por fatos geradores diferentes, entre Município de origem e Município de destino. (...) Diante da análise acima, fica patente que as lógicas subjacentes às alíquotas interestaduais do ICMS e à Lei Complementar no 116/2003 são diametralmente opostas à lógica subjacente às Diretrizes para VAT. Enquanto as Diretrizes para VAT baseiam-se na aplicação, sem exceções, do princípio de destino para solução de concorrência tributária entre múltiplas jurisdições, as alíquotas interestaduais do ICMS e a Lei Complementar no 116/2003 aplicam soluções distintas. Assim, em nível nacional, há abandono total da tributação exclusiva pela jurisdição de destino, enquanto que, em nível internacional, há adoção total dessa tributação exclusiva. Logo, soluções diametralmente opostas para situações similares. É importante afirmarmos que o fato do Brasil oficialmente endossar as Diretrizes para VAT não leva à sua normatização dentro do sistema jurídico brasileiro. Nem mesmo a eventual filiação do Brasil como membro da OCDE leva a essa consequência. Ademais, as Diretrizes para VAT fornecem sugestões apenas para o comércio internacional, não pretendendo adentrar realidades intranacionais. Seja como for, um sistema jurídico justo exige, no mínimo, coerência interna. E, em última análise, a medida básica de coerência normativa reside no fato de que a fatos considerados iguais devem se aplicar as mesmas normas" (RAUSCH, Aluizio Porcaro. O Brasil, a OCDE e a incoerência na tributação sobre o consumo. *Jota*, 2019. Disponível em: <https://www.jota.info/opiniao-e-analise/artigos/o-brasil-a-ocde-e-a-incoerencia-na-tributacao-do-consumo-06092019>. Acesso em: 9 set. 2019).

3. Aspecto espacial do fato gerador do ISS: breve histórico legislativo. Originalmente, o Código Tributário Nacional tratava do imposto sobre serviços em seus arts. 71 a 73, mas sem qualquer menção ao seu local de ocorrência. No entanto, o Decreto-lei n. 406/68 revogou aqueles artigos do *Codex* Tributário, e disciplinou o ISS em nível nacional, cujo art. 12 traçava o elemento espacial ou geográfico da regra-matriz de incidência, escolhendo o "estabelecimento prestador" como o local de ocorrência do ISS, ou, na sua falta, o do domicílio do prestador. A alínea *b* do referido dispositivo previa uma única exceção: no caso de construção civil, o imposto era devido no local onde se efetuava a prestação do serviço, ou seja, no local da obra. No plano normativo, esse foi o direcionamento, até o advento da Lei Complementar n. 100/1999, que acrescentou uma segunda exceção: para os serviços de exploração da rodovia (item 101 da antiga lista), o ISS era devido no Município em cujo território haja parcela da estrada explorada. Na atual LC n. 116, o aspecto geográfico da hipótese de incidência do ISS sofreu uma alteração brusca, ou melhor, manteve-se a regra ou critério do "estabelecimento prestador", mas o art. 3º fixou vinte exceções (incisos I a XXII), que atrairão o ISS para um outro local distinto do "estabelecimento prestador". Recentemente, por força da LC n. 157/2016, mais três novos incisos (XXIII, XXIV e XXV) foram acrescentados, no sentido de deslocar o local de ocorrência do ISS do estabelecimento prestador (origem) para o destino (local onde os serviços são tomados).

3.1. Aspecto espacial à luz do Decreto n. 406/68. "1. A jurisprudência do STJ é pacífica no sentido de que o ISS, na vigência do Decreto 406/1968, é devido ao Município em que o serviço é efetivamente prestado, e não àquele onde se encontra sediado o estabelecimento prestador. 2. Orientação reafirmada no julgamento do REsp 1.117.121/SP, sujeito ao rito dos recursos repetitivos (art. 543-C do CPC). 3. O STJ consignou que a conclusão esposada não implica negar vigência a lei federal, pois resulta de legítima interpretação sistemática da norma infraconstitucional. Não se está a afastar a aplicação do art. 12, *a*, do Decreto-Lei 406/1968, mas sim a declarar seu sentido em consonância com o regime jurídico do ISS. Desnecessário, portanto, observar o rito para declaração de inconstitucionalidade previsto nos arts. 480 a 482 do CPC. Nesse sentido: EDcl no AgRg no REsp 897.226/SC, Rel. Ministro Mauro Campbell Marques, Segunda Turma, *DJe* 6/8/2009; REsp 1.124.862/GO, Rel. Ministra Eliana Calmon, Segunda Turma, *DJe* 7/12/2009. 4. Como a omissão imputada pela agravante ao acórdão recorrido diz respeito à falta de cumprimento do aludido incidente, conclui-se que o Tribunal a quo não violou o art. 535, II, do CPC. 5. Agravo Regimental não provido" (STJ, 2ª T., AgRg no AREsp 101.835, 2012).

– "1. A competência para cobrança do ISS, sob a égide do DL 406/68 era o do local da prestação do serviço (art. 12), o que foi alterado pela LC n. 116/2003, quando passou a competência para o local da sede do prestador do serviço (art. 3º). 2. Em se tratando de construção civil, diferentemente, antes ou depois da lei complementar, o imposto é devido no local da construção (art. 12, letra 'b' do DL 406/68 e art. 3º, da LC n. 116/2003). 3. Mesmo estabeleça o contrato diversas etapas da obra de construção, muitas das quais realizadas fora da obra e em município diverso, onde esteja a sede da prestadora, considera-se a obra como uma universalidade, sem divisão das etapas de execução para efeito de recolhimento do ISS.(...) 6. Recurso especial decidido sob o rito do art. 543-C do CPC. Adoção das providências previstas no § 7º do art. 543-C do CPC e nos arts. 5º, II e 6º da Resolução STJ n. 8/2008" (STJ, 1ª S., REsp 1.117.121, 2009).

3.2. Visão expansionista do STJ sobre o critério do "estabelecimento prestador": princípio da territorialidade. Durante a década de 1990, o Superior Tribunal de Justiça consolidou uma interpretação bastante extensiva do conceito de "estabelecimento prestador" previsto na alínea *a* do art. 12 do DL 406/68, no sentido de caracterizar o estabelecimento prestador como o "local onde o serviço foi prestado", e não necessariamente a sede ou a unidade profissional ou econômica do prestador do serviço. Na prática, o tribunal acabou acatando esse posicionamento a partir de várias constatações de fiscais municipais (sobretudo das capitais) de que empresas estavam se estabelecendo apenas formalmente em Municípios com alíquotas menores de ISS ("paraísos fiscais"), mas com escritórios ou sedes em pleno funcionamento em outros municípios. Ou seja, essa posição teve como pano de fundo a prática de sonegação fiscal de algumas empresas, que estavam abrindo estabelecimentos "de fachada" nesses municípios com tributação favorecida, evadindo-se de recolher o ISS nos Municípios onde estavam verdadeiramente estabelecidos, com toda a sua infraestrutura administrativa, comercial e operacional. Conferindo os acórdãos do STJ e, até mesmo, dos tribunais de justiça estaduais que vinham acompanhando esse conceito amplo de "estabelecimento prestador", percebe-se que as atividades ensejadoras das discussões em torno do assunto acabaram sendo expressamente contempladas nos incisos do art. 3º da LC n. 116. Portanto, denota-se que a LC n. 116 praticamente incorporou aquela interpretação que vinha sendo judicialmente atribuída ao conceito de "estabelecimento prestador", ao inserir várias daquelas atividades alvos de discussões judiciais nos incisos do art. 3º.

3.3. Crítica à posição anterior do STJ que prestigiava o local da prestação do serviço. "Equivocada... a ideia de vinculação entre o âmbito territorial de eficácia da lei e o aspecto espacial da hipótese de incidência tributária. O legislador complementar adotou, como critério espacial, o local do estabelecimento do prestador do serviço. Nada há que possa inquinar de inconstitucional tal escolha. O fundamento do STJ ofende, ainda, outra diretriz complementar, desta vez prevista no CTN, art. 102. Ora, sendo o Decreto-lei 406/68 lei materialmente complementar, é possível a concessão de efeitos extraterritoriais às leis municipais. A decisão do Superior também ofende outra norma, esta de natureza constitucional: art. 156, III, § 3º, II. Explicamos. A partir da análise do referido dispositivo constitucional, podemos alcançar perfeitamente, interpretação que imponha como absolutamente correta a opção do art. 12, do Decreto-lei 406/68. Navarro Coelho e Mizabel Derzi extraem do dispositivo constitucional a intenção do legislador constituinte de levar em consideração o estabelecimento prestador para fins de tributação do ISS. O dispositivo constitucional cuida de hipótese de isenção heterônoma a ser concedida pelo legislador nacional complementar. Ora, permitir a concessão de isenção pressupõe competência para instituição e exigência do imposto. Pergunta-se: se adotado o critério único criado pelo STJ, poder-se-ia instituir e cobrar ISS em caso de exportação de serviços? Negativo. Ao invés, adotado o critério do Decreto-lei 406/68, seria perfeitamente possível a cobrança do ISS. Empresa 'A' estabelecida em Belém, executando serviço em Miami/EUA, seria tributada pelo Município de Belém. Daí a razão do § 3º, II, do art. 156, da CF/88, permitir a concessão de isenção do ISS. Destarte, nem a lei, e muito menos a Constituição, possuem palavras inúteis. A previsão do § 3º, II, do art. 156, da CF/88, impõe a adoção do critério eleito pelo art. 12 do Decreto-lei 406/68, sob pena de fazer letra morta do Texto Maior. (...) O entendimento do STJ, data vênia, ofende os seguintes dispositivos constitucionais: art. 5º, II, art. 150, I, art. 146, I e III, *a*, art. 156, II, § 3º, da Carta Política, e o art. 34, § 5º, do ADCT" (TRINDADE, Caio de Azevedo. Aspecto espacial da hipótese de incidência do ISS. Inconstitucionalidade da jurisprudência do Superior Tribunal de Justiça. Instrumentos processuais de impugnação. *RDDT* 95/38 e 48, 2003).

4. Dificuldades inerentes ao ISS no que tange à definição do local de ocorrência do fato gerador. Três situações extremamente comuns trazem enormes dificuldades e controvérsias práticas em torno do local de ocorrência do ISS: a) prestador e tomador do serviço estabelecidos ou domiciliados em municípios diferentes; b) serviço executado num município distinto das sedes das partes contratantes; e c) serviço desenvolvido em etapas ocorridas em mais de um município. Com efeito, não haverá dificuldade, quando o serviço for totalmente prestado apenas dentro do município onde estiverem sediados o prestador e o tomador do serviço. Fora dessa hipótese, abundam os casos difíceis que desafiam os operadores do ISS. Obviamente, cabe ao legislador, à jurisprudência e à doutrina traçar critérios seguros, objetivos e estáveis que eliminem ou reduzam satisfatoriamente as dúvidas e os conflitos nesse ambiente tão fértil para polêmicas. Neste contexto, o art. 3º da LC n. 116 atingiu esse importante papel uniformizador da lei complementar que dispõe sobre normas gerais do ISS, pelo menos relativamente às hipóteses contidas em seus incisos e parágrafos.

5. Possibilidade de a lei complementar eleger o "estabelecimento ou domicílio" do prestador ou do tomador como local de ocorrência do ISS, à luz da segurança jurídica e da praticabilidade. "A definição do aspecto espacial é imprescindível para determinar o local da concretização do fato jurídico tributário do ISSQN e, consequentemente, a competência para a sua tributação. Embora possa ser considerado que a Constituição Federal trouxe implicitamente o critério especial 'natural' do ISSQN, entendemos que a lei complementar pode indicar critérios diversos desse 'natural', desde que relacionados com a hipótese tributária, qual seja, 'prestar serviços'. De fato, podemos notar da análise do arquétipo constitucional do ISSQN qual seria o aspecto espacial natural do tributo. Contudo, é visível que esse aspecto espacial implícito do ISSQN – local da prestação do serviço – na prática tem-se mostrado como um critério de difícil operacionalização, dado o número elevado de Municípios da nossa Federação, gerando dúvida na aplicação das leis ordinárias municipais, causando a guerra fiscal entre Municípios e, consequentemente, a insegurança jurídica. Em face desta situação de insegurança jurídica e ausência de praticabilidade no critério espacial contido implicitamente no arquétipo constitucional do ISSQN, entendemos que o legislador infraconstitucional pode e deve eleger critérios outros que permitam maior segurança para a instauração da relação obrigacional tributária e, consequentemente, para tanto, poderá escolher qualquer uma das diversas opções possíveis para o aspecto espacial do ISSQN, objetivando eleger a que mais habilmente possa impedir ou diminuir o conflito de competência entre os Municípios. Conforme dissemos, o aspecto espacial decorrente da análise do arquétipo constitucional é o local da prestação de serviço, não encontramos vedação pelo texto constitucional para que a lei complementar estabeleça critério espacial diferente do veiculado no arquétipo constitucional do tributo. O legislador infraconstitucional, no caso o complementar, poderá eleger como critérios para a determinação do aspecto espacial do ISSQN não só o local da prestação, mas quaisquer outros locais relacionados ao fato jurídico tributário. Essa eleição, pelo legislador complementar, não encontra vedação no texto constitucional, tampouco fere princípios que norteiam nosso sistema tributário. De fato, as dúvidas que permeiam a incidência desse tributo decorrem de uma série de fatores, que vão desde a imaterialidade do serviço, que é traço característico da prestação, até o elevado número de Municípios da nossa Federação e, muitas vezes, da proximidade geográfica entre eles. Portanto, a lei complementar pode eleger o aspecto espacial do ISSQN de forma a explicitar o conteúdo da regra-matriz constitucional do referido imposto, bem como objetivando evitar o conflito entre Municípios, e, com isso, propiciar o exercício da tributação de forma estável e que prestigia a segurança jurídica na aplicação das normas tributárias. Desse modo, entendemos que poderão ser eleitos como critério espacial do ISSQN: – o estabelecimento prestador do serviço ou, de forma subsidiária, o domicílio deste; – o estabelecimento do tomador do serviço; – o local da prestação" (PIVA, Sílvia Helena Gomes. *O ISSQN e a determinação do local da incidência tributária*. São Paulo: Saraiva, 2012. p. 145-146).

5.1. O local da prestação do serviço é um critério válido para definição do elemento espacial do fato gerador do ISS, mas de difícil operacionalização. "Quanto ao local da prestação, malgrado tratar-se de um critério de difícil operacionalização, é também um critério apto a servir como aspecto espacial do ISSQN. Oportunamente, demonstramos que o critério em razão do local da prestação considera que a incidência tributária somente ocorrerá no local do Município em que se consuma o fato jurídico tributário, é dizer, em que se concretizar a prestação do serviço ou o seu resultado for verificado. A nosso ver, o critério em razão do local é um critério apto para a verificação do fato jurídico tributário; contudo, somente poderá ser utilizado a título de reduzida exceção, voltada para os tipos de serviço que não fornecem quaisquer dúvidas a respeito do local em que são executados. Portanto, a lei complementar poderá estabelecer o critério em razão do local da prestação como um critério espacial possível do ISSQN; contudo, somente será um critério viável se eleito a título de exceção para os casos nos quais por nítida a verificação do local da concretização dos serviços. Ressaltamos, no entanto, que o critério em razão do local da prestação não está apto a figurar como um critério único para a tributação do ISSQN, uma vez que, conforme enfatizamos ao longo do presente trabalho, sua operacionalização é bastante conflituosa em face do grande número de Municípios existente em nossa Federação" (PIVA, Sílvia Helena Gomes. *O ISSQN e a determinação do local da incidência tributária*. São Paulo: Saraiva, 2012. p. 157-158).

6. Estrutura do art. 3º: *caput*, incisos e parágrafos. O *caput* prevê que o ISS será devido, como regra, "no local do estabelecimento prestador", tal como definido no art. 4º da LC n. 116, ou, na falta do estabelecimento, "no local do domicílio do prestador". Na segunda parte, o *caput* excepciona a regra do estabelecimento, quando o imposto será devido em outro local distinto do "estabelecimento prestador", nas hipóteses previstas em seus incisos. Aliás, apesar de o *caput* fazer menção apenas às exceções previstas nos incisos do art. 3º, a regra do "estabelecimento prestador" é excepcionada pela segunda parte do próprio *caput*, pelos incisos e pelos parágrafos do dispositivo. Assim, enquanto o *caput* do art. 3º fixa como regra de local de ocorrência do ISS o "estabelecimento prestador" (art. 4º), já refere que, na sua falta, o critério será o "domicílio do prestador", sendo que os incisos e parágrafos atraem a ocorrência do ISS para um outro Município, de acordo com o tipo do serviço. Originalmente, o art. 3º trazia vinte exceções à regra do estabelecimento prestador (incisos I a XXII, sendo que os incisos X e XI foram vetados). Por meio da LC n. 157/2016, foram acrescentados três novos incisos (XXIII, XXIV e XXV), aumentando as exceções à regra do "estabelecimento prestador". O art. 3º é composto, ainda, por quatro parágrafos (o § 4º foi inserido pela LC n. 157), que também versam sobre exceções ao local do "estabelecimento prestador".

7. Regra geral do *caput*: local da sede do estabelecimento. A regra geral posta pelo art. 3º da LC n. 116 e que persiste na redação dada pela LC

n. 157/2016 é a de que "O serviço considera-se prestado, e o imposto, devido, no local do estabelecimento prestador ou, na falta do estabelecimento, no local do domicílio do prestador". A menos que haja uma exceção legal expressa, portanto, o local da sede do estabelecimento é o onde se considera ocorrido o fato gerador, sujeitando o contribuinte à legislação e à pretensão do respectivo Município. Note-se que, sendo um tema delicado, que dá ensejo à guerra fiscal entre os Municípios, a lei complementar cumpre, no ponto, o papel de prevenir conflitos de competência que lhe é reservado pelo art. 146, I, da CF. Impende considerar-se que tanto o local do estabelecimento do prestador, onde ele se qualifica, se organiza, se prepara, como o da realização dos atos concretos de execução, são relevantes e indispensáveis no contexto da prestação do serviço, de modo que o legislador teria certo espaço de discricionariedade para a definição do aspecto espacial da norma tributária impositiva ou regra matriz de incidência tributária. O legislador complementar optou pelo local da sede do estabelecimento como regra geral, submetendo apenas um rol exaustivo de serviços, expressamente apontados em seus incisos, a critério diverso, o da efetiva prestação dos serviços, conforme as características de cada qual, o que, portanto, se afigura como exceção. O STJ firmou posição no sentido de que é sujeito ativo o Município da sede do estabelecimento, como regra, nos termos da LC n. 116/2003.

– *Vide*: BARRETO, Aires F. ISS: alguns limites constitucionais do critério espacial. *RDDT* 208/7, 2013.

– "3. O art. 12 do DL 406/68, com eficácia reconhecida de lei complementar, posteriormente revogado pela LC n. 116/2003, estipulou que, à exceção dos casos de construção civil e de exploração de rodovias, o local da prestação do serviço é o do estabelecimento prestador. 4. A opção legislativa representa um potente duto de esvaziamento das finanças dos Municípios periféricos do sistema bancário, ou seja, através dessa modalidade contratual se instala um mecanismo altamente perverso de sua descapitalização em favor dos grandes centros financeiros do País. 5. A interpretação do mandamento legal leva a conclusão de ter sido privilegiada a segurança jurídica do sujeito passivo da obrigação tributária, para evitar dúvidas e cobranças de impostos em duplicata, sendo certo que eventuais fraudes (como a manutenção de sedes fictícias) devem ser combatidas por meio da fiscalização e não do afastamento da norma legal, o que traduziria verdadeira quebra do princípio da legalidade tributária. 6. Após a vigência da LC n. 116/2003 é que se pode afirmar que, existindo unidade econômica ou profissional do estabelecimento prestador no Município onde o serviço é perfectibilizado, ou seja, onde ocorrido o fato gerador tributário, ali deverá ser recolhido o tributo. Acórdão submetido ao procedimento do art. 543-C do CPC e da Resolução 8/STJ" (STJ, 1ª S., REsp 1060210/SC, 2012).

– "O Decreto-Lei n. 406/1968 e a Lei Complementar n. 116/2003, ressalta-se, novamente, normas gerais em matéria tributária, criam presunção *iuris et de iure* para a identificação do aspecto espacial da hipótese de incidência do ISSQN (local do estabelecimento prestador ou do domicílio do prestador ou, ainda, o local da execução, para as atividades expressamente ressalvadas nos incisos I z XXII do art. 3º...). Percebe-se que, entre diversas opções possíveis – tais como o local da assinatura do contrato, a sede ou o domicílio do beneficiário do serviço ou de sua utilização, a sede da empresa prestadora, o local da execução –, o legislador escolheu aquela ou aquelas capazes de evitar conflitos, presumindo que o serviço é prestado, em um grande número de casos, no local em que o prestador está estabelecido. ... descabe aferir, no caso concreto, se o serviço foi, ou não, efetivamente realizado no mesmo local do estabelecimento prestador, pois o legislador serviu-se de ficção de que o serviço é prestado no local do estabelecimento prestador. Portanto, é ficto o local em que ocorreu a prestação, não local em que está estabelecido o prestador" (TOFFANELLO, Rafael Dias. Aspecto espacial da hipótese de incidência do Imposto sobre Serviços. *RET* 67/95, 2009).

7.1. Município do estabelecimento prestador quando desnecessária instalação física para a prestação. "... a LC n. 116/03 estipulou regra geral de que o imposto considera-se devido no local do estabelecimento prestador... (...) optou-se por criar ficção jurídica na qual o serviço considera-se prestado no Município do estabelecimento prestador, justamente porque é mais prático fiscalizar o prestador que está instalado fisicamente no território municipal, o que dá efetividade à tributação. De tal forma... dúvidas não restam de que, nos serviços prestados sem a necessidade de qualquer tipo de instalação física, o imposto é devido ao Município do estabelecimento prestador" (FERRAZ, Diogo; FILIPPO, Luciano Gomes. Legalidade/constitucionalidade do Cadastro de Empresas Prestadoras de Outros Municípios – Cepom/RJ. *RDDT* 156/134, 2008).

7.2. É irrelevante o local da contratação. "... a captação de clientela em cada distinta localidade integra o conceito de atividade-meio, não correspondendo, essa captação e a subscrição de contratos dela resultante, na prestação passível de sujeição ao ISS, a qual deve ser buscada no objeto dos contratos firmados pelos tomadores dos serviços. Vale dizer, a captação de clientela volta-se, exclusivamente, à manutenção e à expansão da empresa, mas não se confunde com a prestação de serviços à qual a empresa se propõe. Já a implementação dessa atividade-fim, indubitavelmente, pressupõe a existência de uma estrutura organizacional, muitas vezes integrada por imóveis, bens móveis e equipamentos, além de corpo profissional que pode ser composto por distintas especialidades. À luz do entendimento firmado pelo Superior Tribunal de Justiça, é no local onde se desenvolvam essas atividades (que correspondem à atividade-fim da prestação de serviços) que deve ocorrer a tributação pelo ISS" (ANTUNES, Carlos Soares. A identificação do local da prestação de serviços para o fim de oneração pelo ISS no entendimento do Superior Tribunal de Justiça. *RDDT* 213/24, 2013).

7.3. É irrelevante o local das atividades-meio. "Basta considerar a contratação de uma empresa para coletar o lixo em uma cidade para processá-lo em outra e, finalmente, depositá-lo em aterro sanitário localizado em um terceiro Município. Tudo contratado a preço único por um particular cujo interesse se concentra na retirada dos dejetos de sua porta ou estabelecimento. ... haveria mais de um fato gerador e seriam devidos tributos para os três Municípios? [...] ... a adequada destinação dos resíduos é, em regra, obrigação da empresa coletora e não interesse econômico e juridicamente qualificado do particular contratante. Assim, quando ela destina os resíduos a um aterro sanitário ou, antes, empresta tratamento ao material, está a satisfazer interesse próprio, evitando sanção contra si, e não adimplindo o interesse de cliente pactuado contratualmente. (...) nem todas as etapas do serviços previsto no item 7.09 da lista anexa à Lei Complementar n. 116/2003 representam um núcleo autônomo que cause a incidência do ISS. Representa, na maior parte dos casos, mera etapa de exaurimento do núcleo principal que é a retirada do lixo ou resíduo. Por esse motivo, as localidades em que se desenvolva essas atividades-meio não podem ser tomadas como locais de prestação do serviço, que será o da coleta do lixo o resíduo, por ser a atividade-fim, objeto de interesse econômico e jurídico qualificado. Somente em situações excepcionais, aferidas a partir das cláusulas contratuais, é que se pode falar de várias prestações em locais diferentes. Deve-se, em tais hipóteses, investigar se há interesse jurídico do tomador do serviço quanto à destinação, tratamento, incineração, reciclagem ou separação do lixo coletado, e que seja, por isso, mensurado e quantificado de forma autônoma e diferenciada no contrato, com remuneração específica para tanto, que servirá de base de cálculo. A propriedade do aterro sanitário pode fazer gerar uma nova relação tributária (entre a empresa coletora e o dono do aterro), mas não terá o condão de afetar a relação anteriormente firmada entre o particular e a coletora" (LOPES FILHO, Juraci Mourão. O critério espacial do ISS incidente sobre a coleta, o tratamento e a destinação de lixo. *RDDT* 214/60, 2013).

8. Exceções à regra do "estabelecimento prestador". A primeira exceção à regra do "estabelecimento prestador" consta ainda no próprio *caput* do art. 3º: se o prestador de serviço não tiver um estabelecimento, ou seja, na falta de "estabelecimento prestador", o ISS será devido no local do "domicílio" do prestador. Como a LC n. 116 não define domicílio do prestador, deve ser aplicado o art. 127 do CTN. Já os incisos e parágrafos do art. 3º adotaram três diferentes critérios para excepcionar as hipóteses em que o ISS não será devido no "estabelecimento prestador": tipo do serviço (incisos II a XXV; §§ 1º a 3º), importação (inciso I) e sanção por descumprimento do dever de cobrar o ISS com carga mínima de dois por cento (§ 4º).

9. Critério do local do domicílio do prestador, na ausência de estabelecimento. Na falta de estabelecimento e não havendo norma de exceção, o serviço será considerado prestado, e o imposto devido, no local do domicílio do prestador.

9.1. Domicílio tributário. O domicílio tributário é o local em que o contribuinte receberá notificações e intimações com efeito legal.

9.2. Eleição do domicílio. Conforme o art. 127 do CTN, o contribuinte pode eleger seu domicílio, desde que não impossibilite ou dificulte a fiscalização e a arrecadação, hipótese em que a autoridade administrativa poderá recusá-lo com a devida motivação. Efetivamente, a **eleição de domicílio** tributário situado em município em que não resida o contribuinte, em que não tenha a sede das suas atividades e em que não se situe o seu patrimônio pode criar embaraço à fiscalização, justificando que o Fisco fixe o domicílio de ofício (REsp 437.383).

9.3. Domicílio da pessoa física. Nos termos do art. 127 do CTN, na **falta de eleição**, o domicílio será, para a **pessoa física**, sua residência habitual ou, se incerta ou desconhecida, o centro habitual das suas atividades.

– Conferir arts. 70 a 74 do Código Civil, que versam sobre o domicílio da pessoa natural.

9.4. Domicílio da pessoa jurídica de direito privado. Nos termos do art. 127 do CTN, para a **pessoa jurídica de direito privado** ou firma individual, seu domicílio tributário será o lugar da sua sede ou o de cada estabelecimento para os atos ou fatos que derem origem à obrigação, o que se costuma referir como adoção do princípio da autonomia do estabelecimento.

– Conferir arts. 75 do Código Civil, que trata do domicílio da pessoa jurídica.

9.5. Domicílio da pessoa jurídica de direito público. Para as **pessoas jurídicas de direito público**, consideram-se domiciliadas em qualquer das suas repartições. Na impossibilidade de fixação do domicílio com base em tais critérios, será considerado domicílio o lugar da situação dos bens ou da ocorrência dos atos ou fatos geradores, tudo conforme os incisos do art. 127 do CTN.

10. Critérios do local da prestação dos serviços ou do domicílio do tomador para os serviços dos incisos II a XXV e nos §§ 1º a 3º do art. 3º. Os incisos I a XXV e os §§ 1, 2º e 3º do art. 3º afastaram da regra do "estabelecimento prestador" como local de incidência do ISS para os serviços previstos nos seguintes itens e subitens da lista anexa: 3.05, 7.02, 7.19, 7.04, 7.05, 7.09, 7.10, 7.11, 7.12, 7.16, 7.17, 7.18, 11.01, 11.02, 11.04, 12 (exceto 12.13), 16, 17.05, 17.10, 20, 4.22, 4.23, 5.09, 15.01, 10.04, 15.09, 3.04 e 22.01. Outrossim, ainda que impliquem importação de serviços, o ISS será devido no local previsto nesses incisos e parágrafos, não se aplicando o inciso I do art. 3º. Por fim, os serviços contemplados nesses incisos e parágrafos também estão fora da exceção prevista no § 4º do art. 3º (substituição tributária ativa), observando-se o disposto na LC n. 175/2020.

11. A substituição tributária passiva nas hipóteses de exceção. O deslocamento do fato gerador do ISS para o local da execução do serviço ou do destino interfere no sujeito passivo da obrigação tributária, eis que o prestador do serviço pode não ter estabelecimento, contato ou cadastro no Município credor, de tal forma que se torna conveniente e razoável a adoção da substituição tributária, no sentido de substituir o contribuinte (prestador de serviço localizado em outro município) pelo terceiro substituto, o tomador do serviço, situado no Município credor. Nesse sentido, o art. 6º, § 2º, I e II, da LC n. 116 já previu substituição tributária que atribui a responsabilidade do ISS para o tomador ou intermediário de serviços que não são devidos na origem (no estabelecimento prestador), mas sim no destino (no local onde os serviços foram concluídos). O art. 6º, § 2º, I, está associado ao inciso I do art. 3º, ou seja, refere-se à importação de serviços, quando o ISS é devido no local do estabelecimento do tomador ou do intermediário, daí a total pertinência e necessidade da sujeição passiva do imposto ser deslocada para o tomador ou intermediário, na condição de responsáveis tributários por substituição ou substitutos tributários. Já o inciso II do § 2º do art. 6º atribui a responsabilidade tributária para os tomadores e intermediários dos serviços previstos nos incisos II a VII, IX, XII, XIII, XVI, XX e XXI. Todos os serviços previstos no art. 6º, § 2º, II encontram-se excepcionados no art. 3º. Somente os serviços constantes nos incisos VIII, XIV, XV, XVII, XVIII, XIX, XXII, XXIII, XXIV e XXV do art. 3º não aparecem no art. 6º, § 2º, I, mas a lei municipal pode também incluí-los no rol de serviços sujeitos à retenção ou substituição tributária do ISS.

12. Observância do art. 3º da LC n. 116 no âmbito do Simples Nacional. O art. 21, § 4º, LC n. 123/2006 destaca essa relação entre o art. 3º da LC n. 116 e a responsabilidade tributária do tomador do serviço.

– Conferir art. 21, § 4º, da LC n. 123.

I – do estabelecimento do tomador ou intermediário do serviço ou, na falta de estabelecimento, onde ele estiver domiciliado, na hipótese do § 1° do art. 1° desta Lei Complementar;

II – da instalação dos andaimes, palcos, coberturas e outras estruturas, no caso dos serviços descritos no subitem 3.05 da lista anexa;

III – da execução da obra, no caso dos serviços descritos no subitem 7.02 e 7.19 da lista anexa;

Construção civil. Todos os serviços como uma universalidade. Município de localização da obra.

– Conferir STJ, 1ª S., REsp 1117121/SP, Eliana Calmon, 2009.

– "A atividade de construção civil, incluindo as obras hidráulicas e elétricas (itens 7.02 e 7.05 da Lista anexa à LC n. 116/2003), será sempre tributada no local da prestação" (MANGIERI, Francisco Ramos; MELO, Omar Augusto Leite. *ISS na construção civil*. 3. ed. Tributo Municipal, 2012. p. 93).

IV – da demolição, no caso dos serviços descritos no subitem 7.04 da lista anexa;

V – das edificações em geral, estradas, pontes, portos e congêneres, no caso dos serviços descritos no subitem 7.05 da lista anexa;

VI – da execução da varrição, coleta, remoção, incineração, tratamento, reciclagem, separação e destinação final de lixo, rejeitos e outros resíduos quaisquer, no caso dos serviços descritos no subitem 7.09 da lista anexa;

VII – da execução da limpeza, manutenção e conservação de vias e logradouros públicos, imóveis, chaminés, piscinas, parques, jardins e congêneres, no caso dos serviços descritos no subitem 7.10 da lista anexa;

VIII – da execução da decoração e jardinagem, do corte e poda de árvores, no caso dos serviços descritos no subitem 7.11 da lista anexa;

IX – do controle e tratamento do efluente de qualquer natureza e de agentes físicos, químicos e biológicos, no caso dos serviços descritos no subitem 7.12 da lista anexa;

X – (VETADO)

XI – (VETADO)

XII – do florestamento, reflorestamento, semeadura, adubação, reparação de solo, plantio, silagem, colheita, corte, descascamento de árvores, silvicultura, exploração florestal e serviços congêneres indissociáveis da formação, manutenção e colheita de florestas para quaisquer fins e por quaisquer meios; (Redação dada pela LC n. 157/2016.)

XIII – da execução dos serviços de escoramento, contenção de encostas e congêneres, no caso dos serviços descritos no subitem 7.17 da lista anexa;

XIV – da limpeza e dragagem, no caso dos serviços descritos no subitem 7.18 da lista anexa;

XV – onde o bem estiver guardado ou estacionado, no caso dos serviços descritos no subitem 11.01 da lista anexa;

XVI – dos bens, dos semoventes ou do domicílio das pessoas vigiados, segurados ou monitorados, no caso dos serviços descritos no subitem 11.02 da lista anexa; (Redação dada pela LC n. 157/2016.)

XVII – do armazenamento, depósito, carga, descarga, arrumação e guarda do bem, no caso dos serviços descritos no subitem 11.04 da lista anexa;

XVIII – da execução dos serviços de diversão, lazer, entretenimento e congêneres, no caso dos serviços descritos nos subitens do item 12, exceto o 12.13, da lista anexa;

XIX – do Município onde está sendo executado o transporte, no caso dos serviços descritos pelo item 16 da lista anexa; (Redação dada pela LC n. 157/2016.)

XX – do estabelecimento do tomador da mão de obra ou, na falta de estabelecimento, onde ele estiver domiciliado, no caso dos serviços descritos pelo subitem 17.05 da lista anexa;

XXI – da feira, exposição, congresso ou congênere a que se referir o planejamento, organização e administração, no caso dos serviços descritos pelo subitem 17.10 da lista anexa;

XXII – do porto, aeroporto, ferroporto, terminal rodoviário, ferroviário ou metroviário, no caso dos serviços descritos pelo item 20 da lista anexa.

XXIII – do domicílio do tomador dos serviços dos subitens 4.22, 4.23 e 5.09; (Incluído pela LC n. 157/2016.)

---

1. Ação direta de inconstitucionalidade contra as alterações trazidas pela LC n. 157 no local de ocorrência do ISS: novos incisos XXIII, XIV e XXV do art. 3º. Por meio da ADI 5838, está sendo questionada a constitucionalidade dos incisos acrescentados pela LC n. 157, que se referem aos serviços previstos nos subitens 4.22, 4.23, 5.09, 15.01, 10.04 e 15.09, os quais preveem a incidência do ISS no domicílio do tomador dos serviços, e não mais no "estabelecimento prestador". Em decisão monocrática de 23-3-2018, o rel. Min. Alexandre de Moraes concedeu a medida cautelar pleiteada pela CONSIF para suspender a eficácia do art. 1º da LC n. 157, na parte que modificou o art. 3º, incisos XXIII, XIV e XXV, da LC n. 116. Por meio da ADPF 499, a CNS também é questionada sobre a validade da cobrança do ISS no local do domicílio dos tomadores de serviços previstos nos subitens 4.22 e 4.23. Essa ADPF acabou sendo conhecida como ação direta de inconstitucionalidade pelo rel. Min. Alexandre de Moraes, em decisão monocrática de 18-12-2017. Por meio da LC n. 175/2020, foi criado o padrão nacional de obrigação acessória para tais serviços.

2. Suspensão cautelar pelo STF na ADI 5835. Na ADI 5835, as Confederações autoras argumentaram que a LC n. 157/16 violou os arts. 5º, *caput*, XXXII, LIV, 146, I e III, *a*, 146-A, 150, I, 156, III, e 170, *caput*, IV e parágrafo único, todos da Constituição Federal, porquanto, nesses casos, "não há prestação de serviços no domicílio do tomador, sendo, portanto, impróprio que o ISS seja devido nessa localidade, por burla à repartição constitucional de competências tributárias". Também entendem que "a lei hostilizada potencializaria os conflitos de competência tributária, havendo dúvidas, em muitas situações, a respeito de quem seria o tomador de serviços, dúvidas essas decorrentes da falta de determinação da lei atacada". E, ainda, destacaram que "a sistemática tributária inaugurada pelos dispositivos guerreados majora desproporcionalmente os custos operacionais dos prestadores de serviços, sem contrapartida de eficiência e aumento da arrecadação", sendo que "haveria o risco de que os prestadores de serviços deixassem de atender clientes de Municípios pequenos, para evitar custos operacionais e de eventual contencioso". O relator concedeu medida liminar, com o seguinte dispositivo: "CONCEDO A MEDIDA CAUTELAR pleiteada, ad referendum do Plenário desta SUPREMA CORTE, para suspender a eficácia do artigo 1º da Lei Complementar n. 157/2016, na parte que modificou o art. 3º, XXIII, XXIV e XXV, e os parágrafos 3º e 4º do art. 6º da Lei Complementar n. 116/2003; bem como, por arrastamento, para suspender a eficácia de toda legislação local editadas para sua direta complementação. [...] Comunique-se o Congresso Nacional e o Presidente da República para ciência e cumprimento desta decisão. Nos termos do art. 21, X, do Regimento Interno do Supremo Tribunal Federal, peço dia para julgamento, pelo Plenário, do referendo da medida ora concedida. À Secretaria, para as anotações pertinentes. Publique-se. Intimem-se" (23 de março de 2018).

– "A análise dos requisitos do *fumus boni iuris* e *periculum in mora* para sua concessão admite maior discricionariedade por parte do SUPREMO TRIBUNAL FEDERAL, com a realização de verdadeiro juízo de conveniência política da suspensão da eficácia (ADI 3.401 MC, Rel. Min. GILMAR MENDES, Pleno, decisão: 3/2/2005), pelo qual deverá ser analisada a conveniência da suspensão cautelar da lei impugnada (ADI 425 MC, Rel. Min. PAULO BROSSARD, Pleno, decisão: 4/4/1991; ADI 467 MC, Rel. Min. OCTÁVIO GALLOTTI, Pleno, decisão: 3/4/1991), permitindo, dessa forma, uma maior subjetividade na análise da relevância do tema, bem assim em juízo de conveniência, ditado pela gravidade que envolve a discussão (ADI 490 MC, Rel. Min. CELSO DE MELLO, Pleno, decisão: 6/12/1990; ADI 508 MC, Rel. Min. OCTÁVIO GALLOTTI, Pleno, decisão: 16/4/1991), bem como da plausibilidade inequívoca e dos evidentes riscos sociais ou individuais, de várias ordens, que a execução provisória da lei questionada gera imediatamente (ADI 474 MC, Rel. Min. SEPÚLVEDA PERTENCE, Pleno, decisão: 4/4/1991), ou, ainda, das prováveis repercussões pela manutenção da eficácia do ato impugnado (ADI 718 MC, Rel. Min. CELSO DE MELLO, Pleno, decisão: 3/8/1992), da relevância da questão constitucional (ADI 804 MC, Rel. Min. SEPÚLVEDA PERTENCE, Pleno, decisão: 27/11/1992) e da relevância da fundamentação da arguição de inconstitucionalidade, além da ocorrência de *periculum in mora*, tais os entraves à atividade econômica (ADI 173 MC, Rel. Min. MOREIRA ALVES, Pleno, decisão: 9/3/1990) ou social. É o que ocorre na presente hipótese, onde os panoramas fático e jurídico resultantes da edição da referida Lei Complementar demonstram a presença dos requisitos necessários para a concessão da medida liminar. Diferentemente do modelo anterior, que estipulava, para os serviços em análise, a incidência tributária no local do estabelecimento prestador do serviço, a nova sistemática legislativa prevê a incidência do tributo no domicílio do tomador de serviços. Essa alteração exigiria que a nova disciplina normativa apontasse com clareza o conceito de 'tomador de serviços', sob pena de grave insegurança jurídica e eventual possibilidade de dupla tributação, ou mesmo inocorrência de correta incidência tributária. A ausência dessa definição e a existência de diversas leis, decretos e atos normativos municipais antagônicos já vigentes ou prestes a entrar em vigência acabarão por gerar dificuldade na aplicação da Lei Complementar Federal, ampliando os conflitos de competência entre unidades federadas e gerando forte abalo no princípio constitucional da segurança jurídica, comprometendo, inclusive, a regularidade da atividade econômica, com consequente desrespeito à própria razão de existência do artigo 146 da Constituição Federal. Em hipótese assemelhada, esta SUPREMA CORTE teve a oportunidade de invalidar norma geral de direito tributário, com fundamento na dificuldade de sua aplicação, que teria fomentado conflitos de competência entre unidades federadas (ADI 1600, Rel. SYDNEY SANCHES, Rel. P/ Acórdão Min. NELSON JOBIM, Tribunal Pleno, *DJ* de 26/6/2003), tendo sido salientado no voto do eminente DECANO, Ministro CELSO DE MELLO: 'Impregnada dessa relevante destinação constitucional, a lei complementar – ao veicular regras disciplinadoras dos conflitos de competência em matéria tributária e ao dispor sobre normas gerais de direito tributário – deve fazê-lo de modo apropriado, disciplinando, com inteira adequação, a realidade fática ou econômica sobre a qual deva incidir, sob pena de comprometer a sua própria razão de ser, frustrando, por completo, a realização das finalidades a que se refere o art. 146 da Constituição da República' (grifo nosso). Diante de todo o exposto: a) com fundamento no art. 10, § 3º, da Lei 9.868/1999 e no art. 21, V, do RISTF, CONCEDO A MEDIDA CAUTELAR pleiteada, ad referendum do Plenário desta SUPREMA CORTE, para suspender a eficácia do artigo 1º da Lei Complementar n. 157/2016, na parte que modificou o art. 3º, XXIII, XXIV e XXV, e os parágrafos 3º e 4º do art. 6º da Lei Complementar n. 116/2003; bem como, por arrastamento, para suspender a eficácia de toda legislação local editada para sua direta complementação'" (ADI 5835, decisão monocrática do rel. Min. Alexandre de Moraes).

– "Primeiramente, entendemos que a ADI 5.838 sequer merece ser *conhecida* pelo STF por total falta de cabimento desta ação direta, isto é, devem ser rejeitadas 'de plano' por dois motivos: a matéria não é constitucional e demanda dilação probatória. Com efeito, a matéria não é de índole *constitucional*, conforme decisões anteriores do próprio STF, sendo as últimas delas relacionadas inclusive ao local de ocorrência do ISS sobre o *leasing*. Nesse sentido: AgReg no ARE n. 873.675, rel. Ministro Roberto Barroso; AgReg no RE 824.137, rel. Min. Roberto Barroso; RE 850.600 e n. 853.32, rel. Ministra Cármen Lúcia; AI n. 9083, rel. Ministro Gilmar Mendes. Em todos esses casos anteriores, o STF entendeu que essa matéria implica apenas numa *ofensa reflexa* à Constituição Federal, deslocando para o Superior Tribunal de Justiça a competência para decidir em última instância essas questões voltadas a uma lei complementar federal. Ademais, o assunto também demanda uma dilação probatória, no que se refere às alegações de violação ao princípio da proporcionalidade. As autoras mencionam altos custos de conformidade, que 'inviabilizariam as atividades'. Mas, será que esses custos de conformidade realmente inviabilizarão (todas) essas atividades? Ora, por certo, estamos diante de uma questão *de fato*, que demanda produção de prova sobre esses impactos financeiros alegados pelas empresas e, ainda, o devido e necessário contraste desse custo com os lucros anuais (e altíssimos) que tais atividades vêm acumulando ao longo dos anos. (...) Sobre os 'altos custos de conformidade', além da necessidade de dilação probatória, as autoras ignoram e silenciaram que as empresas ficaram desobrigadas de recolher o ISS desde quando o veto do Presidente foi derrubado pelo Congresso Nacional, ou seja, desde 1º/06/2017 que essas atividades ficaram dispensadas do recolhimento do ISS em todo território nacional, e assim ficarão até que as novas leis municipais entrem em vigor e tenham suas eficácias iniciadas, à luz dos princípios da anterioridade do exercício financeiro e nonagesimal. Ora, será que o dinheiro 'economizado' dentro desse período já não seria suficiente para cobrir os gastos com a implantação de programas e contratação de consultorias para se adequarem à novel legislação? É claro que isso também envolveria uma análise fática e pericial, mas também precisa ser apontado para fins de amenizar os (genéricos) argumentos dos altos custos de conformidade. (...) Ademais, as ações partem do falso pressuposto de que a Constituição Federal determina o critério 'de origem' para fins de definição do local de ocorrência do ISS. Aliás, as ações assumem como verdade um pressuposto que é usualmente escrito pelos doutrinadores de que o ISS seria, necessariamente, um imposto sobre a 'prestação' do serviço. Mas não é isso que a Constituição Federal necessariamente prevê, tanto que, em seu art. 156, III, atribui competência para os Municípios (e Distrito Federal) instituir 'impostos sobre serviços', sem qualificar ou impor a 'prestação' do serviço. Com efeito, a Constituição Federal admite que o ISS tenha por elemento material de sua hipótese de incidência o ato de 'tomar serviço', ou seja, o critério do destino, independentemente de onde o serviço foi efetivamente prestado. Nessa ADI, as entidades tentam *ressuscitar* o 'princípio da territorialidade', que chegou a ganhar aceitação no STJ (REsp n. 1.117.121), mas, recentemente (no REsp 1.060.210, que tratou do *leasing*), também foi afastado ao entender que o critério da origem ou destino depende de uma *decisão política* formalizada numa lei complementar federal (nacional). Na verdade, a tentativa é de dar uma *nova roupagem* para o já superado princípio da territorialidade: ao invés de atrair o ISS para o destino, busca-se firmar o local de ocorrência no 'estabelecimento prestador' (origem). Mas, a nosso ver, na essência é a mesma coisa: buscar fundamento constitucional para uma 'territorialidade' (seja do destino, como os Municípios tentaram no passado; seja da origem, como essas entidades estão reclamando agora). Com efeito, a Lei Maior é absolutamente silente a respeito do elemento espacial da regra-matriz de incidência do ISS, diferentemente do que ocorre com o ICMS, que teve tais contornos constitucionais expressamente definidos no art. 155, § 2º,VII e, aliás, recentemente alterados pela Emenda n. 87/2015. Dessa forma, não há uma definição constitucional acerca do município competente do ISS, transferindo-se tal competência para a lei complementar. (...) E mais: por se tratar de um imposto indireto (salvo a rara exceção do 'ISS fixo'), é da essência do ISS a transferência do seu ônus para o tomador do serviço que, embora seja classificado atualmente como um 'contribuinte de fato', pode ser transformado em 'contribuinte de direito' se tal previsão vier por meio de lei complementar, uma vez que a Constituição Federal não impõe a instituição de um imposto necessariamente sobre a 'prestação' do serviço. (...) A ADI não enfrentou o (louvável) caráter redistributivo que se pretendeu implantar com a LC n. 157/2016, que pulverizou em todo território nacional a cobrança do ISS sobre essas atividades que geram bilhões de reais de ISS. Ora, inúmeros economistas e tributaristas pregam a importância, relevância e justiça de um sistema tributário de caráter *redistributivo*, que reparta de forma *equânime* e *equilibrada* a arrecadação dos tributos entre as entidades federadas. (...) Outro argumento invocado na ADI é que a nova legislação 'complicou' ainda mais o sistema tributário e que as dificuldades criadas violariam a Carta Constitucional. Primeiramente, é 'fantasioso' o argumento de que essas empresas estarão submetidas por 'mais de 5.550' leis municipais. Isso não é verdade porque nem todos os municípios brasileiros (vale dizer, a menor parte deles) exercitam suas competências tributárias, inclusive no que tange ao ISS. Além disso, essas empresas também não estão em todos os municípios do país" (MANGIERI, Francisco Ramos; MELO, Omar Augusto Leite. *ISS sobre o "leasing" e cartões de crédito e débito*. 2. ed. Porto Alegre: Livraria do Advogado, 2018. p. 145-150).

– Na ADI 5844 AgR (2019), o STF negou à Confederação Nacional das Cooperativas (CNCOOP) e à Confederação Nacional das Cooperativas Médicas (Unimed) legitimidade para o ajuizamento de Ação Direta de Inconstitucionalidade em face do art. 1º da Lei Complementar n. 157/2016, na parte em que modificou o art. 3º, XXIII, da Lei Complementar n. 116/2003, para determinar que o Imposto Sobre Serviços de Qualquer Natureza (ISS) seja recolhido no Município do tomador de serviços de planos de medicina de grupo ou individual e outros planos de saúde, seja porque não configuram entidade de classe de âmbito nacional seja porque não vislumbrada a pertinência temática.

XXIV – do domicílio do tomador do serviço no caso dos serviços prestados pelas administradoras de cartão de crédito ou débito e demais descritos no subitem 15.01; (Incluído pela LC n. 157/2016.)

ADI 5838 questionando a constitucionalidade do dispositivo incluído pela LC n. 157/2016. *Vide* nota ao inciso XXIII.

XXV – do domicílio do tomador do serviço do subitem 15.09. (Redação dada pela LC n. 175/2020.)

A redação revogada, da LC 157/2016, referia-se aos subitens 10.04 e 15.09 e foi questionada na ADI 5838. Vide nota ao inciso XXIII.

---

§ 1º No caso dos serviços a que se refere o subitem 3.04 da lista anexa, considera-se ocorrido o fato gerador e devido o imposto em cada Município em cujo território haja extensão de ferrovia, rodovia, postes, cabos, dutos e condutos de qualquer natureza, objetos de locação, sublocação, arrendamento, direito de passagem ou permissão de uso, compartilhado ou não.

§ 2º No caso dos serviços a que se refere o subitem 22.01 da lista anexa, considera-se ocorrido o fato gerador e devido o imposto em cada Município em cujo território haja extensão de rodovia explorada.

§ 3º Considera-se ocorrido o fato gerador do imposto no local do estabelecimento prestador nos serviços executados em águas marítimas, excetuados os serviços descritos no subitem 20.01.

§ 4º Na hipótese de descumprimento do disposto no *caput* ou no § 1º, ambos do art. 8º-A desta Lei Complementar, o imposto será devido no local do estabelecimento do tomador ou intermediário do serviço ou, na falta de estabelecimento, onde ele estiver domiciliado. (Incluído pela LC n. 157/2016.)

Substituição ativa. No caso de descumprimento da cobrança mínima do ISS, opera-se a substituição do sujeito ativo. Por ter cobrado alíquota inferior a 2%, o Município infrator (do local do estabelecimento prestador) perde a competência tributaria para o Município onde estiver o estabelecimento do tomador ou intermediário. Essa regra tem aplicação para as hipóteses sujeitas à regra do *caput* do art. 3º, não tendo cabimento para as exceções previstas nos incisos e demais paragráfos do art. 3º, porquanto já deslocada a cobrança para o Município do tomador. O art. 88 do ADCT, acrescentado pela Emenda 37/2002, prevê que o ISS deverá ter alíquota mínima de 2%, impedindo a concessão de benefícios ou incentivos fiscais por parte dos Municípios, que impliquem em uma carga tributária inferior. A recente LC n. 157, por seu turno, acrescentou o recente art. 8º-A, reforçando a obrigatoriedade dessa carga tributária mínima do ISS, inclusive com previsão de nulidade da lei ou ato do Município que desrespeitar a carga tributária mínima. Neste contexto de inibição de "guerra fiscal" entre os Municípios, foi acrescentado o inusitado § 4º no art. 3º da LC n. 116 que criou uma substituição tributária ativa do ISS, no sentido de transferir o ISS do local do estabelecimento prestador para o local do "estabelecimento do tomador ou do intermediário do serviço ou, na falta de estabelecimento, onde ele estiver domiciliado", quando o Município do estabelecimento prestador descumprir a cobrança mínima do ISS. Trata-se de uma substituição tributária ativa, na medida em que se opera uma transferência do sujeito ativo da obrigação tributária do ISS: originalmente, o imposto municipal é devido no local do estabelecimento do prestador; porém, em razão do descumprimento desse dever financeiro de cobrar o ISS com alíquota mínima de 2%, o Município infrator (do local do estabelecimento prestador) perde a competência tributária para o Município onde estiver o estabelecimento do tomador ou intermediário. Muito embora o texto não seja explícito quanto à aplicação dessa substituição tributária ativa apenas quando o imposto for originalmente devido no local do estabelecimento prestador (regra do *caput* do art. 3º), essas mudanças de sujeição ativa e local de ocorrência não terão cabimento para as exceções previstas nos incisos e demais parágrafos do art. 3º, pelas seguintes razões: a) o § 4º do art. 3º é uma consequência da nulidade prevista no § 2º do art. 8º-A, que trata de uma hipótese em que o imposto é devido no município do estabelecimento prestador; b) nas exceções dos incisos e demais parágrafos do art. 3º, o ISS já acaba incidindo no estabelecimento do tomador, tornando inócua a aplicação deste § 4º; c) por se tratar de uma regra criada para dirimir conflitos de competência tributária ("guerra fiscal") entre os Municípios, o que se pretendeu coibir e punir foi a atração de empresas para aqueles Municípios que oferecem uma carga tributária inferior do ISS para quem ali se estabelecer, até porque os serviços excepcionados nos incisos e parágrafos do art. 3º estão ilesos a essas práticas financeiras ilícitas dos Municípios, na medida que o imposto não é devido no "estabelecimento prestador", mas sim no local onde foram concluídos ou executados, conforme o caso.

> § 5º Ressalvadas as exceções e especificações estabelecidas nos §§ 6º a 12 deste artigo, considera-se tomador dos serviços referidos nos incisos XXIII, XXIV e XXV do *caput* deste artigo o contratante do serviço e, no caso de negócio jurídico que envolva estipulação em favor de unidade da pessoa jurídica contratante, a unidade em favor da qual o serviço foi estipulado, sendo irrelevantes para caracterizá-la as denominações de sede, filial, agência, posto de atendimento, sucursal, escritório de representação ou contato ou quaisquer outras que venham a ser utilizadas. (Incluído pela LC n. 175/2020)
>
> § 6º No caso dos serviços de planos de saúde ou de medicina e congêneres, referidos nos subitens 4.22 e 4.23 da lista de serviços anexa a esta Lei Complementar, o tomador do serviço é a pessoa física beneficiária vinculada à operadora por meio de convênio ou contrato de plano de saúde individual, familiar, coletivo empresarial ou coletivo por adesão. (Incluído pela LC n. 175/2020)
>
> § 7º Nos casos em que houver dependentes vinculados ao titular do plano, será considerado apenas o domicílio do titular para fins do disposto no § 6º deste artigo. (Incluído pela LC n. 175/2020)
>
> § 8º No caso dos serviços de administração de cartão de crédito ou débito e congêneres, referidos no subitem 15.01 da lista de serviços anexa a esta Lei Complementar, prestados diretamente aos portadores de cartões de crédito ou débito e congêneres, o tomador é o primeiro titular do cartão. (Incluído pela LC n. 175/2020)
>
> § 9º O local do estabelecimento credenciado é considerado o domicílio do tomador dos demais serviços referidos no subitem 15.01 da lista de serviços anexa a esta Lei Complementar relativos às transferências realizadas por meio de cartão de crédito ou débito, ou a eles conexos, que sejam prestados ao tomador, direta ou

indiretamente, por: I – bandeiras; II – credenciadoras; ou III – emissoras de cartões de crédito e débito. (Incluído pela LC n. 175/2020)

§ 10. No caso dos serviços de administração de carteira de valores mobiliários e dos serviços de administração e gestão de fundos e clubes de investimento, referidos no subitem 15.01 da lista de serviços anexa a esta Lei Complementar, o tomador é o cotista. (Incluído pela LC n. 175/2020)

§ 11. No caso dos serviços de administração de consórcios, o tomador de serviço é o consorciado. (Incluído pela LC n. 175/2020)

§ 12. No caso dos serviços de arrendamento mercantil, o tomador do serviço é o arrendatário, pessoa física ou a unidade beneficiária da pessoa jurídica, domiciliado no País, e, no caso de arrendatário não domiciliado no País, o tomador é o beneficiário do serviço no País. (Incluído pela LC n. 175/2020)

Art. 4º Considera-se estabelecimento prestador o local onde o contribuinte desenvolva a atividade de prestar serviços, de modo permanente ou temporário, e que configure unidade econômica ou profissional, sendo irrelevantes para caracterizá-lo as denominações de sede, filial, agência, posto de atendimento, sucursal, escritório de representação ou contato ou quaisquer outras que venham a ser utilizadas.

1. O conceito de estabelecimento prestador como definidor do aspecto espacial do ISS e do Município competente. Como regra, o local do estabelecimento prestador é o elemento espacial do fato gerador do ISS, servindo, também, para a definição do Município competente. O *caput* do art. 3º da LC n. 116 prevê que o serviço é considerado prestado, como regra, "no local do estabelecimento prestador", definindo, pois, o "local do estabelecimento prestador" como o elemento espacial da regra-matriz de incidência do ISS. Portanto, salvo nas hipóteses estampadas nos incisos e nos §§ 1º e 2º do art. 3º da LC n. 116, o ISS será devido no local do estabelecimento prestador. Consequentemente, como regra, o Município credor, sujeito ativo da obrigação tributária do ISS, será aquele onde estiver localizado o estabelecimento prestador.

2. Interpretação do conceito de estabelecimento prestador no Decreto-lei n. 406/68. Não havia como simplesmente deixar-se de aplicar o Decreto-lei n. 406/68. Ou se lhe dava interpretação conforme a Constituição ou se lhe declarava a incompatibilidade com o Texto Constitucional vigente.

Entendendo que o Decreto-lei n. 406 podia ser interpretado sem ofensa à outorga de competência constante da Constituição Federal, mediante redefinição do conceito de estabelecimento prestador, o texto de Hugo de Brito Machado: "... o Decreto-lei n. 406/68 determinou, em seu artigo 12, que: 'Art. 12 – Considera-se local da prestação do serviço: *a*) O do estabelecimento prestador ou, na falta de estabelecimento, o do domicílio do prestador;' Para adotar esta solução o legislador considerou, por ficção, que o serviço é sempre prestado no local onde o prestador é estabelecido. Descabe, portanto, aferir-se, no caso concreto, se o serviço foi – ou não – efetivamente realizado no local do estabelecimento prestador, pois o legislador serviu-se da ficção de que o serviço é prestado no local do estabelecimento prestador. É importante destacar que é ficto o local onde ocorreu a prestação, não o local onde está estabelecido o prestador. Sobre este último cabe ampla discussão e dilação probatória. Onde for demonstrado e provado estar o estabelecimento prestador é que, por ficção, será considerada ocorrida a prestação do serviço. (...) Atualmente, portanto, a regra é de que o Imposto sobre Serviços – ISS é devido no Município onde está estabelecido o prestador do serviço. (...) O critério adotado pelo Decreto-lei n. 406/68 deu ensejo à prática de fraudes por parte de alguns contribuintes, que passaram a constituir a sede formal de sua empresa prestadora de serviços em Município do Interior, onde o ISS tem alíquota mais baixa, mas de fato se estabeleceram na Capital. (...) Embora a matéria se encontrasse inicialmente controvertida, prevaleceu a final nas Primeira e Segunda Turmas daquela Corte o entendimento segundo o qual o ISS será devido ao Município no qual efetivamente ocorrer a prestação do serviço, independentemente de onde esteja estabelecido o prestador. (...) Eventual ocorrência de fraude na determinação do estabelecimento não propicia o afastamento da incidência do Decreto-lei n. 406/68. O erro consiste em assumir como estabelecimento aquele formalmente apontado pelo contribuinte. Considerado o estabelecimento como o local onde o contribuinte tem o núcleo econômico de suas atividades, ver-se-á que nenhum empecilho há à aplicação do critério de solução de conflitos adotado pelo DL 406/68. (...) No caso, não há qualquer inconstitucionalidade no artigo 12 do Decreto-lei n. 406/68. E mesmo que houvesse, sua incompatibilidade com a Carta Magna, à evidência, não poderia ser decretada pelo Superior Tribunal de Justiça, mormente se desacompanhada de qualquer declaração formal, o que vilipendia o artigo 97 da Constituição Federal. (...) O Superior Tribunal de Justiça não afirmou que o art. 12, do Decreto-lei n. 406/68 não foi recepcionado pela vigente Constituição. Não enfrentou o disposto no § 5º, do art. 34, do ADCT da CF/88, que expressamente recepcionou a legislação tributária não incompatível com as normas do Sistema Tributário então adotado. Diversamente, disse que o local da prestação dos serviços é que indica o Município competente para a cobrança do ISS, pois de outro modo estará violado o princípio constitucional implícito que atribui ao Município o poder de tributar as prestações ocorridas em seu território. Tem-se, portanto, no caso, perfeitamente caracterizada uma declaração implícita de inconstitucionalidade do art. 12 do Decreto-lei n. 406/68, pelo Superior Tribunal de Justiça, sendo indiscutível, pois, nos casos em que assim decide, o cabimento do recurso extraordinário, para o Supremo Tribunal Federal" (MACHADO, Hugo de Brito. Local da ocorrência do fato gerador do ISS. *RDDT* 58/45, 2000).

3. Interpretação do conceito de estabelecimento prestador na LC n. 116/2003. "Art. 4º Considera-se estabelecimento prestador o local onde o contribuinte desenvolva a atividade de prestar serviços, de modo permanente ou temporário, e que configure unidade econômica ou profissional, sendo irrelevantes para caracterizá-lo as denominações de sede, filial, agência, posto de atendimento, sucursal, escritório de representação ou contato ou quaisquer outras que venham a ser utilizadas".

– "O citado art. 4º permite a mais ampla conceituação do que seja estabelecimento prestador de serviço, para sua identificação, devem-se levar em conta diversos fatores que, isolados ou conjugadamente, caracterizam a existência de um estabelecimento como a habitualidade da prestação de serviço em determinado município; a existência de um ponto de contacto com clientes; os cartões de visita; o site na Internet; as contas de telefone, de fornecimento de energia elétrica e de água; a manutenção de pessoal e equipamento necessários à execução de serviços; as informações de tomadores de serviços; as eventuais inscrições em outros órgãos públicos; os anúncios e propagandas etc. Enfim, havendo indícios de que determinado contribuinte mantém apenas formalmente seu estabelecimento em outro município, onde o nível de imposição tributária é menor, cabe ao Fisco promover uma fiscalização eficiente com o fito de desconsiderar o estabelecimento fictício ou virtual, como no conhecido caso do município de Santana do Parnaíba, em que mais de 700 empresas prestadoras de serviço indicavam como seu estabelecimento um mesmo endereço, consistente em uma pequenina sala" (HARADA, Kiyoshi. ISS: o local do fato na hipótese de incidência. *RET* 65/22, 2009).

3.1. Regras básicas para aferição do Municípios competente e sujeito passivo do ISS.

– "As regras básicas, para efeito de fixação de competência do Município para auferir o ISS e do devedor tributário no tocante ao local do seu estabelecimento, podem ser consideradas de conformidade com os elementos de domicílio e conexão, na forma prevista na Lei Complementar n. 116/03, a saber: (a) o município do estabelecimento prestador (artigo 3º, *caput*); (b) o município do local onde se situar o domicílio do prestador, no caso de inexistência do estabelecimento prestador (artigo 3º, *caput*); (c) o município do local da prestação (serviços previstos nos incisos II a XXII, do artigo 3º); e (d) o município do estabelecimento do tomador ou intermediário do serviço; ou, na falta de estabelecimento, onde ele estiver domiciliado, no caso de serviço proveniente do exterior do país, ou cuja prestação se tenha iniciado no exterior do País (artigo 3º, inciso I). Essa nova sistemática não resolverá os naturais conflitos que decorrem da prestação de serviços fragmentados... Lógica a ponderação de que para os serviços em que ocorra a impossibilidade de ser determinado, com precisão, o local da sua prestação, revela-se válida a eleição do legislador, ao indicar a regra segundo a qual a competência para a cobrança do ISS seria a do Município em que o prestador está estabelecido" (MELO, José Eduardo Soares de. *ISS*: aspectos teóricos e práticos. 5. ed. São Paulo: Dialética, 2008. p. 198-200).

– "O conceito de 'estabelecimento', como elemento básico para determinar o local da prestação/Município titular do ISS, deve compreender todos os bens (máquinas, equipamentos, mobiliário, veículos etc.) e pessoas suficientes para possibilitar a prestação de serviços. A existência efetiva dos referidos elementos é que permite caracterizar um real estabelecimento prestador de serviços... Embora o contribuinte tenha liberdade para instalar sua sede e o estabelecimento prestador de serviços nos locais que sejam de seu exclusivo interesse (princípio da autonomia da vontade que regra os negócios particulares), a atividade somente poderá ficar sujeito à alíquota menos gravosa, se efetivamente possuir de modo concreto (e não apenas 'caixa postal' ou 'virtualmente') um estabelecimento no Município B. Um simples local que nada possui (bens, pessoas, instalações) representará uma mera simulação, cujos efeitos tributários podem ser desconsiderados" (MELO, José Eduardo Soares de. *ISS:* aspectos teóricos e práticos. 5. ed. São Paulo: Dialética, 2008. p. 187).

3.2. Dizendo da insuficiência do critério da LC n. 116 e da necessidade de aperfeiçoamento do texto legislativo. "... a mera adoção da segunda corrente (recolhimento no local da prestação dos serviços), como vem aplicando reiteradamente o Superior Tribunal de Justiça, não é suficiente para dirimir os potenciais conflitos de competência entre os municípios. Tem-se que conceituar os critérios para a aferição de qual o local será considerado como de execução dos serviços: o do contrato, o da execução propriamente dita (e se ocorrer em mais de um município), o da entrega do resultado? (...) A relação dos serviços tributados no local da sua execução permite um controle adequado dos fatos geradores por parte dos Município. (...) 3 ... sempre que possível, deve ser recolhido no município onde efetivamente foram executados os serviços, por se tratar do núcleo (aspecto material) da norma tributária. 4. Na hipótese dos serviços serem executados no território de mais de um município, deverá prevalecer o convênio firmado entre as pessoas jurídicas de direito público interessadas para fins de rateio do imposto. Na omissão, o legislador complementar poderá optar pelo critério da preponderância ou da proporcionalidade, pois ambos atendem o princípio constitucional da territorialidade da lei tributária" (BERNARDES, Flávio Couto. O aspecto espacial da norma tributária do imposto sobre serviços em face da Lei Complementar n. 116/2003. *RDIT* 1/73, 2004).

3.3. Necessidade de adequação das leis municipais à lei complementar para a cobrança com base em novo aspecto espacial. "d) O art. 12 do Dec.-lei 406/68 foi revogado pela LC n. 116, que estabeleceu o critério espacial possível do ISS em virtude de cada critério material. e) Com a promulgação da LC n. 116, dispositivos de leis municipais com ela conflitantes perderam a eficácia no que diz respeito aos serviços cujo critério espacial possível sofreu alteração, como se depreende do art. 24, I, e respectivo parágrafo único da CF/88. f) Por conta de tal perda de eficácia, devem as lei municipais se adequar aos ditames da LC n. 116, adequando o critério espacial da exação incidente sobre os serviços tributáveis. g) Tal mudança, por criar gravame antes inexistente par ao contribuinte, deve respeitar o princípio da anterioridade..." (COLNAGO, Cláudio de Oliveira Santos. A LC n. 116 e os efeitos da alteração do critério espacial possível da regra-matriz de incidência do ISS. *RTFP* 55/70, 2004).

4. Não havendo estabelecimento prestador, no domicílio do prestador. Na ausência de estabelecimento prestador, o ISS será devido no domicílio do prestador, conforme *caput* do art. 3º da LC n. 116.

5. Águas marítimas. Local de ocorrência do ISS nos serviços executados em águas marítimas estabelecimento prestador. Além do *caput* do art. 3º, o seu § 3º também mantém o local do estabelecimento prestador como o elemento espacial do fato gerador do ISS sobre os serviços executados em águas marítimas.

6. Substituição tributária ativa do ISS na hipótese do § 4º do art. 3º da LC n. 116. O critério do "estabelecimento prestador" será substituído pelo local do "estabelecimento tomador ou intermediário do serviço ou, na falta de estabelecimento, onde ele estiver domiciliado", na hipótese de descumprimento do disposto no *caput* ou no § 1º do art. 8º-A da LC n. 116, que versa sobre a alíquota mínima de 2%. Assim, a não observância da alíquota mínima de 2%, nos termos do art. 8º-A da LC n. 116, provocará essa modificação do local de ocorrência do ISS e, também, do Município credor, deslocando do estabelecimento prestador para o estabelecimento tomador ou intermediário do serviço ou, na sua falta, onde ele estiver domiciliado.

7. Definição de estabelecimento prestador: análise do art. 4º da LC n. 116. O dispositivo prevê três requisitos necessários e cumulativos (não seriam dois, na medida em que o temporário nada exige?) para a constatação do estabelecimento prestador e, na sua parte final, dispõe que as denominações atribuídas ao estabelecimento, por si só, podem ser desconsideradas, caso não passem pelo *teste* de verificação dos três requisitos.

7.1. Reflexos do REsp 1.060.210 em outras incidências do ISS distintas do *leasing* e a incerteza quanto à definição de qual é o estabelecimento prestador. "Tratando-se de tema fixado em caráter de recurso repetitivo, é certo que se deve aspirar sua aplicação a situações distintas daquelas envolvendo contratos de *leasing*; não obstante, a tese tal como fixada, aparentemente, extrai de uma simples coincidência (a de que, no caso em apreço, o 'estabelecimento prestador' coincide com o da sede do contribuinte) uma conclusão definitiva. Essa relevante questão envolvendo os fatos que levaram à fixação da tese – e a falta de esclarecimentos sobre ela, malgrado o alerta feito pelo voto do Ministro Herman Benjamin – pode, de fato, diminuir (para que não se dizer desvirtuar) o espectro de aplicação da tese fixada em razão da distinção entre as situações de sua possível aplicação, sendo de se esperar que, em muitos casos, não haverá coincidência entre o estabelecimento prestador de um serviço e a sede da sociedade detentora desse estabelecimento. Assim como é de esperar, o entendimento fixado em caráter repetitivo pelo precedente acima comentado vem sendo seguido pelas Turmas do STJ; não obstante, deve-se guardar cautela às particularidades consideradas no julgamento em apreço, em especial diante de quadros fáticos distintos" (CURY, Fabio Lemos. A partir da vigência da Lei Complementar n. 116/03, a competência tributária ativa para a cobrança do ISSQN recai sobre o município em que o serviço é efetivamente realizado, desde que, no local, haja unidade econômica ou profissional do estabelecimento prestador. *In:* CARVALHO, Paulo de Barros. *Teses jurídicas dos tribunais superiores*: direito tributário. São Paulo: Revista dos Tribunais, 2017. v. 2, p. 297-298).

7.2. Hipóteses que devem ser consideradas na definição do local de ocorrência do ISS. "1. na fixação do *local do serviço*, para o fim de pagamento do ISS, há que considerar várias hipóteses: a) O prestador ter a sede no Município em que presta o serviço. Obviamente, nele deve cumprir a obrigação tributária; b) O prestador ter a sede em um Município e prestar serviço em outro Município, onde *tenha* estabelecimento. Neste último Município é que deve pagar o ISS, porque aí está o estabelecimento prestador (primeiro caso previsto pela letra *a* do art. 12 do DLF 406/68); c) O prestador ter a sede em um Município e prestar serviço em outro Município, onde *não tenha* estabelecimento. Deve pagar o ISS no Município da sede (segundo caso previsto pela letra *a* do art. 12 do DLF 406/68); d) Tratar-se de uma construção civil, em que o ISS é sempre pago no Município onde se prestam os serviços (letra *b* do art. 12 do CLF 406/68)" (RAMOS, José Nabantino; VERGUEIRO, Vera Damiani. *Dicionário do imposto sobre serviços*. São Paulo: Revista dos Tribunais, 1975. p. 122-123).

7.3. Elementos para a caracterização do estabelecimento prestador. "Ou seja, a simples inscrição de um endereço no qual o prestador declare como local no qual realiza suas atividades não é o bastante para definir o seu estabelecimento. Será considerado como estabelecimento prestador o local onde se desenvolve efetivamente a atividade de prestar serviços. A existência de estabelecimento prestador que configure unidade econômica ou profissional é indicada pela conjugação, parcial ou total, dos seguintes elementos: a) manutenção de pessoal, material, máquinas, instrumentos e equipamentos próprios ou de terceiros necessários à execução dos serviços; b) estrutura organizacional ou administrativa; c) inscrição nos órgãos previdenciários; d) indicação como domicílio fiscal para efeitos de outros tributos; e) permanência ou ânimo de permanecer no local, para exploração econômica de atividade de prestação de serviços, exteriorizada, inclusive, por meio da indicação do endereço em impressos, formulários, correspondências, 'site' na internet, propaganda ou publicidade, contratos, contas de telefone, contas de fornecimento de energia elétrica, água ou gás, em nome do prestador, seu representante ou preposto. Ressalta-se que a circunstância de o serviço, por sua natureza, ser executado habitualmente ou eventualmente fora do estabelecimento não o descaracteriza como estabelecimento prestador" (SILVA, Cláudia Marchetti da. *ISS, ICMS e IPI aplicáveis à construção civil*. São Paulo: FiscoSoft Editora, 2014. p. 32-33).

7.4. Trava no sistema da NFS-e e contra a falsa descrição de atividade de fornecimento de mão de obra, para fins de burlar o verdadeiro local de incidência. "Temos observado constantemente a emissão de NFS-e com indicação da atividade de fornecimento de mão de obra. Por quê? Na realidade, o contribuinte tem-se utilizado deste artifício para não pagar duas vezes o mesmo ISS. O problema ocorre pela dificuldade em se estabelecer o local de ocorrência do fato gerador do ISS, o que leva muitos municípios a exigirem o imposto mesmo quando ele não é devido em seus territórios. Aí vem a solução mágica arquitetada pelos contribuintes: classifica a sua atividade como de 'fornecimento de mão de obra', embora seja outra (conserto, por exemplo) e paga o ISS para o município do destino, deixando o da origem sem o imposto que, na verdade, lhe seria devido. Em tais casos, é comum que o sistema de NFS-e permita o enquadramento da operação como 'tributada no tomador', já que o autêntico serviço de fornecimento de mão de obra é gravado no município onde foi efetivamente prestado. Por isso, no tocante a essa referida atividade, convém 'travar' a opção de não incidência em razão do serviço ser prestado fora do Município. A opção somente seria disponibilizada ao contribuinte se ele comprovar a realidade de sua declaração e obtiver o reconhecimento prévio do Fisco" (MANGIERI, Francisco Ramos. *Administração tributária municipal*: eficiência e inteligência fiscal municipal. Porto Alegre: Livraria do Advogado, 2015. p. 22-23).

7.5. O critério do estabelecimento prestador e sua eficiência para reduzir o número de conflitos espaciais do ISS. "O estabelecimento prestador, conforme já definimos, deve ser entendido como o local onde o contribuinte desenvolve a atividade de prestar serviços, compreendendo, nessa definição, o complexo de coisas que venham a configurar o núcleo habitual do exercício da atividade, pressupondo gerência e administração mínimas e que sejam aptas à atividade econômica de prestar serviços ou, na existência de local com tais especificações, o domicílio do prestador. Portanto, necessária a existência de uma organização sob a forma unidade econômica indispensável à prestação do serviço, pois não será apenas a declaração de 'estabelecimento prestador' pelo contribuinte que servirá como aspecto espacial para a tributação pelo Município competente. Inegável que o estabelecimento prestador é um local de possível ocorrência do fato jurídico tributário, uma vez que abriga o complexo de bens que serve como base ao exercício da atividade de prestar serviços. Reforçamos que o critério do estabelecimento prestador leva em consideração o local do estabelecimento que efetivamente presta o serviço. Portanto, o legislador complementar pode eleger o estabelecimento prestador como um critério apto a servir de aspecto espacial do ISSQN, pois traz conexão territorial com o elemento material da hipótese 'prestar serviços'. (...) Essa eleição pelo legislador complementar poderá ser feita para que não ocorra a dúvida acerca do local de onde determinado serviço foi concretizado, fornecendo segurança para o exercício da competência pelo Município para a exigência do cumprimento da obrigação tributária. A regra do estabelecimento prestador, a nosso ver, deve ser tida como a efetiva regra geral para a tributação pelo ISSQN, pois fornece os elementos necessários para o exercício da competência tributária pelos Municípios, com o menor número de conflitos possíveis. A lei complementar, por seu turno, deverá compatibilizar esta regra geral com outros critérios que eventualmente possam fazer parte da composição do aspecto espacial do ISSQN, a título de exceções (...) Portanto, a regra geral mais adequada será a d estabelecimento prestador, pois esse critério diminui as dúvidas acerca de onde deverão ser considerados prestados determinados tipos de serviço" (PIVA, Sílvia Helena Gomes. *O ISSQN e a determinação do local da incidência tributária*. São Paulo: Saraiva, 2012. p. 148-150).

7.6. Aplicação da teoria da imanência do ISS ao local do estabelecimento, quando o prestador possuir sede num município, mas manter outro estabelecimento em município diverso. "Ora, a considerar os elementos propostos e a omissão da LC n. 116 no tocante ao enfrentamento desses casos, havemos de adotar um critério objetivo que assegure a solução mais adequada para o caso. É nesse momento que sugerimos a adoção da tese que nominamos de 'teoria da imanência do ISS ao local do estabelecimento'. Em sua essência, ela se pauta no raciocínio de que, havendo características de estabelecimento prestador no local da prestação do serviço, o ISS deve ser recolhido em favor do município onde este se efetivou. Para clarificar, no exemplo trazido à baila, se o prestador de serviços é sediado na capital paulista, mas mantêm estrutura física caracterizada como estabelecimento prestador na cidade de Campinas, tendo ele executado serviços nesta última em favor de cliente nela sediado, haveremos de considerar que a materialização do fato tributável (prestação do serviço) deve se vincular ao estabelecimento prestador que ali existe. Ou seja, devemos presumir a imanência de ambos os elementos de modo tal que sua junção resulte na fixação do local da incidência do imposto. A essência da tese ora proposta tem por escopo evitar que o prestador de serviços mantenha estabelecimento em certo município onde a tributação é menor ou, por conveniência, ele deseja concentrar sua estrutura formal e mantenha diversas estruturas (formais e informais) em outras localidades, mas recolhendo o imposto tão somente na sede da empresa. Imaginemos primeiramente a hipótese da empresa de manutenção de elevadores que mantém sua sede em Barueri-SP, atendendo a diversos clientes em toda a região metropolitana de São Paulo. Suponhamos ainda que, por necessidade de bem atender a seus clientes, essa empresa possui uma sala alugada na região central da capital e faz dali um ponto de atendimento e de acomodação das equipes técnicas de plantão. Ora, considerando que o art. 4º da LC n. 116 não condiciona a formalização do estabelecimento perante os órgãos de registro (Junta Comercial, Receita Federal, etc.) ao reconhecimento de sua existência, ainda que o referido escritório de apoio seja completamente informal, podemos vincular o imposto relativo aos contratos mantidos com clientes de São Paulo a este mesmo município. Se imaginarmos que o prestador do serviço mantém na capital a referida estrutura, mas a tenha regularmente registrada como filial, entendemos que a irregularidade se torna ainda mais evidente. Não podemos conceber que fique a exclusivo critério do prestador eleger qual de suas unidades será responsável pelo faturamento de certo serviço se na localidade onde o fato tributável ocorreu existe um estabelecimento prestador. Não que desprezamos a necessidade primaz de se aferir qual, de fato, foi o estabelecimento responsável pela execução do serviço. Caso seja provado que a atividade ficou sob responsabilidade exclusiva de outro estabelecimento, em município distinto daquele onde ocorreu o serviço e, concomitantemente, há neste uma filial do prestador, defendemos que a tributação seja em favor do município onde está o estabelecimento que efetivamente realizou a atividade tributável. O que entendemos não ser cabível é a fragmentação do serviço contratado, nem para tributar separadamente etapas diversas da mesma prestação, tampouco para identificar qual das etapas tem maior realce na composição da cadeia de tarefas compreendidas na sua execução. Ou seja, a unicidade contratual deve ser preservada, sem prejuízo da busca pela verdade material. Numa economia dinâmica e tão afetada pela tecnologia, a prova de que o serviço realizado em local onde o prestador possui unidade foi prestado exclusivamente por estabelecimento prestador situado em município diverso deve ser de consistência inabalável. Do contrário, entendemos que a existência do estabelecimento prestador no local da prestação deve nortear a definição do município competente para exigir o ISS, ainda que apenas algumas das etapas do serviço tenham ocorrido ali" (LEMOS, Alexandre Marques Andrade. *Gestão tributária de contratos e convênios*. 4. ed. Salvador: Open Editora, 2015. p. 452).

7.7. A LC n. 116 pode definir o Município competente do ISS em local diverso da prestação do serviço, em prol de uma maior eficiência. "Aponta a doutrina que as leis municipais não poderiam ser dotadas de extraterritorialidade fazendo incidir o imposto sobre um fato gerador produzido em território em que ela não tem validade. Assim, a regra geral atual prevendo o recolhimento do ISSQN em local diverso da prestação do serviço não seria válida. Entendemos de forma diferente. Nos parece correto afirmar que a Lei Complementar n. 116/2003, que é norma geral nacional sobre matéria tributária, pode sim definir regras especiais sobre os fatos geradores, base de cálculo e contribuintes do ISSQN, sem estar ferindo a autonomia municipal ou o pacto federativo. Como na vigência do artigo 12 do Decreto-Lei n. 406/68, a nova lei do ISSQN criou ficções legais que devem ser seguidas para a tributação do ISSQN. Foram criadas soluções para gerar uma maior eficiência na tributação em oposição ao conceito universalista que muitos doutrinadores defendem. Universalizar a regra da ocorrência do fato gerador a uma simples equação matemática (ocorre o fato em um local é igual a pagar tributo nesse mesmo local) é desconhecer a riqueza dos fatos da vida" (BRETANHA, João; RACIC, Jhonny Bertoletti; HIDALGO, Mauro. *ISSQN*: doutrina e prática no sistema financeiro nacional. Porto Alegre: CORAG, 2006. p. 342-343).

7.8. Acerca da "fluidez espacial" dos serviços. "Por fim, a terceira grande característica dos serviços é que, por serem imateriais, seu descolamento não é físico, como o das mercadorias. Deslocamento físico, no máximo o do prestador em direção ao tomador de serviços ou o tomador em direção ao prestador de serviços. Essa impossibilidade de deslocamento físico do serviço em si não impede que, atualmente, serviços sejam prestados a distância em um semicírculo do planeta Terra entre prestador e tomador, valendo-se de dois outros grandes serviços: (iii.1) o serviço de comunicação compreendendo este somente os serviços de telefonia, os de rádio (radiodifusão sonora) e televisão (radiodifusão de sons e imagens), e os de TV por assinatura; e (iii.2) os serviços de provimento de acesso à internet, os quais estão no âmbito do grupo 'serviço de valor adicionado' ou 'serviços over the top' (OTT)"

(MACEDO, Alberto. Impressão 3D e a tributação do consumo no Brasil. *In*: PISCITELLI, Tathiane (coord.). *Tributação da economia digital*. São Paulo: Revista dos Tribunais, 2018. p. 182).

7.9. Resolução CONCLA n. 1/2008, Anexo Único, que trata das atividades auxiliares na aplicação da CNAE, definindo os estabelecimentos que prestam as atividades principais (serviço-fim), secundárias ou auxiliares, com consequente relevância na comprovação do requisito operacional do estabelecimento prestador. "ANEXO ÚNICO à Resolução CONCLA n. 1, de 15 de fevereiro de 2008. Tratamento das Atividades Auxiliares na Aplicação da CNAE – Subclasses 1. Definições: Atividade principal: é a atividade de produção de bens ou serviços, destinada a terceiros, que traz maior contribuição para a geração do valor adicionado da unidade de produção; como prática geral, toma-se a receita operacional da atividade como aproximação do conceito de valor adicionado. No caso das entidades sem fins lucrativos, é a atividade de maior representação da função social da entidade. Atividades secundárias: são atividades de produção de bens ou serviços, destinada a terceiros, exercidas na mesma unidade de produção, além da atividade principal. Atividades auxiliares: são atividades de apoio administrativo ou técnico, exercidas no âmbito da empresa, voltadas à criação das condições necessárias para o exercício de suas atividades principal e secundárias e desenvolvidas para serem intencionalmente consumidas dentro da empresa. Os exemplos mais comuns de atividades auxiliares são: as funções de gestão gerencial e administrativa; o transporte próprio; os serviços de manutenção de prédios, máquinas e equipamentos; o armazenamento próprio; compras e promoção de vendas; limpeza; segurança; informática. 2. Caracterização das atividades auxiliares: Como regra, uma atividade deve ser considerada auxiliar se satisfizer ao conjunto das seguintes condições: – servir unicamente à própria empresa (uma ou mais atividades), no mesmo local ou em locais distintos, o que significa que os bens e serviços produzidos não devem ser objeto de transações no mercado; – ser usual em unidades de produção similares; – produzir serviços ou, excepcionalmente, bens que não entram na composição do produto final da unidade (tais como pequenas ferramentas, andaimes); – destinar-se inteiramente ao consumo intermediário da unidade a que serve, o que significa que não gera formação de capital. Dentro desses critérios, não são consideradas como atividades auxiliares: a produção de bens que são incorporados ao capital fixo da empresa (construção por conta própria ou produção de equipamentos para uso próprio, por exemplo); a produção de bens que se tornam parte física da produção principal ou secundária (produção de partes e peças e de embalagens); a produção de energia e as atividades de pesquisa e desenvolvimento para uso interno. As atividades auxiliares podem ser exercidas no mesmo estabelecimento das atividades de mercado, principal e secundárias, ou em estabelecimentos separados (local próprio). Neste último caso, constituem uma unidade auxiliar. 3. Normas para o tratamento das atividades auxiliares na aplicação da CNAE – Subclasses: Caso 1: atividades auxiliares exercidas no mesmo estabelecimento das atividades de produção de bens e serviços para terceiros: as atividades de apoio não são levadas em conta na determinação da atividade principal nem são objeto de uma identificação própria, isto é, não lhe são atribuídos códigos de atividade; Caso 2: atividades auxiliares exercidas em local separado, constituindo unidades auxiliares: a estas unidades deve ser atribuído o código CNAE – Subclasses do estabelecimento ao qual servem. Caso a unidade auxiliar atenda a mais de um estabelecimento da empresa, deve ser-lhe atribuído o código CNAE – Subclasses da unidade de produção com valor adicionado de maior peso relativo, aceitando-se, a título de simplificação, o código da atividade principal da empresa como um todo. Para registrar a identificação do estabelecimento unidade auxiliar, os cadastros administrativos devem contar com um atributo próprio que deverá indicar o tipo de atividade de apoio exercida no estabelecimento. 4.Tabela de códigos e denominações das atividades típicas das unidades auxiliares: (...)".

7.10. Desimporta a denominação do estabelecimento. "4. Importa para a configuração de estabelecimento prestador (art. 4º da LC n. 116/2003) a existência de unidade econômica ou profissional, sendo irrelevantes para caracterizá-lo as denominações de sede, filial, agência, posto de atendimento, sucursal, escritório de representação ou contato ou quaisquer outras que venham a ser utilizadas" (STJ, AgRg no REsp 1.498.822, STJ, 2ª T., rel. Min. Herman Benjamin, j. 2-6-2015, *DJe* de 5-8-2015).

7.11. Se houver estabelecimento do prestador no local da prestação de serviços, lá será devido. Conferir AgRg no REsp n. 1.498.822, STJ, 2ª T., 2015.

8. Três requisitos: operacional, temporal e organizacional. O local do estabelecimento prestador deve preencher três requisitos essenciais: local onde o contribuinte desenvolva a atividade de prestar serviços (critério operacional); de modo permanente ou temporário (critério temporal); e que configure unidade econômica ou profissional (critério estrutural ou organizacional).

8.1. Relação entre os três requisitos do art. 4º e as exceções do art. 3º, ambos da LC n. 116. Os incisos do art. 3º excepcionam o critério do local do estabelecimento prestador como o elemento espacial do fato gerador do ISS. São exceções exatamente porque dispensam a cumulação dos requisitos operacional, temporal e organizacional para a atração do fato gerador do ISS. Para aqueles serviços ali previstos, não há que se falar na conjugação dos três requisitos, prevalecendo o local designado nos referidos incisos (instalação do andaime, execução da obra, onde o bem estiver estacionado, estabelecimento do tomador etc.).

8.2. Requisito *operacional*. É o local onde o contribuinte desenvolva a atividade de prestar serviços. A utilização do verbo "desenvolver" dá nítida ideia de operacionalização da atividade, e não onde o serviço foi entregue, concluído ou onde se deu o resultado do serviço. Com efeito, caso o local do estabelecimento prestador estivesse ligado ao resultado do serviço, as exceções do art. 3º seriam inúteis, pois todos os serviços seriam devidos no destino ou no estabelecimento tomador, onde os serviços foram finalizados ou entregues.

8.2.1. Requisito operacional e o antigo entendimento do STJ sobre o assunto, à luz do Decreto-lei n. 406/68: período anterior à LC n. 116. A jurisprudência do STJ era pacífica no sentido de que o ISS, na vigência do DL 406/68, era devido no Município em que o serviço era prestado, atentando-se unicamente para esse aspecto operacional (onde o serviço foi efetivamente prestado). Tal orientação, que prestigiava o requisito operacional do estabelecimento, foi reafirmada no REsp n. 1.117.121, sujeito ao rito dos recursos repetitivos (art. 534-C do CPC/73). Neste mesmo acórdão, o STJ asseverou a alteração de entendimento após o advento da LC n. 116, quando, a partir de então, passou-se a ser aplicar os arts. 3º e 4º desta nova lei de regência nacional do ISS. Mais recentemente, no julgamento do REsp n. 1.060.210, em uma reviravolta jurisprudencial, o STJ abandonou de vez o antigo entendimento consagrado sob a égide do DL 406/68, que levava em consideração o aspecto exclusivamente operacional (local da prestação do serviço), definindo como local de ocorrência do ISS o Município da "sede do estabelecimento prestador", de tal forma que, ao requisito meramente operacional foram também adicionados aqueles outros dois configuradores do estabelecimento prestador (temporal e organizacional), mesmo com relação aos fatos geradores ocorridos na vigência do DL 406/68.

– REsp 1.060.210, STJ, 1ª S., 2012: compara os períodos de vigência do DL 406/68 e da LC n. 116.

– EDcl no AgRg nos EDcl no REsp 1298917, STJ, 2ª T., rel. Min. Herman Benjamin, j. em 17-3-2015, *DJe* de 6-4-2015: "2. No julgamento do REsp 1.117.121/SP, submetido ao regime do art. 543-C do CPC, o STJ definiu o sujeito ativo do ISS incidente sobre serviço prestado na vigência da LC n. 116/2003 (arts. 3º e 4º), nos seguintes termos: 1º) como regra geral, o imposto é devido no local do estabelecimento prestador – compreendendo-se como tal o local onde a empresa que é o contribuinte desenvolve a atividade de prestar serviços, de modo permanente ou temporário - que se configure unidade econômica ou profissional, sendo irrelevantes para caracterizá-lo as denominações de sede, filial, agência, posto de atendimento, sucursal, escritório de representação, contato ou quaisquer outras que venham a ser utilizadas; 2º) na falta de estabelecimento do prestador, no local do domicílio do prestador. Assim, o imposto somente será devido no domicílio do prestador se no local onde o serviço for prestado não houver estabelecimento do prestador (sede, filial, agência, posto de atendimento, sucursal, escritório de representação); 3º) nas hipóteses previstas nos incisos I a XXII, acima transcritos, mesmo que não haja local do estabelecimento prestador, ou local do domicílio do prestador, o imposto será devido nos locais indicados nas regras de exceção. 3. O simples deslocamento de recursos humanos (mão de obra) e materiais (equipamentos) para a prestação de serviços não impõe sujeição ativa à municipalidade de destino para a cobrança do tributo (AgRg no AREsp 299.489/MS, Rel. Ministro Herman Benjamin, Segunda Turma, *DJe* 18.6.2014). 4. *In casu*, não se pode afirmar que a mera realização de atividade na sede do contratante, equivalha a um estabelecimento prestador, razão pela qual compete ao Município de Belo Horizonte – local do domicílio do prestador – a cobrança do ISS".

– STJ, 2ª T., REsp 1.211.219, 2014: "TRIBUTÁRIO. RECURSO ESPECIAL. ISSQN. ENGENHARIA CONSULTIVA. SERVIÇO QUE NÃO SE CONFUNDE COM O DE CONSTRUÇÃO CIVIL. ART. 11, PARÁGRAFO ÚNICO, DO DECRETO-LEI N. 406/68. MUNICÍPIO COMPETENTE DO ESTABELECIMENTO PRESTADOR. CONTROVÉRSIA DECIDIDA PELA PRIMEIRA SEÇÃO NO RESP 1.060.210/SC, SUBMETIDO AO REGIME DO ART. 543-C DO CPC. 1. A Primeira Seção, no julgamento do REsp 1.060.210/SC, submetido à sistemática do art. 543-C do CPC e da Resolução STJ n. 08/2008, firmou a orientação no sentido de que: '(b) o sujeito ativo da relação tributária, na vigência do DL 406/68, é o Município da sede do estabelecimento prestador (art. 12); (c) a partir da LC n. 116/03, é aquele onde o serviço é efetivamente prestado, onde a relação é perfectibilizada, assim entendido o local onde se comprove haver unidade econômica ou profissional da instituição financeira com poderes decisórios suficientes à concessão e aprovação do financiamento – núcleo da operação de *leasing* financeiro e fato gerador do tributo'. 2. Ao contrário do que se possa imaginar, as premissas estabelecidas nesse precedente aplicam-se a todos os casos que envolvam conflito de competência sobre a incidência do ISS em razão de o estabelecimento prestador se localizar em municipalidade diversa daquela em que realizado o serviço objeto de tributação. 3. No caso dos autos, a controvérsia se refere a fatos geradores do ISSQN ocorridos na vigência do Decreto-Lei n. 406/68, restando incontroverso que a sociedade recorrida possuía, à época dos fatos, estabelecimento prestador no Município de São Paulo. 4. O serviço de engenharia consultiva desenvolve-se antes ou até mesmo em concomitância com o serviço de 'construção civil', mas com esse não se confunde, conforme se depreende do art. 11, parágrafo único, do Decreto-Lei n. 406/68. Inaplicabilidade, portanto, da exceção à regra de competência prevista na alínea 'b' do art. 12 desse normativo. 5. Dessa forma, aplicando-se a recente orientação jurisprudencial deste Tribunal Superior firmada nos autos do REsp 1.060.210/SC, tem-se que subsiste relação jurídico-tributária apta a legitimar a instituição e cobrança do ISSQN pelo Município de São Paulo em relação aos fatos geradores ocorridos sob a vigência do Decreto-Lei n. 406/68, uma vez que, para esse período, o município competente corresponde àquele onde situado o estabelecimento prestador".

– STJ, EDcl no REsp 1.380.710, 2ª T., 2014: "... MUNICÍPIO COMPETENTE. CONTROVÉRSIA DECIDIDA PELA PRIMEIRA SEÇÃO NO RESP 1.060.210/SC, SUBMETIDO AO REGIME DO ART. 543-C DO CPC. (...) 3. Ao contrário do que alega a parte embargante, as premissas estabelecidas nesse precedente *[REsp 1.060.210]* aplicam-se a todos os casos que envolvam conflito de competência sobre a incidência do ISS em razão de o estabelecimento prestador se localizar em municipalidade diversa daquela em que realizado o serviço objeto de tributação. 4. No caso dos autos, o pleito de repetição de indébito refere-se ao período de janeiro/1997 a setembro/2003, ou seja, refere-se a fatos geradores do ISS ocorridos na vigência do Decreto-Lei n. 406/68 e da Lei Complementar n. 116, de 31 de julho de 2003. 5. Restou incontroverso que a agravante possui estabelecimento prestador no Município de Criciúma e que os serviços de *software* ora em apuração foram prestados em outras municipalidades. 6. Dessa forma, aplicando-se a recente orientação jurisprudencial deste Tribunal Superior firmada nos autos do REsp 1.060.210/SC, tem-se que subsiste relação jurídico-tributária apta a legitimar a instituição e cobrança do ISS pelo Município de Criciúma somente em relação aos fatos geradores ocorridos sob a vigência do Decreto-Lei n. 406/68, uma vez que, para esse período, o município competente corresponde àquele onde situado o estabelecimento prestador".

8.2.2. Requisito *operacional*: necessária distinção entre atividade-fim e atividade-meio. A definição do estabelecimento prestador deve levar em consideração a atividade-fim sujeita ao ISS, e não cada etapa ou as atividades-meio. Não raramente, o prestador do serviço desenvolve seus serviços em várias etapas, inclusive em municípios diferentes. Da mesma maneira como é relevante para resolver conflitos de competência entre o ISS e outros impostos (IPI, ICMS e IOF), a classificação entre atividade-fim e atividade-meio também se revela fundamental para dirimir conflitos de competência entre os próprios Municípios. Nesse sentido, a atividade-fim sempre deverá prevalecer frente à atividade-meio, uma vez que o ISS incide sobre a atividade-fim de prestar serviços. Logo, a verificação do requisito operacional, para fins de detectar o local do estabelecimento prestador, deverá levar em conta a atividade-fim sujeita ao ISS. A propósito, no REsp n. 1.060.210, a 1ª S. do STJ pacificou esse entendimento em prol da atividade-fim, em especial neste trecho da ementa do acórdão: "o núcleo da operação de arrendamento mercantil, o serviço em si, que completa a relação jurídica, é a decisão sobre a concessão, a efetiva aprovação do financiamento". Observe-se que essa decisão levou em consideração o "núcleo da operação", "o serviço em si", é dizer, a atividade-fim. De outro lado, ainda neste julgado, que foi afetado ao rito dos recursos repetitivos, o STJ cuidou de desconsiderar as atividade-meio para fins de definição do estabelecimento prestador, à luz deste requisito operacional: "o tomador do serviço ao dirigir-se à concessionária de veículos não vai comprar o carro, mas apenas indicar à arrendadora o bem a ser adquirido e posteriormente a ele disponibilizado. Assim, a entrega de documentos, a formalização da proposta e mesmo a entrega do bem são procedimentos acessórios, preliminares, auxiliares ou consectários do serviço cujo núcleo – fato gerador do tributo – é a decisão sobre a concessão, aprovação e liberação do financiamento". Ao invés de empregar a expressão "atividade-meio", optou-se por "procedimentos acessórios, preliminares, auxiliares ou consectários do serviço". Enfim, o que deve ser levado em consideração na definição do estabelecimento prestador, sob o aspecto ou requisito operacional, é o *núcleo* do contrato, a atividade-fim.

8.2.3. Requisito *operacional* e serviços prestados em mais de um estabelecimento do mesmo contribuinte. Nesse caso, o estabelecimento prestador será o local que reunir os três requisitos do art. 4º, devendo ser priorizada a atividade-fim, e não a atividade-meio, para fins de caracterização do requisito operacional. Este entendimento ficou esclarecido no REsp n. 1.060.210. Todavia, há decisões conflitantes do STJ sobre esse tema: no REsp n. 1.439.753, a 1ª Turma do tribunal entendeu que o ISS era devido no estabelecimento do contribuinte onde foi feita a simples coleta do material biológico (atividade-meio) submetido ao serviço de análises clínicas (atividade-fim), logo, atraindo o imposto para o local onde se operou uma mera atividade-meio de captação de material biológico; já no REsp n. 1.245.310 (serviço de plano de saúde) e no AgRg no REsp n. 1.251.753 (serviço de lavanderia), a 2ª Turma do tribunal definiu como Município credor do imposto aquele onde se realizou a atividade-fim do prestador do serviço. Essas duas decisões da 2ª Turma parecem estar mais coerentes com a decisão proferida pela 1ª Seção no citado REsp n. 1.060.210.

– REsp n. 1.439.753, 1ª T., 2014: "TRIBUTÁRIO. RECURSO ESPECIAL. ISS. LABORATÓRIO DE ANÁLISES CLÍNICAS. COLETA DE MATERIAL. UNIDADES DIVERSAS. LOCAL DO ESTABELECIMENTO PRESTADOR. RECURSO ESPECIAL CONHECIDO E NÃO PROVIDO. 1. Discussão a respeito da definição do sujeito ativo do ISS quando a coleta do material biológico dá-se em unidade do laboratório estabelecida em município distinto daquele onde ocorre a efetiva análise clínica. 2. 'A municipalidade competente para realizar a cobrança do ISS é a do local do estabelecimento prestador dos serviços. Considera-se como tal a localidade em que há uma unidade econômica ou profissional, isto é, onde a atividade é desenvolvida, independentemente de ser formalmente considerada com sede ou filial da pessoa jurídica' (REsp 1.160.253/MG, Rel. Min. CASTRO MEIRA, Segunda Turma, *DJe* de 19/8/10). 3. Na clássica lição de Geraldo Ataliba, 'cada fato imponível é um todo uno (unitário) e incindível e determina o nascimento de uma obrigação tributária' (Hipótese de Incidência Tributária. 14ª ed. São Paulo: Malheiros, 2013, p. 73). 4. O ISS recai sobre a prestação de serviços de qualquer natureza realizada de forma onerosa a terceiros. Se o contribuinte colhe material do cliente em unidade situada em determinado município e realiza a análise clínica em outro, o ISS é devido ao primeiro município, em que estabelecida a relação jurídico-tributária, e incide sobre a totalidade do preço do serviço pago, não havendo falar em fracionamento, à míngua da impossibilidade técnica de se dividir ou decompor o fato imponível. 5. A remessa do material biológico entre unidades do mesmo contribuinte não constitui fato gerador do tributo, à míngua de relação jurídico-tributária com terceiros ou onerosidade. A hipótese se assemelha, no que lhe for cabível, ao enunciado da Súmula 166/STJ, verbis: 'Não constitui fato gerador do ICMS o simples deslocamento de mercadoria de uma para outro estabelecimento do mesmo contribuinte'. 6. Recurso especial conhecido e não provido".

– STJ, REsp 1.245.310, 2ª T., rel. Min. Humberto Martins, j. 19-5-2011, *DJe* 25-5-2011: "PROCESSUAL CIVIL. TRIBUTÁRIO. VIOLAÇÃO DO ART. 535 DO CPC. ALEGAÇÃO GENÉRICA. SÚMULA 284/STF. ISS. COMPETÊNCIA. LOCAL DO ESTABELECIMENTO DO PRESTADOR. PRESENÇA DE UNIDADE ECONÔMICA OU PROFISSIONAL (FILIAL). (...) 3. Com o advento da Lei Complementar n. 116/2003, a competência passou a ser o local do estabelecimento prestador do serviço, considerando-se como tal a localidade em que há uma unidade econômica ou profissional, isto é, onde a atividade é desenvolvida, independentemente de ser formalmente considerada como sede ou filial da pessoa jurídica (arts. 3º e 4º)...".

– "PROCESSUAL CIVIL. TRIBUTÁRIO. ISS. COMPETÊNCIA. MUNICÍPIO LOCAL DA PRESTAÇÃO DO SERVIÇO. DESENVOLVIMENTO DA ATIVIDADE FIM. 1. Cinge-se a controvérsia em saber qual Município é titular do crédito de ISSQN: o Município de Cariacica, onde é prestado o serviço desenvolvido pelo contribuinte (lavanderia); ou o Município de Vitória, local da filial administrativa da empresa (captação de clientela, entrega da mercadoria e pagamento). 2. Considera-se como local do estabelecimento prestador a localidade em que há uma unidade econômica ou profissional, isto é, onde a atividade é desenvolvida, independentemente de ser formalmente considerada como sede ou filial da pessoa jurídica. 3. No presente caso, o Município de Vitória (recorrente) não é o local da prestação de serviços, mas sim onde se executam as atividades de captação da clientela (atividade meio). Portanto, não pode o recorrente ser o beneficiário do tributo. 4. A jurisprudência do STJ afirma que, 'envolvendo a atividade, bens e serviços, a realidade econômica que interessa ao Direito Tributário impõe aferir o desígnio final pretendido pelo sujeito passivo tributário, distinguindo-se a atividade meio, da atividade fim, esta última o substrato da hipótese de incidência.' (REsp 805.317, 2006)" (STJ, 2ª T., AgRg no REsp n. 1.251.753, 2011).

8.2.4. Quando a prestação de serviço envolver mais de um estabelecimento prestador situados em Municípios diferentes, deve prevalecer o local em que o serviço foi entregue ao tomador (critério do destino, do consumo). "3. Exige consideração a parte o caso de pessoas *sui juris*, estabelecidas em diferentes Municípios, que se reúnem para a prestação de um mesmo serviço, conservando cada uma a sua personalidade jurídica. É o que acontece com empresas que promovem a venda e a utilização de cartões de crédito. Em certo caso, a empresa *A* emite os cartões. A empresa *B* forma a rede de lojas interessadas em vender à clientela, emite faturas para crédito delas e débito dos usuários. A empresa *C* (banco) credita às lojas o valor das faturas, debitando-as aos usuários. A empresa *D* (lojas) vende as mercadorias aos usuários dos cartões. E todas elas se auxiliam reciprocamente no trabalho especial de cada uma. 4. A solução desse caso seria fácil se cada um dos serviços fosse remunerado isoladamente. Pagar-se-ia o ISS em cada um dos Municípios em que houvesse estabelecimento dos respectivos prestadores. Mas isso não acontece, dada a interligação e a complexidade das operações. A remuneração do serviço é uma única, consiste na comissão que a empresa *B* cobra da empresa *D*, sobre o valor das vendas ensejadas pelos cartões, e que é partilhada entre as empresas *A*, *B* e *C*. A vantagem da empresa *D* é o lucro na venda das mercadorias, estimulada pelo sistema, cujo financiador é a empresa *B*. 5. Qual o *local* da prestação *do serviço*, considerando-se que há um recebimento único de comissão, a dividir-se entre os três prestadores (empresas *A*, *B* e *C*) sediados em Municípios diferentes? Para resolver racionalmente esse caso, há que abstrair da diversidade de pessoas jurídicas e considerá-las, a todas, como formando um sistema integrado, para a prestação do serviço, tendo em vista a indivisibilidade econômica das várias operações que praticam. É a prevalência do critério econômico sobre o jurídico. Admitido esse critério, o caso cai na regra geral, da letra *a* do art. 12 do DLF 406/68: 'Considera-se local da prestação do serviço – o do estabelecimento prestador...'. Há sempre, em cada Município, onde o sistema opera, uma agência, seja da empresa *A*, da empresa *B* ou da empresa *C* prestando serviço à empresa *D* (loja), que o remunera por meio de uma comissão única, a ser partilhada entre aquelas três empresas prestadoras. *Local da prestação do serviço*, pois, é o Município em que o sistema serve a empresa *D* (loja) e recolhe a comissão remuneradora. Aí também deve ser recolhido o ISS" (RAMOS, José Nabantino; VERGUEIRO, Vera Damiani. *Dicionário do imposto sobre serviços*. São Paulo: Revista dos Tribunais, 1975. p. 123).

8.3. Requisito *temporal*: habitualidade da prestação de serviço no local. Para fins de definição de estabelecimento prestador, o art. 4º da LC n. 116 exigiu que a atividade de prestar serviço seja desenvolvida de modo "permanente ou temporário" no local. Inicialmente, vale frisar que o termo "estabelecimento", por si só, já chama a atenção para essa vinculação temporal mais duradoura. Estabelecer é ato de fincar raízes, algo decorrente de uma decisão de se fixar num determinado local. Daí a inafastável correlação entre estabelecimento prestador e este "modo permanente ou temporário". De outro lado, esse requisito temporal ("modo permanente ou temporário") também afasta a caracterização do estabelecimento prestador quando o local é utilizado para prestar serviço apenas ocasional ou eventualmente. Aqui, é importante diferenciar "modo temporário", de ocasional ou eventual, pois não se confundem. O modo "temporário" implica obrigatoriamente na ideia de uma certa habitualidade, é dizer, um local onde frequentemente os serviços são prestados. Difere do modo ocasional ou eventual, pois, neste caso, o prestador de serviço utiliza um lugar apenas para uma determinada ocasião ou evento, sem qualquer ânimo de permanecer no local após a realização do serviço. Por exemplo, um prestador de serviços de apresentação de palestras (subitem 14.24) prestou serviço num determinado congresso, realizado num município distinto da sua sede. O ISS não será devido no local do evento, pois o prestador de serviço compareceu ao local do congresso apenas para "aquele evento", e não de modo permanente ou temporário. Agora, se uma empresa de licenciamento de *software* (subitem 1.05) for contratada para desenvolver um programa para determinado cliente localizado em município diferente, e isso demandar meses ou anos de execução do serviço, o elemento "temporário" já aparecerá e, dependendo da conjugação com os outros requisitos do art. 4º da LC n. 116, implicará na incidência do ISS em prol do Município onde estiver situado o tomador do serviço.

8.4. Requisito *organizacional* ou *estrutural*: unidade profissional ou econômica. O estabelecimento prestador pressupõe um local organizado para a prestação de serviço, que configure "unidade econômica ou profissional". Primeiramente, vale frisar que "econômica" e "profissional" não são termos sinônimos, ou seja, o art. 4º da LC n. 116 não os tratou como uma coisa igual ou equivalente. Ademais, o dispositivo não condiciona a caracterização do estabelecimento à configuração de uma unidade econômica e profissional, pois a conjunção empregada pelo art. 4º da LC n. 116 é *"ou"*, esclarecendo ser uma alternativa e não requisitos cumulativos. Unidade "econômica" corresponde à organização dos bens utilizados na prestação de serviços, tais como máquinas, equipamentos, aparelhos, computadores, veículos, materiais e imóveis; ao passo que unidade "profissional" refere-se às pessoas, aos profissionais que trabalham na empresa, como os sócios, empregados e colaboradores em geral. Há serviços em que necessariamente preponderará a unidade econômica dentro do requisito estrutural ou organizacional do estabelecimento prestador, como na exploração de salões de festas (subitem 3.03), hipótese em que o ISS será devido necessariamente no local onde está situado o imóvel objeto da referida exploração. Por outro lado, na prestação de serviços puramente intelectuais, a unidade profissional é quem prevalecerá, é dizer, o local onde estiverem os profissionais habilitados para a prestação do serviço.

– Trecho do voto do Min. Humberto Martins, relator no AgRg no AREsp 533.931: "Apesar de o conceito de unidade econômica ou profissional não estar definido em lei, entendo, baseado no recurso representativo da controvérsia [REsp 1.060.210], que esta deve ser compreendida como um conjunto organizado de instrumentos e pessoas com poderes decisórios suficientes para determinar a prestação do serviço".

– "1. A Primeira Seção desta Corte, consolidou o entendimento no sentido de que o ISS deve ser recolhido no local da efetiva prestação de serviços, pois é nesse local que se verifica o fato gerador (nos termos do art. 12, letra 'b', do DL n. 406/1968 e art. 3º, da LC n. 116/2003). 2. *In casu*, a empresa encontra-se sediada em Belo Horizonte, prestando serviços de manutenção e aluguel de maquinaria e equipamentos para indústrias em diversos outros Municípios, dentre eles à MBR, em sua unidade denominada Mina do Pico, em Itabirito. Logo, o fato gerador ocorreu no Município de Itabirito e, assim, a ele cabe a cobrança do tributo. Agravo regimental improvido" (STJ, 2ª T., AgReg no Ag 1.318.064, 2011)

– "1. O recurso representativo (REsp 1.117.121/SP, Rel. Min. ELIANA CALMON, *DJe* 29.10.2009) deixou claro que competência para cobrança do ISS, sob a égide da LC n. 116/2003, é a do local da sede do prestador do serviço (art. 3º). 2. No caso, o acórdão proferido na origem, ao interpretar o art. 3º, *caput* da LC n. 116/03, abordou fundamentadamente a questão, concluindo, por meio da leitura do contrato de prestação de serviço constante nos autos, que a contratada/consignante estabeleceu um campo de manutenção de máquinas e equipamentos nas dependências da contratante. Assim, não há dúvida de que houve criação de unidade econômica específica para a prestação de serviço no Município de Jaguarari/BA. 3. Agravo Regimental do MUNICÍPIO DE BELO HORIZONTE desprovido" (STJ, AgRg nos EDcl no AREsp n. 251.181, 1ª T., 2016).

– "LEI COMPLEMENTAR N. 116/03. SERVIÇO DE INFORMÁTICA. COMPETÊNCIA PARA SUA COBRANÇA. FATO GERADOR. LOCAL DO ESTABELECIMENTO DO PRESTADOR. PRESENÇA DE UNIDADE ECONÔMICA OU PROFISSIONAL. 1. De acordo com os artigos 3º e 4º da Lei Complementar n. 116/03, conclui-se que a municipalidade competente para realizar a cobrança do ISS é a do local do estabelecimento prestador dos serviços, considerando-se como tal a localidade em que há uma unidade econômica ou profissional, isto é, onde a atividade é desenvolvida, independentemente de sua denominação. 2. Ocorre que, no presente caso, o Tribunal a quo, em seu voto revisor, considerou que os serviços de informática foram prestados na sede da instituição financeira, localizada em Brasília, sendo disponibilizados técnicos residentes para a manutenção da solução durante o período, caracterizando uma unidade econômica ou profissional no âmbito do Distrito Federal, o que legitima esse ente estatal para a cobrança o ISS. 3. Para infirmar o acórdão recorrido, neste ponto, faz-se necessário o revolvimento de matéria fático-probatória, o que é inviável em sede de recurso especial pelo óbice do enunciado n. 7 da Súmula desta Corte. 4. Recurso especial parcialmente conhecido e, nessa parte, não provido" (STJ, REsp 1.195.844, 2ª T., 2011).

– "COMPETÊNCIA. LOCAL ESTABELECIMENTO PRESTADOR. SÚMULA 83/STJ. FUNDAMENTO NÃO ATACADO. SÚMULA 283/STF. 1. De acordo com os arts. 3º e 4º da LC n. 116/03, a municipalidade competente para realizar a cobrança do ISS é a do local do estabelecimento prestador dos serviços. Considera-se como tal a localidade em que há uma unidade econômica ou profissional, isto é, onde a atividade é desenvolvida, independentemente de ser formalmente considerada como sede ou filial da pessoa jurídica. Isso significa que nem sempre a tributação será devida no local em que o serviço é prestado. O âmbito de validade territorial da lei municipal compreenderá, portanto, a localidade em que estiver configurada uma organização (complexo de bens) necessária ao exercício da atividade empresarial ou profissional. 2. Afastar a aplicação das regras contidas na LC n. 116/03 apenas seria possível com a declaração de sua inconstitucionalidade, o que demandaria a observância da cláusula de reserva de plenário. 3. No caso, o tribunal a quo concluiu que os serviços médicos são prestados em uma unidade de saúde situada no Município de Canaã, o que legitima esse ente estatal para a cobrança do ISS" (STJ, REsp 1.160.253, 2ª T., 2010).

– Trecho do voto da Juíza Substituta em Segundo Grau Ângela Maria Machado Costa, relatora na Apelação Cível n. 0005918-93.2016.8.16.0004, da 2ª Câmara Cível do TJPR, j. em 31-7-2018: "Com efeito, da leitura atenta dos autos, é impossível desconsiderar que existe, de fato, uma prestação de serviços em caráter regular em cada um dos Municípios contratantes. Ademais, impossível desconsiderar que essa prestação de serviços se dá mediante a organização criativa dos meios de produção, conforme desenhado pelo próprio empresário. Considerada essa premissa fática, adotando-se o entendimento destacado do próprio Superior Tribunal de Justiça, há que se considerar que os serviços são prestados em cada uma das Municipalidades contratantes, sendo responsabilidade destas Municipalidades o estabelecimento do Imposto Sobre Serviços de Qualquer Natureza (ISSQN) sobre estes mesmos serviços. Note-se, que o compreendido por esta Corte, na esteira do entendimento da Corte Superior, é justamente asseverar que a existência de uma sede ou filial formalmente não é requisito necessário para a cobrança do Imposto Sobre Serviços de Qualquer Natureza (ISSQN) por determinado Município. Ao contrário, para esta finalidade basta declarar a existência de um 'estabelecimento de fato', ou seja, a presença de elementos que permitam antever a organização naquela cidade, independente da formalização desta mesma estrutura. Destarte, considerando a prestação de serviços médicos em caráter permanente em cada uma das Municipalidades contratantes, todas por médicos associados da própria recorrida, o único entendimento possível é que seria de responsabilidade de cada uma dessas Municipalidades a cobrança do Imposto Sobre Serviços de Qualquer Natureza (ISSQN) devido. Cumpre ressaltar, ainda, que o fato de as notas fiscais serem emitidas pela sede da empresa, no Município de Curitiba, ressalta um caráter gerencial (para não dizer administrativo) da atividade desenvolvida pela sede, sem que isso caracterize como prestação de serviços por esta unidade. Até porque, seria curioso pensar como os serviços médicos, caracterizados sobretudo pelo personalismo, pudessem ser prestados de Curitiba para Municípios como Ponta Grossa e Corbélia, por exemplo".

8.4.1. A unidade econômica não precisa pertencer necessariamente ao prestador do serviço. Para a configuração da "unidade econômica", não se exige que os bens ou complexo de bens sejam de propriedade ou posse do próprio prestador do serviço. Aliás, tais bens utilizados na prestação de serviços podem até mesmo ser de propriedade ou posse do tomador do serviço.

8.4.2. Serviços prestados necessariamente em uma unidade econômica imobiliária. Há serviços listados na LC n. 116 que estão atrelados a um imóvel ou a um complexo de bens organizados em um imóvel, de tal forma que o ISS incidirá no local em que eles estiverem situados. Aliás, a própria lista de serviços anexa à LC n. 116 menciona expressamente um imóvel, como ocorre, por exemplo, nos serviços de exploração de quadras esportivas (subitem 3.03), hospitais (subitens 4.03 e 5.02), casas de repouso e de recuperação (subitem 4.17), centros de emagrecimento (subitem 6.05), hospedagem em hotéis (subitem 9.01), manutenção e conservação de jazigos e cemitérios (subitem 25.04).

8.5. Irrelevância da denominação atribuída ao estabelecimento, no sentido de ser desconsiderada ou relegada mediante a comprovação dos três requisitos essenciais para a configuração do estabelecimento prestador. Apesar da parte final do art. 4º dispor ser "irrelevante" para caracterizar o estabelecimento prestador a denominação atribuída pelo prestador, essa suposta "irrelevância" deve ser interpretada com ressalvas, especialmente à luz do direito processual probatório. Com efeito, "as denominações de sede, filial, agência, posto de atendimento, sucursal, escritório de representação ou contato ou quaisquer outras que venham a ser utilizadas" têm, sim, relevância para fins processuais, especialmente no tocante ao ônus da prova. A denominação de um estabelecimento gera uma presunção de veracidade desta declaração. Se o contribuinte constituiu um determinado estabelecimento sob a denominação de "sede", presume-se que é ali onde ele opera sua atividade de forma habitual e organizacional. Todavia, trata-se de uma presunção meramente relativa, passível de ser afastada por quaisquer dos sujeitos da obrigação tributária do ISS, uma vez demonstrada a presença dos três requisitos essenciais para a configuração do estabelecimento prestador (operacional, temporário e organizacional) em um outro local. Da mesma maneira, se o contribuinte batizou seu estabelecimento prestador de simples "escritório de apoio, representação ou contato", presume-se que não é ali onde os serviços são desenvolvidos (atividade-fim), constituindo apenas de uma base física para a realização de atividade-meio, de tal maneira que o estabelecimento prestador estará em outro local. Com relação aos estabelecimentos denominados de filiais, também é fundamental, no campo do direito processual probatório, analisar o ato constitutivo, contrato social ou estatuto social da entidade para aferir se há ali a prestação de serviços, gozando de presunção relativa o referido documento, ainda que passível de reversão mediante prova em sentido contrário, que deverá levar em consideração os três requisitos configuradores do estabelecimento prestador.

– "CONSULTORIA E ASSESSORIA ECONÔMICA E FINANCEIRA. LOCAL DA SEDE DO PRESTADOR DO SERVIÇO. ACÓRDÃO EMBARGADO DE ACORDO COM REPETITIVO. ENUNCIADO N. 168 DA SÚMULA DESTA CORTE. (...) – Cuidando-se de fato gerador ocorrido na vigência da Lei Complementar n. 116/2003 e não se tratando de serviços de construção civil ou das exceções previstas nos incisos I a XXII do art. 3º do referido diploma, correta a decisão do acórdão ora embargado que, na linha do repetitivo mencionado, adotou o critério 'do local do estabelecimento prestador do serviço', esse definido na própria lei complementar (art. 4º). Incidência do enunciado n. 168 da Súmula desta Corte. – Precedentes da Segunda Turma que não divergem do acórdão embargado, da Primeira Turma, seja porque não guardam a necessária semelhança fática, seja por terem adotado o mesmo entendimento jurídico. Agravo regimental improvido" (STJ, 1ª S., AgRg no EAg 1.272.811, 2011).

– "2. No caso dos autos, o local do estabelecimento do prestador constituído como unidade econômica ou profissional é o Município de Juatuba, não havendo prova em sentido diverso, como deixou consignado o julgador ordinário, e cuja análise demandaria reexame do conjunto probatório dos autos, o que é vedado pelo teor da Súmula 7/STJ. Agravo regimental improvido" (STJ, AgRg no AREsp 533.931, 2ª T., 2014).

– "SERVIÇOS DE INFORMÁTICA PRESTADOS NA VIGÊNCIA DA LC N. 116/2003, POR EMPRESA QUE NÃO POSSUI UNIDADE AUTÔNOMA (FILIAL, AGÊNCIA, SUCURSAL) FORA DO MUNICÍPIO EM QUE ESTABELECIDA A SUA SEDE. SUJEITO ATIVO. (...) 3. No caso dos autos, a empresa não possui unidade autônoma (filial, agência, sucursal, etc.) fora do Município de Campo Grande, onde instalada sua sede, razão pela qual a própria agravante esclarece que os serviços foram prestados mediante deslocamento de recursos humanos e materiais do seu estabelecimento para as outras praças. Essa informação é corroborada pelas notas fiscais de prestação de serviços, onde consta que o prestador é o estabelecimento sediado no Município de Campo Grande (se houvesse unidade autônoma, a nota fiscal de prestação de serviços indicaria a respectiva inscrição no CNPJ e o endereço da filial ou sucursal). 4. Dessa forma, inexistindo estabelecimento/unidade autônoma nas diversas municipalidades em que os serviços de informática são prestados (mediante deslocamento de recursos humanos e materiais), o ISS é devido ao Município de Campo Grande. 5. Agravo Regimental não provido" (STJ, AgRg no AREsp 299.489, 2014).

– "LOCAL DA PRESTAÇÃO EFETIVA DOS SERVIÇOS COMO O DA OCORRÊNCIA DO FATO GERADOR. ENTENDIMENTO JURISPRUDENCIAL CONSOLIDADO. DL N. 406/1968 E LC N. 116/2003. CDA QUE NÃO CONTÉM TODOS OS ELEMENTOS DA OBRIGAÇÃO. EMPRESA QUE ATUA EM MAIS DE UM MUNICÍPIO. EXCEÇÃO DE PRÉ-EXECUTIVIDADE. RECURSO PROVIDO. (...) – No ISS, tributo municipal, o fato gerador ocorre no local da prestação do serviço, salvo se o prestador, não mantendo unidade de produção nesse local, realizar a prestação a partir da sua matriz, sediada em Município diverso, hipótese em que será a Municipalidade onde se acha instalada a sua direção-geral a competente para a exigência desse imposto. – O contribuinte executado pode, em procedimento de exceção, obter a declaração de inexigibilidade de obrigação tributária, se a CDA que a instrumenta não revela a presença de todos os elementos desse dever jurídico, nos casos em que essa constatação é manifesta e reconhecida sem necessidade de instrução dilargada. Recurso a que se dá provimento" (STJ, REsp 1.327.993, 2012).

– "MUNICÍPIO COMPETENTE. LOCAL DO SERVIÇO. ESTABELECIMENTO PRESTADOR. ENTENDIMENTO FIRMADO PELO RITO DO ART. 543-C DO CPC (RESP 1.060.210/SC). 2. No caso dos autos, é cediço que a CESGRANRIO, prestadora dos serviços relativos à realização do ENADE, contratados pelo INEP, não está estabelecida no território do recorrente, mas, sim, na cidade do Rio de Janeiro, o que denota a incompetência do Distrito Federal para exigir o imposto em questão. 3. Agravo regimental não provido" (STJ, AgRg no AREsp 150.904, 1ª T., 2013).

9. Relação entre o art. 4º da LC n. 116 e o art. 127 do CTN (domicílio tributário). O art. 4º da LC n. 116 é uma norma especial para o ISS. Todavia, há uma certa complementariedade e harmonia entre os dois dispositivos. O inciso II do art. 127 ressalta a presunção de que o domicílio tributário do contribuinte é o "lugar da sua sede", atribuindo, portanto, uma importância para a denominação dada pelo contribuinte, ainda que pelo plano processual. O § 2º do art. 127 destaca que essa presunção é meramente relativa, eis que "a autoridade administrativa pode recusar o domicílio eleito, quando impossibilite ou dificulte a arrecadação ou a fiscalização do tributo", terminando com uma remissão ao parágrafo anterior (§ 1º), que, por sua vez, elenca os requisitos estrutural (organizacional) e operacional. Ainda no inciso II do art. 127 do CTN, o critério operacional é destacado na parte em que prevê que o domicílio tributário será o "de cada estabelecimento", "em relação aos atos ou fatos que derem origem à obrigação". Já o § 1º do art. 127 se atenta para os requisitos organizacional (estrutural) e operacional: "considerar-se-á como domicílio tributário do contribuinte ou responsável o lugar da situação dos bens ou da ocorrência dos atos ou fatos que deram origem à obrigação". Por fim, o artigo 127 do CTN deverá ser aplicado nas hipóteses em que não houver estabelecimento prestador e o serviço não estiver previsto nas exceções dos incisos e dos §§ 1º, 2º e 4º do art. 3º da LC n. 116, uma vez que o ISS passa a ser devido no local do "domicílio" do prestador. Como a LC n. 116 não criou nenhuma definição especial de domicílio para efeitos de ISS, aplica-se a norma geral consignada no art. 127 do CTN.

10. Uma proposta de "passo a passo" para a definição do local de ocorrência do ISS, com base nos arts. 3º e 4º da LC n. 116/2003. 1º) serviços previstos nos incisos e nos §§ 1º, 2º e 3º do art. 3º (exceções): ISS devido nos locais ali designados, independentemente do estabelecimento prestador; 2º) serviços que seguem a regra do estabelecimento prestador, em *não* havendo estabelecimento: ISS devido no Município do domicílio do prestador do serviço; 3º) serviços que seguem a regra do estabelecimento prestador, em havendo tal estabelecimento: presunção *relativa* em favor da incidência do ISS no local da matriz ou filial do prestador do serviço, conforme indicação do contribuinte em seu documentos societários e fiscais ("sede"). Tal presunção deverá ser afastada, com a consequente mudança do Município competente, se constatada a existência de um outro local que acumule os seguintes requisitos legais: operacional (local onde o serviço foi desenvolvido), temporal (de modo permanente ou temporário) e estrutural ou organizacional (unidade econômica ou profissional); 4º) serviços que seguem a regra do estabelecimento prestador, e em havendo mais de um estabelecimento utilizado na prestação do serviço: deve prevalecer o local onde a atividade-fim foi desenvolvida.

11. Ensino a distância. Matriz e polos de apoio presencial. Aspecto espacial. "A prestação de serviços educacionais, independentemente da modalidade presencial ou a distância, está sujeita à exigência de ISS pelas municipalidades brasileiras ante sua previsão no item 8.02 da Lista Anexa à

Lei Complementar n. 116/2003. A prestação de serviços educacionais não se encontra nas vinte e duas exceções previstas nos incisos do art. 3º da Lei Complementar n. 116/2003, hipóteses em que se considera prestado o serviço no local da efetiva prestação dos serviços. Logo, outra não poderia ser a conclusão no sentido de que se consideram prestados quaisquer serviços educacionais no município em que estiver localizado o estabelecimento do prestador de serviços com fulcro na regra geral prevista no *caput* do art. 3º da Lei Complementar n. 116/2003. Entretanto, em razão das particularidades dos serviços educacionais prestados a distância, surgem dúvidas tanto por parte dos contribuintes quanto por parte das administrações tributárias municipais quanto á determinação do estabelecimento prestador para fins de cobrança do ISS: (i) na matriz, local onde as aulas são elaboradas e gravadas; ou (ii) no polo de apoio presencial, local onde o sinal via satélite é transmitido aos alunos. O estabelecimento prestador para fins de cobrança de ISS sobre os serviços educacionais prestados a distância é a matriz, pois esta que elabora, desenvolve e executa todo o plano pedagógico e educacional. Cabe ao polo de apoio presencial a simples transmissão do sinal via satélite aos alunos localizados em suas dependências, bem como a captação de clientela à matriz. Por conseguinte, na prestação de serviços educacionais na modalidade a distância, o município competente para exigir ISS é aquele em que localizado o estabelecimento da matriz da unidade educacional e não o município em que localizado o estabelecimento do polo de apoio presencial" (DOTTA NETO, Milton. Local de incidência do ISS e o "ensino a distância" com polo de apoio presencial. *Revista Direito Tributário Atual,* São Paulo: Dialética, n. 33, p. 208-218, 2015. p. 217-218).

– "A generalidade dos municípios brasileiros possui em suas respectivas legislações municipais uma séria de elementos tendentes e suficientes a ensejar a caracterização de determinado estabelecimento como prestador para fins de exigência de ISS. Via de regra, tais elementos gravitam em torno dos seguintes requisitos: (i) manutenção de pessoal e equipamentos necessários à execução dos serviços; (ii) estrutura gerencial, organizacional e administrativa compatíveis com o objeto das atividades; (iii) inscrição na Prefeitura do Município; (iv) indicação do endereço do domicílio fiscal para incidência de outros tributos; e (v) indicação do endereço em impressos, formulários ou correspondências. De outro lado, são considerados como elementos irrelevantes para a caracterização de determinado estabelecimento prestador: (i) existência de subordinação; (ii) porte do estabelecimento; (iii) dimensão de poderes administrativos; (iv) existência de órgãos diretivos;

e (v) emissão de documentos fiscais e contábeis. Tratando-se de empresa atuante em diversos municípios e, consequentemente, com existência de estabelecimentos localizados em municípios diversos, deve-se considerar para fins de exigência de ISS a configuração do estabelecimento prestador aquele em que a atividade de prestar serviços é efetivamente realizada dentre os mais diversos estabelecimentos de sua propriedade. Equivocada a interpretação de se cogitar como estabelecimento prestador a unidade econômica da empresa que se restringe à execução de atos iniciais ou preparatórios para a execução da atividade principal da empresa. Outrossim, anota-se que o conceito de estabelecimento prestador previsto no art. 4º da Lei Complementar n. 116/2003 diverge do conceito de estabelecimento previsto no art. 1.142 do Código Civil, que considera estabelecimento todo complexo de bens organizado, para exercício da empresa, por empresário, ou por sociedade empresária. Assim, conclui-se que o conceito de estabelecimento à luz do Código Civil é caracterizado pela simples presença de bens organizados tendentes ao exercício de atividade empresarial, o qual demonstra-se insuficiente para interpretação em matéria de ISS. O conceito diverge igualmente daquele previsto na Convenção Modelo da OCDE, que configura como estabelecimento toda unidade tendente a execução do objeto social da empresa. Portanto, o conceito de estabelecimento prestador sedimentado no art. 4º da Lei Complementar n. 116/2003 deve ser analisado como aquele necessariamente apto a prestação de serviços e onde a atividade de prestar serviços é efetivamente realizada, i.e., onde a execução de atividade que constitua obrigação de fazer (*facere*) em caráter permanente ou habitual, independentemente da nomenclatura utilizada para sua caracterização, é realizada" (DOTTA NETO, Milton. Local de incidência do ISS e o "ensino a distância" com polo de apoio presencial. *Revista Direito Tributário Atual,* São Paulo: Dialética, n. 33, p. 208-218, 2015. p. 212).

– "... os serviços são preponderantemente prestados na municipalidade em que localizada a matriz, uma vez que é a matriz eu efetivamente desenvolve a atividade de prestar serviços educacionais, i.e., é a matriz que elabora, desenvolve e executa todo o plano pedagógico e educacional por meio da contratação de professores para a gravação de aulas e elaboração do material didático a ser disponibilizado aos alunos" (DOTTA NETO, Milton. Local de incidência do ISS e o "ensino a distância" com polo de apoio presencial. *Revista Direito Tributário Atual,* São Paulo: Dialética, n. 33, p. 208-218, 2015. p. 217).

Art. 5º Contribuinte é o prestador do serviço.

1. Sujeito passivo da obrigação tributária principal: contribuinte e responsável tributário. De acordo com o parágrafo único do art. 121 do CTN, há duas espécies de sujeitos passivos obrigados ao pagamento do tributo: "I – contribuinte, quando tenha relação pessoal e direta com a situação que constitua o respectivo fato gerador; II – responsável, quando, sem revestir a condição de contribuinte, sua obrigação decorra de disposição expressa de lei".

2. Contribuinte da obrigação tributária principal do ISS. É o prestador do serviço. Como o ISS é um imposto incidente sobre a "prestação" do serviço (art. 1º da LC n. 116), o prestador do serviço é quem assume a condição de contribuinte do imposto municipal, por ter relação pessoal e direta com o fato gerador da obrigação tributária do ISS.

3. Irrelevância da prestação de serviço ser a atividade preponderante do contribuinte. A incidência do ISS independe de o contribuinte ter a prestação do serviço como sua atividade preponderante, nos termos da parte final do art. 1º da LC n. 116. Logo, um industrial ou comerciante pode ser contribuinte do ISS, na condição de prestador de serviços sujeitos ao imposto municipal. Por exemplo, essa situação costuma acontecer com indústrias e comerciantes que atuam no conserto e na manutenção de bens por elas fabricados ou revendidos. Ou, ainda, com as instituições financeiras que, a par de sua atividade financeira, também prestam diversos serviços sujeitos ao ISS (item 15 da lista).

4. Irrelevância de o prestador do serviço estar regularmente constituído, ter capacidade civil, habilitação ou autorização para o desenvolvimento do serviço. Muito embora a LC n. 116 não tenha tratado expressamente sobre isso, aplicam-se normalmente os arts. 118 e 126 do CTN. Incidirá o ISS sobre um serviço de medicina ou de advocacia, ainda que o prestador de serviço não esteja devidamente inscrito no CRM ou na OAB. Também não interessa, para fins de sujeição passiva do ISS, se o contribuinte tem capacidade civil, ou se o contrato de prestação de serviço é lícito.

– Confiram-se os arts. 118 e 123 do CTN.

5. Irrelevância de o contribuinte prestar serviço mediante utilização de bens e serviços públicos explorados economicamente através de autorização, permissão, concessão ou delegação. O art. 1º, § 3º, da LC n. 116 expressamente admite a incidência do ISS sobre tais serviços.

6. Exclusão de alguns trabalhadores como prestadores de serviços, para fins do ISS: art. 2º, II, LC n. 116. Não são contribuintes do ISS os prestadores de serviços em relação de emprego (empregados), os trabalhadores avulsos, os diretores e membros de conselho consultivo ou de conselho fiscal de sociedades e fundações, bem como os sócios-gerentes e gerentes-delegados. No entanto, essas relações de trabalho muitas vezes são travestidas de prestações de serviços, através da prática ilícita conhecida vulgarmente como "pejotização", ou seja, constituição de uma (falsa) pessoa jurídica prestadora de serviço com a finalidade de afastar os encargos trabalhistas e previdenciários incidentes sobre aquelas relações de trabalho citadas no inciso II do art. 2º da LC n. 116, ou, ainda, com o intuito de reduzir a carga tributária, na medida em que a utilização de uma pessoa jurídica ("PJ") pode acarretar uma tributação inferior àquela incidente sobre a pessoa física. Uma vez constatada essa simulação, o ISS deixará de ser devido. Inclusive, no âmbito do Simples Nacional, trata-se de uma causa impeditiva de enquadramento no regime especial, conforme art. 3º, § 4º, XI, da LC n. 123.

7. Responsáveis tributários do ISS no CTN. Aplicam-se ao ISS as disposições referentes à responsabilidade tributária previstas nos arts. 128 a 138 do Código Tributário Nacional. Porém, o art. 6º da LC n. 116 traz disposições específicas para o ISS, como será analisado na sequência.

8. Regimes de apuração diferenciada do ISS em razão do tipo do contribuinte: apuração normal do ISS (baseada no preço do serviço e na alíquota *ad valorem*), ISS fixo (art. 9º, §§ 1º e 3º, do DL 406/68) e Simples Nacional (LC n. 123). O regime de apuração do imposto varia de acordo com o tipo do contribuinte. A regra é que o cálculo do ISS se dê pela maneira *tradicional*, correspondente à multiplicação da base de cálculo (preço do serviço – art. 7º da LC n. 116) pela alíquota prevista em lei municipal (que varia entre 2% e 5% – arts. 8º e 8º-A da LC n. 116). No entanto, alguns prestadores de serviços poderão apurar o ISS de acordo com: a) um valor fixo expressamente previsto em lei municipal, desassociado do preço do serviço (art. 9º, §§ 1º e 3º do DL 406); b) a receita bruta da ME/EPP multiplicado pelas alíquotas progressivas previstas na LC n. 123 (Simples Nacional); c) valor fixo previsto na LC n. 123 para o microempreendedor individual (MEI).

8.1. Regime diferenciado de apuração para os contribuintes que prestam serviços sob a forma de trabalho pessoal: ISS fixo. A pessoa natural recebe um tratamento diferenciado na apuração do ISS, quando a prestação de serviço ocorrer "sob a forma de trabalho pessoal do próprio contribuinte", nos termos do art. 9º, § 1º, do DL 406/68, quando o imposto será cobrado por um valor fixo previsto em lei municipal. Trata-se do chamado "ISS fixo". Tal apuração especial também alcançará as sociedades profissionais legalmente regulamentadas, uma vez atendidos os requisitos estampados no § 3º do mesmo dispositivo (serviço pessoal, responsabilidade ilimitada e ausência de caráter empresarial). Para tais contribuintes, o ISS não será calculado mediante a multiplicação do preço do serviço pela alíquota prevista na lei municipal, mas sim com base no valor fixo determinado na lei municipal. No caso das sociedades sujeitas a essa modalidade especial de apuração do ISS, o valor fixo previsto em lei municipal será multiplicado pelo número de cada profissional habilitado, sócio, empregado ou não, que preste serviço em seu nome.

8.2. Tratamento especial para os contribuintes enquadrados como microempresas (ME) e empresas de pequeno porte (EPP), optantes pelo Simples Nacional. As MEs e EPPs poderão optar pelo regime tributário especial do Simples Nacional, quando, então, o ISS será apurado nos termos da LC n. 123/2006. Todavia, de acordo com o art. 13-A da LC n. 123, acrescentado pela LC n. 155/2016, a apuração e o recolhimento do ISS ficarão de fora do Simples Nacional, quando a EPP optante exceder o sublimite de R$ 3.600.000,00 de receita bruta no ano-calendário anterior ao da adesão ao Simples Nacional. As sociedades profissionais optantes pelo Simples Nacional apurarão e recolherão o ISS de acordo com as regras da LC n. 123, afastando o ISS fixo do DL 406, com exceção dos escritórios de serviços contábeis. Com efeito, o art. 18, § 22-A, da LC n. 123 expressamente mantém o ISS fixo para os escritórios de serviços contábeis, mesmo quando optantes pelo Simples Nacional.

8.2.1. A adesão ao Simples Nacional dá-se por inteiro, não admitindo combinação de regimes. Confira-se: STF, 1ª T., RE 1009816 AgR, 2017.

8.3. Tratamento especial para os contribuintes enquadrados como microempreendedores individuais. O MEI prestador de serviço recolherá o valor fixo de R$ 5,00 (cinco reais) por mês, a título de ISS, conforme art. 18-A, § 3º, V, *a*, da LC n. 123.

9. Contribuinte de direito e de fato do ISS. O ISS é um imposto indireto, exceto no regime especial do ISS fixo (imposto direito). Vale dizer que tributos indiretos são aqueles relativamente aos quais o próprio legislador estabelece que sejam destacados no documento fiscal de venda e que componham o valor total da operação, de tal maneira que o imposto é destacadamente repassado para o consumidor. Já nos tributos diretos, inexiste esse repasse de modo destacado e explícito, diante da falta de previsão legal para tanto ou, ainda que haja tal previsão, o contribuinte de direito deixou de repassar o referido ônus ao contribuinte de fato. Nos tributos indiretos, em razão da transferência desse encargo financeiro entre as partes contratantes, fala-se nessa diferença entre contribuintes de direito e contribuinte de fato. Contribuinte de direito é a pessoa que, por realizar o fato gerador, é obrigado por lei ao pagamento do tributo, como no caso do prestador do serviço com relação ao ISS (art. 5º da LC n. 116). Contribuinte de fato é outra pessoa que, não estando obrigada a efetuar o pagamento do tributo perante o Fisco, suporta indiretamente o ônus da tributação na medida em que a ela é repassada a carga tributária. No âmbito do ISS, o contribuinte de fato é o tomador do serviço.

9.1. Na perspectiva da análise econômica do direito (Direito & Economia), o "verdadeiro contribuinte" é o consumidor final e isso deve ser levado em consideração nos casos tributários. "Por exemplo, ao tratar do caso da tributação das pessoas físicas e jurídicas o autor apresenta o raciocínio de que muitos juízes consideram as pessoas jurídicas como uma realidade poderosa e rica e, portanto, mais adequada ao pagamento de tributos do que a pessoa física e esquecem que uma empresa é em verdade uma rede de relações entre pessoas físicas (*shareholders,* empregados, fornecedores, consumidores etc.). A diferença na tributação não deveria se assentar no fato de que a tributação sobre pessoas físicas atinge indivíduos e a sobre as pessoas jurídicas atinge instituições, mas que diferentes pessoas irão pagar sob diferentes condições e alíquotas e base de cálculo (*tax rates).* Assim, conforme *Posner,* quando a poeira baixa encontramos o verdadeiro contribuinte: o consumidor final (*'after the dust settle, it may turn out that a tax on corporate income operates as a regressive tax on consumers').* Uma postura equivocada não pragmática não irá considerar os custos sociais (*social costs)* das atividades empresariais, mas não somente a injustiça de um *'sistema de privilégios corporativos'"* (CALIENDO, Paulo. *Direito tributário e análise econômica do direito*. São Paulo: Elsevier, 2009. p. 52).

9.2. ISS é um imposto indireto, de acordo com a classificação francesa. "Pelo sistema francês, também conhecido como 'sistema técnico-administrativo' a diferenciação dos dois tipos de impostos (direto e indireto) está na matéria tributada e na sistemática administrativa adotada para sua cobrança. Os impostos diretos gravam coisas, atos ou fatos permanentes, situações estáveis e previsíveis, que podem ser registradas em livros, cadastros, ou registros fiscais. Os contribuintes são conhecidos com antecedência. Os impostos indiretos, ao contrário, recaem sobre coisas, atos ou fatos não permanentes, transitórios ou isolados, não permitindo que o Fisco estabeleça o rol dos contribuintes por não conhecê-los com antecedência. Segundo tal sistema, o ISS deve ser enquadrado como imposto indireto. Sua hipótese de incidência é a prestação de serviços, abrangendo a fase de circulação (venda de bens imateriais), o que representa uma situação instantânea ou transitória. O Poder Público não pode conhecer, com a devida antecedência, a pessoa que irá vender serviços, isto é, a pessoa do contribuinte. O ISS não é imposto arrecadado através de avisos-recibos emitidos pela administração pública, salvo exceções" (MORAES, Bernardo Ribeiro de. *Doutrina e prática do Imposto sobre Serviços*. São Paulo: Revista dos Tribunais, 1975, p. 460-461).

9.3. ISS é imposto indireto, de acordo com a classificação anglo-saxônica. "Outro sistema que divide os impostos em diretos e indiretos é o *anglo-saxão*, também conhecido como 'sistema econômico'. Segundo critério adotado pelos partidários de tal sistema, a distinção entre o imposto direto e o imposto indireto está na ótica econômica, na análise da possibilidade ou não da translação ou transferência do tributo. Os impostos diretos são aqueles em que o contribuinte não tem possibilidade de transferir a carga fiscal para outra pessoa, diferente do sujeito passivo tributário, recaindo o tributo diretamente sobre a pessoa do contribuinte. No imposto direto, o contribuinte de direito suporta o ônus fiscal, não havendo possibilidade da repercussão fiscal. O contribuinte de direito e o contribuinte de fato, no caso, se confundem. Os impostos indiretos são aqueles em que o contribuinte pode transferir para outras pessoas toda carga tributária, sendo o contribuinte de direito pessoal distinto do contribuinte de fato. Nos impostos diretos, ensina Fritz Neumark, há a intervenção imediata ou direta na capacidade contributiva, enquanto que nos impostos diretos esta intervenção é mediata ou indireta. Fernando Sainz de Bujanda prefere usar outra denominação, utilizando a expressão 'métodos impositivos diretos' (quando a norma jurídica tributária estabelece a obrigação do pagamento do imposto a cargo de certa pessoa, sem conceder a esta o direito legal para ressarcir-se de terceiros -quem paga o imposto é a pessoa que está na lei como sujeita ao gravame) e métodos impositivos indiretos' (quem paga o imposto é pessoa não referida na lei como contribuinte). Examinando o sistema anglo-saxão, o ISS se apresenta também como um imposto indireto. Quem paga este imposto municipal é o 'prestador de serviço', que é o contribuinte de direito. Todavia, nada impede que o mesmo transfira a carga tributária para o comprador do serviço (contribuinte de fato) acrescentando-a no preço. O ISS, devido pelo prestador do serviço, pode ser transferido para outra pessoa. José Afonso da Silva classifica o ISS como imposto indireto" (MORAES, Bernardo Ribeiro de. *Doutrina e prática do Imposto sobre Serviços*. São Paulo: Revista dos Tribunais, 1975, p. 461-462)

9.4. ISS é imposto indireto, de acordo com classificação italiana. "O sistema italiano, também conhecido como 'sistema financeiro', distingue os dois tipos de impostos pela análise do objeto do imposto ou da natureza da riqueza gravada, verificando se o tributo afeta ou não manifestações diretas da capacidade contributiva (a renda, o patrimônio). Os impostos diretos recaem sobre um bem ou um rendimento, atingindo a capacidade contributiva manifestada pelo cidadão na posse ou na aquisição da riqueza. Os impostos indiretos ferem manifestações ocorridas sob a forma de transferência e consumo, sem levar em conta a capacidade contributiva do contribuinte. Os impostos diretos, assim, gravam a riqueza independentemente do uso que se faça dela; os impostos indiretos gravam a riqueza enquanto na sua função. Sob tal critério, o ISS é um imposto indireto. O ISS grava a prestação de serviços, isto é, a circulação de bens imateriais (fornecimento de trabalho), sendo calculado tendo em vista o preço ou valor do serviço, não o patrimônio ou a renda. O ISS recai sobre certa atividade do contribuinte" (MORAES, Bernardo Ribeiro de. *Doutrina e prática do Imposto sobre Serviços*. São Paulo: Revista dos Tribunais, 1975, p. 462-463).

9.5. Repetição de indébito de ISS: aplicação do art. 166 do CTN. O referido dispositivo prevê que "a restituição de tributos que comportem, por sua natureza, transferência do respectivo encargo financeiro somente será feita a quem prove haver assumido o referido encargo, ou, no caso de tê-lo transferido a terceiro, estar por este expressamente autorizado a recebê-la". Assim, quando o ISS assumir a feição de imposto indireto (regra geral, com exceção do ISS fixo), o prestador do serviço (contribuinte de direito) é quem terá a legitimidade para pleitear a restituição do que pagou a maior ou indevidamente de ISS, mas desde que obtenha uma autorização do tomador de serviço (contribuinte de fato). Portanto, na restituição de indébito de um imposto indireto (caso do ISS, com exceção do ISS fixo), a legitimidade é exclusiva do contribuinte de direito (prestador do serviço), mas desde que apresente uma declaração do contribuinte de fato (tomador do serviço) autorizando-o a receber a restituição do indébito. O contribuinte de fato, ainda que tenha suportado o encargo, não tem legitimidade para pleitear a devolução do imposto pago indevidamente ou a maior. Nesse sentido: STJ, 1ª S., REsp 903.394; STJ, 2ª Turma, AgRg no AgRg no REsp 1.228.837. Contudo, a 1ª Seção do STJ, no REsp 1.299.303, admitiu excepcionalmente a legitimidade do contribuinte de fato para buscar a restituição do indébito tributário, quando se tratar de consumidor de serviços públicos concedidos. Com base nessa interpretação jurisprudencial, como o ISS incide sobre serviços públicos explorados mediante autorização, permissão, concessão ou concurso público (art. 1º, § 3º, LC n. 116), os tomadores de serviços poderão pedir a restituição de indébito do ISS em tais casos, especialmente quando se referir a um serviço público explorado sob concessão, como nos casos dos serviços de exploração de rodovia (item 22 da lista de serviços) e nos serviços portuários, ferroportuários, aeroportuários, de terminais rodoviários, ferroviários e metroviários. No tocante aos serviços públicos explorados mediante autorização, permissão e concurso público (transporte coletivo, cartórios, agências franqueadas dos correios, serviços funerários etc.), muito embora o precedente acima da 1ª Seção do STJ não abarque expressamente tais modalidades de delegação do serviço público, eis que analisou um caso concreto envolvendo uma *concessionária* de energia elétrica, é provável que se adote o mesmo entendimento, se detectados os seguintes requisitos destacados no acórdão: a) legislação prever o repasse do ônus tributário para o usuário do serviço; b) possibilidade de revisão tarifária em caso de instituição, aumento ou revisão de tributo; c) ausência de concorrência.

– "2. A Primeira Seção do STJ, ao julgar o REsp 1.131.476/RS, mediante o rito dos recursos repetitivos, consolidou o entendimento de que a pretensão repetitória de valores indevidamente recolhidos a título de ISS incidente sobre a locação de bens móveis, hipótese em que o tributo assume natureza indireta, reclama da parte autora a prova da não repercussão, ou, na hipótese de ter esta transferido o encargo a terceiro, de estar autorizada por este a recebê-los" (STJ, 1ª T., AREsp 592030, 2019).

9.5.1. Dificuldades práticas suportadas pelos contribuintes em seus pedidos de restituição de indébito tributário. "Imaginem que o contribuinte, apesar de ter optado pelo regime tributário do Simples Nacional, tenha recolhido indevidamente o Imposto Sobre Serviços de Qualquer Natureza (ISSQN) junto ao Município onde se localiza seu estabelecimento prestador, ao invés de realizar o pagamento do Documento de Arrecadação do Simples Nacional (DAS), cuja arrecadação é de competência da Receita Federal do Brasil. Destarte, tomando conhecimento de seu erro no recolhimento tributário, o contribuinte efetuou parcelamento do débito junto à Receita Federal do Brasil, de forma a regularizar a situação no âmbito do regime tributário do Simples Nacional e, no âmbito municipal, requereu a restituição do ISSQN pago de maneira indevida. Em tese, a situação não parece problemática. Se houve efetivamente um erro no recolhimento e se não há dúvidas de que o contribuinte que opta pelo regime tributário do Simples Nacional não deve recolher ISSQN diretamente ao Município, naturalmente a conclusão a que se chega é a de que a restituição é devida. Na prática, no entanto, a situação pode ocorrer de outra maneira. Após requerer a restituição do valor pago ao Município, suponha que o contribuinte seja surpreendido com uma manifestação do Fisco no sentido de que a restituição somente deveria ser operacionalizada após a comprovação do pagamento integral do parcelamento realizado junto à Receita Federal do Brasil. Diante desse cenário, a pergunta que o contador ou o jurídico da microempresa ou pequena empresa certamente fará é: pode o Fisco exigir o cumprimento de uma obrigação tributária firmada perante outro ente como condição para restituir um valor que originalmente não deveria lhe ter sido pago? Racionalmente, a resposta deveria ser negativa. Juridicamente, no entanto, como se está diante da Fazenda Pública – que deve pautar seus atos no princípio da legalidade –, a pergunta que deveria ser feita é: onde está a norma que autoriza que o Fisco faça tal exigência? É neste ponto que o processo administrativo de restituição demanda atenção, pois, embora seja óbvio que o ônus da prova é do contribuinte, trata-se de um processo interno da Administração, ainda embalado pela burocracia e morosidade que persiste em meio à era tecnológica em que vivemos, na qual, mais do que nunca, há a personificação da máxima do 'time is money'. Assim, o contribuinte tem o dever de justificar e fundamentar o seu pedido de restituição, não bastando enumerar os fatos e esperar que o Fisco diga o direito aplicável. A lógica do processo administrativo não é a mesma lógica do processo judicial e, neste sentido, demanda ainda mais que o empresário esteja apoiado por um grupo de profissionais qualificados e experientes, sob pena de não ter conhecimento técnico para rebater determinadas exigências ilegais do Fisco e prejudicar seu próprio pedido. No exemplo proposto, seria suficiente (além de provar faticamente o recolhimento indevido), que o contribuinte fizesse remissão ao art. 21, § 9º, da Lei Complementar n. 123/2006, que é absolutamente cristalino ao dispor que é vedado o aproveitamento de créditos não apurados no Simples Nacional, inclusive os de natureza não tributária, para a extinção de débitos no Simples Nacional. Contudo, exigir o conhecimento de tal dispositivo para refutar uma exigência abusiva do Fisco denota por si só as grandes dificuldades vivenciadas pelo pequeno empresário no país, que, diante de um espinhoso ambiente fiscal, acaba ficando refém das mais obscuras exigências de um Leão cada vez mais faminto. Dessa forma, resta patente que, no caso concreto, havendo prova por parte do contribuinte que a restituição do tributo é devida, fática e legalmente, a mesma deve ocorrer sem embaraços por parte da Fazenda Pública, ainda que haja legislação infraconstitucional que estabeleça formalidades demasiadas para tal, tendo em vista que referida legislação não pode consistir em óbice ao direito do contribuinte em ter restituído o valor pago indevidamente5. Situação ainda mais refutável é quando esse óbice consiste em condicionar o direito de restituição à satisfação de obrigação com órgão estranho à relação das partes" (GONÇALVES, Beatriz de Sousa; NUNES, Heloá de Conceição. Errar é humano, não restituir é desumano. *Jota*, 2019. Disponível em: <https://www.jota.info/opiniao-e-analise/artigos/errar-e-humano-nao-restituir-e-desumano-17102019>. Acesso em: 18 out. 2019).

9.5.2. Legitimidade para pleitear a restituição do ISS, na hipótese do art. 8º-A, § 3º, da LC n. 116. Na hipótese de o Município descumprir a carga tributária mínima de 2% para a cobrança do ISS, os arts. 3º, § 4º e 8º-A da LC n. 116 preveem uma substituição tributária ativa, transferindo a competência tributária do Município do estabelecimento prestador para o local do estabelecimento do tomador. Assim, o art. 8º-A, § 3º legitima o prestador do serviço para pleitear a restituição do ISS em face do Município descumpridor da alíquota mínima, sem qualquer referência ao art. 166 do CTN. Por se tratar de uma norma de caráter especial que regula uma situação bastante específica, não deve ser aplicado o art. 166 do CTN, dispensando-se, pois, a autorização do contribuinte "de fato" ou a comprovação de que o referido encargo foi assumido pelo próprio prestador do serviço (contribuinte de direito).

9.5.3. Crítica ao art. 166 do CTN. "A menção a tributos que comportem, por sua natureza, transferência do respectivo encargo é geralmente associada aos denominados 'tributos indiretos'. Trata-se, entretanto, de visão que, a rigor, não é jurídica, já que, sob este enfoque, deve-se considerar apenas quem realizou o fato imponível, independentemente de ter, ou não ter, se verificado o repasse do valor do tributo ao preço. Oportuna, a propósito, a contundente crítica de Alfredo Augusto Becker, mostrando que a questão da repercussão econômica, como condição para a recuperação dos 'impostos indiretos', é fruto da 'simplicidade da ignorância'. Pode-se até admitir que o art. 166 persiga um propósito de justiça, eis que, em razão da transferência do encargo financeiro a terceiro (o contribuinte *de facto*), não se mostraria plausível reconhecer-se ao contribuinte *de jure* a possibilidade de recuperação de quantias que, por meio de expedientes econômicos, já tenham retornado ao seu patrimônio. Entretanto, este raciocínio, além de ser aleatório, pois erige mera possibilidade, muitas vezes indemonstrável, em verdade absoluta, peca também pela sua frágil base jurídica: se houve o recolhimento indevido ou a maior, o direito à repetição, em tese, é de rigor. Como se não bastasse, o dispositivo em exame apresenta enorme deficiência na fixação de parâmetros para a identificação dos tributos que 'por sua natureza' acarretam a 'transferência do respectivo encargo financeiro'" (BOTALLO, Eduardo Domingos. *IPI:* princípios e estrutura. São Paulo: Dialética, 2009. p. 116-117).

10. Imunidade tributária subjetiva alcança apenas o contribuinte de direito. Além dos efeitos na restituição do indébito, a classificação de contribuinte de direito e de fato também impacta na análise das imunidades tributárias subjetivas ou pessoais, como é o caso das imunidades recíproca, dos templos de qualquer culto, dos partidos públicos, das entidades beneficentes de assistência social e de educação e entidades sindicais dos trabalhadores (art. 150, VI, *a*, *b*, e *c*, CF). Com efeito, somente o contribuinte de direito, ou seja, o prestador do serviço é quem terá o direito à imunidade tributária. Logo, enquanto tomadoras de serviços, ainda que assumam a condição de contribuintes de fato, aquelas pessoas privilegiadas com as imunidades tributárias pessoais acabarão suportando os ônus do ISS.

11. Inscrição municipal do prestador do serviço. Uma das principais obrigações acessórias do prestador de serviço consiste na abertura de uma inscrição cadastral junto ao Município onde estiver seu estabelecimento prestador. Esse cadastro municipal é autônomo e independente do cadastro nacional de pessoas jurídicas do Ministério da Fazenda (CNPJ), das inscrições estaduais (IE), bem como da Junta Comercial. Em razão das particularidades oriundas da definição de estabelecimento prestador (art. 4º da LC n. 116), um prestador de serviço poderá vincular seu CNPJ em mais de um município, independentemente de constituir oficialmente uma filial. No campo do ISS, isso costuma acontecer quando, por exemplo, o prestador de serviço não abre uma filial num outro município diverso de sua sede, mas ali atua de modo a configurar um autêntico estabelecimento prestador. Para cumprir a legislação tributária do município onde estiver seu estabelecimento prestador, este prestador de serviço pode se valer do mesmo CNPJ da sua matriz para abrir uma inscrição municipal em tal município, emitindo nota fiscal por tal cadastro, além de observar as demais obrigações tributárias (pagamento do ISS, preenchimento e entrega de livros fiscais etc.). Caso o contribuinte não tome as providências para a abertura da inscrição municipal, o Município poderá criá-lo de ofício, sem prejuízo da imposição de penalidades sobre o descumprimento dessa obrigação tributária acessória.

12. Responsabilidade *penal* dos prestadores de serviços: crimes contra a ordem tributária, relativamente ao ISS. Os arts. 1º e 2º da Lei n. 8.137/90 preveem os crimes contra a ordem tributária, com aplicação também no âmbito do ISS.

– Sobre a suspensão da pretensão punitiva e a extinção da punibilidade nos crimes contra ordem tributária: arts. 34 da Lei n. 9.249/95, 15 da Lei n. 9.964/2000, e 9º da Lei n. 10.684/2003.

12.1. Criminalização da inadimplência do ISS. Recentemente, no HC 399.109, a 1ª Seção do STJ, 2018, decidiu pela configuração da conduta criminosa prevista no art. 2º, II, da Lei n. 8.137/90, na hipótese de mera inadimplência de *ICMS* próprio declarado pelo contribuinte. Muito embora o caso tenha versado especificamente sobre o ICMS, o precedente também deve ser aplicado ao ISS próprio, ainda que devidamente declarado pelo prestador, porque também se trata de um imposto indireto repassado de forma destacada do prestador para o tomador do serviço. Essa discussão foi analisada em última instância pelo Plenário STF no HC 163.334, 2019, sob o viés da constitucionalidade dessa punição criminal sobre a inadimplência tributária, fixando-se a seguinte tese com repercussão geral: "O contribuinte que, de forma contumaz e com dolo de apropriação, deixa de recolher o ICMS cobrado do adquirente da mercadoria ou serviço incide no tipo penal do art. 2º, II, da Lei n. 8.137/1990".

– "1. Para a configuração do delito de apropriação indébita tributária – tal qual se dá com a apropriação indébita em geral – o fato de o agente registrar, apurar e declarar em guia própria ou em livros fiscais o imposto devido não tem o condão de elidir ou exercer nenhuma influência na prática do delito, visto que este não pressupõe a clandestinidade. 2. O sujeito ativo do crime de apropriação indébita tributária é aquele que ostenta a qualidade de sujeito passivo da obrigação tributária, conforme claramente descrito pelo art. 2º, II, da Lei n.8.137/1990, que exige, para sua configuração, seja a conduta dolosa (elemento subjetivo do tipo), consistente na consciência (ainda que potencial) de não recolher o valor do tributo devido. A motivação, no entanto, não possui importância no campo da tipicidade, ou seja, é prescindível a existência de elemento subjetivo especial. 3. A descrição típica do crime de apropriação indébita tributária contém a expressão 'descontado ou cobrado', o que, indiscutivelmente, restringe a abrangência do sujeito ativo do delito, porquanto nem todo sujeito passivo de obrigação tributária que deixa de recolher tributo ou contribuição social responde pelo crime do art. 2º, II, da Lei n. 8.137/1990, mas somente aqueles que 'descontam' ou 'cobram' o tributo ou contribuição. 4. A interpretação consentânea com a dogmática penal do termo 'descontado' é a de que ele se refere aos tributos diretos quando há responsabilidade tributária por substituição, enquanto o termo 'cobrado' deve ser compreendido nas relações tributárias havidas com tributos indiretos (incidentes sobre o consumo), de maneira que não possui relevância o fato de o ICMS ser próprio ou por substituição, porquanto, em qualquer hipótese, não haverá ônus financeiro para o contribuinte de direito. 5. É inviável a absolvição sumária pelo crime de apropriação indébita tributária, sob o fundamento de que o não recolhimento do ICMS em operações próprias é atípico, notadamente quando a denúncia descreve fato que contém a necessária adequação típica e não há excludentes de ilicitude, como ocorreu no caso. Eventual dúvida quanto ao dolo de se apropriar há que ser esclarecida com a instrução criminal. 6. *Habeas corpus* denegado" (STJ, HC 399.109)

12.2. Criminalização da infração tributária com viés fortemente arrecadatório. "A sobreposição entre as orientações de política fiscal e política criminal pode ser exemplificadas em várias manifestações recentes do ordenamento jurídico brasileiro. Ela se estende da reiteração de concessão de programas de parcelamento de créditos tributários (Refis) e a consequente possibilidade de suspensão da punibilidade dos crimes, no debate acerca da extinção da punibilidade nas hipóteses de pagamento, alcançando a recente edição de leis e repartição de ativos (Leis 13.254/2016 e 13.428/2017), as quais puseram em evidencia a frequência com a qual a interação direito penal, direito econômico e direito tributário pode ser percebida na realidade brasileira. Mais notadamente, nas duas últimas décadas, tem-se recorrido ao reforço punitivo penal, conferindo as autoridades fiscalizadoras e reguladoras instrumentos que justificam sua atuação funcional. No entanto, a atuação contingente das autoridades responsáveis pelo exercício da política criminal, orientada por estratégias acusatórias, permite evidenciar com cada vez mais clareza práticas arrecadatórias que se valem da intimidação penal. De fato, boa parte das discussões acerca dos crimes contra a ordem tributária, que questionavam a legitimidade da criminalização de descumprimento de deveres fiscais e condutas evasivas por considerá-las, pelo menos do ponto de vista do gravame à liberdade e à igualdade entre os contribuintes, moralmente neutras ou no máximo uma reação justificável, encontram-se atualmente superadas. No Brasil, a questão tem sido frequentemente debatida. Almiro Velludo Salvador Netto, resgatando os fundamentos dogmáticos dos crimes tributários, identifica com precisão que o problema consiste no fato de que a reprovação está menos concentrada no desvalor da conduta (p. ex., sonegação), do que em relação ao desvalor do resultado (p. ex., supressão de tributos devido). Consequência disso é de que não há crime tributário autônomo, dependendo, portanto, da produção de 'prejuízo econômico--fiscal a ser suportado pelo Estado'. Maíra Machado e Marta Machado investigaram os efeitos que a decisão na esfera administrativo-tributária tem sobre a esfera penal, acentuando que os arranjos formalizados ao redor da interação entre o direito fiscal e o direito penal decorrem das decisões tomadas, seguindo lógicas e objetivos distintos, pelos sistemas político e jurídico. A opção de política criminal parece ter se dirigido à 'obtenção de recursos por meio da ameaça penal', buscando não apenas novas respostas penais e um maior controle preventivo recorrendo a programas de *compliance*, como também uma finalidade estranha ao direito penal tradicional: a arrecadação. Se, de um lado há inegável risco de o direito penal ser utilizado como meio de reforço de precárias políticas de governo, não se pode olvidar que, de outro, a necessidade dessa força de tutela penal parece ser legitimada pela falta de mecanismos próprios da esfera econômica para controlar certas condutas e pela aparente lentidão do direito penal tradicional diante da velocidade das demandas político-econômicas e das alterações sociais. Nesse contexto, o direito penal econômico assume uma feição artificial secundária, paradoxalmente sancionando com pena (tradicionalmente ditas como *ultima ratio*) violações a priori extrapenais concedidas no âmbito do direito administrativo (relacionando-se iminentemente à proteção de determinada atividade estatal e não propriamente à satisfação imediata de interesse sociais" (DINIZ, Eduardo Saad; RAMOS, Giulia. *Tax compliance*, crimes tributários e representação fiscal para fins penais. *In:* CARVALHO, Paulo de Barros (coord.). *30 anos da Constituição Federal e o sistema tributário brasileiro*. São Paulo: Noeses, 2018. p. 279-301).

13. Cooperativas. Serviços prestados aos próprios associados. Não incidência. "As cooperativas não sofrem a incidência do ISS, pois prestam serviços para os associados. O art. 4º da Lei n. 5.764/71 é expresso no sentido de que as cooperativas são constituídas para prestar serviços aos associados. Se a cooperativa faz a intermediação para que os associados prestem os serviços, não está sujeita ao ISS, pois não presta serviços para terceiros, mas para os próprios associados. ... não há circulação de serviços. Não existe bem imaterial na etapa de circulação econômica a ser tributado pelo ISS. O cooperado e a cooperativa não são terceiros, mas pessoas ligadas a uma mesma relação, que é a relação cooperativa ou o ato cooperativo. (...) Se o cooperado já paga o ISS, não pode o mesmo imposto ser exigido da cooperativa, pois, do contrário, seria pago duas vezes pelo mesmo fato gerador. (...) O item 4 da lista de serviços, determinada pela Lei Complementar n. 116/03, não faz referência a serviços de cooperativas. O item 4.22 não trata da cooperativa. Logo, não pode haver incidência do ISS sobre serviços das cooperativas... O item 4.23 da lista de serviços menciona serviços de terceiros..., cooperados. Assim, quem irá pagar o ISS é o cooperado, quando presta serviços constantes da lista e não a cooperativa. O ISS incide, portanto, sobre o serviço do cooperado e não da cooperativa. (...) A lei municipal não poderá estabelecer a incidência do ISS sobre serviços de cooperativas, em razão de que elas não prestam serviços para terceiros e de que a lista de serviços da Lei Complementar n. 116/03 não prevê a incidência de serviços de cooperativas" (MARTINS, Sergio Pinto. As cooperativas e a tributação pelo ISS de acordo com a Lei Complementar n. 116/2003. *Rep. IOB de Jurisprudência* 20/03, 1/18879).

13.1. Cooperativas. Serviços prestados a terceiros. Incidência. Deduções. "O § 3º do art. 7º da Lei Complementar n. 116/03 previa que 'na prestação dos serviços a que se referem os subitens 4.22 e 4.23 da lista anexa, quando operados por cooperativas, deduzir-se-ão da base de cálculo os valores despendidos com terceiros, pela prestação de serviços de hospitais, laboratórios, clínicas, medicamentos, médicos, odontólogos e demais profissionais de saúde'. O referido parágrafo foi vetado pelo Presidente da República. As razões do veto foram as seguintes: 'A sanção do dispositivo teria como consequência a introdução de grave distorção tributária no setor de planos de saúde. Ao conceder a dedução... apenas aos planos operados por cooperativas, a incidência do imposto sobre serviços de qualquer natureza caracterizar-se-ia como elemento de concorrência desleal em relação aos demais planos de saúde...' A regra contida no parágrafo vetado interpretava corretamente a forma de dar adequado tratamento tributário ao ato cooperativo, como pretende a alínea *c* do inciso II do art. 146 da Constituição. Trata-se de uma redação esclarecedora e perfeita e não imperfeita, como se afirma no veto. A cooperativa tem característica especial. Não pode ser comparada ou igualada à empresa. Não existe, portanto, concorrência desleal, pois são situações completamente distintas. (...) O parágrafo vetado fazia referência a serviços de cooperativa prestados a terceiros e não aos próprios associados, mediante medicina de grupo ou individual ou outros planos de saúde. Nesse caso, o ISS deve incidir apenas sobre o preço do serviço e não sobre valores despendidos com terceiros pela prestação de serviços de hospitais, laboratórios, clínicas, medicamentos, médicos, odontólogos e demais profissionais de saúde. Estes itens são serviços de terceiros e não do próprio contribuinte, pois do contrário o ISS incidirá sobre o serviço do serviço e não o serviço prestado pelo contribuinte. Solução será a cooperativa que opera plano de saúde individualizar na nota fiscal de serviços o que é o seu serviço e importâncias que apenas transitam pela contabilidade da empresa, que representam mera entrada e não receita de prestação de serviços" (MARTINS, Sergio Pinto. As cooperativas e a tributação pelo ISS de acordo com a Lei Complementar n. 116/2003. *Rep. IOB de Jurisprudência* 20/03, 1/18879).

13.2. No sentido da não sujeição ao ISS. "As receitas repassadas a terceiros são os valores relativos à remuneração pela produção cooperativista e, a nosso ver, não se sujeitam ao ISS, dado que a base de cálculo do imposto é o preço do serviço, considerando-se como tal, apenas os valores efetivamente percebidos pela cooperativa, descontadas as parcelas repassadas aos cooperativados. Destarte, a incidência de ISS sobre os valores repassados aos cooperativados viola os princípios constitucionais da capacidade contributiva e justiça fiscal, pois esta quantia não se incorpora ao patrimônio da cooperativa, não podendo ser considerada como paradigma para a incidência deste tributo. A cooperativa, bem como qualquer outro contribuinte, só pode recolher tributo sob o dinheiro que fica para si, e nunca para valores que são repassados terceiros. Já as receitas que se incorporam ao capital social, caracterizam-se pelos valores da taxa de administração, provenientes dos serviços prestados pela sociedade para seus associados, e que, por conta de tal fundamento, se constitui como ato cooperativo, o qual, segundo a jurisprudência... não se sujeita à tributação" (VARANDA, Rodrigo. Uma nova reflexão sobre as sociedades cooperativas e o imposto sobre serviços. *RDDT* 163/98, 2009).

– "... não podem, em qualquer hipótese, ser confundidas com sociedades civis prestadoras de serviços, dado que estas entidades organizam-se coletivamente para a atividade, enquanto as sociedades cooperativas apenas representam o interesse individual dos seus associados" (ROSE, Marco Túlio de. A incidência do ISS sobre a atividade de cooperativas. *RET* 14/34, 2000). Obs.: o Autor acrescenta pondera, também, à fl. 32: "... o fato da cooperativa contratar e mesmo cobrar os serviços não significa que seja ela a prestadora dos mesmos". Vale ressaltar a ênfase dada, no artigo, às cooperativas médicas.

13.3. Cooperativa de serviços médicos. Incidência sobre a taxa e administração. Dedução dos valores pagos aos cooperados. "ISS. COOPERATIVA. SERVIÇOS MÉDICOS. ATOS NÃO COOPERADOS. TAXA. ADMINISTRAÇÃO. A Turma, ao prosseguir o julgamento, conheceu parcialmente do recurso e, nessa parte, deu-lhe parcial provimento para afastar a incidência do ISS sobre os atos cooperados praticados pela recorrente, bem como para determinar a incidência da exação, no que tange aos atos não cooperados, tão somente sobre a taxa de administração, excluindo-se os valores pagos ou reembolsados aos associados. Argumentou o Min. relator que o ISS não incide sobre os atos praticados pelas cooperativas médicas consistentes no exercício de atividades em prol dos associados que prestam serviços médicos a terceiros (atos cooperados). Os atos não cooperados, aqueles decorrentes de relação jurídica negocial advinda da venda de planos de saúde a terceiros, sujeitam-se à incidência do ISS, tendo como base de cálculo, tão somente, a receita advinda da cobrança da taxa de administração. Isso porque a receita tributável não abrange o valor pago ou reembolsado aos cooperados, haja vista não constituir parte do patrimônio da cooperativa (art. 79 da Lei n. 5.764/1971, c/c os arts. 86 e 87 do mesmo diploma legal). O eventual inadimplemento quanto ao pagamento de ISS em relação à taxa de administração de alguns contratos é matéria que se encarta no óbice da Súm. n. 7-STJ. O Min. Relator ressalvou seu posicionamento no sentido de que essas entidades não exercem nenhuma espécie de serviço ou fornecimento de mão de obra, mercê de não visarem ao fim lucrativo ensejador da incidência. A forma de associação corporativa implica impor a obrigação tributária aos médicos cooperativados pelos serviços que prestam. Caso as cooperativas empreendam a venda de planos de saúde com o intuito de lucro, devem pagar IOF, excluído, portanto, o ISS, pela ausência de tipicidade do fato gerador e pela interdição de que o mesmo fato possa sustentar duas exações... REsp 875.388-SP, Min. Luiz Fux, julgado em 2/10/2007" (*Informativo* 334 do STJ).

– *Vide* nota anterior sobre o aspecto quantitativo do ISS.

Art. 6º Os Municípios e o Distrito Federal, mediante lei, poderão atribuir de modo expresso a responsabilidade pelo crédito tributário a terceira pessoa, vinculada ao fato gerador da respectiva obrigação, excluindo a responsabilidade do contribuinte ou atribuindo-a a este em caráter supletivo do cumprimento total ou parcial da referida obrigação, inclusive no que se refere à multa e aos acréscimos legais.

1. Relação entre os arts. 5º e 6º da LC n. 116. Enquanto o art. 5º aborda o *contribuinte* do ISS (pessoa que possui relação pessoal e direta com o fato gerador), o art. 6º apresenta os *responsáveis tributários* (terceiros vinculados ao fato gerador) do ISS, mais especificamente os responsáveis por *substituição*. O ISS devido pelo próprio prestador do serviço é classificado como "ISS próprio"; ao passo que o ISS cobrado dos tomadores é conhecido como ISS retido ou ISS substituição tributária. A responsabilidade por *transferência* do ISS não recebeu um tratamento específico pela LC n. 116, aplicando-se os dispositivos do CTN (arts. 129 a 138).

2. Correspondência entre o *caput* do art. 6º da LC n. 116 e o art. 128 do CTN. A LC n. 116 praticamente transplantou o disposto no art. 128 do CTN, adaptando-o ao ISS. Na parte final, o *caput* do art. 6º da LC n. 116 ressalva que a responsabilidade também atinge a multa e os acréscimos legais, algo que já estava implícito no art. 128 do CTN e foi insistentemente reforçado no § 1º do art. 6º. Como já existia a previsão do art. 128 do CTN, o *caput* do art. 6º representa uma simples repetição daquela norma, com efeitos práticos puramente *didáticos,* voltados à responsabilidade por *substituição* no âmbito específico do ISS.

– Conferir art. 128 do CTN.

3. Responsabilidade tributária por *substituição* e competência tributária municipal. A indicação de um terceiro como responsável da obrigação tributária consiste numa *faculdade* do Município credor. Por isso, tanto o art. 128 do CTN como o *caput* do art. 6º da LC n. 116 mencionam, respectivamente, que a "lei *pode*" ou que os "Municípios e Distrito Federal, mediante lei, *poderão*" se valer dessa técnica fiscal para buscar uma maior praticidade e eficiência, na arrecadação e fiscalização, de acordo com as suas realidades e necessidades locais. Com efeito, pode valer a pena para um Município concentrar a sujeição passiva num determinado contribuinte com histórico de bom pagador, evitando que seus clientes (tomadores do serviço) façam as retenções e deixem de recolher o imposto. Ou, ainda, diante de uma atividade com milhares de tomadores de serviços de baixos valores individualmente cobrados, pode ser muito mais eficiente manter a cobrança em cima do prestador, como ocorre, por exemplo, no caso das instituições financeiras, que prestam serviços bancários para centenas ou milhares de clientes pessoas jurídicas, mediante a cobrança de tarifas bancárias que ensejam valores individuais pouco significantes, que acabariam até mesmo dificultando o pagamento da obrigação tributária por parte dos tomadores, além de implicar numa sobrecarga excessiva para a instituição financeira e para a própria Administração Tributária Municipal, na medida em que precisariam ser emitidas e analisadas milhares de notas fiscais mensais, documentos estes que viabilizam a retenção do imposto.

3.1. Retenções *facultativas* e *obrigatórias* no âmbito do ISS. "A par das retenções que denominamos 'facultativas', que os municípios têm a prerrogativa de exigir ou não dos respectivos tomadores, podemos afirmar que a LC n. 116/2003 já estabeleceu outras hipóteses de retenção que devem, obrigatoriamente, ser observadas pelos contratantes. Por essa razão as denominamos de 'retenções obrigatórias' e identificamos seu fundamento legal no § 2º do mesmo art. 6º" (LEMOS, Alexandre Marques Andrade. *Gestão tributária de contratos e convênios*. 4. ed. Salvador: Open Editora, 2015. p. 463).

3.2. Substituição tributária no ISS considerando o aspecto espacial. Retenção na fonte. "... como o Município em que está o prestador é irrelevante para fins de incidência do ISS, importando apenas o local da prestação, o lugar em que estabelecido o prestador também não interessa para fins de responsabilidade do imposto por retenção. (...) Em suma, cabe reter o ISS quando a obrigação tenha se verificado no mesmo Município onde se pretende proceder à retenção na fonte desde que seja o mesmo em que estiver situado o tomador do serviço. A obrigação de reter só pode surgir para responsável localizado no mesmo Município e que o contribuinte prestou serviços (ainda que o prestador esteja estabelecido em outro local). [...] 5º) A lei do Município só pode eleger, como responsáveis tributários, tomadores cujos serviços foram prestados ali, ainda que o estabelecimento prestador esteja em local diverso. Logo, se o tomador estiver situado no Município 'A' e tomou serviços de pessoas que os prestam no próprio Município, deve reter o ISS na fonte. A obrigação de reter só pode surgir para o tomador se o Município considerado for o local em que está localizado e se o serviço foi prestado ali, ainda que o prestador esteja estabelecido em outro local. 6º)

Não há amparo no sistema para a instituição, pelo Município, de responsabilidade por retenção do ISS na fonte, em relação a tomadores de serviços nele localizados, cuja prestação tenha ocorrido em Município diverso (muito embora os seus prestadores estejam estabelecidos naquele), ou, e relação a serviços ali prestados, estando seus tomadores localizados fora desse Município. 7º) Figurando o tomador na posição de responsável tributário pela retenção do ISS na fonte, a alíquota máxima aplicável será a de 5%, ante a inequívoca consagração desse teto na Lei Complementar n. 116/03. Essa alíquota, no entanto, terá que ceder lugar àquela que, fixada em lei, seria utilizada pelo prestador para pagar o imposto (por hipótese, 2%), pois é o regime do substituído, e não o do substituto, que deve ser aplicado, uma vez que o responsável paga por dívida alheia e não por débito próprio" (BARRETO, Aires F. ISS e responsabilidade tributária. *RDDT* 122/7, 2005).

– *Vide*, também: MEIRA JÚNIOR, José Julberto. Substituição tributária no ISS (retenção): considerações gerais para a sua compreensão. *RTFP* 56/177, 2004.

3.3. A lei municipal só pode criar a retenção na fonte do ISS se o prestador e o tomador estiverem no mesmo Município. "Nada obstante, essa 'permissão' legal não pode ser vista pelos Municípios de forma ampla, como se limites inexistissem. Não é alternativa de facilitação da atividade arrecadatória que se sobreponha a outros entraves, balizas freios à tributação que estão consagrados em nosso ordenamento jurídico. Limites há. É direito constitucionalmente assegurado aos contribuintes submetidos à incidência do ISS, ver tributados os fatos jurídicos (prestações de serviço) uma única vez e, ainda, no Município onde se realizarem, seja por expressa dicção legal, seja porque lá está o estabelecimento prestado, assim entendido, como já afirmamos, o local onde efetivamente serviços são prestados. Nesse contexto, a determinação de retenção na fonte do ISS, nos termos da previsão contida no *caput* do art. 6º da Lei Complementar n. 116/2003 só encontra guarida no nosso ordenamento se, e somente se, o prestador e o tomador estiverem no mesmo Município em que prestado o serviço. No caso dos serviços relacionados no parágrafo 2º do art. 6º da mesma lei, o prestador poderá estar estabelecido em outro Município, uma vez que a lei é expressa ao estabelecer a incidência do imposto no local da prestação. Admitir outro entendimento implicaria (i) atribuir à lei complementar em matéria tributária a função de fomentar os conflitos de competência, ao invés de evitá-los; (ii) colaborar para o recrudescimento da guerra fiscal entre os municípios; (iii) gerar insegurança jurídica plena para prestadores e tomadores de serviços; (iv) prestigiar os princípios da praticidade e da eficiência administrativa em detrimento da rígida outorga de competência tributária e dos magnos princípios da segurança jurídica e da capacidade contributiva. Deveras, um mesmo fato jurídico tributário ficará à mercê de exigências de dois entes tributantes. Um único fato signo presuntivo de riqueza poderá ser alcançado por dois Municípios distintos em relação a um mesmo contribuinte. Nesse cenário, a Lei Complementar n. 116/2003 longe estará de cumprir as funções que lhe foram preordenadas constitucionalmente" (BARRETO, Paulo Ayres. Ampliação das hipóteses de retenção do ISS na fonte: limites normativos. *In:* ROCHA, Valdir de Oliveira (coord.). *Grandes questões atuais do direito tributário*. São Paulo: Dialética, 2012. v. 16. p. 274-275).

4. Responsabilidade tributária do ISS no Simples Nacional. O art. 21, § 4º e § 4º-A, da LC n. 123/2006, possibilita a retenção na fonte do ISS das microempresas e empresas de pequeno porte optantes pelo regime tributário especial, trazendo regras que visam conciliar a retenção do ISS na fonte com as alíquotas progressivas adotadas no Simples Nacional (de 2% a 5%), bem como afastar a retenção do imposto quando o prestador for tributado pelo ISS por valores fixos mensais. O ISS retido de um prestador de serviço optante pelo Simples Nacional deve ser recolhido em guia própria do Município credor, ou seja, não é recolhido através do documento de arrecadação do Simples Nacional (guia DAS). O § 4º-A alerta expressamente acerca da responsabilidade criminal que uma informação falsa do ISS retido pode ocasionar aos responsáveis.

– Confira-se o art. 21, §§ 4º e 4º-A, da LC n. 123/2006.

4.1. Regulamentação da retenção na fonte do ISS no Simples Nacional: art. 27 da Resolução CGSN n. 140/2018.

– Conferir art. 27 da Resolução CGSN n. 140/2018.

4.2. Consequências para o tomador do serviço, na condição de responsável tributário pelo pagamento do ISS, quando o prestador for optante pelo Simples Nacional, de acordo com o disposto no art. 21, § 4º, VI, da LC n. 123/2006. "Este inciso também registra outra informação de grande relevância para o tomador do serviço. Já que este não tem acesso aos dados de faturamento do prestador, ainda mais àqueles relativos aos 12 últimos meses, caso haja divergência entre a alíquota destacada por ele em sua nota fiscal de prestação de serviços e o percentual devido em conformidade com um dos anexos da LC n. 123, *a responsabilidade pela eventual diferença recairá exclusivamente sobre o prestador do serviço.* Daí que a indicação no corpo da nota de percentual aparentemente inferior àquele que, de fato, aplicar-se-ia ao prestador em nada vincula o tomador do serviço, o qual deve se ater tão somente ao quanto destacado pelo contratado em seu documento fiscal. O mesmo raciocínio se aplica na hipótese de destaque de alíquota inexistente na tabela, situação que também verificamos não ser rara. Muitos optantes do Simples Nacional prestam serviços e não atentam para a modificação introduzida pela LC n. 128, fazendo o destaque na nota fiscal do percentual exigido pela legislação municipal (3%, por exemplo). Se o tomador se atém a esse percentual, deverá considerar que: a) sendo a alíquota destacada superior ao percentual a que o prestador estaria sujeito pela aplicação dos Anexos da LC n. 123, o município será beneficiado com arrecadação superior àquela prevista em lei. Isso não ensejará qualquer responsabilidade para o contratante; b) sendo a alíquota destacada pelo prestador inferior àquela prevista no respectivo anexo da LC n. 123, o tomador não será responsável pela eventual diferença apurada através de auditoria da fiscalização. Por isso, o desconto deve se limitar ao que fora destacado no documento fiscal, ficando somente o prestador sujeito às sanções legais" (LEMOS, Alexandre Marques Andrade. *Gestão tributária de contratos e convênios.* 4. ed. Salvador: Open Editora, 2015. p. 472).

4.3. Alíquota mínima automática no sistema da NFS-e para contribuintes do Simples Nacional. "Pode ser implantado no sistema de NFS-e interessante mecanismo de fixação automática de alíquota mínima para os contribuintes do Simples Nacional, no tocante às retenções na fonte do ISS. A ideia é impedir que um contribuinte do Simples Nacional indique alíquota à correta momento da emissão da NFS-e. Como fazer? Devemos programar o sistema de NFS-e para fixar automaticamente e para cada contribuinte uma alíquota mínima mensal, levando-se em conta o faturamento bruto dos *últimos 12 meses que antecederem o mês anterior* ao da emissão do documento considerando as informações da própria NFS-e. Assim se for emitida uma nota fiscal no mês de *fevereiro de 2017,* o sistema somará todo o faturamento dos últimos 12 meses, a contar de *dezembro de 2016* para trás 'travando' a indicação de uma alíquota mínima para o contribuinte. Se o cálculo do sistema indicar 2,79%, o contribuinte poderá selecionar, por exemplo, 2,29%, 3,50%, 3,84%, 5%, mas nunca 2%" (MANGIERI, Francisco Ramos. *Administração tributária municipal*: eficiência e inteligência fiscal municipal. Porto Alegre: Livraria do Advogado, 2015. p. 25-26).

5. Substituição tributária no ISS e consequências nas obrigações acessórias. A instituição da substituição tributária reforça a importância da nota fiscal de prestação de serviços, pois este será o documento fiscal próprio para documentar a operação tributada e o valor do ISS a ser retido e recolhido pelo substituto tributário. Ademais, a substituição tributária também implica na necessidade de o responsável tributário declarar o ISS retido no Livro de Registro de Serviços Tomados. *Vide* a LC n. 175/2020.

5.1. Utilização de *software* para fins de simplificação da obrigação tributária acessória. "Nesse contexto, é plenamente válida a adoção de *softwares* pela Administração Tributária Municipal para simplificar o cumprimento de obrigações tributárias pelos sujeitos passivos dos tributos municipais, seja agilizando a apuração e o recolhimento do valor devido, seja facilitando a forma de prestação de informações exigidas sobre a ocorrência dos fatos jurídicos tributáveis. Nesse sentido, será possível até mesmo considerar que o governo municipal estará colaborando para a diminuição dos custos exacerbados que as pessoas jurídicas têm incorrido no cumprimento dessas obrigações" (O uso do *software* no exercício da competência tributária municipal e o necessário respeito ao princípio da legalidade. *In*: CARVALHO, Paulo de Barros (coord.). *30 anos da Constituição Federal e o sistema tributário brasileiro*. São Paulo: Noeses, 2018. p. 480-481).

5.2. Campanhas fiscais de informações e esclarecimentos acerca da legislação tributária – pesquisa de campo feita em município do Rio Grande do Sul. "Logo, percebe-se que a informação no âmbito do Direito Tributário é de essencial importância tanto para o Estado, quanto ao contribuinte. Se de um lado, o Estado pode incrementar a arrecadação com um nível satisfatório de informação por parte da população; de outro lado, o contribuinte diminui a resistência em contribuir com o Estado, quando suficientemente esclarecido. Na promoção da informação sobre as normas tributárias, não há perdedor. Caso se verifique redução da arrecadação a partir de campanhas educativas, a única conclusão que se pode extrair é que os contribuintes estavam pagando de forma equivocada ou sequer deveriam contribuir. Em verdade, o que se observa após a realização de campanhas de esclarecimentos à população é um incremento da arrecadação e redução dos litígios. No intuito de checar esta hipótese, realizou-se uma pesquisa de campo em municípios da região do litoral norte e sul do Estado do Rio Grande do Sul, investigando as técnicas de esclarecimento e prestação de informação à população dos municípios pesquisados. A pesquisa demonstrou que investir em informação pode ser a maneira mais adequada de conscientizar o contribuinte do seu papel e despertá-lo para o desempenho da cidadania. O adequado esclarecimento e a completa informação prestada ao contribuinte é capaz de resgatar o interesse do cidadão nas coisas da 'Polis' e, muito especialmente, na necessidade e importância da parcela de contribuição de cada um para o custeio do Estado. A informação prestada de forma adequada é capaz de abreviar litígios e obter o crédito tributário, uma vez bem detalhado o seu lançamento e as razões do estabelecimento do seu montante. Dentre as hipóteses verificadas no levantamento de campo, chamou a atenção a relação entre esclarecimento e incremento da receita. Em apenas dois dos municípios pesquisados encontrou-se dados capazes de demonstrar que a iniciativa de esclarecimento e informação dos contribuintes seria capaz de promover incremento da receita. Nos demais municípios, acreditava-se que certos programas poderiam incrementar o ingresso de receita, mas não havia dados aptos a serem conferidos pelos pesquisadores. Resulta que o dever de informar é promovido na sua plenitude quando a Administração aproxima-se do cidadão e com ele estabelece um diálogo direto, dentro de uma perspectiva de Administração Pública dialógica. Nessa medida, as campanhas informativas e o serviços de esclarecimento ao contribuinte desempenham papel fundamental ao encurtar a distância entre o cidadão e a quase incompreensível legislação tributária. Equivale a dizer que a postura colaborativa e cooperativa pregada neste ensaio passa pela adoção de medidas capazes de realmente esclarecer o contribuinte, caracterizadas por ações que levem a informação de forma clara e acessível e não simplesmente seja publicada a norma na imprensa oficial" (PORTO, Éderson Garin. *A colaboração no direito tributário:* por um novo perfil de relação obrigacional tributária. Porto Alegre: Livraria do Advogado, 2016. p. 156-157).

6. Responsabilidade tributária *por substituição* e princípio da legalidade. Sobre o caráter *pedagógico* do *caput* do art. 6º da LC n. 116, vale destacar a menção à legalidade tributária, no sentido de que essa responsabilidade *por substituição* deverá ser atribuída "de modo expresso" por meio de lei municipal ou distrital, mesmo nas hipóteses já previstas no § 2º. Importante destacar que a responsabilidade deve derivar necessariamente de uma lei, não podendo ser criada por decreto do Prefeito ou outro ato normativo infralegal. Dependendo do que estipular a Lei Orgânica do Município, pode ser exigida a veiculação da responsabilidade tributária por meio de lei *complementar* municipal. É possível que a lei municipal preveja a responsabilidade ampla, e delegue expressamente para o Executivo a possibilidade de retornar a sujeição passiva apenas para o contribuinte, de acordo com alguns critérios bem definidos na referida lei.

7. Responsabilidade tributária por *substituição* e princípio da anterioridade. A lei nova que atribui responsabilidade tributária do ISS não se sujeita ao princípio da anterioridade do exercício financeiro nem a nonagesimal, uma vez que não se trata de uma lei que cria ou aumenta tributo, mas apenas redefine a sujeição passiva do ISS. Porém, a lei que atribui a responsabilidade tributária não pode retroagir aos fatos geradores ocorridos antes de sua publicação, consoante prevê a parte final do art. 144 do CTN, em respeito ao princípio constitucional da irretroatividade.

8. Terceira pessoa, vinculada ao fato gerador do ISS. Dentro de uma prestação de serviço, essa *terceira pessoa* distinta do prestador de serviço, vinculada ao fato gerador e passível de ser eleita pela lei municipal como responsável tributário, só pode ser o *tomador* ou *intermediário* do serviço, ou algum *beneficiário* do serviço. Em caso de pluralidade de prestadores de serviços, a hipótese será de responsabilidade solidária entre *contribuintes* (relação direta e pessoal com o fato gerador), em face do interesse comum, consoante art. 124, I, CTN.

8.1. Escolha dos *tomadores* de serviço como responsáveis tributários do ISS: uma questão de política fiscal de cada Município, conforme definido em lei municipal. A previsão do tomador do serviço como responsável tributária é a hipótese mais comum do ISS, quando se trata de uma pessoa jurídica sediada no Município credor da obrigação tributária. Exemplo: lei municipal que elege as instituições financeiras e órgãos públicos como responsável pela retenção e recolhimento do ISS sobre todos os serviços tomados, e devidos para o Município. Os critérios para definir esses tomadores variam de um município para outro. Há leis municipais que optaram por estipular uma ampla substituição tributária que alcança *todos* os tomadores pessoas jurídicas sediadas em seus Municípios, independentemente do seu porte ou atividade. De outro lado, há municípios que se limitam a seguir as hipóteses já indicadas no § 2º do art. 6º da LC n. 116, mantendo como regra a sujeição passiva em face dos contribuintes. No meio termo, outros municípios escolhem apenas *alguns* principais tomadores, como órgãos públicos, instituições financeiras, construtoras, empresas não optantes pelo Simples Nacional etc.

8.2. Validade do cadastro de prestadores de outros municípios (CPOM), com foco no combate à evasão fiscal realizada por prestado-

res de serviços que simulam o estabelecimento prestador. "Diante de todo o exposto, é plenamente possível concluir que a adoção do Cadastro de Prestadores de Outros Municípios é um meio legal que os Municípios têm de evitar a evasão fiscal realizada por prestadores de serviços que simulam a existência de uma estabelecimento prestador fictício em Município distinto daquele onde verdadeiramente estão reunidos os equipamentos, os materiais e a mão de obra necessária para o exercício da sua atividade de prestação de serviço, tendo como objetivo evitar a tributação de ISS exigida por esses Municípios. A legalidade desse cadastro está na possibilidade que o prestador de serviço tem de comprovar, pelos meios de prova previstos em lei, que o seu estabelecimento prestador encontra-se realmente no local declarado. É, ainda, um meio constitucional de se combater a evasão fiscal, também chamada de planejamento tributário ilícito. Assim se afirma, pois, considerando que esses cadastros são utilizados por Municípios que têm, em seu território, os tomadores de serviços prestados por esses prestadores, o que fortalece a possibilidade de que essas prestações de serviço tenham sido efetivamente realizadas no território desses Municípios, a identificação desses Municípios com o critério espacial decorrente do conceito constitucional de prestação de serviço de qualquer natureza confirma a competência desses Municípios para a estipulação, tanto para s prestadores quanto para os tomadores dos seus serviços, desses deveres instrumentais relacionados ao Cadastro de Prestadores de Outros Municípios, de caráter antievasivo" (ALVES, Francielli Honorato. A competência municipal para a criação do cadastro de prestadores de outros municípios como norma antievasiva. *RDDT* n. 225, 2014, p. 91-92).

8.3. Justificativa para a exigência do cadastro de prestadores de serviços de outros municípios. "É sabido que os municípios que funcionam como capitais de seus respectivos estados estão mais sujeitos às tentativas de evasão fiscal de prestadores de serviços contribuintes do ISS. É que nas grandes capitais o crescimento populacional e a expansão urbana fizeram as fronteiras entre várias cidades desaparecerem da percepção do cidadão que nelas transitam. Vai-se de um município a outros às vezes apensas cruzando uma rua, ou caminhando poucas quadras. Esse cenário deu ensejo a investidas de municípios menores, normalmente vizinhos a essas capitais, no sentido de adotar políticas fiscais agressivas relacionadas ao ISS, o que se fez especialmente através da redução direta ou indireta (via concessão de créditos fiscais, redução de base de cálculo, etc.) do imposto. Por conta de propostas assim, muitos prestadores se estabeleceram em tais cidades, embora alguns apenas o fizessem formalmente, ou seja, criando ou transferido para essas cidades o endereço da sede da empresa sem, de fato, instalarem qualquer estabelecimento no local, apenas com o fito de se locupletarem da economia no recolhimento do ISS. Foi por essa razão que o município de São Paulo-SP, como diversos outros municípios brasileiros, criou cadastros de prestadores de serviços de outros municípios (CPOM ou CEPOM). A fim de evitar a evasão fiscal decorrente da criação destes estabelecimentos de fachada em municípios vizinhos, o município de São Paulo e, posteriormente, Rio de Janeiro, Porto Alegre e Curitiba, têm exigido que o prestador de serviços contratado por tomador sediado nestas localidades efetue o cadastramento prévio junto à Secretaria Municipal de Fazenda/Finanças. Nesse ato, realizado inicialmente pela Internet, o prestador deve comprovar, através do envio de contas de consumo (água, luz, telefone), recolhimento de tributos (IPTU, alvará, etc.), escritura ou contrato de locação do imóvel e até fotografias do estabelecimento, que sua sede é, de fato, no local indicado nos documentos constitutivos (contrato social, CNPJ, etc.). Uma vez cadastrado perante o órgão fazendário prestador de serviços de outro município, a retenção na fonte não é exigida do tomador, já que o ISS é devido no local do estabelecimento prestador. Naturalmente que esse procedimento só tem relevância para os serviços tributados conforme a regra do *caput* do art. 3º da LC n. 116/2003, inclusive porque nos demais – exceções listadas nos incisos I a XXII do mesmo dispositivo – prevalece o critério do 'local da prestação do serviço' para definição do município competente para a cobrança" (LEMOS, Alexandre Marques Andrade. *Gestão tributária de contratos e convênios*. 4. ed. Salvador: Open Editora, 2015. p. 456-457).

8.4. Outras técnicas fiscais, distintas do CPOM, utilizadas para fiscalizar o ISS retido, quando o prestador de serviço não tiver estabelecimento no Município do tomador. "Há municípios que trabalham com sistemática distinta, mas baseada em filosofia semelhante. É o caso de Aracaju-SE, cujo sistema de emissão de nota fiscal eletrônica exige a emissão do Registro Auxiliar da Nota Fiscal de Serviços – RANFS para cada documento emitido contra os tomadores sediados na capital sergipana, mas estabelecidos em outros municípios. A grande distinção do RANFS para a NFTS está no fato de que o prestador é responsável pela sua emissão. Isso reduz o volume de trabalho para o tomador no tocante ao cumprimento da obrigação acessória, mas cria dificuldades no relacionamento entre os contratantes. Em Belo Horizonte-MG a sistemática de controle adotada pela Secretaria de

Fazenda se destaca das demais, urna vez que os prestadores sediados em outros municípios que prestam serviços tributados conforme a regra geral são intimados a comprovar. Em caso de suspeita, que o local de sua atividade realmente se dá no município indicado em seus documentos sociais. Ou seja, em lugar de cadastrar todos os prestadores de outros municípios que atendem aos tomadores de serviços sediados em BH, o Fisco opta por identificar as empresas suspeitas e abrir procedimento administrativo contra elas, facultando-lhes o exercício do contraditório e da ampla defesa. Se ao final do procedimento a conclusão for no sentido de considerar o estabelecimento apontado nos documentos sociais como irregular, a Prefeitura inclui os dados do prestador na Declaração de Inexistência de Fato de Estabelecimento Prestador de Serviços, que é publicada periodicamente no Diário Oficial do Município e também fica disponível no sítio da Sefaz na Internet. Os tomadores de serviço sediados na capital mineira são obrigados a consultar a referida relação para definir se devem ou não proceder à retenção dos prestadores de outros municípios (nos serviços sujeitos à regra geral), conforme previsto no art. 21, V, da Lei Municipal n. 8.725/2003" (LEMOS, Alexandre Marques Andrade. *Gestão tributária de contratos e convênios*. 4. ed. Salvador: Open Editora, 2015. p. 458).

8.5. Alternativa ao cadastro de prestadores de outros municípios é a certidão negativa de retenção (CNR) do ISS. "Tais amarras constituem vaiáveis do regime de cadastro de empresas de fora, que foi implantado há alguns anos em São Paulo. Só que o regime de Bauru é bem mais abrangente e muito menos burocrático. A primeira certidão (CNR) deve ser solicitada ao Fisco quando o prestados não concorda com a retenção, a princípio exigida em todo e qualquer caso. Já a segunda (CRA), poderá ser solicitada quando a ME/EPP do Simples Nacional não concordar com a retenção de 5% do preço do serviço. Vamos aos exemplos do funcionamento da CNR e CRA, que em Bauru são solicitadas e emitidas exclusivamente por processo eletrônico. No tocante inicialmente à primeira (CNR), imaginemos a situação de um contribuinte que não concorda com a retenção do ISS no momento do recebimento do preço do serviço, argumentando que se trata de uma operação de *locação de máquinas para serviços de construção civil,* não alcançada pelo ISS, portanto. Deve então solicitar a CNR. O órgão competente para a análise pede mais informações sobre o serviço prestado, inclusive o contrato firmado entre as partes. Verifica que não se trata de autêntica *locação* (como atividade–fim), mas de verdadeira *prestação de serviços,* onde a *locação* é mera atividade-meio, visto que a máquina locada para a construção civil é acompanhada de operador fornecido pelo próprio prestador. Nega-se, pois, a CNR e o tomador deverá fazer a retenção *necessariamente*. Já no que tange à CRA, é muito comum empresas do Simples Nacional informarem a alíquota mínima na nota fiscal quando prestam um serviço para um tomador de outro município. Pela sistemática adotada em Bauru, prevalecerá a alíquota de 5% sempre que percentual menor não for referendado pela Prefeitura através da CRA. Quer dizer: o contribuinte que não concordar com os 5% de retenção, deverá solicitar a CRA e comprovar que a alíquota a ser aplicada é outra. Saliente-se, contudo, que a partir de 1º. 1. 2018, deverão ser observados os novos cálculos para a determinação da alíquota do ISS, instituídos pela LC n. 155/2016, comentados no item 1.1.7 deste trabalho. Tais sistemáticas aqui apresentadas evitam, pois, que as partes decidam se fazem ou não a retenção, concentrando a decisão nas mãos do Fisco e, por outro lado, deixa de simplesmente aceitar a alíquota informada na nota fiscal pelos contribuintes optantes do Simples Nacional" (MANGIERI, Francisco Ramos. *Administração tributária municipal*: eficiência e inteligência fiscal municipal. Porto Alegre: Livraria do Advogado, 2015. p. 52-53).

8.6. Lei n. 14.042/2005 do Município de São Paulo. Inscrição das empresas prestadoras sediadas em outro Município. Responsabilidade do tomador de serviços de empresa não inscrita. Confiram-se os arts. 9º-A e 9º B da Lei Municipal n. 13.701/2003. No STF: RE 1.167.509/SP (RG)/Tema 1.020 (em julgamento).

8.7. Substituição tributária para impor o recolhimento de ISS no Município dos clientes de administradoras de cartão de crédito. "... alguns Municípios almejam qualificar como substitutos tributários do ISS incidente sobre as atividades realizadas pelas administradoras de cartões de crédito ou de débito, as pessoas jurídicas (estabelecimentos) tomadoras do serviço. ... essas medidas – consistentes em estipular a incidência de ISS mediante a deslocação do sujeito passivo natural para o de um descabido substituto – desvirtuam o sistema jurídico, ferindo de morte um dos seus mais relevantes princípios, qual seja, aquele veiculado pelo art. 152 da Constituição de 1988... (...) primeiro, atribui-se ao mecanismo de absorção de dados, genericamente chamado 'POS', o *status* de estabelecimento prestador; segundo, restringe-se e concentra-se nele toda uma cadeia imensa e complexa movimentação de dados, em cujos centros há exames, verificações, controles, estatísticas, cálculos atuariais, parâmetros anteriores, fases da economia, momentos de maior ou menor restrição de crédito, verificação dos índices de inadimplemento das obrigações, possibilidade de expansão da economia, e outras tantas e tantas faixas de verificação e controle, adrede organizadas, para proporcionar resposta rápida aos vários setores, num caminho de volta até chegar ao singelo 'POS'. Em seguida, nesse Município, recusa-se o recolhimento do ISS, como se não fora bom, como se não tenha sido recolhido no local adequado, qual seja naquele em que se localiza o estabelecimento prestador. E, caso recuse o prestador, em função da origem – qualquer que seja, exceto se for o do Município que procede a recusa –, impõe-se a retenção na fonte por parte do tomador dos serviços ou, alternativa ou concomitantemente, que se atribua àquela pequena e singela máquina a qualidade de um estabelecimento prestador. ... o que se pretende é soterrar, é pôr de parte, é desconsiderar, a primeira parte do art. 3º da Lei Complementar n. 116/2003, que impõe seja o ISS considerado devido no local do estabelecimento prestador. (...) ocorrerá, fatalmente, o fenômeno da bitributação; ... substituído e substituto ficarão sujeitos a impostos, sob alíquotas que superarão o teto de 5%" (BARRETO, Aires F. ISS: alguns limites constitucionais do critério espacial. *RDDT* 208/7, 2013).

8.8. Escolha dos *intermediários* como responsáveis tributários. A lei municipal também pode eleger os intermediários como responsáveis tributários do ISS, relativamente aos serviços por eles intermediados. Um exemplo comum de intermediário responsável pelo ISS são as operadoras de plano de saúde, que respondem pelo ISS devido sobre os serviços prestados pelos hospitais, clínicas e laboratórios em favor dos usuários do plano. Da mesma forma, também podem ser eleitos como responsáveis tributários do ISS os hotéis, agências de publicidade e os prestadores de serviços de intermediação e agenciamento previstos no item 10 da lista de serviços, relativamente aos serviços por eles intermediados.

8.9. Escolha dos *beneficiários* do serviço como responsáveis tributários. Na construção civil, o *proprietário* do imóvel pode ser indicado pela lei municipal como responsável tributário, ainda que o contratante (tomador do serviço) seja uma terceira pessoa (inquilino, por exemplo).

9. Relação entre contribuinte e responsável tributário: exclusão ou manutenção do contribuinte como sujeito passivo. O art. 6º da LC n. 116 autoriza expressamente que lei municipal defina se a responsabilidade do contribuinte será *excluída* a partir da indicação do responsável tributário, ou se este ainda *permanecerá* respondendo total ou parcialmente pelo ISS "em caráter supletivo", ou seja, *subsidiariamente*, numa situação inversa ao que estabelece o art. 134 do CTN. Por certo há *limites constitucionais* relativos à manutenção do prestador do serviço como corresponsável pela obrigação tributária, amenizando essa autorização *genérica* contida tanto no art. 6º, *caput*, da LC n. 116, como no art. 128 do CTN. Com efeito, por força dos princípios da capacidade colaborativa, da proporcionalidade e da razoabilidade, a lei municipal não poderá manter a sujeição passiva do contribuinte, caso ele tenha sofrido a retenção do ISS por parte do tomador do serviço, conforme já decidiu o STJ em sede de recurso repetitivo, tema 335 (REsp 1.131.047, 1ª S., 2010). De outro lado, sob influência desses mesmos princípios, se a retenção estabelecida em lei municipal for afastada por conta de ordem judicial proferida numa ação proposta pelo contribuinte, ainda que essa decisão seja posteriormente reformada, o tomador do serviço não poderá ser responsabilizado a pagar o ISS que deixou de reter por força de decisão judicial em vigor no período de vencimento.

9.1. Relação entre contribuinte e responsável tributário diante da omissão da lei municipal: afastamento de uma automática responsabilidade *solidária*. Certamente, o ideal é que a lei municipal seja clara acerca da extensão da substituição tributária do contribuinte, na hipótese do ISS não tiver sido retido pelo responsável tributário. Caso a lei municipal não detalhe explicitamente a exclusão ou permanência do contribuinte como corresponsável pelo ISS, deve ser descartada a sua *solidariedade*, exceto em casos de fraude, sonegação ou conluio. Primeiramente, porque os arts. 6º da LC n. 116 e 128 do CTN expressamente mencionam que a permanência do contribuinte no polo passivo da obrigação tributária será em caráter *supletivo*, ou seja, *subsidiário*. Ademais, salvo na hipótese de interesse comum (art. 124, I, CTN), a responsabilidade tributária solidária depende de disposição *expressa* da lei ("pessoas expressamente designadas por lei", nos dizeres do inciso II do art. 124 do CTN).

9.2. Relação entre contribuinte e substituto tributário diante da omissão da lei municipal: exclusão do contribuinte. Por força do princípio da tipicidade fechada, segundo o qual cabe à lei definir o sujeito passivo da obrigação tributária (art. 97, III, CTN), se a lei municipal não for suficientemente clara acerca da manutenção do contribuinte como corresponsável do ISS, deve ser presumida a presença de uma responsabilidade por *substituição* que exclui a sujeição passiva do contribuinte. Da mesma forma que a solidariedade tributária, não se pode *presumir* a responsabilidade subsidiária (ou supletiva). Portanto, cabe à lei municipal estabelecer expressamente a responsabilidade solidária ou subsidiária do contribuinte, caso não haja a retenção do imposto.

10. Solidariedade entre os responsáveis tributários. Em havendo mais de um tomador de serviço, intermediário ou beneficiário dos serviços, poderá ocorrer a solidariedade por interesse comum. Por exemplo, serviço contratado por uma empresa *holding*, mas cujo serviço foi efetivamente tomado e pago por mais de uma empresa controlada ou coligada do grupo econômico.

10.1. A respeito do "interesse comum" que enseja a responsabilidade por solidariedade. "Para que haja interesse comum, é preciso que todos os devedores compartilhem a situação que constitua o fato gerador da obrigação tributária ou da sanção (interesse jurídico), e não outros fatos decorrentes da riqueza manifestada pelo fato típico e adquiridos com o lucro na exploração na atividade econômica (interesse econômico), o que obviamente não é vedado e tampouco desestimulado pelo Estado, mas que não autoriza que se equipare interesse comum ao econômico. Nessa medida, é necessário que o interesse comum não seja simplesmente econômico, mas sim jurídico, entendendo-se como tal aquele derivado de *uma relação jurídica da qual o sujeito de direito seja parte integrante*, e que interfira em sua esfera de direitos e deveres e o legitime a postular em juízo em defesa de seu interesse. Em outras palavras, o interesse jurídico se caracteriza quando a situação realizada por uma pessoa é capaz de gerar os mesmos direitos e obrigações para outra. Entretanto, não raramente nos deparamos com decisões que consideram haver interesse comum quando as empresas possuem o mesmo corpo diretivo, ou quando há confusão patrimonial entre duas ou mais empresas ou, ainda, quando ocultam ou simulam negócios jurídicos internos visando a dificultar ou impedir que a execução fiscal proposta em face de uma delas alcance o patrimônio respectivo. Esse entendimento é excessivamente abrangente e vago, e não guarda fundamento em qualquer dispositivo legal. Não corresponde ao que a jurisprudência e a doutrina entendem sobre o tema. Interesse comum passa a significar controle na condução dos negócios, confusão patrimonial e fraude, o que é um erro. Além disso, o mero interesse social, moral ou econômico nas consequências advindas da realização do fato gerador não autoriza a aplicação do art. 124, I, do CTN. Deve haver interesse jurídico comum, que surge a partir da existência de seus direitos e deveres idênticos, entre pessoas situadas no mesmo polo da relação jurídica de direito privado, tomada pelo legislador como suporte factual da incidência do tributo. Em outras palavras, há interesse jurídico quando as pessoas realizam conjuntamente o fato gerador. O interesse comum não pode ser confundido com interesse econômico, pois somente o primeiro diz respeito às consequências advindas da realização do fato gerador. Somente o interesse jurídico interessa, e ele ocorre tão somente quando as pessoas realizam conjuntamente o fato gerador" (FERRAGUT, Maria Rita. Responsabilidade tributária dos sócios, administradores de *compliance* de risco de transmissão de passivos fiscais. *In:* CARVALHO, Paulo de Barros (coord.). *30 anos da Constituição Federal e o sistema tributário brasileiro*. São Paulo: Noeses, 2018. p. 157-158).

10.2. Parecer Normativo Cosit n. 4, de 10-12-2018, que define "interesse comum" para fins de responsabilidade tributária, no âmbito da legislação tributária federal. "A responsabilidade tributária solidária a que se refere o inciso I do art. 124 do CTN decorre de interesse comum da pessoa responsabilizada na situação vinculada ao fato jurídico tributário, que pode ser tanto o ato lícito que gerou a obrigação tributária como o ilícito que a desfigurou. A responsabilidade solidária por interesse comum decorrente de ato ilícito demanda que a pessoa a ser responsabilizada tenha vínculo com o ato e com a pessoa do contribuinte ou do responsável por substituição. Deve-se comprovar o nexo causal em sua participação comissiva ou omissiva, mas consciente, na configuração do ato ilícito com o resultado prejudicial ao Fisco dele advindo. São atos ilícitos que ensejam a responsabilidade solidária: (i) abuso da personalidade jurídica em que se desrespeita a autonomia patrimonial e operacional das pessoas jurídicas mediante direção única ('grupo econômico irregular'); (ii) evasão e simulação e demais atos deles decorrentes; (iii) abuso de personalidade jurídica pela sua utilização para operações realizadas com o intuito de acarretar a supressão ou a redução de tributos mediante manipulação artificial do fato gerador (planejamento tributário abusivo). O grupo econômico irregular decorre da unidade de direção e de operação das atividades empresariais de mais de uma pessoa jurídica, o que demonstra a artificialidade da separação jurídica de personalidade; esse grupo irregular realiza indiretamente o fato gerador dos respectivos tributos e, portanto, seus integrantes possuem interesse comum para serem responsabilizados. Contudo, não é a caracterização em si do grupo econômico que enseja a responsabilização solidária, mas sim o abuso da personalidade jurídica. Os atos de evasão e simulação que acarretam sanção, não só na esfera administrativa (como multas), mas também na penal, são passíveis de responsabilização solidária, notadamente quando configuram crimes. Atrai a responsabilidade solidária a configuração do planejamento tributário abusivo na medida em que os atos jurídicos complexos não possuem essência condizente com a forma para supressão ou redução do tributo que seria devido na operação real, mediante abuso da personalidade jurídica. Restando comprovado o interesse comum em determinado fato jurídico tributário, incluído o ilícito, a não oposição ao Fisco da personalidade jurídica existente apenas formalmente pode se dar nas modalidades direta, inversa e expansiva. Dispositivos Legais: art. 145, § 1º, da CF; arts. 110, 121, 123 e 124, I, do CTN; arts. 71 a 73 da Lei n. 4.502, de 30 de novembro de 1964; Lei n. 6.404, de 15 de dezembro de 1976; arts. 60 e 61 do Decreto-Lei n. 1.598. de 26 de dezembro de 1977; art. 61 da Lei n. 8.981, de 1995; arts. 167 e 421 do Código Civil. e-processo 10030.000884/0518-42"

10.3. A respeito da responsabilidade tributária dos grupos econômicos. "A responsabilidade tributária dos grupos econômicos nacionais ou não é tema de indiscutível relevância pragmática, e envolve duas importantes questões. A primeira é probatória. Deve ser comprovada tanto a existência do grupo econômico. Deve ser comprovada tanto a existência do grupo econômico (prova essa que não raramente é produzida de forma superficial, pautando-se em fracas e inconsistentes presunções), quanto as condições que justificam o redirecionamento, *uma vez que compor o grupo é fato insuficiente para responder de forma solidaria pela dívida fiscal.* Em outras palavras, é preciso produzir provas de interesse comum no fato gerador ou no ato fraudulento que fundamenta a obrigação de responder solidariamente pelo passivo fiscal. Já no segundo ponto diz respeito ao fundamento legal. Solidariedade é comunhão de interesses, fato gerador praticado em conjunto. Mas na grande maioria das vezes, essa condição não se mostra presente, o que nos leva a afastar o art. 124 do CTN como fundamento de validade do redirecionamento. Seria, então, o art. 135 do CTN? Acreditamos que também ele não seja aplicável, por dispor sobre a responsabilidade da pessoa física. E o art. 30 da Lei 8.212/91? Se considerarmos que ele cria nova hipótese de responsabilidade tributária, a inarredável conclusão é que o enunciado é inconstitucional, posto que seu conteúdo não foi introduzido por meio de lei complementar, nos termos do art. 146, III, b, da Constituição. Resta-nos, então, o art. 50 do Código Civil, que requer autorização judicial prévia e a demonstração de abuso de personalidade jurídica prévia e a demonstração de abuso de personalidade jurídica (desvio de finalidade ou confusão patrimonial). Nessas situações o redirecionamento é possível, mas normalmente o desvio da finalidade ou confusão patrimonial não são provadas como se toda alegação pudesse ser enquadrada da acepção 'abuso de personalidade'. O limite semântico da lei é violentamente desconsiderado, com o firme propósito de se responsabilizar toda e qualquer empresa do grupo. Portanto, se o redirecionamento é legítimo nas hipóteses legalmente previstas, o credor deve provar a adequação do caso concreto à autorização legal. A dissolução irregular de sociedade não é fato autorizador, assim como não é a ausência de bens suficientes para suportar o passivo fiscal, a execução de atividades similares ou complementares e a localização comum" (FERRAGUT, Maria Rita. Responsabilidade tributária dos sócios, administradores de *compliance* de risco de transmissão de passivos fiscais. *In:* CARVALHO, Paulo de Barros (coord.). *30 anos da Constituição Federal e o sistema tributário brasileiro.* São Paulo: Noeses, 2018. p. 161).

10.4. A respeito da aplicação do art. 50 do CC na esfera tributária. "Portanto, a lei prevê duas causas para a desconsideração: desvio de finalidade e confusão patrimonial. A primeira refere-se às concorrências lesivas a terceiros, mediante a utilização da pessoa jurídica para fins diversos dos previstos no ato constitutivo, e dos quais se infira a deliberada aplicação da sociedade em finalidade irregular e danosa. Já a segunda hipótese consiste na impossibilidade de fixação do limite entre os patrimônios da pessoa jurídica e dos sócios a acionistas, tamanha a mistura (confusão) que estabelece entre ambos. Outrossim, devem considerar que a desconsideração é aplicável tão somente por uma ordem judicial; não implica afronta ao princípio da autonomia patrimonial da sociedade, e nem anulação ou extinção definitiva da personalidade jurídica, já que seus efeitos atingem apenas o ato abusivo. Ademais, preserva-se a personalidade jurídica em detrimento do sócio ou acionista que praticou ato e a pessoa jurídica permanecerá existindo, com todas suas prerrogativas legais e responsabilidades pelos demais atos, que não abusivos. Por fim, não podemos deixar de mencionar o entendimento segundo o qual o art. 50 do CC é lei ordinária, ao passo que o art. 146, III, da Constituição, prescreve a necessidade de lei complementar para a criação de novas hipóteses de responsabilidade tributária. Não concordamos com isso. O art. 50 do CC não cria hipótese de responsabilidade tributária não contemplada no CTN, mas tão somente desconstitui a personalidade jurídica de uma sociedade, de forma que, no desvio da finalidade ou confusão patrimonial, a sociedade responsável por tais ilícitos passa a responder pelo passivo fiscal tendo em vista que a devedora originária teve sua personalidade desconstituída, nos termos já identificados. Suficiente, pois, a introdução da norma por lei ordinária" (FERRAGUT, Maria Rita. Responsabilidade tributária dos sócios, administradores de *compliance* de risco de transmissão de passivos fiscais. *In:* CARVALHO, Paulo de Barros (coord.). *30 anos da Constituição Federal e o sistema tributário brasileiro*. São Paulo: Noeses, 2018. p. 169-170).

10.5. Relação tributária entre contribuinte e responsável que implique em sonegação, fraude ou conluio de ambas as partes: responsabilidade *solidária* por interesse comum. Nas prestações de serviços dolosamente omitidas ao Fisco Municipal por ambas as partes (sem nota fiscal e/ou sem declaração dos livros de serviços prestados e tomados), haverá responsabilidade *solidária* entre contribuinte e responsável tributário, em face do interesse comum, conforme art. 124, I, CTN.

– Parecer Normativo Cosit/RFB n. 4, de 10-12-2018: "26. Preliminarmente, esclareça-se um fato: não é qualquer ilícito que pode ensejar a responsabilidade solidária. Ela deve conter um elemento doloso a fim de manipular o fato vinculado ao fato jurídico tributário (*vide* item 13.1), uma vez que o interesse comum na situação que constitua o fato gerador surge exatamente na participação ativa e consciente de ilícito com esse objetivo. Há, portanto, em seu antecedente a ocorrência do ato ilícito, que necessariamente implica também a comprovação de vínculo entre todos os sujeitos passivos solidários. 26.1. O elemento doloso, por sua vez, constitui-se na vontade consciente de realizar o elemento do tipo ilícito. Seria a fraude, no sentido latu da palavra. 26.2. Como exaustivamente visto no presente parecer, o mero interesse econômico não pode ensejar a responsabilização solidária. Do mesmo modo, há que estar presente vínculo não só com o fato, mas também com o contribuinte ou com o responsável por substituição (*vide* item 15). Mera assessoria ou consultoria técnica, assim, não tem o condão de imputar a responsabilidade solidária, salvo na hipótese de cometimento doloso, comissivo ou omissivo, mas consciente, do ato ilícito. 27. Não é o objetivo do presente Parecer Normativo proceder a um conceito fechado dos ilícitos tributários a ensejar a responsabilização solidária nem citá-los de forma exaustiva. A sua configuração demanda análise criteriosa no caso concreto. Entretanto, pode-se dizer que os ilícitos tributários que acarretam uma sanção, não só na esfera administrativa (como multas), mas também na penal, são ilícitos passíveis de responsabilização solidária. Por isso algumas ilicitudes na seara tributária podem ser citadas para fins de responsabilização solidária. 27.1. Casos típicos de ilícitos tributários são as condutas de sonegação, fraude (*stricto sensu*) e conluio contidas nos arts. 71 a 73 da Lei n. 4.502, de 30 de novembro de 1964: (...). Apesar de a sonegação e a fraude (no sentido *stricto sensu* de que trata o art. 72 da Lei n. 4.502, de 1964) englobarem, em regra, a simulação, esta tem um espectro de incidência mais abrangente. Se o conceito de sonegação fiscal está ligada diretamente ao lançamento, a simulação pode ocorrer em outras hipóteses, como no reconhecimento de direito creditório, desde que presentes os seus elementos caracterizadores, consoante art. 167 do Código Civil: (...). 27.3. Diversas condutas criminosas, cuja repercussão no âmbito tributário decorre do próprio elemento doloso da conduta, podem ensejar a responsabilização solidária por cometimento de atos ilícitos, quais sejam: (i) contra a ordem tributária, definidos nos arts. 1º e 2º da Lei n. 8.137, de 27 de dezembro de 199013; (ii) contra a Previdência Social, definidos nos arts. 168-A e 337-A do Decreto-Lei n. 2.848, de 7 de dezembro de 1940 (Código Penal)14; (iii) de contrabando e descaminho, definidos nos arts. 334 e 334-A do Código Penal. Não é à toa que a constatação desses fatos enseja representação fiscal para fins penais. 27.4. Do mesmo modo, outras condutas criminosas com repercussão em âmbito tributário podem ensejar a responsabilização solidária, tais como: falsidade de títulos, papéis e documentos públicos; 'lavagem' ou ocultação de bens, direitos e valores definidos no art. 1º da Lei n. 9.613, de 3 de março de 1998; os contra a Administração Pública Federal, em detrimento da Fazenda Nacional e contra administração pública estrangeira. Contudo, ao contrário dos crimes relacionados no item supra, para esses a fiscalização deve trazer elementos comprobatórios contendo o nexo causal entre a conduta delituosa e a sua repercussão no âmbito tributário. 27.5 Outro exemplo é a ocorrência da hipótese a que se refere o art. 61 da Lei n. 8.981, de 199515, cujo fato gerador demanda pagamento a beneficiário não identificado ou sem causa. Caso a sua ocorrência surja em decorrência de cometimento de ilícito tributário, há claro interesse comum da pessoa que efetua o pagamento (substituto tributário), de quem recebe (contribuinte) e, de quem, eventualmente, intermedeie a operação (conluio). (...) 28. Em suma, deve haver severa atuação da administração tributária para se coibir a ocorrência de ilícitos tributários cometidos dolosamente com o objetivo de fraudar o Fisco, principalmente nas situações exemplificadas no presente Parecer Normativo".

10.6. Responsabilidade tributária *solidária* das empresas que compõem grupos econômicos *irregulares*: interesse comum (art. 124, I,

CTN). A constatação de grupo econômico, por si só, não enseja a responsabilidade solidária entre as empresas. Todavia, restará caracterizado o interesse comum entre as empresas de um grupo econômico *irregular*, em que há um *abuso* da personalidade jurídica mediante desvio de finalidade ou confusão patrimonial entre as empresas.

– Parecer Normativo Cosit/RFB n. 4, de 10-12-2018: "20. O primeiro questionamento da consulta interna que ensejou o presente Parecer Normativo foi: 'o art. 124, do CTN, admite a responsabilização solidária por débitos tributários entre componentes do mesmo grupo econômico quando restar comprovada a existência de liame inequívoco entre as atividades desempenhadas por seus integrantes mediante comprovação de confusão patrimonial ou de outro ato ilícito contrário às regras societárias?'. 20.1. Na jurisprudência e na doutrina, a hipótese mais tratada para a responsabilização solidária é para o que se denominou 'grupo econômico', especificamente quando há abuso da personalidade jurídica em que se desrespeita a autonomia patrimonial e operacional das pessoas jurídicas mediante direção única. 20.2. Todavia, a terminologia 'grupo econômico' deve ser lida com cuidado, pois é plurívoca. O seu conceito não pode ser dado de forma aleatória, genérica, para qualquer situação. É a regra-matriz específica que determina o antecedente jurídico que gera uma sanção como consequente jurídico. Pode ocorrer de em uma determinada situação os requisitos para a configuração do que se denomina 'grupo econômico' sejam mais restritos, ou mesmo distintos, do que em outra. 21. Já se adianta que os grupos econômicos formados de acordo com os Capítulos XX e XXI da Lei n. 6.404, de 15 de dezembro de 1976, em que há pleno respeito à personalidade jurídica de seus integrantes (mantendo-se a autonomia patrimonial e operacional de cada um deles), não podem sofrer a responsabilização solidária, salvo cometimento em conjunto do próprio fato gerador. (...). 22. Desta feita, não é a caracterização em si do grupo econômico que enseja a responsabilização solidária, mas sim o abuso da personalidade jurídica de pessoa jurídica, a qual existe apenas formalmente, uma vez que inexiste autonomia patrimonial e operacional. Nesta hipótese, a divisão de uma empresa em diversas pessoas jurídicas é fictícia. A direção e/ou operacionalização de todas as pessoas jurídicas é única. O que se verifica nesta hipótese é a existência de um grupo econômico irregular, terminologia a ser utilizada no presente Parecer Normativo. 23. Pelo art. 123 do CTN, 'as convenções particulares, relativas à responsabilidade pelo pagamento de tributos, não podem ser opostas à Fazenda Pública, para modificar a definição legal do sujeito passivo das obrigações tributárias correspondentes.' O seu objetivo é exatamente impedir que uma convenção particular possa alterar um aspecto da regra-matriz de incidência tributária ou de responsabilidade tributária. Vale dizer, contratos ou estatutos sociais que não refletem a essência dos negócios não podem ser óbice à responsabilização tributária solidária. 23.1. A unidade de direção e de operação das atividades empresariais de mais de uma pessoa jurídica demonstra a artificialidade da existência de distintas personalidades jurídicas. E é essa empresa real, unificada, que realiza o fato gerador dos respectivos tributos. 23.2. Mesmo parcela da doutrina reticente com a possibilidade de responsabilização solidária do grupo econômico legítimo reconhece sua possibilidade quando ocorre a hipótese ora tratada. Segundo Betina Grupenmacher: 'Acreditamos ser irrelevante que o grupo econômico tenha sido juridicamente constituído, ou que a sua existência seja apenas factual, o que é relevante é o propósito para o qual se deu a criação de estrutura tendente a prática de atos de cooperação empresariais. Certamente em havendo confusão patrimonial, fraudes comprovadas, abuso de direito e má-fé com prejuízo a terceiros – credores privados ou públicos –, neste caso sim poder-se-á admitir a existência de planejamento tributário ilícito, impondo-se a solidariedade quanto à responsabilidade pelo recolhimento do tributo'. 24. Por fim, uma variável para a criação do grupo irregular é a corriqueira situação de confusão patrimonial com o intuito de fraude a credores, principalmente à Fazenda Nacional. Seu objetivo é não só a manipulação da ocorrência dos fatos geradores futuros, mas também ocultar os reais sócios do empreendimento e/ou esvaziar o patrimônio referente ao passivo tributário. Como o ilícito tributário não precisa ser diretamente o cometimento do fato jurídico, mas sim a ele vinculado, trata-se de hipótese de existência de grupo a ensejar a responsabilização solidária de seus integrantes, conforme já decidido pelo STJ: (...) 25. Nessa toada, há que se ter a comprovação pela fiscalização da existência de grupo irregular, que, repita-se, não se confunde com o grupo econômico de fato legítimo. Deve-se comprovar o cometimento do ilícito societário, mesmo que por prova indireta ou indiciária, pois mero interesse econômico no lucro não é passível de responsabilização solidária. Não obstante, cabe observar que a distribuição disfarçada de lucros a que se referem os arts. 60 e 61 do Decreto-Lei n. 1.598, de 26 de dezembro de 1977, denota a existência de abuso de personalidade jurídica a caracterizar grupo econômico irregular".

– Conferir art. 50 do Código Civil.

11. Aplicação dos arts. 129 a 138 do CTN no ISS: responsabilidade *por transferência*. Muito embora a LC n. 116 não tenha reproduzido os arts. 129 a 138 do CTN, aquelas disposições relacionadas à responsabilidade por *transferência* dos sucessores, de terceiros e por infrações também se aplicam normalmente ao ISS, com exceção dos arts. 130 e 131, I, que se referem a tributos imobiliários e relativos à aquisição ou remissão de bens, respectivamente.

11.1. A responsabilidade tributária por transferência compreende não apenas o tributo (principal) devido, mas também a multa e os encargos moratórios: Súmula 554 do STJ. Apesar dos arts. 131 a 133 mencionarem que os sucessores são responsáveis pelos "tributos devidos", de acordo com a Súmula 554 do STJ, "na hipótese de sucessão empresarial, a responsabilidade da sucessora abrange não apenas os tributos devidos pela sucedida, mas também as multas moratórias ou punitivas referentes a fatos geradores ocorridos até a data da sucessão". No plano constitucional, essa extensão da responsabilidade sobre as multas pode ser discutida à luz do princípio da pessoalidade da pena.

11.2. Art. 129 do CTN e ISS. A responsabilidade por *transferência* dos sucessores "aplica-se por igual aos créditos tributários definitivamente constituídos ou em curso de constituição à data dos atos nela referidos, e aos constituídos posteriormente aos mesmos atos, desde que relativos a obrigações tributárias surgidas até a referida data". Na responsabilidade por transferência do ISS, a sujeição passiva nasce com o contribuinte (prestador do serviço) ou com o responsável por substituição (tomador, intermediário ou beneficiário do serviço) e é posteriormente transferida para o *sucessor*, em razão da ocorrência dos eventos tratados nos arts. 130 a 133 do CTN. Esse art. 129 esclarece que a responsabilidade dos sucessores se aplicará independentemente do estágio da constituição do crédito tributário (antes, durante ou após o lançamento tributário). A propósito, essa sucessão pode se dar até mesmo após o ajuizamento da execução fiscal.

11.3. Não aplicação do art. 130 do CTN para o ISS: hipótese cabível apenas para as sucessões imobiliárias. Como o ISS incide sobre a prestação de serviço, e o dispositivo explicitamente menciona seu campo de aplicação aos "créditos tributários relativos a impostos cujo fato gerador seja a propriedade, o domínio útil ou a posse de bens imóveis", não há como utilizar o art. 130 para o ISS. Mesmo com relação ao ISS cobrado na construção civil em face do proprietário, enquanto dono da obra, não há como se aplicar o art. 130 do CTN, eis que a responsabilidade dos proprietários prevista em várias leis municipais se lastreia em sua condição de tomadores ou beneficiários de serviços de construção civil, e não porque o ISS incida sobre a propriedade.

12. Art. 131, II, do CTN e o ISS: sucessão *causa mortis*. São pessoalmente responsáveis o sucessor a qualquer título e o cônjuge meeiro pelo ISS devido pelo *de cujus* até a data da partilha ou adjudicação, limitada esta responsabilidade ao montante do quinhão, do legado ou da meação. Uma pessoa *física* pode ser devedora de ISS tanto na condição de contribuinte (prestadora do serviço) como de responsável tributário. Caso faleça deixando dívidas de ISS, seus sucessores responderão pelo imposto devido.

12.1. Art. 131, III, do CTN e o ISS: responsabilidade do espólio. O espólio responderá pelo ISS devido pelo *de cujus* até a data da abertura da sucessão. Com o falecimento do devedor, a responsabilidade tributária é transferida para o espólio. Realizada a partilha, e verificada a pendência de débitos do ISS, a responsabilidade recairá sobre os herdeiros e cônjuge meeiro (art. 131, II, CTN).

13. Art. 132 do CTN e o ISS: responsabilidade por sucessão empresarial. A pessoa jurídica de direito privado que resultar de cisão, fusão, transformação ou incorporação de outra ou em outra é responsável pelo ISS devido até a data do ato pelas pessoas jurídicas de direito privado cindidas, fusionadas, transformadas ou incorporadas. A sucessão também ocorrerá, nos termos do parágrafo único, "aos casos de extinção de pessoas jurídicas de direito privado, quando a exploração da respectiva atividade seja continuada por qualquer sócio remanescente, ou seu espólio, sob a mesma ou outra razão social, ou sob firma individual".

13.1. Art. 133 do CTN e ISS: responsabilidade por sucessão do estabelecimento. A pessoa que adquirir fundo de comércio ou estabelecimento comercial, industrial ou profissional, e continuar a exploração até então desenvolvida pelo alienante, sob a mesma ou outra razão social ou sob firma ou nome individual, responde pelo ISS, relativo ao fundo ou estabelecimento adquirido, devidos até a data do ato. A responsabilidade será exclusiva, caso o alienante cesse a exploração da atividade. Se o alienante prosseguir na mesma exploração ou iniciar uma nova atividade dentro de seis meses, o adquirente responderá apenas subsidiariamente, gozando, pois do benefício de ordem. O § 1º do art. 133 exclui a responsabilidade dos adquirentes na hipótese de alienação judicial em processo de falência ou recuperação judicial.

14. Art. 134 do CTN e ISS: responsabilidade subsidiária de terceiros. Também se aplica ao ISS a responsabilidade de terceiros prevista no art. 134, que contempla uma modalidade de responsabilidade subsidiária, de tal forma que tais terceiros somente responderão pelo imposto "nos casos de impossibilidade de exigência do cumprimento da obrigação principal pelo contribuinte" e apenas com relação aos "atos em que intervierem ou pelas omissões de que forem responsáveis".

15. Art. 135 do CTN e ISS: responsabilidade pessoal. Responderão pessoalmente pelos créditos de ISS correspondentes a obrigações tributárias resultantes de atos praticados com excesso de poderes ou infração de lei, contrato social ou estatutos: I – as pessoas referidas no art. 134; II – os mandatários, prepostos e empregados; III – os diretores, gerentes ou representantes de pessoas jurídicas de direito privado. No âmbito do ISS, as hipóteses mais comuns que implicam na aplicação dessa responsabilidade pessoal contra os administradores da pessoa jurídica são: a inadimplência do ISS retido ("apropriação indébita"), sonegação fiscal e o redirecionamento da execução fiscal por dissolução irregular da sociedade (Súmula 435 do STJ).

– Súmula 430 do STJ: "o inadimplemento da obrigação tributária pela sociedade não gera, por si só, a responsabilidade solidária do sócio-gerente".

16. Arts. 136 e 137 do CTN e ISS: responsabilidade por infrações. Aplicam-se normalmente ambos dispositivos para o ISS. De forma especial, a inadimplência do ISS retido, por implicar numa conduta delituosa prevista no art. 2º, II, da Lei n. 8.137/90, enseja a responsabilidade pessoal do agente, conforme art. 137, I, CTN.

17. Art. 138 do CTN: denúncia espontânea no ISS. É cabível o instituto da denúncia espontânea para o ISS. Porém, de acordo com a Súmula 360 do STJ, "o benefício da denúncia espontânea não se aplica aos tributos sujeitos a lançamento por homologação regularmente declarados, mas pagos a destempo", o que reduz sensivelmente a sua aplicação prática para o ISS e demais tributos sujeitos ao lançamento por homologação. Assim, a responsabilidade por infração é excluída pela denúncia espontânea da infração, acompanhada se for o caso, do pagamento do tributo devido e dos juros de mora, ou do depósito da importância arbitrada pela autoridade administrativa, quando o montante do tributo dependa de apuração. A jurisprudência do STJ não tem admitido a denúncia espontânea em caso de confissão acompanhada pelo parcelamento do tributo (1ª S., REsp 1.102.577, 2009). O Tribunal da Cidadania também vem afastando a denúncia espontânea para as obrigações acessórias (AgRg no REsp 916.168, 2ª T.; AgRg no REsp 884.939, 1ª T.).

17.1. Autorregularização no ISS. Como forma de incentivar a autorregularização por parte do sujeito passivo da obrigação tributária, algumas Administrações Tributárias Municipais têm se valido de notificações ou *alertas* para que os contribuintes ou responsáveis tributários regularizem suas obrigações tributárias antes de uma fiscalização tributária. Muito embora não se trate de uma denúncia espontânea propriamente dita, na medida em que não desonera o devedor da multa moratória, essa postura tem a vantagem de permitir a retificação espontânea com incidência apenas da multa moratória.

– No âmbito do Simples Nacional, conferir o art. 34, § 3º, da LC 123/2006.

18. Responsabilidade tributária e imputação do pagamento de ISS: art. 163 do CTN. De acordo com o art. 163 do CTN, existindo simultaneamente dois ou mais débitos vencidos de ISS do mesmo sujeito passivo para com o mesmo Município (ou Distrito Federal), a autoridade administrativa competente para receber o pagamento determinará a respectiva imputação, obedecidas a seguinte regra: em primeiro lugar, os débitos de ISS por obrigação própria (enquanto contribuintes, prestadores de serviços), e em segundo lugar aos decorrentes de responsabilidade tributária (tomadores de serviço ou sucessores). Essa regra de imputação é de grande valia na determinação da amortização de débitos parcelados, quando ocorre o rompimento do parcelamento que contemple tanto o ISS próprio como o ISS retido. Também tem aplicação prática nas conversões de depósitos (penhoras) em renda, nas execuções fiscais com débitos de ISS próprio e retido. De acordo com o dispositivo, o ISS próprio (devido na condição de contribuinte) tem preferência sobre o ISS devido pelos responsáveis tributários (retido ou decorrente de sucessão).

19. Parcelamento do ISS retido. Muito embora não haja qualquer impedimento constitucional para tanto, é comum as leis municipais não admitirem o parcelamento ordinária do ISS retido e não pago pelos tomadores de serviços. Essa possibilidade somente costuma ser concedida através de parcelamentos especiais ("Refis") ou, quando previstos de forma ordinária, o parcelamento do ISS retido é geralmente oferecido em um menor número de parcelas, se comparado com o parcelamento do ISS próprio.

20. Responsáveis tributários do ISS e crimes contra a ordem tributária do art. 1º da Lei n. 8.137/90. Os arts. 1º e 2º da Lei n. 8.137/90 preveem condutas delituosas que se aplicam ao ISS. Assim, nos termos do art. 1º, constitui crime contra a ordem tributária suprimir ou reduzir ISS, mediante as seguintes condutas, cuja pena é de reclusão, de dois a cinco anos, e multa: I – omitir informação, ou prestar declaração falsa às autoridade fazendárias municipais; II – fraudar a fiscalização tributária, inserindo elementos inexatos, ou omitindo operação de qualquer natureza, em documento ou livro exigido pela lei fiscal; III – falsificar ou alterar nota fiscal, fatura, duplicata, nota de venda, ou qualquer outro documento relativo à operação tributável; IV – elaborar, distribuir, fornecer, emitir ou utilizar documento que saiba ou deva saber falso ou inexato; V – negar ou deixar de fornecer, quando obrigatório, nota fiscal ou documento equivalente, relativa a venda de mercadoria ou prestação de serviço, efetivamente realizada, ou fornecê-la em desacordo com a legislação. Note-se que os tomadores de serviços podem incorrer nessas práticas criminosas, em concurso com os prestadores de serviços (art. 29 do Código Penal). Por exemplo, na hipótese do prestador de serviço não emitir a nota fiscal, ou emiti-la por um valor subfaturado, principalmente se o ISS for de responsabilidade do tomador do serviços. A falta de atendimento da exigência da autoridade por parte do responsável tributário também pode enquadrá-lo na conduta prevista no parágrafo único do art. 1º da Lei n. 8.137/90.

20.1. Responsáveis tributários do ISS e crimes contra a ordem tributária do art. 2º da Lei n. 8.137/90. O art. 2º também traz outras condutas reprimidas com pena de detenção, de seis meses a dois anos, e multa, cujos responsáveis tributários poderão ser envolvidos, sozinhos ou em concurso com os prestadores de serviços ou outras pessoas: I – fazer declaração falsa ou omitir declaração sobre rendas, bens ou fatos, ou empregar outra fraude, para eximir-se, total ou parcialmente, de pagamento de tributo; II – deixar de recolher, no prazo legal, valor de tributo ou de contribuição social, descontado ou cobrado, na qualidade de sujeito passivo de obrigação e que deveria recolher aos cofres públicos; III – exigir, pagar ou receber, para si ou para o contribuinte beneficiário, qualquer percentagem sobre a parcela dedutível ou deduzida de imposto ou de contribuição como incentivo fiscal; IV – deixar de aplicar, ou aplicar em desacordo com o estatuído, incentivo fiscal ou parcelas de imposto liberadas por órgão ou entidade de desenvolvimento; V – utilizar ou divulgar programa de processamento de dados que permita ao sujeito passivo da obrigação tributária possuir informação contábil diversa daquela que é, por lei, fornecida à Fazenda Pública. Certamente, na prática, a "apropriação indébita" prevista no inciso II se destaca como a hipótese aparentemente mais corriqueira de responsabilidade penal dos tomadores de serviços.

20.2. Substituição tributária passiva e crime tributário: apropriação indébita do ISS retido pelo tomador do serviço. Confira-se: STJ, RHC 90.109/MG, 5ª T., 2019.

20.3. Sonegação fiscal sob a perspectiva da economia do crime (análise econômica do direito penal tributário). "As proposições da análise econômica do direito e especificamente da economia do crime permitem uma ampla reflexão do disciplinamento jurídico dos crimes contra a ordem tributária, em particular o crime de sonegação fiscal. Dessa forma, torna-se necessário repensar a maneira como a repressão das condutas relacionadas à evasão fiscal é praticada no Brasil, sobretudo no que tange a sua real eficácia. Tendo em conta os impactos socioeconômicos e financeiros que a sonegação fiscal impõe tanto para a sociedade quanto para o Estado, é imperioso investigar a eficiência das normas penais tributárias e do aparato policial-fiscalizatório relativos aos crimes fiscais, de maneira a investigar os gargalos existentes e propor soluções para as problemáticas e ineficiências encontradas. Para tanto, instrumentos e metodologias como a empregada pela economia do crime permitirão ao estudioso do direito penal enxergar particularidades e nuances que, na maioria dos casos, passa ao largo da dogmática jurídica clássica" (SEIXAS, Luiz Felipe Monteiro. Sonegação fiscal no Brasil: reflexões sob a perspectiva da economia do crime. *Revista Tributária e de Finanças Públicas*, ano 24, n. 127, 2016. p. 310).

---

§ 1º Os responsáveis a que se refere este artigo estão obrigados ao recolhimento integral do imposto devido, multa e acréscimos legais, independentemente de ter sido efetuada sua retenção na fonte.

---

1. Abrangência da responsabilidade tributária por substituição: principal, correção monetária, juros e outros encargos. A primeira parte do § 1º traz uma vã repetição daquilo que já constou na parte final do *caput* do artigo, no sentido de que a responsabilidade alcança não apenas o principal, mas também a multa e os acréscimos legais (correção monetária, juros e honorários).

2. A responsabilidade tributária por substituição independe de ter sido efetuada a retenção: autonomia da obrigação tributária frente ao contrato de prestação de serviços. A parte final do § 1º exalta que a responsabilidade do *substituto* independe de ter ocorrido a retenção na fonte. Assim, ainda que o tomador do serviço não tenha feito a retenção do imposto, a sua responsabilidade tributária será mantida, uma vez que a obrigação tributária decorrente da lei é autônoma com relação ao contrato de prestação de serviços. A autonomia da obrigação tributária implica nesta inoponibilidade ao Fisco Municipal das convenções entre as partes contratantes (prestador e tomador do serviço), tal como previsto no art. 123 do CTN.

– TRF4, 1ª T., Apelação 5001983-82.2010.404.7102, 2013: "TRIBUTÁRIO. MANDADO DE SEGURANÇA. ISSQN. CONTRATO DE PRESTAÇÃO DE SERVIÇOS À UFSM. RETENÇÃO DO TRIBUTO PELA AUTARQUIA FEDERAL. RESPONSABILIDADE TRIBUTÁRIA. RECOLHIMENTO EM DUPLICIDADE. COMPENSAÇÃO. (...) 2. No caso, o contrato firmado entre a Universidade Federal e a impetrante realmente não prevê a retenção do ISSQN incidente sobre os serviços contratados, permitindo apenas que a UFSM fiscalize o recolhimento do imposto, exigindo a apresentação das respectivas guias por ocasião do pagamento das faturas. No entanto, a despeito da previsão contratual, há expressa norma municipal que obriga a autarquia, na condição de responsável tributária, a efetuar a retenção do tributo quanto aos serviços a ela prestados. 3. Ante o caráter cogente da lei municipal, não prevalece o disposto no contrato firmado entre as partes, por aplicação do artigo 123 do CTN, ainda que uma delas seja integrante da administração pública federal. No ponto, merece reforma a sentença, a fim de que, a despeito da previsão contratual, permaneça a UFSM obrigada à retenção do ISSQN incidente sobre os serviços a ela prestados em decorrência do contrato em questão, conforme responsabilidade tributária definida na legislação municipal. 4. Ainda que assentada a legitimidade da retenção efetuada pela autarquia federal, não merece reparos a sentença quanto ao reconhecimento do indébito tributário em decorrência do pagamento em duplicidade do tributo (o contribuinte também procedera ao recolhimento)".

3. Reflexos da não retenção do ISS para o contribuinte: solidariedade, subsidiariedade ou ausência de sujeição passiva. Ver referências ao *caput* deste mesmo artigo.

4. Efeitos *penais* da não retenção do ISS. Em regra, o responsável tributário que deixar de reter o ISS não pratica o crime previsto no art. 2º, II, da Lei n. 8.137/90, uma vez que não *descontou* o ISS do prestador do serviço, afastando, assim, a "apropriação indébita" tributária. Porém, se a ausência de retenção vier acompanhada de alguma outra conduta abusiva ou ilícita tipificada nos arts. 1º e 2º da Lei n. 8.137/90, o responsável poderá responder criminalmente. Por exemplo, na hipótese de pagamento do serviço sem nota fiscal e sem a declaração da operação nos livros fiscais.

---

§ 2º Sem prejuízo do disposto no *caput* e no § 1° deste artigo, são responsáveis:

---

1. Substituição tributária *recomendada* pela LC n. 116: hipóteses que ainda dependem de lei municipal. O § 2º do art. 6º da LC n. 116 elegeu tomadores e intermediários de alguns serviços como substitutos tributários do ISS, que serão aplicadas uma vez confirmadas pela lei municipal. Nada impede que os Municípios modifiquem essa sujeição passiva recomendada pela LC n. 116, através de lei.

1.1. Substituição tributária do ISS recomendada pelo art. 6º da LC n. 116: critérios utilizados. A LC n. 116 adotou três critérios para escolher os serviços que se submeterão à substituição tributária, uma vez reproduzidos em lei municipal: a) importação de qualquer serviço tributável; b) alguns subitens da lista, cujo ISS não é devido no local do estabelecimento prestador, logo, estão nas exceções do art. 3º da LC n. 116; e c) na hipótese de ocorrer a substituição tributária *ativa* do art. 3º, § 4º da LC n. 116 (descumprimento da cobrança da alíquota mínima do ISS).

1.2. O art. 6º da LC n. 116 elegeu dois critérios para a retenção na fonte do ISS. "O legislador complementar, ao dispor sobre o tema da retenção na fonte do ISS, estendeu a todos os Municípios a possibilidade de instituição dessa modalidade de responsabilidade tributária, atendidas as condições de que essa instituição se dê mediante lei e que o destinatário seja terceira pessoa vinculada ao fato jurídico tributário. Estabeleceu, ainda, que aos Municípios competirá definir se a responsabilidade do contribuinte será excluída ou mantida em caráter supletivo. É o que dispõe o *caput* do art. 6º da Lei Complementar n. 116/2003. Já no parágrafo 2º do aludido dispositivo legal o legislador previu hipóteses em que a retenção na fonte, necessariamente, deve ser aplicada. Trata-se de algumas das hipóteses arroladas no art. 3º da Lei Complementar n. 116/2003 como exceção à regra geral prevista no *caput*. Trata-se, portanto, dos serviços cuja incidência do ISS no local da prestação de serviço está expressa na lei. Nesses casos, em que, repita-se, o local da prestação foi claramente demarcado pela lei complementar, o Município em cujo território ocorrer a prestação do serviço deverá exigir a retenção e o recolhimento do ISS do tomador do serviço, independentemente do local onde estiver domiciliado o prestador. Deflui-se, assim, que o legislador complementar elegeu dois critérios, ao dispor sobre a retenção na fonte no ISS: (i) para os serviços relacionados no parágrafo segundo do art. 6º da Lei Complementar n. 116/2003, a retenção da fonte é imposição legal; e (ii) para os demais serviços, é uma faculdade dos Municípios, tal como já admitia o Código Tributário Nacional, em seu art. 128. O exercício da opção de criar novas hipóteses de retenção na fonte fica adstrito à aprovação de lei ordinária municipal sobre o tema" (BARRETO, Paulo Ayres. Ampliação das hipóteses de retenção do ISS na fonte: limites normativos. *In:* ROCHA, Valdir de Oliveira (coord.). *Grandes questões atuais do direito tributário.* São Paulo: Dialética, 2012. v. 16. p. 266-278).

2. Ausência de sujeição passiva do *contribuinte* em caso de lei municipal que simplesmente copiar o texto do § 2º do art. 6º da LC n. 116. Por se tratar de uma substituição tributária sem qualquer menção expressa acerca da responsabilidade supletiva do *contribuinte* substituído, os prestadores desses serviços não poderão ser corresponsabilizados pelo ISS devido pelos tomadores, exceto na hipótese de "interesse comum", deflagrado nas situações de sonegação, fraude ou conluio.

I – o tomador ou intermediário de serviço proveniente do exterior do País ou cuja prestação se tenha iniciado no exterior do País;

Substituição tributária do ISS nas importações de serviços. Até mesmo por necessária imposição lógica e prática, o ISS será devido pelos tomadores (importadores) ou intermediários dos serviços importados. Com efeito, como nas importações de serviços os prestadores são pessoas com sede ou domicílio no exterior, a cobrança desse imposto ficaria impraticável, acaso ficasse com os contribuintes estrangeiros. Essa previsão vale para todos os serviços da lista que forem importados. Outra observação importante: a responsabilidade tributária na importação de serviços não recai apenas em face das pessoas jurídicas, mas também para as pessoas físicas importadoras do serviço. Com efeito, note-se que o inciso I não qualificou o tomador ou intermediário como uma pessoa jurídica, limitando-se a mencionar "tomador ou intermediário de serviço".

II – a pessoa jurídica, ainda que imune ou isenta, tomadora ou intermediária dos serviços descritos nos subitens 3.05, 7.02, 7.04, 7.05, 7.09, 7.10, 7.12, 7.14, 7.15, 7.16, 7.17, 7.19, 11.02, 17.05 e 17.10 da lista anexa.

---

1. Substituição tributária sobre determinados serviços listados no inciso II do art. 6º. A substituição tributária foi recomendada para os serviços descritos nos subitens 3.05, 7.02, 7.04, 7.05, 7.09, 7.10, 7.12, 7.16, 7.17, 7.19, 11.02, 17.05 e 17.10. É certo que o inciso II também incluiu os subitens 7.15 e 7.16, mas ambos foram vetados e, portanto, estão fora da substituição tributária. Todos esses serviços constam no art. 3º da LC n. 116 como exceções à regra do local do estabelecimento prestador, para fins de definição do local de ocorrência do ISS. Essa substituição tributária somente atinge os tomadores e intermediários pessoas *jurídicas*, não valendo, pois, para as pessoas físicas.

2. Conceito de pessoa jurídica, para fins da substituição tributária do ISS prevista nos incisos II e III do art. 6º: não inclusão das "equiparadas". Devem ser consideradas como albergadas pela substituição tributária recomendada do art. 6º, § 2º, da LC n. 116 somente aquelas autênticas "pessoas jurídicas" mencionadas nos arts. 40 a 44 do Código Civil Brasileiro. Logo, aquelas entidades sem personalidade jurídica e pessoas físicas "equiparadas" a pessoas jurídicas para fins de cadastro nacional das pessoas jurídicas (CNPJ) do Ministério da Fazenda não estão contempladas pelo art. 6º, § 2º da LC n. 116, uma vez que tais "equiparações" se dão por conta da legislação tributária federal (art. 27 do DL 5.844/43; art. 2º do DL 1.706/79, art. 4º da IN RFB n. 1.863/2018, dentre outras), sem alcance nacional ou para os tributos municipais, por não configurarem como normas gerais. Ex.: notariais e registradores, produtores rurais, empresários individuais, sociedades em conta de participação, fundos de investimentos, condomínios edilícios, consórcios, candidatos a cargo político eletivo etc. Porém, nada impede que a lei municipal inclua expressamente tais pessoas físicas e entidades sem personalidade jurídica na condição de responsáveis tributárias.

3. Responsabilidade tributária e imunidade do ISS da pessoa jurídica indicada como responsável tributária. As imunidades subjetivas se reportam sempre à pessoa do *contribuinte*, logo, do prestador do serviço, no caso do ISS. Não há que se falar em imunidade dos *responsáveis* tributários. Por isso, é perfeitamente válida a cobrança do ISS em face da União, dos Estados, Municípios, autarquias, igrejas e demais entidades imunes, desde que seja na condição de responsáveis tributárias (tomadores ou intermediários de serviços). A ressalva encontrada no inciso II do § 2º ecoa o que já estava disposto no art. 9º, § 1º do CTN.

III – a pessoa jurídica tomadora ou intermediária de serviços, ainda que imune ou isenta, na hipótese prevista no § 4º do art. 3º desta Lei Complementar; (Incluído pela LC n. 157/2016.)

Caso de descumprimento da alíquota mínima pelo Município da sede. Quando o Município do prestador cobrar alíquota inferior a 2% (art. 8º-A, *caput* e § 1º, da LC n. 116) e a competência tributária se deslocar para o Município onde estiver o estabelecimento tomador ou intermediário do serviço (art. 3º, § 4º), o tomador ou intermediário do serviço será o responsável tributário. Quando o ISS for devido no local do estabelecimento prestador, e o Município descumprir a cobrança do ISS com alíquota mínima de 2% (art. 8º-A, *caput* e § 1º da LC n. 116), a competência tributária se deslocará para o Município onde estiver localizado o estabelecimento tomador ou intermediário do serviço (art. 3º, § 4º), ocasionando uma substituição tributária *ativa* (do credor da obrigação tributária). Por decorrência dessa modificação do Município credor, o inciso III do § 2º do art. 6º da LC n. 116 estabelece que o tomador ou intermediário do serviço será o responsável tributário. Essa alteração se deu por via da LC n. 157/2016.

IV – as pessoas referidas nos incisos II ou III do § 9º do art. 3º desta Lei Complementar, pelo imposto devido pelas pessoas a que se refere o inciso I do mesmo parágrafo, em decorrência dos serviços prestados na forma do subitem 15.01 da lista de serviços anexa a esta Lei Complementar. (Incluído pela LC n. 175/2020)

§ 3º (Revogado pela LC n. 175/2020)

1. Redação revogada: "§ 3º No caso dos serviços descritos nos subitens 10.04 e 15.09, o valor do imposto é devido ao Município declarado como domicílio tributário da pessoa jurídica ou física tomadora do serviço, conforme informação prestada por este". (Incluído pela LC n. 157/2016.)

2. Medida Cautelar na ADI 5835: concessão de medida cautelar, que suspendeu a eficácia do § 3º do art. 6º, revogado pela LC n. 175/2020. O relator da ação, Min. Alexandre de Moraes, por via de decisão monocrática proferida em 23-3-2018, *DJe* de 4-4-2018, suspendeu a eficácia do art. 3º, XXIII, XXIV e XXV, e dos §§ 3º e 4º do art. 6º da LC n. 116. *Vide* a LC n. 175/2020.

3. O § 3º do art. 6º da LC n. 116 não versava sobre a substituição tributária do ISS. Diferentemente do *caput* e dos §§ 1º e 2º do mesmo art. 6º, o § 3º tão somente reforçava que o local de ocorrência do ISS sobre os serviços descritos nos subitens 10.04 e 15.09 seriam devidos no "domicílio tributário da pessoa jurídica ou física tomadora do serviço", algo que já estava suficientemente consignado no art. 3º, XXV. Em sua parte final, o § 3º fazia menção a informações que deveriam ser prestadas pelos tomadores desses dois serviços, ou seja, entrava na seara das obrigações tributárias acessórias. Com isso, essa parte final apenas pretendia reforçar a criação de obrigações tributárias acessórias, consistente na prestação de informações relativas aos serviços tomados pelas pessoas jurídicas e físicas, algo que foi resolvido pela LC n. 175/2020 com a criação do padrão nacional de obrigação acessória. O que este dispositivo genuinamente trazia de novidade era a previsão de as pessoas *físicas* tomadoras desses dois serviços serem sujeitas passivas da obrigação tributária acessória. Vale dizer que esses dois serviços descritos (subitens 10.04 e 15.09) não estão arrolados no § 2º do art. 6º. Assim, a responsabilidade tributária dos tomadores desses serviços somente decorrerá por via de lei municipal.

> § 4º No caso dos serviços prestados pelas administradoras de cartão de crédito e débito, descritos no subitem 15.01, os terminais eletrônicos ou as máquinas das operações efetivadas deverão ser registrados no local do domicílio do tomador do serviço. (Incluído pela LC n. 157/2016.)

---

1. Dispositivo acrescentado pela LC n. 157/2016. Originalmente vetado, com a derrubada do veto presidencial por parte do Congresso Nacional, foi inserido na LC n. 116 em 1º-6-2017.

2. Medida Cautelar na ADI 5835: concessão de medida cautelar, que suspendeu a eficácia do § 4º do art. 6º. O relator da ação, Min. Alexandre de Moraes, por via de decisão monocrática proferida em 23-3-2018, *DJe* de 4-4-2018, suspendeu a eficácia do art. 3º, XXIII, XXIV e XXV, e dos §§ 3º e 4º do art. 6º da LC n. 116.

3. O § 4º do art. 6º da LC n. 116 não versa sobre a substituição tributária do ISS: previsão de uma obrigação acessória específica para o ISS incidente sobre os serviços de administração de cartões de crédito e débito. Refere-se à obrigação tributária acessória voltada às administradoras de cartões, que deverão registrar os terminais eletrônicos ou as máquinas das operações no local do domicílio do tomador do serviço. Para tal fim, a LC n. 175/2020 estatuiu o padrão nacional de obrigação acessória para essa atividade, que deverá ser observado pelos Municípios.

4. Contra constitucionalidade da LC n. 157/2016, no que se refere à mudança do local de ocorrência do ISS sobre os serviços de *leasing*, administração de fundos, consórcios e cartões e planos de saúde. "Ao longo deste trabalho, restou demonstrado que a tributação nos moldes da LC n. 157/16 é impossível. Haverá, sempre, problemas sérios de constitucionalidade, seja pelo descompasso entre a materialidade e o critério espacial – já que necessariamente o critério espacial deve corresponder ao lugar do fato jurídico tributário – seja pela ausência de autorização constitucional para tributação da fruição de serviços. O domicílio daquele que toma ou que frui do serviço não possui a vinculação necessária à manutenção da constitucionalidade da cobrança. Veja-se, por exemplo, o caso de um tomador de serviço que não seja residente no Brasil. No caso, não haverá incidência do imposto? Ora, a cada Município brasileiro cabe tributar os serviços prestados em seu território. Nesse sentido, imperiosa a lição de José Eduardo Soares de Melo sobre tamanha ficção: 'Evidentemente, o artificialismo jurídico não pode arranhar e comprometer os princípios e normas insculpidos na Constituição, de modo a alterar os elementos estruturadores da norma tributária, muito menos invalidar o seu regime jurídico, e os diversos princípios esparramados ao longo do seu texto, muito menos implicar invasão de competência tributária'. Por isso, apesar de sensível aos argumentos econômicos e consciente das dificuldades enfrentadas pelos pequenos Municípios, sob o ponto de vista jurídico, entendeu-se que não há respaldo constitucional para cobrança de ISS pelo Município do local do domicílio do tomador. Um segundo problema identificado foi a falta de razoabilidade ao se exigir que uma empresa prestadora de serviços potencialmente deva recolher tributos em mais de 5.500 (cinco mil e quinhentos municípios). É impraticável acompanhar a legislação local de todos eles, o que incluiria o cumprimento de obrigações acessórias, a verificação de aumentos ou diminuições de alíquotas etc. Por outro lado, constatou-se que a lei é omissa em pontos indispensáveis, como: quem é o tomador em cada caso? O consorciado ou o grupo de consórcio? No plano de saúde em grupo, o tomador é a empresa contratante ou o funcionário beneficiário? E quanto ela possui diversas filiais? O tomador é o cotista do fundo ou o próprio fundo? Sequer há uma definição precisa do que deve ser considerado domicílio. Seria o domicílio declarado pelo contribuinte no momento da contratação? O domicílio eleitoral? O domicílio fiscal? O mesmo do IPTU ou do IR? E se houver mais de um domicílio? A partir de qual critério será feita a cobrança? Não há respostas na lei para estes questionamentos. Temos verdadeira ineficácia técnica! Ou seja, é impossível aplicar a norma. Eis verdadeira criação de conflito de competências pela Lei Complementar. Por fim, temos a dificuldade na implementação das alterações previstas abstratamente. Isso porque a transferência de competência tributária dos Municípios onde estão localizados os tomadores gera a necessidade de revisão da lei local de todos os Municípios do Brasil" (COUTINHO NETO, Francisco Leocádio Ribeiro. ISS: tributação de serviços pela LC157/16. *Revista de Direito Tributário Contemporâneo* n. 12, ano 3, 2018. p. 204-205).

Art. 7º A base de cálculo do imposto é o preço do serviço.

1. Matéria reservada à Lei Complementar. A definição da base de cálculo do ISS é matéria reservada à lei complementar nacional. Cabe à lei complementar aprovada pelo Congresso Nacional a definição da base de cálculo do ISS. Atualmente, a LC n. 116 (art. 7º), a LC n. 123 (arts. 18, § 3º e 18-A, § 3º, III, c) e o art. 9º, §§ 1º e 3º, do DL 406/68 (que possui *status* de lei complementar) definem nacionalmente a base de cálculo do ISS. Dessa forma, cabe aos Municípios observarem esses dispositivos em suas leis locais.

1.1. *Status* de lei complementar do art. 9º, §§ 1º e 3º do DL 406/68: norma geral de definição de base de cálculo do ISS para determinados contribuintes. Muito embora seja *formalmente* um decreto-lei, essa legislação tem *status* de lei complementar, uma vez que exterioriza normas gerais do ISS, mais especificamente no tocante à sua base de cálculo com alcance nacional. Na CF/88, esse dispositivo encontra fundamento no art. 146, III, *a*, bem como no art. 34, § 5º do ADCT, que versa sobre a *recepção* das legislações anteriores à promulgação do Texto Constitucional de 1988 compatíveis com o atual sistema tributário nacional.

– STF, Plenário, ADPF 190, 2017: conferir acórdão constante nas referências feitas nesta obra ao art. 156, § 3º, I, da CF.

1.2. Legislação anterior revogada. Antes da LC n. 116/2003, a base de cálculo fora regulada pelo DL 406/68 e, antes ainda, pelo próprio CTN, em seu art. 72.

2. Regimes de apuração conforme o contribuinte. Como o critério definidor do regime de apuração do ISS está intrinsecamente relacionado ao *tipo* de *contribuinte* do imposto (prestador do serviço), conferir as referências anteriormente feitas ao art. 5º. Há três diferentes bases de cálculo para o ISS, que variam de acordo com o regime de apuração do imposto. Por sua vez, essa variação do regime de apuração se dá em função do tipo do contribuinte envolvido, a saber: a) em regra, os prestadores de serviços se submetem ao regime *ordinário* do art. 7º, *caput*, da LC n. 116, logo, incidência sobre o "preço do serviço"; b) as microempresas e pequenas empresas optantes pelo Simples Nacional, em regra, recolhem o ISS sobre a "receita bruta"; c) fora do Simples Nacional, alguns prestadores de serviços (pessoas naturais e sociedades profissionais) estarão sujeito à apuração fixa do ISS, nos termos dos §§ 1º e 3º do DL 406/68; d) no âmbito do Simples Nacional, os escritórios de serviços contábeis apurarão o ISS fixo, conforme art. 18, § 22-A, LC n. 123; e) as microempresas optantes pelo Simples Nacional poderão recolher o ISS fixo, caso a lei municipal assim estabeleça (art. 18, § 18, LC n. 123); f) o microempreendedor individual recolherá o ISS fixo, no valor mensal de R$ 5,00 (art. 18-A, § 3º, V, *c*, LC n. 123).

2.1. Diversos regimes de apuração, diversas bases. Variação da base de cálculo do ISS de acordo com os regimes de apuração do imposto: preço do serviço (regime ordinário), receita bruta (Simples Nacional) e ISS fixo (art. 9º, §§ 1º e 3º do DL 406/68, estimativa fiscal para microempresa optante pelo Simples Nacional, escritórios de serviços contábeis optantes pelo Simples Nacional e microempreendedor individual).

2.1.1. A respeito do "ISS fixo". *Vide* referências ao art. 10 da LC n. 116, que versará sobre os §§ 1º e 3º do art. 9º do DL 406/68.

2.2. A LC n. 116 se reporta apenas à apuração *ordinária* do imposto, que recai sobre o "preço do serviço" (art. 7º). Para as microempresas e empresas de pequeno porte optantes do regime especial do Simples Nacional, a LC n. 123 prevê, como regra, a "receita bruta" como a base de cálculo do ISS (art. 18, § 3º). O art. 9º, §§ 1º e 3º do DL 406/68 prevê o chamado "ISS fixo", modalidade em que o imposto não se baseia "na importância paga a título de remuneração do próprio trabalho" do contribuinte, mas sim em um valor fixo determinado em lei municipal. O ISS fixo também está contemplado na LC n. 123 em prol: a) do microempreendedor individual (MEI), no importe de R$ 5,00 mensais (art. 18-A, § 3º, V, *c*); b) dos escritórios de contabilidade optantes pelo Simples Nacional (art. 18, § 22-A); c) das microempresas, se lei municipal estabelecer a estimativa fiscal.

2.3. Base de cálculo do ISS no Simples Nacional: receita bruta. Em regra, as microempresas e empresas de pequeno porte optantes pelo Simples Nacional apurarão o ISS sobre a "receita bruta", conforme art. 18, § 3º, da

LC n. 123. O conceito de receita bruta é alvo de inúmeras discussões doutrinárias e judiciais, e tem definição legal no art. 12 do Decreto-lei n. 1.598/77. Relativamente ao ISS, interessa a receita bruta oriunda do "preço da prestação de serviços em geral" (inciso II) e "as receitas da atividade ou objeto principal da pessoa jurídica não compreendidas nos incisos" anteriores (IV).

– Conferir art. 12 do DL 1.598/77, com as alterações da Lei n. 12.973/2014.

2.3.1. Segregação de receitas no Simples Nacional: art. 18, §§ 4º e 4º-A, da LC n. 123. Como o Simples Nacional congrega receitas não sujeitas ao ISS, como aquelas advindas da locação de bens móveis e da comercialização de mercadorias, o contribuinte deverá segregar suas receitas de acordo com a tributação incidente sobre cada uma delas, eventuais imunidades e isenções, além das hipóteses de tributação na fonte ou substituição tributária. Essas informações são transmitidas pelo contribuinte através da declaração mensal chamada PGDAS-D (Programa Gerador do Documento de Arrecadação do Simples Nacional – Declaração).

– Conferir arts. 18 e 25 da LC n. 123/2006; e art. 140 da Resolução CGSN n. 140/2018.

3. ISS: imposto indireto ou direto, conforme o regime de apuração. O ISS se torna um tributo *indireto* quando calculado sobre o "preço do serviço" (regime ordinário) ou a "receita bruta" (Simples Nacional), pois admite a transferência do seu ônus para o cliente tomador do serviço, tanto que, em tais situações, o ISS sai até destacado no respectivo documento fiscal. Agora, na modalidade de apuração fixa, o ISS acaba se classificando como um tributo direto, eis que o ônus não é automaticamente transferido para os clientes. Essa classificação do ISS tem impactos relevantes na identificação da legitimidade para pleitear a restituição do imposto pago indevidamente (art. 166 do CTN), bem como na tipificação do crime de "apropriação indébita" tributária do art. 2º, II, da Lei n. 8.137/90.

3.1. Quando imposto indireto, o contribuinte deve ser informado da carga. Direito do Consumidor: art. 150, § 5º, CF. O ISS indireto tem o efeito de permitir uma maior transparência acerca da carga tributária transferida para o consumidor, uma vez que o imposto é informado na nota fiscal de prestação de serviço. Inclusive, há leis municipais que concedem créditos e/ou prêmios aos tomadores de serviços, com o intuito de estimular os consumidores a solicitarem as notas fiscais.

– *Vide*, também: Lei Federal n. 12.741/2012, que dispõe sobre as medidas de esclarecimento ao consumidor, de que trata o § 5º do art. 150 da Constituição Federal; art. 6º, III, do Código de Defesa do Consumidor (Lei n. 8.078/90); Lei Paulistana n. 14.097/2005, que instituiu a "Nota Fiscal Eletrônica de Serviços" no Município de São Paulo.

3.2. STJ: tema 398, com tese firmada sob o rito dos recursos repetitivos, pelo qual o ISS pode se caracterizar como um imposto direto ou indireto, sendo necessário provar se seu valor foi, ou não, repassado ao preço do serviço. Tese firmada: "A pretensão repetitória de valores indevidamente recolhidos a título de ISS incidente sobre a locação de bens móveis (cilindros, máquinas e equipamentos utilizados para acondicionamento dos gases vendidos), hipótese em que o tributo assume natureza indireta, reclama da parte autora a prova da não repercussão, ou, na hipótese de ter a mesma transferido o encargo a terceiro, de estar autorizada por este a recebê-los".

– (STJ, REsp 1.131.476, 1ª S., 2009) "Trata-se de Recurso Especial representativo de controvérsia, julgado na forma do art. 543-C do CPC/73, que analisou as condições para requerer a repetição de valores pagos a título de ISS, considerando que tal espécie tributária comporta, por sua natureza, a transferência do respectivo encargo financeiro a terceiro. O Superior Tribunal de Justiça concluiu que, em razão de o ISS admitir sua dictomização como tributo direto ou indireto, o pleito de repetição fica submetido aos requisitos expostos no art. 166 do CTN, isto é, demanda a prova, no caso concreto, de que a parte autora suportou o ônus da exação, ou, na hipótese de tê-lo transferido a terceiro, possui expressa autorização desse para pleitear a restituição. Por ocasião do julgamento, foi firmada a seguinte tese jurídica: 'O ISS é espécie tributária que pode se caracterizar como tributo direto ou indireto, sendo necessário avaliar se seu valor é repassado ou não ao preço cobrado pelo serviço. Nota-se, pois, que a Corte Superior consagrou o referido entendimento com fulcro na classificação dos tributos em diretos e indiretos, bem como na necessidade de prova de transferência do encargo financeiro' (SOUSA, Maria Helena Brito de. O ISS é espécie tributária que pode se caracterizar como tributo direto ou indireto, sendo necessário avaliar se seu valor é repassado ou não ao preço cobrado pelo serviço. *In:* CARVALHO, Paulo de Barros (coord.). *Teses jurídicas dos tribunais superiores:* direito tributário. São Paulo: Revista dos Tribunais, 2017, v. 2, p. 281)" (STJ, REsp 1.131.476, 1ª S., 2009).

3.3. Ressaltando a evolução da transparência fiscal no Brasil, a partir da Lei 12.741/2012. "A lei n. 12.741/2012 é um marco na evolução da transparência fiscal no Brasil e no processo de conscientização da sociedade, destacando ainda que a mesma foi fruto de um projeto de iniciativa popular. Conforme a atual legislação, sete tributos devem ser computados na nota fiscal: 1) Imposto sobre Operações relativas a Circulação de Mercadorias e sobre Prestações de Serviços de Transporte Interestadual e Intermunicipal e de Comunicação (ICMS); 2) Imposto sobre Serviços de Qualquer Natureza (ISS); 3) Imposto sobre Produtos Industrializados (IPI); 4) Imposto sobre Operações de Crédito, Câmbio e Seguro, ou Relativas a Títulos ou Valores Mobiliários (IOF); 5) Contribuição Social para o Programa de Integração Social (PIS) e para o Programa de Formação de Patrimônio do Servidor Público (Pasep) – (PIS/Pasep); 6) Contribuição para o Financiamento da Seguridade Social (Cofins); 7) Contribuição de Intervenção no Domínio Econômico, incidente sobre a importação e a comercialização de petróleo e seus derivados, gás natural e seus derivados, e álcool etílico combustível (Cide)" (CAVALCANTI, Denise Lucena. Os danos provenientes da tributação oculta: cidadania fiscal e transparência. *In:* CARVALHO, Paulo de Barros (coord.). *Direito tributário e os novos horizontes do processo.* São Paulo: Noeses, 2015. p. 369).

3.4. Classificação do ISS como tributo direto ou indireto e consequência na identificação da legitimidade para requerer a devolução do imposto pago a maior ou indevidamente (art. 166 do CTN). Confiram-se as notas feitas ao art. 5º da LC n. 116.

3.5. Classificação do ISS como tributo direto ou indireto e seus impactos na tipificação do crime de "apropriação indébita" do art. 2º, II, da Lei n. 8.137/90. Como o ISS fixo não é passível de retenção nem é destacado no documento fiscal que lastreia a prestação de serviço (ou é "cobrado" de forma ostensiva ou destacada), não há como configurar a conduta delituosa do art. 2º, II da lei penal tributária. Agora, no tocante ao ISS apurado em sua modalidade ordinária (sobre "preço do serviço") ou no âmbito do Simples Nacional (sobre a "receita bruta"), essa conduta criminosa poderá restar tipificada tanto na inadimplência do imposto retido ("apropriação indébita tributária") como no ISS próprio (STJ, HC 399.109, a 1ª S. do STJ, 2018).

4. A base "preço do serviço" no regime normal de tributação. A base de cálculo do imposto, no regime normal de tributação, regulado pela LC n. 116/2003, é o preço do serviço, sendo a alíquota fixada por lei municipal entre os limites mínimo de 2% e máximo de 5%, nos termos dos arts. 156, § 3º, I, da CF/88, I, do ADCT, acrescido pela EC 37/2002, e 8º, II, da LC n. 116/2003. A dedução de custos com materiais ou outras despesas da base de cálculo é exceção prevista na LC n. 116 apenas para casos como os de empreitada de obras de construção civil e reforma de edifícios, estradas etc. Há, ainda, o ISS fixo, devido pelos profissionais liberais e sociedades profissionais com base no art. 9º, §§ 1º e 3º, do DL 406/68, dispositivo que não foi revogado pela LC n. 116/2003, de que tratamos em nota ao art. 10 desta LC.

4.1. Cálculo "por dentro" ou "por fora" do ISS. No regime ordinário de apuração do ISS (art. 7º da LC n. 116/2003), como o imposto está embutido no "preço do serviço", juntamente com outros tributos, custos, insumos e despesas da atividade, salvo estipulação em sentido contrário por lei municipal, o valor destacado do ISS não deverá ser excluído de sua própria base de cálculo, ou seja, o cálculo será "por dentro".

4.2. Dedução do ISS da sua própria base de cálculo. Não há essa previsão na Constituição nem na LC n. 116/2003. A respeito da possibilidade de a lei municipal admitir essa redução da base mediante o cálculo "por fora" do imposto, é preciso que tal autorização legal não repercuta numa carga tributária inferior a 2% que, consequentemente, viole o art. 8º-A da LC n. 116.

– O STF já enfrentou discussão a respeito do cálculo por dentro do ICMS, decidindo pela sua constitucionalidade (STF, Plenário, RE 582461, maio 2011).

5. Dedução do ISS da base de cálculo do Simples Nacional. Já com relação à apuração do ISS no âmbito do Simples Nacional, a discussão ganhou relevância em prol da exclusão do ISS do conceito de receita bruta, tendo em vista a decisão do Plenário do STF no RE 574.706, j. em 15-3-2017, com repercussão geral, no sentido de excluir o ICMS das bases do PIS e da Cofins, que são contribuições sociais incidentes sobre a receita bruta. O tema 69 ficou assim redigido: "O ICMS não compõe a base de cálculo para a incidência do PIS e da Cofins". A partir desse entendimento do STF, também tem surgido decisões judiciais aprovando a exclusão do ISS nas bases do PIS e da Cofins, que é a receita bruta. No STF, esse assunto ainda não foi analisado, mas já foi reconhecida a sua repercussão geral no RE 592.616 (tema 118 – inclusão do ISS na base de cálculo do PIS e da Cofins). Como o Simples Nacional é apurado sobre a "receita bruta", esse mesmo entendimento pode ser aplicado para excluir o ISS (e ICMS) da base de cálculo do Simples Nacional.

– "O ICMS não compõe a base de cálculo para incidência do PIS e da Cofins": conferir STF, RE 574.709, Plenário, 2017.

5.1. Sobre a repercussão da receita bruta na verificação da alíquota do Simples Nacional. Confiram-se as referências constantes acerca do art. 8º da LC n. 116.

5.2. Regime de competência ou de caixa. Por ocasião da apuração da receita bruta, no Simples Nacional, em face do art. 18, § 3º, da LC n. 123, o contribuinte pode optar entre o regime de competência ou de caixa. Essa opção não costuma ser encontrada no regime de apuração *tradicional* do ISS (LC n. 116), mas nada impede que a lei municipal preveja a opção pelo regime de caixa.

– Confiram-se os arts. 16 a 20 da Resolução CGSN n. 140/2018.

6. Redução da base de cálculo do ISS e carga tributária mínima de 2%. art. 8º-A da LC n. 116 e art. 88 do ADCT. Os Municípios não possuem ampla liberdade para modificarem a base de cálculo do ISS, inclusive no que tange à concessão de benefício fiscal via redução da base do imposto. Conferir referências ao art. 8º-A.

7. Conceito de preço do serviço: vinculação com o contrato de prestação de serviços. O art. 594 do Código Civil prevê que "toda espécie de serviço ou trabalho lícito, material ou imaterial, pode ser contratada mediante retribuição". Essa retribuição consiste exatamente no preço do serviço combinado entre as partes contratantes. No caso de serviços públicos, o preço do serviço será aquele definido pelo Poder Público, ou seja, a tarifa, o preço público, o pedágio (subitem 22.01). Na esmagadora maioria dos casos, o preço do serviço redundará na receita bruta decorrente da prestação de serviço, conforme art. 12, III, do DL 1.598/77, praticamente equiparando as bases de cálculo do ISS nos regimes ordinário (LC n. 116) e do Simples Nacional (LC n. 123). Todavia, enquanto o preço do serviço decorre de um acordo entre as partes no tocante ao valor da retribuição, a receita bruta atinge também outras receitas não decorrentes do preço do serviço. Ex.: os honorários sucumbenciais recebidos por um escritório de advocacia não entram no conceito de "preço do serviço", uma vez que não foram combinados entre as partes, e nem se trata de uma remuneração arcada pelo contratante do serviço. Tal diferenciação também pode ocorrer num serviço de cobrança extrajudicial ou judicial, cujos honorários não sejam pagos pelo credor (cliente), mas diretamente pelo devedor (logo, sem "preço do serviço"). Porém, tais honorários são considerados como receitas brutas decorrentes da atividade do prestador (art. 12, IV, DL 1.598/77). No "preço do serviço" estão embutidos todos os custos, inclusive o próprio ISS (cálculo "por dentro"); já no conceito de receita bruta é discutível (e provável) a possibilidade de exclusão do ISS, conforme RE 592.616 ainda em discussão no STF (tema 118 – inclusão do ISS na base de cálculo do PIS e da Cofins).

7.1. A base de cálculo do ISS não pode conter elementos estranhos à prestação de serviço. "Em apertada síntese, a base de cálculo do ISS é o *preço* da contrapartida auferida pelo prestador do serviço, que *se define no momento em que a prestação se concretiza*. Assim, valores estranhos a esta remuneração (como, por exemplo, o custo dos materiais empregados na prestação do serviço) não integram – nem podem integrar – a base de cálculo do ISS, porque não fazem parte do preço do serviço prestado. Se a base de cálculo do ISS levar em conta elementos estranhos à prestação do serviço realizada, ocorrerá uma descaracterização do perfil constitucional deste tributo" (CARRAZZA, Roque Antonio. ISS – base de cálculo – serviços de concretagem – questões conexas. *In:* HARADA, Kiyoshi. *Temas de direito tributário*. São Paulo: Juarez de Oliveira, 2000. p. 108).

7.2. Complexidades na aferição do "preço do serviço" em algumas atividades: composição e dedução da base de cálculo do ISS. Por vezes, a base de cálculo do ISS é de difícil definição e comprovação, quando há o envolvimento com fornecimento de materiais, intermediação de contratos, recebimento financeiro de valores pertencentes a terceiros, atividades mistas que geram conflitos entre ISS e ICMS, IOF ou IPI. Em tais casos, é preciso separar receita e meros ingressos ou entradas transitórias, preço do serviço e valor da operação sujeita ao ICMS, IOF, IPI ou ITBI, preço do serviço e receitas financeiras decorrentes da mora do tomador do serviço. Além disso, a devida segregação de receita ou do preço do serviço é uma medida que se impõe para identificar receitas imunes ou isentas, serviços diferentes (com tipificação distinta) ou deduções da base de cálculo. Essas peculiaridades serão analisadas mais adiante, dentro dos itens da lista de serviços.

7.3. Base de cálculo do ISS e meros ingressos ou entradas transitórias. Há prestadores de serviços que, dependendo da natureza da própria atividade ou da forma pela qual o serviço é desenvolvido, recebem ou cobram valores que não lhes pertencem, ou seja, valores estranhos ao preço do serviço, que são arrecadados e destinados a terceiros. Exemplos: gorjetas; reembolso de rateio de despesas compartilhadas, montantes recebidos pelas agenciadoras de mão de obra com destinação ao pagamento de salários dos empregados contratados temporariamente para atendem um determinado cliente; valores brutos recebidos num serviço de cobrança, de titularidade do cliente (credor); recebimento por cooperativas de valores condizentes a atos cooperativos próprios; taxas que os cartórios arrecadam e destinam, por força de lei estadual, a órgãos públicos e fundos. Essas peculiaridades serão oportunamente tratadas nos itens da lista de serviço.

– "2. As empresas de mão de obra temporária podem encartar-se em duas situações, em razão da natureza dos serviços prestados: (i) como intermediária entre o contratante da mão de obra e o terceiro que é colocado no mercado de trabalho; (ii) como prestadora do próprio serviço, utilizando de empregados a ela vinculados mediante contrato de trabalho. 3. A intermediação implica o preço do serviço que é a comissão, base de cálculo do fato gerador consistente nessas 'intermediações'. 4. O ISS incide, nessa hipótese, apenas sobre a taxa de agenciamento, que é o preço do serviço pago ao agenciador, sua comissão e sua receita, excluídas as importâncias voltadas para o pagamento dos salários e encargos sociais dos trabalhadores. Distinção de valores pertencentes a terceiros (os empregados) e despesas com a prestação. Distinção necessária entre receita e entrada para fins financeiro-tributários. 5. A exclusão da despesa consistente na remuneração de empregados e respectivos encargos da base de cálculo do ISS, impõe perquirir a natureza das atividades desenvolvidas pela empresa prestadora de serviços. Isto porque as empresas agenciadoras de mão de obra, em que o agenciador atua para o encontro das partes, quais sejam, o contratante da mão de obra e o trabalhador, que é recrutado pela prestadora na estrita medida das necessidades dos clientes, dos serviços que a eles prestam, e ainda, segundo as especificações deles recebidas, caracterizam-se pelo exercício de intermediação, sendo essa a sua atividade-fim. 6. Consectariamente, nos termos da Lei 6.019, de 3 de janeiro de 1974, se a atividade de prestação de serviço de mão de obra temporária é prestada através de pessoal contratado pelas empresas de recrutamento, resta afastada a figura da intermediação, considerando-se a mão de obra empregada na prestação do serviço contratado como custo do serviço, despesa não dedutível da base de cálculo do ISS. (...) 7. Nesse diapasão, o enquadramento legal tributário faz mister o exame das circunstâncias fáticas do trabalho prestado, delineadas pela instância ordinária, para que se possa concluir pela forma de tributação. 8. *In casu*, na própria petição inicial, a empresa recorrida procede ao seu enquadramento legal (...) 13. Assim, o único serviço que a empresa agenciadora de mão de obra presta é o de indicar uma pessoa (trabalhador) para a execução do trabalho e a remuneração bruta é o pagamento que recebe (taxa de administração).' 10. Com efeito, verifica-se que o Tribunal incorreu em inegável equívoco hermenêutico, porquanto atribuiu, à empresa agenciadora de mão de obra temporária regida pela Lei 6.019/74, a condição de intermediadora de mão de obra, quando a referida lei estabelece (...) 11. Destarte, a empresa recorrida encarta prestações de serviços tendentes ao pagamento de salários, previdência social e demais encargos trabalhistas, sendo, portanto, devida a incidência do ISS sobre a prestação de serviços, e não apenas sobre a taxa de agenciamento. 12. Recurso especial do Município provido, reconhecendo-se a incidência do ISS sobre a taxa de agenciamento e as importâncias voltadas para o pagamento dos salários e encargos sociais dos trabalhadores contratados pelas prestadoras de serviços de fornecimento de mão de obra temporária (Lei 6.019/74). Acórdão submetido ao regime do art. 543-C do CPC e da Resolução STJ 08/2008" (STJ, 1ª S., REsp 1.138.205, 2009, temas 403 e 404 decididos na sistemática de recursos repetitivos)

7.4. Exclusão das gorjetas da base de cálculo do ISS. Ambas as turmas de Direito Público do STJ decidiram pela exclusão das gorjetas da base de cálculo do ISS, inclusive afastando a comprovação da efetiva transferência aos empregados.

– Nesse sentido: STJ, 1ª T., AgInt no REsp 1.286.101, 2017; STJ, 2ª T., AgRg no AgRg nos EDcl no REsp 1339476, 2013; STJ, 1ª T., AgRg no Ag 1.235.274, 2010.

7.4.1. A respeito da natureza jurídica da gorjeta, a titularidade dessa verba e o princípio da capacidade contributiva. "No artigo mencionado no início, nós já falamos sobre esses temas, mas convém citá-los, iniciando-se a partir da jurisprudência: 'Embargos. Acordo coletivo de trabalho. Gorjetas. Previsão de retenção. Quarenta por cento do valor para o empregador e o sindicato da categoria profissional. Invalidade. Diferenças salariais devidas. Extrapola os limites da autonomia coletiva cláusula de acordo coletivo de trabalho mediante qual se pactua a retenção de parte do valor de gorjetas para fins de indenização e ressarcimento das despesas e benefícios inerentes à introdução do próprio sistema de taxa de serviço bem como contemplar o sindicato da categoria profissional, mormente se se constata que a retenção atinge mais de um terço do respectivo valor. A gorjeta, retribuição pelo bom atendimento, não se reveste de natureza salarial, mas integra a remuneração do empregado nos termos do art. 457 da CLT e da Súmula 354 do TST, segundo a qual 'as gorjetas, cobradas pelo empregador na nota de serviço ou oferecidas espontaneamente pelos clientes, integram a remuneração do empregado', de modo que ajuste desse jaez reveste-se de nulidade e implica afronta ao art. 9º da CLT. Embargos de que se conhece e a que se nega provimento' (TST, RR 139400-03.2009.5.05.0015, rel. Márcio Eurico Vitral Amaro, j. 13.11.2014). Note-se, aqui, que a decisão julgou nula e desconstituiu Convenção Coletiva que determinava a distribuição e retenção de parte do valor das gorjetas pelo empregador, demonstrando que não houve espaço para negociar sobre a real titularidade das gorjetas. Nesse mesmo sentido, o relator do processo, Márcio Eurico Vitral Amaro, em seu voto (p. 8), assim proclamou: 'Conforme o art. 457 da CLT, a gorjeta, seja decorrente de liberalidade do cliente, seja cobrada de forma compulsória, tal como previsto na cláusula, constitui acréscimo remuneratório. Conquanto não integre o salário, tem destinação expressa como contraprestação paga diretamente pelo cliente, não podendo ser destinada a outra finalidade que não seja a remuneração do empregado'. E Amauri Mascaro, também citando naquela ocasião, assim diz: 'Gorjeta, 'propina', 'pourboir', 'mancia', são denominações encontradas nos diversos países para exprimir a figura consistente na entrega de dinheiro, pelo cliente de uma empresa, ao empregado destas que o serviu, como testemunho da satisfação pelo tratamento recebido'. Nota-se que existe modalidade de pagamento direta – quando se dá diretamente a gorjeta ao empregado, que não é empregado daquele que a pagou – ou indireta, que ocorre quando o pagamento se dá ao empregador daquele que o serviu, que possui o dever jurídico de repassar a quantia ao seu empregado. Havia ainda também o citado Projeto de Lei 7.443/2010, que pretendia criar tipo penal de 'apropriação indébita de gorjeta'. Inexistem, portanto, dúvidas de que a gorjeta possui uma natureza remuneratória, qualificada pela aparência de um signo de riqueza, o que atrai a incidência da tributação. Mas, da mesma forma, está muitíssimo claro que a riqueza não é do empregador, mas do empregado, que é a pessoa titular dessa riqueza, com exclusão de qualquer outra pessoa, inclusive daquele. Dessa forma, o empregador não possui riqueza a ser tributada, razão pela qual já concluímos antes, e reafirmamos, que a questão não se resolvia pela saída adotada pelos tribunais, de apenas reconhecer o caráter remuneratório da verba, mas pelo entendimento de que cobrar a contribuição previdenciária patronal sobre as gorjetas violava o princípio constitucional da capacidade contributiva, coisas que ainda acontece e nunca deixará de acontecer enquanto existir tributação das gorjetas" (MUNIZ, Bruno Barchi. Tributação das gorjetas:

nova regulamentação, velhas inconstitucionalidades. *In:* CARVALHO, Paulo de Barros (coord.). *30 anos da Constituição Federal e o sistema tributário brasileiro*. São Paulo: Noeses, 2018. p. 225-226).

7.4.2. Nova redação do art. 457 da CLT (Lei 13.419/2017 – "Reforma Trabalhista"), que versa sobre as gorjetas. Confira-se o art. 457, §§ 3º a 11, da CLT, com redação atribuída pela Lei n. 13.419/2017.

7.5. Pela dedução das despesas da base de cálculo do ISS. "(...) o Imposto sobre Serviços tem fato gerador a prestação de um dos serviços elencados na lista anexa ao Decreto-Lei n. 406/68. Por outro lado, a base de cálculo do imposto é o preço do serviço. ... a prestação de serviço, a atividade humana de cunho intelectual ou material, que vem a ser o fato gerador, e cujo valor é a base de cálculo do imposto. Desta forma, apenas o valor da prestação do serviço em si pode ser considerada base de cálculo do ISS, não podendo ser considerado como tal qualquer dispêndio incorrido pelo prestador do serviço, e posteriormente recebido por este a título de reembolso. Por outro lado, a existência de atos regulamentares da Administração Pública, ampliando a base de cálculo e o fato gerador do imposto, em flagrante desacordo com o disposto no Decreto-Lei n. 406/68 (que tem *status* de lei complementar) é absolutamente inconstitucional, sendo ato praticado com abuso de poder, na modalidade de excesso de poder" (SILVA, Sérgio André Rocha Gomes da. Da ilegalidade da inclusão, na base de cálculo do imposto sobre serviços, do montante das despesas incorridas para a prestação do serviço. *RDDT* 54/100, 2000).

7.6. Encargos moratórios não compõem a base de cálculo do ISS. Por não configurarem preço do serviço nem receita bruta, os encargos moratórios recebidos pelos prestadores de serviços não deverão compor a base de cálculo do ISS, como é o caso, por exemplo, das multas e juros recebidos pelos prestadores de serviços em decorrência do inadimplemento contratual.

– "2. Não é legal a inclusão, na base de cálculo do ISSQN, da correção monetária e dos juros de mora incidentes sobre as mensalidades atrasadas, porquanto os respectivos valores não se relacionam com a quantia, em si, da prestação do serviço, mas, condicionalmente, com a correção e a remuneração do respectivo capital. 3. Os juros de mora têm natureza indenizatória, como se extrai do parágrafo único do art. 404 do Código Civil, razão pela qual não se pode caracterizá-los como parcela do preço do serviço. 4. Hipótese em que o recurso especial deve ser provido, porquanto não se pode entender legítima a autuação do contribuinte porque, à época do pagamento do ISSQN, pagou o tributo sem a inclusão dos juros de mora, uma vez que estes não integram o preço do serviço, mas constituem indenização inicial por eventual prejuízo decorrente da mora, a qual se dá, por sua natureza, após o vencimento da data estipulada para o pagamento da prestação do serviço. 5. Recurso especial provido. Agravo interno interposto contra o indeferimento da tutela provisória prejudicado" (STJ, 1ª T., REsp 1.584.736, 2018).

– "10. A base de cálculo do ISS corresponde ao valor da operação contratada, o total do financiamento, que constitui, na verdade, o núcleo do arrendamento mercantil, sobre o qual devem incidir os consectários legais nos termos da legislação tributária de regência. Desse modo, incabível a incidência do tributo sobre o montante da condenação por perdas e danos, tal como determinado pelo Tribunal de origem" (STJ, 4ª T., REsp 1.491.611, 2015).

7.7. Hospitais. Totalidade do valor cobrados. Súmula 274 do STJ: "O ISS incide sobre o valor dos serviços de assistência médica, incluindo-se neles as refeições, os medicamentos e as diárias hospitalares".

– Contra. "A partir do momento em que a Constituição... elege as materialidades sobre as quais incidirão os impostos..., inexoravelmente ela elege também as respectivas bases de cálculo, já que esta só pode ser a quantificação daquela, com obrigatória referibilidade, sob pena de inconstitucionalidade. Concluímos, então, ser inconstitucional a Súmula 274... ao permitir a incidência sobre materiais, medicamentos e refeições oferecidos pelos hospitais aos seus pacientes. A primeira inconstitucionalidade é gerada pelo desvirtuamento que a Súmula 274... opera no ISS, pois faz com que esse incida sobre riquezas que vão além da prestação de serviço, já que permite a sua incidência sobre materiais, medicamentos e refeições oferecidos pelas entidades hospitalares, que são 'fatos-signos' de competência de outras pessoas políticas" (MEDINA, José Miguel Garcia; RICCI, Henrique Cavalheiro. O ISS e os materiais, medicamentos e refeições oferecidos por hospitais. *RDDT* 165/90, 2009).

7.8. Hotelaria. Todas as parcelas que integram o preço compõem a base de cálculo do ISS. Confira-se: STJ, 2ª T., AgRg no AREsp 276.474/SC, 2013.

7.9. Totalidade do valor da operação de arrendamento mercantil/ *leasing*. "A base de cálculo do ISS, incidente nas operações de arrendamento mercantil, é o valor integral da operação contratada, que corresponde ao preço cobrado pelo serviço. Isso porque o núcleo do arrendamento mercantil é a própria operação de *leasing* e não a diferença entre o capital investido e a remuneração paga ao arrendador (spread). Ademais, é válido o arbitramento realizado pelo fisco a partir dos valores constantes das notas fiscais de compra dos bens arrendados. Precedentes: AgRg no AREsp n. 405.370/RS, Relator Ministro Sérgio Kukina, Primeira Turma, *DJe* 24/11/2015; AgRg no AREsp n. 686.229/RS, Relator Ministro Mauro Campbell Marques, Segunda Turma, *DJe* 30/6/2015; REsp n. 1.491.611/PR, Relator Ministro Ricardo Villas Bôas Cueva, Terceira Turma, *DJe* 15/6/2015; REsp n. 1.771.134/PR, Relatora Ministra Regina Helena Costa, *DJe* 8/11/2018 e REsp n. 1.745.413/PR, Relator Ministro Mauro Campbell Marques, DJe 18/6/2018" (STJ, 2ª T., REsp 1787570, 2019).

7.10. Empresas de trabalho temporário. Súmula 524 do STJ. "No tocante à base de cálculo, o ISSQN incide apenas sobre a taxa de agenciamento quando o serviço prestado por sociedade empresária de trabalho temporário for de intermediação, devendo, entretanto, englobar também os valores dos salários e encargos sociais dos trabalhadores por ela contratados nas hipóteses de fornecimento de mão de obra" (2015).

– "1. A orientação da Primeira Seção/STJ firmou-se no sentido de que 'as empresas de mão de obra temporária podem encartar-se em duas situações, em razão da natureza dos serviços prestados: (i) como intermediária entre o contratante da mão de obra e o terceiro que é colocado no mercado de trabalho; (ii) como prestadora do próprio serviço, utilizando de empregados a ela vinculados mediante contrato de trabalho'. Na primeira hipótese, o ISS incide 'apenas sobre a taxa de agenciamento, que é o preço do serviço pago ao agenciador, sua comissão e sua receita, excluídas as importâncias voltadas para o pagamento dos salários e encargos sociais dos trabalhadores'. Na segunda situação, 'se a atividade de prestação de serviço de mão de obra temporária é prestada através de pessoal contratado pelas empresas de recrutamento, resta afastada a figura da intermediação, considerando-se a mão de obra empregada na prestação do serviço contratado como custo do serviço, despesa não dedutível da base de cálculo do ISS', como ocorre em relação aos serviços prestados na forma da Lei 6.019/74 (REsp 1.138.205/PR, 1ª S., Rel. Min. Luiz Fux, *DJe* de 1º.2.2010 – recurso submetido à sistemática prevista no art. 543-C do CPC). No mesmo sentido... 2. 'Não cabem embargos de divergência, quando a jurisprudência do tribunal se firmou no mesmo sentido do acórdão embargado' (Súmula n. 168/STJ). 3. Agravo regimental não provido, com aplicação de multa de 1% (um por cento) sobre o valor corrigido da causa, na forma do art. 557, § 2º, do CPC" (STJ, 1ª S., AgRg nos EAREsp 113.485/SC, 2013).

– No mesmo sentido: STJ, 1ª S., AgRg nos EREsp 1185275/PR, 2013; STJ, 1ª S., EREsp 920.665/RS, 2012; STJ, 1ª S., REsp 1138205/PR, 2009.

– "ISS. SERVIÇOS NÃO PRESTADOS PELA DEVEDORA TRIBUTÁRIA. REEMBOLSOS DE IMPORTÂNCIAS 'QUE NÃO SE ENQUADRAM COMO SERVIÇOS PRESTADOS'. NÃO INCIDÊNCIA. 1. 'A base de cálculo do ISS é o preço do serviço, não sendo possível incluir nesse valor importâncias que não serão revertidas para o prestador, mas simplesmente repassadas a terceiros, mediante posterior reembolso" (STJ, 2ª T., REsp 621067/SP, 2007).

– **Contra.** "... em relação à tributação pelo ISSQN dos serviços de fornecimento de mão de obra temporária, a jurisprudência dos tribunais tem discrepado: o Colendo Superior Tribunal de Justiça consagra ser base de cálculo do ISSQN, para o caso em questão, o preço do 'serviço, considerado como receita bruta, incluídos os rendimentos auferidos pelos trabalhadores, os tributos e encargos no recrutamento, agenciamento, seleção, colocação e fomento de mão de obra'. Por outro lado, o Egrégio Primeiro Tribunal de Alçada Civil do Estado de São Paulo tem se manifestado no sentido de que 'a base de cálculo do serviço de fornecimento de mão de obra temporária não inclui os rendimentos percebidos pelos trabalhadores e os respectivos encargos previdenciários'. (...) O preço do serviço, base de cálculo do ISSQN, acha-se vinculado ao serviço prestado, sendo sempre proveniente da prestação de serviços. Receitas outras, originadas de outra fonte, não representam o preço do serviço. Em geral, a legislação municipal considera preço do serviço, base de cálculo do ISSQN, a receita bruta a ele correspondente, sem nenhuma dedução, excetuados os descontos ou abatimentos concedidos, independentemente de qualquer condição. (...) Na hipótese específica, os valores correspondentes à paga de salários e de encargos sociais dos trabalhadores temporários, são receitas destes e não da empresa prestadora. Incluir tais valores (salários e encargos) na base de cálculo do ISSQN é ferir a capacidade contributiva e onerar valores não relacionados ao fato gerador da obrigação tributária do imposto municipal. Como tal, esta exigência arbitrária é inconstitucional por extravasar a competência dos municípios e exasperar na exigência fiscal. A base de cálculo do ISSQN, na hipótese de prestação de serviços de fornecimento de mão de obra temporária, limita-se ao valor das comissões auferidas pela empresa fornecedora (prestadora), sendo vedada a inclusão de valores que não adentram para o patrimônio da empresa prestadora (não são receitas)" (MORAES, Bernardo Ribeiro de. ISSQN – fornecimento de mão de obra temporária – base de cálculo, em *RDDT* 60/26, 2000).

7.11. Incidência do ISS sobre os descontos feitos pelas administradoras de cartões de crédito, a título de taxa de administração. O STJ não tem julgado a questão, por se tratar de matéria constitucional. No STF, há precedentes contrários à dedução, e houve reconhecimento de repercussão geral do RE 1.049.811, tema 1024: "inclusão dos valores retidos pelas administradoras de cartões na base de cálculo das contribuições ao PIS e da Cofins devidas por empresa que recebe pagamentos por meio de cartões de crédito e débito". Muito embora os julgados se refiram às contribuições do PIS e da Cofins, há uma total correlação com o ISS, seja na sua apuração sobre o preço do serviço como, principalmente, no âmbito do Simples Nacional, quando a base de cálculo é a mesma ("receita bruta").

– Confira-se: STJ, 1ª T., AgIntREsp 1.435.966; STJ, 2ª T., AgIntREsp 1.603.545, 2017; STF, 1ª T., ARE 966.978, 2016; STF, 2ª T., AgRARE 890.781, 2017.

7.12. Operações mistas especiais. Base de cálculo do ISS e decote do valor da operação sujeito ao ICMS, IOF ou IPI. Nas chamadas "operações mistas", que envolvem a prestação de um serviço associada a uma venda de mercadoria (ICMS/IPI) ou operação financeira (IOF), poderá haver situações de tributação conjugada do ISS com esses outros impostos, havendo a necessidade de uma segregação de receitas para se evitar um *bis in idem* entre o ISS e ICMS/IPI/IOF, conforme o caso. Acerca do conflito aparente entre ISS e ICMS/IPI/IOF, verificar as referências constantes no art. 1º. Este relevante tema também voltará a aparecer nos comentários feitos sobre os itens da lista de serviços.

7.13. A apuração da base de cálculo, mediante processo administrativo, nas atividades que envolvem locação de bens móveis conjugada com prestação de serviços. "A nossa experiência indica que a maior dificuldade nessas operações será definir o 'quantum' remuneratório de cada uma das atividades, especialmente nos casos em que o contrato não individualiza o valor relativo a locação e a prestação de serviços. O certo é que a existência de prestação de serviços no contrato não justifica a incidência do ISS sobre a parcela relativa a operação de locação de bens móveis. Diante disso, caberá a autoridade administrativa apurar e identificar, em cada contrato, o 'quantum' é devido como contrapartida pela prestação de serviços. Somente essa parcela é que, por meio do processo administrativo fiscal adequado, servirá de base para a constituição do crédito tributário" (PATROCÍNIO, José Antonio. *ISSQN:* Lei Complementar n. 116/2003 – teoria, jurisprudência e prática. São Paulo: FiscoSoft Editora, 2011. p. 137).

7.14. Totalidade do valor cobrado pelo serviço de *marketing*. "A decisão agravada aplicou a jurisprudência desta Corte, no sentido de que a base de cálculo do ISS, nas hipóteses de prestação de serviços de *marketing*, é valor global cobrado pelo serviço. Não sendo legítima a dedução com os chamados 'valores de reembolso' por ausência de previsão legal" (STJ, 1ª T., AgRg no AREsp 227724/SP, 2012).

– No mesmo sentido: STJ, 2ª T., REsp 1.293.162, 2012.

7.15. Valores repassados a terceiros (médicos, laboratórios, hospitais). Plano de saúde. Exclusão. "A Corte de origem adotou posicionamento consentâneo com a Primeira Seção do STJ de que, os serviços de plano de saúde, a base de cálculo do ISS alcança somente a remuneração correspondente à atividade de intermediação desenvolvida pela empresa que comercializa planos de assistência à saúde, excluídas as parcelas repassadas a profissionais e a estabelecimentos credenciados, de modo a prevenir a ocorrência de bitributação..." (STJ, 1ª T., AgInt no REsp 1337836, 2019).

– No mesmo sentido: REsp 783.022, 1ª T; e STJ, 1ª T., AgRgAREsp 218.161, 2013.

7.16. Preço do serviço na importação: base de cálculo do ISS na importação de serviços. Diferentemente do que ocorreu com a LC n. 87/96 (ICMS) e na Lei n. 10.865/2004 (PIS/Cofins-importação), a LC n. 116 não tratou de modo específico a base de cálculo do ISS incidente na importação de serviços, aplicando-se o "preço do serviço". No art. 7º, II, da Lei n. 10.865/2004 consta que a base de cálculo do PIS e da Cofins incidentes na importação de serviços será "o valor pago, creditado, entregue, empregado ou remetido para o exterior, antes da retenção do imposto de renda, acrescido do Imposto sobre Serviços de Qualquer Natureza – ISS e valor das próprias contribuições". Já o art. 13, VI, da LC n. 87/96, prevê como base de cálculo do ICMS na importação de serviços de comunicação e de transporte "o valor da prestação de prestação do serviço, acrescido, se for o caso, de todos os encargos relacionados com a sua utilização". Essa falta de especificação da LC n. 116 acaba dando margem para divergências acerca da base imponível do ISS na importação, no sentido de incluir, ou não, todos os custos ou encargos da importação, valendo destacar o IRRF, o PIS/Cofins-importação e o próprio ISS, além de outros encargos não tributários relacionados à prestação do serviço importado, tais como seguro, transporte ou hospedagem.

8. Base de cálculo do ISS e deduções autorizadas em lei complementar nacional: ISS na construção civil (subempreitada e materiais) e pedágios. O art. 9º, §§ 2º, 4º, 5º e 6º do DL 406/68 prevê deduções da base de cálculo do ISS sobre a construção civil e uma alocação de base de cálculo referente ao ISS incidente sobre o serviço de exploração de rodovias mediante cobrança de preço dos usuários (subitem 22.01). A LC n. 116 é omissa com relação ao serviço tipificado no subitem 22.01 (exploração de rodovias), e também não tratou da dedução das subempreitadas, o que enseja dúvidas em torno da vigência desses parágrafos do art. 9º do DL 406. No tocante às subempreitadas, há decisões do STF e do STJ em prol da sua validade e vigência mesmo após a LC n. 116, que serão analisadas nos comentários ao § 2º do art. 7º. Todavia, não há julgados no STJ sobre a vigência dos §§ 4º, 5º e 6º.

– Confira-se o art. 9º, §§ 2º, 4º, 5º e 6º, do DL 406/68.

8.1. Base de cálculo do ISS sobre o serviço de exploração de rodovias pedagiadas (subitem 22.01 da lista): proporcionalidade simples ou maior concentração no Município onde esteja o posto de cobrança de pedágio. Diante da não revogação expressa do art. 9º do DL 406 pela LC n. 116, o rateio ou alocação da base de cálculo do ISS constante nos §§ 4º, 5º e 6º está em vigor. Com relação ao serviço tipificado no subitem 22.01, a LC n. 116 apenas previu de forma especial que "considera-se ocorrido o fato gerador e devido o imposto em cada Município em cujo território haja extensão de rodovia explorada" (§ 2º do art. 3º), limitando-se a tratar do aspecto espacial do ISS sobre o serviço de exploração de rodovia pedagiada, sem qualquer referência à sua base de cálculo. A propósito, o STJ já decidiu pela não revogação do ISS fixo previsto nos §§ 1º e 3º do mesmo art. 9º do DL 406, assim como do § 2º, que versa sobre a dedução dos materiais e das subempreitadas. Um dos principais argumentos levados em consideração foi a omissão da revogação do art. 9º do DL 406/68 no art. 10 da LC n. 116. Ademais, o § 1º do art. 7º trouxe expressamente o critério da "proporcionalidade simples" da extensão territorial para as atividades tipificadas no subitem 3.04 da lista de serviços (locação, sublocação, direito de passagem ou permissão de uso, compartilhado ou não, de ferrovia, rodovia, postes, cabos, dutos e condutos de qualquer natureza), que guardam uma certa similaridade com o serviço de exploração de rodovias, no que tange à execução dos serviços se dar em vários territórios municipais, tanto que ambos subitens da lista receberam previsões expressas e sequenciais no art. 3º (§§ 1º e 2º). A omissão (ausência de citação) do subitem 22.01 no § 1º do art. 7º também acaba remetendo a definição da base de cálculo para o art. 9º, §§ 4º, 5º e 6º do DL 406, que estipula uma alocação da base de modo mais favorecido àqueles Municípios onde estão o posto de cobrança do pedágio.

8.2. Construção civil. Dedução do custo dos materiais empregados. "ISS – CONSTRUÇÃO CIVIL – BASE DE CÁLCULO – MATERIAIS EMPREGADOS – DEDUÇÃO – POSSIBILIDADE. 1. Alinhada à orientação firmada pelo Supremo Tribunal Federal, a jurisprudência desta Corte reconhece a legalidade da dedução do custo dos materiais empregados na construção civil da base de cálculo do Imposto Sobre Serviços (ISS)" (STJ, 1ª S., AgRgEAREsp 113.482/SC, 2013).

8.3. Construção civil. Dedução dos valores referentes à subempreitada. "ISS. CONSTRUÇAO CIVIL. DEDUÇÃO DE VALORES REFERENTES A SUBEMPREITADA E AOS MATERIAIS EMPREGADOS NA OBRA. BASE DE CÁLCULO QUE ABRANGE APENAS O VALOR DO SERVIÇO. PRECEDENTE DA SUPREMA CORTE. RE 603.497/MG. EMBARGOS DE DECLARAÇÃO DA EMPRESA CONTRIBUINTE ACOLHIDOS, COM EFEITOS INFRINGENTES, PARA DAR PROVIMENTO AO RECURSO ESPECIAL... 3. Com efeito, o Supremo Tribunal Federal, no julgamento do Recurso Extraordinário 603.497/MG, realizado em 16.09.2010, com repercussão geral reconhecida, firmou entendimento no sentido de que é possível deduzir da base de cálculo do ISS o valor dos materiais utilizados na prestação de serviço de construção civil. 4. Embargos de Declaração da empresa contribuinte acolhidos, com efeitos modificativos, para dar provimento ao Recurso Especial, a fim de admitir a subtração da base de cálculo do ISSQN do montante referente às subempreitadas e aos materiais aplicados no serviço de construção civil" (STJ, 1ª T., EDcl no AgRg no REsp 1189255/RS, 2013).

9. Base de cálculo do ISS nos serviços prestados através de cooperativas: atos cooperativos próprios e impróprios. Não incide ISS sobre os serviços prestados pelas cooperativas, relativamente aos atos cooperativos próprios. Por outro lado, haverá incidência normal em cima dos chamados atos cooperativos impróprios, ou seja, prestados a terceiros não associados à cooperativa, ou seja, sem vínculo societário com a cooperativa. Na prática, a maior complexidade dessa discussão reside exatamente em definir, no caso em concreto, se a atividade implica num ato cooperativo próprio ou impróprio.

– Conferir as referências sobre o assunto no art. 2º, *caput*.

– "TRIBUTÁRIO. COOPERATIVA DE SERVIÇOS ODONTOLÓGICOS. ATOS NEGOCIAIS. ISSQN. BASE DE CÁLCULO. Assentado pelas instâncias ordinárias o caráter empresarial da atividade desempenhada pela recorrente – venda de serviços de assistência odontológica –, deve ela submeter-se ao recolhimento do Imposto Sobre Serviços de Qualquer Natureza, cuja base de cálculo será o valor líquido recebido" (STJ, 1ª T., REsp 1.371.438, 2013).

– Outros precedentes do STJ: REsp 727091/RJ, 2ª T; REsp 487854/SP, 2ª T; REsp 254549/CE, 1ª T; REsp 875.388, 1ª T. *Vide*, também: STJ, 1ª T., AREsp 1.160.270, 2018. Neste processo, venceu a Cooperativa União Serv dos Taxistas Autônomos de SP.

9.1. Cooperativa médica. "Os atos não cooperados, aqueles decorrentes de relação jurídica negocial advinda da venda de planos de saúde a terceiros, sujeitam-se à incidência do ISS, tendo como base de cálculo, tão somente, a receita advinda da cobrança da taxa de administração. Isso porque a receita tributável não abrange o valor pago ou reembolsado aos cooperados, haja vista não constituir parte do patrimônio da cooperativa (art. 79 da Lei n. 5.764/1971, c/c os arts. 86 e 87 do mesmo diploma legal). O eventual inadimplemento quanto ao pagamento de ISS em relação à taxa de administração de alguns contratos é matéria que se encarta no óbice da Súm. n. 7-STJ. O Min. relator ressalvou seu posicionamento no sentido de que essas entidades não exercem nenhuma espécie de serviço ou fornecimento de mão de obra, mercê de não visarem ao fim lucrativo ensejador da incidência. A forma de associação corporativa implica impor a obrigação tributária aos médicos cooperativados pelos serviços que prestam. Caso as cooperativas empreendam a venda de planos de saúde com o intuito de lucro, devem pagar IOF, excluído, portanto, o ISS, pela ausência de tipicidade do fato gerador e pela interdição de que o mesmo fato possa sustentar duas exações... REsp 875.388-SP, Min. Luiz Fux, out 2007" (Informativo 334 do STJ).

10. Serviços portuários. THC (*Terminal Handling Charge*). "É de se lembrar, como realçado na consulta, que o fenômeno da 'conteinerizaçao', que coincidiu com o período da privatização das operações portuárias (Lei n. 8.630/1999, hoje revogada pela MP n. 595/2012) modificou a forma de remuneração das operações portuárias. Das tarifas denominadas de 'capatazias', passou-se a um conjunto de remunerações relativas aos diversos serviços portuários, cujo valor, pago num primeiro momento pelo armador, é posteriormente repassado para os donos das cargas, sob o título de THC (*Terminal Handling Charge*). Todos estes serviços são incididos pelo ISS e recolhidos pelos operadores portuários, com os recursos antecipados pelos armadores, que, depois, são reembolsados pelos donos das cargas, contratantes de seus serviços. (...) os armadores conseguem não só valores mais razoáveis em benefício dos usuários com a simplificação documental, do que se os contratos fossem celebrados com os donos das cargas. Agem, pois, em nome dos usuários para a contratação dos serviços portuários e pela antecipação de seu pagamento, e são reembolsados por tais serviços já adimplidos juntos aos operadores portuários, contribuintes do ISS, nos termos pactuados. (...) Ora, o THC corresponde ao conjunto de serviços praticados pelos operadores do porto, *sobre os quais já incidiu o ISS*. O seu pagamento pelos armadores e posterior reembolso *não os transforma em novos serviços, mas corresponde à recuperação do que foi antecipado pelos serviços adimplidos. Não há dois conjuntos de serviços, mas um só*. (...) operações de reembolso não são prestação de serviços" (MARTINS, Ives Gandra da Silva. Reembolso de despesas pagas a operadores portuários por armadores estrangeiros não é fato gerador do ISS. *RDDT* 214/135, 2013).

11. Regime de estimativa fiscal do ISS. Por praticidade, a lei municipal pode prever a cobrança do ISS por estimativa, que corresponderá a um valor fixo *estimado* pela Administração Tributária Municipal baseada nas características particulares do contribuinte e de sua atividade. Exemplos mais comuns de aplicação do regime de estimativa no ISS: para pequenos contribuintes, ME optante pelo Simples Nacional (art. 18, § 18, LC n. 123), *shows* e eventos musicais.

11.1. Adoção do regime de estimativa para o ISS. "Com relação à adoção do Regime de Estimativa para receitas sujeitas ao Imposto sobre Serviços – ISS, essa modalidade de autolançamento deverá ser adotada somente quando, em razão das circunstâncias ou das peculiaridades das atividades de determinadas empresas, as receitas de serviços não sejam de fácil apuração pela Fiscalização Municipal. Assim, aconselha-se tal procedimento para contribuintes que explorem atividades que proporcionem receitas facilmente sonegáveis à tributação, seja por serem prestadas em pequenas etapas, ou seja por múltiplos serviços simultaneamente a vários tomadores de serviços. Nessa prática, encontramos atividades em inúmeros itens da lista de serviços em que, pelas mais diversas razões seus titulares, quiçá por conveniência, não mantêm escrituração contábil. Entre essas, v.g., encontramos as pequenas oficinas mecânicas, casas de massagem e de tratamento de pele, hospedagem em pensões, hotéis e em motéis, cópias reprográficas (xerox), assistência técnica, academias de cultura física, cursos de informática, imobiliárias etc. Frisa-se que a estimativa somente possui incidência quando inexistam dados reais aferidos pelo ente federado municipal e para as atividades de serviços em que não resta a possibilidade de aferição exata acerca da espécie de imposto devido, aplicando-se um valor estimado, que deve ser verificado ao final de certo período, a fim de aferir se o imposto foi recolhido de forma adequada. Nesse diapasão, o tributarista Francisco Ramos Mangieri assevera que 'comprovado que o montante estimado ficou acima do valor, cabe ao contribuinte a restituição da diferença. Ocorrendo o contrário, deve ser complementado o imposto inicialmente recolhido'. Mas para adoção do regime de estimativa do ISS o Fisco necessitará de prévias incursões ao estabelecimento do contribuinte à apuração da receita tributável do mesmo. Deverá tomar medidas que justifiquem o valor estimado por intermédio de critérios idôneos, dentro do possível inequívoco ou, pelo menos, de fácil, comprovação, valendo-se de parâmetros que induzem à constatação de que certo montante de receita está sendo auferida por aquele contribuinte. São hipóteses a serem aferidas, os sinais exteriores de riqueza 9quando se tem conhecimento de que o contribuinte possui somente determinada atividade econômica, de notório conhecimento público naquela cidade); receita bruta da atividade concorrente e de semelhante porte e clientela etc. Nos hotéis e motéis a inspeção (investigação) sobre a lavanderia, multiplicado pelo valor da diária ou ocupação etc., também é indício que leva à apuração da receita, quando as declarações do contribuinte são, notoriamente, inferiores ao preço corrente na praça ou simplesmente não mereçam fé. Todavia, se o imposto realmente devido for inferior à estimativa feita, face da inequívoca comprovação, haverá pagamento de ISS a maior que, nessas circunstâncias, poderá ser restituído ou compensado pelo fisco. Se o imposto for pago a menor em função da estimativa feita, também em face dos indícios ou comprovações aferidas pela Fiscalização, haverá a necessidade de o contribuinte pagar a diferença" (MARIN, Jeferson Dytz; LUNELLI, Carlos Alberto. *ISS:* aspectos controversos e a tributação dos serviços bancários. Curitiba: Juruá, 2009. p. 93-94).

11.2. Sobre o regime de estimativa do ISS. "A obrigação tributária relativa ao ISS deve ser calculada com respeito aos três critérios quanto sua base de cálculo: preço do serviço (regra geral); preço do serviço com deduções (1ª exceção); e parâmetro diferente do preço do serviço (2ª exceção). Fora das três formas de cálculo, inexiste outra. Todavia, nem sempre o Fisco pode encontrar o preço do serviço com facilidade e antes do fim de cada exercício. Para certos casos, o Poder Público pode adotar o *regime de estimativa*. Estimativa é previsão, cálculo, antevisão, avaliação. Regime de estimativa é uma forma de se pagar o ISS, partindo de uma estimativa ou arbitramento do valor provável do preço do serviço, do qual se infere o ISS que seria devido em determinado período ou exercício. Estabelecido o *quantum* do imposto, estima-se o período considerado (um exercício ou menos), dividindo-se o valor do imposto em parcelas mensais. Não podendo prever a base de cálculo do ISS, por depender de apuração futura, o Fisco estima um valor provisório sobre o qual se exige o imposto, que o contribuinte vai pagando mensalmente. Mais tarde, no final do exercício, leva-se em conta a real base de cálculo do imposto, ficando o Fisco com ciência se o imposto realmente devido foi pago a maior ou a menor, acertando-se a eventual diferença. Na hipótese de recolhimento a menor após o período considerado, o contribuinte deverá completar o pagamento do imposto, dentro do prazo legal. Se a hipótese for outra, houver recolhimento a maior, compete ao Fisco a devolução do excesso ao contribuinte. Evidentemente, o regime de estimativa, representa simples instrumento de recolhimento do ISS. Não é um parcelamento do imposto, uma vez que não corresponde ao crédito tributário real. É apenas uma antecipação da importância relativa ao valor do ISS, que deve corresponder ao que efetivamente o contribuinte deve pagar. Daí o porquê da restituição da estimativa ser sem juros e sem correção monetária. Devemos colocar o regime de estimativa como antecipação de pagamento do ISS. Tal fato não aconselha o desvirtuamento do sistema. O que é excepcional não deve tornar-se normal. Como disciplina especial, o regime de estimativa deve abranger tão somente as hipóteses admitidas em lei. E o legislador deve ter a cautela de regular o regime de estimativa, dispondo sobre: os casos admitidos (excepcionais); os períodos admitidos para a estimativa (por exercício ou períodos anormais, v.g., Carnaval, Natal, Finados, etc.); os elementos informativos para a estimativa (informações, declaração do contribuinte, etc.); revisão da estimativa, a fim de majorá-la ou reduzi-la; critérios para a sua aplicação; área nítida de sua aplicação; hipóteses de desenquadramento do regime de estimativa; etc. O sistema de estimativa adotado pelo legislador é sempre vinculado, podendo ser aplicado exclusivamente dentro das situações previstas em lei e na forma desta. Não será regime de estimativa, constituindo até medida arbitrária e ilegal, a atribuição, ao contribuinte, de uma receita mensal estimada (preço estimado), segundo os valores constantes de uma tabela, obrigando-o a liquidar o seu imposto com base nesta receita. Em verdade, o contribuinte, nesta hipótese, não estará pagando pelo preço do serviço, única forma legal de exigência do ISS. Uma estimativa a maior não deve ser exigida pelo Fisco, pois obriga o contribuinte a um ônus injusto e desnecessário. Obriga-o a financiar o Poder Público (seria quase um empréstimo compulsório). Obriga-o a pagar o indevido. Conforme se verifica, o regime de estimativa, instituído no resguardo da arrecadação do imposto municipal, ou mesmo para facilitar certas classes de contribuinte, deve ser aplicado com cautela e apenas para algumas atividades" (MORAES, Bernardo Ribeiro de. *Doutrina e prática do Imposto sobre Serviços*. São Paulo: Revista dos Tribunais, 1975, p. 558-559).

11.3. Regime de estimativa aplicado ao ISS. "(...) satisfeitas as condições aqui destacadas: o sujeito passivo cumpriu a obrigação de promover o chamado 'autolançamento' e efetuou o respectivo recolhimento do imposto, calculando-o sobre a base definida na lei própria, qual seja, o preço do serviço. Essa é a regra geral, válida para quase todos os sujeitos passivos. Menos para um grupo considerável de contribuintes que se subordina, compulsoriamente, a um sistema diferenciado, através do qual o valor a ser recolhido, a cada mês, está prefixado pela autoridade administrativa. Nesse modelo extraordinário, o sujeito passivo tem sua receita mensal arbitrada pelo Fisco. Se a estimativa é igual a 100, o ISS tem de ser recolhido sobre esse valor, não importando que tenha sido 80, 100 ou 135 a efetiva receita do contribuinte no mês antecedente. (...) Ao final do período que, de modo geral, corresponde ao exercício civil, chega o momento do acerto de contas. A premissa do ajuste é fazer com que a estimativa se concilie com a base de cálculo legal. Dito de outro modo: a cada mês, o ISS é recolhido de acordo com uma base de cálculo estimada, mas com o acerto de fechamento, o ISS terminaria sendo recolhido em obediência ao preço dos serviços prestados durante o período. Essa é a condição que empresta legitimidade ao sistema, mas não o torna isento de duras críticas. (...) O sistema está previsto na legislação de importantes Municípios. A formatação a que obedece tem diferenças locais, segundo as respectivas orientações de natureza político-tributária" (PEREIRA, Cláudio Augusto Gonçalves. O ISS e o regime de estimativa. *RET* 77/65, 2011).

12. Presunções de omissão de receita no âmbito do Simples Nacional: art. 34 da LC n. 123. Aplicam-se aos contribuintes optantes pelo Simples Nacional todas as presunções de omissão de receita existentes nas legislações de regência dos impostos e contribuições incluídos no Simples Nacional, cabendo destacar os arts. 40 a 42 da Lei n. 9.430/96. Importante destacar que a lei municipal também pode estipular hipóteses de presunção de omissão do ISS, mesmo fora do Simples Nacional. O principal efeito de uma presunção legal é a inversão do ônus da prova.

– Conferir: art. 34 da LC n. 123/2006; arts. 40 a 42 da Lei n. 9.430/96.

12.1. Presunção da receita de prestação de serviço no âmbito do Simples Nacional, quando o contribuinte exercer atividades sujeitas ao ISS e ICMS e não se consiga identificar a origem: art. 39, §§ 2º e 3º da LC n. 123. A LC n. 123 prevê um rateio entre Estados (ICMS) e Municípios (ISS), e atribui competência para o Estado julgar o processo administrativo.

– Conferir art. 39 da LC n. 123/2006.

13. Transferência ("quebra") do sigilo bancário pela Administração Tributária Municipal: LC n. 105/2001. A LC n. 105/2001 dispõe sobre o sigilo das operações de instituições financeiras, autorizando, em favor do Fisco, o acesso às informações referentes a operações bancárias dos contribuintes. No âmbito da Administração Tributária Federal, essa matéria foi disciplinada no Decreto Federal n. 3.724/2001. O Plenário do STF se manifestou pela validade da legislação: ADI 2390, 2386, 2397 e 2859; e RE n. 601.314. A LC n. 105 é norma geral que trata de obrigação, lançamento e crédito tributários, com respaldo no art. 146, III, *b*, da CF. Por ser norma geral, vale para todos os entes federados, e não apenas para a União, o que é ratificado pelo art. 6º da LC n. 105.

– O Min. Dias Toffoli, relator nas ações diretas n. 2390, 2386, 2397 e 2859, adotou as seguintes observações dos demais ministros para explicitar o entendimento da Corte sobre a aplicação da lei: "Os estados e municípios somente poderão obter as informações previstas no artigo 6º da LC n. 105/2001, uma vez regulamentada a matéria, de forma análoga ao Decreto Federal 3.724/2001, tal regulamentação deve conter as seguintes garantias: pertinência temática entre a obtenção das informações bancárias e o tributo objeto de cobrança no procedimento administrativo instaurado; a prévia notificação do contribuinte quanto a instauração do processo e a todos os demais atos; sujeição do pedido de acesso a um superior hierárquico; existência de sistemas eletrônicos de segurança que sejam certificados e com registro de acesso; estabelecimento de instrumentos efetivos de apuração e correção de desvios".

– Conferir art. 5º da LC n. 105/2001 e Decreto Federal n. 3.724/2001.

14. Arbitramento da base de cálculo do ISS: aplicação do art. 148 do CTN. De acordo com o referido dispositivo, "quando o cálculo do tributo tenha por base, ou tome em consideração, o valor ou o preço de bens, direitos, serviços ou atos jurídicos, a autoridade lançadora, mediante processo regular, arbitrará aquele valor ou preço, sempre que sejam omissos ou não mereçam fé as declarações ou os esclarecimentos prestados, ou os documentos expedidos pelo sujeito passivo ou pelo terceiro legalmente obrigado, ressalvada, em caso de contestação, avaliação contraditória, administrativa ou judicial". O Fisco realiza o arbitramento sempre que não tiver meios para aferir a base de cálculo efetiva do tributo. Busca, então, a partir do dados de que dispõe (capacidade operacional, receita etc..), estimar a base ocorrida.

– "PROCESSUAL CIVIL E TRIBUTÁRIO. RECURSO ESPECIAL. MANDADO DE SEGURANÇA. ISSQN. ESTACIONAMENTO DE VEÍCULOS. LANÇAMENTO POR ESTIMATIVA. LEGALIDADE. ACÓRDÃO RECORRIDO EM SINTONIA COM O ENTENDIMENTO DO STJ. MULTA DO ART. 1.026, § 2º, DO CPC. PEDIDO DE AFASTAMENTO. DESCABIMENTO. (...) 3. O STJ possui o entendimento de que 'o lançamento de ISS por estimativa não é incompatível com o lançamento de ISS fixo, tendo ambos pressupostos fáticos diversos: este é o procedimento normal para as sociedades uniprofissionais (art. 9º do DL 406/68); aquele quando a escrita ou documentos do contribuinte não merecerem fé, equivalendo ao lançamento por arbitramento (art. 148 do CTN)'..." (REsp 1721234/ES, 2018).

14.1. Não cabe arbitramento do "preço do serviço" por meio de pauta fiscal fixada por ato infralegal. "Tutela de Urgência Antecipada em Caráter Antecedente – ISS – Construção Civil – Exigência de recolhimento de ISS, previsto em Pauta Fiscal e Portaria SF Desenvolvimento Econômico da Prefeitura do Município de São Paulo n. 74/2017 – Imposto que deve ser recolhido com base no preço do serviço – Alteração da base de cálculo pela Resolução SMF 01/08 – Impossibilidade – Afronta ao princípio da legalidade e hierarquia das normas – Sentença reformada, julgada procedente – Recurso provido" (TJSP, Apelação Cível 1029560-15.2017.8.26.0053; 18ª Câmara de Direito Público, 2019).

14.2. Arbitramento da base de cálculo através da presunção do passivo fictício. "Passivo fictício é o inexistente, e refere-se tanto à não indicação, na escrituração, de saldo credor de caixa, como à falta de escrituração de pagamentos efetuados e à manutenção no passivo de obrigações já pagas ou cuja exigibilidade não seja comprovada (Decreto-lei n. 1.598/77, art. 12,

§ 2º, e Lei n. 9.430/96, art. 40). Implica saldo credor da empresa, tornando provável ter havido mais saídas (pagamentos) que entradas oficiais de dinheiro, e com isso o não pagamento dos tributos devidos. As regras de presunção relativa, que impõem a tributação do imposto sobre a renda incidente sobre a receita omitida, sempre que se identificar a existência de passivo fictício, são aceitas pela jurisprudência. No que diz respeito ao ICMS, grande parte da doutrina entende que o passivo fictício é insuficiente para justificar a tributação, uma vez que a renda pode ser proveniente de operações não tributadas por esse imposto, como as financeiras, por exemplo. Consoante as posições até aqui defendidas, entendemos que a tributação do passivo fictício é possível caso o contribuinte não esteja tendo prejuízo e a fiscalização identifique indícios suficientes para comprovar que o contribuinte está omitindo receitas de forma a caracterizar evasão fiscal. Observe-se, no entanto, que os indícios deverão poder ser sempre questionados pelo contribuinte, seja no que diz respeito à sua existência, seja quanto ao valor. Os indícios deverão, também, ser no mesmo sentido coletados em maior número possível, evitando-se, com isso, que a partir da análise de apenas um indício, chegue-se à conclusão que desconsidere a existência de diversos outros em sentido diverso da presunção. Como exemplos de provas contrárias à presunção poderíamos citar a demonstração de que a pendência de obrigações, no passivo, compensa-se com a pendência em conta do ativo, a prova de que as obrigações foram pagas com cheques e que estes somente foram levados a débito no mês seguinte ao do encerramento do balanço, a prova de erro de cálculo na apuração do passivo fictício e a prova de que como a mesma duplicata paga permaneceu por dois ou mais balanços, a tributação só poderá incidir em um período-base" (FERRAGUT, Maria Rita. *Presunções no direito tributário*. São Paulo: Dialética, 2001. p. 130-131).

14.3. Arbitramento da base de cálculo através da presunção do "suprimento de caixa". "Sempre que a pessoa jurídica efetuar pagamentos de duplicatas com recursos provenientes de receitas omitidas e contabilizá-los, terá também que contabilizar a entrada de dinheiro na conta Caixa, tendo em vista que, se assim não fizer, seu saldo ficará credor. Essa contabilização é denominada suprimento de caixa. Nos termos do Decreto-lei n. 1.598/77, art. 12, § 3º, e Decreto-lei n. 1.648/78, art. 1º, inciso II (contemplados no artigo 282 do RIR/99), a presunção relativa de omissão de receitas baseia-se em indícios coletados a partir da escrituração do contribuinte ou de qualquer outro elemento de prova, gerando à autoridade administrativa o dever de arbitrar a receita com base no valor dos recursos de caixa fornecidos à empresa por administradores, sócios, titulares da empresa individual ou acionistas, se a efetividade da entrega e a origem dos recursos não forem comprovadamente demonstradas. Para que a presunção relativa seja afastada, o contribuinte terá necessariamente que provar dois aspectos: a transferência de recursos para a pessoa jurídica, o que facilmente seria provado mediante, por exemplo, cheque nominal em seu favor, e a origem desses valores, se de fonte estranha à sociedade ou, se dela, regularmente contabilizados. Qualquer um desses elementos, isoladamente comprovados, não terá o condão de descaracterizar a presunção de omissão de receitas" (FERRAGUT, Maria Rita. *Presunções no direito tributário.* São Paulo: Dialética, 2001. p. 131).

14.4. Necessidade de o fiscal individualizar os depósitos bancários na aplicação do art. 42, § 3º da Lei n. 9.430/96, técnica válida para o ISS no Simples Nacional. "A ausência de técnica e cuidado na utilização da presunção, no decorrer do tempo, tem promovido sérias distorções no instrumento, evitando-se (as vezes, até propositadamente) a busca pela verdade material e o dever de prova em prol da utilização da saída mais fácil. Desse modo, supostamente atendendo aos termos do art. 42 da Lei 9.430/1996, não raro é deparar autuações, por valores globais ou sem abater dos depósitos os créditos já levados anteriormente à tributação e até mesmo sem realizar as exclusões asseveradas pelo § 3º do citado artigo. A realidade prática tem mostrado que um dos requisitos essenciais da presunção de omissão de receita por depósitos bancários, qual seja a obrigatoriedade de individualizar e detalhar estes, tem sido severamente mitigado, inclusive pelo próprio Carf, que deveria ser o principal guardião da legalidade em face da voracidade do Fisco. Apesar de recentes vitórias na citada Corte, ainda são citados pelos auditores julgados anteriores que se baseavam unicamente na inversão do ônus da prova como forma de obrigar o contribuinte a oferecer relatório individualizado sobre seus créditos em conta corrente, sem, no entanto, estabelecer obrigatoriedade ao Fisco de apresentar relatório individualizado dos depósitos duvidosos. O contribuinte, como polo mais frágil da relação, tem sofrido as agruras das autuações por presunção. Repetimos, pois, que o ponto nevrálgico da atividade do Fisco, quando intenta presumir, é o procedimento fiscalizatório, porquanto é neste momento que dever-se-ia primar pelo preenchimento dos requisitos legais, principalmente a individualização dos depósitos. Inexistindo tal individualização dos depósitos imprime um caráter subjetivo ao lançamento, como se a possibilidade de presumir dependesse unicamente da vontade da autoridade administrativa, e não de requisitos legais. Nega-se ao contribuinte o direito a uma defesa individualizada e se impede o julgador administrativo de debruçar-se objetivamente sobre o processo. A violação da hipótese da norma presuntiva, oriunda do não preenchimento dos requisitos legais, acaba por, em verdade, instituir tributo novo, violando o princípio da legalidade estrita. É de se concluir, assim, que a individualização dos depósitos não se consubstancia apenas como uma obrigação do Fisco, mas também como um direito do contribuinte, promovendo consequências drásticas sobre o ato de lançamento e sobre o processo administrativo fiscal. Imperioso, pois, combater a banalização da aplicação da presunção do art. 42 da Lei 9.430/1996 como medida mais fácil, porquanto, atualmente, sua utilização desvinculada de uma análise individualizada dos depósitos tem promovido sérias violações a princípios constitucionais" (ROCHA, Pedro Felipe de Oliveira. Da análise individualizada dos depósitos bancários como requisito de validade para o lançamento por presunção de omissão de receita. *Revista Tributária e de Finanças Públicas,* n. 128, ano 24, 2016. p. 301-302).

---

§ 1º Quando os serviços descritos pelo subitem 3.04 da lista anexa forem prestados no território de mais de um Município, a base de cálculo será proporcional, conforme o caso, à extensão da ferrovia, rodovia, dutos e condutos de qualquer natureza, cabos de qualquer natureza, ou ao número de postes, existentes em cada Município.

---

1. Base de cálculo específica do ISS para os serviços tipificados no subitem 3.04 da lista anexa à LC n. 116: rateio do ISS baseado na proporcionalidade dos territórios. O subitem 3.4 se reporta aos seguintes serviços: "locação, sublocação, arrendamento, direito de passagem ou permissão de uso, compartilhado, ou não, de ferrovia, rodovia, postes, cabos, dutos e condutos de qualquer natureza". O art. 3º, § 1º da LC n. 116 elegeu como elemento espacial da hipótese de incidência do ISS "cada Município em cujo território haja extensão de ferrovia, rodovia, postes, cabos, dutos e condutos de qualquer natureza, objetos de locação, sublocação, arrendamento, direito de passagem ou permissão de uso, compartilhado ou não". Em sintonia com o elemento espacial, o art. 7º, § 1º, da LC prevê um rateio da base de cálculo do ISS proporcional à extensão territorial dos Municípios onde estão fixados ou por onde passam as ferrovias, rodovias, postes, cabos, dutos e condutos.

2. Discussão quanto à constitucionalidade da incidência do ISS sobre as atividades descritas no subitem 3.04 da lista anexa à LC n. 116.

Como o núcleo desta atividade consiste na locação, sublocação, arrendamento, direito de passagem ou permissão de uso, é discutível a cobrança do ISS tal como ocorreu na questão da locação de bens móveis, sob o argumento de que não compreenderia uma "obrigação de fazer", logo, não seria um serviço. Porém, como a atividade do subitem 3.04 não configura uma genuína "locação de bens móveis", não se aplica automaticamente a Súmula Vinculante 31 do STF. Na ADI 3142, rel. Min, Dias Toffoli, j. ago/2020, o Plenário do STF declarou a constitucionalidade dessa tributação, afastando os questionamentos de violação aos princípios da proporcionalidade e da razoabilidade, além do não enquadramento da atividade como prestação de serviços.

– Conferir STJ, 2ª T., REsp 878.509, 2009.

3. Reflexos da previsão específica do § 1º do art. 7º da LC para os serviços descritos no subitem 22.01 da lista anexa: critério de repartição da base de cálculo no serviço de exploração de rodovias pedagiadas. Há uma similaridade entre os serviços 3.04 e 22.01, no que diz respeito à pluralidade de municípios em cujos territórios são desenvolvidas tais atividades. Aliás, com relação ao local de ocorrência, ambos subitens foram alvos de uma tratativa específica e sequencial nos §§ 1 e 2º do art. 3º da LC n. 116. Mas, no tocante à base de cálculo, a LC n. 116 só atribuiu um tratamento expresso para os serviços do subitem 3.04, em seus arts. 3º, § 1º e 7º, § 1º, silenciando acerca da base de cálculo do ISS sobre os serviços do subitem 22.01. Esse silêncio da LC n. 116 acaba atraindo as disposições contidas nos §§ 4º, 5º e 6º do art. 9º do DL 406 para fins de definição da base de cálculo do ISS, afastando-se a aplicação do critério da "proporcionalidade simples" que o § 1º do art. 7º cuidou explicitamente de prever para as atividades consignadas no subitem 3.04 da lista.

---

§ 2º Não se incluem na base de cálculo do Imposto Sobre Serviços de Qualquer Natureza:

I – o valor dos materiais fornecidos pelo prestador dos serviços previstos nos itens 7.02 e 7.05 da lista de serviços anexa a esta Lei Complementar;

---

1. Hipóteses referidas. Conferir subitens 7.02 e 7.05 da lista anexa à LC n. 116.

2. Dedução dos materiais da base de cálculo do ISS sobre os serviços listados nos subitem 7.02 e 7.05: construção civil. O "preço do serviço" na construção civil abrange tanto a mão de obra própria, como, se for o caso, os materiais fornecidos pela construtora e, ainda, as subempreitadas contratadas. O art. 610 do Código Civil Brasileiro expressamente prevê que "o empreiteiro de uma obra pode contribuir para ela só com seu trabalho ou com ele e os materiais", sendo que o fornecimento de materiais não se presume (§ 1º). Logo, como parte componente do preço do serviço, os materiais fornecidos pela construtora entrariam normalmente na base de cálculo do ISS, se não fosse essa ressalva expressa do § 2º do art. 7º, bem como do art. 9º, § 2º, *a* do DL 406, que expressamente excluem "o valor dos materiais fornecidos". As construtoras optantes pelo Simples Nacional também poderão abater da receita bruta "o material fornecido", consoante art. 18, § 23, da LC n. 123.

3. Deduções das subempreitadas da base de cálculo do ISS na construção civil: art. 9º, § 2º, *b*, do DL 406/68. Muito embora a LC n. 116 seja omissa com relação à dedução das subempreitadas, aplica-se o art. 9º, § 2º, *b*, do DL 406/68, que não foi revogado expressa nem tacitamente pela LC n. 116. Vale frisar que a dedução alcança as subempreitadas "já tributadas pelo imposto", refletindo um excepcional aspecto de não cumulatividade para o ISS.

– Natureza da disposição constante do art. 9º, § 2º, *a*, do DL 406/68: "Aparentemente, este dispositivo estaria concedendo uma *isenção parcial* de ISS. Mas, na verdade, está apenas *explicitando* que a base de cálculo do tributo é o preço do serviço, a ele não podendo ser acrescido o valor dos materiais fornecidos pelo prestador. E isto é correto, como vimos nos itens precedentes. Relembramos que a norma isentava *'convive'* com a que manda tributar, na medida que lhe dá nova conformação, excluindo determinadas situações da incidência tributária. De fato, a lei, mesmo a complementar (ou a que lhe faz as vezes), não pode *excluir* da tributação, isto é, *isentar* o que nela, nos termos da Carta Magna, não pode ser incluído. Assim é porque, evidentemente, só se pode isentar o que, em princípio, é passível de tributação. Não faz sentido isentar uma situação que não figura, nem mesmo em tese, no *campo tributável* da pessoa política. *Venia concessa*, tornando por empréstimo a sabedoria popular, é o mesmo que *'chover no molhado'*. Quando não há incidência tributária possível (porque a Constituição não a admite) não há espaço para a isenção. Aqui chegados, queremos consignar que a isenção não se confunde com a *não incidência*. A *não incidência* é simplesmente a explicitação de uma situação que ontologicamente nunca esteve dentro da *regra-matriz constitucional* do tributo. Lei que eventualmente *isente* situação de não incidência é inócua. É que as situações de não incidência de qualquer tributo – aí incluído o ISS – independem de lei para serem reconhecidas. Decorrem do próprio *regime jurídico do tributo*, podendo – e devendo – ser deduzidas pelo labor exegético. Ou, se preferirmos, enquanto a isenção deriva da lei, a não incidência deriva da impossibilidade jurídica de tributar-se certos fatos, em face da regra-matriz constitucional do tributo a eles não se ajustar. Ora, conforme demonstramos, o valor dos materiais fornecidos pelo prestador não pode ser incluído na base de cálculo do imposto, nas prestações de serviços de concretagem. E, se não pode ser incluído, segue-se logicamente que não concede isenção a norma infraconstitucional que se limita a isto declarar (como o fez o citado art. 9º, § 2º, *a*, do Decreto-lei n. 406/68). Portanto, a exclusão aqui referida não configura, nem de longe, um *favor fiscal*, que, poderia estar de algum modo preso às limitações às limitações do art. 151, III, da Constituição Federal, combinado com os arts. 34, § 5 e 41, § 1º do *Ato das Disposições Constitucionais Transitórias*. De revés, esta exclusão apenas reafirma a *base de cálculo possível* do ISS. Logo, o art. 9º, § 2º, *a*, do Decreto-lei n. 406/68 (que faz as vezes de lei complementar) – está, apenas, *reiterando* a Constituição em matéria de ISS, além de atender à previsão contida no já estudado art. 146, III, *a*, do mesmo Diploma Magno. Acrescentamos que eventual lei (complementar ou ordinária) que proibisse tal exclusão seria irremediavelmente inconstitucional. Por muito maior razão (argumento *a fortiori*), nenhuma *interpretação* poderá vedá-la. Muito menos a pretexto de que se estaria diante de um *incentivo legal*, desaparecido com o advento da nova ordem constitucional" (CARRAZZA, Roque Antonio. ISS – base de cálculo – serviços de concretagem – questões conexas. *In:* HARADA, Kiyoshi. *Temas de direito tributário*. São Paulo: Juarez de Oliveira, 2000. p. 116-117).

4. Não abatimento das subempreitadas da base de cálculo do ISS no âmbito do Simples Nacional: omissão do art. 18, § 23 da LC n. 123. Tanto os materiais como as subempreitadas compõem o preço do serviço ou a receita bruta da construtora, de tal forma que a exclusão desses valores dependerá de uma lei complementar nacional. No regime do Simples Nacional, o § 23 do art. 18 somente previu a dedução dos materiais, calando-se no que concerne às subempreitadas já tributadas pelo imposto. Por se tratar de um subsistema tributária apartado e regido por uma lei especial (LC n. 123), não cabe a aplicação *subsidiária* do art. 9º, § 2º, *b*, do DL 406, de tal forma que as subempreitadas não poderão ser deduzidas da base de cálculo do ISS, quando o contratante for contribuinte do Simples Nacional.

5. Discussão em torno da constitucionalidade da dedução dos materiais e das subempreitadas da base de cálculo do ISS na construção. O STF, no RE 603.497, reconheceu a constitucionalidade da dedução dos materiais. Antes dessa decisão, o STJ não vinha admitindo a dedução, mas posteriormente realinhou a sua jurisprudência ao entendimento do STF.

– STF, Plenário, 603.497, 2010: "TRIBUTÁRIO. IMPOSTO SOBRE SERVIÇOS – ISS. Definição da base de cálculo. Dedução dos gastos com materiais empregados na construção civil. Recepção do art. 9º, § 2º, *b*, do Decreto-lei 406/1968 pela constituição de 1988. Ratificação da jurisprudência firmada por esta corte. Existência de repercussão geral".

– Outros precedentes do STF no mesmo sentido: STF, 2ª T., ARE 958.421, 2016; ARE 728.060, 1ª T., 2014.

– Precedentes do STJ no mesmo sentido: 1ª S., AgRgEAREsp 113.482, 2013; Corte Especial, MC 20.168, 2013; AgRgREsp 1.217.401, 1ª T., 2014; EDclAgRgREsp 1.557.058, 2ª T., 2018; REsp 1.709.462, 2ª T., 2017; AgIntAREsp 686.607, 1ª T., 2017.

6. Ônus da prova acerca da dedutibilidade dos materiais e das subempreitadas. Cabe ao contribuinte provar o valor dos materiais e das subempreitadas que pretende deduzir da base de cálculo do ISS.

– Conferir precedentes do STJ todos nesse sentido: REsp 1.678.847, 2ª T., 2017; AgInt no AREsp 895.947, 2ª T., 2016; EDcl nos EDclEDclEDclAgRg Ag 1.262.610, 1ª T., 2015.

7. Dedução da concretagem na base de cálculo do ISS. Tem sido admitida a dedução da concretagem, na condição de materiais empregados na obra.

– Conferir precedentes do STJ, todos nesse mesmo sentido: AgRg nos EREsp 1.360.375, 1ª S., 2014; EDclAgRgREsp 1.557.058, 2ª T., 2018.

II – (VETADO)

§ 3° (VETADO)

Art. 8º As alíquotas máximas do Imposto Sobre Serviços de Qualquer Natureza são as seguintes:

I – (VETADO)

II – demais serviços, 5% (cinco por cento).

---

1. Alíquota *máxima* do ISS: 5%. O art. 156, § 3º, I, da Constituição Federal prevê que as alíquotas máximas e mínimas do ISS devem ser fixadas por lei complementar nacional. Nesse sentido, o art. 8º da LC n. 116 estabeleceu o teto de 5% para todos os serviços, sem qualquer exceção.

– Conferir art. 156, § 3º, I, CF e as notas constantes nesta obra sobre referido dispositivo.

– A respeito da alíquota (ou carga tributária) *mínima* do ISS, conferir as referências ao art. 8º-A.

2. Fundamentos constitucionais para a previsão de alíquotas máximas e mínimas via lei complementar nacional. A previsão em lei complementar nacional das alíquotas mínimas e máximas do ISS encontra várias justificativas constitucionais, a saber: uniformização das alíquotas em todo território nacional (normas gerais), evitar ou reduzir conflitos entre os Municípios ("guerra fiscal") e princípios constitucionais tributários da capacidade contributiva e da não confiscatoriedade.

3. Veto ao inciso I do art. 8º: jogos e diversões públicas, exceto cinema. O projeto de lei que redundou na LC n. 116 previa alíquota máxima de 10% sobre os serviços de jogos e diversões públicas. O dispositivo foi vetado debaixo das seguintes razões: "esta medida visa preservar a viabilidade econômico-financeira dos empreendimentos turísticos que poderão ser afetados pela permissividade dada aos entes federados de disporem da alíquota máxima de até 10% sobre o segmento de diversões públicas nos quais se incluem Parques de Diversões, Centros de Lazer e congêneres, bem como Feiras, Exposições, Congressos e congêneres, elencados nos itens 12.05 e 12.08, respectivamente, da Lista de serviços anexa à lei proposta, uma vez que são estas atividades instrumentos vitais para a geração de emprego e renda como polos de atração e de desenvolvimento do turismo de lazer e de negócios em suas regiões. Ademais, pela sua natureza, não têm capacidade econômica de absorver alíquota elevada, que pode chegar a 10%, sobre seu faturamento. Vale também ressaltar que investimentos intensivos em capital, estratégicos para o desenvolvimento regional através do turismo, têm um prazo de maturação longo e são extremamente sensíveis às oscilações tributárias. Impõe-se o veto, portanto, pela contrariedade ao interesse público".

4. Alíquota máxima do ISS no Simples Nacional. Com o advento da LC n. 155/2016, vigente a partir de 1º-1-2018, a alíquota máxima do ISS também passou a ser de 5%. Na redação original da LC n. 123, a alíquota máxima do ISS poderia chegar excepcionalmente até 6% em razão do disposto no art. 18, § 16, que previa um adicional de 20%, quando a receita bruta auferida no ano-calendário ultrapassasse o limite de R$ 200.000,00 multiplicados pelo número de meses do período de atividade. No art. 18, § 1º-B, I, da LC n. 123, com a redação nova atribuída pela LC n. 155, consta expressamente a ressalva de que o percentual efetivo máximo do ISS será de 5%.

– Conferir art. 18, § 16, da LC n. 123 (alterada pela LC n. 155).

5. Alíquotas do ISS: definição em lei municipal. Cabe à lei municipal fixar as alíquotas do ISS, exceto com relação ao regime do Simples Nacional e o valor fixo do MEI, cujas alíquotas do ISS estão estabelecidas na LC n. 123. Todavia, o art. 18, § 20 da LC n. 123 admite que lei municipal *reduza* o ISS devido por ME e EPP optante pelo Simples Nacional. Portanto, dentro do regime especial do Simples Nacional, a lei municipal somente poderá *reduzir* a alíquota do ISS, jamais aumentar.

– Conferir art. 18, § 20, LC n. 123.

– A respeito da aplicação da alíquota mínima de 2% do ISS também para os contribuintes do Simples Nacional, conferir comentários ao art. 8º-A.

6. Ausência de previsão legal de alíquotas fixas do ISS: não incidência do imposto. Nas hipóteses em que o regime de apuração fixa do ISS for de aplicação imperativa (art. 9º, §§ 1º e 3º do DL 406; art. 18, § 22-A, da LC n. 123), a falta de previsão em lei municipal desse montante fixo implicará na não incidência do ISS, por falta de definição desse elemento quantitativo.

– A respeito da polêmica em torno da facultatividade ou obrigatoriedade do ISS fixo para os escritórios de serviços contábeis optantes pelo Simples Nacional, conferir as referências constantes ao art. 10 da LC n. 116.

7. Alíquota fixa do ISS para o MEI: R$ 5,00 mensais. O art. 18-A, § 3º, V, *c*, da LC n. 123 prevê que o microempreendedor individual recolherá o ISS no valor fixo de R$ 5,00 por mês. A respeito desse montante, a lei municipal não poderá alterá-lo, ainda que seja para reduzir ou isentar o imposto, conforme art. 18-A, § 3º, I a III, da LC n. 123. Por outro lado, o § 15-A do art. 18-A autoriza os Municípios a promoverem a *remissão* do ISS inadimplido pelo MEI.

– Conferir art. 18-A, § 3º, da LC n. 123.

8. Estimativa fiscal do ISS para microempresas optantes pelo Simples Nacional. O art. 18, § 18, da LC n. 123 autoriza os Municípios a estabelecerem valores fixos mensais para o recolhimento do ISS devido por microempresas optantes pelo Simples Nacional. O art. 33 da Resolução CGSN

n. 140/2018 regulamentou esse dispositivo, estipulando tetos para essa estimativa fiscal, de tal forma que os Municípios não poderão fixar valores superiores àqueles previstos no § 2º do referido dispositivo.

– Conferir art. 33 da Resolução CGSN n. 140/2018.

9. Variação da alíquota de acordo com o tipo do serviço. É praxe a previsão legal de alíquotas diferentes do ISS em função do tipo do serviço, por subitem da lista. Com efeito, a lei municipal não está limitada a escolher uma única alíquota para todos os serviços tributáveis, podendo calibrar as alíquotas entre 2% a 5% de acordo com a Política Fiscal local. Para as atividades descritas nos subitens 7.02, 7.05 e 16.01, a alíquota do ISS poderá ser inferior a 2%, conforme § 1º do art. 8º-A da LC n. 116.

10. Alíquotas seletivas do ISS. A Constituição Federal nem a lei complementar nacional preveem ou recomendam *expressamente* a alíquota seletiva para o ISS, ficando a cargo da Política Tributária Municipal a adoção, ou não, da seletividade para atender políticas de índole ambiental, assistencial, urbanístico, educacional, econômica, social etc. Para o ISS, a seletividade implica na variação da alíquota de acordo com o contribuinte, o tomador do serviço ou, ainda de uma determinada região do território municipal afetado pelo serviço. A lei municipal pode prever reduções de alíquota em razão do prestador ou do tomador do serviço, observando a alíquota mínima de 2% (art. 8º-A) e princípios tributários. Da mesma maneira, a seletividade pode servir como instrumento tributário de incentivo ao progresso de determinadas regiões municipais, conforme a ressalva do art. 151, I, da CF. Exemplos de previsão de alíquotas seletivas do ISS: a) serviço de construção de casas populares no âmbito do Programa Minha Casa, Minha Vida; b) serviços tomados pela própria prefeitura; c) serviços prestados por cooperativas, associações ou clubes; d) serviços tomados por igrejas; e) empresas instaladas em distrito industrial ou alguma região da cidade; f) serviços de saúde prestados no âmbito do SUS etc.

– Conferir art. 151, I, CF, com aplicação aos Municípios pelo princípio da simetria.

11. "Seletividade implícita" do ISS: regime fixo, construção civil e serviço de transporte coletivo municipal. Muito embora não haja nenhum dispositivo constitucional ou infraconstitucional que aborde expressamente sobre uma seletividade do ISS, os tratamentos diferenciados previstos para algumas atividades levam aos mesmos efeitos de uma seletividade, no sentido de amenizar a carga tributária do ISS em função da atividade desempenhada, com vistas a favorecer o prestador ou o tomador dos referidos serviços. É o caso, por exemplo, do regime de apuração fixa do ISS para as sociedades profissionais, que se atém apenas àquelas atividades expressamente previstas no § 3º do art. 9º do DL 406. Idem com relação ao ISS fixo devido pelos escritórios de serviços contábeis optantes pelo Simples Nacional (art. 18, § 22-A, LC n. 123). Da mesma forma, conforme art. 88 do ADCT e a parte final do art. 8º-A da LC n. 116, os serviços de construção civil (subitens 7.02 e 7.05) e de transporte coletivo municipal (subitem 16.01) foram os únicos excepcionados da alíquota mínima de 2%, numa clara sinalização de que tais serviços podem merecer um tratamento tributário seletivo por força de lei municipal. No caso do ISS fixo, a seletividade se apresenta como obrigatória, tal como ocorre com o IPI (art. 153, § 3º, I, CF); no que concerne aos serviços de construção civil e transporte coletivo municipal, a seletividade do ISS é apenas facultativa, como acontece no ICMS (art. 155, § 2º, III, CF).

12. O regime fixo do ISS enquanto *benefício* para os contribuintes: aplicação da alíquota *ad valorem* estipulada para o serviço, quando o valor fixo previsto na lei municipal superar a carga tributária calculada sob o percentual legal. De acordo com a seletividade implícita no regime fixo do ISS, que decorre do princípio constitucional da isonomia, o valor fixo previsto em lei municipal não pode superar, no caso em concreto, o montante do ISS que seria devido mediante a aplicação da alíquota *ad valorem*. Assim, os percentuais estabelecidos na lei municipal ou na LC n. 123 (no caso da estimativa fiscal e dos escritórios de serviços contábeis) servem também como tetos para a cobrança do ISS fixo, devendo ser levado em consideração o período de apuração. Assim, se a lei municipal previr o ISS fixo no valor anual de R$ 1.200,00, e a carga do ISS calculado *normalmente* em cima do preço do serviço ou receita bruta gerar um imposto anual de R$ 800,00 para o contribuinte, o ISS fixo deverá ser estancado no valor de R$ 800,00. Nessa linha raciocínio, pode-se afirmar que a alíquota máxima de 5% também se aplica ao ISS fixo, se a lei municipal não previr uma alíquota inferior para o serviço. Aliás, não há como afastar a aplicação da alíquota máxima de 5% para os contribuintes sujeitos ao ISS fixo, uma vez que esse percentual máximo atende ao princípio da não confiscatoriedade, impedindo uma imposição tributária que torne insustentável a atividade profissional ou econômica. A propósito, a razão do veto presidencial ao inciso I do art. 8º foi exatamente neste sentido: preservação da viabilidade econômico-financeira daqueles contribuintes que seriam intensamente afetados com uma alíquota máxima de 10%. Não há julgados no STJ sobre esse conflito que pode surgir em situações em concreto; todavia, em vários acórdãos os ministros do STJ destacam que a jurisprudência do tribunal entende que "o *benefício* da alíquota fixa do ISS somente é devido" aos contribuintes que preencherem os requisitos legais. Nesse sentido: AgInt AREsp 1.226.637, 1ª T., 2018; AgRg EDcl REsp 1.445.260; AgRg REsp 1.526.565, 2ª T., 2015; AgRgEDcl AREsp 186.362, 2015; AgRgEDclAREsp 434.355, 2014.

– Conferir as referências feitas ao arts. 7º e 10, que tratam dos regimes de apuração do imposto.

13. Alíquota do ISS e adequado tratamento para as cooperativas. Verificar as referências feitas aos arts. 2º e 7º sobre as cooperativas.

14. Princípio da não discriminação tributária em razão da procedência ou destino: art. 152 da CF. A lei municipal não pode criar alíquotas diferentes do ISS em razão da procedência ou destino da prestação de serviço. Por exemplo, é manifestamente inconstitucional a lei municipal que preveja alíquotas superiores para o ISS, quando o serviço for prestado por contribuinte com estabelecimento prestador fora de seu município. Tal prática protecionista aos prestadores locais feriria o art. 152 da CF.

– Conferir art. 152 da CF.

15. Alíquotas fixas, proporcionais ou progressivas do ISS. No regime do Simples Nacional, as alíquotas (efetivas) do ISS são *progressivas*, aumentando de acordo com a receita bruta acumulada nos últimos doze meses do contribuinte, conforme art. 18, § 1º-A e anexos III a V da LC n. 123. Nas hipóteses do art. 9º, §§ 1º e 3º do DL 406, art. 18, §§ 18 e 22-A, e art. 18-A, § 3º, V, *c*, ambos da LC n. 123, a alíquota do ISS será fixa. Na apuração *ordinária* do ISS incidente sobre o preço do serviço, a alíquota será proporcional. Diante da falta de autorização expressa em lei complementar nacional (norma geral), os Municípios não poderão criar alíquotas progressivas dentro do regime ordinário de apuração do ISS.

15.1. Alíquotas progressivas do ISS no Simples Nacional (LC n. 123): período compreendido entre 1º-7-2006 e 31-12-2017 (antes da LC n. 155/2016). Originalmente, as alíquotas do Simples Nacional já vinham diretamente identificadas nos anexos da LC n. 123. As alíquotas do Simples Nacional variavam de acordo com a atividade e com a receita bruta acumulada nos últimos doze meses (RBT12). Apenas para as atividades sujeitas ao Anexo V, é que havia a particularidade de se determinar as alíquotas dos tributos *federais* também de acordo com a relação existente entre a folha de salários e a receita bruta dos últimos doze meses (fator "r"). Portanto, a alíquota final do Simples Nacional dependia, em regra, da receita bruta acumulada nos últimos doze meses e da atividade. Excepcionalmente, para as atividades sujeitas ao Anexo V, também era necessário levar em consideração o fator "r", ou seja, relação entre folha e receita, no que concerne às alíquotas dos tributos federais. Todavia, para fins de ISS, o tipo de serviço nem o fator "r" não influenciava, de tal forma que a alíquota do ISS dentro do Simples Nacional era identificada apenas com base da receita bruta acumulada nos últimos doze meses (RBT12). As alíquotas progressivas do ISS eram a mesma para todos os serviços, independentemente do anexo que o contribuinte estava enquadrado, pois as diferentes tabelas refletiam tão somente nas alíquotas dos tributos federais.

15.2. Alíquotas progressivas do ISS no Simples Nacional, previstas nos Anexos III, IV e VI da LC n. 123 até 31-12-2017 (antes da alteração trazida pela LC n. 155/2016).

– As alíquotas progressivas do ISS variavam de 2% a 5%. Conferir tabelas anexas à LC n. 123.

– Verificar referência feita anteriormente, acerca da alíquota máxima do ISS no Simples Nacional, que poderia chegar a até 6%, em razão do adicional de 20% previsto até o advento da LC n. 155/2016. A partir dos fatos geradores ocorridos em 1º-1-2018, a alíquota máxima do ISS no Simples Nacional também é de 5%.

15.3. Alíquotas progressivas do ISS no Simples Nacional, a partir dos fatos geradores ocorridos em 1º-1-2018: art. 18, § 1º-A da LC n. 123, acrescentado pela LC n. 155/2016. Com o advento da LC n. 155, a apuração do Simples Nacional foi (complexamente) alterada, com a inserção de uma progressividade graduada. Conforme art. 18, § 1º-A da LC n. 123, a alíquota *efetiva* (final) do Simples Nacional é o resultado de [(RBT12 x Aliq – PD) ÷ RBT12], em que: "RBT12" corresponde à receita bruta acumulada nos doze meses anteriores ao período de apuração; "Aliq" é a alíquota nominal constante nos Anexos I a V da LC n. 123; e "PD" é a parcela a deduzir constante dos Anexos I a V da LC n. 123. Denota-se que a LC n. 155 criou dois tipos de alíquotas: nominal e efetiva. A alíquota *nominal* é aquela constante nas tabelas anexas, enquanto a alíquota *efetiva* é aquela decorrente da fórmula acima, que será finalmente multiplicada pela base de cálculo. A alíquota efetiva do ISS vai variar sempre entre 2% a 5%.

– Conferir art. 18 da LC n. 123, com redação atribuída pela LC n. 155.

– Conferir as tabelas III, IV e V da LC n. 123, inseridas pela LC n. 155, que se aplicam para os prestadores de serviços:

– Conferir arts. 21 a 24 da Resolução CGSN n. 140/2018, que versam sobre as alíquotas do Simples Nacional.

16. Multa moratória: limite de 20% sobre o tributo. Ambas as turmas do STF têm limitado a multa moratória a 20% do tributo devido. Nesse sentido: Plenário, RE 582.461; 1ª T., ARE 556.446 AgR,; e 2ª T., RE 596.429 AgR.

– STF, Plenário, RE 582.461, 2011: "(...) 4. Multa moratória. Patamar de 20%. Razoabilidade. Inexistência de efeito confiscatório. Precedentes. A aplicação da multa moratória tem o objetivo de sancionar o contribuinte que não cumpre suas obrigações tributárias, prestigiando a conduta daqueles que pagam em dia seus tributos aos cofres públicos. Assim, para que a multa moratória cumpra sua função de desencorajar a elisão fiscal, de um lado não pode ser pífia, mas, de outro, não pode ter um importe que lhe confira característica confiscatória, inviabilizando inclusive o recolhimento de futuros tributos. O acórdão recorrido encontra amparo na jurisprudência desta Suprema Corte, segundo a qual não é confiscatória a multa moratória no importe de 20% (vinte por cento)".

– Outros precedentes do STF no mesmo sentido: AI 682.983, 1ª T., 2015; ARE 886.446, 1ª T., AgR, 2016; RE 596.429 AgR, 2ª T., 2012.

17. Multa punitiva: limite de 100% do tributo devido. O STF já decidiu acerca do limite de 100% sobre o valor do tributo para a multa punitiva (de ofício). Nesse sentido: ADInMC 1.075, Plenário; ARE AgR 776.273, 1ª T.; AI 838.302 AgR,. No RE 736.090, o Plenário do STF analisará em repercussão geral a validade de multa de 100% nas hipóteses em que restar configurada fraude, sonegação ou conluio. Tema 863: "limites da multa fiscal qualificada em razão da sonegação, fraude ou conluio, tendo em vista a vedação constitucional ao efeito confiscatório".

– STF, Plenário, ADI 1075 MC, 1998: "– É cabível, em sede de controle normativo abstrato, a possibilidade de o Supremo Tribunal Federal examinar se determinado tributo ofende, ou não, o princípio constitucional da não confiscatoriedade consagrado no art. 150, IV, da Constituição da República. Hipótese que versa o exame de diploma legislativo (Lei 8.846/94, art. 3º e seu parágrafo único) que instituiu multa fiscal de 300% (trezentos por cento). – A proibição constitucional do confisco em matéria tributária – ainda que se trate de multa fiscal resultante do inadimplemento, pelo contribuinte, de suas obrigações tributárias – nada mais representa senão a interdição, pela Carta Política, de qualquer pretensão governamental que possa conduzir, no campo da fiscalidade, à injusta apropriação estatal, no todo ou em parte, do patrimônio ou dos rendimentos dos contribuintes, comprometendo-lhes, pela insuportabilidade da carga tributária, o exercício do direito a uma existência digna, ou a prática de atividade profissional lícita ou, ainda, a regular satisfação de suas necessidades vitais básicas. – O Poder Público, especialmente em sede de tributação (mesmo tratando-se da definição do 'quantum' pertinente ao valor das multas fiscais), não pode agir imoderadamente, pois a atividade governamental acha-se essencialmente condicionada pelo princípio da razoabilidade que se qualifica como verdadeiro parâmetro de aferição da constitucionalidade material dos atos estatais (...)".

– STF, 1ª T., ARE 776.273 AgR, 2015: "MULTA CONFISCATÓRIA. REDUÇÃO. PERCENTUAL INFERIOR AO VALOR DO TRIBUTO. POSSIBILIDADE. 1. É admissível a redução da multa tributária para mantê-la abaixo do valor do tributo, à luz do princípio do não confisco. Precedentes. 2. Agravo regimental a que se nega provimento".

– No mesmo sentido: ARE 905.685 AgR, 1ª T., 2018; RE 602.686, 1ª T., 2014.

18. Para uma melhor segurança jurídica dos contribuintes, é recomendável o tratamento da limitação das multas em lei complementar. "Em que pese o louvável papel que o Poder Judiciário vem desempenhando na imposição de limites às multas abusivas ou desproporcionais, melhor ainda para a segurança jurídica dos contribuintes seria a normatização da matéria pelo Código Tributário Nacional, de forma a fixar normas gerais de Direito Tributário Penal a serem observadas por todos os entes federados. Embora tais normas tenham sido retiradas do Anteprojeto por gerarem, à época, complexidades de ordem prática intransponíveis, sobretudo no âmbito da dificuldade de fiscalização e do trabalho que daria a graduação das penas em função de circunstâncias agravantes e atenuantes, hoje o grande desenvolvimento da tecnologia de informação e a sofisticação do procedimento de fiscalização permitem, até para os menores municípios, a fixação mais justa das penalidades com base nos princípios há tanto tempo consagrados pelo Direito Penal. Nesse contexto, é papel da doutrina desenvolver o debate a respeito do tema, de forma a subsidiar o legislador complementar com os elementos necessários para que sejam inseridas no Código Tributário Nacional normas que obriguem os entes federados a impor muitas de forma mais justa, uniforme e segura para os contribuintes" (TROIANELLI, Gabriel Lacerda. A multa tributária: proporcionalidade, não confisco e a atuação do poder judiciário. *In:* ROCHA, Valdir de Oliveira (coord.). *Grandes questões atuais do direito tributário.* São Paulo: Dialética, 2012. v. 16, p. 87).

19. Limite para a multa por descumprimento de obrigação tributária acessória. O STF ainda não definiu este limite, mas o tema está sob julgamento em repercussão geral (tema 487), no RE 640.452. Tema 487: "caráter confiscatório da 'multa isolada' por descumprimento de obrigação acessória decorrente de dever instrumental".

> **Art. 8º-A.** A alíquota mínima do Imposto sobre Serviços de Qualquer Natureza é de 2% (dois por cento). (Incluído pela LC n. 157/2016.)

1. Art. 8º-A incluído pela LC n. 157/2016: início da produção de seus efeitos somente em 2018. De acordo com o art. 7º, § 1º da LC n. 157, o art. 8º-A da LC n. 116 somente entrou em vigor um ano após a publicação da LC n. 157, que se deu em 30-12-2016.

– Conferir art. 6º da LC n. 157/2016.

2. Alíquota *mínima* do ISS: 2%. O art. 156, § 3º, I, da Constituição Federal prevê que as alíquotas mínimas e máximas do ISS devem ser fixadas por lei complementar nacional. O art. 88 do ADCT (acrescentado pela Emenda 37/2002) já previa essa alíquota mínima de 2%, enquanto não fosse publicada lei complementar a respeito, exceto para os serviços de construção civil descritos nos itens 32, 33 e 34 da antiga lista de serviços anexa ao DL 406. Nesse sentido, o art. 8º-A da LC n. 116 estabeleceu o mesmo piso de 2% para todos os serviços tributados pelo ISS, exceto para aqueles descritos nos subitens 7.02, 7.05 e 16.01 da lista (§ 1º).

– Conferir art. 156, § 3º, I, CF, e o art. 88 do ADCT c/c itens 32, 33 e 34 da antiga lista de serviços anexa ao DL 406/68.

– A respeito da alíquota *máxima* do ISS, conferir as referências ao art. 8º.

3. Fundamentos constitucionais para a previsão de alíquotas mínimas via lei complementar nacional. A previsão em lei complementar nacional da alíquota mínima do ISS encontra os seguintes fundamentos constitucionais: uniformização das alíquotas em todo território nacional (normas gerais), evitar ou reduzir conflitos entre os Municípios ("guerra fiscal"), princípio constitucional tributário da capacidade contributiva, responsabilidade fiscal e princípio da livre concorrência. Com relação aos três subitens excepcionados pelo § 1º do art. 8º-A, denota-se a presença de uma seletividade implícita, de cunho facultativo para os Municípios.

– Sobre a "seletividade implícita", conferir referências ao art. 8º e art. 8º-A, § 1º.

– Conferir ADPF 190, Plenário STF, 2016, que fixou a seguinte tese: "É inconstitucional lei municipal que veicule exclusão de valores da base de cálculo do ISSQN fora das hipóteses previstas em lei complementar nacional. Também é incompatível com o Texto Constitucional medida fiscal que resulte indiretamente na redução da alíquota mínima estabelecida pelo art. 88 do ADCT, a partir da redução da carga tributária incidente sobre a prestação de serviço na territorialidade do ente tributante".

4. Alíquota mínima do ISS e imposição de um exercício mínimo da competência tributária municipal: foco principal na guerra fiscal. No âmbito do ICMS, a CF, em seu art. 155, § 2º, XII, *g*, prevê que os Estados e o Distrito Federal somente poderão deliberar sobre isenções, incentivos e benefícios fiscais na forma de lei complementar nacional, *in casu*, a LC n. 24/75. Essa limitação constitucional à competência tributária estadual decorre de uma justa preocupação com as chamadas "guerras fiscais" entre os Estados, através do uso do ICMS para atração de empresas para seus territórios. Da mesma maneira, o ISS também acabou sendo mal utilizado por alguns Municípios exatamente com esse propósito de captar empresas para seus territórios, inclusive empresas meramente de "fachada". Com a principal intenção de coibir essa prática fiscal municipal, a LC n. 157 incluiu na LC n. 116 mecanismos para disciplinar, proibir e punir os Municípios, Distrito Federal e seus agentes políticos, assegurando uma efetiva implantação da alíquota mínima do ISS de 2%.

5. Alíquota mínima do ISS e livre concorrência empresarial: princípio tributário da neutralidade. Nenhum tributo, e isso também vale para o ISS, deve prejudicar a livre concorrência, trazendo distorções na precificação dos produtos, bens e serviços (art. 146-A, CF). A aleatoriedade absoluta na fixação da alíquota do ISS ocasionou distorções na livre concorrência, por parte de empresas que migraram seus estabelecimentos prestadores para municípios com baixa incidência do ISS ("paraísos fiscais municipais"), sendo que há casos evidentes de sonegação fiscal envolvendo empresas simplesmente "de fachada", isto é, estabelecidas em tais Municípios apenas formalmente em seus cadastros fiscais ou documentos societários, mas com estabelecimentos efetivamente localizados em outros Municípios. A alíquota mínima do ISS, válida para todos os Municípios, também tem essa importante função protecionista à livre concorrência, com relação aos serviços devidos no local do estabelecimento prestador (art. 4º da LC n. 116).

– Conferir art. 146-A da CF.

6. Efeitos fiscais e extrafiscais provocados pela tributação ao comportamento das pessoas. "A importância do tema é indiscutível, somos conhecedores do fato de que a tributação apresenta efeitos fiscais e extrafiscais na sociedade. Esses efeitos podem ser intencionais, tal como na concessão de benefícios fiscais ou na tributação ecológica, ou podem ser não – intencionais, visto que todo o tributo em si possui uma carga de eficácia extrafiscal. De qualquer sorte é indiscutível que o aumento de um percentual na alíquota de um tributo ou a criação de uma nova obrigação tributária ou de uma forma de adimplemento de uma obrigação acessória (tal como na antecipação do prazo de recolhimento de um tributo) age sobre a conduta e as expectativas de ação de agentes econômicos, bem como na promoção de direitos fundamentais. O tributo, bem o sabemos, não apenas implica uma forma de arrecadação de recursos privados para a sustentabilidade de políticas públicas, mas também age sobre a maneira como iremos nos comportar, tornando mais cara a aquisição de certos bens (punindo economicamente) ou mais barata a aquisição de outros (premiando)" (CALIENDO, Paulo. *Direito tributário e análise econômica do direito*. São Paulo: Elsevier, 2009. p. 100).

7. Os efeitos gerais da tributação sobre o consumo, como é o caso do ISS. "Os efeitos da tributação sobre o consumo dependem de capacidade de se realizarem escolhas econômicas e mudanças de comportamento (*elasticidade*). Desse modo, quanto menor for a possibilidade de alterar minhas escolhas e mudar meu comportamento, menor será a elasticidade desta situação. Assim, se a demanda possuir maior elasticidade do que a oferta, então a tributação sobre o consumo influenciará pouco o preço ao consumidor e, portanto, os produtores carregarão todo o peso da tributação. Se, por outro lado, a oferta possuir maior *elasticidade* do que a demanda, então o peso da tributação sobre o consumo será transferido diretamente para o consumidor. A regra poderia ser explicada da seguinte forma: a parte do ciclo econômico (produção ou consumo) que possuir menos flexibilidade para alterar o seu comportamento econômico e não puder realizar escolhas alternativas irá suportar a maior parte do peso da tributação. A neutralidade fiscal deve ser alcançada, assim, diminuindo-se os efeitos da tributação sobre os setores rígidos, de modo a não criar ineficiências no sistema, que provoquem um enfraquecimento do lado da oferta (produção) ou do consumidor, o que em longo prazo pode implicar serias distorções no sistema produtivo ou na renda geral da sociedade" (CALIENDO, Paulo. *Direito tributário e análise econômica do direito*. São Paulo: Elsevier, 2009. p. 105).

8. Posicionamento do CADE no processo administrativo n. 38/99, a respeito da neutralidade fiscal e concorrência, à luz dos incentivos fiscais e da "guerra fiscal". "A importância da tributação para garantir um regime de concorrência efetiva está prevista no art. 146-A do texto constitucional, acrescentado pela Emenda Constitucional n. 42, de 19/12/2003. Conforme esse dispositivo: '*Art. 146-A*. Lei complementar poderá estabelecer critérios especiais de tributação, com o objetivo de prevenir desequilíbrios da concorrência, sem prejuízos da competência de a União, por lei, estabelecer normas de igual objetivo'. Desse modo, reconhece-se claramente a importância da tributação para que exista um regime de concorrência que não seja afetado pela tributação. Em particular o tema dos incentivos fiscais foi tratado pelo CADE no Processo Administrativo n. 038/99, em uma decisão relevante sobre o assunto, apresentado pelo PNBE (*Pensamento Nacional das Bases Empresariais)*. Nesse caso, o Plenário do CADE apreciou uma consulta acerca da adequação dos incentivos fiscais concedidos pelos Estados – Membros às empresas, prática conhecida como 'Guerra Fiscal', à legislação de defesa da livre concorrência. Segundo a consulta '*guerra fiscal pode levar a situações de alocação ineficiente de recursos na economia e a condições que permitam a uma empresa deter 'domínio do mercado''*. O regime de proteção da concorrência no Brasil é determinado pela Lei n. 8.884/94, que determina que as infrações à ordem econômica (abuso de poder dominante, cartelização ou monopolização) deverão ser investigadas, julgadas e punidas pelos órgãos que compõem o Sistema Brasileiro de Defesa da Concorrência: CADE (Conselho Administrativo de Defesa Econômica) e SDE (Secretaria de Direito Econômico), com a possível participação da SEAE (Secretaria de Acompanhamento Econômico). Pela importância das conclusões cabe aqui citar o entendimento alcançado na Consulta n.038/99: Retira o estimulo ao aumento constante do nível geral de eficiência da economia, permitindo uso menos eficiente de recursos e afetando negativamente a capacidade de geração de riquezas do país: a) Protege as empresas incentivadas da concorrência, mascarrando seu desempenho, permitindo que mantenham praticas ineficientes e desestimulando melhorias na produção ou inovação. b) Permite que empresas incentivadas, ainda que auferindo lucros, possam 'predatoriamente' eliminar do mercado suas concorrentes não favorecidas, mesmo que estas sejam mais eficientes e inovadoras, em função do enorme colchão protetor de que dispõem. c) Prejudica as demais empresas que, independentemente de sua capacidade, terão maiores dificuldades na luta pelo mercado, gerando com isso mais desincentivo à melhoria de eficiência e inovação. d) Gera incerteza e insegurança para o planejamento e tomada de decisão empresarial, dado que qualquer cálculo feito pode ser drasticamente alterado – e qualquer inversão realizada pode ser drasticamente inviabilizada com a concessão de um novo incentivo. e) Desestimula, por tudo isso, a realização de investimentos tantos novos quanto a expansão de atividade em andamento. No presente caso decidiu o Plenário do CADE em 22 de março de 2000, por unanimidade, nos termos do voto do Relator, determinando o encaminhamento de cópia do relatório, voto e acórdão à Comissão Especial de Reforma Tributária da Câmara dos Deputados, ao Supremo Tribunal Federal e ao Conselho Nacional de Política Fazendária – Confaz" (CALIENDO, Paulo. *Direito tributário e análise econômica do direito*. São Paulo: Elsevier, 2009. p. 120-122).

9. Alíquota mínima e responsabilidade fiscal dos Municípios. A imposição de uma alíquota mínima do ISS em nível nacional tem como uma de suas finalidades equilibrar as contas públicas municipais, reforçando a necessidade da responsabilidade na gestão fiscal. Neste diapasão, o art. 8º-A também aparece como um adendo à Lei de Responsabilidade Fiscal – LRF (LC n. 101/2000), criando limites, deveres, condições e punições voltadas para a responsabilidade da gestão fiscal, no tocante ao efetivo exercício da competência tributária municipal frente ao ISS. A propósito, o art. 4º da LC n. 157 alterou a Lei n. 8.429/92 (Lei de Improbidade Administrativa), qualificando como improbidade administrativa o desrespeito ao art. 8º-A da LC n. 116.

– Confiram-se os arts. 1º, 11 e 14 da LC n. 101/2000 (LRF) e os arts. 10-A, 12 e 17 da Lei n. 8.429/92 (Lei de Improbidade Administrativa), com redação atribuída pela LC n. 157.

10. Desrespeito à alíquota mínima do ISS e substituição tributária "ativa". O art. 8º do CTN prevê que o não exercício da competência tributária não a defere a outra pessoa jurídica. Assim, com base exclusivamente no CTN, o Município que não instituir o ISS dentro desse piso de 2%, não perde a sua competência tributária e nem transfere a competência tributária para um outro Município. Todavia, com o advento da LC n. 157, criou-se uma "substituição tributária ativa" do ISS, de tal forma que o descumprimento da cobrança mínima do ISS acarreta a transferência da competência tributária para o Município do tomador ou intermediário do serviço, conforme art. 3º, § 4º, da LC n. 116. Logo, o Município originalmente competente para instituir e cobrar o ISS (local do estabelecimento prestador – art. 4º da LC n. 116) é *substituído* pelo Município do tomador do serviço. Por conseguinte, o Município substituído que recebeu o ISS a menor ainda fica obrigado a restituir este valor para o prestador do serviço, nos termos do § 3º do art. 8º-A.

– Confiram-se o art. 8º do CTN e as notas aos arts. 3º e 4º desta LC n. 116.

11. Não se refere, alcança nem afeta, de nenhuma forma, a tributação fixa das sociedades profissionais. O novo art. 8º-A procura acabar com a guerra fiscal entre os Municípios, não se dirigindo à tributação fixa das sociedades profissionais, que resta intacta, até porque não se dá mediante a aplicação de alíquotas *ad valorem*. Desse modo, desimporta se a tributação fixa fica aquém ou além do que corresponderia à aplicação da alíquota de 2% sobre o preço dos serviços profissionais. O art. 8º-A não revogou os §§ 1º e 3º do art. 9º do DL 406, e também não é incompatível com o regime de apuração fixa do ISS. São dois regimes de apuração que coexistem dentro de seus âmbitos de incidência, regidos por leis distintas: o art. 8º-A da LC n. 116 aplica-se à apuração *ordinária* do ISS (preço do serviço multiplicado pelas alíquotas *ad valorem*); enquanto que o ISS fixo do art. 9º, §§ 1º e 3º do DL 406 deve ser adotado pelos contribuintes ali contemplados.

– Confiram-se as notas sobre o art. 9º do DL 406 (ISS fixo) nos comentários feitos ao art. 10 da LC n. 116.

12. Alíquota mínima de 2% e não aplicação no âmbito do Simples Nacional. O art. 8º-A não tem aplicação direta nem subsidiária para o ISS apurado no âmbito do Simples Nacional, uma vez que tal regime diferenciado de tributação é regido por uma lei especial (LC n. 123) com regramentos privilegiados para microempresas e empresas de pequeno porte. Logo, os Municípios têm competência para, válida e licitamente, fixarem alíquotas mínimas inferiores a 2% para os contribuintes optantes pelo Simples Nacional ou, até mesmo, concederem isenções e outros benefícios fiscais que acarretem uma carga tributária do ISS inferior a 2% da receita bruta. A propósito, o art. 18, §§ 20 e 20-A da LC n. 123 admite explicitamente essa faculdade. O inciso I do § 20-A chega a dispor que a concessão de benefícios para os contribuintes do Simples Nacional poderá ser realizada mediante deliberação "exclusiva e unilateral" dos Estados, do Distrito

Federal e dos Municípios. Todavia, o art. 31, parágrafo único, da Resolução CGSN n. 140/2018 estatui que o ISS não poderá ser inferior a 2% mesmo dentro do Simples Nacional, admitindo-se, obviamente, apenas as exceções previstas para os serviços tipificados nos subitens 7.02, 7.05 e 16.01 da lista anexa à LC n. 116.

– A respeito das modalidades de regimes de apuração do ISS, conferir as referências feitas ao art. 7º.

– LC n. 123/2006 (Simples Nacional): "Art. 18 (...). § 20. Na hipótese em que o Estado, o Município ou o Distrito Federal concedam isenção ou redução do ICMS ou do ISS devido por microempresa ou empresa de pequeno porte, ou ainda determine recolhimento de valor fixo para esses tributos, na forma do § 18 deste artigo, será realizada redução proporcional ou ajuste do valor a ser recolhido, na forma definida em resolução do Comitê Gestor. § 20-A. A concessão dos benefícios de que trata o § 20 deste artigo poderá ser realizada: I – mediante deliberação exclusiva e unilateral do Estado, do Distrito Federal ou do Município concedente; II – de modo diferenciado para cada ramo de atividade".

– Confira-se o art. 31 da Resolução CGSN n. 140/2018, que dispõe sobre o Simples Nacional.

---

§ 1º O imposto não será objeto de concessão de isenções, incentivos ou benefícios tributários ou financeiros, inclusive de redução de base de cálculo ou de crédito presumido ou outorgado, ou sob qualquer outra forma que resulte, direta ou indiretamente, em carga tributária menor que a decorrente da aplicação da alíquota mínima estabelecida no *caput*, exceto para os serviços a que se referem os subitens 7.02, 7.05 e 16.01 da lista anexa a esta Lei Complementar. (Incluído pela LC n. 157/2016.)

---

1. Redução da base de cálculo pelo Município, de modo a reduzir a carga tributária abaixo do mínimo permitido, é formal e materialmente inconstitucional. Confira-se a ADPF 190, Plenário do STF, 2016, e nota anterior em que tratamos da matéria.

2. Não se refere a, não alcança, nem afeta, de nenhuma forma, a tributação fixa das sociedades profissionais. No RE 236.604-7, o STF já afirmara que a tributação fixa das sociedades profissionais não configura isenção.

3. Fim da eficácia do art. 88 do ADTC com o advento do art. 8º-A da LC n. 116. O art. 88 do Ato das Disposições Constitucionais Transitórias produziu efeitos "enquanto lei complementar não disciplinar o disposto nos incisos I e II do § 3º do art. 156 da Constituição Federal". Dessa forma, com a regulamentação da alíquota mínima pelo art. 8º-A, o art. 88 do ADCT perdeu sua eficácia.

4. Diferenças entre o art. 88, I, do ADCT e o art. 8º-A, § 1º, da LC n. 116: exclusão do serviço de demolição e inclusão do serviço de transporte coletivo municipal. O art. 88 do ADCT previa que o serviço de demolição (item 33 da revogada lista anexa ao DL 406) poderia ser excepcionado da alíquota mínima de 2%, mas a LC n. 116 não manteve essa exceção. Vale ressaltar que o serviço de demolição aparece no subitem 7.04 da atual lista de serviços anexa à LC n. 116. Por outro lado, o art. 8º-A, § 1º, inseriu na exceção os serviços de transporte coletivo municipal de passageiros (subitem 16.01), que não constava no art. 88 do ADCT.

5. Diferenças entre o art. 88, inciso II do ADCT e o art. 8º-A, § 1º da LC n. 116: maior extensão dada pela LC n. 157. O inciso II do art. 88 do ADCT impede a concessão de isenções, incentivos e benefícios fiscais, que resulte, direta ou indiretamente, na redução da alíquota mínima de 2%. O § 1º do art. 8º-A foi mais amplo e claro, estendendo, de forma explícita, a proibição para a redução da base de cálculo, ou concessão de crédito presumido ou outorgado. Além disso, a redação do § 1º do art. 8º-A esclareceu que, na essência, a limitação não se dirige apenas à *alíquota* do ISS, mas sim à carga tributária final, que decorre da multiplicação da alíquota (de 2%) pela base de cálculo (preço do serviço). Daí o cuidado textual com a redução da base de cálculo ou da concessão de créditos que, direta ou indireta, interferiam no montante final (carga tributária) do ISS.

6. Exceção voltada para os serviços de construção civil (subitens 7.02 e 7.05) e de transporte coletivo municipal de passageiros: seletividade (16.01). Conforme abordado nas referências ao art. 8º, a liberação concedida para os Municípios e o Distrito Federal instituírem uma alíquota mínima, ou melhor, uma carga tributária inferior a 2% sobre o preço do serviço em prol exclusivamente para os serviços listados nos subitens 7.02, 7.05 e 16.01 revela uma manifestação do princípio da seletividade no âmbito do ISS. Vale destacar: uma seletividade facultativa, tal como ocorre com o ICMS.

– Sobre a "seletividade implícita", conferir referências ao art. 8º.

– Sobre a incidência dessa alíquota ou carga tributária mínima nos regimes de apuração do Simples Nacional e do ISS fixo: conferir referências feitas ao arts. 7º e 8º.

§ 2º É nula a lei ou o ato do Município ou do Distrito Federal que não respeite as disposições relativas à alíquota mínima previstas neste artigo no caso de serviço prestado a tomador ou intermediário localizado em Município diverso daquele onde está localizado o prestador do serviço. (Incluído pela LC n. 157/2016.)

1. Consequência para a legislação municipal que desrespeitar a carga tributária mínima de 2% sobre o preço do serviço: nulidade do ato e invalidade da lei. O § 2º inicia estabelecendo a nulidade da lei ou do ato do Município ou do Distrito Federal que afrontar as disposições relativas à alíquota mínima, atacando, portanto, o ato normativo (lei) e, também, o ato administrativo vinculado à lei nula. Assim, o art. 8º-A, § 1º, preocupou-se tanto com o veículo normativo, como com o ato administrativo praticado com fundamento nesta lei inválida. Logo, o dispositivo não se destina apenas aos legislativos municipais, mas também aos membros dos poderes executivos municipais, incluindo principalmente os servidores da Administração Municipal Tributária.

2. Dever funcional dos fiscais tributários municipais de cumprirem as disposições do art. 8º-A da LC n. 116. A previsão expressa, contida no § 2º, da nulidade também do "ato" e não apenas da "lei" municipal, é de suma importância prática, na medida em que a questão poderia gerar dúvidas, melindres e riscos aos agentes fiscais municipais no que toca ao seu dever funcional de cumprir a legislação local, sendo certo que o art. 142, parágrafo único, do CTN, estabelece que "A atividade administrativa do lançamento é vinculada e obrigatória, sob pena de responsabilidade funcional". Na ausência do dispositivo, os agentes da Administração Tributária Municipal poderiam forçar-se a comportamentos omissivos, à espera da superveniente decretação oficial e concreta de ilegalidade ou inconstitucionalidade da lei municipal pelo Poder Judiciário ou, então, de um ato normativo do Município (lei ou norma infralegal) que expressamente os liberassem da aplicação da lei municipal violadora do art. 8º-A da LC n. 116. Ao incluir a nulidade também do "ato" administrativo municipal ou distrital, o § 2º do art. 8º-A serve como base legal direta e autossuficiente para que os servidores municipais não apenas possam, mas devam afastar a aplicação de sua lei municipal que contrarie as disposições relativas à alíquota mínima prevista no art. 8º-A da LC n. 116, pelo menos no que tange às prestações *intermunicipais* de serviços.

3. Invalidade da lei ou do ato municipal apenas com relação às prestações *intermunicipais* de serviços: aplicação direta do art. 8º-A, § 2º,

parte final, da LC n. 116. A nulidade e, consequentemente, a inaplicabilidade da lei municipal somente se darão *diretamente* com base na LC n. 116 nos casos de serviços prestados a tomadores ou intermediários localizados em municípios distintos do estabelecimento prestador. Portanto, a nulidade da lei, em face de seu desrespeito à LC n. 116/2003, alcançará, tão somente, as prestações *intermunicipais* de serviços, não cabendo essa mesma consequência quando os serviços forem prestados dentro do território de um único Município, isto é, quando o prestador e o tomador ou intermediário do serviço estiverem no mesmo Município. Assim, o § 2º do art. 8º-A trouxe para dentro do ISS aquela diferenciação já existente e praticada para o ICMS, relativamente às operações interestaduais e internas. No caso do ISS, as prestações internas de serviços permanecerão submetidas às alíquotas da lei municipal, ainda que desrespeitem a carga tributária mínima de 2% sobre o preço do serviço, até que haja uma eventual decretação oficial de sua inconstitucionalidade. Nas prestações *internas* de serviços sujeitos a uma alíquota inferior a 2%, a competência tributária permanecerá com o mesmo Município, não se aplicando a chamada "substituição tributária ativa" do art. 3º, § 4º da LC n. 116, já que o tomador ou intermediário do serviço também estarão localizados dentro no mesmo Município ou Distrito Federal. Outrossim, o prestador do serviço não fará jus à restituição de indébito prevista no § 3º do art. 8º-A da LC n. 116/2003. Por fim, até que surja uma ordem judicial em sentido contrário ou o advento de uma nova lei municipal, a Administração Tributária local deverá aplicar a sua lei municipal nas prestações *internas* de serviços, ainda que preveja uma alíquota inferior a 2% para o ISS.

4. Aplicação da alíquota mínima inferior a 2% nas prestações internas de serviços e art. 152 da CF. O referido dispositivo constitucional veda aos Municípios o estabelecimento de diferença tributária entre serviços, de qualquer natureza, em razão de sua procedência ou destino. Conforme acima exposto, a aplicação da lei municipal que preveja uma alíquota mínima do ISS inferior a 2%, tão somente às prestações internas de serviços, acaba violando o art. 152 da CF, uma vez que os prestadores com estabelecimentos dentro do município terão essa vantagem competitiva, frente aos seus concorrentes com estabelecimentos fora do Município, no que diz respeito aos contratos celebrados com tomadores locais. Todavia, forte no princípio da legalidade tributária, não há como impor aos prestadores locais outra alíquota, ainda que de 2%, por falta de previsão em lei municipal (que, na verdade, prevê uma alíquota menor) ou, até mesmo, em lei complementar nacional. A LC n. 116/2003 não supre essa lacuna. De *lege ferenda*, poder-se-ia pensar em nova alteração do art. 8º-A da LC n. 116/2003 que contemplasse uma alíquota *supletiva* para o ISS (de 2%), devido nas prestações internas de serviços, na hipótese de o Município desrespeitar a carga tributária mínima do ISS. Para evitar a eternização dessa distorção tributária, que pode até mesmo incentivar um protecionismo municipal em favor de empresas instaladas em seu território e, com isso, alimentar a guerra fiscal que o art. 8º-A da LC n. 116/2003 busca primordialmente coibir, serão fundamentais as ações fiscalizatórias e a efetiva aplicação das punições extratributárias contempladas na Lei de Improbidade Administrativa e na Lei de Responsabilidade Fiscal.

5. Reflexos não tributários acerca da aplicação da lei municipal nas prestações internas de serviços, mesmo com previsão de carga tributária do ISS inferior a 2% sobre o preço do serviço. A fixação de uma *alíquota* mínima, ou melhor, de uma *carga tributária* mínima para o ISS não está fundamentada apenas no intuito de se evitar ou inibir a chamada guerra fiscal, ainda que isto seja o seu principal desiderato. A alíquota mínima do ISS também tem outras relevantes finalidades, quais sejam: uniformização das alíquotas em todo território nacional (normas gerais), princípio constitucional tributário da capacidade contributiva, responsabilidade fiscal e princípio da livre concorrência. Dessa forma, ainda que a lei municipal violadora da alíquota mínima sirva para ser aplicada na apuração do ISS incidente sobre as prestações internas de serviços, os agentes políticos deverão ser responsabilizados e apenados pela manutenção dessa ilegalidade, sobretudo no que tange à responsabilidade fiscal (LRF) e improbidade administrativa (Lei n. 8.942/92).

– Sobre os fundamentos constitucionais das alíquotas mínimas e máximas, conferir referências aos arts. 8º e 8º-A, *caput*.

6. Alteração do local de ocorrência do ISS nas prestações *intermunicipais* de serviços, em caso de descumprimento da cobrança mínima do ISS: substituição tributária ativa do art. 3º, § 4º, da LC n. 116, acrescentado pela LC n. 157. O art. 88 do ADCT, acrescentado pela Emenda 37/2002, prevê que o ISS deverá ter alíquota mínima de 2%, impedindo a concessão de benefícios ou incentivos fiscais por parte dos Municípios, que impliquem em uma carga tributária inferior. A recente LC n. 157, por seu turno, acrescentou o recente art. 8º-A, reforçando a obrigatoriedade dessa carga tributária mínima do ISS, inclusive com previsão de nulidade da lei ou ato do Município que desrespeitar a carga tributária mínima (§ 2º). Neste contexto de inibição de "guerra fiscal" entre os Municípios, foi acrescentado pela LC n. 157 um § 4º no art. 3º da LC n. 116, que criou uma inusitada substituição tributária ativa do ISS nas prestações intermunicipais de serviços, no sentido de transferir o ISS do local do estabelecimento prestador para o local do "estabelecimento do tomador ou do intermediário do serviço ou, na falta de estabelecimento, onde ele estiver domiciliado", quando o Município do estabelecimento prestador descumprir a cobrança mínima do ISS. Trata-se de uma substituição tributária ativa, na medida em que se opera uma transferência do sujeito ativo da obrigação tributária do ISS: originalmente, o imposto municipal é devido no local do estabelecimento do prestador; porém, em razão do descumprimento desse dever financeiro de cobrar o ISS com alíquota mínima de 2%, o Município infrator (do local do estabelecimento prestador) perde a competência tributária para o Município onde estiver o estabelecimento do tomador ou intermediário. Muito embora o texto não seja explícito quanto à aplicação dessa substituição tributária ativa apenas quando o imposto for originalmente devido no local do estabelecimento prestador (regra do *caput* do art. 3º), essas mudanças de sujeição ativa e local de ocorrência não terão cabimento para as exceções previstas nos incisos e demais parágrafos do art. 3º, pelas seguintes razões: a) o § 4º do art. 3º é uma consequência da nulidade prevista no § 2º do art. 8º-A, que trata de uma hipótese em que o imposto é devido no município do estabelecimento prestador; b) nas exceções dos incisos e demais parágrafos do art. 3º, o ISS já acaba incidindo no estabelecimento do tomador, tornando inócua a aplicação deste § 4º; c) por se tratar de uma regra criada sobretudo para dirimir conflitos de competência tributária ("guerra fiscal") entre os Municípios, o que se pretendeu coibir e punir foi a atração de empresas para aqueles Municípios que oferecem uma carga tributária inferior do ISS para quem ali se estabelecer, até porque os serviços excepcionados nos incisos e parágrafos do art. 3º estão ilesos a essas práticas financeiras ilícitas dos Municípios, na medida que o imposto não é devido no "estabelecimento prestador", mas sim no local onde foram concluídos ou executados, conforme o caso.

7. Situação hipotética em que o Município substituto (onde está o estabelecimento do tomador ou intermediário do serviço) também não observa a alíquota mínima do ISS. A LC n. 116 não tratou da hipótese em que ambos municípios (do estabelecimento prestador e do estabelecimento tomador) descumprirem a carga tributária mínima do ISS. A propósito, em tese, é possível que existam situações nas quais a alíquota do ISS no Município do tomador do serviço (substituto) seja até inferior à alíquota do Município substituído, o que redundaria numa carga tributária ainda menor a ser paga. Diante da omissão legal, deve ser aplicada a substituição tributária ativa do ISS, mesmo que o Município substituto cobre um ISS menor do que o Município substituído? Ou, por força dos princípios da razoabilidade, da proporcionalidade, da eficiência, e daqueles outros que fundamentam o estabelecimento da alíquota mínima do ISS, a competência tributária permaneceria no Município do estabelecimento prestador? A partir de uma ponderação de todos esses princípios associada a uma interpretação teleológica, parece ser mais apropriado manter a competência tributária no Município do estabelecimento prestador, sem prejuízo das penalidades extratributárias cabíveis.

---

§ 3º A nulidade a que se refere o § 2º deste artigo gera, para o prestador do serviço, perante o Município ou o Distrito Federal que não respeitar as disposições deste artigo, o direito à restituição do valor efetivamente pago do Imposto sobre Serviços de Qualquer Natureza calculado sob a égide da lei nula. (Incluído pela LC n. 157/2016.)

---

1. Direito à restituição do indébito do ISS, na hipótese da substituição tributária ativa. O direito à restituição previsto neste parágrafo pressupõe a aplicação da substituição tributária ativa do ISS, contemplada no § 2º do art. 8º-A c/c o § 4º do art. 3º, ambos da LC n. 116/2003. Com efeito, diante do deslocamento da competência tributária do Município do estabelecimento prestador para o Município do estabelecimento do tomador ou intermediário do serviço, o ISS pago pelo prestador do serviço corresponderá a um indébito passível de restituição.

2. Inaplicabilidade do § 3º nas prestações internas de serviços, ainda que a lei municipal estipule uma alíquota inferior a 2%. Como a nulidade da lei municipal não alcança o ISS devido nos serviços com prestador e tomador localizados num mesmo município (prestação interna de serviço), o valor recolhido não ensejará nenhuma restituição de indébito.

3. Não aplicação do art. 166 do CTN na restituição especial do art. 8º-A, § 3º, da LC n. 116/2003. O Município do estabelecimento prestador, substituído na competência tributária do ISS devido ao descumprimento do art. 8º-A da LC n. 116/2003, não poderá invocar o art. 166 do CTN, no sentido de exigir do prestador do serviço a prova de que assumiu o referido encargo do ISS ou, então, uma autorização do tomador do serviço. Primeiramente, o art. 8º-A, § 3º, está inserido na LC n. 116/2003, que é uma lei especial relativamente ao CTN, regendo uma situação bastante peculiar e, até mesmo, inédita no direito tributário nacional, no que tange à transferência da competência tributária em face do seu exercício incompleto ou parcial, em desrespeito ao art. 8º-A da LC n. 116/2003. Ademais, sobre a prestação do serviço, haverá incidência do imposto, devido para um outro Município credor (do estabelecimento do tomador ou intermediário), quando, então, a carga tributária do ISS será repassada para o tomador ou intermediário ou, então, assumida pelo prestador, de tal forma que as exigências do art. 166 do CTN não são cabíveis para essa modalidade de restituição de indébito do ISS. Todavia, até mesmo para se evitar um enriquecimento ilícito do prestador do serviço ou, ainda, que o prestador se aproveite de sua própria torpeza, o Município devedor poderá exigir, do prestador requerente, prova de que: o ISS foi pago para o Município do tomador do serviço (substituto ativo); sofreu a retenção do imposto por parte do tomador com base na legislação do município competente; ou, ainda, que o Município do tomador está cobrando o ISS com fulcro no art. 3º, § 4º da LC n. 116/2003.

4. Improbidade administrativa. A LC n. 157/2016, acrescentou dispositivo à Lei 8.429/91, que define atos de improbidade administrativa e responsabiliza os agentes públicos. Criou a Seção II-A, com seu art. 10-A, no seguintes termos: "Seção II-A. Dos Atos de Improbidade Administrativa Decorrentes de Concessão ou Aplicação Indevida de Benefício Financeiro ou Tributário. Art. 10-A. Constitui ato de improbidade administrativa qualquer ação ou omissão para conceder, aplicar ou manter benefício financeiro ou tributário contrário ao que dispõem o *caput* e o § 1º do art. 8º-A da Lei Complementar n. 116, de 31 de julho de 2003".

Art. 9º Esta Lei Complementar entra em vigor na data de sua publicação.

Ausência de *vacatio legis*. Cláusula desaconselhada, mas válida. A determinação de vigência na data da sua publicação fez com que a lei tenha entrado em vigor imediatamente, o que não se justificava. Sobretudo leis de envergadura, como essa lei complementar de normas gerais em matéria de ISS, devem conter uma cláusula de vigência contemplando prazo razoável para que, antes da sua aplicação, dela tomem conhecimento a comunidade jurídica e os destinatários da norma. Aliás, é o que estabelece a LC n. 95/98. De qualquer modo, a cláusula de vigência imediata, embora desaconselhada, é válida.

– A LC n. 95/98, que dispõe sobre a elaboração, a redação, a alteração e a consolidação das leis, conforme determina o parágrafo único do art. 59

da Constituição Federal, estabelece: "Art. 8º A vigência da lei será indicada de forma expressa e de modo a contemplar prazo razoável para que dela se tenha amplo conhecimento, reservada a cláusula 'entra em vigor na data de sua publicação' para as leis de pequena repercussão".

Art. 10. Ficam revogados os arts. 8º, 10, 11 e 12 do Decreto-lei n. 406, de 31 de dezembro de 1968; os incisos III, IV, V e VII do art. 3º do Decreto-lei n. 834, de 8 de setembro de 1969; a Lei Complementar n. 22, de 9 de dezembro de 1974; a Lei n. 7.192, de 5 de junho de 1984; a Lei Complementar n. 56, de 15 de dezembro de 1987; e a Lei Complementar n. 100, de 22 de dezembro de 1999.

⇒ Decreto-lei n. 406/68. Art 9º A base de cálculo do imposto é o preço do serviço.

§ 1º Quando se tratar de prestação de serviços sob a forma de trabalho pessoal do próprio contribuinte, o imposto será calculado, por meio de alíquotas fixas ou variáveis, em função da natureza do serviço ou de outros fatores pertinentes, nestes não compreendida a importância paga a título de remuneração do próprio trabalho.

§ 2º Na prestação dos serviços a que se referem os itens 19 e 20 da lista anexa o imposto será calculado sobre o preço deduzido das parcelas correspondentes: (Redação dada pelo Decreto-lei n. 834/69.)

a) ao valor dos materiais fornecidos pelo prestador dos serviços; (Redação dada pelo (Redação dada pelo Decreto-lei n. 834/69.)

b) ao valor das subempreitadas já tributadas pelo imposto. (Redação dada pelo Decreto-lei n. 834/69.)

§ 3º Quando os serviços a que se referem os itens 1, 4, 8, 25, 52, 88, 89, 90, 91 e 92 da lista anexa forem prestados por sociedades, estas ficarão sujeitas ao imposto na forma do § 1º, calculado em relação a cada profissional habilitado, sócio, empregado ou não, que preste serviços em nome da sociedade, embora assumindo responsabilidade pessoal, nos termos da lei aplicável. (Redação dada pela Lei Complementar n. 56/87.)

§ 4º Na prestação do serviço a que se refere o item 101 da Lista Anexa, o imposto é calculado sobre a parcela do preço correspondente à proporção direta daela (*sic*) da extensão da rodovia explorada, no território do Município, ou da metade da extensão de ponte que una dois Municípios. (Incluído pela Lei Complementar n. 100/99.)

§ 5º A base de cálculo apurado nos termos do parágrafo anterior: (Incluído pela Lei Complementar n. 100/99.)

I - é reduzida, nos Municípios onde não haja posto de cobrança de pedágio, para sessenta por cento de seu valor; (Incluído pela Lei complementar n. 100/99.)

II - é acrescida, nos Municípios onde haja posto de cobrança de pedágio, do complemento necessário à sua integralidade em relação à rodovia explorada. (Incluído pela Lei complementar n. 100/99.)

§ 6º Para efeitos do disposto nos §§ 4º e 5º, considera-se rodovia explorada o trecho limitado pelos pontos equidistantes entre cada posto de cobrança de pedágio ou entre o mais próximo deles e o ponto inicial ou terminal da rodovia. (Incluído pela Lei Complementar n. 10/99.)

---

1. Aplicação do ISS fixo para os contribuintes registrados como "empresários individuais": § 1º do art. 9º do DL 406/67. O empresário individual (antigamente tratado como "firma individual") não é pessoa jurídica, mas sim pessoa natural, tanto que não consta no rol do art. 44 do Código Civil e, portanto, não dispõe de autonomia patrimonial, assumindo responsabilidade pessoal e ilimitada. Dessa forma, caso o serviço seja prestado de forma pessoal pelo seu titular e sem efetivo caráter empresarial, o empresário individual poderá apurar o ISS fixo. Da mesma maneira que o STJ vem admitindo que as sociedades empresárias (contrato social registrado na Junta Comercial) sejam enquadradas no ISS fixo, acaso se comprove a pessoalidade do serviço, a ausência de organização empresarial e a responsabilidade pessoal dos sócios, os empresários individuais também merecem receber esse mesmo tratamento que prestigia a maneira como o serviço é efetivamente prestado, e não apenas a formalidade perante os órgãos registradores. Todavia, caso o titular atue com a colaboração de outros profissionais habilitados, o ISS fixo já não será mais cabível, pois o § 3º do art. 9º do DL 406/68 limitou essa possibilidade para as "sociedades", e não para qualquer tipo de contribuinte.

– "1. O Tribunal de origem consignou que 'o artigo 9º, § 3º, do Decreto-lei 406/68 não é aplicável ao caso em epígrafe, pois se refere aos serviços prestados por sociedades, cujos profissionais assumam a responsabilidade pessoal pelo trabalho. Por sociedade, pressupõe-se a associação de duas ou mais pessoas. É dos autos que o apelante é firma individual, composta por único sócio, não podendo, portanto, ser enquadrado na tributação especial estabelecida pelo artigo 9º, § 3º, do Decreto-lei 406/68 ou artigo 199 do CTM' (fl. 142, e-STJ)" (STJ, REsp 1.661.650, 2ª T., 2017).

2. Aplicação do ISS fixo para a EIRELI: § 1º do art. 9º do DL 406/68. Diferentemente do empresário individual ("firma individual"), a empresa individual de responsabilidade limitada (EIRELI) é pessoa jurídica, conforme art. 44, VI, do Código Civil. Uma EIRELI, ainda que tenha seu ato constitutivo registrado na Junta Comercial e com previsão de responsabilidade limitada do titular, pode ser enquadrada no ISS fixo se preencher os requisitos do § 1º do art. 9º do DL 406/68, a saber: trabalho pessoal do titular, ausência de caráter empresarial e responsabilidade pessoal. No entanto, se, além do seu titular, a EIRELI possuir outros profissionais habilitados para a prestação dos serviços, o ISS fixo não será cabível, na medida em que o § 3º do art. 9º do DL 406/68 somente confere tal direito às sociedades.

---

§ 2º Na prestação dos serviços a que se referem os itens 19 e 20 da lista anexa o imposto será calculado sobre o preço deduzido das parcelas correspondentes: (Redação dada pelo Decreto-lei n. 834/69.)

a) ao valor dos materiais fornecidos pelo prestador dos serviços; (Redação dada pelo Decreto-lei n. 834/69.)

b) ao valor das subempreitadas já tributadas pelo impôsto. (Redação dada pelo Decreto-lei n. 834/69.)

§ 3º Quando os serviços a que se referem os itens 1, 4, 8, 25, 52, 88, 89, 90, 91 e 92 da lista anexa forem prestados por sociedades, estas ficarão sujeitas ao imposto na forma do § 1º, calculado em relação a cada profissional habilitado, sócio, empregado ou não, que preste serviços em nome da sociedade, embora assumindo responsabilidade pessoal, nos termos da lei aplicável. (Redação dada pela Lei Complementar n. 56/87.)

§ 4º Na prestação do serviço a que se refere o item 101 da Lista Anexa, o imposto é calculado sobre a parcela do preço correspondente à proporção direta daela da extensão da rodovia explorada, no território do Município, ou da metade da extensão de ponte que una dois Municípios. (Incluído pela Lei Complementar n. 100/99.)

§ 5º A base de cálculo apurado nos termos do parágrafo anterior: (Incluído pela Lei Complementar n. 100/99.)

I – é reduzida, nos Municípios onde não haja posto de cobrança de pedágio, para sessenta por cento de seu valor; (Incluído pela Lei complementar n. 100/99.)

II – é acrescida, nos Municípios onde haja posto de cobrança de pedágio, do complemento necessário à sua integralidade em relação à rodovia explorada. (Incluído pela Lei complementar n. 100/99.)

§ 6º Para efeitos do disposto nos §§ 4º e 5º, considera-se rodovia explorada o trecho limitado pelos pontos equidistantes entre cada posto de cobrança de pedágio ou entre o mais próximo deles e o ponto inicial ou terminal da rodovia. (Incluído pela Lei Complementar n. 100/99.)

---

1. Constitucionalidade e recepção do ISS fixo pela CF/88. O STF já analisou a constitucionalidade ou a recepção do art. 9º, §§ 1º e 3º do DL, afastando os argumentos municipais de que tal regime de apuração afrontaria os princípios da igualdade e capacidade contributiva ou, ainda, que implicaria numa isenção heterônoma ou uma violação dos limites de uma norma geral. A matéria está consolidada na Súmula 663 do STF.

1.1. Súmula 663 do STF. "Os §§ 1º e 3º do art. 9º do DL 406/68 foram recebidos pela Constituição".

– "ISS. SOCIEDADES PRESTADORAS DE SERVIÇOS PROFISSIONAIS. ADVOCACIA. D.L. 406/68, art. 9º, §§ 1º e 3º. C.F., art. 151, III, art. 150, II, art. 145, § 1º. I. – O art. 9º, §§ 1º e 3º, do DL. 406/68, que cuidam da base de cálculo do ISS, foram recebidos pela CF/88: CF/88, art. 146, III, a. Inocorrência de ofensa ao art. 151, III, art. 34, ADCT/88, art. 150, II e 145, § 1º, CF/88. II. – R.E. não conhecido" (STF, Pleno, RE 236604, 1999).

– "ISSQN. SOCIEDADE CIVIL PRESTADORA DE SERVIÇOS PROFISSIONAIS. INTERPRETAÇÃO DO ART. 9º, §§ 1º E 3º, DO DL N. 406/68... 3. O art. 9º, §§ 1º e 3º, do DL n. 406/68, foram recepcionados pela CF/88. Precedente do STF: RE n. 236604-7/PR. 4. 'O STF jamais deu pela incompatibilidade do art. 9º, §§ 1º e 3º, do DL 406/68, com a Constituição pretérita, que consagrava, como é sabido, o princípio da igualdade' (Min. Carlos Velloso, RE 236.604-7/PR). Precedentes a conferir, citados pelo relator: 'RE 96.475/SP, Rafael Mayer, 1ª T., 14.5.82, *DJ* de 04.6.82; RE 105.185/RS, Rafael Mayer, 1ª T., 03.5.85, RTJ 113/1.420; RE 105.854/SP, Rafael Mayer, 1ª T., 18.6.85, *RTJ* 115/435; RE 105.273/SP, Rafael Mayer, 1ª T., 31.5.85, *DJ* de 21.6.85; RE 82.560/SP, Aldir Passarinho, 2ª T., 27.5.83, *DJ* de 05.8.83; RE 82.724/CE, Leitão de Abreu, Plenário, 11.10.78, RTJ 90/533'. 5. As sociedades civis constituídas por profissionais para executar serviços especializados, com responsabilidade pessoal destes, e sem caráter empresarial, tem direito ao tratamento do art. 9º, § 3º, do DL n. 406/68" (STJ, 1ª T., AGREsp 922047, 2007).

– "... as pessoas jurídicas que tiverem os objetos sociais correspondentes as atividades previstas no art. 9º, § 3º, do Decreto-lei 406/68 não poderão ser descaracterizadas pelas autoridades administrativas, ao argumento que possuem estrutura organizada de maneira empresarial, nem que não há pessoalidade dos sócios na execução da atividade-fim, quer porque não há previsão na legislação civil neste sentido, quer porque a legislação complementar tributária assim não o previu, quer porque o Código Civil é expresso em considerar que mesmo havendo exercício de atividade econômica organizada para prestação de serviços, a sociedade não será considerada empresária se o objeto social corresponder a atividade intelectual de natureza científica..." (RODRIGUES, Rodrigo Dalcin. A incidência do ISS-QN dissociada do preço do serviço (por meio de alíquotas fixas ou variáveis). *RDDT* 161/78, 2009).

1.2. Comentário à Súmula 663 do STF (recepção do ISS fixo pela Constituição de 1988). "Os dispositivos mencionados pela súmula são aqueles que concedem aos profissionais autônomos (médicos, advogados, engenheiros, dentistas etc.) e às sociedades por eles integradas tratamento diferenciado relativamente ao cálculo do imposto municipal incidente sobre serviços (ISS). Em vez de ser calculado mediante a aplicação de alíquota sobre a remuneração do serviço prestado, o ISS é devido por valores fixos, mensalmente devidos por cada profissional liberal. Alegavam os Municípios que tal forma de cálculo não teria sido recepcionada pela Constituição. Seria contrária, basicamente, ao art. 150, III, da CF/88, que proíbe a União de conceder isenções de tributos estaduais e municipais. A tributação por valores fixos seria um benefício fiscal que, conquanto não implicasse isenção total do imposto, levaria a uma substancial redução deste, implicando espécie de 'isenção parcial'. O STF, contudo, como se vê da súmula em comento, não acolheu a tese defendida pelos Municípios. Para tanto, entendeu, basicamente, que a forma de cálculo do ISS devido por profissionais autônomos e por suas sociedade não representa benefício fiscal e nem isenção heterônoma, pois, com ela, em algumas situações o profissional pode pagar menos do que o que seria devido em termos proporcionais ao seu faturamento, mas em outras pode pagar mais. Trata-se apenas de um critério de cálculo diferente" (MACHADO SEGUNDO, Hugo de Brito. *Direito tributário nas súmulas do STF e do STJ*. São Paulo: Atlas, 2010. p. 147).

2. Não revogação do ISS fixo pela EC 37/2002: art. 88 do ADCT. Com o advento da EC 37/2002, que acrescentou o art. 88 no ADCT, prevendo uma alíquota mínima de 2% para o ISS, houve debates em torno da revogação tácita dos §§ 1º e 3º do art. 9º do DL 406/68. Todavia, não deve prevalecer a tese da revogação, pois: a) tal como pacificado nos julgados do STF que levaram à edição da Súmula 663, o ISS fixo se reporta a uma modalidade *especial* de tributação do ISS que simplesmente *define* a base do imposto sobre os serviços prestados por aqueles contribuintes albergados nos §§ 1º e 3º do art. 9º, não correspondendo a uma *redução* da base de cálculo nem da carga tributária; b) os §§ 1º e 3º do art. 9º têm inequívoco *status* de lei complementar, logo, estão amparados na ressalva contida logo no início do art. 88 do ADCT, de que lei complementar poderá disciplinar a alíquota mínima do ISS de forma diversa à regra dos dois por cento.

3. Não revogação do ISS fixo pela LC n. 116. Com o advento da LC n. 116, o tema da revogação dos §§ 1º e 3º do art. 9º do DL 406 retornou aos debates doutrinários e discussões judiciais, uma vez que a LC n. 116 não tratou do ISS fixo, gerando interpretações de que o "preço do serviço" seria a única base de cálculo do ISS e, assim, restaria tacitamente revogado o ISS fixo. Todavia, o STJ acabou afastando a revogação tácita do ISS fixo pela LC n. 116, sob os seguintes argumentos: a) ausência de revogação expressa, na medida em que o art. 10 da LC n. 116 expressamente dispôs sobre a revogação dos arts. 8º, 10, 11 12 do DL 406, pulando propositadamente o art. 9º; b) o próprio histórico do processo legislativo que originou a LC n. 116 pois, na redação original do projeto de lei, a revogação expressa do art. 9º do DL 406 constava no art. 10 da LC n. 116, mas restou retirado durante as deliberações legislativas; e c) não há incompatibilidade entre o ISS fixo e a apuração ordinária do ISS incidente sobre o preço do serviço.

– STJ, REsp 1.016.688, 1ª T., j. maio 2008, em favor da vigência dos §§ 1º e 2º do DL 406 mesmo com o advento da LC n. 116.

– "No caso do art. 9º do DL 406/1968, trata-se de norma especial anterior já incorporada e que coexiste, harmonicamente, com a norma geral posterior, não sendo com ela incompatível" (MARTINS, Ives Gandra da Silva; RODRIGUES, Marilene Talarico Martins. Advocacia – função essencial à da justiça na dicção constitucional – razão do regime diferenciado de tributação fixa e do ISS – inteligência do Decreto-lei n. 406, artigo 9º, §§ 1º e 3º, e das Leis Complementares ns. 116 e 157 – parecer. *Revista de Estudos Tributários* (RET), Porto Alegre: Síntese, n. 121, p. 56/90, maio/jun. 2018. p. 70/71).

– "Desde a emenda Constitucional n. 18, de 1965, que introduziu o ISS em nosso sistema tributário e especialmente desde o Código Tributário Nacional (...), os serviços prestados sob a forma de trabalho pessoal do próprio contribuinte sempre tiveram um critério de tributação em que se não leva em conta a remuneração do próprio trabalho. O art. 72 *caput* do CTN já dispunha que a base de cálculo do ISS era o preço do serviço, ressalvando, entre outras hipóteses, a prestação de serviço sob a forma de trabalho pessoal do próprio contribuinte, caso em que se vedava a utilização, como base do imposto, da renda proveniente da remuneração do próprio trabalho. A tributação se fazia, e sempre se fez, com base em valores fixos anuais, tanto para os autônomos como para as sociedades profissionais, desprezado o preço do serviço como critério. (...) A recente Lei Complementar (LC) n. 116, de 31 de julho de 2003 (*DOU* de 1.8.2003) trouxe diversas modificações na disciplina complementar no Imposto sobre Serviços de Qualquer Natureza (ISS). Suscita-se aqui especificamente o problema de saber se teria sido, ou não, revogado o critério de tributação aplicável aos serviços pessoais, prestados por profissionais, em caráter autônomo, ou congregados em sociedades. Algumas prefeituras, entendendo que sim, se apressam a encaminhar projetos de lei às Câmaras Municipais, buscando estabelecer para esses casos a remuneração do próprio trabalho como base de cálculo do ISS. (...) Resulta claro da análise dos textos legais em confronto, que tanto os §§ do artigo 9º do DL 406 como os §§ do artigo 7º da LC n. 116 veiculam normas especiais não incompatíveis entre si. Com efeito; não há qualquer antinomia entre normas especiais de tributação de profissionais liberais, das sociedades profissionais, e as normas de tributação dos serviços de construção civil. (...) Nem se afirme que a LC n. 116 disciplinou inteiramente a matéria, pelo que teria revogado a legislação anterior (...) a LC n. 116 não é norma absoluta, porque, como visto, revogou expressamente algumas disposições do DL 406, mas não seu artigo 9º. Ora lei absoluta se decolara absoluta e aplicável a todos os casos. Não revoga nem precisa revogar dispositivos esparsos anteriores. Se o faz é porque não é absoluta. (...) Como conclusão, temos que o critério especial de tributação permanece em vigor, tanto para os profissionais autônomos como para as sociedades profissionais, tendo em vista que os §§ 1º (especialmente) e 3º do artigo 9º do DL 406 continuam em vigor, por não terem sido revogados pela LC n. 116" (PISANI, José Roberto. ISS: serviços profissionais – LC n. 116/2003. *RDDT* 97/65, 2003).

– "1) O § 3º do art. 9º do Dec.-lei 406/68, que concede tributação fixa por profissional habilitado em sociedades uniprofissionais, continua em vigor no ordenamento, não tendo sido revogado pela LC n. 116/03 2)... As sociedades uniprofissionais que assumam caráter empresarial não fazem jus à tributação fixa do Dec.-lei 406/68. (...) 4) O novo Código Civil não considera empresário aquele que exerce atividade de natureza intelectual ou científica, ainda que com a cooperação de auxiliares ou colaboradores, salvo se o exercício da profissão constituir elemento de empresa. (...) 6) Para que as sociedades de profissão regulamentada façam jus à tributação fixa do ISS, são requisitos essenciais: 1) a habilitação dos profissionais que exerçam a atividade-fim da sociedade; e 2) que prestem o respectivo exercício sob responsabilidade pessoal. 7) O fato de a sociedade ter muitos sócios e profissionais não lhe acarreta, por si só, o 'elemento de empresa', da mesma forma que a colaboração de estagiários na atividade-fim ou de outros funcionários na atividade-meio. 8) O exercício de atividades estranhas à profissão específica objeto das sociedades uniprofissionais confere o 'elemento empresa' à sociedade, pois a tributação fixa foi criada para beneficiar profissionais liberais no exercício de sua precípua profissão, e não para beneficiar sociedades empresariais, que exerçam atividades estranhas à profissão regulamentada" (CARVALHO, Cristiano; MACHADO, Rafael Bicca. ISS e as sociedades uniprofissionais. *RTFP* 55/158, 2004).

– "(i) o art. 7º da LC n. 116/03 não revogou os §§ 1º e 3º do art. 9º do DL n. 406/68, quer tacitamente, quer de maneira global; (ii) o art. 10 da LC n. 116/03 não revogou expressamente o art. 9º do DL n. 406/68, mas apenas exclui do ordenamento as normas que haviam alterado (e não revogado) o seu § 3º; e (iii) ainda que se admitisse como revogado o § 3º do art. 9º, isso em nada afetaria a vigência e o alcance da norma do respectivo § 1º que bastaria por si só para justificar o regime de pagamento do ISS por alíquotas fixas, independentemente da forma de organização (individualmente ou em sociedade) adotada pelo profissional liberal, o que estaria de acordo com os princípios da isonomia e da capacidade contributiva" (BRAZUNA, José Luis Ribeiro. ISS: Lei Complementar n. 116/2003 e o tratamento dos profissionais liberais e das sociedades profissionais. *RFDT* 06/107, 2003).

3.1. Em sentido contrário, superado. Conferir trecho do voto do Desembargador Irineu Mariani do TJSP em prol da revogação do ISS fixo pela LC n. 116, citado pelo Min. José Delgado, relator do REsp 1.016.688, 1ª T. do STJ, maio de 2008. Vale dizer que o Ministro relator, apesar da citação do voto favorável à revogação tácita do ISS fixo pela LC n. 116, decidiu pela não revogação dos §§ 1º e 2º do art. 9º, o que foi acompanhado pelos demais membros da turma.

4. Não revogação do ISS fixo pela LC n. 157/2016: art. 8º-A da LC n. 116. Ao fixar a alíquota mínima do ISS em 2%, através da inserção do art. 8º-A na LC n. 116, a LC n. 157/2016 acabou ressuscitando a discussão em torno de uma possível revogação tácita do art. 9º, §§ 1º e 3º, do DL 406. Todavia, como esse novo dispositivo apenas regulou o art. 88 do ADCT, valem as mesmas considerações feitas acima em prol da plena e intocável vigência do ISS fixo dos §§ 1º e 3º do DL 406 mesmo após a LC n. 157/2016. Ademais, no art. 9º do Projeto de Lei Complementar do Senado n. 386, de 2012, que culminou na LC n. 157/2016, havia a previsão expressa da revogação dos §§ 1º e 3º do art. 9º do DL 406/68, algo que acabou sendo retirado do texto da lei complementar que acabou sendo aprovado. Finalmente, convém destacar que a LC n. 157 não previu a revogação expressa de nenhum dispositivo ou legislação.

4.1. Revogação e repristinação. A LC n. 157/2016 revogou expressamente a LC n. 56/87 que, a par de dispor sobre a lista de serviços tributáveis, dera nova redação ao § 3º do art. 9º do DL 401/68.

– "Sobre a repristinação pretendida pelos Municípios, tal argumento vai facilmente afastado pelo que dispõe o § 3º do art. 2º da LINDB, o qual prevê que, 'salvo disposição em contrário, a lei revogada não se restaura por ter a lei revogadora perdido a vigência'. Ou seja, a revogação do art. 2º da LC n. 56/1987, que deu a atual redação ao § 3º do Decreto-Lei n. 406/1968, não serve para se assumir que o próprio § 3º tenha sido revogado" (NICHELE, Rafael. A inconstitucionalidade da legislação do Município de Porto Alegre ao criar requisitos para o gozo da sistemática de tributação fixa do ISS para sociedades de advogados: matéria reconhecida em repercussão geral nos autos do RE 940.769/RS. *Revista de Estudos Tributários (RET),* Porto Alegre: Síntese, n. 113, 2017. p. 232).

5. Coexistência de três regras matrizes diferentes do ISS, em razão da distinção de bases de cálculos, de hipóteses de incidência e de sujeitos passivos. "Nota-se que para o ISS há três regras matrizes juridicamente distintas, porque as bases de cálculo são diferentes e porque as hipóteses de incidências e os sujeitos passivos também são dessemelhantes, por serem qualificados. Não é qualquer prestador de serviço que pode ser contribuinte do imposto na forma prevista nos §§ 1º e 3º do art. 9º do Decreto-Lei n. 406/68. No primeiro caso tem que ser um prestador pessoa física que execute o trabalho (serviço) pessoalmente. No segundo, apenas as sociedades prestadoras exclusivamente dos serviços descritos no § 3º do art. 9º do Decreto-Lei 406/68, e que os preste por meio do trabalho pessoal de profissionais habilitados que os executem em nome delas, assumindo responsabilidade técnica profissional pessoal. Quanto à hipótese de incidência, o prestar serviço também é qualificado; não é qualquer forma de prestar serviço que se sujeita a tal incidência, senão apenas a prestação de serviço com uma forma específica de execução: a pessoal, pois a conduta humana descrita pela hipótese tributária é neste caso prestar serviço sob a forma de trabalho pessoal (pessoalmente). E, no caso das sociedades, a hipótese de incidência não é a prestação de quaisquer dos serviços definidos em lei complementar (hoje a LC n. 116/2003), mas apenas os serviços descritos no § 3º art. 9º do Decreto-Lei n. 406/68" (ABREU, Anselmo Zilet. Incidência do ISS sobre os serviços prestados pelas sociedades uniprofissionais. *In:* MACEDO, Alberto; CASTRO, Leonardo Freitas de Moraes e (coord.). *Tributação indireta empresarial*: indústria, comércio e serviços. São Paulo: Quartier Latin, 2016. p. 794).

5.1. ISS fixo para prestação de serviços sob a forma de trabalho pessoal do próprio contribuinte e para sociedades profissionais. A LC n. 116/2003 não revogou por completo o Decreto-lei n. 406/68. O art. 9º, §§ 1º e 3º, desse Decreto-lei permanece em vigor, assegurando aos profissionais liberais e as sociedades profissionais o pagamento de ISS por valor fixo. No caso das sociedades, o valor fixo é multiplicado pelo número de profissionais. Trata-se de regime menos oneroso que o do pagamento do ISS em percentual sobre o preço dos serviços.

6. Apontando as vantagens trazidas pala simplificação do ISS fixo, inclusive para os Municípios. "Deveras, esse sistema de tributação facilita de modo extraordinário a tributação dos municípios. E que seria extremamente difícil em certos casos o Fisco encontrar a base de cálculo do imposto. Basta imaginar um escritório de advocacia composto por um único advogado. Sem sombra de dúvida o advogado teria que pagar o imposto pelo serviço prestado. E no caso teria que ser 5 % sobre todo o serviço. Ocorre que seria despropositado exigir que todos os advogados forneçam a nota fiscal sobre os serviços prestados. Mais difícil ainda seria fiscalizar se todos os advogados estariam recolhendo o imposto corretamente. A doutrina ainda aponta como razão do regime diferenciado o fato de evitar a tributação de maneira idêntica ao imposto de renda. 'A base de cálculo não será o preço do serviço, mas resultará da aplicação de alíquotas fixas, ou variáveis, não podendo o imposto incidir sobre a remuneração do próprio trabalho. Justifica-se tratamento diferenciando, para que não ocorra invasão, pelo Município, da competência privativa da União para tributar o rendimento das pessoas'. Em razão disso há previsão legal de o Fisco municipal tributar sem precisar encontrar a base de cálculo e por consequência se aplicar a alíquota sobre essa base de cálculo. Criou-se então a tributação por meio de valor fixo, ou 'alíquota fixa'. Ao invés de exigir que todo profissional ao realizar um pequeno trabalho emita uma nota de serviço dali recolhida 5% para a Fazenda Municipal, esta simplesmente arbitra um valor a ser pago por todos os advogados economizando tempo e dinheiro dos contribuintes e da própria Fazenda Municipal" (SANTOS JUNIOR, Adalmo Oliveira dos. A sistemática do ISSQN fixo e sua aplicabilidade nos serviços de registro públicos e notariais. *In:* BRITO, Edvaldo Pereira (coord.). *Revista Tributária e de Finanças Públicas*, ano 24, n. 126, 2016. p. 90).

6.1. Vantagem do tributo fixo, à luz do princípio da neutralidade fiscal. "Sendo a tributação normalmente distorciva, um dos predicados mais desejáveis a ela e também um dos mais difíceis de obter é a neutralidade. Por neutralidade deve-se entender o tributo que não altera o comportamento dos consumidores, ou seja, não gera p efeito substituição, que ocorre quando o indivíduo passa a consumir outro bem ou serviço substituto àquele que deixou de adquirir por conta de aumento de preço. Uma forma possível de evitar o efeito-substituição é o chamado tributo fixo (*lump-sum tax*) ou regressivo. Este tributo incide sempre com o mesmo valor, não importando aspectos pessoais e subjetivos do contribuinte ou peculiaridades da situação tributada. Acaba sendo também regressivo porque atinge aqueles com menor capacidade econômica, por não ser sequer proporcional. A possível vantagem do tributo fixo é distorcer menos o sistema de preços, aproximando-se da neutralidade fiscal, isto é, do sistema tributário que cause o mínimo de distorções e perdas de eficiências no mercado. É neutro porque incide de forma igual para todos, e, principalmente, incide sobre bens e serviços de demanda inelástica (ou pouco elástica), não gerando incentivos que afetem a oferta e a demanda no mercado. Novamente temo uma colisão entre diferentes concepções de justiça. A concepção de justiça que priorize apenas o processo, e não os resultados, preferirá preservar ao máximo o ambiente homoestático do mercado, i.e., barrar os ruídos que possam gerar desvios em seu equilíbrio. Os tributos são os responsáveis por essas distorções, conforme vimos. Quanto mais neutros, portanto, menos ruídos causarão, e o resultado será mais excedente social. O preço a pagar é menos isonomia, uma vez que os mais pobres pagarão proporcionalmente mais tributos que os mais ricos. A outra concepção de justiça leva em conta outro valor de importância enorme, que é a igualdade. Ofende o senso comum admitir que o sujeito mais desprovido de riqueza deva parar proporcionalmente mais do que o sujeito relativamente abastado. Nota-se que deslocamos o foco da progressividade para o da proporcionalidade tributária. Destarte, a proporcionalidade tributária cumpre a função de atender a igualdade de tratamento entre os indivíduos, porem ao custo de onerar toda a sociedade. Em suma, ocorre o que os economistas chamam de *Trade off*: a sociedade deve optar pelo que entender mais adequado aos seus interesses: uma tributação neutra, que não distorça a alocação ótima de recursos, possibilitando maior geração de excelente social (riqueza) ou a tributação que seja equitativa e atenda a valores como igualdade e capacidade contributiva. Não se trata, como poderiam apressadamente pensar alguns, de uma decisão obvia ou fácil. Há custo e benefício para ambas as possibilidades, que devem ser racionalmente sopesados" (CARVALHO, Cristiano. *Teoria da decisão tributária*. São Paulo: Saraiva, 2013. p. 156-157)

7. Com o ISS fixo, o legislador objetivou evitar a sobreposição do ISS sobre o imposto de renda. "Objetivou o legislador, com o § 1º do art. 9º, evitar fosse o 'preço do serviço' utilizado como base de cálculo do ISS no caso de serviços prestados 'sob a forma de trabalho pessoal do próprio contribuinte'. E o fundamento dessa providência estaria em não permitir, como acentuou o Ministro ALIOMAR BALEEIRO, 'a superposição do imposto de serviços sobre o imposto de renda, sob o fundamento de que o primeiro apenas tomava para base de cálculo a receita bruta, inconfundível com a renda líquida sujeita ao último' (*in* 'Direito Tributário Brasileiro', 3ª edição, Forense, p. 265). Esse também é, inclusive, o argumento usado pelo ilustrado Professor, e emérito tributarista, RUBENS GOMES DE SOUSA. Em recente parecer emitido para a prefeitura do Recife, ainda não publicado, aquele mestre, ao comentar a exclusão do fator 'renda proveniente de remuneração do próprio trabalho', quando da fixação da base de cálculo do ISS em relação à prestação de serviço configurada pelo trabalho pessoal do contribuinte afirmou: 'É claro que a ressalva tinha por fim que o ISS viesse a confundir-se com imposto de renda sobre honorários ou salários, como acontecia com o antigo imposto de indústrias e profissões'" (MONTEIRO, Luiz de Sá. O imposto sobre serviços e as sociedades de profissionais. *Revista da Secretaria de Assuntos Jurídicos da Prefeitura Municipal de Recife*, n. 1, ano I, mar. 1973. p. 86).

7.1. Justificativa histórica do ISS fixo e sua correlação com o imposto de renda devido pelas sociedades prestadoras de serviços profissionais. "No Brasil, o tratamento especial quanto ao imposto de renda das pessoas jurídicas, foi instituído para as sociedades de prestação de serviços profissionais pela Lei 154, de 25.11.1947, hoje consolidada no art. 248, § 1º, 'b', do Regulamento (Decreto 58.400, de 10.5.1966). Confrontando essa lei fiscal com as referentes ao exercício das profissões regulamentadas, vê-se que umas e outras se inspiram na premissa de que, tendo a qualificação técnico-científica um caráter individual, tais atividades devem ser exercidas por pessoas físicas. Assim, quando o sejam por sociedades, a responsabilidade profissional é sempre atribuída individualmente aos sócios ou empregados qualificados, que atuem por aquelas. Por outras palavras, a legislação considera que os profissionais reunidos em sociedade podem prestar melhor serviço a seus clientes, através de maiores capacidades de equipamento administrativo e técnico e condições econômicas e financeiras no exercício da atividade e na repartição dos seus resultados. Em resumo, as sociedades profissionais são encaradas pela lei essencialmente como órgãos de prestação de serviços a seus próprios integrantes mas não a seus clientes, porquanto não exime aqueles de suas responsabilidades técnicas e profissionais perante estes. Nesta ordem de ideias, cf. o voto do Ministro BELEEIRO no mandado de Segurança 16.809, traçando um paralelo com o tratamento do assunto pela lei fiscal norte-americana (*Revista Trimestral de Jurisprudência*, v. 41, p. 738); e o recente parecer do Ministro GONÇALVES DE OLIVEIRA, onde trata das sociedades profissionais face ao ISS à luz do conceito de empresa (RDP, v. 17, cit., p. 231, § 13). Quanto ao ISS, a lei normativa pautou-se pelas mesmas diretrizes. Como já vimos no Capítulo 3 anterior, embora prevendo a incidência sobre serviços prestados 'por empresa ou profissional autônomo', quanto à base de cálculo equacionou os serviços profissionais prestados por sociedades aos prestados por pessoas físicas, dispondo que aquelas serão tributadas em função do número destas que atuem na atividade da empresa" (SOUZA, Rubens Gomes de. Imposto sobre serviços de qualquer natureza. Serviços técnico-profissionais de construção civil prestados por pessoa jurídica. Isenção prevista no art. 11 do Decreto-lei 406 de 1968. Seu alcance em face da relação de fatos geradores da incidência do imposto, contida no Decreto-lei 834 de 1969. Inteligência da norma de interpretação ditada pelo art. 111 do Código Tributário Nacional. *Revista da Secretaria de Assuntos Jurídicos da Prefeitura Municipal de Recife,* n. 1, ano 1, 1973. p. 120-121).

8. ISS fixo como tratamento fiscal diferenciado, mas não privilegiado, em razão do tipo da sociedade. "Com efeito, não há falar em tratamento fiscal privilegiado para as sociedades em referência. Há, sim, um tratamento diferenciado, mas não privilegiado. Outras legislações também preveem tratamentos diferenciados para diversas categorias econômicas, como é o caso do imposto de renda, sem qualquer arranhão ao superior princípio isonômico. Vale lembrar que sociedade de serviço profissional é a como tal registrada no órgão próprio de classe, constituída de sócios que exerçam o mesmo ofício (com regular habilitação), de modo pessoal (e não empresarial), constituindo grupamentos que resultam da reunião de esforços que, em nível de trabalho pessoal, cada sócio poderia empreender individualmente. São, em essência, sociedade de trabalho, e não de capital" (OLIVEIRA, José Jayme de Macêdo. *Impostos municipais:* ISS, ITBI e IPTU. 2. ed. São Paulo: Saraiva, 2011. p. 219).

9. Justificativa para a restrição do ISS fixo em favor de algumas atividades. "Por que o legislador, através do § 3º, somente fez referência a determinadas atividades da lista de serviço? De fato, à primeira vista parece que houve certa desigualdade no tratamento dado pelo legislador às sociedades que pudessem vir a ser formadas por profissionais autônomos. E face a essa desigualdade, as sociedades que objetivam prestar serviços que não os constantes dos itens 1, 2, 3, 5, 6, 11, 12 e 17 da lista, são tributadas em função do preço do serviço, o que certamente implica numa taxação maior que a aplicada às sociedades beneficiadas com o tratamento especial. Em verdade, contudo, essa desigualdade ao menos do ponto de vista técnico-jurídico, ou mesmo formal não ocorreu. E não ocorreu porque a intenção do legislador foi a de excluir, da regra geral de base de cálculo, as sociedades integradas por profissionais que, nos termos da 'lei aplicável', assumam responsabilidade pessoal com relação aos serviços prestados. Esse, inclusive, é o entendimento manifestado pelo Professor RUBENS GOMES DE SOUZA, ainda no parecer citado, quando, após referir-se à opinião de ALIOMAR BALEEIRO acerca da validade do § 3º do art. 9º, asseverou: 'Esta observação nos coloca frente ao problema, de interesse para este estudo, de tributação pelo ISS dos serviços de natureza técnica, para os quais é exigida habilitação profissional específica, quando tais serviços sejam prestados por pessoas jurídicas. Acabamos de ver que a norma básica a respeito é o art. 9º, § 3º, do Decreto-lei 406/68, texto acrescentado pelo Decreto-lei 834/69. Esse dispositivo, no tocante à qualificação profissional dos prestadores do serviço, remete à 'lei aplicável'. Essa lei há de ser, unicamente, a federal. Com efeito, o art. 153, § 23 da Constituição garante o livre exercício de qualquer trabalho, ofício ou profissão, ressalvadas, apenas, as condições de capacidade que a lei estabelecer. Por outro lado, no art. 8º, XVII, 'r', ao enumerar os poderes privativos da União, entre eles inclui o de legislar sobre 'condições de capacidade para o exercício das profissões liberais ou técnico-científicas', sem reconhecer no parágrafo único do mesmo artigo, competência supletiva, que aliás, ainda que reconhecida fosse, o seria somente aos Estados, já que o art. 8º parágrafo único cit. não refere os municípios'. Ainda mais: a regra do § 3º foi editada em função, ou em consequência, do princípio (e seu fundamento) contido no § 1º. Uma vez que os profissionais autônomos – que trabalham sob a forma pessoal – não podem pagar o imposto com base no 'preço do serviço', para evitar a superposição com o Imposto de Renda, nada mais lógico que estender igual tratamento – como faz a legislação do Imposto de Renda – às sociedades que esses profissionais vierem a formar. Segundo ALIOMAR BELEEIRO, 'o § 3º do art. 9º, do Decreto-lei n. 406, regula o caso de profissionais, que se congregam em sociedades civis, ainda que estas se revistam de formas de sociedades comerciais. E, a exemplo da legislação do imposto sobre a renda, dá-lhes tratamento fiscal mais benévolo' (art. pp. Citado, p. 267). A justificativa básica para explicar essa orientação legal e doutrinária estaria no fato de que o vínculo societário existente entre profissionais liberais não modifica nem altera a natureza dos serviços que, embora prestados em nome de sociedade, continuam sob a responsabilidade pessoal de seus prestadores". MONTEIRO, Luiz de Sá. O imposto sobre serviços e as sociedades de profissionais. *Revista da Secretaria de Assuntos Jurídicos da Prefeitura Municipal de Recife*, n. 1, ano I, mar. 1973. p. 87-88).

10. Vigência e fundamentação do ISS fixo. "O art. 9º e parágrafos são os únicos dispositivos do Decreto-lei n. 406/68, pertinentes ao ISS, que foram mantidos pela nova lei nacional desse imposto. A Lei Complementar n. 116/03, ao contrário da manifestação da parcela ponderável da doutrina, não revogou o § 3º, que versa sobre tributação fixa das sociedades de profissionais legalmente regulamentadas. O § 1º abre uma exceção à regra geral de tributação com base no preço do serviço prestado, criando a chamada tributação por alíquotas fixas. A chamada tributação por alíquotas fixas, tributo fixo seria a expressão mais adequada, veio à luz para dispensar um tratamento tributário diferenciado em relação aos profissionais autônomos e às sociedades de profissionais liberais. Nessas hipóteses, o imposto terá um valor fixo, não podendo incidir sobre o preço do serviço prestado, em razão do escopo político-social levado em conta pelo legislador nacional, fato que, por si só, retira o caráter de privilégio injustificado. De fato, esses profissionais prestam à sociedade um serviço diferenciado dos demais. O advogado, por exemplo, é considerado, pela própria Carta Política, como sendo indispensável à administração da justiça (art. 133 da CF). Inegável, também, que o médico exerce uma função de grande importância na comunidade em que vive, sem desprestigiar outras profissões, igualmente relevantes para o conjunto da sociedade. Mas são os aspectos peculiares da atuação dos profissionais liberais que levaram o legislador a abrir uma exceção em relação às sociedades por eles formadas, vedando a tributação fundada no preço do serviço. Alguns autores de renome têm sustentado a inconstitucionalidade da chamada tributação fixa, porque estaria implicando supressão da base de cálculo que, segundo a Constituição Federal, seria imprescindível para a configuração do tributo. Base de cálculo outra coisa não é senão critério de grandeza contido na norma tributária material. Alíquota é um percentual ou qualquer unidade de medida que, agindo conjugadamente com a base de cálculo, traduz o importe da obrigação tributária. De fato, base de cálculo é elemento integrante do fato gerador da obrigação tributária, cuja definição cabe à lei complementar, nos precisos termos do art. 146, III, *a*, da Constituição Federal. Sua supressão implicaria a transformação da obrigação tributária, que é um dos raros conceitos jurídicos determinados, em um conceito jurídico indeterminado, isto é, ninguém poderia saber o que deve ser pago, nem quanto deve ser pago. Por isso, é de se supor que esse elemento quantitativo do fato gerador tenha sido definido, como de fato o foi pelo Decreto-lei n. 406/68. O equívoco, *data venia*, provém da interpretação literal, que parcela da doutrina vem fazendo acerca dos §§ 12 e 32 do art. 92 do Decreto-lei n. 406/68, retrotranscritos, conduzindo à errônea conclusão de que a chamada 'tributação fixa' teria implicado supressão da base de cálculo. A base de cálculo só aparece, com clareza, nos chamados tributos ad valorem, que não é o caso do ISS devido por profissionais autônomos ou sociedades de profissionais liberais. Na hipótese do § 1º do art. 9º, a base de cálculo do imposto é qualquer serviço prestado sob forma de trabalho pessoal do próprio contribuinte. No caso do § 3º do art. 9º, a base de cálculo é representada pelos serviços definidos nos itens I, III, V e VII da lista anexa ao Decreto-lei n. 406/68. Houve, nesta última hipótese, redução dos serviços alcançados pela tributação fixa, preconizando uma espécie de 'seletividade' dos serviços abrigados pelo regime de tributação mais favorável ao contribuinte. Numa e noutra hipótese, a maioria da legislação tributária dos municípios passou a adotar como alíquota a unidade de medida representada por quantidade de dinheiro, após a extinção da Unidade Fiscal do município, por determinação da legislação federal. Assim, no caso de sociedade de advogados, a base de cálculo é representada pelo item III da lista de serviços, e a alíquota é uma importância fixa em dinheiro, por número de advogado vinculado à sociedade (sócio, empregado ou não), vedada a tributação com base no preço do serviço. É claro que, se o legislador ordinário exacerbar a tributação fixa, como fez a Lei n. 13.476, de 30 de dezembro de 2002, do município de São Paulo, ficará frustrado o objetivo visado pelo legislador nacional. Para preservação do espírito da lei complementar sob exame é preciso que o legislador municipal paute sua conduta legislativa pelos princípios da razoabilidade, da proporcionalidade e da racionalidade, de sorte a evitar efeitos confiscatórios do tributo. Exacerbar a carga tributária dos profissionais autônomos e das sociedades por eles formadas, como fez a legislação paulistana, é o mesmo que negar o escopo político-social relevante que está ínsito na competente lei de regência nacional do ISS" (HARADA, Kiyoshi. *ISS:* doutrina e prática. São Paulo: Atlas, 2008. p. 13-15).

11. Requisitos para enquadramento no regime de tributação fixa para as sociedades profissionais: sociedade uniprofissional e responsabilidade pessoal enquanto responsabilidade técnica dos profissionais. "Em que situação, então, o art. 9º contemplou a possibilidade da tributação fixa para as sociedades de profissionais? As sociedades têm que ser uniprofissionais. Essa referência à condição de ser uniprofissionais não está, como nós vimos, no dispositivo, mas é imposição unânime da jurisprudência. Então, para que a sociedade faça jus à tributação fixa ela deve ser formada por profissionais da mesma categoria: todos os advogados, todos os médicos, todos os engenheiros. Não podem ser engenheiro e arquiteto ou médico e enfermeiro os sócios, não é? Ela tem que ser uniprofissional. Os profissionais têm que ser profissionais habilitados, ou seja, são aqueles que têm um órgão de fiscalização da classe – então, CRM, OAB, CRC etc. Tem que ser sócio, empregado ou não, que preste serviço em nome da sociedade, assumindo responsabilidade pessoal, nos termos da lei aplicável. Então, qual é a primeira conclusão, brevemente, a que eu chego, aqui? A responsabilidade pessoal que deve estar presente para que se faça jus à tributação fixa é a responsabilidade técnica, nos termos da lei aplicável. Aplicável a quê? Àquela categoria profissional. Por isso o profissional habilitado. Então, nesse sentido é que o art. 9º faz referência à responsabilidade pessoal. Não é responsabilidade patrimonial, é responsabilidade técnica. E aí é que os tribunais começaram a desvirtuar essa regra do art. 9º. Então, é muito claro – e isso aqui é letra da lei – que o profissional deve assumir responsabilidade pelo que ele faz – responsabilidade técnica –, e, por isso, deve ser fiscalizado" (GRUPENMACHER, Betina Treiger. ISS e sociedade de profissionais. *Revista de Direito Tributário,* São Paulo: Malheiros, n. 121, 2013. p. 221).

11.1. ISS das sociedade uniprofissionais (SUP) no Município de São Paulo: Lei n. 13.701/2003, art. 15, §§ 1º a 3º. "Art. 15. Adotar-se-á regime especial de recolhimento do Imposto: I – (Revogado pela Lei n. 14.865, de 29.12.2008, DOM São Paulo de 30.12.2008) II – quando os serviços descritos nos subitens 4.01, 4.02, 4.06, 4.08, 4.11, 4.12, 4.13, 4.14, 4.16, 5.01, 7.01 (exceto paisagismo), 17.13, 17.15, 17.18 da lista do *caput* do art. 1º, bem como aqueles próprios de economistas, forem prestados por sociedade constituída na forma do parágrafo 1º deste artigo, estabelecendo-se como receita bruta mensal o valor de R$ 800,00 (oitocentos reais) multiplicado pelo número de profissionais habilitados. § 1º As sociedades de que trata o inciso II do *caput* deste artigo são aquelas cujos profissionais (sócios, empregados ou não) são habilitados ao exercício da mesma atividade e prestam serviços de forma pessoal, em nome da sociedade, assumindo responsabilidade pessoal, nos termos da legislação específica. § 2º Excluem-se do disposto no inciso II do *caput* deste artigo as sociedades que: I – tenham como sócio pessoa jurídica; II – sejam sócias de outra sociedade; III – desenvolvam atividade diversa daquela a que estejam habilitados profissionalmente os sócios; IV – tenham sócio que delas participe tão somente para aportar capital ou administrar; V – explorem mais de uma atividade de prestação de serviços. VI – terceirizem ou repassem a terceiros os serviços relacionados à atividade da sociedade; (Inciso acrescentado pela Lei n. 15.406, de 08.07.2011, DOM São Paulo de 09.07.2011) VII – se caracterizem como empresárias ou cuja atividade constitua elemento de empresa; (Inciso acrescentado pela Lei n. 15.406, de 08.07.2011, DOM São Paulo de 09.07.2011) VIII – sejam filiais, sucursais, agências, escritório de representação ou contato, ou qualquer outro estabelecimento descentralizado ou relacionado a sociedade sediada no exterior. (Inciso acrescentado pela Lei n. 15.406, de 08.07.2011, DOM São Paulo de 09.07.2011) § 3º Os prestadores de serviços de que trata este artigo são obrigados à emissão de Nota Fiscal de Serviços Eletrônica ou outro documento exigido pela Administração Tributária. (Redação dada ao parágrafo pela Lei n. 15.406, de 08.07.2011, DOM São Paulo de 09.07.2011) § 4º Para os prestadores de serviços de que tratam os incisos I e II do *caput* deste artigo, o Imposto deverá ser calculado mediante a aplicação da alíquota determinada no art. 16, sobre as importâncias estabelecidas nos incisos I e II do *caput* deste artigo. § 5º As importâncias previstas nos incisos I e II do *caput* deste artigo serão atualizadas na forma do disposto no art. 2º e seu parágrafo único da Lei n. 13.105, de 29 de dezembro de 2000. § 6º Aplicam-se aos prestadores de serviços de que trata este artigo, no que couber, as demais normas da legislação municipal do Imposto sobre Serviços de Qualquer Natureza – ISS. § 7º Para fins do disposto no inciso VII do § 2º deste artigo, são consideradas sociedades empresárias aquelas que tenham por objeto o exercício de atividade própria de empresário sujeito à inscrição no Registro Público das Empresas Mercantis, nos termos dos arts. 966 e 982 do Código Civil. (Parágrafo acrescentado pela Lei n. 15.406, de 08.07.2011, DOM São Paulo de 09.07.2011) § 8º Equiparam-se às sociedades empresárias, para fins do disposto no inciso VII do § 2º deste artigo, aquelas que, embora constituídas como sociedade simples, assumam caráter empresarial, em função de sua estrutura ou da forma da prestação dos serviços. (Parágrafo acrescentado pela Lei n. 15.406, de 08.07.2011, DOM São Paulo de 09.07.2011) § 9º Os incisos VI e VII do § 2º e os §§ 7º e 8º deste artigo não se aplicam às sociedades uniprofissionais em relação às quais seja vedado pela legislação específica a forma ou características mercantis e a realização de quaisquer atos de comércio. (Parágrafo acrescentado pela Lei n. 15.406, de 08.07.2011, DOM São Paulo de 09.07.2011) § 10. As pessoas jurídicas que deixarem de apresentar qualquer declaração obrigatória relacionada ao regime previsto neste artigo ter-se-ão por não optantes pelo regime especial de recolhimento de que trata este artigo, sendo desenquadradas desse regime, na forma, condições e prazos estabelecidos em regulamento (Parágrafo acrescentado pela Lei n. 16240 de 22/07/2015). § 11. O contribuinte poderá recorrer do desenquadramento de que trata o § 10 deste artigo, na forma, condições e prazos estabelecidos em regulamento (Parágrafo acrescentado pela Lei n. 16240 de 22/07/2015)".

11.2. Características do serviço prestado for a forma de "trabalho pessoal do próprio contribuinte", para fins de aplicação do art. 9º, §§ 1º e 3º do DL 406/68. "Voltamos ao conceito de 'serviço sob a forma de trabalho pessoal do próprio contribuinte'. Tal conceito somente pode abranger os serviços que atendam as seguintes características: a) ser da modalidade de 'fornecimento de trabalho' e não das outras espécies de serviços. O conceito de 'serviço sob a forma de trabalho pessoal do próprio contribuinte' abrange o serviço do médico, do engenheiro, do advogado, do artista (casos de fornecimento de trabalho), mas não pode abranger os serviços de locação de bens móveis, depósito, venda de bilhetes de loteria, hospedagem, etc.; b) ser prestado por pessoa física. A pessoa jurídica não presta serviço sob a forma de trabalho pessoal do próprio contribuinte. Entende-se como trabalho pessoal, aquele em que a própria pessoa presta, pessoalmente, o serviço. Não será o trabalho fornecido por empresa, mas apenas o do profissional autônomo (parte destes). Se a lei desejasse atingir todos os profissionais autônomos, o legislador não teria dito 'serviço sob a forma de trabalho pessoal', mas, conforme lembra Luiz de Sá Monteiro, teria disposto de outra forma: 'quando se tratar de serviço prestado por profissional autônomo, o imposto será calculado...'; c) ser prestado em caráter de 'trabalho pessoal' e não empresarial. Se a pessoa se serve de capital e de pessoal, o serviço deixa de ser pessoal para ser da empresa. O contador presta serviço pessoal; o escritório de contabilidade, não. O serviço terá caráter pessoal quando seja realizado diretamente pelo prestador do serviço, sem o auxílio profissional de outras pessoas, não sendo considerada a ajuda de quem não colabora na produção do trabalho (recepcionista em um consultório médico; encarregada da limpeza; etc.). Se a prestação de serviços é feita com a colaboração de terceiros ou de máquinas, ferramentas ou veículos, que impliquem na 'produção de serviço', o resultado do trabalho não será pessoal. Não haverá o cunho da personalidade profissional do prestador, que deverá impregnar o próprio resultado, comprovador de seu talento, de sua capacidade e gosto. Aceitando-se a distinção das obrigações entre 'obrigações de meio' e 'obrigações de resultado', o serviço pessoal do próprio contribuinte estaria classificado entre as obrigações 'de meio', uma vez que a atividade se dirige não no sentido da obtenção de um resultado (como acontece no contrato de transporte ou de execução de obra). No serviço pessoal, a atividade, ao contrário, constitui um instrumento para se chegar a um fim, entendendo-se cumprida a prestação ainda que com malogro do resultado (como sucede no contrato com o advogado, o médico, etc.)" (MORAES, Bernardo Ribeiro de. *Doutrina e prática do Imposto sobre Serviços*. São Paulo: Revista dos Tribunais, 1975, p. 540-541).

11.3. Resumo dos contribuintes sujeitos ao ISS fixo por força do DL 406/68 ou da LC n. 123/2006. O art. 9º, § 1º, do DL 406/68 contempla os seguintes contribuintes, desde que o trabalho seja pessoal, sem caráter empresarial e com responsabilidade pessoal: a) profissionais liberais; b) empresários individuais; c) empresas individuais de responsabilidade limitada. O art. 9º, § 3º, do DL 406/68 exige o preenchimento dos mesmos requisitos do § 1º e, além disso, limita sua aplicação aos serviços ali previstos (itens 1, 4, 8, 25, 52, 88, 89, 90, 91 e 92 da lista anexa ao DL 406). O art. 18-A, § 3º, V, *c*, da LC n. 123 estabelece o ISS fixo no valor mensal de R$ 5,00 para o microempreendedor individual. O art. 18, § 22-A, da LC n. 123 determina que os escritórios de serviços contábeis optantes pelo Simples Nacional recolherão o ISS fixo. O art. 18, § 18, da LC n. 123 autoriza os Municípios a cobrarem o ISS fixo das microempresas optantes pelo Simples Nacional, via estimativa fiscal.

11.4. Possibilidade de as sociedades empresárias adotarem a tributação fixa do ISS. "A legislação tributária – que para efeito de base de cálculo do ISS (Dec.-Lei n. 406/68, art. 9º, § 3º) considera valor fixo –, estipula que a sociedade prestadora do serviço (contabilidade e auditoria) assuma responsabilidade pessoal pelas atividades exercidas. Inexiste vedação à sociedade empresária para efeito tributário, razão pela qual esta situação de natureza formal não pode constituir elemento fundamental para enquadrar (ou desenquadrar) o contribuinte com peculiar tratamento tributário (mitigação do ISS). A distinção entre sociedade 'simples' e sociedade 'empresária' não se encontra estabelecida nas normas tributárias, cabendo a conceituação (e distinção) ser haurida nos modelos do direito privado, conforme disposto no Código Tributário Nacional (CTN), '*verbis*': 'art. 110. A lei tributária não pode alterar a definição, o conteúdo e o alcance de institutos, conceitos e formas de direito privado, utilizados, expressa ou implicitamente, pela Constituição Federal, pelas Constituições dos Estados, ou pelas Leis Orgânicas do Distrito Federal ou dos municípios, para definir ou limitar competências tributárias'. Não compete ao legislador tributário, às administrações fazendárias (Municípios), e aos demais destinatários legais, estabelecer conceitos, critérios, definições etc., que não se coadunam com as regras estabelecidas pelo direito privado. A matéria jurídica pertinente às sociedades, sua natureza, etc., encontram-se assentadas em normas de direito civil e comercial, cuja competência para legislar fora outorgada à União (art. 22, I, da CF)" (MELO, José Eduardo Soares de. ISS e sociedades uniprofissionais. *In:* CARVALHO, Paulo de Barros (coord.). *Direito tributário e os novos horizontes do processo.* São Paulo: Noeses, 2015. p. 660-661).

11.5. Irrelevância da estrutura administrativa da sociedade para a caracterização da sociedade simples, para fins de ISS fixo. "Pelo fato da legislação tributária não estabelecer nenhum parâmetro para a consideração de 'sociedade simples ou empresária', não se outorga nenhuma competência ao administrador fazendário para criar qualquer espécie de restrição para fins tributários, sob pena de violação ao princípio da legalidade. As sociedades ('simples') prestam serviços de natureza intelectual em caráter personalíssimo, assumindo a responsabilidade pessoal, mesmo que sejam realizadas por diversas filiais, não revelando natureza de sociedade empresarial. A questão da 'estrutura societária' (que sequer guarda relação com a essência e a forma da sociedade), fora observada no sentido de que 'organizações são estruturas que reduzem custos de transação; qualquer profissional que pretenda participar do mercado, de forma competitiva, cria uma organização apenas para reduzir custos de transação. Qualquer atividade, até mesmo as esportivas, de lazer e intelectuais, passa por processo de organização'. A 'estrutura comercial' não pode constituir fundamento para distinguir as espécies de sociedades ('simples' e 'empresária'), uma vez que, tratando-se de atividades de fins econômicos sempre se objetiva resultado positivo ao final do encerramento do exercício social" (MELO, José Eduardo Soares de. ISS e sociedades uniprofissionais. *In:* CARVALHO, Paulo de Barros (coord.). *Direito tributário e os novos horizontes do processo*. São Paulo: Noeses, 2015. p. 664-665).

11.6. Alterações na redação do § 3º não influíram no regime de tributação. "As sucessivas alterações do § 3º do art. 9º do DL 406/68 foram feitas apenas em relação aos serviços, com adições ou exclusões das espécies de serviços que foram contemplados co o regime especial de tributação. Não houve qualquer alteração no regime de tributação" (MARTINS, Ives Gandra da Silva; RODRIGUES, Marilene Talarico Martins. Advocacia – função essencial à da justiça na dicção constitucional – razão do regime diferenciado de tributação fixa e do ISS – inteligência do Decreto-lei n. 406, artigo 9º, §§ 1º e 3º, e das Leis Complementares ns. 116 e 157 – parecer. *Revista de Estudos Tributários* (RET), Porto Alegre: Síntese, n. 121, p. 56/90, maio/jun. 2018. p. 70).

11.7. ISS fixo e limite à legislação municipal, quanto à definição dos contribuintes abrangidos pelo regime especial. Tal como já decidido pelo STF na ADPF 190, por se tratar de uma norma geral, o art. 9º, §§ 1º e 3º, do DL 406 deverá ser observado pelos Municípios, não cabendo a estipulação de condições ou requisitos que destoem da norma geral.

– Este tema específico foi definitivamente analisado pelo STF, com repercussão geral no RE 940.769 (tema 918), com fixação da seguinte tese jurídica: "É inconstitucional lei municipal que estabelece impeditivos à submissão de sociedades profissionais de advogados ao regime de tributação fixa ou *per capita* em bases anuais na forma estabelecida por lei complementar nacional".

– Em nota anterior, sobre a reserva de lei complementar para dispor sobre a base de cálculo do ISS (art. 7º da LC n. 116), destacamos que apenas a lei complementar federal (nacional) é que pode estabelecer os requisitos para a definição dos contribuintes sujeitos ao ISS fixo, sendo certo que o DL 406/68 tem nível de lei complementar.

11.8. Requisitos para o pagamento do ISS fixo por sociedades profissional: DL 406/68. Sendo exigência legal, constante do Decreto-lei n. 406/68, que se trate de sociedades profissionais, sem prejuízo de contarem com empregados e outros colaboradores, importante é que a atividade tenha caráter intelectual e que seja prestada sob a responsabilidade técnica pessoal dos respectivos profissionais. Outras exigências feitas por alguns Municípios, como as de forma, que vedam o tipo de sociedade limitada, que afastam as sociedades pluriprofissionais e também aquelas que contam com diversos colaboradores, não se sustentam, embora reiteradamente chanceladas pela jurisprudência.

11.9. Desimporta se a sociedade é uni ou pluriprofissional. A rigor, a discussão sobre ser a sociedade, uni ou pluriprofissional, só tem relevância em matéria de ISS porque o caráter pluriprofissional pode aparecer como um indício do caráter empresarial da sociedade.

– "ISS. ART. 9º, §§ 1º E 3º DO DECRETO-LEI 406/1968... 1. A jurisprudência entende que o benefício da alíquota fixa do ISS somente é devido às sociedades uni ou pluriprofissionais que prestam serviço em caráter personalíssimo sem intuito empresarial" (AgRg no REsp 1.486.568/RS, 2014).

11.10. Desimporta a forma societária, se sociedade simples ou limitada. "ISS. ART. 9º §§ 1º E 3º DO DECRETO-LEI 406/1968. EXISTÊNCIA DE CARÁTER EMPRESARIAL. IMPOSSIBILIDADE DE RECOLHIMENTO DO ISS SOBRE ALÍQUOTA FIXA... 2. O que define uma sociedade como empresária ou simples é o seu objeto social, e não a forma societária. No caso de sociedades formadas por profissionais intelectuais, cujo objeto social é a exploração da respectiva profissão intelectual dos seus sócios, são, em regra, sociedade simples, uma vez que nelas faltará o requisito da organização dos fatores de produção, elemento próprio da sociedade empresária, como leciona a doutrina especializada, segundo anota o Professor ANDRÉ LUIZ SANTA CRUZ RAMOS (Direito Empresarial. São Paulo: Método, 2017, p. 63). 3. O próprio Código Civil em seu art. 983 admite que uma sociedade simples se constitua como uma sociedade limitada. O fato de ela usar esse tipo societário, pois, não a descaracteriza como sociedade simples se o seu objeto, repita-se, não for empresarial" (STJ, 1ª T., AgInt no AREsp 1226637, 2018).

11.11. Empresarial é a que organiza fatores de produção, o que se evidencia, e.g., quando conta com milhares de profissionais, sem pessoalidade. "ISS. ART. 9º, §§ 1º E 3º DO DECRETO-LEI 406/1968. EXISTÊNCIA DE CARÁTER EMPRESARIAL. IMPOSSIBILIDADE DE RECOLHIMENTO DO ISS SOBRE ALÍQUOTA FIXA... 1. A jurisprudência entende que o benefício da alíquota fixa do ISS somente é devido às sociedades uni ou pluriprofissionais que prestam serviço em caráter personalíssimo sem intuito empresarial (AgRg no REsp 1.486.568/RS, Rel. Min. SÉRGIO KUKINA, *DJe* 13.11.2014). 2. O que define uma sociedade como empresária ou simples é o seu objeto social, e não a forma societária. No caso de sociedades formadas por profissionais intelectuais, cujo objeto social é a exploração da respectiva profissão intelectual dos seus sócios, são, em regra, sociedade simples, uma vez que nelas faltará o requisito da organização dos fatores de produção, elemento próprio da sociedade empresária, como leciona a doutrina especializada, segundo anota o Professor ANDRÉ LUIZ SANTA CRUZ RAMOS (Direito Empresarial. São Paulo: Método, 2017, p. 63). 3. O próprio Código Civil em seu art. 983 admite que uma sociedade simples se constitua como uma sociedade limitada. O fato de ela usar esse tipo societário, pois, não a descaracteriza como sociedade simples se o seu objeto, repita-se, não for empresarial. 4. Todavia, no caso, muito embora se trate de uma sociedade simples que tem por objeto social a prestação de serviço de auditoria contábil e demais serviços inerentes à profissão de contador, não se pode deixar de observar os documentos trazidos pelo Agravada, em que se constata ser uma rede global que emprega cerca de 4100 profissionais por todo o mundo. Dessa forma, não há como afastar a existência do requisito da organização dos fatores de produção, com intuito empresarial" (STJ, 1ª T., AgIntAREsp 1226637, 2018).

11.12. A interpretação dos requisitos do ISS fixo no DL 406/68 como tema infraconstitucional. A interpretação do ISS fixo é tema infraconstitucional, logo, matéria para a apreciação final do STJ. Por não envolver matéria constitucional, mas sim a interpretação e aplicação de uma legislação nacional infraconstitucional, não cabe ao STF, mas sim ao STJ apreciar em última instância as causas que envolverem matéria de direito sobre o art. 9º, §§ 1º e 3º do DL 406/68.

– "ISS. RECOLHIMENTO POR ALÍQUOTAS FIXAS. ENQUADRAMENTO DOS SERVIÇOS PRESTADOS. SÚMULA 279/STF. INTERPRETAÇÃO DA LEGISLAÇÃO INFRACONSTITUCIONAL LOCAL. SÚMULA 280/STF. 1. O

Tribunal de origem, com apoio no acervo fático-probatório e na legislação infraconstitucional aplicável (Decreto-Lei n. 406/1968 e Lei municipal n. 7.614/1997), enquadrou a parte recorrida como sociedade uniprofissional e concluiu que a exigência do tributo deve ser feita por meio de alíquota fixa. 2. Para dissentir das conclusões do acórdão recorrido, seria indispensável o reexame do acervo probatório dos autos e das normas de direito local, providência vedada em sede de recurso extraordinário. A hipótese atrai a incidência das Súmulas 279 e 280/STF. Precedentes" (STF, 1ª T., ARE 1033996 AgR, 2017).

– "Não apresenta repercussão geral o recurso extraordinário que, tendo por objeto a delimitação da base de cálculo do ISS devido por tabeliães, versa sobre matéria infraconstitucional" (STF, Plenário, ARE 699.362, 2013).

11.13. Recente reviravolta jurisprudencial no STJ sobre definições de "trabalho pessoal" e "caráter empresarial" para fins de enquadramento da sociedade no regime fixo do ISS: prevalência da atividade sobre a forma de constituição do contribuinte. A 1ª Seção do STJ havia pacificado que não faziam jus ao "benefício" do ISS fixo: as sociedades empresárias (contrato social registrado na Junta Comercial), as sociedades com previsão de responsabilidade limitada no contrato social, nem as sociedades pluriprofissionais. Nesse sentido: AgRg nos EREsp 1182817/RJ, 1ª S., 2012. Porém, mais recentemente houve uma mudança na jurisprudência do STJ, em favor das sociedades constituídas em forma empresarial (contratos sociais registros na Junta Comercial), pluriprofissionais e com previsão de responsabilidade limitada. A simples formalidade dos documentos societários da sociedade não vem mais sendo tratada como autossuficiente para afastar o regime de tributação fixa. Com efeito, o STJ passou a se apegar na realidade das sociedades, com foco especificamente na maneira como a atividade é desenvolvida pelo contribuinte, atribuindo a aplicação do regime fixo quando restar comprovado que: a atividade é desempenhada e organizada de forma pessoal e não empresarial; os sócios e demais profissionais assumem responsabilidade pessoal pelo trabalho em razão da legislação de regência da atividade profissional ou do próprio contrato social; e que as atividades pluriprofissionais são afins.

– "TRIBUTÁRIO. ISS. ART. 9º, §§ 1º e 3º, DO DECRETO-LEI N. 406/68. SOCIEDADE PLURIPROFISSIONAL DE ARQUITETOS E ENGENHEIROS. INEXISTÊNCIA DE CARÁTER EMPRESARIAL. RECOLHIMENTO DO ISS SOBRE ALÍQUOTA FIXA. POSSIBILIDADE. CONCLUSÃO DO TRIBUNAL DE

ORIGEM COM BASE EM FATOS E PROVAS DOS AUTOS. ÓBICE DA SÚMULA 7/STJ. 1. O Tribunal a quo ao analisar os fatos e as provas dos autos, concluiu que a parte agravada não apresenta natureza de organização empresarial, permitindo o recolhimento do ISS sobre alíquota fixa. A alteração destas conclusões demandaria, necessariamente, novo exame do acervo fático-probatório constante dos autos, providência vedada em recurso especial, conforme o óbice previsto na Súmula 7/STJ. Precedente" (STJ, AgRg no REsp 1.486.568, 2014)

– "TRIBUTÁRIO. ISS. ARTIGO 9º, PARÁGS. 1º E 3º, DL 406/68. SOCIEDADE SIMPLES PLURIPROFISSIONAL DE ADVOGADOS E CONTADORES. INEXISTÊNCIA DE CARÁTER EMPRESARIAL. SERVIÇO PRESTADO DE FORMA PESSOAL. RECOLHIMENTO DO ISS SOBRE ALÍQUOTA FIXA. POSSIBILIDADE. 1. O que define uma sociedade como empresária ou simples é o seu objeto social. No caso de sociedades formadas por profissionais intelectuais cujo objeto social é a exploração da respectiva profissão intelectual dos seus sócios, são, em regra, sociedade simples, uma vez que nelas faltará o requisito da organização dos fatores de produção, elemento próprio da sociedade empresária: doutrina do Professor ANDRÉ LUIZ SANTA CRUZ RAMOS (Direito Empresarial Esquematizado, São Paulo, Método, 2014). 2. Ambas as Turmas que compõem a Primeira Seção entendem que o benefício da alíquota fixa do ISS somente é devido às sociedades uni ou pluriprofissionais que prestam serviço em caráter personalíssimo sem intuito empresarial. Precedentes. 3. No caso, tratando-se de sociedade em que o objeto social é a prestação de serviços técnicos de consultoria e de assessoria, prestados diretamente pelos sócios, em que o profissional responde pessoalmente pelos serviços prestados, faz jus ao recolhimento do ISS na forma do art. 9º, parágs. 1º e 3º do DL 406/1968" (STJ, REsp 1.512.652, 1ª T., 2015).

– Outros precedentes da 1ª Turma do STJ neste sentido: AgRg no AREsp 155.844, 2017; AgRg no AREsp 519.194, 2015; AgInt no REsp 1417214, 2017; AgInt no AREsp 1226637/SP, 2018; AgInt no REsp 1400942/RS, 2018.

– "TRIBUTÁRIO. ISS. SOCIEDADE SIMPLES LIMITADA. CARÁTER EMPRESARIAL AFASTADO NA ORIGEM. SÚMULA 7/STJ. RECOLHIMENTO POR ALÍQUOTA FIXA. POSSIBILIDADE. 1. A orientação da Primeira Seção do STJ firmou-se no sentido de que o tratamento privilegiado previsto no art. 9º, §§ 1º e 3º, do Decreto-Lei 406/68 somente é aplicável às sociedades uniprofissionais que tenham por objeto a prestação de serviço especializado, com responsabilidade pessoal dos sócios e sem caráter empresarial. 2. 'A forma societária limitada não é o elemento axial ou decisivo para se definir o sistema de tributação do ISS, porquanto, na verdade, o ponto nodal para esta definição é a circunstância, acolhida no acórdão, que as profissionais [...] exercem direta e pessoalmente a prestação dos serviços' (AgRg no AREsp 519.194/AM, Rel. p/ Acórdão Ministra REGINA HELENA COSTA, *DJe* 13/08/2015.) 3. No caso dos autos, não obstante a agravante ser uma sociedade limitada, o Tribunal de origem assentou que se ela dedica, precipuamente, à exploração do ofício intelectual de seus sócios, de forma pessoal, sem caráter empresarial, razão pela qual é cabível o benefício da tributação por alíquota fixa do Imposto sobre Serviços de Qualquer Natureza (ISSQN)" (STJ, AgRg no AREsp 792.878, 2015).

– Outros precedentes da 2ª Turma do STJ neste mesmo sentido: REsp 1.645.754, 2017; REsp 1.661.650, 2017; REsp 1.645.813, 2017; REsp 1.703.408, 2017.

11.14. Somente as sociedades civis (simples, não empresárias) poderão gozar do regime fixo do ISS. "Uma primeira conclusão a que se pode chegar consiste em reconhecer, apenas nas *sociedades civis*, as empresas que podem ser tributadas pelo modo previsto no § 3º do art. 9º. Em apoio a essa conclusão bastaria citar os ensinamentos anteriores, inclusive face à legislação do Imposto de Renda. Mas, é na própria lei do ISS, que se pode tirar os elementos a serem utilizados para fundamentar aquela conclusão. De início, é preciso não desconhecer o fato de que o legislador, ao utilizar, no § 3º do art. 9º, a expressão 'sociedades', teve em mente destacar, ou discriminar, um tipo específico de contribuinte. Com efeito, partindo-se do pressuposto de que somente as *empresas* e os profissionais autônomos são os contribuintes do ISS, é evidente que aquelas 'sociedades' serão um tipo específico do contribuinte jurídico 'empresa'. Ou seja: perante a legislação do ISS, as 'sociedades' referidas no § 3º do art. 9º são uma espécie de gênero 'empresa'. Ora, levando-se em conta que, perante o Direito Brasileiro, as sociedades subdividem-se em *comerciais* e *civis,* pode-se afirmar, com segurança, que somente a essas últimas – face à natureza das atividades que elas desenvolvem – é que se aplica o disposto no mencionado § 3º. Com efeito, já foi plenamente demonstrado, que o objetivo do legislador foi o de permitir a determinados profissionais, que congregassem esforços, levassem eles para as sociedades por eles formadas o mesmo tratamento que se lhes é dispensado quando trabalham individualmente. E, se o objetivo foi esse, é forçoso reconhecer que tais sociedades não exercerão, nem poderão exercer, atividades de natureza comercial, porquanto elas, através de seus componentes, não praticarão atos de comércio, e sim, desenvolverão atividades puramente profissionais" (MONTEIRO, Luiz de Sá. O imposto sobre serviços e as sociedades de profissionais. *Revista da Secretaria de Assuntos Jurídicos da Prefeitura Municipal de Recife*, n. 1, ano I, mar. 1973. p. 89-90).

11.15. Não poderão adotar o ISS fixo as sociedades formadas por profissionais não habilitados e os sócios pessoas jurídicas. "Um outro aspecto merecedor de exame é o que diz respeito à habilitação profissional dos integrantes da sociedade. A meu ver, a execução do § 3º do art. 9º aplica-se, tão somente, às sociedades civis que sejam formadas *exclusivamente* por profissionais habilitados a exercer os serviços prestados pelas sociedades. E não teria sentido fosse outro o entendimento porque, além de o texto legal apenas fazer referência expressa a 'profissional habilitado', o sentido de norma, conforme já se analisou, restaria desvirtuado quando se permitisse a sua aplicação às sociedades que tivessem, também, integrantes profissionalmente inabilitados a exercer – inclusive com a obrigação de assumir responsabilidade pessoal – os serviços prestados pela sociedade. E ainda mais: a disposição exceptiva não pode beneficiar as sociedades em que exista sócio pessoas jurídica, porque um sócio com tal qualificação não poderia ser considerado um 'profissional habilitado' nem tampouco assumira responsabilidade pessoal nos termos da lei aplicável. A inaplicabilidade do § 3º, a ambos os casos, resulta não só em decorrência da incompatibilidade que poderíamos chamar de 'material', mas também face a uma incompatibilidade 'formal' com o próprio texto da norma. Com efeito, a assertiva de que as sociedades abrangidas pelo § 3º têm de ser formadas exclusivamente por *profissionais habilitados* fundamenta-se, inclusive, no próprio texto legal, quando este determina o elemento numérico em função do qual é apurado o 'quantum' do imposto a ser pago pelas sociedades. Ao referir, o § 3º, que o imposto será 'calculado em relação a cada profissional habilitado', restringiu sua aplicação às hipóteses em que tal fator seja exclusivo na composição societária, porquanto, em não havendo essa exclusividade, o imposto deve ser cobrado, levando-se em conta o 'preço dos serviços', já que o critério legal foi desobedecido, ao se incluir um fator profissional não habilitado – que não estava previsto" (MONTEIRO, Luiz de Sá. O imposto sobre serviços e as sociedades de profissionais. *Revista da Secretaria de Assuntos Jurídicos da Prefeitura Municipal de Recife*, n. 1, ano I, mar. 1973. p. 90-91).

11.16. Enquadramento da sociedade no ISS fixo. "Prestando serviços profissionais, que exigem habilitação de certas pessoas, tais sociedades não são também tributados pelo preço do serviço, mas pela forma aplicável aos casos de 'trabalho pessoal do próprio contribuinte', levando-se em conta o número de profissionais habilitados (sejam sócios, empregados ou autônomos) que prestem serviços em nome da sociedade, embora assumindo responsabilidade pessoal do exercício de sua profissão. Isto porque tais sociedades diferem das pessoas jurídicas que auferem lucros em virtude de seu capital. A sociedade profissional catalogada pela lei complementar é do tipo de sociedade cuja atividade exige um mínimo de capital como fator de lucro. Com um mínimo de capital, pode chegar-se à obtenção de lucros muitos elevados (com relação ao capital), uma vez que o seu rendimento decorre da sua capacidade de trabalho (causa eficiente), inclusive de relações pessoais e profissionais dos sócios. Nestas sociedades, o papel do capital passa a ser secundário, tecnicamente seria impraticável distinguir no lucro a parcela dele resultante. Ademais, na atividade dessas sociedades, a responsabilidade profissional é sempre atribuída individualmente aos sócios ou empregados qualificados. A lei complementar, assim, exigiu que certas sociedades de profissionais fossem tributadas pelo ISS de forma especial. Para o enquadramento da sociedade nesta forma de cálculo, é imprescindível que a mesma: 1º– seja sociedade. Não basta uma reunião de profissionais, v.g., de 5 advogados, que se reúnem para prestar seus serviços em comum, sem que entre eles exista realmente uma sociedade civil de trabalho. O legislador, ao utiliza expressão 'forem prestados por sociedades', deixou bem clara tratar-se de serviço prestado por sociedades. Esta é que será o contribuinte do ISS e não os profissionais que a integram como sócios ou que lhe prestem serviços como empregados ou não. Para o cálculo do imposto, como assevera Aliomar Baleeiro, haverá a abstração, pelo Fisco, da sociedade constituída pelos profissionais que será tributado pelo número de profissionais. O ISS será devido pela sociedade e não pelos profissionais que a integram, sejam sócios, empregados ou não. A expressão 'calculado em relação a cada profissional habilitado' refere-se exclusivamente ao processo de cálculo do ISS, e não à incidência tributária ou contribuinte. As sociedades profissionais constituem órgãos de prestação de serviços a seus próprios integrantes, mas não a seus clientes, porquanto os sócios ficam com responsabilidades perante as pessoas que atende. Se determinado profissional for sócio de uma sociedade e, ao mesmo tempo prestar atividade também em seu escritório, com autonomia, não resta a menor dúvida de que o aludido profissional deverá recolher o ISS em razão de seu escritório, embora a sociedade já esteja pagando o ISS; 2º – tenha por objeto a prestação de serviços técnico científicos, catalogados pelos itens 1, 2, 3, 5, 6, 11, 12, e 17 da lista de serviços. O legislador foi, neste particular, também bastante claro, ao utilizar-se da expressão 'quando os serviços a que se referem os itens 1, 2, 3, 5, 6, 11, 12 e 17 da lista anexa'. Admitimos que a sociedade tenha por objeto uma (serviços de contador) ou mais de uma (serviços de auditoria e contabilidade) das atividades indicadas" (MORAES, Bernardo Ribeiro de. *Doutrina e prática do Imposto sobre Serviços*. São Paulo: Revista dos Tribunais, 1975, p. 546-547)

11.17. Enquadramento da sociedade de trabalho no ISS fixo, independentemente do número de profissionais e da existência de marca ou logotipo. "9.6. Também não tem o condão de descaracterizar uma sociedade de profissionais (também chamadas de sociedades de trabalho) e pô-las na vala comum das demais sociedades o fato de ser expressivo o número de sócios, empregados ou autônomos que prestem serviço em nome da sociedade. Pelo contrário, a própria legislação de [índole complementar prevê essa possibilidade, abonando, prestigiando, autorizando, concitando até a presença de vários profissionais – sócios, empregados ou autônomos – como integrantes da sociedade. 9.7. Nessa mesma linha, é irrelevante assim a existência de posição majoritária de um ou de alguns sócios, como o fato de a sociedade possuir uma marca ou um logotipo ou de os sócios receberem *pro labore*. Essas circunstâncias não constituem elementos determinantes de maior ou menor capacidade contributiva. Precisamente por conta disso, não foram indicados como critérios para identificar as sociedades passíveis de receber a tributação diferenciada prescrita pelo Decreto-lei em comento. 9.8. Na mesma esteira, a existência de marca ou logotipo não pode ser tomada com o critério para indicar se uma sociedade possui característica de empresa ou não. Principalmente no mundo atual, no qual a comunicação e a publicidade ocupam posições de destaque na vida profissional, individual ou em sociedade, é difícil imaginar uma sociedade sem 'marca' concorrendo no mercado competitivo da sociedade contemporânea. Ademais disso, a existência ou não de marca é elemento absolutamente estranho ao fato de que pode vir a deflagrar a obrigação tributária. O que se tributa é a prestação de serviço, individualmente ou em sociedade. Haver, ou não, certa marca destinada a identificar e a particularizar determinada sociedade é absolutamente irrelevante para estremar sociedades de profissionais e empresas. Deveras, a existência de marca ou logotipo não poder tomada com critério para indicar se uma sociedade possui características de empresa ou não. (...) 9.9. Sublinhamos que de nada importa se uma sociedade é formada por dois, por 20 ou por 200 profissionais. O que interessa, para efeito de aplicação da tributação especial, é que (a) os profissionais estejam todos devidamente habilitados para executar o mesmo tipo de atividade e (b) que esta seja exercida e indicada com o objeto da sociedade (e, por isso, a sociedade pagará proporcionalmente mais quanto for o número de sócios, empregados ou autônomos). O número de profissionais habilitados não é critério para identificar uma sociedade de capital e uma sociedade personalística. Aliás, uma sociedade formada por profissionais técnicos e científicos longe está de apresentar-se como uma sociedade fechada e estática. Estas formas societárias, com o passar dos anos, demonstram desenvolvimento com o aumento de que quadro societário. 9.10. Mais flagrante, ainda, é a impossibilidade de o número de profissionais habilitados (sócios, empregados ou não) vir a constituir critério para afastar o regime jurídico que preside as sociedades de trabalho (de profissionais). A própria norma com *status* de lei complementar prevê, autoriza, reconhece a necessária presença dessas sociedades, especialmente quando a natureza dos serviços requer a presença de vários sócios, numerosos empregados e múltiplos autônomos, todos prestando serviços em nome da sociedade e, por isso, assumindo responsabilidade pessoal ilimitada em relação a eles. 9.11. Tais características passam longe daquelas que corroboram as diretrizes constitucionais e a preocupação do legislador em respeitar o primado da isonomia: tratar igualmente os iguais e desigualmente os desiguais. Para tanto, elegeu bases de cálculo distintas para as sociedades de trabalho e para as sociedades de capital. 10.Em resumo, para a configuração de uma sociedade de trabalho (sociedade de profissionais) é inescapável que sejam atendidos os requisitos anteriormente referidos, simultaneamente necessários e suficientes, quais sejam, o de que o serviços prestados em nome da sociedade deve ser sob a forma de trabalho pessoal do próprio contribuinte; todos os sócios devem estar habilitados para o exercício da mesma profissão ou de profissões afins; a habilitação profissional dos integrantes da sociedade deve estar diretamente relacionada com o objeto social da sociedade; e, por fim, a sociedade deve ser formada somente por pessoas físicas. Nenhuma outra condicionante, nenhum outro requisito, nenhum pressuposto adicional pode ser exigido, se não com ofensa ao sistema constitucional tributário. Fazê-lo é criar exigência sem lastro no Direito posto, agredindo, diretamente e às escâncaras, a legislação complementar, e indiretamente, mas não menos fundo, a Constituição Federal e os princípios que a norteiam" (BARRETO, Aires F. ISS na Constituição: sociedades de trabalho. Tributação mitigada, como exigência dos princípios da igualdade e da capacidade contributiva. *RDDT* n. 222, 2014. p. 32-34).

11.18. Sociedade profissional de responsabilidade limitada pode fazer jus ao ISS fixo. "14. Ressalte-se, por fim, que não se há confundir nem unificar as duas diferenças variáveis de responsabilidade: a primeira (1), de natureza contratual e financeira (patrimonial) que garante aos sócios a possibilidade de perceberem *pro labore*, que define os limites da responsabilidade que os sócios assumem diante dos demais e perante terceiros, cujo fundamento está na Administração Societária. Nesta, sobrelevam os aspectos relativos à gestão em que deverão estar ausentes o excesso ou o descumprimento de normas de natureza legal ou contratual, muito menos incursão no campo da fraude; a segunda (2), que designamos técnico científica, é timbrada indelevelmente pela confiabilidade relativa ao exercício da própria atividade, tem cunho nitidamente profissional. Neste caso, a responsabilidade assumida por ele em razão da espécie de profissão exercida. É esta que perdura sem confins, por isso, ilimitada. A razão que a exige e determina é a atuação pautada na perícia, no empenho, no esforço, na capacidade técnica, no conhecimento inegável, em que não há negligência nem ausência de atitude, inércia ou descaso. 14.1. Convivem ambas as responsabilidades, harmonicamente: a societária (patrimonial) e a pessoal (técnico científica). Aquela pautada pela limitação; esta, infinita, que não admite restringência. 14.2. É equivocado, pois, tratar como se fora empresária, a sociedade simples, sem embargo de estruturada sob a forma de sociedade limitada. Fazê-lo é cometer insuperável engano, engendrando solução descompassada com o sistema constitucional e seus princípios" (BARRETO, Aires F. ISS na Constituição: sociedades de trabalho. Tributação mitigada, como exigência dos princípios da igualdade e da capacidade contributiva. *RDDT* n. 222, 2014. p. 35)

– "IMPOSTO SOBRE SERVIÇOS DE QUALQUER NATUREZA (ISS). TRIBUTAÇÃO FIXA. SOCIEDADE UNIPROFISSIONAL. SERVIÇOS DE ENGENHARIA. TUTELA DE URGÊNCIA DEFERIDA... Caso em que a uniprofissionalidade da sociedade pode ser averiguada pela sua atividade-fim, cuja descrição, conforme prevista no contrato social da empresa, evidencia a plausibilidade da caracterização. O caráter da pessoalidade pode ser aferido independentemente da forma adotada por determinada sociedade, isto é, se constituída na forma de uma responsabilidade limitada ou na forma de uma sociedade simples" (TJRS, 1ª Câmara Cível, Agravo de Instrumento n. 70078475811, 2018).

11.19. Sociedades profissionais. Caracterização.

– Enunciado 193 da Jornada de Direito Civil/2002 sobre o art. 966 do CC: O exercício das atividades de natureza exclusivamente intelectual está excluído do conceito de empresa.

– Enunciado 194 da Jornada de Direito Civil/2002 sobre o art. 966 do CC: Os profissionais liberais não são considerados empresários, salvo se a organização dos fatores de produção for mais importante que a atividade pessoal desenvolvida.

– Enunciado 195 da Jornada de Direito Civil/2002 sobre o art. 966 do CC: A expressão 'elemento de empresa' demanda interpretação econômica, devendo ser analisada sob a égide da absorção da atividade intelectual de natureza científica, literária ou artística, como um dos fatores da organização empresarial.

– "6. Para a caracterização das sociedades de trabalho passíveis de receber a tributação minorada, o direito positivo exigiu apenas o seguinte: (i) que o serviço prestado em nome da sociedade seja sob a forma de trabalho pessoal do próprio contribuinte; (ii) que todos os sócios sejam habilitados para o exercício a mesma profissão ou de profissões afins; (iii) que a habilitação profissional dos integrantes da sociedade esteja diretamente relacionada com o objeto social da sociedade; (iv) que a sociedade seja formada somente por pessoas físicas. 7. O caráter empresarial de uma sociedade não é requisito para aferir se a sociedade de trabalho tem direito ou não à tributação proporcional prescrita no Decreto-lei 406/1968. Dentre os requisitos prescritos pelo direito positivo brasileiro, o cunho empresarial não se apresenta como fator excludente da tributação minorada. 8. A 'sociedade empresarial' caracteriza-se pela busca do lucro – e não da simples remuneração – podendo conjugar sócios, empregados ou autônomos, independentemente das suas profissões. 8.1. O direito positivo brasileiro define 'empresário' no artigo 966 do Código Civil. A partir deste dispositivo é possível construir o enunciado da norma jurídica que nos dá a definição legal de empresário, a saber: 'dado o fato de o sujeito de direito exercer profissionalmente atividade econômica organizada para a produção ou circulação de bens ou de serviços, excluídos aqueles que exercem profissão intelectual, de natureza científica, literária ou artística, ainda com o concurso de auxiliares ou colaboradores, salvo se o exercício da profissão constituir elemento de empresa; deve ser a qualificação de empresário'... 9. Vê-se, portanto, que, de acordo com o direito positivo brasileiro, não pode ser qualificada como sociedade empresária a que resulta do exercício de profissão intelectual, de natureza científica, literária ou artística, ainda que com o concurso de auxiliares ou colaboradores... 9.1. Logo, não encontra respaldo na Constituição e no sistema tributário nacional o entendimento que nega o tratamento especial voltado para as sociedades de trabalho, sob o fundamento de que a sociedade possui 'cunho' ou 'caráter' empresarial. Note-se que o chamado 'caráter empresarial' sequer é requisito legal determinante para aferir se a sociedade tem direito à tributação proporcional. 9.2. Uma sociedade profissional, para fins de tributação pelo ISS, caracteriza-se por: (i) ser pessoa jurídica que se dedica a um dos serviços previstos na legislação complementar; (ii) prestar serviço em nome da sociedade, sob a forma de trabalho pessoal do próprio contribuinte; (iii) possuir sócios, além de empregados e autônomos, que prestem serviços em nome da sociedade; (iv) os sócios, empregados e autônomos serem habilitados para o exercício da mesma profissão ou de profissões afins; (v) a habilitação profissional dos integrantes da sociedade estar diretamente relacionada com o objeto social da sociedade; e (vi) a sociedade ser formada apenas por pessoas físicas. 9.3. a 'pessoalidade' é demarcada pela prestação do serviço realizada pelo próprio contribuinte, ainda que com a colaboração de outros profissionais, desde que assuma responsabilidade pessoal pelo serviço prestado.... 9.4. O legislador ordinário e o aplicador do Direito não estão livres para criar outras condições senão aquelas já trazidas pelo Decreto-lei 604/1968... 9.6. Também não tem o condão de descaracterizar uma sociedade de profissionais... e pô-las na vala comum das demais sociedades fato de ser expressivo o número de sócios, empregados ou autônomos que prestem serviço em nome da sociedade.... 9.7. ... é irrelevante assim a existência de posição majoritária de um ou de alguns sócios, como o fato de a sociedade possuir uma marca ou um logotipo ou de os sócios receberem *pro labore*. 9.8.... O que se tributa é a prestação de serviço, individualmente ou em sociedade. Haver, ou não, certa marca destinada a identificar e a particularizar determinada sociedade é absolutamente irrelevante para estremar sociedades profissionais e empresas... 9.9. Sublinhamos que de nada importa se uma sociedade é formada por dois, por 20 ou por 200 profissionais..." (BARRETO, Aires F. ISS na Constituição: sociedades de trabalho. Tributação mitigada, como exigência dos princípios da igualdade e da capacidade contributiva. *RDDT* 222/7, 2014).

– "... de acordo com o Código Civil, as sociedades podem ser de duas categorias: simples e empresárias. Ambas exploram atividade econômica e objetivam lucro. A diferença entre elas reside no fato de a sociedade simples explorar atividade não empresarial, como atividades intelectuais, enquanto a sociedade empresária explora atividade econômica empresarial, marcada pela organização dos fatores de produção, conforme preceitua o art. 966 do Código Civil... A sociedade simples deve se limitar ao exercício da atividade específica para a qual foi instituída, relacionada à habilidade técnica e intelectual dos sócios, não podendo exercer serviços estranhos àquele mister, sob pena de configurar o elemento de empresa, capaz de transformá-la em empresária (REsp 1.227.240/SP). [...] ... O que realmente distingue uma sociedade empresária de uma sociedade simples é o objeto social" (MARTINS, Ives Gandra da Silva; RODRIGUES, Marilene Talarico Martins. Advocacia – função essencial à da justiça na dicção constitucional – razão do regime diferenciado de tributação fixa e do ISS – inteligência do Decreto-lei n. 406, artigo 9º, §§ 1º e 3º, e das Leis Complementares ns. 116 e 157 – parecer. *Revista de Estudos Tributários* (RET), Porto Alegre: Síntese, n. 121, p. 56/90, maio/jun. 2018. p. 73-74).

11.20. ISS fixo para as sociedades simples e o caso das sociedades limitadas. O tipo societário próprio para as sociedades voltadas a atividades intelectuais é o de sociedades simples. Mas o Código Civil, em seu art. 983, permite que seus sócios optem por adotar tipo societário próprio de sociedades empresárias. As atividades intelectuais relativas ao exercício de profissão, contudo, quando constituírem um dentre tantos fatores de produção necessários à realização do objeto social, não afastam a caracterização da sociedade como empresária. Um dos tipos societários mais utilizados por sociedades médicas é o de sociedades simples, com responsabilidade ilimitada dos sócios e registro no Registro Civil das Pessoas Jurídicas. Outro tipo bastante utilizado é o de sociedades limitadas, com responsabilidade vinculada à quota de cada sócio e registro na Junta Comercial. A adoção do tipo societário de sociedade limitada não transforma, por si só, a sociedade não empresarial em empresarial. Não há correlação necessária, portanto, entre a natureza da sociedade e o tipo societário, ressalvados casos específicos como o das sociedades anônimas e o das cooperativas.

11.21. O regramento da responsabilidade patrimonial dos sócios é irrelevante para fins de enquadramento na sistemática do ISS fixo. A responsabilidade pessoal a que se refere o Decreto-lei 406/68 é a técnica e não a patrimonial. E a responsabilidade técnica não é regida pelo Código Civil ao cuidar dos tipos societários, mas pela legislação específica que cuida do exercício de cada profissão regulamentada. Dar atenção, no ponto, tão somente ao tipo societário, mais uma vez leva a equívocos na aplicação da legislação tributária. *Vide*, em seguida, transcrição de artigo também nesse sentido. Mas é importante ter conhecimento de que, para a jurisprudência do STJ, ainda que criticável, a adoção do tipo societário de sociedade limitada afasta a possibilidade de pagamento do ISS por valor fixo, submetendo a pessoa jurídica ao pagamento mediante aplicação da alíquota sobre o preço dos serviços prestados.

11.22. No sentido de que o caráter empresarial da atividade afasta o ISS fixo. "ISS. Sociedade médica que pretende recolher o imposto com base no tratamento tributário insculpido no art. 9º, § 3º, do Decreto-Lei n. 406/68. Acórdão proferido pela origem reconhecendo o não preenchimento de requisitos necessários para tanto. Atividade médica exercida como empresarial. Sociedade empresarial. Conclusão firmada à luz do contexto fático-probatório. Incidência na espécie da Súmula n. 279. 1. A pretensão da contribuinte foi afastada pelo Tribunal de origem com base no entendimento de que a recorrente reveste-se da natureza de sociedade empresarial. 2. A verificação em concreto dos requisitos para fazer jus ao tratamento previsto nos §§ 1º e 3º do art. 9º do Decreto-Lei n. 406/68 enseja, inevitavelmente, o reexame de provas. Óbice constante da Súmula n. 279 da Corte" (STF, 1ª T., AI 632781AgR, 2013).

– "1. Hipótese em que o Tribunal de origem afastou o benefício da tributação fixa do ISS instituído nos §§ 1º e 3º do art. 9º do Decreto-Lei 406/1968, pois concluiu, com base na prova dos autos, que a contribuinte tem estrutura empresarial. 2. A tributação fixa do ISS, prevista no art. 9º, § 3º, do DL 406/1968, somente se aplica quando houver responsabilidade pessoal dos sócios e inexistir caráter empresarial na atividade realizada. 3. Na sociedade limitada, a responsabilidade de cada sócio é restrita ao valor de suas quotas (art. 1.052 do CC), o que afasta o benefício da tributação fixa. Precedentes do STJ" (STJ, 2ª T., AgRg no AREsp 352.877/ES, 2013).

– Nesse mesmo sentido, outros precedentes do STJ já superado pelo atual posicionamento: AgRg no AREsp 309.166/SP, 1ª T., 2013); AgRg no AREsp 215.802/PB, 1ª T., 2012; STJ, 1ª S., AgRgEREsp 1182817/RJ, 2012.

– "... há julgado que afirma que a adoção da espécie societária 'limitada' somente é compatível com sociedades de natureza empresarial... Ora, é certo que a afirmação é falsa. O art. 983 do Código Civil afirma que a sociedade simples pode constituir-se segundo um dos tipos regulados nos arts. 1.039 a 1.092. A letra expressa da Lei permite a compatibilidade do uso do regime da sociedade limitada em sociedade de natureza simples –

não empresária. Além do mais, o § 3º do art. 9º do Decreto-lei 406/68, em nenhum momento coloca o tipo societário na hipótese de incidência do ISS/Fixo. (...) O STJ interpreta que as sociedades da espécie limitada não estão sujeitas à tributação do ISS/Fixo porque, segundo o seu entendimento, a responsabilidade de cada sócio seria restrita ao valor de suas quotas... Contudo, data vênia, essa não é a melhor interpretação a ser dada... ... o § 3º do art. 9º do Decreto-lei 406/68 limita a tributação com alíquota específica para as sociedades de profissões regulamentadas (profissional habilitado) e é em relação à legislação específica de cada profissão que se buscará a responsabilidade pessoal do profissional" (HOFFMANN, Daniel Augusto. ISS. Art. 9º, § 3º, do Decreto-lei 406/68. A equivocada interpretação do STJ em relação à sociedade simples quanto à natureza e limitada quanto à espécie. *RDDT* 180/29, 2010).

11.23. ISS fixo para as sociedades uniprofissionais e o caso das sociedades pluriprofissionais. Adequado é o entendimento que firmou, no passado, o STF, ao afirmar que eventual condição pluriprofissional sequer desqualifica a sociedade como uma sociedade profissional para fins de incidência de ISS, porquanto o § 3º do art. 9º do Decreto-lei n. 406/68, com a redação da LC n. 56/87), não circunscreve o regime a uma única atividade profissional, mas às diversas atividades relativas à prestação de serviços profissionais regulamentados. Ainda que a sociedade pluriprofissional possa ser vedada pelas leis reguladoras das diversas profissões de modo a não ensejar a prestação de serviços específicos por não habilitados, tal não tem efeitos automáticos para fins tributários, pois não desqualifica a essência da atividade realizada e objeto de tributação: prestação de serviços de profissão regulamentada. Nos termos do Decreto-lei n. 406/68, a pessoalidade se dá quando da prestação de serviços pelo profissional individualmente. Quando da constituição de sociedade, a prestação é feita em nome da sociedade, tendo, o próprio Decreto-lei n. 406/68, expressamente referido essa circunstância ("forem prestados por sociedade" e "preste serviços em nome da sociedade") e determinado a aplicação, também nesse caso, do regime de recolhimento de ISS *per capta*. Note-se, ainda, que a questão de as sociedades serem uniprofissionais ou pluriprofissionais tampouco deveria importar para fins de cobrança do ISS, por não desqualificarem a natureza da atividade desenvolvida, desde que relacionada ao exercício de profissão regulamentada em caráter pessoal e sob a responsabilidade de cada profissional. Só quando a existência de outros profissionais acabasse por revelar que a profissão seria mero elemento de empresa é que seria adequado caracterizar a sociedade como empresária e não profissional. Mas o STJ vem entendendo, invariavelmente, que só as uniprofissionais se enquadram no ISS fixo.

– "Para efeito de tributação diferenciada pelo ISS, são consideradas sociedades simples de profissionais ou sociedades uniprofissionais aquelas cujos sócios sejam habilitados ao exercício de uma mesma atividade e prestem serviços especializados, assumindo responsabilidade pessoal pelos atos praticados. Nesse tipo de sociedade, a figura do sócio se sobrepõe à figura da empresa. Isso porque, a intenção dos sócios ao se vincularem não é a de constituir uma empresa, mas, sim, racionalizar os custos operacionais decorrentes da realização de seus serviços profissionais. (...) pode-se afirmar que o que distingue a sociedade simples da empresária é a forma como a atividade é explorada: trata-se de simples a sociedade em que a atividade é exercida direta e pessoalmente pelos sócios, conforme sua qualificação profissional, ainda que com o auxílio de colaboradores; e de empresária a que possui sócios com outras qualificações e/ou que dela participem apenas com capital. (...) Não há no Decreto-lei n. 406/1968 ou no Código Civil limites para a atuação dos auxiliares ou colaboradores, vedação à distribuição de lucros ou à abertura de filiais, de modo que, não o tendo feito a lei federal, não o poderá fazer a lei municipal, em respeito ao princípio da hierarquia das leis. (...) Desde que a prestação dos serviços pelos colaboradores (empregados ou autônomos) ocorra sob a supervisão e responsabilidade pessoal dos sócios, não há como considerar a sociedade como empresária. Nem todos os serviços precisam ser prestados com exclusividade pelos sócios. (...) o caráter determinante para se considerar uma sociedade como uniprofissional deve ser a pessoalidade na prestação do serviço, ou seja, o fator que influencia o tomador de serviço na escolha do profissional são as qualificações e atribuições deste e não a estrutura na qual está inserido. Não é o contrato social, o faturamento a sociedade, a existência de filiais ou o auxílio de técnicos ou profissionais de formação diversa no desempenho dos serviços que definem a uniprofissionalidade, mas, sim, a pessoalidade na prestação dos serviços" (SANTO, Luciana Dornelles do Espírito; SCHMIDT, Eduardo da Rocha; PIRES, Alexandra Costa. As sociedades uniprofissionais e o ISS. *RDDT* 210/55, 2013).

– "IMPOSTO SOBRE SERVIÇOS. SOCIEDADE CIVIL. PROFISSIONAIS DE QUALIFICAÇÕES DIVERSAS. BENEFÍCIO FISCAL. DECRETO-LEI 406/68, ART. 9º, § 3º (REDAÇÃO DO DECRETO-LEI 834/69). O art. 9º, § 3º c/c art. 1º do DL. 406/68 (redação do DL 834/69) assegura a tributação do ISS, na forma fixa, quer às sociedades uniprofissionais, quer às pluriprofissionais.

Precedentes do STF. Recurso extraordinário não conhecido" (STF, REx 96.475-4/SC, 1982).

– "Na hipótese dos autos, verifica-se que a recorrente está constituída como sociedade limitada, tendo ainda consignado o acórdão recorrido que 'do contrato de fls. 110/113, vê-se que a sociedade é constituída por duas sócias, uma fisioterapeuta e outra bioquímica, em aparente diversidade de áreas de atuação. Não bastasse isso, também a finalidade da sociedade é por demais ampla e refoge à área de fisioterapia, contrariando a impressão primeira que se tem da empresa' (fl. 238)" (STJ, 1ª T., REsp 836.164/RO, 2010).

11.24. Sociedades de advogados uniprofissional.

– Conferir STF, RE 940769 RG, 2016.

– "ISS. ART. 9º, § 3º, DO DECRETO-LEI 406/68. SOCIEDADE DE ADVOGADOS. CARÁTER EMPRESARIAL. INEXISTÊNCIA. POSSIBILIDADE DE RECOLHIMENTO DO ISS SOBRE ALÍQUOTA FIXA... 1. 'Admitida a manutenção do regime de tributação privilegiada após a entrada em vigor da Lei Complementar n. 116/03, nos termos da jurisprudência desta Corte Superior, que sedimentou compreensão de que o art. 9º, §§ 1º e 3º, do Decreto-Lei 406/68, o qual trata da incidência do ISSQN sobre sociedades uniprofissionais por alíquota fixa, não foi revogado pela Lei Complementar n. 116/03, quer de forma expressa, quer tácita, não existindo nenhuma incompatibilidade. Precedentes... 2. Para que exista o direito à base de cálculo diferenciada do ISS, nos termos do art. 9º, § 3º do Decreto-lei 406/68, necessário que a prestação dos serviços seja em caráter personalíssimo e que não haja estrutura empresarial. Precedente... 3. Tribunal de origem que, ao analisar os fatos e as provas dos autos, em especial o contrato social da requerida, constatou a ausência de caráter empresarial" (STJ, 1ª T., AgRg no REsp 1242490/PB, 2013).

– "ISS. SERVIÇOS ADVOCATÍCIOS. ART. 9º, §§ 1º E 3º, DO DECRETO-LEI N. 406/68. DISSÍDIO JURISPRUDENCIAL. SÚMULA 83/STJ... 1. As sociedades de advogados, qualquer que seja o conteúdo de seus contratos sociais, gozam do tratamento tributário diferenciado previsto no art. 9º, §§ 1º e 3º, do Decreto-Lei n. 406/68 e não recolhem o ISS sobre o faturamento, mas em função de valor anual fixo, calculado com base no número de profissionais integrantes da sociedade" (STJ, 2ª T., AgRg no Ag 923.122/RJ, 2007).

– "CONSTITUCIONAL. TRIBUTÁRIO. ISS. SOCIEDADES PRESTADORAS DE SERVIÇOS PROFISSIONAIS. ADVOCACIA. D.L. 406/68, art. 9º, §§ 1º e 3º. C.F., art. 151, III, art. 150, II, art. 145, § 1º. I. – O art. 9º, §§ 1º e 3º, do DL. 406/68, que cuidam da base de cálculo do ISS, foram recebidos pela

CF/88: CF/88, art. 146, III, *a*. Inocorrência de ofensa ao art. 151, III, art. 34, ADCT/88, art. 150, II e 145, § 1º, CF/88. II. – R.E. não conhecido" (STF, Plenário, RE 236.604/PR, 1999).

– Nesse mesmo sentido: TRF4, 2ª T., AG 5013831-27.2013.404.0000, rel. p/ o acórdão Otávio Roberto Pamplona, *DE* 12-9-2013; TRF4, 3ª T., AC 5000180-85.2011.404.7213, 2012.

– "1. A utilização do ISSQN fixo, pelos Municípios, já foi reconhecida como perfeitamente válida e possível pelo Supremo Tribunal Federal (RE n. 149.922 e n. 236.604, AgRE n. 279.424 e n. 214.414). 2. O artigo 9º, do Decreto-lei n. 406/68 tem natureza de norma geral de direito tributário, logo, goza do *status* de lei complementar, nos termos do artigo 146, inciso III, alínea *c*, da Carta Constitucional (STF, Plenário, RE 236.604, *DJ* de 6/8/99). Ademais, o artigo 156, inciso III, também é esclarecedor ao outorgar para a lei complementar a incumbência de definir a tributação do ISSQN. Portanto, a competência para definir a base de cálculo do ISSQN pertence ao Congresso Nacional. 3. O ISSQN fixo deve, sempre, ser sempre mais benéfico do que o ISSQN calculado com base no faturamento (preço do serviço). 4. O valor fixo devido pelas sociedades será obtido pela seguinte operação matemática: multiplicação do *quantum* estipulado para os profissionais individuais, pelo número de pessoas atuantes na sociedade, devidamente habilitadas, sejam elas sócias, empregadas ou não, que prestem serviços profissionais em nome da sociedade, assumindo responsabilidade pessoal pelos serviços prestados. Esse cálculo vem exatamente ao encontro da redação do § 3º, do artigo 9º, do Decreto-lei n. 406/68, que expressamente estabelece que as sociedades ficarão sujeitas ao ISSQN na forma do § 1º, ou seja, com os mesmíssimos valores estipulados para os profissionais individuais" (LIMA, Eduardo Amorim de; MELO, Omar Augusto Leite. Do ISSQN fixo devido pelas sociedades civis prestadoras de serviços profissionais. *RDDT* 95/55, 2003).

– "... de acordo com a corrente doutrinária majoritária, as notas características essenciais definidas em nível de Lei Complementar no DL 406/68, no que se refere à tributação minorada do § 3º do seu art. 9º para as sociedades profissionais, vinculam essa tributação aos requisitos que se seguem. 1. A sociedade deve se enquadrar nos itens arrolados nesse § 3º. 2. Todos os sócios devem possuir habilitação profissional, nos termos da lei aplicável, para a prestação dos serviços do objeto social. 3. Todos os sócios devem prestar os serviços na forma e com responsabilidade pessoal" (DOLÁCIO DE OLIVEIRA, Yonne. ISS: a tributação minorada das sociedades profissionais. *RDDT* 27/135-137).

– "... ISS. SERVIÇOS ADVOCATÍCIOS. ART. 9º, §§ 1º E 3º, DO DECRETO-LEI N. 406/68... 5. As sociedades de advogados, qualquer que seja o conteúdo de seus contratos sociais, gozam do tratamento tributário diferenciado previsto no art. 9º, §§ 1º e 3º, do Decreto-lei n. 406/68 e não recolhem o ISS sobre o faturamento, mas em função de valor anual fixo, calculado com base no número de profissionais integrantes da sociedade. 6..." (STJ, 2ª T., REsp 724.684/RJ, 2005).

11.24.1. Proibição de substabelecimento a pessoa jurídica. Município não pode condicionar o regime fixo a novos requisitos não previstos no DL 406/68. "não cabe ao Município de Porto Alegre pretender distorcer uma realidade jurídica sob o argumento de que o substabelecimento de poderes a profissionais que componham outras sociedades de advogados seria uma interposição de pessoa jurídica na atividade-fim, o que lhe atribuiria caráter empresarial e atrairia a sistemática geral de tributação do ISS" (NICHELE, Rafael. A inconstitucionalidade da legislação do Município de Porto Alegre ao criar requisitos para o gozo da sistemática de tributação fixa do ISS para sociedades de advogados: matéria reconhecida em repercussão geral nos autos do RE 940.769/RS. *Revista de Estudos Tributários* (RET), Porto Alegre: Síntese, n. 113, p. 228-242, jan./fev. 2017. p. 237).

– "... o Município de Porto Alegre produziu legislação que extrapola os limites da legislação complementar nacional, impondo aos contribuintes novas condições par ao gozo da sistemática de tributação fixa. Especificamente para o que interesse às sociedades de advocacia, entende a municipalidade que o substabelecimento de poderes para profissionais que componham outras sociedades advocatícias seria impeditivo à fruição da sistemática favorecida ora em questão. Tal posicionamento... viola os limites de competência do Município... Ademais, acaba por ignorar as especificidades dos serviços advocatícios e da sua regulamentação, pois o mesmo somente pode ser prestado pessoalmente, sendo terminantemente impossível sequer se cogitar que uma pessoa jurídica possa aprestá-los. Logo, impossível a interposição de pessoa jurídica na prestação da atividade-fim dos contribuintes" (NICHELE, Rafael. A inconstitucionalidade da legislação do Município de Porto Alegre ao criar requisitos para o gozo da sistemática de tributação fixa do ISS para sociedades de advogados: matéria reconhecida em repercussão geral nos autos do RE 940.769/RS. *Revista de Estudos Tributários* (RET), Porto Alegre: Síntese, n. 113, p. 228-242, jan./fev. 2017. p. 232).

11.25. Notários e registradores. Não sujeição ao ISS fixo. O STJ já definiu que estão sujeitos ao ISS comum e não ao fixo. A discussão sobre o enquadramento ou não dos notários no ISS fixo tem, efetivamente, caráter infraconstitucional, de modo que o STF não conhece dos recursos sobre a matéria (STF, 1ª T., ARE 683964 AgR, 2013). O que cabia ao STF definir, e o fez, é que os notários e registradores estão sujeitos ao ISS, não gozando de imunidade. Consulte-se o subitem 21.01 da lista de serviços.

– "ISS. PRESTAÇÃO DE SERVIÇOS DE REGISTROS PÚBLICOS (CARTORÁRIO E NOTARIAL). ENQUADRAMENTO NO REGIME ESPECIAL PREVISTO NO ART. 9º, § 1º, DO DECRETO-LEI 406/68. IMPOSSIBILIDADE. PRECEDENTES DAS TURMAS DA PRIMEIRA SEÇÃO/STJ... 3. A prestação de serviços de registros públicos (cartorário e notarial) não se enquadra no regime especial previsto no art. 9º, § 1º, do Decreto-Lei 406/68, pois, além de manifesta a finalidade lucrativa, não há a prestação de serviço sob a forma de trabalho pessoal do próprio contribuinte, especialmente porque o art. 236 da CF/88 e a legislação que o regulamenta permitem a formação de uma estrutura economicamente organizada para a prestação do serviço de registro público, assemelhando-se ao próprio conceito de empresa" (STJ, 1ª S., REsp 1328384/RS, 2013).

– Nesse mesmo sentido, os seguintes precedentes do STJ: AgRg no AREsp 150.919/RS, 1ª T., 2013; AgRg no AREsp 296.647/RS, 2ª T., 2013; AgRg nos EDcl no AREsp 374.443/PR, 1ª T., 2013; REsp 1185119/SP, 1ª T., 2010; REsp 1187464/RS, 2ª T., 2010.

– A 1ª Turma do STF não conheceu de RE sobre a matéria por entender que "Verificar se a prestação de serviços da sociedade profissional se enquadra no disposto no § 1º do artigo 9º do Decreto-Lei n. 406/68, demandaria o prévio exame de fatos e provas e de legislação infraconstitucional, o que inviabiliza o extraordinário", conforme se vê do ARE 666567 AgR, 2012.

– "2. Os Notários e os Registradores... estão inseridos na categoria de agentes por delegação, na condição de representantes do Estado, mas que não podem ser confundidos com servidores públicos em sentido estrito. 3. A delegação para a exploração dos Serviços Notariais e de Registros Públicos está prevista constitucionalmente no art. 236, do Código Magno; uma vez procedida esta, opera-se a investidura dos Notários e dos Registradores nos serviços públicos que lhes hajam sido delegados e eles os exercerão em caráter privado. 4. A Lei Complementar n. 116... aumentou as hipóteses de incidência... ampliando a lista de serviços tributáveis de 101 para 206 subitens, incluindo, aí, os emolumentos (art. 236, § 2º, CF) auferidos pelos atos praticados por Notários e por Registradores. 5. Ante a resistência dos Notários e dos Registradores e respectivas associações à cobrança do ISS sobre suas atividades, a matéria foi objeto de ação direta de inconstitucionalidade proposta pela Associação Nacional dos Notários e Registradores do Brasil junto ao STF, tendo sido julgada no dia 13 de fevereiro do ano de 2008, entendendo pela constitucionalidade da cobrança do referenciado imposto municipal. 6. A jurisprudência pátria dominante, sempre se orientou no sentido de que as Serventias Extrajudiciais não detém personalidade jurídica ou judiciária, não podendo, por isso, figurar como autores ou réus numa ação judicial, o que não ocorre com os seus titulares, os quais, pelo que se evidencia da legislação que os rege e da estrutura da Receita Federal do Brasil, devem ser tidos como empresários, nos termos do art. 966 do Código Civil. 7. A base de cálculo do ISS, segundo a regra geral ditada pela LC n. 116/2003, é o preço do serviço; em relação aos Serviços Notariais e de Registros Públicos, outra não pode ser a conclusão, mormente após a decisão do Supremo Tribunal Federal, na ADI n. 3089, que evidenciou o elemento empresa das Atividades Notariais e de Registros Públicos. 8. A tributação fixa pretendida pelos Notários e pelos Registradores não merece respaldo, simplesmente porque os serviços públicos referenciados são explorados com o intuito de lucro e lucro é algo que, obrigatoriamente afasta-se da idéia do trabalho executado de forma pessoal e autônoma. 9. O argumento da tributação fixa do ISS para esses profissionais, baseado no simples entendimento de que a Receita Federal do Brasil tributa o Imposto de Renda dos Notários e dos Registradores na pessoa física, em face de uma exceção legal, contida no art. 150, § 2º, inciso IV, do RIR/99 também não procede, eis que o Fisco Federal exclui esses profissionais da tributação do referenciado tributo na pessoa jurídica porque, na sua equivocada interpretação, os mesmos são Serventuários da Justiça, quando se sabe que perderam essa antiga condição, passando a ostentar um *status* privado, após o advento da Constituição de 1988" (POMPERMAIER, Cleide Regina Furlani. *O ISS nos Serviços Notariais e de Registros Públicos:* teoria e prática. Blumenau: Nova Letra, 2010. p. 206-208).

11.25.1. Pela aplicação do ISS fixo aos notários e registradores. Conferir voto vencido do Min. Napoleão Nunes Maia Filho no AgRg no AREsp 305.039/SP, 1ª T., 2013.

– "(...) o fato de o serviço público delegado ser prestado com intuito lucrativo, por si só, não descaracteriza o caráter de trabalho autônomo. Sabemos que existem, por exemplo, advogados e médicos de renome que cobram preços exorbitantes, eufemisticamente denominados de 'honorários', respectivamente, a título de parecer jurídico e de cirurgia de alto risco, em que não é possível, ao senso comum, afastar a ideia de intuito lucrativo. Nem por isso eles perdem a condição de profissionais liberais ou de profissionais autônomos. E o fato de o notário e o oficial de registro contarem com a colaboração de substitutos e escreventes, nos termos do § 3º do art. 20 da Lei 8.935/1994, que regulamentou o art. 236 da CF, também, não é relevante para descaracterizar o trabalho pessoal dos notários e registradores. Estes são pessoas físicas, profissionais de direito, dotados de fé pública e que, para efeito da legislação tributária, recebem tratamento semelhante ao de profissional autônomo (profissional liberal). Como é sabido, a Constituição não autoriza a delegação do serviço público para uma pessoa jurídica, mas apenas à pessoa física que é investida no cargo por meio de concurso público de provas e títulos. Escreventes são meros colaborados do titular do serviço delegado. A presença de outros funcionários que executam simples atividade-meio também, não caracteriza o titular de cartório como um empresário" (HARADA, Kyoshi. ISS: base de cálculo dos serviços prestados por notários e registradores. *RET* 82/12, 2011).

– "... o prestador de serviço individual deve ser tributado a um valor fixo, e considerando que a atividade desenvolvida por delegado do serviço público notarial e de registro é exercida em caráter exclusivo, respondendo este pessoalmente pelos atos que pratica, é inconstitucional e ilegal a pretensão de alguns Municípios de tributar o serviço respectivo de forma proporcional, calculando o ISS sobre o total dos emolumentos recolhidos, faltando-lhe competência tributária para tanto" (MACHADO SEGUNDO, Hugo de Brito; MACHADO, Raquel Cavalcanti Ramos. A forma de calcular o ISS incidente sobre a atividade de notas e registros públicos. *RDDT* 160/51, 2009).

– "(...) Como o IRPF já incide sobre os emolumentos, que constituem a renda de notários e registradores (art. 44 do CTN), haveria a vedada bitributação (incidência de dois impostos sobre a mesma base de cálculo) se fosse admitida a incidência do ISSQN sobre 'o preço do serviço' (...) Assim é que a tributação deve ser entendida apenas sobre o trabalho pessoal daquele que responde pela delegação e a cobrança do ISSQN de notários e registradores deve se dar da mesma forma feita para os demais profissionais autônomos e liberais: ISSQN sobre base fixa ou valor anual (...)" (ASSUMPÇÃO, Letícia Franco Maculan. O ISSQN sobre atos notariais e de registro. *RET* 82/22, 2011).

11.26. A abertura de filiais não pode ser encarada como caracterização de natureza empresarial da sociedade com consequente perda do regime fixo do ISS. "Por derradeiro, saliente-se que algumas legislações municipais veem, na abertura de filial por sociedade de profissionais, a caracterização de natureza empresarial suficiente para a anão aplicação do regime privilegiado. É claramente inválida norma desse jaez por faltar-lhe fundamento nas disposições superiores (lei complementar), menos ainda na lei Maior (na medida em que o tratamento em espécie se arrima no princípio da isonomia). O balizamento superior é no sentido de a prestação de serviços realizar-se sob a forma de trabalho pessoal do próprio contribuint3e, sob sua responsabilidade individual, e nada mais. Desimportante, pois se a sociedade dispõe ou não de filiais" (OLIVEIRA, José Jayme de Macêdo. *Impostos municipais:* ISS, ITBI e IPTU. 2. ed. São Paulo: Saraiva, 2011. p. 220).

12. ISS fixo na LC n. 123. Além de prever o valor fixo mensal de R$ 5,00 para o MEI (art. 18-A, § 3º, V, *c*), a LC n. 123 também excepcionou a utilização da receita bruta em outras duas situações: a) no art. 18, § 18, faculta-se ao Município cobrar o ISS fixo, mediante estimativa fiscal, das microempresas optantes pelo Simples Nacional; e b) no art. 18, § 22-A, os escritórios de contabilidade optantes pelo Simples Nacional também recolherão o ISS fixo.

12.1. ISS fixo para as *microempresas* optantes pelo Simples Nacional: estimativa fiscal do art. 18, §§ 18, 18-A e 19, da LC n. 123. Os Municípios "poderão" estabelecer uma estimativa fiscal do ISS em favor das *microempresas* optantes pelo Simples Nacional, "na forma definida pelo Comitê Gestor" do Simples Nacional (CGSN). Trata-se de uma faculdade conferida aos Municípios, de tal forma que essa modalidade de ISS fixo depende de estipulação expressa em lei municipal. Note-se que a exceção se volta tão somente em prol das microempresas, não alcançando as empresas de pequeno porte. O CGSN regulamentou essa modalidade de ISS-fixo no art. 33 da Resolução CGSN n. 140/2018.

– Conferir art. 33 Resolução CGSN n. 140/2018.

12.2. ISS fixo para os escritórios de contabilidade optantes pelo Simples Nacional: dúvidas acerca da imposição ou mera faculdade para os Municípios. As microempresas e empresas de pequeno porte prestadoras de serviços contábeis recolherão o ISS em valor fixo, na forma da legislação municipal. Diferentemente da permissão prevista nos §§ 18, 18-A e 19 do art. 18, que se restringe às microempresas e depende de criação por lei municipal, com relação aos escritórios de contabilidade optantes pelo Simples Nacional, a LC n. 123 determinou o ISS fixo como a única forma de apuração do imposto municipal, delegando para a lei municipal apenas a definição do montante devido e a forma de pagamento. A previsão do ISS fixo contida no

§ 22-A deve ser entendida como uma imposição aos Municípios porque o verbo empregado foi "recolherá", e não o "poderão", e, além disso, não houve qualquer flexibilidade referente à competência ou autonomia municipal para estipular a apuração do ISS de uma outra forma. Ademais, o § 22-A foi inserido na LC n. 123 pela LC n. 128/2008, juntamente com os §§ 5º-B, XIV, 22-B e 22-C, que versam de modo específico sobre essa atividade profissional no âmbito do Simples Nacional. Esses parágrafos acabam formando um *subsistema* de normas *especialmente* voltadas aos escritórios de serviços contábeis, contemplando tanto *privilégios* (caso do ISS fixo e da inserção da atividade no Anexo III, cuja carga é inferior aos anexos IV e V, que abarcam a maioria dos serviços profissionais), quanto *condições* diferenciadas para o ingresso e permanência no Simples Nacional. Todavia, conforme se depreende do art. 25, § 11 da Resolução CGSN n. 140/2018 (a Resolução n. 94/2011 também dispunha do mesmo modo no seu art. 24, § 3º, com redação atribuída pela Resolução n. 104/2012), o CGSN não vislumbrou essa obrigatoriedade do ISS fixo para os escritórios de contabilidade, ao prever que, em caso de omissão de lei municipal sobre o ISS fixo, o imposto municipal deverá ser normalmente apurado com base na receita bruta do contribuinte. Ainda não houve manifestação do STJ especificamente sobre esse assunto.

12.3. ISS fixo para os escritórios de contabilidade optantes pelo Simples Nacional: aplicação, ou não, dos requisitos do art. 9º, § 3º, do DL 406/68. Uma outra crucial discussão envolvendo o ISS fixo dos escritórios de contabilidade optantes pelo Simples Nacional está na necessidade, ou não, de se analisar os requisitos presentes no art. 9º, § 3º do DL 406/68, referentes à pessoalidade do trabalho, caráter não empresarial e assunção de responsabilidade pessoal dos profissionais. O § 22-A não faz qualquer referência ao DL 406, e parece ter afastado aquelas condições especiais de natureza subjetiva encontradas no decreto-lei, ao escolher a "atividade" (serviços de contabilidade) como único critério distintivo para o aproveitamento do ISS fixo, logo, critério objetivo focado apenas no tipo da atividade, sendo irrelevante a forma como o serviço é prestado ou, ainda, a assunção de responsabilidade pessoal. Com efeito, a LC n. 123 sempre se refere a critérios objetivos ao tratar desses contribuintes na seara do Simples Nacional, não levando em consideração quadro societário, pessoalidade dos serviços, assunção de responsabilidade, tipo societário, caráter não empresarial ou qualquer outra exigência de cunho subjetivo: "escritórios de serviços contábeis" (art. 18, §§ 5º-B, XIV, 22-B e 22-C) e "atividade constante do inciso XIV do § 5º-B deste artigo (§ 22-A). Outrossim, os §§ 22-A, 22-B e 22-C tratam da tributação dos escritórios de contabilidade de forma apartada e especial dentro do regime do Simples Nacional, o que acaba afastando a aplicação daquela norma geral que trata do ISS para todos os serviços profissionais contemplados no ISS fixo fora do Simples Nacional (art. 9º, § 3º do DL 406). Portanto, não se trata de revogação do art. 9º, § 3º do DL 406, mas sim de aplicação do primado da prevalência da lei especial frente à lei geral. Por fim, quando a parte final do § 22-A faz referência ao recolhimento do ISS em valor fixo "na forma da legislação municipal", percebe-se que a LC n. 123 apenas delegou para a legislação municipal a *forma* como o ISS será regulado, no sentido do Município exercer sua autonomia financeira e competência tributária mediante a fixação do valor devido, prazo de vencimento, guia de recolhimento, obrigações acessórias e outras formalidades. O CGSN não enfrentou essa discussão em suas recomendações ou resoluções. No STJ, há um único acórdão sobre essa polêmica: trata-se do REsp 1.729.218, 2ª Turma do STJ, j. em 3-5-2018, *DJ*-e de 19-11-2018, no qual não foram enfrentados os pontos acima expostos, concentrando-se o julgamento na não revogação do art. 9º do DL 406 e na supremacia hierárquica da LC n. 123 sobre a lei municipal.

– "1. A tese apresentada pela recorrente é de que, por ser optante do Simples Nacional, possui direito ao recolhimento do ISS com base em valor fixo, diante do disposto no art. 18, §§ 22-A e 5ºB, alínea XIV. 2. O Tribunal de origem, para solucionar a lide, consignou que o regime instituído pela LC n. 123/2006 não revogou a regulação do tema pelo Decreto-Lei 406/1968 e que a Constituição Federal de 1988 e o art. 1º da LC n. 116/2003 asseguram a competência tributária do ente municipal para fiscalizar e arrecadar o ISS. No mérito, concluiu, com base nas premissas acima e com base na prova dos autos (leitura dos atos constitutivos), que a recorrente não se enquadra no conceito de sociedade uniprofissional, mas assumiu a forma empresarial de sociedade de responsabilidade limitada, de modo que não teria direito ao recolhimento da exação por valor fixo. 3. Segundo o art. 18, § 22-A, da Lei Complementar n. 123/2006, a atividade prestada pelos escritórios de serviços contábeis está sujeita 'ao recolhimento do ISS em valor fixo, na forma da legislação municipal'. 4. A afirmação da recorrente – de que a LC n. 123/2006 é hierarquicamente superior à legislação municipal – não se sustenta, na medida em que a norma acima referida expressamente afirma que o recolhimento da exação por valor fixo será disciplinado conforme a legislação do ente que possui competência para instituir e cobrar o ISS. 5. Não se extrai, porém, do texto normativo acima, a exegese segundo a qual as sociedades prestadoras de serviço que assumam forma empresarial também estão sujeitas ao recolhimento do ISS por valor fixo, pelo simples fato de terem aderido ao Simples Nacional. 6. Qualquer interpretação no sentido de que a Lei Complementar n. 123/2006 revogou integralmente a legislação de todos os entes municipais seria de duvidosa constitucionalidade, uma vez que o Simples Nacional constitui mero regime diferenciado de arrecadação, cobrança e fiscalização, destinado a desburocratizar a tributação das microempresas e empresas de pequeno porte, e não de instrumento que autoriza a União a se sobrepor à competência tributária e legislativa dos Estados-membros, Distrito Federal e Municípios, mas isso é questão a ser apreciada na via recursal adequada (a recorrente interpôs Recurso Extraordinário). 7. Nessa ordem de ideias, é de fundamental importância registrar que a recorrente, segundo as premissas fixadas pelo acórdão hostilizado, não é sociedade uniprofissional, mas sim assumiu a forma de empresa de responsabilidade limitada, razão pela qual não prospera a tese por ela defendida" (STJ, 2ª T., REsp 1.729.218, 2018).

12.4. Não extensão do ISS fixo para os demais contribuintes do Simples Nacional, ainda que prestadores de serviços profissionais que se enquadrem no art. 9º, § 3º, do DL 406: exceção prevista na LC n. 123 apenas para os escritórios de serviços contábeis. Além dos escritórios de serviços contábeis, podem aderir ao Simples Nacional outras sociedades profissionais que se enquadram nos requisitos subjetivos estampados no art. 9º, § 3º do DL 406, como é o caso de sociedades de advogados, clínicas médicas e odontológicas, escritórios de economia, engenharia e arquitetura. Todavia, ainda que presentes aquelas condições legais, a adesão ao Simples Nacional afasta automaticamente o ISS fixo para tais contribuições, com exceção apenas dos escritórios de serviços contábeis, diante da expressa ressalva do art. 18, § 22-A da LC n. 123. Por ter sido instituído por uma lei complementar especial com matriz constitucional no art. 146, II, *d* e parágrafo único da CF, e, ainda, por constituir num subsistema tributário peculiar, o regime do Simples Nacional afasta tanto a norma geral do ISS previsto na LC n. 116 (no caso da base de cálculo, o art. 7º) como também a norma geral do ISS previsto no art. 9º, § 3º do DL 406, voltado reservadamente às sociedades profissionais. A propósito, em suas decisões sobre o art. 9º do DL 406, o STF sempre tratou o dispositivo como uma norma geral de definição de base de cálculo para aqueles contribuintes ali contemplados. Portanto, a LC n. 123 é lei especial que, salvo disposição expressa em sentido contrário (art. 18, § 22-A), somente previu o ISS fixo para os escritórios de serviços contábeis, não cabendo sua extensão às demais categorias profissionais estranhas aos serviços contábeis mediante a aplicação da norma geral contida no art. 9º, § 3º do DL 406. Dessa forma, as demais sociedades profissionais, ainda que optantes pelo Simples Nacional, deverão apurar o ISS em cima da receita bruta, observando-se normalmente o art. 18, *caput* e § 3º da LC n. 123. Por fim, esse tratamento especial do ISS dentro do Simples Nacional conferido tão somente aos escritórios de serviços contábeis não fere o princípio constitucional da isonomia, pois essa escolha está inserida em razões de ordem política e técnicas de tributação, como já analisou o STF em outras ocasiões (v.g., ADI 1.643, RE 627.543, AI 452.642).

– "AÇÃO DIRETA DE INCONSTITUCIONALIDADE. SISTEMA INTEGRADO DE PAGAMENTO DE IMPOSTOS E CONTRIBUIÇÕES DAS MICROEMPRESAS E EMPRESAS DE PEQUENO PORTE. CONFEDERAÇÃO NACIONAL DAS PROFISSÕES LIBERAIS. PERTINÊNCIA TEMÁTICA. LEGITIMIDADE ATIVA. PESSOAS JURÍDICAS IMPEDIDAS DE OPTAR PELO REGIME. CONSTITUCIONALIDADE. 1. Há pertinência temática entre os objetivos institucionais da requerente e o inciso XIII do artigo 9º da Lei 9317/96, uma vez que o pedido visa a defesa dos interesses de profissionais liberais, nada obstante a referência a pessoas jurídicas prestadoras de serviços. 2. Legitimidade ativa da Confederação. O Decreto de 27/05/54 reconhece-a como entidade sindical de grau superior, coordenadora dos interesses das profissões liberais em todo o território nacional. Precedente. 3. Por disposição constitucional (CF, artigo 179), as microempresas e as empresas de pequeno porte devem ser beneficiadas, nos termos da lei, pela 'simplificação de suas obrigações administrativas, tributárias, previdenciárias e creditícias, ou pela eliminação ou redução destas' (CF, artigo 179). 4. Não há ofensa ao princípio da isonomia tributária se a lei, por motivos extrafiscais, imprime tratamento desigual a microempresas e empresas de pequeno porte de capacidade contributiva distinta, afastando do regime do Simples aquelas cujos sócios têm condição de disputar o mercado de trabalho sem assistência do Estado. Ação direta de inconstitucionalidade julgada improcedente" (STF, Plenário, ADI 1643, 2003).

– "Recurso extraordinário. Repercussão geral reconhecida. Microempresa e empresa de pequeno porte. Tratamento diferenciado. Simples Nacional. Adesão. Débitos fiscais pendentes. Lei Complementar n. 123/06. Constitucionalidade. Recurso não provido. 1. O Simples Nacional surgiu da premente necessidade de se fazer com que o sistema tributário nacional concretizasse as diretrizes constitucionais do favorecimento às microempresas e às empresas de pequeno porte. A Lei Complementar n. 123, de 14 de dezembro de 2006, em consonância com as diretrizes traçadas pelos arts.

146, III, d, e parágrafo único; 170, IX; e 179 da Constituição Federal, visa à simplificação e à redução das obrigações dessas empresas, conferindo a elas um tratamento jurídico diferenciado, o qual guarda, ainda, perfeita consonância com os princípios da capacidade contributiva e da isonomia. 2. Ausência de afronta ao princípio da isonomia tributária. O regime foi criado para diferenciar, em iguais condições, os empreendedores com menor capacidade contributiva e menor poder econômico, sendo desarrazoado que, nesse universo de contribuintes, se favoreçam aqueles em débito com os fiscos pertinentes, os quais participariam do mercado com uma vantagem competitiva em relação àqueles que cumprem pontualmente com suas obrigações. 3. A condicionante do inciso V do art. 17 da LC n. 123/06 não se caracteriza, a priori, como fator de desequilíbrio concorrencial, pois se constitui em exigência imposta a todas as pequenas e as microempresas (MPE), bem como a todos os microempreendedores individuais (MEI), devendo ser contextualizada, por representar também, forma indireta de se reprovar a infração das leis fiscais e de se garantir a neutralidade, com enfoque na livre concorrência. 4. A presente hipótese não se confunde com aquelas fixadas nas Súmulas 70, 323 e 547 do STF, porquanto a espécie não se caracteriza como meio ilícito de coação a pagamento de tributo, nem como restrição desproporcional e desarrazoada ao exercício da atividade econômica. Não se trata, na espécie, de forma de cobrança indireta de tributo, mas de requisito para fins de fruição a regime tributário diferenciado e facultativo. 5. Recurso extraordinário não provido" (STF, Plenário, RE 627.543. 2014)

– Nesse mesmo sentido: STF, 2ª T., AgR no AI 452642 AgR, 2005.

12.5. A exclusão de ME e EPP do regime do Simples Nacional por uma lesão fiscal insignificante (irrisória) não deve ser considerada juridicamente válida, sendo, portanto, passível de revisão pelo Poder Judiciário. "Como forma de garantir o cumprimento do comando previsto no art. 179 da Constituição, que estabelece o tratamento jurídico diferenciado às microempresas e empresas de pequeno porte, visando à incentivá-las pela simplificação de suas obrigações administrativas, tributárias, previdenciárias e creditícias, o legislador editou a Lei Complementar n. 123/06, que oportuniza aos contribuintes de menor porte o direito de optar pelo tratamento tributário diferenciado e favorecido denominado Regime Especial Unificado de Arrecadação de Tributos e Contribuições, ou simplesmente 'Simples Nacional'. Como sabemos, a realidade das pequenas empresas brasileiras não lhes possibilita investimento suficiente em mão de obra especializada para a adoção de um *compliance* fiscal adequado, o que resulta no inevitável descumprimento de obrigações tributárias e, consequentemente, no surgimento de débitos que passam a ser prontamente exigíveis. Apesar do Simples Nacional ter sido instituído com o nobre propósito de alterar esse cenário, a realidade é que nem mesmo os contribuintes que estão inclusos no Regime escapam de um sistema tributário complexo, como revelou artigo publicado recentemente neste veículo. Ocorre que, apesar de ser esperado que sociedades empresárias de menor porte acumulem pequenos débitos de natureza tributária ao longo de sua existência, o art. 17, V, da Lei Complementar n. 123/06 condiciona a manutenção de tais contribuintes no Regime do Simples Nacional à inexistência de débitos perante a Receita Federal do Brasil. E, para piorar, o art. 30 daquele mesmo Diploma ainda determina a exclusão do Regime dos contribuintes que possuam débitos tributários cuja exigibilidade não esteja suspensa, sem, contudo, estabelecer um valor mínimo do total da dívida que daria ensejo à aplicação dessa penalidade. Acreditamos, no entanto, que uma medida tão extrema como a exclusão do Regime do Simples Nacional, especialmente diante de um contexto tão complexo de cumprimento tempestivo de obrigações tributárias, não pode ser aplicada isoladamente pela Administração Fazendária, sob pena de retirar da Lei Complementar n. 123/06 sua própria razão de existir – isto é, o incentivo às empresas de menor porte financeiro. Vale, então, a seguinte indagação: até que ponto a exigibilidade de débitos de valor irrisório pode dar azo à aplicação da regra prevista no art. 30 da Lei Complementar n. 123/06? Inicialmente, é importante investigar se seria possível se extrair um critério jurídico para definição do que seria 'irrisório'. Embora não se possa definir o termo com precisão, fato é que alguns referenciais podem nos ajudar a elucidar a abrangência do que se considera insignificante para fins do Direito Tributário. Os arts. 20, § 2º, da Lei n. 10.522/00 e 1º, I, da Portaria MF n. 75/12 definem, por exemplo, pisos para inscrição de débitos na Dívida Ativa da União e ajuizamento de Executivos fiscais – R$ 1.000,00 e R$ 20.000,00, respectivamente. Ou seja, quando a extensão da lesão financeira ao Erário não ultrapassa tais valores, a própria legislação impede a atuação da Administração, dispensando a reparação imediata dos cofres públicos, pois, concretamente, não se justifica, inclusive sob o ponto de vista da análise econômica da discussão, a punição do contribuinte. Segundo Leandro Paulsen, '(...) não se justifica a punição do agente quando o legislador, em face da pequena dimensão da lesão, dispensa a própria reparação civil, no caso a cobrança do tributo que tenha deixado de ser pago e da multa de ofício imposta pela infração cometida. É o que se costuma designar, em matéria penal, por 'princípio da insignificância'. Além disso, o STJ já definiu, em sede de Recurso Repetitivo (Recurso Especial n. 1.709.029/MG), que os limites estabelecidos pela Lei n. 10.522/00 e pela Portaria MF n. 75/12 também devem ser observados na persecução de crimes contra a ordem tributária. Dessa forma, se o valor de R$ 20.000,00 não justifica o ajuizamento de Execuções Fiscais ou até mesmo a persecução criminal em caso de descaminho, não seria demais adotá-lo como parâmetro para o que seria considerado irrisório ou insignificante em matéria tributária. Estabelecida esta premissa, passa-se a analisar exclusão das sociedades empresárias brasileiras da sistemática do Regime do Simples Nacional em decorrência de débito irrisório exigível e a relação deste ato com os princípios a que está sujeita a Administração. Como sabemos, a Administração está vinculada à finalidade da norma, na dimensão mais potente do Princípio da Legalidade, sob pena de nulidade de seus atos por 'desvio de poder'. O art. 1º da Lei Complementar n. 123/06, por sua vez, revela que a finalidade da criação do Simples Nacional foi promover e dar contornos concretos ao valor que inspirou a redação do art. 179 da Constituição, segundo o qual 'A União, os Estados, o Distrito Federal e os Municípios dispensarão às microempresas e às empresas de pequeno porte, assim definidas em lei, tratamento jurídico diferenciado, visando a incentivá-las pela simplificação de suas obrigações administrativas, tributárias, previdenciárias e creditícias, ou pela eliminação ou redução destas por meio de lei.' (...) Assim, a exclusão de uma sociedade do Simples Nacional em razão da exigibilidade de débito irrisório, o que não raras vezes resulta na falência ou insolvência do contribuinte, vai de óbvio encontro à finalidade da Lei, atingido de forma diametralmente oposta a principal pretensão do legislador. Isso sem falar que a adoção de medida tão extremada para a punição de pequenos empresários por infração de baixíssimo potencial lesivo, além de atentar contra os princípios da razoabilidade e da proporcionalidade – como já pontuado em precedentes dos Tribunais Regionais Federais –, nos parece violar também a função social da empresa, que, para Fábio Ulhôa Coelho, viria a ser a capacidade da sociedade de 'gerar empregos, tributos e riqueza, ao contribuir para o desenvolvimento econômico, social e cultural da comunidade em que atua, de sua região ou país'" (REZENDE, João Pedro Quintanilha; PERLINGEIRO, Vanessa; MARTINEZ, Victor. A exclusão de sociedade do Simples por exigibilidade de débito em valor irrisório. *Jota*, 2019. Disponível em: <https://www.jota.info/opiniao-e-analise/artigos/a-exclusao-de-sociedade-do-simples-por-exigibilidade-de-debito-em-valor-irrisorio-16082019>. Acesso em: 19 ago. 2019).

Lista de serviços anexa à LC n. 116/2003

1. São válidos os itens da lista que estão de acordo com a base econômica tributável "serviços de qualquer natureza". Sobre a definição de serviços de qualquer natureza e as pressupostos dos serviços tributáveis pelos Municípios, *vide* nota ao art. 156, III, da CF.

2. Os itens indicam a categoria dos serviços arrolados em seus subitens, esses sim, os serviços tributáveis. Os itens da lista anexa à LC n. 116/2003 apontam as categorias de serviços e seus subitens constituem, propriamente, os serviços sujeitos à tributação, desde que reproduzidos nas leis municipais. É por essa razão que há diversos itens da lista com apenas um subitem de idêntica redação. Vejam-se, por exemplo: "34 – Serviços de investigações particulares, detetives e congêneres. 34.01 – Serviços de investigações particulares, detetives e congêneres. 35 – Serviços de reportagem, assessoria de imprensa, jornalismo e relações públicas. 35.01 – Serviços de reportagem, assessoria de imprensa, jornalismo e relações públicas. 36 – Serviços de meteorologia. 36.01 – Serviços de meteorologia".

– "Os itens do gênero dos serviços são apenas indicativo deles e os subitens são realmente os serviços tributáveis pelo imposto municipal" (MARTINS, Ives Gandra da Silva; RODRIGUES, Marilene Talarico Martins. Advocacia – função essencial à da justiça na dicção constitucional – razão do regime diferenciado de tributação fixa e do ISS – inteligência do Decreto-lei n. 406, artigo 9º, §§ 1º e 3º, e das Leis Complementares ns. 116 e 157 – parecer. *Revista de Estudos Tributários* (RET), Porto Alegre: Síntese, n. 121, p. 56/90, maio/jun. 2018. p. 69).

3. Lacuna na lista de serviços. Serviços congêneres. Impossibilidade de o Município complementar o rol de serviços. "A ausência de um determinado serviço na lista anexa à Lei Complementar n. 116/2003, portanto, resulta na impossibilidade de tributação desse mesmo serviço pelos Municípios, mediante o ISS. O Superior Tribunal de Justiça vem decidindo pela taxatividade da lista de serviços e pela impossibilidade de ampliação, mediante integração analógica da referida lista, conforme REsp 514.675 – 2ª Turma. O certo, todavia, é que a nova lei não conferiu ao legislador local a faculdade de preencher as lacunas da lei completando o rol dos serviços 'congêneres', por analogia, com serviços não constantes expressamente da lista" (MARTINS, Ives Gandra da Silva; RODRIGUES, Marilene Talarico Martins. Advocacia – função essencial à da justiça na dicção constitucional. *RET* n. 121, p. 56/90, 2018. p. 67). O STF definiu que a lista de serviços é taxativa, "admitindo-se, contudo, a incidência do tributo sobre as atividades inerentes aos serviços elencados em lei em razão da interpretação extensiva" (Tema 296 em RG, RE 784.439, jun/2020).

4. Enquadramento de atividade econômica é matéria infraconstitucional. Conferir STF, 2ª T., ARE 1099928 AgR, 2018.

5. Regras para o devido enquadramento do serviço em item da lista. "Já podemos formular certas regras para o enquadramento do serviço prestado pelo contribuinte, relativamente ao ISS. São regras que o aplicador da lei não pode deixar de obedecer sob pena de tornar ilegal a cobrança do imposto. São as seguintes: *1ª regra*: a não inclusão da atividade do contribuinte na lista de serviços (agrupamento), aprovada pela lei ordinária do poder tributante, indica a não incidência do imposto; *2ª regra*: cada espécie de serviço incluído na lista (agrupamento) está previsto de forma genérica, abrangendo as diversas espécies nele consagradas; *3ª regra:* o item que contém previsão específica em relação a certo serviço deve prevalecer sobre o item que contenha previsão genérica" (MORAES, Bernardo Ribeiro de. *Doutrina e prática do Imposto sobre Serviços*. São Paulo: Revista dos Tribunais, 1975, p. 406)

6. Polêmicas em matéria *de fato*: dificuldades na definição exata do tipo de serviço no plano fático e, por conseguinte, no enquadramento da atividade na lista de serviços. A Lista catalogou inúmeros serviços sujeitos ao ISS (são 194 subitens, sendo certo que em alguns deles há mais do que um tipo de serviço tipificado). Diante dessa listagem ampla e detalhada de cada serviço, no campo prático costuma-se observar em vários casos uma alta complexidade na definição exata de qual foi o serviço efetivamente prestado pelo contribuinte, criando dificuldades tanto para as partes contratantes envolvidas (prestadores e tomadores do serviço) como para o Fisco Municipal. Todavia, essa exata tipificação do serviço concretamente prestado é essencial para a apuração e o lançamento do imposto, não apenas para fins formais da constituição do crédito tributário, como também para a materialidade do imposto em testilha. Dependendo do tipo do serviço, poderá variar a alíquota, a base de cálculo, as sujeições ativa e passiva, momento e local de ocorrência do ISS. Essa análise fática também é decisiva para fins de definição do imposto devido (ISS, ICMS, IPI, IOF, ITBI, locação de bens móveis). Os processos judiciais que lidam com tais matérias "de fato" são julgados em primeira e segunda instâncias (tribunais de justiça e tribunais regionais federais), não cabendo a apreciação ou o reexame dos fatos (enquadramento) no STF (Súmula 279) nem no STJ (Súmula 7).

---

1 – Serviços de informática e congêneres.

---

1. Serviços de informática. "Informática é o ramo do conhecimento dedicado ao tratamento da informação mediante o uso de computadores e demais dispositivos de processamento de dados. Ou, em outros termos, é a ciência que se ocupa do tratamento da informação; conjunto de disciplinas científicas e de técnicas especialmente aplicáveis ao tratamento da informação de uma forma automatizada e racional, através do uso de programas instalados em computador. Serviço de informática é a relação jurídica cujo objeto é composto pelo tratamento, armazenamento e processamento de informação, ou seja, projeto, execução, instalação e operação de dados mediante o uso de computadores e outros equipamentos de processamento de dados. Ressalte-se que a lista de serviços tem caráter restritivo; sendo assim, nem todos os serviços de informática são tributáveis, mas somente aqueles abaixo descritos" (DÁCOMO, Natália de Nardi. *Hipótese de incidência do ISS*. São Paulo: Noeses, 2006. p. 50-51).

2. Comércio eletrônico. "De forma ampla, o comércio eletrônico define-se como todas as transações realizadas por meio da internet, na aquisição de bens tangíveis e não tangíveis. Na comercialização de bens tangíveis, a tributação irá ocorrer da mesma forma como se o consumidor estivesse comprando em uma loja física. Já na comercialização de bens intangíveis, como os *softwares*, a compra, entrega e pagamentos ocorrem de forma virtual. A grande problemática ocorre na forma de tributar esses bens..." (SOARES, Monique da Silva Soares. Comércio eletrônico e tributação. *Revista de Estudos Tributários* (RET), Porto Alegre: Síntese, n. 111, p. 9/15, set./out. 2016. p. 10).

3. OCDE e a Ação 1 do projeto BEPS que aborda desafios fiscais da economia digital. "A organização para cooperação e Desenvolvimento Econômico (OCDE) publicou, em 12 de fevereiro de 2013, um relatório para os líderes do G-20 sobre a Erosão da Base Tributável e Transferência de Lucros (*Base Erosion and Profit Shifthing* – BEPS), abordando a problemática da globalização o agravamento do problema da erosão da base tributável dos países diante de planejamento tributários internacionais tidos como 'agressivos'. A realidade do BEPS demonstra a necessidade de adoção de uma política fiscal global e cooperante entre os países adapta à evolução e a globalização da economia, assente na coordenação entre as políticas fiscais domésticas e internacionais, para preencher as lacunas existentes. Na primeira Ação do Projeto BEPS (Ação 1 – Abordagem dos desafios fiscais da economia digital), a problemática da economia digital foi desde logo analisada, com objetivo de identificar as suas principais dificuldades para aplicação das regras de tributação internacional vigentes, desenvolvendo alternativas para lidar com tais questões. Entre outros aspectos, a Ação 1 propôs a análise das seguintes questões: (i) a capacidade de uma empresa ter presença digital significativa na economia de outro país sem estar sujeita à tributação, diante da inexistência de elementos de conexão na regras de tributação vigente; (ii) a atribuição de valor agregado à geração de dados relativos a mercados e clientes; (iii) a aplicação das regras de tributação na fonte; (iv) a qualificação dos rendimentos originados dos novos produtos e serviços digitais; e (v) o asseguramento da cobrança efetiva do VAT (*Value Added Tax*)/ GST (*Goods and Services Tax*) diante do fornecimento transacional de bens e serviços digitais. Nesta ocasião, a OCDE buscou identificar as peculiaridades da economia digital, fornecendo uma série de características que estão cada vez mais presentes na economia e que são potencialmente relevantes do ponto de vista fiscal, quais sejam: a) Mobilidade com relação (i) aos intangíveis de que a economia digital depende; (ii) aos usuários; e (iii) às funções de negócios, como consequência da diminuição da necessidade pessoal de local para desempenhar certas funções, bem como a flexibilidade em muitos casos de escolher a localização de servidores e outros recursos; b) Confiança em dados, incluindo a utilização dos chamados 'grandes dados' (*Big data*); c) efeitos de rede, entendidos com referência à participação do usuário, integração e sinergias; d) utilização de modelos empresariais multilaterais (*multi-sided business model*), em que as duas partes contratantes podem estarem jurisdição diferentes; e) tendência ao monopólio ou ao oligopólio em certos modelos de negócios que dependem fortemente dos efeitos da rede; f) volatilidade em razão das baixas barreiras à entrada e tecnologia em rápida evolução" (ROCHA, Sérgio André; CASTRO, Diana Rodrigues Prado de. Plano de ação 1 do BEPS e as diretrizes gerais da OCDE. *In:* PISCITELLI, Tathiane (coord.). *Tributação da economia digital*. São Paulo: Revista dos Tribunais, 2018. p. 17-18).

4. Proposta de imposto sobre serviços digitais aplicáveis às receitas de determinados serviços digitais apresentada pela comissão Europeia na sua recomendação de 21-3-2018 em Bruxelas. "O pacote fiscal da economia digital inclui igualmente uma proposta de Directiva relativa ao Imposto sobre os serviços digitais (ISD), e é apresentada como uma solução provisória simples para a tributação das actividades digitais na UE. O ISD consubstancia-se como um imposto sobre as receitas decorrentes de determinadas prestações de serviços digitais e deve ser aplicável numa base temporária até se encontrar uma solução abrangente. Segundo o Memorandum explicativo anexo a proposta de Directiva, a Comissão Europeia, com a criação deste imposto, procura responder aos diversos apelos de diversos estados membros e garantir receita fiscal decorrente de actividades que, actualmente, não geram. Ademais, com a criação de um imposto ao nível europeu, pretende-se evitar medidas unilaterais por parte dos Estados membros. De acordo com o previsto, as receitas decorrentes da prestação de qualquer um dos seguintes serviços por uma entidade devem ser consideradas 'receitas tributáveis' na acepção da proposta Directiva: (a) a apresentação, numa interface digital, de publicidade destinada aos utilizadores dessa interface; (b) a disponibilização aos utilizadores de uma interface digital multilateral que permite aos utilizadores encontrar e interagir com outros utilizadores e pode, além disso, facilitar o fornecimento de bens ou prestação de serviços subjacentes diretamente entre os utilizadores; e (c) a transmissão dos dados recolhidos sobre os utilizadores gerados pelas actividades dos utilizadores em interfaces digitais. A competência para tributar é dos Estados membros no qual se localizam os utilizadores das referidas plataformas. A referida proposta Directiva não contempla a tributação da prestação de serviço de informática, ou ainda, a atividade de retalho on-line. O conceito de receitas tributárias deverá incluir o total das receitas brutas, líquido do imposto sobre o valor acrescentado e de outros impostos similares. São exemplos de rendimentos incluídos: (i) os derivados da valorização de dados pelo facto de constarem de espaços digitais – Ex.: Facebook, Google, Twitter, Instagram, Spotify, ou venda desses dados; (ii) os resultantes da disponibilização de plataformas digitais para utentes (serviços de intermediação) – Ex.: Airbnb, Uber. Por 'sujeito passivo', relativamente a um período de tributação, deve-se entender uma entidade que satisfaça ambas as condições: (a) o montante total das receitas mundiais comunicadas pela entidade para o exercício em causa é superior a 750 000 000 EUR; (b) o montante total das receitas tributáveis obtidas pela entidade da União durante o exercício em causa superior a 50 000 000 EUR. As receitas tributáveis obtidas por uma entidade num período de tributação devem ser consideradas como obtidas num Estado membro nesse período de tributação se os utilizadores, no que diz respeito ao serviço tributável, estiverem localizados no Estado membro em causa nesse período de tributação. O ISD deverá ser exigível num Estado membro proporcionalmente às receitas tributáveis obtidas por um sujeito passivo num período de tributação nesse Estado membro. A taxa do ISD é de 3%. Os Estados membros devem aplicar as referidas disposições a partir de 1º de janeiro de 2020" (PALMA, Clotilde Celorico. A tributação da economia digital e a evolução recente na União Europeia. *In:* PISCITELLI, Tathiane (coord.). *Tributação da economia digital.* São Paulo: Revista dos Tribunais, 2018. p. 55-57).

5. Soluções preliminares propostas pela OCDE voltadas à tributação da economia digital. "Como se pode constatar, a despeito da ainda embrionária produção de normas tributárias alcançando os fatos econômicos inerentes à economia digital, é possível identificar que as soluções preliminares propostas pela OCDE têm sido abordadas e/ou implementadas em diversos países. De acordo com as soluções adotadas pela OCDE e pela União Europeia, é possível inferir que as tradicionais regras de tributação internacional atualmente vigentes serão substancialmente alteradas, na medida em que há uma ênfase significativa na tributação na fonte, privilegiando-se o princípio do destino. Neste aspecto, tanto a OCDE quanto a União Europeia vislumbram como solução para a tributação dos fatos econômicos da economia digital a criação de um novo tributo específico para tais transações e o deslocamento da tributação para o Estado de fonte, alterando o conceito de estabelecimento permanente e criando o conceito de 'presença digital significativa'. Tais soluções, entretanto longe de resolverem o problema da ausência de tributação dos novos fatos econômicos possuem dificuldades intrínsecas de implementação diante da significativa complexidade para apuração do tributo efetivamente devido nos moldes dos elementos de conexão sugeridos como parâmetro. Em vez de resolver os principais problemas da tributação na economia digital, as medidas apresentadas parecem ser instrumentos de complexidade e insegurança jurídica" (ROCHA, Sérgio André; CASTRO, Diana Rodrigues Prado de. Plano de ação 1 do BEPS e as diretrizes gerais da OCDE". *In:* PISCITELLI, Tathiane (coord.). *Tributação da economia digital.* São Paulo: Revista dos Tribunais, 2018. p. 38).

6. Conflitos entre ISS e ICMS na tributação da "internet das coisas" (*internet of things* – IOT). "Conforme demostrado, as atividades de IoT podem ser prestadas conjuntamente, em um contrato misto ou complexo, ou separadamente por fornecedores distintos. Vale esclarecer que a operação de IoT enseja a existência de algumas atividades principais inerentes à sua formatação. Isso porque, como explicado, a operacionalização do IoT ocorre quando duas máquinas se conectam para extrair dados e trocar comandos entre si, sem interação humana. Para tanto, as atividades de prestação de serviços de armazenamento e processamento de dados, venda de mercadorias, prestação de serviços de telecomunicações, serviços de valor adicionado e licenciamento de *software*, podem estar presentes, em maior ou menor grau de preponderância, sendo realizadas por um ou mais fornecedores. A correta identificação dessas atividades e seus prestadores é que irá auxiliar a aplicação da incidência tributária na conformidade da interpretação acima delineada. Na parte da análise regulatória deste trabalho foram apresentadas algumas dessas possibilidades de operações com IoT que, certamente, ensejarão dúvidas na tributação dos entes estaduais e municipais. O primeiro exemplo apresentado tratava-se da compra, por um fazendeiro, de tratores com um aplicativo acoplado de armazenamento e processamento de dados relativo a lavoura e a contratação, em separado, do serviço de telecomunicação para conectar os dispositivos dos tratores à internet. Ou seja, o provedor de IoT é o mesmo vendedor do trator, sendo a operadora de telecomunicação contratada em separado. Nesse caso, não há dúvidas de que o Estado poderá tributar a prestação do serviço de telecomunicação pelo ICMS-Comunicação, tendo em vista que é prestado por operadora com outorga da Anatel que será a contribuinte do tributo. Já a compra do trator com o dispositivo acoplado, nos parece se assemelhar a um contrato misto de compra de mercadoria (trator) com contratação de *software* as a Service (Saas), em que, provedor oferta ao usuário, por um período determinado, o direito de acesso aos seus dados 'na nuvem' por meio da internet, de forma segura, e na formatação que escolher. Nessa situação, é possível identificar e separa as duas atividades distintas, venda de mercadoria e licenciamento de *software*, mesmo que efetuadas pelo mesmo fornecedor. Assim, para a venda do trator será emitida. Nota fiscal de venda de mercadoria com destaque do ICMS. Já a contratação do serviço de SaaS, normalmente, tem a natureza de licenciamento de uso de *software*, sendo entendido pela municipalidade como de incidência de ISS, em razão da existência do item 1.05 na Lista de Serviços anexa à Lei Complementar n. 116/03. No entanto, os Estados, inclusive São Paulo, entendem que, caso se trate de um *software* de prateleira, independentemente da forma em que é transacionado, mesmo que por acesso remoto, deve ser tributado pelo ICMS-mercadoria, por se tratar de um bem digital. Utilizam como fundamento a decisão, em cautelar, da ADI 1945 que, em 2010, por maioria apertada e ainda sem decisão de mérito, entendeu que o ICMS poderia incidir na transferência eletrônica (*download*) de '*software* de prateleira', desconsiderando a necessidade de suporte físico, como determinado pelo STF no RE 176.626. Todavia, considerando a interpretação mais ampliada e recente do conceito de 'serviços', para fins de ISS, e da maior força normativa dada à lista de Serviços da LC n. 116/03, pelo STF, nos julgamentos do RE 651.703 e RE 592.905, principalmente no voto do relator Min. Luiz Fux, no primeiro caso, bem como que no contrato de SaaS, não há qualquer transferência de propriedade do *software*, mas apenas o licenciamento de seu uso, nos termos da Lei 9.609/98 (Lei do *Software*), é forçoso concluir que não há campo para a incidência do ICMS, mas sim do ISS, nessa operação. No segundo exemplo da parte regulatória, o mesmo fazendeiro compra os tratores com o aplicativo de conectividade embarcado, sendo que o provedor do IoT é que possui a relação com a operadora de telecomunicação. Nessa operação, portanto, podem ser verificadas as seguintes atividades realizadas pelo mesmo fornecedor ao fazendeiro, usuário final: venda de mercadoria (venda do trator); licenciamento de *software* – SaaS (aplicativo de conectividade); serviço de telecomunicação (prestado pela operadora de telecomunicação para o vendedor do trator). Considerando que a prestação de serviço de telecomunicação depende de outorga expedida pala Anatel, e que a revenda de telecomunicação é vedada pela legislação regulatória brasileira[23], vê-se que o fornecedor do trator e das demais funcionalidades, não pode ser considerado como um prestador ou revendedor de serviço de telecomunicações. Assim, o ICMS-Comunicação incidirá apenas na relação entre a operadora e o vendedor do trator. No contrato do vendedor do trator, com as funcionalidades do dispositivo acoplado, para o fazendeiro haverá a especificação de diversas atividades, dentre elas, a venda de mercadorias (trator), o licenciamento do *software* e a conectividade para o acesso às informações coletadas e processadas pelo SaaS. Como no primeiro caso, sendo possível separar os valores cobrados por cada atividade no contrato, a tributação também seguirá a natureza jurídica específica. Normalmente, é dessa forma que ocorre, pois, o contrato de SaaS, como explicado, impõe o pagamento periódico do serviço que é fornecido, cuja natureza principal é de licenciamento de *software*. Dessa forma, sobre a venda do trato incidirá o ICMS-mercadorias. E sobre o licenciamento de *software* do SaaS, juntamente com a sua conectividade, tendo em vista que o fornecedor não poderia cobrar como serviço de comunicação seria considerado como atividade-meio, havendo a preponderância do SaaS, atividade-fim, qual seja, a realizada pelo aplicativo de processamento e armazenamento de dados contratado e pago periodicamente pelo fazendeiro, com a conectividade necessária para sua utilização. Essa situação seria equivalente à já analisada pela Anatel no Informe 666/2009 – PVCPR/PVCP e Ofício 399/2010 no que refere à separação do seu serviço de comunicação das atividades das empresas de rastreamento de veículo. Nesse caso, a Agência entendeu que os prestadores de serviços de rastreamento de veículos são usuários do serviço de comunicação contratado de uma operadora, utilizando como insumo em sua atividade-fim. No terceiro exemplo da parte regulatória, o provedor de IoT é o prestados do serviço de comunicação, com outorga SCM, SMP ou SLP, e também é o vendedor do trator. Mais uma vez, há a operacionalização de diversas atividades, todavia, agora, sob o mesmo contrato, que pode ser considerado como misto ou complexo. Enseja, nesse caso, portanto, a análise da possibilidade de seu desmembramento ou da preponderância da utilidade contratada para a definição da incidência tributária, conforme premissa de interpretação adotada neste trabalho. A princípio, nos parece que a venda do trator deve ser considerada, sob qualquer aspecto, como venda de mercadoria, com todas as suas consequências tributárias, inclusive a incidência do ICMS. Já a prestação do serviço de comunicação conjuntamente com o dispositivo de IoT deve ser analisada à luz dos entendimentos dos Tribunais superiores, já resumidamente apresentados, para a aplicação da tributação mais coerente. Assim, a prestação do serviço de comunicação realizada pelo próprio provedor de IoT, apesar de ainda configurar uma atividade de meio para a atividade-fim de contratação do aplicativo de armazenamento e processamento de dados da lavoura, deve ser considerada como passível de incidência do ICMS-Comunicação. Todavia, caso seja cobrada em conjunto com o serviço do aplicativo IoT, sendo esta última a atividade preponderante de contratação, é defensável a tributação de todo o valor apenas pelo ISS sobre o SaaS, de acordo com os itens da lista de serviços anexa à LC n. 116/03. De qualquer forma, o fisco estadual poderá pretender a tributação pelo ICMS– Comunicação, ou mesmo pelo ICMS mercadoria, a depender se considerar que trata de prestação de serviço de comunicação ou de bem digital. Caso o provedor de IoT disponibilize ao usuário final não só a prestação do serviço de comunicação para utilização do aplicativo, mas também para a conexão à internet, a atividade-fim passa a ser prestação do serviço de comunicação, sujeita ao ICMS-Comunicação, sendo o dispositivo de armazenamento e processamento de dados considerado um serviço de valor adicionado, com incidência de ISS. Se os valores forem cobrados em conjunto, é mais plausível considerar a preponderância da contratação do serviço de comunicação que absorveria o serviço de valor adicionado, sendo tudo tributado pelo ICMS-Comunicação. Como se verifica, há a necessidade de compreensão da forma de integração do serviço de comunicação à solução de IoT para que seja possível a identificação da incidência tributária, com o menor risco possível, e com a melhor sustentação jurídica, em cada situação específica" (LARA, Daniela Silveira. Tributação da internet das coisas. *In:* PISCITELLI, Tathiane (coord.). *Tributação da economia digital.* São Paulo: Revista dos Tribunais, 2018. p. 118-121).

7. Não incidência do ISS sobre as criptomoedas. "Desse modo, é possível classificar as criptomoedas como bens incorpóreos, moveis e inconsumíveis. Embora essa caracterização não seja suficiente, por si só, para a identificação de todos esses desdobramentos jurídicos que podem ocorrer por conta das operações que as tenham como objeto, sobretudo no tocante aos reflexos tributários, essa constatação já permite, em uma primeira aproximação, afastar a incidência do Imposto sobre Serviço (ISS), pois, se de 'bens' se trata, não há outro lugar para acomodar as operações com criptomoedas no conceito de 'serviço', por mais elástica que seja a definição de 'prestação de serviços' adotada" (BARROS, Maurício. Tributação das operações com criptomoedas: entre liberland, regulação e a rigidez constitucional. *In:* PISCITELLI, Tathiane (coord.). *Tributação da economia digital.* São Paulo: Revista dos Tribunais, 2018. p. 297).

1.01 – Análise e desenvolvimento de sistemas.

1.02 – Programação.

Definição do serviço de programação. "Programação é a ação de desenvolver rotinas ou programas de computador. Na presente descrição, temos, como processo, a ação de desenvolver rotinas de computador, e, como produto, o programa" (DÁCOMO, Natália de Nardi. *Hipótese de incidência do ISS*. São Paulo: Noeses, 2006. p. 52).

1.03 – Processamento, armazenamento ou hospedagem de dados, textos, imagens, vídeos, páginas eletrônicas, aplicativos e sistemas de informação, entre outros formatos, e congêneres. (Redação dada pela LC n. 157/2016.)

Alteração feita pela LC n. 157. A redação atual, com as alterações promovidas pela LC n. 157/2016, é substancialmente mais abrangente que a anterior, que se limitava a referir: "1.03 – Processamento de dados e congêneres" (redação original).

1.04 – Elaboração de programas de computadores, inclusive de jogos eletrônicos, independentemente da arquitetura construtiva da máquina em que o programa será executado, incluindo *tablets*, *smartphones* e congêneres. (Redação dada pela LC n. 157/2016.)

---

1. Alteração feita pela LC n. 157. A redação atual, modificada pela LC n. 157/2016, especifica que a tributação do ISS independe em qual dispositivo será executado o programa ou jogo eletrônico, explicitando os *tablets, smartphones* e congêneres, cada vez mais utilizados. A redação anterior se limitava a referir: "1.04 – Elaboração de programas de computadores, inclusive de jogos eletrônicos" (redação original).

2. Incidência recai sobre o serviço prestado e não sobre o produto desenvolvido. "Apesar da inclusão de programas de computador como serviço pela Lei Complementar n. 116/2003 em seu item 1.05, insta abordar que a elaboração de programas de computadores, inclusive jogos eletrônicos, conforme mencionado no item 1.04 da mesma lei, pode ser enquadrada perfeitamente no conceito de prestação de serviços, desde que o objeto da tributação não seja o produto desenvolvido, e sim o serviço de desenvolvimento prestado... [...] ... o item 1.05 da Lei Complementar n. 116/2003 é inconstitucional, não devendo incidir a tributação de ISS sobre a comercialização de *softwares* e tão menos sobre suas licenças de utilização, em razão da inaplicabilidade do conceito de serviço *in casu*" (SOARES, Monique da Silva Soares. Comércio eletrônico e tributação. *Revista de Estudos Tributários* (RET), Porto Alegre: Síntese, n. 111, p. 9/15, set./out. 2016. p. 14).

1.05 – Licenciamento ou cessão de direito de uso de programas de computação.

---

1. Polêmicas acerca da tributação do *software*. As dúvidas residem em saber se a atividade de licenciamento ou cessão de direito de uso de programa de computador configura uma prestação de serviços (ISS, subitem 1.05), uma mercadoria (ICMS), uma locação de bens móveis ou cessão de direitos não tributados pelo ISS nem pelo ICMS.

1.1. Modalidades de contratação de programa de computador e sua classificação como serviço, locação ou mercadoria. "A própria Lei do

Software aborda diversas formas de contratos envolvendo *softwares*, quais sejam: (a) desenvolvimento de *software* por encomenda; (b) transferência de tecnologia; (c) licença de uso; e (d) licença de direitos de comercialização. Nos próximos parágrafos serão abordadas as principais características desses contratos. *Desenvolvimento de software por encomenda (art. 4º):* nessa hipótese, estamos diante da situação em que a parte contratada firma obrigação de desenvolver um *software* que atenda às necessidades específicas da parte contratante. De acordo com a lei, salvo disposição contratual em contrário, a regra geral é a detenção do direito autoral pela parte contratante. Ou seja, nesse caso, o direito autoral já nasce para quem contratou o serviço. *Transferência de Tecnologia (art. 11):* nos contratos de transferência de tecnologia que envolvem *software*, o que se comercializa, em verdade, é o código fonte, ou seja, a parte que contém todos os comandos necessários para a execução do programa. Para que tia contratos produzam efeitos contra terceiros é necessário registrá-lo perante o Instituto Nacional de Propriedade Intelectual (INPI). Nessa situação, apesar de serem transmitidos todos os comandos necessários para a execução do programa, o direito autoral somente se transmite caso haja previsão expressa no contrato. *Licença de uso (art. 9º):* essa modalidade de contratação é a mais comum no mercado de *softwares*. Como diz o nome, o detentor dos direitos autorais cede ao outro contratante o direito de usar o *software* de acordo com as regras e condições impostas no contrato. Desse modo, não há que se falar em alienação do direito autoral, mas em mera autorização de uso, Ademais, nos termos do Capítulo V da Lei do *Software*, configura crime a violação de direito autoral sobre programas de computador. *Licença de direitos de comercialização (art. 10):* nesse caso, o proprietário dos direitos de autor sobre o programa de computador sublicencia a exploração econômica do *software* para terceiros. Aqui, mais uma vez, não há transferência da propriedade intelectual, mas apenas o direito de exploração econômica do direito autoral. Analisando as modalidades de contratos acima descritas é possível concluir que, em sua maioria (com exceção do desenvolvimento customizado de *software*), não há qualquer tipo de transferência ou alienação da propriedade intelectual. O que se vê, em verdade, é apelas uma utilização de bens de terceiros, ou seja, um licenciamento do direito autoral com variadas limitações. Tanto pela análise dos conceitos legais quanto pelas modalidades de contratação que envolvem o *software*, é controversa a natureza jurídica desse produto e de sua operação comercial. Pode-se classificá-lo como um serviço, locação de um direito e até mesmo uma mercadoria, sendo que tal classificação ainda pode variar de acordo com a modalidade contratual realizada" (LOPES, Ana Teresa Lima Rosa. Tributação do *software* no Brasil. Mercadoria ou serviço?. *Revista Tributária e de Finanças Públicas*, ano 24, n. 127, 2016. p. 168-169).

1.2. Licença temporária de programa de computador padronizado: mercadoria, serviço ou locação de bens móveis? A controvérsia relativa aos licenciamentos temporários de *softwares* padronizados começa com a verificação da incidência, ou não, do ICMS. A ausência de uma transferência da propriedade do *software* descaracteriza uma "circulação de mercadoria" e, por conseguinte, afasta o imposto estadual. Se o STF decidir pela não incidência do ICMS, a competência tributária estará deslocada para o ISS ("serviço") ou, ainda, poderá ser tratada como uma locação de bens móveis (SV 31 do STF). Vale frisar que a ADI 1945, pendente de julgamento no STF, não versa diretamente sobre essa polêmica.

2. Discussão sobre a constitucionalidade do subitem 1.05 da lista anexa à LC n. 116: tema 590 com repercussão judicial reconhecida desde 21-9-2012 pelo STF no RE 688223, mas ainda sem julgamento pelo STF. Questão: incidência de ISS sobre contratos de licenciamento ou de cessão de programas de computador (*software*) desenvolvidos para clientes de forma personalizada. Nos Tribunais de Justiça dos Estados de São Paulo (Processo 0531762-31.2010.8.26.0000) e Santa Catarina (Processo 1000420-86.2016.8.24.0000), já houve reconhecimento da constitucionalidade dessa cobrança pelos seus respectivos Órgãos Especiais. No TJRJ, aguarda-se julgamento pelo Órgão Especial no Processo 0133267-85.2008.8.19.0001.

3. Discussão sobre a constitucionalidade da cobrança do ICMS sobre *software* padronizado comercializado por meio de transferência eletrônica de dados (sem suporte físico). Ainda está sob julgamento no STF a ADI 1945, proposta em 1999 contra lei estadual do Mato Grosso (MT). Em 1999, o então relator Min. Octávio Galotti, votou pelo deferimento parcial da medida cautelar, restringindo a incidência do ICMS às operações de circulação de cópias ou exemplares dos programas de computador, produzidos em série e comercializados no varejo, não abrangendo, assim, o licenciamento ou cessão de uso dos ditos programas. O relator original ainda excluiu da incidência do ICMS a comercialização feita por meio de transferência eletrônica de dados. Este entendimento contrário ao ICMS foi acompanhado pelos Mins. Ricardo Lewandowski, Marco Aurélio e Celso de Mello. A tese vencedora (6x4), contudo, seguiu o voto apresentado em março de

2006 pelo Min. aposentado Nelson Jobim, em prol da constitucionalidade da cobrança do ICMS, ainda que o programa tenha sido comercializado sem suporte físico, viabilizando a cobrança do imposto estadual sobre o valor total da operação. Também votaram neste sentido os Mins. Gilmar Mendes, Dias Toffoli, Eros Grau, Ayres Britto e Cezar Peluso. Atualmente, o caso está sob a relatoria da Min. Cármen Lúcia e ainda não houve o julgamento do mérito. Esse julgamento pode, de repente, trazer reflexos para o ISS: se não incidir o ICMS, então poderá incidir o ISS ou seria uma hipótese de não incidência também do imposto municipal?

4. Conflito entre ISS e ICMS: *software* padronizado e personalizado. "III – É firme o posicionamento desta Corte segundo o qual os programas de computadores, quando criados e vendidos de forma impessoal, avulsa e aleatória, são tributados pelo ICMS; já o desenvolvimento de *softwares* personalizados, com exclusividade, para determinados clientes, configura prestação de serviço, sujeitando-se à tributação pelo ISS. IV – *In casu*, rever o entendimento do Tribunal de origem, com o objetivo de acolher a pretensão recursal, quanto à natureza do *software* em exame, para efeito de definir o tributo incidente, demandaria necessária interpretação de cláusula contratual, além do imprescindível revolvimento de matéria fática, o que é inviável em sede de recurso especial, à luz dos óbices contidos nas Súmulas n. 05 e 07/STJ" (STJ, 1ª T., AgInt no REsp 1.553.801, 2018).

– "III. O Superior Tribunal de Justiça tem entendido que, identificado 'pelo acórdão recorrido tratar-se de programa desenvolvido de forma personalizada, aplica-se a jurisprudência desta Corte no sentido de que os programas de computador desenvolvidos para clientes, de forma personalizada, geram incidência de tributo do ISS' (STJ, AgRg no AREsp 32.547/PR, Rel. Ministro HUMBERTO MARTINS, SEGUNDA TURMA, *DJe* de 27/10/2011)... IV. No caso, considerando-se a fundamentação do acórdão recorrido – no sentido de que não houve prova pré-constituída no sentido de demonstrar que os programas de computador não teriam caráter pessoal –, somente com o reexame do conjunto fático-probatório seria possível acolher a argumentação da parte recorrente. No entanto, tal providência é vedada, em Recurso Especial, nos termos da Súmula 7/STJ" (STJ, 2ª T., AgIntAREsp 571.604, 2018).

– "Laudo pericial conclusivo quanto à pratica, pela embargante, de comercialização de programas de computador feitos em larga escala e de modo uniforme (*software* de prateleira) – Não existência de prestação de serviços previstos no item 1.05 da Lista de serviços da Lei Complementar n.

116/03 (Licenciamento ou cessão de direito de uso de programas de computação)" (TJSP, Apelação 1010373-73.2017.8.26.0068, 15ª C., 2019).

– "*Softwares* – Desenvolvimento e licenciamento de programas de computador – Pretensão ao não recolhimento do tributo, por se tratar de cessão de direitos de uso, replicável em larga escala – Exordial desamparada de qualquer documento que comprove tal afirmação, abdicando a autora, inclusive, da produção de prova pericial – Elementos apresentados que se mostraram insuficientes para elidir a presunção de validade do ato administrativo – Ônus da autora – Inteligência do art. 373, I, do CPC/15 – Sentença mantida – Apelo improvido" (TJSP, Apelação 1017129-17.2015.8.26.0053, 15ª C., 2019).

– "'*Software* de prateleira' – Não incidência do tributo municipal, conforme precedentes do STF e do STJ, nas hipóteses em que inexista personalização da mercadoria, pouco importando considerar, nestas circunstâncias, a necessidade de licenciamento – Item 1.05 da Lista de Serviço anexa à LC n. 116/03 que há de ser interpretado de acordo com a regra matriz do fato gerador do imposto sobre serviço – Recurso provido com observação" (TJSP, Agravo de Instrumento 2027741-88.2017.8.26.0000, 7ª C., 2017).

– "A produção em massa de programas de computador e a revenda de exemplares da obra intelectual por terceiros que não detêm os direitos autorais que neles se materializam não caracterizam licenciamento ou cessão de direitos de uso da obra, mas genuínas operações de circulação de mercadorias, sujeitas ao ICMS. A incidência do ISS fica reservada para as situações de nítida prestação de serviço, como no caso de o contrato prever a possibilidade de adaptações do programa ao cliente e o fornecimento de suporte técnico e manutenção sem ônus adicionais. APELAÇÃO DESPROVIDA" (TJRS, Apelação 70035850031, 2ª C., 2010).

– "1. Não cabe modificar a decisão em agravo, salvo quando comprovada a sua incorreção no plano material, o que não se coaduna com a jurisprudência pacífica da Corte Superior sobre os pontos abordados de acordo com a seguinte ementa originária: DIREITO TRIBUTÁRIO. ISS. CESSÃO DE USO DE *SOFTWARE*. MANDADO DE SEGURANÇA. PEDIDO DE LIMINAR DE SUSPENSÃO DA EXIGIBILIDADE DO CRÉDITO TRIBUTÁRIO. Segundo a jurisprudência das Cortes Superiores, incide o ISS sobre as operações com programas de computador desenvolvidos por encomenda, para determinado cliente, de forma personalizada. Quando o programa é criado e vendido de forma impessoal, adquirido pelos clientes como uma mercadoria qualquer, há uma venda, gravada com o ICMS. Situação em que não foram trazidos elementos documentais suficientes, que permitissem definir a natureza da cessão realizada pela empresa impetrante, traduzida nas cópias das notas fiscais acostadas, se customizada ou generalizada. HIPÓTESE DE NEGATIVA DE SEGUIMENTO. 2. AGRAVO DESPROVIDO" (TJRS, Agravo 70032826513, 22ª C., 2009).

– "2. *Software* desenvolvido para operacionalizar serventias do foro extrajudicial, comercializado por meio de contrato de locação, não é serviço pessoal, que traduz obrigação de fazer, mas sim comércio de produtos para clientes em geral, que traduz obrigação de dar, sem contornos de personalização, o que afasta a hipótese de incidência do ISS. tributar a empresa Scribe Informática Ltda. por meio de ISS, em razão desta ter elaborado um programa de *software* para atender às necessidades dos cartórios de registro civil, imóveis, protesto e tabelionatos. A disponibilização deste programa é feito por meio de contrato de locação, em conformidade com seu objeto social. A sentença considerou que não havia prestação de serviços individualizado, razão pela qual julgou procedente o pedido feito em ação declaratória, para retirar a exação. (...) O sistema desenvolvido e patenteado pela empresa (f. 41 e ss.), serve para todo e qualquer cartório de registro civil, imóveis, títulos e documentos e tabelionatos. Não foi feito para uma serventia. Não se trata de um sistema desenvolvido para um cartório especificamente, mas para qualquer serventia que necessite deste serviço. Portanto, correta a sentença quando afirmou que a locação de bens móveis, no caso, do *software*, é obrigação de dar e não de fazer, visto que não é com características especiais. O programa atende às serventias que dele necessitam e que fazem parte de um segmento da sociedade que alcança a casa dos milhares de cartórios que podem ou não adotar tal programa para operacionalizar suas atividades. Aliás, o próprio laudo pericial concluiu que a empresa não presta serviço personalizado, com feições especiais, mas sim contratos de locação de bens móveis (f. 228), o que tem sido feito desde 1997" (TJPR, Decisão monocrática do juiz substituto em 2º grau Fernando Cesar Zeni de 13-9-2010, no Processo 669384-7).

– "Conforme notas fiscais e contrato de compra de *software* referente ao fornecimento de licenças acostados ao Processo Administrativo, restou comprovado que não se trata de programa de computador desenvolvido para cliente de forma personalizada, mas sim de *software* feito por empresa em larga escala e de maneira uniforme, não gerando, portanto, incidência de ISSQN. DESPROVIMENTO DO RECURSO" (TJRJ, Apelação 0024942-68.2015.8.19.0066, 5ª C., 2018).

– "Caracteriza prestação de serviço o desenvolvimento de programa de computador desenvolvido para atender à necessidade específica de cliente. Assim, ausente prova de que houve simples cessão de programa de computador, sem adaptação às necessidades das empresas contratantes, prevalece a incidência do ISS" (TJMG, Apelação 7692606-23.2007.8.130024, 2010).

– "1. De acordo com o entendimento do c. STJ, o programa de computador prestado de forma personalizada ao cliente difere substancialmente do programa vendido em larga escala para um sem-número de pessoas, incidindo sobre aquele o ISS e sobre este o ICMS, pois o programa pronto e acabado é vendido como mercadoria. 2. Apesar de a apelante haver colacionado aos autos as notas fiscais que, segundo afirma, teriam servido de substrato à autuação e que comprovariam a efetiva contratação de *softwares* personalizados, tais documentos não configuram prova pré-constituída capaz de conferir liquidez e certeza à concessão da segurança, não comprovando de forma inequívoca que o *software* adquirido é personalizado, não sendo vendido em larga escala. 3. Nos termos do art. 219 do Código Civil, '*As declarações constantes de documentos assinados presumem-se verdadeiras em relação aos signatários*'. Dessa forma, as afirmações lançadas no documento de fl. 844 não se mostram suficientes para comprovar de plano e de forma incontestável a natureza de todos os *softwares* adquiridos pela apelante. 4. O manejo da ação mandamental pressupõe prova pré-constituída do direito líquido e certo alegado, não se prestando para tanto a alegação do suposto equívoco cometido pelo Fisco, sem a correspondente comprovação cabal e prévia de sua ocorrência (TJES, Apelação 0006883-77.2009.8.0024, 1ª C., 2017).

– "PROGRAMAS DE COMPUTADOR (*SOFTWARE*). ISS. O comércio de *software* de propriedade de terceiros é operação em que há evidente circulação de mercadoria, sujeita ao ICMS, de competência estadual, que ocorre, em geral, com aqueles programas conhecidos como 'de prateleira' e colocados no mercado para aquisição de qualquer pessoa. Já a concessão de licença de uso de *software* estabelecida entre o produtor originário, que detém os direitos autorais, e o adquirente (consumidor final), procedida de modo personalizado, está dentre as hipóteses que implicam a incidência de ISS. No caso, os contratos de locação de sistemas firmados com as municipalidades dizem respeito a programa desenvolvido para a gestão pública, e comercializado por terceiro, em que se encontram especificados valores distintos para a locação propriamente dita e para os serviços prestados (implantação, suporte técnico, diárias de técnicos etc.), possibilitando a cobrança de ISS somente sobre os serviços prestados, de sorte que merece ser mantida a sentença. Apelo desprovido" (TJRS, Apelação 70015451735, 2ª C., 2007).

4.1. Dependendo do programa de computador, haverá incidência do ISS ou ICMS. "Em suma, o ISS incide, portanto, sobre programas de computação customizados ou feitos por encomenda. Estão sujeitos ao ICMS os programas massificados e vendidos no comércio. Restou dúvida, porém, nas operações efetuadas, via Internet, de aquisição de programa pelo usuário diretamente ao autor do *software*, cuja transferência do conteúdo se dá por meio eletrônico (*download* ou outra técnica utilizável). Neste caso, entendemos que inexiste *corpus mechanicum*, e tampouco a figura do intermediário ou comerciante, além de exigir a aprovação de uma série de requisitos anteriores à aquisição e a identificação do adquirente. Por isso, entendemos que incide o ISS em tais situações" (TAUIL, Roberto A. *ISS*: perguntas e respostas. Juiz de Fora: Juizforana, 2009. p. 83-84).

4.2. Destacando a não incidência do ISS sobre o *software* instalado junto ao *hardware* e do *software* de prateleira. "Trata-se de tributação incidente sobre o *software* definido de forma vaga e imprecisa pelo art. 1º da Lei n. 9.609, de 19 de fevereiro de 1998, como 'a expressão de um conjunto organizado de instruções em linguagem natural ou codificada, contida em suporte físico de qualquer natureza, de emprego necessário em máquinas automática de tratamento de informação, dispositivos, instrumentos ou equipamento periféricos, baseados em técnica digital, para fazê-los funcionar de modo e fim determinados'. É preciso atentar que nem todo *software* pode ser tributado pelo ISS. Aquele que já vem instalado junto ao *hardware* integra o preço do computador adquirido, ficando sujeito apenas ao ICMS. Também não são passíveis de tributação pelo ISS os chamados *softwares* de prateleira (*standard*), isto é, pacotes de programas produzidos em massa para atendimento de usuários em geral. Nessas hipóteses, o comerciante que mantém um estoque de *software* para venda ao público em geral não adquire a propriedade do *software* em si, mas apenas o direito de uso não exclusivo, pelo que não há como ceder direito exclusivo ao adquirente. O fato de o *software* ser fruto de produção intelectual e merecer proteção de lei específica (Lei n. 7.646/87), por si só, não o descaracteriza como mercadoria, passível de tributação pelo ICMS. Quem compra um *software standard* passa a ter efetivo domínio sobre o disquete ou CD-Rom, mas não sobre o conteúdo intelectual nele contido. Qualquer interessado poderá adquirir, nas lojas especializadas, os processadores de textos compatíveis com a linha sujeitos à incidência do imposto estadual. A lei de proteção de direitos autorais, nessas hipóteses, apenas busca coibir a reprodução e comercialização, não autorizadas, isto é, visa combater a pirataria. O subitem sob comento diz respeito ao licenciamento ou cessão de uso de programa de computação, que não se confunde com o seu suporte físico (disquete, CD-Rom, *chip* etc.). O objeto da tributação do ISS é a produção intelectual do especialista-programador, que presta serviços técnicos aos usuários durante certo período, mediante contrato de licença ou de cessão de direito de uso, na forma do art. 27 da Lei n. 7.646/87. O licenciado ou o cessionário passa a ter o domínio da obra intelectual personalizada ou executada por encomenda e não apenas o domínio de seu suporte físico. Enfim, não se pode confundir aquisição do *software* em qualquer de suas modalidades com o licenciamento ou cessão do direito de uso, que também está presente na modalidade de *software standard,* só que esse uso não será exclusivo deste ou daquele comprador" (HARADA, Kiyoshi. *ISS:* doutrina e prática. São Paulo: Atlas, 2008. p. 99-100).

4.3. Contra a incidência do ISS sobre o licenciamento de *software* não personalizado. "O objeto do contrato de licença de uso é a cessão do uso de bens digitais em análise. O dever do licenciante consiste em *autorizar* terceiro a utilizar o bem, sem que haja, no entanto, transferência da propriedade; ao passo que o terceiro se compromete a pagar o preço ajustado pela licença concedida, juntamente com o cumprimento de todas as restrições contratuais que a licença impõe. Evidente que, ao lado da autorização, há o dever do licenciante de *entregar* o bem objeto do licenciamento do uso; a entrega, na hipótese deste artigo, dá-se pela finalização da transferência eletrônica (*download*). Diante disso, trata-se obrigação de dar ou de fazer? A situação em análise pode ser comparada à locação. Nos termos do artigo 565 do Código Civil, 'na locação de coisas, uma das partes se obriga a ceder à outra, por tempo determinado ou não, o uso e gozo de coisa não fungível, mediante certa retribuição'. O contrato de licença de uso de *software* não pode ser equiparado à locação porque não está diante de um bem não fungível – ao contrário, tratando-se dos programas de computador objeto deste estudo (não customizáveis), o bem seria fungível. Por isso, de locação não se trata. A despeito disso, o objeto da locação é muito semelhante ao objeto do contrato de licença de uso: trata-se de ceder à outra parte, por tempo determinado ou não, o uso e gozo de *software*. Considerando que a locação é típica obrigação de dar, como inclusive já reconheceu o Supremo Tribunal

Federal, a mesma lógica deve ser aplicada aos contratos de licença de uso de *softwares*. Especificamente no que se refere a filmes, músicas e fotografias transmitidas via *download*, a solução mais facilmente se direciona à hipótese de locação, já que se está diante de um bem não fungível[27] – o adquirente da licença de uso pretende ter acesso a aquele filme, música ou fotografia. Incabível, também, o ISS. Não obstante, essas considerações sobre a natureza da obrigação objeto dos contratos de licença de uso e a impossibilidade de incidência do ISS, há uma lista anexa a LC n. 116/2003 a previsão de incidência. O item 1 da lista trata dos serviços de informática e congênere. No subitem 1.05 há a previsão de 'licenciamento ou cessão de direito de uso de programas de computação'. A primeira leitura do dispositivo poderia indicar que se trataria de uma hipótese aqui aventadas: transmissão eletrônica de *software*, por meio de contrato de licença e uso. Contudo, para que o objeto desse contrato seja efetivamente um serviço, haveria a necessidade de haver um fazer antecedente à entrega do programa; seria o caso dos contratos de encomenda ou personalizados de *software* – situações que fogem da presente análise. Casos como tais seriam inegavelmente serviços, passiveis de tributação pelo ISS. Todavia, a questão em análise é diversa: trata-se de saber se, diante da impossibilidade de incidência do ICMS nas transferências eletrônicas de programas de computador, músicas, filmes não musicais e fotografias, a incidência do ISS se faz possível. Nos termos em que visto nas linhas acima, a resposta só pode ser negativa, em face da obrigação de dar que se impõe com o contrato de licença de uso" (PISCITELLI, Tathiane. Os desafios da tributação do comércio eletrônico. *In:* CARVALHO, Paulo de Barros (coord.). *Revista de Direito Tributário Contemporâneo*, São Paulo, ano 1, v. 1, jul./ago. 2016. p. 211-213).

4.4. Pela não incidência do ISS sobre licenciamento de *softwares* elaborados sem encomenda. "No que tange ao 'licenciamento ou cessão de direito de uso de programas de computação', necessário se faz distinguir as diversas formas como os contratos que envolvem soluções em informática são celebrados. Nos contratos de licenciamento de *softwares* elaborados sem encomenda ou qualquer adaptação pelo adquirente, não há que se falar em prestação de serviços propriamente dita. Ainda assim, é pretensão da LC n. 116 alcançar tais operações com o ISS. Por força da relevância que tal distinção tem para fins de incidência dos tributos federais, a RFB foi indagada acerca do tema e se manifestou através da Solução de Consulta Cosit n. 374/2014 da seguinte forma: 'LUCRO PRESUMIDO. VENDA DE *SOFTWARE*. PERCENTUAL APLICÁVEL. A venda (desenvolvimento e edição) de *soft-*

wares prontos para o uso (*standard* ou de prateleira) classifica-se como venda de mercadoria e o percentual para a determinação da base de cálculo do imposto é de 8% sobre a receita bruta. A venda (desenvolvimento) de *softwares* por encomenda classifica-se como prestação de serviço e o percentual para determinação da base de cálculo do imposto é de 32% sobre a receita bruta. Caso a consulente desempenhe concomitantemente mais de uma atividade, o percentual de presunção correspondente deve ser aplicado sobre o valor da receita bruta auferida em cada atividade.' Como não consta qualquer ressalva ou distinção na descrição do subitem 1.05, há diversos municípios que interpretam que todo e qualquer licenciamento ou cessão de direito de uso de programa de computação está sujeito ao ISS, interpretação da qual não concordamos, mas que também decorre da deficiência da legislação. Vejamos o trecho da Solução de Consulta SF/DEJUG no 25/2011, expedida pelo município de São Paulo, manifestando o entendimento do Fisco local acerca do tema: '2. A consulente alega que comercializa programa de computador para análise de perfil psicológico e entende que tal *software* é conceituado pela doutrina e jurisprudência como '*software* de prateleira', ou seja, *softwares* fabricados em massa, destinados a uma pluralidade de usuários, que perdem as condições de individualidade e exclusividade regidas numa cessão de direito de uso de *software* e, embora obras intelectuais, entram na área de circulação de mercadorias. 3. Neste sentido, indaga se está correto o procedimento fiscal adotado pela consulente em não levar à tributação os valores referentes à licença de uso de *software*, fabricado em massa e destinado a uma pluralidade de usuários.(...) 5. A venda de programas de computador padronizados (*softwares* de prateleira), desempenhada pela consulente, enquadra-se no subitem 1.05 da lista de serviços do art. 1º da Lei n. 13.701, de 24 de dezembro de 2003, relativo ao código de serviço 02798 – Licenciamento ou cessão de direito de uso de programas de computação, inclusive distribuição'. Em tais operações os adquirente dos chamados *softwares* de prateleira normalmente recebem notas fiscais de venda mercantil e devem levar em consideração os eventuais riscos de autuação por parte do município, mas para tanto é necessário considerar o local da incidência do imposto" (LEMOS, Alexandre Marques Andrade. *Gestão tributária de contratos e convênios*. 4. ed. Salvador: Open Editora, 2015. p. 412).

4.5. Defendendo a incidência do ISS sobre *software* personalizado e do ICMS sobre *softwares* padronizadas ainda que adquiridas de suporte físico ou da transferência de propriedade. "Definida a incidência do ICMS sobre mercadorias digitais, cabe investigar quando um bem digital se caracteriza como mercadoria digital. Tal distinção determinará quando se está diante de uma operação relativa à circulação de mercadoria digital ou diante de uma prestação de serviços. Embora a questão ainda não esteja pacificada, a orientação prevalecente no judiciário sobre os *softwares* é no sentido de que está sujeito ao ISS apenas o desenvolvimento de *softwares* sob encomenda, isto é, os programas de computador elaborados para clientes de forma personalizada. Tal entendimento deve ser o mesmo no caso dos demais bens digitais, como música e vídeo. Quando o desenvolvimento desses bens é realizado de modo personalizado, sob encomenda do contratante, caracteriza-se prestação de serviços sujeitos ao ISS. De outro lado, a ausência de personalização coloca o bem digital em uma cadeia massificada de comercialização, outorgando-lhe natureza mercantil. É sob essa perspectiva, aliás, que deve ser interpretada a Lei Complementar n. 116/2006, quando inclui no item 1.05 da lista de serviços o licenciamento ou cessão de direitos de uso de programas de computação. Muito embora comercialização de mercadorias digitais (em volume que caracterize o intuito mercantil) também seja protegida por contratos de licenciamento ou cessão de direitos, a inserção promovida pelo legislador deve ser interpretada em conformidade com a estrutura constitucional estabelecida pela Constituição de 1988. Em palavras simples, incide o ISS no desenvolvimento de bens digitais em que prevaleça a prestação de serviços (desenvolvimento personalizado sob encomenda do contratante). Incidirá o ICMS sempre que a transação com bens digitais caracterizar intuito mercantil, ou seja, sempre que se tratar de operações relativas a circulação de mercadorias" (MIGUEL, Luciano Garcia; OZAI, Ivan Ozawa. ICMS e a tributação das mercadorias digitais. *In:* CARVALHO, Paulo de Barros (coord.). *Revista de Direito Tributário Contemporâneo,* ano 1, v. 1, jul./ago. 2016. p. 260).

4.6. Operações com *softwares*, programas, jogos eletrônicos, aplicativos, arquivos eletrônicos e congêneres padronizados: Convênio ICMS 181/2015. Os Estados, no âmbito do Conselho Nacional de Política Fazendária – Confaz –, firmaram o Convênio ICMS 181, de 28 de dezembro de 2015, autorizando alguns Estados a concederem redução na base de cálculo do ICMS, de forma que a carga tributária corresponda ao percentual de, no mínimo, 5% (cinco por cento) do valor da operação, relativo às operações com *softwares,* programas, jogos eletrônicos, aplicativos, arquivos eletrônicos e congêneres, padronizados, ainda que sejam ou possam ser adaptados, disponibilizados por qualquer meio, inclusive nas operações efetuadas por meio da transferência eletrônica de dados.

4.6.1. Equiparação do ICMS à carga tributária do ISS, por via do Convênio ICMS 181/2015. A intenção de levar a carga tributária a 5% do valor da operação acaba por aproximar o ICMS, nesses casos, do ISS, cuja alíquota máxima é de 5%. O Convênio prevê, ainda, que a utilização da alíquota decorrente do convênio é opcional para o contribuinte em substituição à sistemática normal de tributação, sendo vedada à apropriação de quaisquer outros créditos ou benefícios fiscais. Passa-se, a título de ICMS (cujas alíquotas comuns estão em torno de 18% e que é não cumulativo), a exigir carga tributária própria do ISS (5% do valor da operação, sem apropriação nem utilização de créditos).

– "Ação Direta de Inconstitucionalidade. Direito Tributário. ICMS. 2. Lei Estadual 7.098, de 30 de dezembro de 1998, do Estado de Mato Grosso. Inconstitucionalidade formal. Matéria reservada à disciplina de lei complementar. Inexistência. Lei complementar federal (não estadual) é a exigida pela Constituição (arts. 146, III, e 155, § 2º, XII) como elo indispensável entre os princípios nela contidos e as normas de direito local. 3. Competência do Supremo Tribunal para realizar controle abstrato de constitucionalidade. Lei que dá efetividade a comando da Constituição Federal pela disciplina de normas específicas para o Estado-membro. 4. Restituição de valores cobrados em substituição tributária e fixação de critérios para o cálculo do imposto (arts. 13, § 4º, e 22, par. único, da Lei impugnada). Delegação a decreto de matérias albergadas sob o manto da reserva legal. Existência de *fumus boni iuris*. 5. Discriminação do pagamento antecipado a determinado setor produtivo (art. 3º, § 3º, da Lei impugnada). Razoabilidade do critério objetivo em que repousa a distinção. Inexistência de violação ao princípio da isonomia. 6. Previsão de incidência do ICMS sobre 'prestações onerosas de serviços de comunicações, por qualquer meio' (art. 2º, § 2º, da Lei impugnada). Dispositivo cuja redação pouco destoa da determinação constitucional (art. 155, II). Ausência de relevância jurídica na fundamentação para o deferimento da liminar. 7. Previsão de incidência de ICMS sobre serviço de comunicação 'iniciado fora do território mato-grossense' (arts. 16, § 2º, e 2º, § 3º, da Lei impugnada). Inexistência, em juízo preliminar, de interpretação extensiva a violar o regime constitucional de competências. 8. ICMS. Incidência sobre *softwares* adquiridos por meio de transferência eletrônica de dados (art. 2º, § 1º, item 6, e art. 6º, § 6º, ambos da Lei impugnada). Possibilidade. Inexistência de bem corpóreo ou mercadoria em sentido estrito. Irrelevância. O Tribunal não pode se furtar a abarcar situações novas, consequências concretas do mundo real, com base em premissas jurídicas que não são mais totalmente corretas. O apego a tais diretrizes jurídicas acaba por enfraquecer o texto constitucional, pois não permite que a abertura dos dispositivos da Constituição possa se adaptar aos novos tempos, antes imprevisíveis. 9. Medida liminar parcialmente deferida, para suspender a expressão 'observados os demais critérios determinados pelo regulamento', presente no parágrafo 4º do art. 13, assim como o inteiro teor do parágrafo único do art. 22, ambos da Lei 7.098/98, do Estado de Mato Grosso" (STF, ADI 1945 MC, Tribunal Pleno, 2010).

– "Em São Paulo, por exemplo, por conta do Convênio Confaz n. 181/15 e pelo Decreto Estadual n. 63.099, de 23 de dezembro de 2017, passando a surtir efeitos a partir de 01.04.2018, determinou-se a cobrança de ICMS sobre bens e mercadorias digitais, 'site ou a plataforma eletrônica que realize a venda ou a disponibilização, ainda que por intermédio de pagamento periódico, de bens e mercadorias digitais mediante transferência eletrônica de dados'. Foi o primeiro estado da federação a seguir a resolução do Conselho Nacional de política Fazendária (Confaz), datada de outubro do ano passado, que abriu espaço para a cobrança de ICMS sobre o que chama de 'operações com bens digitais'. Muito se discute sobre a inconstitucionalidade da norma estadual pretendendo tributar tais operações, uma vez que seria patente do ferimento à Constituição Federal em seu art. 146, I e III, a, e ao art. 155, § 2º, XII, a e d. Ocorre que, para além de tal discussão quanto à constitucionalidade ou não da tributação do CIMS sobre tais bens por meio de decreto, essa redação pode abranger praticamente qualquer serviço digital, o que indiscutivelmente esbarra na competência tributária conferida aos municípios e, aqui sim, conferida por meio de lei complementar – LC n. 157/2016, que alterou em parte a Lei Complementar n. 116/2003, que trata do ISS, notadamente, o item 1.05 da Lista de Serviços – licenciamento de programas de computador. De forma mais específica, as operações SaaS poderiam ser vistas de maneira fragmentada – o reconhecimento em dois itens da lista de serviços: item 1.03 e item 1.07. [...] A demanda foi levada ao Poder Judiciário, e recentemente, em decisão liminar proferida em sede de mandado de segurança coletivo impetrado pela Associação Brasileira das Empresas de Tecnologia da informação e Comunicação – Brasscom, foi suspensa a cobrança do ICMS, vislumbrando-se a possível inconstitucionalidade do Decreto n. 63.099/2017, em razão de ele afrontar o art. 146 da CF (inexistência de lei complementar), bem como se apoiando no fato de que o Plenário do STF, no julgamento da ADIn 1945, por maioria de votos e de modo não definitivo, analisaria se a transferência de conteúdo digital (por *download* ou *streaming*) configura uma circulação efetiva de mercadorias" (MASSAIA, Isabel Delfino Silva. Do impasse na tributação de *software* & cloud services. *Revista de Estudos Tributários (RET)*, Porto Alegre: Síntese, n. 124, p. 84/88, 2018. p. 86-87).

5. ***Software as a Service* (SaaS).** "*SOFTWARE* COMO SERVIÇO 'SaaS'. MODALIDADE DE COMERCIALIZAÇÃO DE PROGRAMA DE COMPUTADOR. RELAÇÃO JURÍDICA CONTINUADA. CARACTERISTICA DE PRESTAÇÃO DE SERVIÇO – ISS DEVIDO. RECURSO NÃO PROVIDO" (TJSP, Apelação 0006496-32.2013.8.26.0053, 15ª C., 2017)

– "Apelação. Ação anulatória de lançamento fiscal. Julgamento antecipado do mérito. Inadmissibilidade. Matéria controvertida. Necessidade de produção de provas. Inteligência do estatuído no artigo 5º, LV, da Constituição Federal e no artigo 369 do Código de Processo Civil. Sentença anulada. Recurso provido" (TJSP, Apelação 0032802-38.2013.8.26.0053, 14ª C., 2017)

6. **Não incidência do ISS na comercialização de certificado digital.** – "PROGRAMA DE COMPUTADOR. *SOFTWARE*. CERTIFICADO DIGITAL. CARACTERIZAÇÃO COMO PRODUTO. OPERAÇÃO MISTA. PREPONDERÂNCIA DA OBRIGAÇÃO DE DAR SOBRE A OBRIGAÇÃO DE FAZER. NÃO INCIDÊNCIA DO IMPOSTO SOBRE SERVIÇOS. PRECEDENTES. – Não obstante a comercialização de certificado digital consista em uma operação mista, englobando a entrega do certificado como operação de dar, e a validação da identidade do titular como obrigação de fazer, tem-se que essa última é nitidamente acessória, preponderando a primeira. A circunstância de um certificado digital não poder ser adquirido de forma direta em balcão, por existirem atos prévios a serem praticados para individualização do usuário, não é o ponto de corte para que se o enquadre, então, como um serviço, e não uma mercadoria. A questão recebe o adequado enfrentamento quando analisada sob a face da preponderância da obrigação de dar (entrega do produto), e a acessoriedade da obrigação de fazer (validação para o usuário). – Inexiste a customização de um *software*, a pedido ou encomendado de forma específica e individual pelo consumidor. Pelo contrário, todos aqueles que procuram um certificado digital alcançarão o mesmo produto, desenvolvido com a mesma tecnologia e com a entrega das mesmas funcionalidades. Cada certificado digital se diferencia dos demais entregues aos diferentes usuários no mercado de consumo, somente pela identidade dos compradores, com a inserção de nome e CPF, o que é da própria essência de uma assinatura digital. – A prática de atos prévios à comercialização, a fim de validar a certificação e individualizar o usuário não torna o produto singular. O produto é o mesmo, padronizado e produzido em larga escala, mas como é de sua essência a utilização só por aquele que o adquiriu, praticam-se atos necessários à autenticação, que se caracterizam como meio para a consecução de um fim" (TJRS, Apelação 70079125381, 22ª C., 2018).

– "PROGRAMAS DE COMPUTADOR (*SOFTWARE*). CERTIFICAÇÃO DIGITAL. Pelo que se infere dos autos, a produção de certificados digitais pela parte autora não se dá de forma personalizada, mas geral, disponível a qualquer consumidor que se disponha a pagar pelo produto. Não se denota a produção individualizada/específica para cada cliente do *software*, mas elaboração em larga escala, o que afasta a incidência do ISSQN, segundo os precedentes do STF, STJ e TJRGS. À UNANIMIDADE, NEGARAM PROVIMENTO AO RECURSO" (TJRS, Apelação 70078327566, 2ª C., 2018).

7. *Cyber* café e *lan house*: situação tributária em relação ao ISS. "Podemos defini-los como sendo estabelecimentos comerciais em que, mediante pagamento, as pessoas podem utilizar computadores para acessar serviços disponíveis na Internet (conteúdo de páginas eletrônicas ou jogos em rede). São os chamados 'Cyber Cafés' e as 'Lan Houses'. O Objeto de nossa análise é justamente a tributação da remuneração proveniente da disponibilização desses equipamentos que, em regra, é mensurada de acordo com o tempo de sua utilização. Vale ressaltar que, a respeito desse assunto, ou seja, a tributação dessas atividades pelo ISSQN, não encontramos nenhum precedente jurisprudencial, tanto na esfera administrativa, quanto na judicial. Pois bem, vejamos, então, primeiramente, qual a natureza jurídica dessas operações. Podemos descartar a possibilidade de estarmos diante de locação de bens móveis, pois inexiste a entrega do bem móvel ao contratante. No caso em comento, ocorre apenas a permissão para usufruir de algumas comodidades e utilidades que os equipamentos proporcionam. O que ocorre na verdade é a cessão temporária e remunerada de direitos de uso dos equipamentos e dos programas que nele estão 'instalados'. Essa é a relação jurídica que ocorre entre as partes. Encontraremos de um lado o dono do equipamento (incluindo 'hardware' e '*software*') e de outro o usuário que paga para obter o direito de uso dele. Nesse contexto, temos uma realidade material que coincide com a norma de incidência prevista no item 1.05 da Lista de Serviços que acompanha a Lei n. 13.701/2003. Vejamos: '1.05 – licenciamento ou cessão de direito de uso de programas de computador'. Assim, toda receita auferida pelos 'Cibers Cafés' e pelas 'Lan Houses', em razão da disponibilização de equipamentos ('hardwares' e '*software*') que possibilitam ao interessado acessar os serviços disponíveis na Internet (conteúdo de páginas eletrônicas ou jogos em rede), ficam sujeitos a incidência exclusiva do ISS. É desse forma que o fisco municipal vem tributando essas atividades" (PATROCÍNIO, José Antonio. *ISSQN:* Lei Complementar n. 116/2003 – teoria, jurisprudência e prática. São Paulo: FiscoSoft Editora, 2011. p. 119).

8. Contrato de *data center* não é prestação de serviço, logo, não pode incidir o ISS. "Em face deste conceito de serviços para o Direito Privado, vinculante para o legislador fiscal, pode concluir-se que a *atividade-fim* da empresa de *data center*, exercida nas suas relações externas, não se traduz numa prestação de serviços, visto que na disponibilização de infraestrutura de equipamento não se verifica a intervenção de qualquer elemento de esforço humano, sendo as operações de armazenamento e processamento realizadas automaticamente pela máquina, por meios eletrônicos ou digitais. Como atrás se viu, os serviços que ocorrem no âmbito das *relações internas* da empresa *Data Center* constituem meras *atividades-meio*, que são custo desta empresa incorridos para o acréscimo da *atividade-fim*, consistente na disponibilização de infraestrutura para os clientes" (XAVIER, Alberto. Da tributação dos rendimentos pagos a titulares de *Data Center* residentes no exterior. *RDDT* n. 234, 2015. p. 11-12).

9. Serviço de valor adicionado (SVA) não se sujeita ao ICMS nem ao ISS. "Imprescindível salientar, igualmente, o posicionamento dos tribunais pátrios no que concerne à incidência do ICMS sobre serviços de valor adicionado. O Supremo Tribunal Federal já enfrentou a questão em debate, tendo assentado que os serviços de valor adicionado não se confundem com os serviços de telecomunicações (ADI-MC n. 1.491/DF). Em seu coto, o Ministro CARLOS VELLOSO, relator da ação, asseverou que, ontologicamente, o serviço de telecomunicações não se identifica com o serviço de valor adicionado. Este último nada mais é que 'um acréscimo de recursos a um serviço de comunicações que lhe dá suporte, criando novas utilidades relacionadas ao acesso, armazenamento, apresentação e recuperação de informações'. Assim, o SVA corresponderia a uma 'mera adição de valores a serviços de comunicações já existentes'. Da mesma forma, o Superior Tribunal de Justiça já se defrontou com o tema da tributação dos serviços de valor adicionado, tendo consolidado jurisprudência no sentido da não incidência do ICMS: REsp 1206428/RJ, AgRg no REsp 698107/PB; AgRg nos EDcl no Ag 883278/

RJ; REsp 674188/PR; EREsp 456650/PR. No que pertine ao tema do ICMS incidente sobre os serviços de conexão de *internet,* STJ firmou entendimento sumulado, no sentido de que, por se tratar de SVA, não preenche os requisitos do fato gerador do mencionado tributo estadual. Em razão da não incidência do ICMS, argumentou-se que os serviços de valor adicionado poderiam sofrer a incidência do ISS. Entretanto, dada a taxatividade da lista anexa à LCp n. 116/03, inviável sustentar essa tese, pois nem por interpretação analógica é possível incorporar os SVA a algum dos itens inventariados pelo mencionado diploma" (MOREIRA, André Mendes e ESTANISLAU, César Vale. A tributação do serviço de comunicação multimídia à luz do Direito Regulatório. *In:* MACEDO, Alberto e CASTRO, Leonardo Freitas de Moraes e (coord.). *Tributação indireta empresarial:* indústria, comércio e serviços. São Paulo: Quartier Latin, 2016. p. 610-611).

10. Local de ocorrência do ISS nos serviços de informática, inclusive no licenciamento de programa de computador (subitem 1.05): local do estabelecimento prestador (art. 4º da LC n. 116). Na prática, pode haver enormes dificuldades fáticas e documentais para se chegar na definição do estabelecimento prestador, quando, então, deverá ser feita uma checagem casuística que leve em consideração os critérios operacional, temporal e estrutural (organizacional) previstos no art. 4º da LC n. 116.

– "SERVIÇO DE INFORMÁTICA. COMPETÊNCIA PARA SUA COBRANÇA. FATO GERADOR. LOCAL DO ESTABELECIMENTO DO PRESTADOR. PRESENÇA DE UNIDADE ECONÔMICA OU PROFISSIONAL. 1. De acordo com os artigos 3º e 4º da Lei Complementar n. 116/03, conclui-se que a municipalidade competente para realizar a cobrança do ISS é a do local do estabelecimento prestador dos serviços, considerando-se como tal a localidade em que há uma unidade econômica ou profissional, isto é, onde a atividade é desenvolvida, independentemente de sua denominação. 2. Ocorre que, no presente caso, o Tribunal a quo, em seu voto revisor, considerou que os serviços de informática foram prestados na sede da instituição financeira, localizada em Brasília, sendo disponibilizados técnicos residentes para a manutenção da solução durante o período, caracterizando uma unidade econômica ou profissional no âmbito do Distrito Federal, o que legitima esse ente estatal para a cobrança o ISS" (STJ, 2ª T., REsp 1.195.844/DF, 2011).

– "4. No caso dos autos, o pleito de repetição de indébito refere-se ao período de janeiro/1997 a setembro/2003, ou seja, refere-se a fatos geradores do ISS ocorridos na vigência do Decreto-Lei n. 406/68 e da Lei Complementar n. 116, de 31 de julho de 2003. 5. Restou incontroverso que a agravante possui estabelecimento prestador no Município de Criciúma e que os serviços de *software* ora em apuração foram prestados em outras municipalidades. 6. Dessa forma, aplicando-se a recente orientação jurisprudencial deste Tribunal Superior firmada nos autos do REsp 1.060.210/SC, tem-se que subsiste relação jurídico-tributária apta a legitimar a instituição e cobrança do ISS pelo Município de Criciúma somente em relação aos fatos geradores ocorridos sob a vigência do Decreto-Lei n. 406/68, uma vez que, para esse período, o município competente corresponde àquele onde situado o estabelecimento prestador" (STJ, 2ª T., EDcl no REsp 1.380.710/SC, 2014).

– "Pretensão da autora de cancelar o 'crédito tributário decorrente da ausência de recolhimento de ISS, sob a alegação de que o Município réu não tem competência para exigir o referido tributo, uma vez que suas atividades são realizadas em suas filiais localizadas em outros Municípios, bem como de que a multa é excessiva e confiscatória e que os serviços prestados a título de 'Licenciamento de *Softwares*' não estão sujeitos à incidência do ISS – Descabimento – Simulação de estabelecimento evidenciada – Ausência de qualquer filial ou sucursal formalmente estabelecida, localizada em Brasília-DF – Multa imposta pelo descumprimento de obrigação acessória que não se mostra abusiva, eis que fixada em patamar legal – Empresa que explora a venda e locação de *software*, mediante contratos de licença ou cessão, e, portanto, sujeita-se à incidência do ISS – Atividade que se enquadra no item 1.05 da Lista de Serviços anexa à LC n. 116/03" (TJSP, Apelação 0044467.85.2012.8.26.0053, 18ª C., 2019).

– "APELAÇÃO. ISS. Estabelecimentos em São Paulo e São Bernardo do Campo. Autuações por estabelecimento simulado e falta de recolhimento do tributo ao Município de São Paulo. Princípio da territorialidade que diz respeito apenas à tributação, não à possibilidade da fiscalização eventualmente se estender a outro território para verificação de possível evasão fiscal. Serviços efetivamente prestados pelo estabelecimento de São Paulo, que concentrava toda a estrutura técnica da empresa" (TJSP, Apelação 0040589-26.2010.8.26.0053, 14ª C., 2015).

– "AÇÃO ANULATÓRIA ISS Exercícios de 1998 a 2002 Município de São Paulo Fiscalização realizada no Município de Barueri para aferição da estrutura física e funcional da matriz do contribuinte – Ofensa ao Princípio da Territorialidade – Inocorrência – Ausência de comprovação de que possuía tanto instalações como pessoal para realizar os serviços naquela localidade – Presunção de legalidade e veracidade do ato administrativo não elidida – Competência tributária do município apontado como filial, onde efetivamente se realizava a prestação de serviço – (...) – Entendimento pacífico de que o local da prestação de serviços de desenvolvimento de *softwares* e sistemas é o do local onde as diretrizes do projeto são tomadas e não a do local onde será implementado" (TJSP, Apelação 0113694-2006.8.26.0053, 15ª C., 2014).

– "Serviços de informática e programas de computador (*software*) – Município competente para exigir o imposto é o do estabelecimento do prestador (São José dos Campos) – Só seria o do local do serviço (Birigui) se nele o prestador tivesse unidade econômica ou profissional responsável pela operação do serviço, o que não é o caso – Precedentes do c. STJ – Exceção de pré-executividade, que deve ser acolhida no que diz respeito ao Município competente para exigir a exação, no caso, o Município de São José dos Campos/SP – Ilegitimidade ativa do Município de Birigui/SP – RECURSO PROVIDO, extinguindo-se a execução" (TJSP, Agravo de Instrumento 2237894-36.2016.8.26.0000, 15ª C., 2017).

– "REEXAME NECESSÁRIO – Ação de Consignação em Pagamento – ISS – Serviços de consultoria e assessoria e de licenciamento de *softwares* – Dúvida quanto ao local de recolhimento do imposto – Sentença que reconheceu a competência do município de São Paulo para a cobrança do tributo – Empresa sediada em São Paulo – Ausência de comprovação de que a empresa tenha constituído sede, filial, agência, posto de atendimento, sucursal ou escritório de representação no Município de Guarujá – Jurisprudência do STJ determinando o recolhimento do local do prestador do serviço – Inteligência do art. 3º da LC n. 116/03 – Sentença mantida – Recurso oficial improvido" (TJSP, Remessa Necessária n. 1013655-2015.8.26.0053, 15ª C., 2016).

– "Apelação. ISS. Consignação em pagamento c.c. repetição de indébito. Prestação de serviços na área de informática. Ação julgada procedente, com o reconhecimento da legitimidade da cobrança do imposto pelo Município de São Carlos. Insurgência do Município de Limeira. Efeitos na revelia que não se aplicam a ente público, diante da indisponibilidade de seus direitos (art. 320, II, do CPC). ISS. Licença de uso de programa de computador (*software*), implementação do sistema, orientação e fiscalização quanto ao uso. Serviços prestados em São Carlos que caracterizam a parte menor do contrato e não se enquadram nas exceções do art. 3º da LC n. 116/2003. Autora que não mantém unidade econômica em São Carlos. Competência do município de Limeira, local da sede do estabelecimento prestador. Precedentes do STJ. Sentença reformada. Recurso do Município de Limeira provido. Homologação da desistência do recurso da autora, que assim é julgado prejudicado. Verbas da sucumbência impostas ao município de São Carlos" (TJSP, Apelação 0003722-04.2013.8.26.0320, 18ª C., 2015).

– "CONTRATO ADMINISTRATIVO. LICITAÇÃO. PRESTAÇÃO DE SERVIÇOS DE INFORMÁTICA. INCIDÊNCIA DE ISSQN. LOCAL DA PRESTAÇÃO DO SERVIÇO. ARTIGO 3º DA LEI COMPLEMENTAR N. 116/2003 Nos termos do art. 3º da Lei Complementar n. 116/2003, considera-se o serviço prestado e o imposto devido no local do estabelecimento prestador, exceto nas hipóteses previstas nos incisos do referido dispositivo legal. No caso, aplicável a regra geral para os serviços prestados de informática. O contrato firmado entre a empresa contratada e o Município de Tramandaí para a implantação de *software*, com o gerenciamento e administração do sistema, além de treinamento de pessoal, exige a manutenção de uma unidade profissional, mesmo que temporária, na sede do ente municipal contratante. Em que pese a sede matriz do estabelecimento empresarial se situar no Município de São Leopoldo, este ente municipal não possui competência para cobrança do ISSQN pelos serviços prestados ao Município de Tramandaí. É devido pelo ente municipal o pagamento das custas processuais em face da inconstitucionalidade da Lei Estadual n. 13.471/2010, o que impõe a aplicação da redação originária do art. 11 da Lei Estadual n. 8.121/1985" (TJRS, Apelação 70080268170, 21ª C., 2019).

– "Competência tributária ativa do Município onde está localizada a matriz da prestadora. Atividades não previstas dentre as hipóteses taxativas elencadas no art. 3º da Lei Complementar n. 116/03. Enquadramento do caso à regra geral da aludida norma. Deslocamento de recursos que não justifica a sujeição ativa dos Municípios tomadores dos serviços que, ademais, não hospedam qualquer estabelecimento comercial" (TJSC, Apelação 0308110-50.2016.8.24.0020, 1ª C., 2018).

10.1. Parecer pela incidência do ISS no Município da sede do prestador do serviço de informática, quando a atividade for ali desenvolvida.

"A consulente é prestadora de serviços de informática, mais especificamente de licenciamento e cessão de *softwares*, com sede na cidade de Bauru/SP, onde são projetados, desenvolvidos e atualizados seus programas. Muito embora a Consulente possua escritórios em outros Municípios, inclusive onde os serviços são tomados pelos seus clientes, tais estabelecimento não possuem uma unidade econômica ou profissional suficientes e necessárias para a conclusão dos serviços, servindo tão somente como um escritório de apoio ou comercial. Vários são os precedentes do Superior Tribunal de Justiça em favor deste entendimento, no sentido de que o ISS é devido na *sede* do prestador do serviço, quando o serviço é ali desenvolvido e perfectibilizado, ainda que haja outros escritórios ou unidades, ou, até mesmo, filiais formalmente constituídas" (MELO, Omar Augusto Leite. Local de ocorrência do ISS nos serviços de licenciamento, cessão e desenvolvimento de *software*. *RDDT* n. 227, 2014. p. 189).

10.2. Estabelecimento virtual no comércio eletrônico. CARTA DE PRINCÍPIOS DO COMÉRCIO ELETRÔNICO/2010: "PARTE I – DISPOSIÇÕES GERAIS... Definições. Para os efeitos desta carta, entende-se por: ... d) comércio eletrônico: a oferta de bens e serviços, remunerados ou não pelo destinatário final, na medida em que constituem uma atividade econômica desenvolvida por meio das redes de informação, notadamente a Internet; PARTE II – PRINCÍPIOS CAPÍTULO 1 – SERVIÇOS DA SOCIEDADE DA INFORMAÇÃO Seção 1 – Estabelecimento virtual. Estabelecimento virtual é o meio eletrônico para efetivar transferência de informações, desenvolvimento da atividade de comércio, oferta ou publicidade de bens e serviços, móveis ou imóveis, materiais ou imateriais, por meio das redes de informação, notadamente aqueles realizados no âmbito da rede mundial de computadores" (Disponível em: <https://forumdocomercioeletronico.files.wordpress.com/2010/03/carta-de-principios-do-comercio-eletronico.pdf>. Acesso em: 18 jan. 2019).

11. ISS sobre a importação de *softwares*: polêmicas. Discussões sobre a constitucionalidade da cobrança do ISS na importação de serviços. Essa cobrança encontra resistência por parte de alguns doutrinadores e importadores, sob as seguintes alegações: a) extraterritorialidade da cobrança, uma vez que o ISS estaria incidindo sobre serviços prestados fora do País; b) essa cobrança transforma o ISS num imposto sobre o uso ou consumo do serviço (tomar serviço), substituindo a prestação do serviço. Em contrapartida, outros doutrinadores e os Municípios defendem o ISS na importação: a) ausência de vedação expressa na Constituição; b) inexistência de violação à territorialidade, uma vez que o tomador ou intermediário do serviço deve estar necessariamente estabelecido no País, criando esse rastro territorial no País, até porque a incidência do imposto na importação pressupõe a existência de um estabelecimento ou domicílio do tomador ou intermediário aqui no País, conforme art. 3º, I, da LC n. 116; c) não há uma limitação constitucional para o ISS incidir exclusivamente sobre a "prestação" do serviço (tributação na origem), podendo também recair na contratação e no uso ou consumo do serviço (tributação no destino); d) nos serviços "cuja prestação se tenha iniciado no exterior do País" há a prestação do serviço em território nacional, pelo menos no que diz respeito às suas etapas finais; e) por decorrência do art. 152 da CF, deve incidir o ISS na importação de serviços, sob pena de se "estabelecer uma diferença tributária entre bens e serviços, de qualquer natureza, em razão de sua procedência ou destino", pois, caso contrário, o prestador de serviço estrangeiro teria uma vantagem tributária sobre o prestador de serviço nacional, a título de ISS. Essa discussão ainda não foi analisada pelo STF, que dará a última palavra, por envolver matéria constitucional.

– "Importação de serviços. Artigo 1º, § 1º, da LC n. 116/2003 e da Lei Municipal n. 13.701/2003. Inconstitucionalidade. Ofensa ao princípio da territorialidade. Precedentes deste Tribunal. Autos remetidos ao C. Órgão Especial, em cumprimento ao artigo 97 da CF e à Súmula Vinculante n. 10" (TJSP, Apelação 9221533-34.2007.8.26.0000, 14ª C., 2019). Obs.: No Incidente de Arguição de Inconstitucionalidade n. 0022463-72.2019.8.26.0000, o Órgão Especial do TJSP, em 2019, decidiu pela constitucionalidade da cobrança.

– Acórdãos do TJSP contra a cobrança do ISS na importação de *software*: Apelação n. 0155480-98.2005, 14ª Câmara, j. 14.07.2011; Apelação n. 0101584-09.2006, 14ª Câmara, j. 30.06.2011; Apelação n. 0188668-14.2007, 15ª Câmara, j. 20.10.2008.

– "AGRAVO DE INSTRUMENTO. AÇÃO DECLARATÓRIA DE INEXIGIBILIDADE DE TRIBUTO (ISS) CUMULADA COM REPETIÇÃO DE INDÉBITO. TUTELA ANTECIPADA INDEFERIDA NO JUÍZO DE ORIGEM. LICENCIAMENTO DE *SOFTWARE* (IMPORTAÇÃO E COMERCIALIZAÇÃO). Alegada inincidência do tributo nas operações realizadas no exterior. Descabimento. Aplicação da lei complementar n. 116/03 que autoriza a cobrança do ISS nesse tipo de operação. Inconstitucionalidade não divisada e só cabível por decisão do órgão especial. Decisão mantida. Recurso desprovido" (TJSC, Agravo de Instrumento 2010.070161-5, 2ª C., 2011).

– "O serviço prestado pela autora, como enfatizado na petição inicial, é de intermediação entre o desenvolvedor do programa e o usuário final.

Ora, a atividade que cabe à autora na transferência da licença é desempenhada na área geográfica do Distrito Federal, onde mantém sede, sendo irrelevante que a licença negociada tenha sido concedida por entidade estrangeira. Mesmo que a cessão dos direitos não exclusivos de uso seja efetuada diretamente entre o desenvolvedor e o usuário final, o art. 1º, par. 1º, da Lei Complementar n. 116/03 prevê a incidência do ISS sobre os serviços cuja prestação tenha se iniciado no exterior, razão pela qual não se verifica ilegalidade neste aspecto. Consoante o art. 153, par. 3º, inc. II, da Constituição Federal, é vedada a instituição do ISS sobre serviços exportados, mas não há expressa vedação à tributação de serviços cujo início provenha do exterior. Nem tampouco se diga que o fato gerador ocorreu fora do território nacional, pois a operação de licenciamento intermediada pela autora configura serviço prestado no Brasil" (TJDF, Apelação 20100111319312, 5ª T., 2013).

– "Desta forma, conclui-se que o serviço, apesar de proveniente do exterior, só consegue produzir resultado no Brasil, com o licenciamento do direito de uso do programa de computador àquele que o encomendou. E se é assim, pode-se finalmente dizer que a elaboração do programa é que é serviço proveniente do exterior, porém a cessão do direito de uso, que é a operação tributada *in casu*, é concretização da finalidade desse serviço, produzindo resultado, obrigatoriamente, dentro do território brasileiro. Ou seja, o fato gerador consiste na cessão do direito de uso, o qual, conforme já visto, está descrito no item 1.05 da LC n. 116/2003, e concretiza a finalidade pela qual se elaborou o programa, resultado este que ocorre inteiramente no país. Assim, não se está tributando serviço prestado integralmente no exterior" (TJPR, Apelação 933324-4, 1ª C., 2010).

– ISS na exportação de *software* e a polêmica sobre o alcance do termo "resultado", previsto no art. 2º, parágrafo único, da LC n. 116: conclusão (finalização) ou consumo (fruição, uso, entrega) do serviço? Trata-se de mais um tema que aguarda pacificação jurisprudencial no STJ, que dará a última palavra, por envolver matéria infraconstitucional.

– "EXPORTAÇÃO DE PROJETOS DE ENGENHARIA. NÃO INCIDÊNCIA. 2. A só confecção do projeto de engenharia, à luz dos arts. 109, 113, 114, 116, I, do CTN, é fato gerador do ISSQN, e sua posterior remessa ao contratante estrangeiro não induz, por si só, à conclusão de que se está exportando serviço. 3. À luz do parágrafo único do art. 2º da LC n. 116/2003, a remessa de projetos de engenharia ao exterior poderá configurar exportação quando se puder extrair do seu teor, bem como dos termos do ato negocial, puder-se extrair a intenção de sua execução no território estrangeiro. 4. Hipótese em que se deve manter o acórdão a quo, porquanto o Tribunal consignou que as provas dos autos revelaram a finalidade de execução do projeto em obras que só poderiam ser executadas na França ('elaboração das Plantas de execução do muro cilíndrico de proteção do reservatório de gás liquefeito de petróleo naval TK1, a ser construído na cidade de Gonfreville – Lorcert, França e ao dimensionamento dos blocos de estacas do edifício principal do centro cultural, Centre Pompidou a ser construído na cidade de Metz, França e a modelagem em elementos finitos da fachada principal de dito centro')" (STJ, AREsp 587.403, 1ª T., 2016).

– STJ, REsp 831.124, 1ª T: conferir acórdão constante na referência 4.5 feita nesta obra ao art. 156, § 3º, II, da CF.

– "Para que se configure a exportação de serviço e, portanto, a isenção, é necessário que o seu resultado se dê no exterior. RESULTADO DO SERVIÇO – A contratação de um serviço gera uma obrigação que, com relação ao seu fim, pode ser classificada em três tipos: de meio, de resultado e de garantia – Um serviço objetivando uma obrigação de resultado normalmente passa pelas etapas de contratação; desenvolvimento; conclusão; disponibilização ao cliente; aceitação do serviço pelo cliente; e fruição – Quanto às obrigações de resultado, observa-se que o resultado do serviço se dá no momento da sua aceitação pelo cliente, não sendo necessária a fruição, pois ela pode não ocorrer por decisão do contratante – Nas obrigações de meio e nas de garantia, como não há um 'resultado' contratado, a atividade em si é o resultado e nela se confundem a disponibilização, aceitação e fruição do serviço. No caso dos autos, depreende-se do modelo de Contrato de Representação de Instituição Financeira juntado aos autos que o núcleo dos serviços prestados pela apelante reside tanto na apresentação de seus representados, sediados no exterior, a potenciais clientes quanto na obtenção de informações e análise de mercado para os representados. SERVIÇO DE CONSULTORIA NO MERCADO MOBILIÁRIO – Em uma consultoria, o que se contrata é uma obrigação de resultado nos termos da lei civil, ou seja, a utilidade prática é o relatório que é produzido e encaminhado ao cliente no exterior – No exterior, portanto, há a disponibilização do serviço e sua aceitação pelo cliente e, assim, no caso de consultoria o resultado ocorre fora do Brasil, há exportação de serviço e, por isso, cabe a isenção. OBTENÇÃO DE INFORMAÇÕES E ANÁLISE DO MERCADO LOCAL – Atividade que configura serviço de consultoria, cujo resultado, como se viu, ocorre no exterior

– Caracterizada a exportação de serviços – Isenção tributária reconhecida – Sentença reformada nesse ponto. APRESENTAÇÃO DOS SERVIÇOS DOS REPRESENTADOS AOS POTENCIAIS CLIENTES – Serviço que gera uma obrigação de meio, já que não há um compromisso de se atingir um fim – Resultado do serviço que ocorre no território brasileiro – Inexistência de exportação de serviço – Inaplicabilidade da isenção do ISS" (TJSP, Apelação 1053137-90.2015.8.26.0053, 15ª C., 2019).

– "EXPORTAÇÃO DE SERVIÇO. PRESTAÇÃO DE SERVIÇO DE *SOFTWARE*. USO EXCLUSIVO DA EMPRESA CONTRATANTE. FRUIÇÃO E UTILIZAÇÃO NA SEDE DA EMPRESA CONTRATANTE, NO EXTERIOR. Tratando-se de *software* desenvolvido por empresa brasileira, sediada em Porto Alegre, para empresa com sede no Canadá, de prestação de serviço de propriedade exclusiva da empresa Canadense, com resultado, fruição do serviço, assim como os objetivos da contratação e prestação verificados e utilizados exclusivamente no local da sede da Empresa contratante, aplica-se a regra de isenção contida no art. 2º, I, da LC n. 116/03. APELO DESPROVIDO" (TJRS, Apelação 70078623923, 2ª C., 2018).

12. Resultado do serviço de elaboração e desenvolvimento de *softwares*, para fins da não incidência do ISS nas exportações de serviços. "Prestação de serviços de elaboração e desenvolvimento de novos sistemas/programas de computador, em que se proceda ao desenvolvimento completo (concepção do projeto, programação e criação do código-fonte, até a geração final do próprio *softwares*/sistema) de novos sistemas, *softwares* e programas de computador, realizado por empresa no Brasil, a pedido de clientes ou afiliadas de mesma empresa no exterior. Após os testes de validação e consistência realizados por técnicos no Brasil e/ou no exterior, serão finalmente postos em operação/processamento em equipamentos de informática no exterior, por clientes ou filiais da empresa. As diversificadas atividades desenvolvidas pela empresa no Brasil evidenciam que, a realização dos serviços contratados com as empresas situadas fora do território nacional, compreende uma complexa execução, iniciando no País, prosseguindo com a participação e interação com os tomadores de serviços, ocorrendo a sua conclusão no estrangeiro. A conexão contínua e permanente dos computadores da empresa no Brasil com a rede de transmissão de dados da *internet*, relativamente aos serviços exportados para clientes localizados no estrangeiro, demonstra que as atividades não se esgotam e nem se circunscrevem exclusivamente no âmbito do território brasileiro. Os serviços desenvolvidos pela empresa no Brasil somente alcançam resultado no exterior, onde são consumidos e utilizados por empresas estrangeiras situadas fora do território brasileiro. As diversas modalidades de monitoração (de servidores e de mainframes; de rede corporativa de dados – *network*), bem como os serviços de manutenção e desenvolvimento de sistemas/programas de computador, preexistentes, somente são completados no estrangeiro. As informações, recomendações e providências procedidas pela empresa no Brasil, por si só, não implicam a conclusão dos serviços, que somente geram efeitos no território estrangeiro, significando que a fruição do resultado ocorre fora do território nacional. Os serviços de elaboração e desenvolvimento de novos sistemas (programas de computador) não tem nenhuma condição de se exaurirem no território brasileiro, não havendo qualquer sentido ou interesse de natureza técnica em sua utilização restrita ao nosso País. Torna-se imprescindível a sua plena e integral utilização pelos clientes no exterior, junto aos seus equipamentos de informática para a devida execução de suas atividades operacionais" (MELO, José Eduardo Soares de. ISS: importação e exportação de serviços. entendimentos e jurisprudência. *In:* CARVALHO, Paulo de Barros (coord.). *30 anos da Constituição Federal e o sistema tributário brasileiro*. São Paulo: Noeses, 2018. p. 589-590).

13. Exportação de serviço de banco de dados hospedados no país, mas acessados no exterior. "Serviços de informática. Bancos de dados hospedados no país, mas acessados no exterior configurando exportação – Cobrança ilegítima – Perícia judicial bem fundamentada. Possibilidade de aferição do local onde se dá o resultado do serviço. Subsunção do fato ao art. 2º, inc. I da LC n. 116/03. Interpretação de seu parágrafo único. Respeito ao princípio da legalidade. Precedentes do STJ. Tributação indevida. Isenção configurada. Sentença mantida. Recurso oficial, considerado interposto e apelo da municipalidade não providos" (TJSP, 15ª CC, Apelação Cível 0212939-53.2008.8.26.00, 2012).

1.06 – Assessoria e consultoria em informática.

1.07 – Suporte técnico em informática, inclusive instalação, configuração e manutenção de programas de computação e bancos de dados.

1.08 – Planejamento, confecção, manutenção e atualização de páginas eletrônicas.

Contra a incidência do ISS sobre o serviço de conexão à internet, em razão da falta de definição em lei complementar, inclusive afastando

a aplicação do subitem 1.08 para justificar tal tributação. "Este subitem *[1.08]* diz respeito ao trabalho intelectual de elaboração de estudos, desenhos, textos etc. para serem inseridos nas páginas da Internet (*web design*). São especialistas em informática, que prestam serviços a empresas em geral, ou até a profissionais liberais criando sites institucionais ou de natureza mercantil. Envolve, pois, a prestação de serviço ao tomador consistente em projeção, elaboração e manutenção de *site* na Internet. Importante não confundir criação e manutenção de *site* pelo prestador de serviço com a atividade de hospedagem de *sites* (*hostings*) exercida por provedores da Internet, consistente no alojamento de arquivos informáticos em um servidor para ser acessado pelo público em geral. Essa disponibilização de espaço virtual pelo provedor de hospedagem pode ser gratuita ou onerosa. Essa prestação de serviço de hospedagem não é tributada pelo ISS. Ela é intributável pelo ISS, porque sua atividade não consta de nenhum item ou subitem de serviços. O provedor de acesso, também, é intributável pelo ISS, pois sua atividade limita-se a promover a conexão do usuário à rede mundial de computadores. Outrossim, a jurisprudência de nossos tribunais já fixou o entendimento definitivo de que o provedor de acesso presta serviços de valor adicionado, definido no art. 61 da Lei n. 9.472/97 como sendo a atividade que acrescenta novas utilidades ao serviço de telecomunicação dando-lhe suporte, mas não se confundindo com este, estando relacionado ao acesso, armazenamento, apresentação, movimentação ou recuperação de informações. É certo que seu § 1º exclui o serviço de valor adicionado do conceito de serviço de telecomunicação. Porém, é certo também que o serviço de valor adicionado não está no rol de serviços tributáveis, pois não tem enquadramento em nenhum dos subitens do item 1" (HARADA, Kiyoshi. *ISS:* doutrina e prática. São Paulo: Atlas, 2008. p. 102-103)

1.09 – Disponibilização, sem cessão definitiva, de conteúdos de áudio, vídeo, imagem e texto por meio da internet, respeitada a imunidade de livros, jornais e periódicos (exceto a distribuição de conteúdos pelas prestadoras de Serviço de Acesso Condicionado, de que trata a Lei n. 12.485, de 12 de setembro de 2011, sujeita ao ICMS). (Incluído pela LC n. 157/2016.)

---

1. Em favor da incidência do ISS sobre o serviço de vídeo por demanda programada. "Entendemos que o serviço de vídeo por demanda programado do qual o Netflix é um exemplo é uma prestação de serviço (obrigação de fazer) e que, por isso, deve ser tributado pelo ISS. Assim, entendemos ser possível a inclusão do tópico 1.09 na lista anexa que descreve os serviços tributáveis pelo ISS previstos na LC n. 116/2003. Tratamos dos principais elementos caracterizados no ISS (tópico 1), detalhando a questão quando à tributação de locação de bem móvel pelo ISS (não permitida, hoje, em virtude da Súmula Vinculante 31 do STF). No tópico 2, descrevemos basicamente algumas características essenciais do mercado audiovisual que nos ajuda a entender a essência desse mercado (negociação de direitos de exploração econômicos de obras audiovisuais), em especial o segmento de vídeo por demanda programado (licenciamento de direitos de exploração econômica de filmes das distribuidoras detentoras dos direitos do filme ao Netflix, os quais serão disponibilizados para uso pelos assinantes (uso próprio, não comercial). No tópico 3, adentramos sobre a discussão sobre possibilidade de incidência de ISS sobre serviço de vídeo por demanda programado. Pela essência do conceito de serviço que apontamos a partir da descrição do conceito previsto na Lei 8.078/1990, observa-se uma efetiva prestação de serviço (oferecimento) ao consumidor, conforme conceituado no item 1 e item 1.2. não se tem, efetivamente, aqui, uma locação de um bem móvel, como se viu no caso do segmento de vídeo doméstico. Primeiro porque não há transferência de propriedade, essencial para que se caracterize uma obrigação de dar. O consumidor para ter acesso a um portfólio de filmes que poderá acessar a hora que quiser, dentro dos filmes que a operadora do vídeo por demanda programado tenha licença. Paga-se uma assinatura para ter acesso a um serviço, uma obrigação de fazer por parte da empresa: disponibilizar os filmes através de uma espécie de sublicença do direito de uso de filme (assistir), mediante pagamento periódico. Entendemos que não cabe o entendimento de que é locação de bem móvel, pois não há transferência de propriedade ou circulação de mercadoria. E assim fosse considerado, incidir-se-ia ICMS, o que nos parece inadequado tanto na essência quanto na maior gravosidade causada ao contribuinte. Além disso, o entendimento é de que o Netflix não é, em sua essência, um serviço de internet, para que não incida o ICMS ou ISS como vimos no tópico 3.2. ela usa uma banda larga, internet, para que o usuário tenha acesso aos filmes. Mas entendemos que não é um serviço comparado ao de um provedor de internet, por exemplo. Além disso, a inserção da previsão na lei está em consonância com princípio da isonomia tributária, dado que outros prestadores de serviços são sujeitos ao ISS, além de que no domínio econômico do audiovisual, a não tributação desses players cria uma vantagem competitiva e um privilegio sem fundamento para tal (privilégio odioso), pois que sem fundamento em outro princípio constitucional que o justifique. Assim, esta não incidência acaba por violar, reflexamente, os princípios da seara econômica da livre iniciativa e ocorrência, previsto no art. 170 da CF/1988 (ainda que não finalidade dos tributos a sua incidência concretizar, diretamente, a realização desses princípios. Por fim, privilegia-se o princípio da legalidade tributária ao inserir tal dispositivo (item 1.09) na lista da LC n. 116/2003, dirimindo eventuais discussões quando a ocorrência, caso o município queira cobrar hoje, quanto ao uso de analogia para a cobrança de tributo, violando-se o art. 108, 1º, do CTN, em consonância com o princípio da segurança jurídica que deve permear a relação entre contribuintes e o estado. Pelos fundamentos expostos, concluímos ser o ISS o imposto a incidir sobre o serviço de vídeo por demanda programado" (MARTINS, Vinícius Alves Portela. ISS sobre vídeo por demanda programado (Netflix): é possível?. *In:* BRITO, Edvaldo Pereira (coord.). *Revista Tributária e de Finanças Públicas*, ano 24, v. 126, jan./fev. 2016. p. 159-161).

2. Noções básicas sobre mercado audiovisual e o segmento de vídeo por demanda programado. "O mercado de cinema/audiovisual, entendendo esse como um mercado de entretenimento, é mercado pela compra e venda de direitos sobre os filmes produzidos para exibição. Leonardo Barros (2009) ensina que '(...) o business do mercado audiovisual é a compra e venda de diretos de adaptar, de distribuir, de reproduzir ou duplicar, de veicular, de exibir etc. e só existe desta forma parque os países reconhecem a propriedade intelectual (Direitos de Autor) (...)'. Esses direitos são negociados por meio de contratos privados entre os entes (produtores, distribuidores e exibidores de conteúdo (tendo os programadores e radiodifusores como principais players no mercado de TV paga e aberta respectivamente), sendo a essência do setor a produção de público/assinantes/audiência, o que é alcançado por meio da produção de conteúdos, filmes (meros meios para o alcance daqueles objetivos). Dentre os segmentos de mercado do setor audiovisual onde são explorados economicamente os conteúdos audiovisuais, tem-se os definidos no art. 1º, VI, da MedProv 2.228-1/2001, que não traz previsão do segmento de vídeo por demanda; o mais próximo, dentre os que estão definidos legalmente, é o denominado videodoméstico. Esses segmentos de mercado nada mais são do que janelas de exploração comercial dos conteúdos audiovisuais, as quais competem entre si pelo público, o que aponta para uma forte concorrência por público/audiência e renda nestas diferentes janelas, acirrando a competição especialmente em virtude da inovação tecnológica que frequentemente cria ou potencializa novas janelas, acirrando a competição entre as janelas tradicionais (cinema, TV aberta, paga, entre outros) e as mais novas como vídeo por demanda, uso de celulares para fruição de conteúdo audiovisual em qualidade cada vez melhor etc. Quanto ao segmento de vídeo por demanda, é definido pela IN 104/2012 da Agência Nacional do Cinema – Ancine: 'Art. 1º. (...) L. Segmento de Mercado Audiovisual – Video por Demanda: conjunto de atividades encadeadas, realizadas por um ou vários agentes econômicos, necessárias à prestação do serviços de oferta de um conjunto de obras audiovisuais na forma de catalogo, com linha editorial própria, para fruição por difusão não linear, em horário determinado pelo consumidor final, de forma onerosa.' Quanto à forma de consumo pelo usuário, assemelha-se muito ao videodoméstico. O segmento de videodoméstico é aquele complementar ao do cinema, onde são lançados os filmes que não chegam ao cinema ou aqueles em que a usam como 2ª janela de lançamento (juntamente, hoje, com o *pay-per-view*). O mercado de videodoméstico é composto por duas subdivisões: o *sell-thru*, que representa as vendas feitas no varejo através dos hipermercados e o *rental* (aluguel dos filmes em videolocadoras para uso e posterior devolução). Como dito, esse segmento em muito se assemelha ao do vídeo doméstico, especialmente do ponto de vista do demandante, dado que este frui conteúdo audiovisual na hora que achar conveniente, considerando a existência de um catalogo de filmes a única diferença está na tecnologia que, em muito, facilita a vida do consumidor, sendo um ponto a favor dos agentes que atuam no segmento de vídeo por demanda. Mas a essência, a natureza da forma de consumir pautada na praticidade, flexibilidade de honorário, etc. é a mesma de que quando se está diante de uma vídeo locadora (segmento de videodoméstico)" (MARTINS, Vinícius Alves Portela. ISS sobre vídeo por demanda programado (Netflix): é possível?. *In:* BRITO, Edvaldo Pereira (coord.). *Revista Tributária e de Finanças Públicas*, ano 24, v. 126, jan./fev. 2016. p. 152-153).

3. Não incidência do ISS (nem do ICMS) sobre o provimento de acesso à internet. "Dentre os serviços que se assemelham ao vídeo por demanda programado, temos o serviço da internet, prestado pelo provedor. A semelhança se dá pelo fato de o Netflix também fazer uso da rede mundial de computadores para fornecer seus conteúdos aos assinantes. E neste caso específico da internet, há uma grande confusão entre competência de cobrança por parte do estado (ICMS) e municípios (ISS) quanto a prestação do serviço pelo provedor. Os estados começaram a tributar os provedores sobre o fundamento de que o prestavam serviço de comunicação. Há, inclusive, convênios tratando da operação do provedor. Posteriormente, os municípios começaram a cobrar, defendendo a tese de que esse serviço não seria um serviço de comunicação, mas sim um serviço de valor adicionado, com base na definição da lei 9.472/1997 – definição contida na lei geral das telecomunicações. Os municípios enquadraram o provedor do acesso no item 1.03 da lista 9 – gênero de serviço – informativa e congêneres – processamento de dados e congêneres. Os municípios alegam que provedor de acesso em sua atividade é um serviço de informática. Seria, assim, uma interpretação extensiva do que é processamento de dados. Observe o item em que há um enquadramento: '1– Serviços de informática e congêneres. 1.03 – Processamento de dados e congêneres'. O STJ, no âmbito desse celeuma, editou a Súmula 334: 'STJ Súmula 334 – 13.12.2006 – *DJ* 14.02.2007 – ICMS – incidência – Provedores de Acesso à Internet. O ICMS não incide no serviço dos provedores de acesso à Internet'. Sendo assim, não caberia ICMS. Porém, entendeu ainda o STJ que não incidiria o ISS, pois é gênero de serviço diferente, concluindo que os municípios estavam fazendo analogia, proibida de acordo com o art. 108, 1º. Assim, o serviço de provedor não é tributado pelo ICMS e nem pelo ISS hoje (ainda que no caso dos municípios as leis prevejam e, como o controle de constitucionalidade se dá de modo difuso, há grande possibilidade de que as cobranças estejam ocorrendo)" (MARTINS, Vinícius Alves Portela. ISS sobre vídeo por demanda programado (Netflix): é possível?. *In:* BRITO, Edvaldo Pereira (coord.). *Revista Tributária e de Finanças Públicas,* ano 24, v. 126, jan./fev. 2016. p. 155-156).

4. Conflito de competência entre ISS e ICMS nos serviços de *streaming on demand* e no vídeo *on demand* (VOD). "O que denominamos de *Streaming* é o meio de transmissão de áudio e vídeo pela Internet através de uma rede de pacotes de dados sem a necessidade de realizar o *download,* já que armazenados em *buffer.* A grande difusão deste meio de entretenimento e informação se deve a agilidade com que pode ser acessado e, principalmente pelo seu baixo custo, respeitando os direitos autorais e dificultando a pirataria. Sem falar na praticidade de assistir a um vídeo, sem precisar armazená-lo em nossas máquinas, já superlotadas de informações acumuladas. Não bastasse essa nova tecnologia, mas já considerada tradicional, frente às últimas novidades, contamos com a *livestream,* a qual consiste em uma transmissão ao vivo de áudio e/ou vídeo pela Internet, de forma gratuita, permitindo que as pessoas acompanhem um evento em qualquer lugar do mundo, em tempo real, de modo a estabelecer uma interação simultânea entre o produtor do conteúdo e o expectador. E, temos também, o

Streaming on demand ou *Video on demand (VOD)*. Por esta via, alguém disponibiliza aos seus clientes um catálogo de filmes e músicas, para que estes possam fazer *downloads* temporários, controlando assim quando e onde irá assistir o seu programa favorito. O *Streaming* ganhou, para alguns, tratamento legal, no âmbito tributário, com a Lei Complementar n. 116/2003 alguns itens em sua lista de serviço, dentre esses o 1.09, que torna tributável pelo ISS a: 'Disponibilização, sem cessão definitiva, de conteúdos de áudio, vídeo, imagem e texto por meio da internet, respeitada a imunidade de livros, jornais e periódicos (exceto a distribuição de conteúdos pelas prestadoras de Serviço de Acesso Condicionado, de que trata a Lei n. 12.285, de 12 de setembro de 201, sujeita ao ICMS)'. Em sequência, veio a Lei Municipal Paulista n. 16.757/17 para alterar a lista de serviços, incluindo este 'serviço', em comento, por meio do item 1.09. Portanto, a partir desta lei, o *streaming* ou a disponibilização, sem cessão definitiva, de conteúdos de áudio, vídeo, imagem e texto por meio da internet deveria passar a se sujeitar ao ISS. Não é demais lembrar que, o Convênio de ICMS n. 106/2017 previu, em sua clausula terceira, a incidência do ICMS sobre bens digitais, dentre os quais se encontram aquelas *'saídas internas e nas importações realizadas por meio de site ou de plataforma eletrônica que efetue a venda ou a disponibilização, ainda que por intermédio de pagamento periódico, de bens e mercadorias digitais mediante transferência eletrônica de dados, na unidade federada onde é domiciliado ou estabelecido o adquirente do bem ou mercadoria digital.'* Assim, da leitura destes diplomas legais conclui-se, em tese, que incidirá ICMS nas operações com bens e mercadorias digitais comercializados por meio de transferência eletrônica de dados (*download*). Logo, se ignoramos as possíveis inconstitucionalidades que ferem tais diplomas legais, já que não há espaço aqui para discuti-las, é de se inferir que quando houver cessão definitiva de conteúdo por *download* a competência para tributar é dos estados, logo, estaríamos diante de uma mercadoria, se não houver definitivamente em tal disponibilização de conteúdo eletrônico a competência é dos municípios, em vez que estes consideram que temos a prestação de um serviço. Porém, com a LC n. 157/2016, que veio para dirimir o conflito existente sobre o 'serviço' de *streaming*, surgiram novos dilemas, pois o legislador entendeu que o vídeo on demand (VOD) deve se submeter ao ICMS e não ao ISS por considerá-lo agregado ao serviço de tv por assinatura (Serviço de acesso condicionado). Ocorre que, se, na prática, não há diferença entre o *download* feito no *Netflix* e o que é feito no *NOW* (da NET), porque se daria tratamento desigual? A mesma dificuldade encontramos nas situações em que o conteúdo é disponibilizado por tempo determinado, portanto não é on-line, onde o cliente tem um prazo de x horas para assistir ao conteúdo. Logo, há *download*, mas é por tempo limitado. Podemos considerar isso como cessão definitiva? Sobre esse fato incide ICMS ou ISS? Ademais, qual o sentido da palavra 'definitiva'? Isto por que, mesmo nos casos de *download* por tempo indeterminado, a adquirente não pode alienar o conteúdo baixado, logo, terá apenas, ainda que indefinidamente no tempo, a cessão de uso. Tais situações já indefinidas, ainda que tenhamos uma recentíssima Lei criada para tratar de algumas dessas novas tecnologias, só confirmam a ideia de que os conflitos não têm fim, vez que institucionalizados no âmbito do discurso, onde mora a ambiguidade, a vagueza e a emotividade" (AGUIAR, Thatiana. A tributação das novas tecnologias à luz do constructivismo lógico – semântico e da retórica realista – um estudo sobre a superposição de discursos vencedores. *In:* CARVALHO, Paulo de Barros (coord.). 30 anos da Constituição Federal e o sistema tributário brasileiro. São Paulo: Noeses, 2018. p. 1236-1238).

---

2 – Serviços de pesquisas e desenvolvimento de qualquer natureza.

2.01 – Serviços de pesquisas e desenvolvimento de qualquer natureza.

---

1. Não incidência do ISS sobre exportação de serviços de pesquisa e desenvolvimento (subitem 2.01 da lista), uma vez que o resultado não se verificou no Brasil. "APELAÇÃO – ANULATÓRIA COM PEDIDO DE TUTELA DE URGÊNCIA – ISSQN – Exercício de 2009 – Município de São Paulo – Exportação de serviços – Serviços de pesquisa e desenvolvimento de medicamentos para empresas do mesmo grupo econômico localizadas no exterior – Pretensão de declaração de inexistência de relação jurídico-tributária – Hipótese de prestação de serviços para a empresa do mesmo grupo econômico, detentora da patente e localizada no exterior – Atividade cujo resultado não se verifica no Brasil, ante a cessão dos resultados da pesquisa exclusivamente para a tomadora dos serviços – Inteligência do art. 156, § 3º, II, da CF e art. 2º, inciso I da LC n. 116/03 – Sentença que julgou improcedente o pedido reformada – Recurso provido" (TJSP, Apelação Cível 1021365-75.2016.8.26.0053; 15ª Câmara de Direito Público; 2017).

2. Exportação de serviço de pesquisa cujo resultado ocorreu no exterior. "Apelação. Repetição de Indébito Tributário. Empresa química e farmacêutica. Exportação de serviços de pesquisa para empresas do mesmo grupo econômico localizadas no exterior. Cláusula de exclusividade na fruição do serviço pela TOMADORA. Inteligência dos art. 156, § 3º, II da CF e art. 2º, I e par. único da LC116/03. Dúvida sobre o conceito de 'resultado'. Aplicação de métodos jurídicos de interpretação. Resultado que deve ser entendido como 'fruição', como aproveitamento ou efeito do serviço (proveito econômico) exclusivamente no exterior, tomando-se por base o objeto do contrato e a finalidade do serviço para o tomador (aspecto subjetivo). Hipótese de isenção configurada. Declarada nulidade do lançamento tributário. Indébito caracterizado. Repetição do Indébito devido. Decisão reformada. Recurso provido" (TJSP, Apelação Cível n. 0038110-26.2011.8.26.0053, 14ª Câmara de Direito Público, 2014).

---

3 – Serviços prestados mediante locação, cessão de direito de uso e congêneres.

---

1. Operações mistas de prestação de serviços com locação de bens móveis são tributáveis a título de ISS. A Súmula Vinculante STF 31 impede a incidência do ISS sobre a locação de bens móveis como objeto contratual exclusivo. Porém, quando a locação é contratada com a simultânea prestação de serviço, incide o imposto.

– "4. É certo que, nos debates travados ao exame da Proposta de Súmula Vinculante 35, que resultou na SV 31, suscitada dúvida no Plenário desta Corte quanto à situação em que a locação de bens móveis está associada à prestação de serviços, tendo-se concluído pela exclusão do termo 'dissociadas da prestação de serviços', uma vez não analisada a questão relativa aos contratos mistos. (...) 6. Em relações contratuais complexas ou mistas, apenas há falar em descumprimento da Súmula Vinculante 31 quando a locação de bem móvel esteja evidentemente dissociada da prestação de serviços, seja em relação ao objeto, seja no tocante ao valor detalhado da contraprestação financeira. (...) 8. Não há falar, pois, em contrariedade à Súmula Vinculante 31, que não contempla contratos mistos – locação de bens móveis acompanhado de prestação de serviço. 9. Verifica-se da sentença trazido pelo reclamante que, ao analisar o caso concreto, entendeu o Juízo de origem que as atividades prestadas não são apartadas, visto que, além da locação dos aparelhos de audiovisual, são disponibilizados os operadores, na prestação de serviço. (...) 13. Com essas ponderações, não estou a defender a impossibilidade de adequação da base de cálculo do ISS para dela excluir o valor relativo à locação do bem móvel, quando passível de delimitação. Estou simplesmente consignando que nada colhe a ação de reclamação constitucional para tal desiderato, à falta de jurisprudência consolidada nesse sentido. É que a verificação de possibilidade ou não de cisão da locação de bens móveis da prestação de serviços se dá com base no acervo fático-normativo do processo principal, matéria não sujeita à apreciação pela via da reclamação constitucional" (STF, Rcl 28.324, rel. Min. Rosa Weber, dec. monocrática, 2018).

– "ISS. INCIDÊNCIA SOBRE LOCAÇÃO DE BEM MÓVEL. NÃO CABIMENTO. INTERPRETAÇÃO DE CLÁUSULAS CONTRATUAIS. REEXAME DE PROVAS. IMPOSSIBILIDADE. SÚMULAS 5 E 7/STJ... I... II. Na forma da jurisprudência do Superior Tribunal de Justiça, 'a Súmula Vinculante 31 do STF dispõe ser 'inconstitucional a incidência do Imposto sobre Serviços de Qualquer Natureza – ISS sobre operações de locação de bens' (STJ, AgInt no REsp 1.589.518/MG, Rel. Ministro GURGEL DE FARIA, PRIMEIRA TURMA, *DJe* de 25/05/2017). III. O Tribunal de origem concluiu, à luz dos contratos firmados pelas empresas e dos demais elementos probatórios, que não houve mera locação de bens móveis, mas, também, prestação de serviços, fato suscetível de incidência de ISS. Decidiu, ainda, que, 'para que o tributo incida apenas sobre a prestação dos serviços, é necessário que a locação esteja claramente segmentada da prestação de serviços, seja no que se refere ao seu objeto, seja quanto ao valor da contrapartida financeira fato que não ocorre no caso dos autos'. Assim, a inversão do julgado exigiria, inequivocamente, interpretação de cláusulas contratuais e incursão na seara fática dos autos, providências vedadas, em Recurso Especial, nos termos das Súmulas 5 e 7/STJ" (STJ, 2ª T., Ag Int no AREsp 1144760, 2019).

– ISS incide sobre o todo das operações mistas de prestação de serviços com locação de bens móveis.

2. Incidência do ISS sobre os serviços prestados mediante locação. "Não há dúvida que o gênero de serviços mediante locação e cessão de direito de uso é um dos mais contestados da lista de serviços. A discussão, parte do pressuposto de que a Constituição Federal estabeleceu, expressamente, o direito de os Municípios e o Distrito Federal instituírem imposto sobre serviços de qualquer natureza, delimitando, assim, a competência tributária exclusivamente às atividades definidas como serviços. Ao buscar no direito privado o conceito dessa expressão 'serviços', chega-se à conclusão de que só poderiam ser alcançados pelo imposto as chamadas obrigações de fazer, que consiste em fazer algo em prol de outrem, num conceito simplista. Sob este aspecto, a locação de bens móveis, por si só, não caracteriza uma obrigação de fazer. A Professora Maria Helena Diniz define a locação como 'o contrato pelo qual uma das partes (locador) se obriga a ceder à outra (locatário), por tempo determinado ou não, o uso e gozo de coisa infungível, mediante certa remuneração, designada aluguel'. De fato, se o núcleo do contrato consiste em ceder, entregar à outra pessoa, um bem infungível, tal obrigação não será a de fazer, mas de dar coisa. Sob este aspecto, concordamos que a atividade econômica de 'locação de bens móveis' estaria fora do conceito de prestação de serviços. Ocorre, porém, que o item 3 da lista de serviços não declara a locação, nem a cessão de uso de direito, como GÊNERO de serviços: diz, isto sim, que o gênero são os SERVIÇOS prestados MEDIANTE locação, cessão de direito de uso e congêneres. A palavra mediante pode ser um adjetivo (que medeia) ou uma preposição (por meio de; por intermédio de). Ou seja, quando o contratado presta serviços fins, indispensáveis ao objeto do contrato, aos quais, porém, se inserem prestações-meios de locação ou de cessão de direito de uso, seriam esses serviços tributáveis pelo ISS, e não a locação ou a cessão de direito de uso. Um exemplo claro está contido no subitem 3.03 – Exploração de salões de festas, centros de convenções, escritórios virtuais, etc. Em tais contratos não ocorre um contrato de locação, pois a sala de festa, o centro de convenção ou o escritório virtual não são salas, centros ou escritórios quaisquer: é preciso que estejam organizados, preparados e estruturados ao uso desejado pelo contratante, integrando-o mobiliário próprio, equipamento, iluminação, refrigeração, meios de segurança e de higiene, enfim, criar uma estrutura de tal sorte que possibilite a sua exploração. Sob a visão do contratante, não há qualquer interesse de locar o bem, imóvel ou móvel, mas sim, de utilizar os serviços que lhes são destinados. Estamos nos referindo a um conjunto de prestações que fazem parte da finalidade do contrato, e que sem elas não se cumpriria o seu objeto. Afinal, ninguém 'aluga' um salão de festas para a sua posse temporária como se dono dele fosse, o que na verdade, não ocorre. O que se objetiva é receber um complexo de serviços que se amoldam ao propósito desejado. Sobre o assunto, vale registrar o magistério de Marcelo Caron Baptista: 'Não há, juridicamente, como definir 'Serviços prestados mediante locação', senão quando entendidos aqueles em que a sua prestação se dá simultaneamente à locação do bem. A obrigação, então, caracterizará invariavelmente uma locação, uma prestação de serviços, ou ainda as duas relações distintas'. Diz, ainda, o eminente tributarista que 'ainda que se confunda na mesma pessoa o locador e o prestador do serviço, basta, para isolar as duas parcelas do contrato, que nele sejam discriminados os valores correspondentes a cada obrigação'. Tal fato, porém, não ocorre na prática, pois em geral o contrato é um só e de valor total, embora contenha, implícita ou explicitamente, todas as obrigações de fazer do contratado. E com certeza a maior composição de custos do 'locador' é exatamente o conjunto de serviços a que se obriga, e não a depreciação do uso do imóvel por algumas horas ou por um dia. De forma clara, estamos a afirmar que, no caso, a prestação-fim não é a locação do bem. A prestação-fim é o conjunto de serviços colocados à disposição do tomador, sendo a referida 'locação', essa sim, a prestação-meio necessária para que se atinja a finalidade pretendida" (TAUIL, Roberto A. *ISS*: perguntas e respostas. Juiz de Fora: Juizforana, 2009. p. 53-54).

3.01 – (VETADO)

---

1. Redação do dispositivo vetado. "3.01 – Locação de bens móveis".

– Razões do veto: "O STF concluiu julgamento de recurso extraordinário interposto por empresa de locação de guindastes, em que se discutia a constitucionalidade da cobrança do ISS sobre a locação de bens móveis, decidindo que a expressão 'locação de bens móveis' constante do item 79 da lista de serviços a que se refere o Decreto-Lei n. 406, de 31 de dezembro de 1968, com a redação da Lei Complementar no 56, de 15 de dezembro de 1987, é inconstitucional (noticiado no Informativo do STF no 207). O Recurso Extraordinário 116.121/SP, votado unanimemente pelo Tribunal Pleno, em 11 de outubro de 2000, contém linha interpretativa no mesmo sentido, pois a 'terminologia constitucional do imposto sobre serviços revela o objeto da tributação. Conflita com a Lei Maior dispositivo que imponha o tributo a contrato de locação de bem móvel. Em direito, os institutos, as expressões e os vocábulos têm sentido próprios, descabendo confundir a locação de serviços com a de móveis, práticas diversas regidas pelo Código Civil, cujas definições são de observância inafastável". Em assim sendo, o item 3.01 da Lista de serviços anexa ao projeto de lei complementar ora analisado, fica prejudicado, pois veicula indevida (porque inconstitucional) incidência do imposto sob locação de bens móveis.'

2. Súmula Vinculante 31 do STF. "É inconstitucional a incidência do imposto sobre serviços de qualquer natureza – ISS sobre operações de locação de bens móveis".

– "Segundo entendimento desta Corte, o poder de tributar municipal não pode alterar o conceito de serviço consagrado pelo Direito Privado, consoante prevê o art. 110 do CTN/1966. Ademais, não há que se falar na superação do entendimento da Súmula Vinculante 31 pelo advento da edição da LC116/2003. É certo que a LC n. 116/2003 revogou a lista de serviço da legislação anterior e estabeleceu um novo rol de materialidades para o imposto. Na lista atual, a locação de bens móveis seria o item 3.01 (Locação de bens móveis) da lista de serviços tributáveis. Entretanto, a intenção do legislador não se confirmou por força do veto presidencial, que foi motivado pela orientação jurisprudencial desta Corte (...). 3. Também não merece prosperar o argumento de que há fortes indícios da superação do entendimento deste Tribunal a respeito da matéria em exame, uma vez que a jurisprudência permanece afirmando que não incide ISS sobre locação de bens móveis e que a CF/1988 não concede aos entes municipais da Federação a competência para alterar a definição e o alcance de conceitos de Direito Privado para fins de instituição do tributo" (RE 602.295 AgR, voto do rel. min. Roberto Barroso, 1ª T., 2015).

– "INCIDÊNCIA DO ISS SOBRE LOCAÇÃO DE BENS MÓVEIS. ACÓRDÃO RECORRIDO EM DISSONÂNCIA COM A JURISPRUDÊNCIA DO STF. 1. O acórdão do Tribunal de origem revela-se em dissonância com a jurisprudência do SUPREMO TRIBUNAL FEDERAL. 2. 'É inconstitucional a incidência do Imposto sobre Serviços de Qualquer Natureza – ISS sobre operações de locação de bens móveis, dissociada da prestação de serviço' (RE 626.706, Rel. Min. GILMAR MENDES, Tema 212, *DJe* de 24/9/2010). 3. Impõe-se a inversão dos ônus de sucumbência. 4. Agravo interno do Município do Rio de Janeiro a que se nega provimento e agravo interno de Rentalcenter Comércio e Locação de Bens Móveis Ltda. a que se dá parcial provimento tão somente para inverter os ônus sucumbenciais definidos na sentença" (STF, 1ª T., RE 553004 AgR, 2018).

2.1. Apesar da mudança interpretativa sobre conceito de serviço tributável pelo ISS no RE 547.245 (*leasing*), o STF manteve a declaração de inconstitucionalidade do ISS sobre locação de bens móveis (RE 116.121). "Não obstante ter rechaçado no RE 547.245 a postura dogmática presente no acórdão do RE 116.121, a composição atual do STF aprovou – em 2010 – a Súmula Vinculante 31, que, tomando como precedente exatamente o RE 116.121, estatui que 'é inconstitucional a incidência do Imposto sobre Serviço de Qualquer Natureza – ISS sobre operações de locação de bens móveis'. Como explicar que em 2009 o plenário haja julgado o RE 5477.245 com uma visão interpretativa muito distinta da visão do RE

116.121, e que em 2010 o mesmo plenário haja aprovado uma Súmula Vinculante (31) cujo principal precedente é o próprio RE 116.121? Parece-nos que a aprovação da referida Súmula indica que a atual composição do STF preferiu, ao invés de voltar atrás com relação ao objeto imediato do RE 116.121 – inconstitucionalidade da incidência de ISSQN sobre locação de bens móveis –, adotar uma postura que restringe somente ao caso de uma típica locação de bens móveis as consequências advindas da *postura interpretativa* do RE 116.121. Segundo a postura interpretativa contida nos votos que fizeram a maioria no RE 116.121, a incidência de ISSQN somente pode ocorrer quando se tem uma típica obrigação de fazer, somente quando se apresentam 'atos que consubstanciam um *praestare* ou um *facere*' (voto do Ministro Celso de Mello no RE 116.121, fl. 708, destaques no original). Se a atual composição do STF houvesse realmente concordado com a postura interpretativa do RE 116.121, a Súmula Vinculante poderia ser algo como 'é inconstitucional a incidência do Imposto sobre Serviço de Qualquer Natureza – ISS sobre atividades que não configurem obrigações de fazer'. Mas caso se adotasse uma Súmula Vinculante com esse teor, muitos subitens da lista de serviços anexa à LC n. 116 seriam tidos por virtualmente inconstitucionais, tais como os subitens 3.04, 3.05, 12.09, 15.12, etc., que não se referem a típicas obrigações de fazer. Por isso a composição atual do STF preferiu redigir uma Súmula restrita aos casos de 'locação de bens móveis'. A atitude do STF ao adotar a Súmula com esse teor foi análoga à atitude do Presidente da República ao vetar tão somente o item 3.01 da Lista de Serviços anexa à LC n. 116/2003, subitem que mencionava única e exclusivamente a locação de bens móveis. Se resolvesse aplicar as premissas dogmáticas e a postura interpretativa do RE 116.121, o Presidente da República haveria de vetar vários subitens da lista. Mas preferiu-se adotar uma posição cautelosa de vetar tão somente o item que fora o objeto imediato do RE 116.121: a locação de bens móveis" (GODOI, Marciano Seabra de. *Crítica à jurisprudência atual do STF em matéria tributária*. São Paulo: Dialética, 2011. p. 168-169).

3. Elementos essenciais de uma locação de bens móveis. "Locar bens móveis é ceder a terceiro (locatário), temporariamente, o uso e o gozo de uma coisa não fungível, mediante certa retribuição em dinheiro (aluguel ou renda). A doutrina é pacífica quanto a tal entendimento. No dizer de Caio Mário da Silva Pereira, pelo contrato de locação de coisas 'uma pessoa se obriga a ceder temporariamente o uso e gozo de uma coisa não fungível, mediante certa retribuição'. Na lição de Sylvio Rodrigues, trata-se do contrato 'em que uma das partes se obriga a ceder à outra, por tempo determinado ou não, o uso e gozo de coisa não fungível, mediante certa retribuição'. De acordo com a legislação específica, 'na locação de coisas, uma das partes se obriga a ceder à outra, por tempo determinado, ou não, o uso e gozo de coisa não fungível mediante certa remuneração' (CC, art. 1.188). Assim, na locação de bens móveis encontramos os seguintes elementos essenciais: a) entrega de bem móvel. O locador é obrigado a entregar a coisa locada ao locatário, inclusive com todos os seus acessórios, para seu próprio uso. Caso contrário impossível seria o uso e a fruição do bem pelo locatário, uma vez que sem causa não existe contrato; b) cessão por tempo determinado. A locação de bem móvel tem o pressuposto de ser temporária, pois finda a locação cabe ao locatário restituir a coisa, no estado em que a recebeu, salvo as deteriorações naturais ao uso regular (CC, art. 1.192). Na locação inexiste a transferência do bem móvel a terceiro, pois o que se vende é apenas direito (cessão de uso e gozo); c) remuneração. A locação é sempre remunerada, onerosa, sendo o bem móvel locado mediante um preço, denominado aluguel ou renda" (MORAES, Bernardo Ribeiro de. *Doutrina e prática do Imposto sobre Serviços*. São Paulo: Revista dos Tribunais, 1975, p. 370-371)

4. Irrelevância da classificação das obrigações em "dar", "fazer" e "não fazer" para regulação das atividades econômicas, e consequente incidência do ISS sobre as locações e cessões de direito. "Além disso, como o que se pretendeu (explicitamente desde 1965 com a reforma tributária advinda com a Emenda Constitucional n. 18) com a tributação do consumo dos bens e serviços foi alcançar todo o universo de produtos da atividade econômica, então, nos serviços destaca-se muito mais aquilo que neles realmente interessa, e pelo qual os tomadores pagam, a utilidade que esses serviços trazem. O fato de essa utilidade consubstanciar menos ou mais afazeres é irrelevante, na medida em que o que importa para o tomador não é o quantum de fazeres envolvido, mas sim quanto aquela atividade lhe traz de utilidade. Afinal, como procuramos demonstrar acima, a Ciência Econômica, ao tratar do universo de produtos decorrentes da atividade econômica, sempre denominou-os como bens e serviços, nunca se referindo a um terceiro gênero, ou a um mínimo de fazeres nos serviços envolvidos. Isso porque o que interessa é a movimentação dos recursos, como contraprestação desses bens ou serviços disponibilizados. A utilidade pela qual se paga decorre de atividades imediatas, no serviço prestado. Exemplos em profusão podem ser elencados. Citemos, por exemplo, o serviço de hospedagem, que abrange desde os tradicionais hotéis até flat, apart-hotéis, hotéis residência, *residence-service* e *suite service*. As utilidades que esses serviços apresentam não decorrem tão somente de atividades imediatas, como o serviço das camareiras, de limpeza, troca de roupa de cama, de atendimento ao hóspede quando solicitado, de recepção etc. decorrem também de atividade mediata, consubstanciado na disponibilização do espaço, do quarto, bem como de todas as suas facilidades, mobília, chuveiro com água quente, ar condicionado etc. na medida em que o que interessa, para a Economia, e que o Direito incorporou, por intermédio da expressão imediatos acima transcritos, mas sim o quanto de valor circula entre aquele que toma o serviço e aquele que presta o serviço, simplesmente a atividade de hospedagem como um todo consubstancia-se como um serviço, ainda que o hotel economize nos serviços de quarto para o hóspede. Outro serviço: locação de cofre em bancos. Ainda que se considere a jurisprudência atual do STF, pela não incidência do ISS na locação de bens móveis, há que se lembrar do exposto acima, no que tange à denominação dos serviços. O nome 'locação de cofre em bancos' está longe de representar tão somente a disponibilização de um bem móvel para alguém mediante remuneração por um certo período de tempo. Sob essa denominação está mão somente o espaço disponibilizado para que o contratante guarde seus valiosos pertences, a qual já representa uma utilidade, e portanto um serviço, mas também todas as atividades que a organização bancária oferece para que o referido serviço dê a satisfação que o cliente espera, como a segurança, seja ela exercida por pessoas (guardas), seja ela decorrente do investimento feito em equipamentos de segurança, alarmes, sensores, sistema de câmaras internas, dispositivos de travas identificação sofisticados etc. todos esses elementos consubstanciam o serviço de locação de cofre em bancos, que representa utilidades pelas quais se paga um determinado valor, tributável pelo ISS. Assim, é a correspondente circulação de valores, como contraprestação, que revela a faceta quantitativa da materialidade do bem consumido. No caso da mercadoria, tributável pelo ICMS, é o valor que se paga por ela; no caso do serviço, tributável pelo ISS, é o valor que se paga por ela, no caso do serviço, tributável pelo ISS, é o valor que sua utilidade revela, pago pelo tomador do serviço. Por isso que o Direito Comercial, e depois o Direito Empresarial, enfim, o Direito Privado, sempre se utilizou dessa terminologia, bens e serviços, entendendo-a ser suficiente para embarcar toda a produção que intenta regular. E essa regulação exaustiva da atividade econômica foi obviamente a pensada pelo constituinte ao prever a tributação dos bens e serviços por diversos impostos: os produtos das industrializações em geral, pelo IPI; as mercadorias circuladas juridicamente, bem como os serviços de comunicação e de transporte interestadual e intermunicipal, pelo ICMS; os serviços estritamente financeiros, de câmbio e os serviços securitários, pelo IOF; e, por exclusão, os serviços de qualquer natureza, pelo ISS" (MACEDO, Alberto. ISS: o conceito econômico de serviços já foi judicializado há tempos também pelo direito privado. *In:* CARVALHO, Paulo de Barros (coord.). *Direito tributário e os novos horizontes do processo*. São Paulo, Noeses, 2015. p. 50-52).

5. Locação de bens móveis associada ao fornecimento de mão de obra. "Em que pese a ratificação pelo STF, através da Súmula Vinculante n. 31, de que as operações de locação de bens móveis não podem ser taxadas pelo ISS, há grandes controvérsias em torno da interpretação de atividades que envolvem a prestação de serviços associada ao fornecimento de equipamentos. A omissão da Lei Complementar n. 116/2003 também neste aspecto enseja diversas controvérsias, especialmente quando se trata de contratos em que o prestador do serviço fornece, juntamente com determinado equipamento, a mão de obra necessária ao atendimento de uma necessidade, por exemplo, na locação de veículos, guindastes, empilhadeiras, máquinas reprográficas, etc., com motorista ou operador. Nesse sentido defendemos que não se deve tratar a operação como sendo de locação de equipamentos e prestação de serviços dissociados entre si. É que a fragmentação do contrato em diversas operações pode até ser admitida no que respeita ao fornecimento de mercadorias, mas este tratamento diferenciado só cabe nas situações ressalvadas na lei (*vide* tópico específico adiante). Já no tocante à fragmentação do contrato para tratá-lo parcialmente como locação de bens e parcialmente como prestação de serviços, não há qualquer disposição legal que dê estrado ao procedimento. Ao contrário, há precedentes do STJ que nos permitem aferrar-nos à tese da impossibilidade de dissociação. No Recurso Especial n. 792.444/RJ, em que pese aquela Corte enfrentar questão diversa, ela afirma que os contratos não podem ser desmembrados para efeitos fiscais. No mesmo diapasão temos ainda o Recurso Especial 1.054.144/RJ, que apresenta conclusão idêntica sumariada no item 3 de sua Ementa, consubstanciada nestes termos: '3. (...) Assim, pode-se afirmar que em tais espécies contratuais (afretamento por tempo e afretamento por viagem) há um misto de locação de bem móvel e prestação de serviço. Contudo, como bem observado no precedente citado, a jurisprudência desta Corte – em hipóteses em que se discutia a incidência do ISS sobre os contratos de franquia, no período anterior à vigência da LC n. 116/2003 – firmou-se no sentido de que não é possível o desmembramento de contratos complexos para efeitos fiscais (REsp 222.246/MG, 1ª Turma, Rel. Min. José Delgado, *DJ* de

4.9.2000; REsp 189.225/RJ, 2ª Turma, Rel. Min. Francisco Peçanha Martins, *DJ* de 4.9.2001).' Há diversas legislações municipais que incluem em suas normas disposição veiculadora desta interpretação, facilitando a análise de casos como tais por parte dos tomadores de serviços, a fim de se preservarem contra eventuais fiscalizações. É o que se constata, por exemplo, no Regulamento do ISS de Fortaleza-CE (Decreto n. 11.591/2004), que no seu art. 44 assim dispõe: 'Art. 44. Não se considera serviço de locação, o fornecimento de veículo, máquina, equipamento ou qualquer bem, em que seja fornecido conjuntamente, motorista ou operador para fins de execução do serviço, mediante quantia certa e previamente estipulada ao usuário, cujo serviço será executado sob a responsabilidade do prestador.' Disposições semelhantes podem ser encontradas também em outras legislações, tais como no Distrito Federal (art. 55 do Decreto n. 25.508, de 19 de janeiro de 2005) e no município de Maceió (art. 42, § 8º, da Lei n. 4.486, de 28 de fevereiro de 1996 – Código Tributário do Município). Como este entendimento não é resultado da leitura de disposição expressa da legislação nacional, encontramos, curiosamente, situações em que o procedimento de fragmentação do contrato em duas operações é admitido. Às vezes isso decorre da interpretação da fiscalização, que na falta de orientação legal admite como razoável esta segregação. Outras vezes isso é positivado no ordenamento jurídico municipal. É o caso de Manaus-AM, cujo Decreto n. 43/2009 admitiu que os valores da locação do bem e do fornecimento de mão de obra fossem segregados no contrato, recaindo o ISS apenas sobre este último. Em caso de omissão contratual, o Decreto impunha a adoção do percentual de 30% (trinta por cento) como base presumida do imposto. Entretanto, o procedimento previsto nesse decreto foi revogado pelo Decreto n. 846/2011, cujo preâmbulo faz referência justamente ao entendimento jurisprudencial em torno da questão para justificar a alteração do tratamento legal. O município de Belo Horizonte-MG, contrariando a interpretação comum sobre a matéria, entendeu por certo tempo que na locação de veículos com motoristas não ficava caracterizada sequer a prestação de serviços, uma vez que a parcela relativa à mão de obra tinha caráter acessório no contrato cujo escopo envolvia o aluguel dos bens. O entendimento da capital mineira foi reformado a partir de 2014. De fato, é razoável que se tenha a contratação de serviço associado ao uso de máquinas, equipamentos ou veículos como uma operação indivisível. Isso porque os bens móveis em referência são elementos de caráter instrumental necessários à satisfação da necessidade do contratante. A locação de máquinas reprográficas, por exemplo, não constitui prestação de serviços, porquanto não envolve obrigação de fazer. Entretanto, quando se tem o fornecimento da mão de obra associada à utilização das máquinas reprográficas, o texto normativo que prevê a tributação do serviço de reprografia (subitem 13.04) encontra guarida na situação fática narrada, ensejando a incidência do imposto sobre o todo. Fosse de outro modo, a legislação seria leniente em demasia com os prestadores que utilizam máquinas e equipamentos na realização de seus serviços, pois lhes permitiria fixar valores de modo completamente arbitrários para a parcela do contrato que se referisse à locação dos bens e prestação do serviço. É bom que se enfatize que, se houver a locação das máquinas reprográficas com a exigência contratual de que o locador se responsabilize pela sua manutenção, assim como seu respectivo abastecimento, não restará configurada a prestação de serviço. Isso porque podemos perceber que aí há uma atividade realizada pelo locador em seu próprio favor, porquanto o funcionamento regular dos bens locados é um pressuposto necessário da locação, uma vez que não interessa ao locatário remunerar ao proprietário das máquinas pela cessão de bens que não lhe são úteis. Também cabe esclarecer que o STF manifestou através do Agravo Regimental no Recurso Extraordinário com Agravo n. 656.709/RS entendimento diverso daquele sustentado aqui. A decisão, data de fevereiro/2012, considera que a base de cálculo do tributo pode 'refletir o vulto econômico da prestação de serviço, sem a inclusão dos valores relacionados à locação'. Não podemos afirmar que se trata de nova jurisprudência, muito menos que as entidades contratantes devem adotar nova orientação com base na decisão citada. Entretanto, não há como negar que é um precedente respeitável, que pode redirecionar o entendimento acerca da discussão. O que realmente a confusão apresentada revela é que o legislador deveria ter a cautela de alterar a LC n. 116/2003 para enfrentar o tema de maneira definitiva. Até lá, recomendamos a adoção da interpretação mais conservadora, não permitindo a dissociação entre locação de bens e a parcela correspondente à mão de obra, já que se trata em verdade de serviço prestados com utilização de equipamentos" (LEMOS, Alexandre Marques Andrade. *Gestão tributária de contratos e convênios*. 4. ed. Salvador: Open Editora, 2015. p. 409-411).

6. A atividade de locação de bens móveis no Simples Nacional. "A Lei Complementar criou, dentro do Simples Nacional, um regime específico para as atividades de bens móveis. Essa especificidade de tratamento leva em consideração que atividade dessa natureza não estão expostas à incidência do ISS. Assim, para encontrar a alíquota incidente sobre a atividade de locação de bens móveis, o contribuinte optante deve utilizar a tabela constante do Anexo III, desconsiderando, no entanto, a alíquota correspondente" (MARINS, James; BERTOLDI, Marcelo M. *Simples Nacional*: Estatuto da Microempresa e da Empresa de Pequeno Porte comentado. São Paulo: Revista dos Tribunais, 2007. p. 137).

6.1. Solução de Consulta DISIT/SRRF01 n. 1.033/2017 sobre enquadramento da locação de máquinas com operador no Anexo III sem o ISS. "ASSUNTO: Simples Nacional. EMENTA: LOCAÇÃO DE MÁQUINAS COM OPERADOR. TRIBUTAÇÃO NA FORMA DO ANEXO III DA LEI COMPLEMENTAR N. 123, DE 2006. A atividade de locação de máquinas com operador não impede o ingresso no Simples Nacional e, nesse regime, é tributada na forma do Anexo III da Lei Complementar n. 123, de 2006, deduzindo-se da alíquota o percentual correspondente ao ISS previsto nesse Anexo. DISPOSITIVOS LEGAIS: Lei Complementar n. 123, de 2006, art. 18, § 5º-A e Solução de Consulta Cosit n. 64, de 2013".

7. Entendimento sobre a não incidência do ISS sobre a cessão de direitos autorais. "Em face de todas as análises e considerações expostas, apresentamos abaixo um resumo das principais ideias e conclusões desenvolvidas neste singelo trabalho, ora compartilhado com os ilustres leitores. 1. Direitos autorais não se confundem com a propriedade industrial, estando o primeiro regido precipuamente pela Lei n. 9.610/98, enquanto o segundo (industrial) pela Lei n. 9.279/96. 2. Os direitos autorais são considerados bens móveis, segundo o art. 3º da Lei n. 9.610/98, podendo ser divididos em direitos morais (inalienáveis). 3. A transmissão do Direito Autoral pode se dar por meios variados, segundo a Lei de Direitos Autorais – LDA (9.610/98), abrangendo a cessão de direitos. 4. Os programas de computador (*software*) também são considerados pela legislação brasileira obras protegidas pelo direito autoral, sendo regida precipuamente pelas Leis n. 9.609/98 e 9.610/98. 5. A 1ª Turma do Superior Tribunal de Justiça considerou não se enquadrar na Lista de Serviços da Lei Complementar n. 116/03 – ISS, a atividade de cessão de direitos autorais. 6. Também considerou, a 1ª Turma do STJ, não estar sujeita ao mesmo regime jurídico, as cessões de direito autoral com as cessões de uso comuns, possuindo a primeira natureza específica. 7. O enquadramento das cessões de direitos autorais como locação de bens móveis também não pode ensejar a tributação pelo ISS, em face, precipuamente da Súmula Vinculante 31 do STF. 8. Locações de bens móveis e serviços descritos no item 13.01 da lista de serviços – produção, gravação, edição, legendagem de filmes, *videotapes*, discos, fitas cassete, *compact disc, digital video disc* e congêneres – foram vetados pelo Poder Executivo em razão da não incidência declarada pelo STF. 9. A cessão do direito autoral não deve ser confundida com a fruição da obra pelo usuário final. Assim, a cessão o texto de peça teatral não se confunde com sua exibição. 10. em nosso entendimento, a não incidência do ISS à aplicável a todas as cessões de direitos autorais, sejam onerosas ou não, abrangendo todas as obras protegidas pelo direito autoral, tais como músicas, livros, desenhos, projetos, obras dramáticas, obras cinematográficas, *softwares*, dentre outros" (KFOURI JR., Anis. Tributação dos direitos autorais: a não incidência do ISS nas operações de cessão de direitos autorais. *In:* MACEDO, Alberto; CASTRO, Leonardo Freitas de Moraes e (coord.). *Tributação indireta empresarial*: indústria, comércio e serviços. São Paulo, Quartier Latin, 2016. p. 664-665).

8. Autorização de emissão de notas para as locações de bens móveis. "A maioria dos municípios não libera a NFS-e para as empresas que locam bens móveis. O argumento jurídico é valido: ora, se não presta serviço, não tem por que emitir a nota fiscal. Contudo, do ponto de vista prático e até mesmo estratégico, compensa permitir a emissão da NFS-e pelo contribuinte. É que teremos o seu movimento econômico 'on line', o que nos possibilitará autuá-lo caso apuremos que a sua atividade não é a de locação pura e simples, mas sim 'locação' com serviço associado, o que transforma a operação numa prestação de serviço a princípio tributada pelo ISS. Ainda no tocante a esta matéria, fazemos um alerta ao leitor quanto à indevida utilização da nota fiscal eletrônica estadual (NFS-e) para o registro de locações bens móveis. Muitos contribuintes que não obtém autorização das prefeituras para a emissão da NFS-e neste caso, recorrem à NF-e como forma de 'driblar' tal proibição e atender ao seu cliente, que normalmente não dispensa o documento fiscal" (MANGIERI, Francisco Ramos. *Administração tributária municipal*: eficiência e inteligência fiscal municipal. Porto Alegre: Livraria do Advogado, 2015. p. 24-25).

9. A emissão de nota fiscal de locação de bens móveis não deve gerar a cobrança do ISS. "Assim mesmo, há determinados locadores de bens, por exemplo, que emitem notas fiscais de prestação de serviços para operações que não estão sujeitas ao ISS. A simples emissão da nota fiscal não tornará o fato sujeito ao imposto, sendo uma decisão administrativa da empresa continuar a fornecer o documento para seu contratante (locatário) ou substitui-lo por uma simples fatura ou recibo de locação. O que ocorre com alguma frequência e que se trata de equívoco censurável é a exigência da nota fiscal de prestação de serviços por parte do locatário (contratante) como condição de pagamento ao contratado (locador). Especialmente nos municípios em que há uma estrutura mais profissional de arrecadação é comum a fiscalização proibir a emissão de notas fiscais para tais operações, já que estão fora do seu campo de competência tributária. Já em municípios menos estruturados e com corpo técnico menos qualificado é normal constatarmos o contrário: a exigência de ISS sobre a locação de bens móveis pelo simples fato de ter havido a emissão do documento fiscal" (LEMOS, Alexandre Marques Andrade. *Gestão tributária de contratos e convênios.* 4. ed. Salvador: Open Editora, 2015. p. 414).

3.02 – Cessão de direito de uso de marcas e de sinais de propaganda.

---

1. ISS sobre cessão do uso de marca. "IMPOSTO SOBRE SERVIÇOS. CESSÃO DE DIREITO DE USO DE MARCA. INCIDÊNCIA. 1. Incide ISS sobre cessão de uso de marca. Não se aplica a Súmula Vinculante 31 na espécie. Precedentes. 2. Agravo regimental a que se nega provimento" (STF, 2ª T., ARE 1.048.290 – AgR, rel. o Min. Edson Fachin, *DJe* 16.5.2018).

– "4. ISS. Incidência sobre contratos de cessão de direito de uso da marca. Possibilidade. Lei Complementar n. 116/2003. Item 3.02 do Anexo..." (STF, 2ª T., Rcl 8.623, rel. o Min. Gilmar Mendes, *DJe* 10.3.2011).

– "IMPOSTO SOBRE SERVIÇOS DE QUALQUER NATUREZA – ISS. Incidência sobre cessão de direito de uso de marca. Multa aplicada no percentual de 1%, conforme o § 4º do art. 1.021 do Código de Processo Civil. Agravo Regimental ao qual se nega provimento" (STF, 2ª T., ARE 1153708 AgR, 2019)

– Ainda: STF, RE 1.021.249, decisão monocrática do Min. Roberto Barroso.

2. A discussão sobre a incidência do ISS sobre a cessão de marcas é de natureza constitucional, segundo STJ. "PROCESSUAL CIVIL E TRIBUTÁRIO. IMPOSTO SOBRE SERVIÇOS DE QUALQUER NATUREZA – ISSQN. CESSÃO DE USO DE DIREITO DE MARCA. MATÉRIA CONSTITUCIONAL. 1. À luz do art. 156, § 3º, da Constituição Federal e do art. 110 do CTN, deve-se reconhecer a natureza constitucional da matéria referente à incidência do ISSQN sobre a cessão do direito de uso de marca, pois a manifestação judicial a respeito do item 3.02 da lista anexa à LC n. 116/2003 enseja delineamento do alcance de conceito utilizado expressamente pela Constituição Federal. 2. Agravo Interno não provido" (AgInt no AREsp 1.187.899, 2ª T., 2018).

– "TRIBUTÁRIO. AGRAVO INTERNO NO RECURSO ESPECIAL. IMPOSTO SOBRE SERVIÇOS DE QUALQUER NATUREZA – ISSQN. CESSÃO DE USO DE DIREITO DE MARCA. MATÉRIA CONSTITUCIONAL. 1. À luz do art. 156, § 3º, da Constituição Federal e do art. 110 do CTN, deve-se reconhecer a natureza constitucional da matéria referente à incidência do ISSQN sobre a cessão do direito de uso de marca, pois a manifestação judicial a respeito do item 3.02 da lista anexa à LC n. 116/2003 enseja delineamento do alcance de conceito utilizado expressamente pela Constituição Federal. 2. Agravo interno desprovido" (AgInt no REsp 1496074/DF, 1ª T., 2016).

3. Direito de imagem não equivale a marca ou a sinal de propaganda. "ISSQN. CESSÃO DE DIREITOS DE IMAGEM E PREMIAÇÕES RECEBIDAS POR ATLETAS PROFISSIONAIS.... 7. No que tange à incidência do ISSQN sobre a cessão de direitos de imagem e premiações recebidas por atleta profissional, o aresto vergastado consignou: '(...) Conforme se denota dos autos, não houve prestação de serviços de 'fazer', mas sim de 'dar', pois se trata de remuneração pelo uso do direito de imagem, sem qualquer cessão de marcas ou propaganda, muito menos poderiam ser enquadradas as premiações em serviços de atletas e manequins. As premiações recebidas são salários, portanto, não sujeitas ao ISS. (...) No entanto, no caso dos autos, não há similaridade entre os serviços previstos na legislação e aqueles prestados pela empresa apelada, de forma que, sem previsão legal, os autos de infração são nulos'. 8. A Corte local, com base em detalhada apreciação das provas constantes dos autos, mormente o contrato social da recorrente, outros contratos e notas fiscais, concluiu que a atividade prestada não configura serviço, não sendo possível seu enquadramento nos itens 3.02 e 37.01 da lista anexa à Lei Complementar n. 116/2003. 9. Modificar tal conclusão, de modo a acolher a tese do recorrente, demanda o reexame do acervo fático-probatório dos autos e a interpretação de cláusulas contratuais, o que é inviável em Recurso Especial. incidência das Súmulas 5/STJ e 7/STJ..." (STJ, 2ª T., REsp 1771646, 2018).

4. Em favor da validade da incidência do ISS sobre o serviço e cessão de direito de uso de marcas e sinais de propaganda (subitem 3.02). "A cessão objetivada pelo ISS diz respeito ao direito de uso de marcas e de sinais de propaganda, isto é, venda de serviços consistentes na produção intelectual de marcas e de sinais de propaganda. Há nesse tipo de cessão circulação de bem imaterial. Com a cessão, o cessionário (tomador de serviços) adquire não o domínio do suporte físico da marca ou do sinal, mas o domínio da obra intelectual do cedente (prestador de serviços), de sorte a ficar assegurado o uso exclusivo da marca ou sinal de propaganda. Por meio de interpretação sistemática e não literal chega-se à conclusão de que a prestação de serviços especificados no item 3.02 caracteriza-se como venda de bem imaterial, passível de tributação elo ISS" (HARADA, Kiyoshi. *ISS:* doutrina e prática. São Paulo: Atlas, 2008. p. 105).

3.03 – Exploração de salões de festas, centro de convenções, escritórios virtuais, stands, quadras esportivas, estádios, ginásios, auditórios, casas de espetáculos, parques de diversões, canchas e congêneres, para realização de eventos ou negócios de qualquer natureza.

Em favor da incidência do ISS sobre a atividade prevista no subitem 3.03, desde que haja uma prestação de serviço no sentido de esforço humano que descaracterize uma mera locação de imóvel. "As atividades referidas neste subitem, por si sós, não dão ensejo à tributação pelo ISS. É indispensável que essas atividades, exploração de salões de festas, centro de convenções, escritórios virtuais etc., sejam acompanhadas de prestação de serviços no sentido de esforço humano, traduzido por uma obrigação de fazer. A expressão final *para realização de eventos ou negócios de qualquer natureza* está a indicar não se tratar de mera locação de espaço para realização de festas, instalação de parques de diversões etc. A locação de espaços de bens imóveis configura mero instrumento para prestação do serviço consistente na realização de festas, de diversões, de espetáculos etc., confundindo-se com as atividades enumeradas em outros subitens, como 12.04 (programas de auditório), 12.05 (parque de diversões), 12.01 (espetáculos teatrais) etc. Locação pura e simples de espaço de bem imóvel, sem envolver um trabalho criativo relacionado com festas, convenções, escritórios virtuais, *stands*, auditórios, estádios, ginásios, casas de espetáculos, parques de diversões e canchas (terrenos preparados para corridas ou para práticas de esportes como bocha, tênis, futebol etc.), não pode ensejar a tributação pelo ISS, cujo fato gerador exige o dispêndio de energia humana aplicada à produção de bem imaterial" (HARADA, Kiyoshi. *ISS:* doutrina e prática. São Paulo: Atlas, 2008. p. 106).

3.04 – Locação, sublocação, arrendamento, direito de passagem ou permissão de uso, compartilhado ou não, de ferrovia, rodovia, postes, cabos, dutos e condutos de qualquer natureza.

1. Considerações sobre as operadoras ou gestoras de torres de telecomunicação (subitem 3.04), também designadas como estação rádio-base (ERB). "O avanço e as inovações tecnológicas promoveram impactos consideráveis em diversos setores da economia mundial, reduzindo, ou em alguns casos, até mesmo eliminando, as fronteiras físicas impostas à oferta e demanda de bens e serviços. Nesse sentido, provavelmente um dos segmentos que sofreu maiores alterações, tanto sob o prisma internacional como também interno, foi o setor das telecomunicações. No âmbito exclusivamente doméstico, é notável o incremento na prestação dos serviços de telecomunicação a partir da privatização do sistema TELEBRÁS, como o acelerado desenvolvimento do Sistema Telefônico Fixo Comutado – 'STFC', e, principalmente, do Sistema de Telefonia Móvel – 'SFM'. A inovação tecnológica, bem como a modificação e aperfeiçoamento da regulação econômica do segmento, com o advento da Lei Geral de Telecomunicações ('LGT' ou 'Lei n. 9.472/96'), permitiram que o setor, anteriormente considerado como *monopólio natural,* em virtude da existência do que se convencionou chamar no jargão econômico de *essential facilities*, migrasse para um ambiente de *compartilhamento de infraestruturas,* aumentando consideravelmente a concorrência. Dentro desse contexto, a LGT foi responsável por inserir, entre outros, o art. 73, conferindo à Agência Nacional de Telecomunicações ('Anatel') competência para dispor e, bem assim, definir as condições de compartilhamento de infraestruturas necessárias à prestação dos serviços de telecomunicação. Nesse esteio, é justamente no segmento inerente às infraestruturas necessárias ou úteis ao sistema de telecomunicações que surgem as operadoras ou gestoras de torres de telecomunicação, também designadas pelo nome técnico *Estação Rádio-Base* ('ERB'). De fato, no bojo da regulação econômica, e na esteira do que também ocorre em outros centros, determinados *players* tomaram para si o mister de adquirir, construir e operar ERBs, cedendo ou alugando espaço em suas torres, em regime de compartilhamento de infraestrutura, às operadoras de telecomunicação. Diferentemente destas últimas, responsáveis por efetivamente prestar o serviço de telecomunicação sujeito à incidência do ICMS, as operadoras de ERBs se responsabilizam, apenas, por gerir a infraestrutura necessária para a efetiva prestação dos serviços de telecomunicação pelas concessionárias de serviço público. Em síntese, a atividade operacional destes *players,* no Brasil representados por American Tower do Brasil, SBA, GTS TorreSur, Skysites, entre outros, consiste em três etapas, sucessivas ou não, a saber: (i) identificação e locação do espaço para instalação das torres, (ii) construção e acomodação de ERBs, bem como (iii) sublocação do espaço e cessão de uso, compartilhamento ou locação de espaço nas torres. Com base nas atividades econômicas sinteticamente descritas, as operadoras ou gestoras de infraestrutura auferem, em geral, rendimentos decorrentes do seguinte: a) locação ou cessão de espaço em bens imóveis, previamente identificados e locados junto aos proprietários; b) locação ou cessão de espaço em infraestrutura (ERBs); c) *set-up fees* (antecipação de aluguéis) devidos em virtude da requisição de construção de infraestrutura em regime *built to suit,* posteriormente locadas às operadoras" (MONTEIRO, Alexandre Luiz Moraes do Rêgo. Tributação das operadoras de torres de telecomunicação (ERBs): análise da incidência do ISSQN à luz da jurisprudência consolidada do Supremo Tribunal Federal. *In:* MACEDO, Alberto; CASTRO, Leonardo Freitas de Moraes e (coord.). *Tributação indireta empresarial:* indústria, comércio e serviços. São Paulo: Quartier Latin, 2016. p. 847-849).

2. Não incidência do ISS sobre as receitas das operadoras de ERB (subitem 3.04). "Com fundamento em todo o exposto, buscou-se aferir, neste artigo, a incidência de ISSQN em relação às atividades operacionais das operadoras de ERBs, mais especificamente no que toca aos rendimentos decorrentes de (i) locação e posterior cessão de uso ou sublocação de bens imóveis (*sites*) adequados para a instalação de *torres* de telefonia celular, (ii) cessão de uso ou locação de espaço na infraestrutura (ie. ERBs) de propriedade das gestoras de torres, bem como, (iii) pagamentos antecipados de aluguéis, no caso de locação de torre com especificações próprias, construídas em regime *built to suit* para atender a determinada operadora de telecomunicação. Consoante restou demonstrado, e à luz do atual entendimento do STF, como visto, entende-se que as quantias recebidas a título de aluguel de *site* não estão sujeitas à tributação pelo ISSQN, na medida em que o *preço* cobrado decorre, exclusivamente, de locação ou cessão de uso de bem imóvel, ainda que seja de propriedade de terceiros. No mesmo sentido, também se demonstrou não estarem sujeitos à incidência do referido imposto municipal as verbas pagas em virtude da cessão de uso e/ou compartilhamento de espaço em infraestrutura de propriedade das operadoras de torres. Tal como identificado no item anterior, entende-se que, à luz do atual entendimento sufragado pelo STF, e em linha com o entendimento que se consolida no

Tribunal de Justiça do Estado de São Paulo, a mera cessão de espaço das torres de telefonia celular, inclusive mediante compartilhamento de infraestrutura (Res. Anatel, n. 274/2001), se reveste da natureza de obrigação de *dar*, e não de *fazer*, não se encontrando sujeita ao ISSQN. Por fim, como se viu, também os adiantamentos de aluguéis recebidos pelas operadoras no caso de locação de torre, cuja construção foi requerida em regime *built to suit*, não desnatura, por si só, a natureza da obrigação. Na realidade, como restou demonstrado, a única especificidade deste contrato se refere às especificações próprias da torre, e ao fato de as operadoras adiantarem parcela dos aluguéis, de maneira a garantir, com alguma segurança, a estabilidade do contrato de locação. Desta sorte, os chamados *set-up fees,* autênticas antecipações de aluguel em muitos dos casos, manteriam a mesma natureza da obrigação contratada, na medida em que (i) as ERBs construídas integram o ativo imobilizado das operadoras de torres, ainda que construídas sob medida para determinada prestadora de serviços de telecomunicação, bem como (ii) a apropriação dos aluguéis ao longo do tempo teria o condão de amortizar o montante pago inicialmente, não alterando, destarte, a natureza da *obrigação de dar* (ie. Locação das torres) estabelecida contratualmente, não sujeita, portanto, ao ISSQN" (MONTEIRO, Alexandre Luiz Moraes do Rêgo. Tributação das operadoras de torres de telecomunicação (ERBs): análise da incidência do ISSQN à luz da jurisprudência consolidada do Supremo Tribunal Federal. *In:* MACEDO, Alberto; CASTRO, Leonardo Freitas de Moraes e (coord.). *Tributação indireta empresarial:* indústria, comércio e serviços. São Paulo: Quartier Latin, 2016. p. 860-861).

3. Pela inconstitucionalidade do subitem 3.04 da lista. "O subitem 3.04 da Lista de Serviços contempla a 'locação, sublocação e arrendamento, direito de passagem ou permissão de uso, compartilhado ou não, de ferrovia, rodovia, postes, cabos, dutos e condutos de qualquer natureza'. Nesses casos a necessidade, como facilmente se vê, é atendida pelo uso de um bem, e não por uma atividade que se possa caracterizar como serviço, motivo pelo qual as mesmas razões que motivaram o veto do subitem 3.01 estão presentes também nesta descrição. Note-se que o direito de passagem ou permissão de uso aqui referido não se confunde com a atividade de manutenção das estradas remunerada através de pedágio. Esta sim constitui uma efetiva prestação de serviços" (LEMOS, Alexandre Marques Andrade. *Gestão tributária de contratos e convênios.* 4. ed. Salvador: Open Editora, 2015. p. 411).

4. ISS devido em cada Município em cujo território haja extensão da ferrovia, rodovia, postes cabos, dutos e condutos de qualquer natu-

reza, objetos de locação, sublocação, arrendamento, direito de passagem ou permissão de uso, compartilhado ou não. Esse serviço não é devido no local do estabelecimento prestador, diante da exceção contida no § 1º do art. 3º da LC n. 116.

3.05 – Cessão de andaimes, palcos, coberturas e outras estruturas de uso temporário.

---

1. Sobre a incidência do ISS sobre cessão de andaimes, palcos, coberturas e etc. "Na cessão de andaimes, palcos, coberturas, etc., verificamos outra deficiência do texto legal. O termo 'cessão' é uma forma do verbo ceder, que podemos definir como gênero subdividido em duas espécies do ponto de vista da onerosidade. A cessão gratuita se caracteriza como simples comodato (ou empréstimo), em conformidade com o que dispõe o art. 579 do Código Civil (Lei n. 10.406/2002). Já a cessão mediante certa retribuição é notadamente uma locação. Em ambos, os casos não há prestação de serviços. Entre tanto, quando analisamos o art. 3º, II, da LC n. 116/ 2003, o qual se refere ao local da incidência do imposto neste tipo de atividade, verificamos que o legislador faz referência ao local da 'instalação' dos andaimes, palcos, coberturas, etc. Ou seja, realizando um esforço de interpretação, percebemos que o intuito do legislador foi tributar a prestação de serviços que normalmente está associada à cessão dos referidos bens, tais como instalação, montagem e desmontagem deles" (LEMOS, Alexandre Marques Andrade. *Gestão tributária de contratos e convênios*. 4. ed. Salvador: Open Editora, 2015. p. 413).

2. ISS devido no local da instalação. Conforme art. 3º, III, da LC n. 116, o ISS é devido no local "da instalação dos andaimes, palcos, coberturas e outras estruturas".

---

4 – Serviços de saúde, assistência médica e congêneres.

4.01 – Medicina e biomedicina.

---

1. Análise acerca do caráter empresarial que afasta a adoção do regime fixo do ISS para as sociedades de médicos (subitem 4.01). "Então, o que é que aconteceu? As sociedades de médicos passaram a ter negado, reiteradamente, esse pedido. E para as demais sociedades de profissionais mantida a tributação fixa. Eu trouxe duas decisões – uma, aqui, de 2010. Por que é que os médicos passaram a ter tributação? Qual foi o argumento para se negar a tributação fixa para as sociedades de médicos? Ter o caráter empresarial. Então, qual é o 'Calcanhar de Aquiles', qual o ponto nevrálgico desse problema da sociedade de profissionais? O que é 'caráter empresarial'? para que se faça jus à tributação fixa da sociedade de profissionais a sociedade não pode ter caráter empresarial, ela tem que ter responsabilidade pessoal, nos termos da lei aplicável. O que é o 'caráter empresarial'? vários critérios foram eleitos ao longo desses anos pelas municipalidades: número de funcionários, inscrição na Junta Comercial, pagamento daquele *pro labora* – que, hoje, é obrigatório – perante o INSS. Então, isso descaracteriza. Distribuição desigual de lucros, vários critérios, sócios que não assumem a responsabilidade pessoal, são meramente investidores. Enfim, então, duas decisões, aqui, mostram bem a turbulência que existe no STJ, no que diz respeito a essa matéria. Eu procurei destacar, para a gente, rapidinho: 'a decisão foi proferida com base na jurisprudência mansa e pacífica no sentido de que o benefício da alíquota fixa do ISS somente é devido às sociedades unipessoais integradas por profissionais que atuam com responsabilidade pessoal, não alcançando as sociedades empresariais, como as sociedades por cotas de responsabilidade limitada ao capital social'. Então, vejam que o viés é o seguinte: não é a responsabilidade técnica que o Tribunal está considerando. Ele está considerando a responsabilidade patrimonial. Numa outra decisão, o que é que a gente tem? O destaque, aqui: 'Com efeito, as sociedades simples, constituídas por sócios de profissão legalmente regulamentada, ainda que sob a modalidade jurídica de sociedades limitadas, não Eliana Calmon a sua condição de sociedades de profissionais, dada a natureza e a forma da prestação de serviços, não podendo, portanto, ser consideradas sociedades empresárias, pelo simples fato de serem sociedades limitadas. É exatamente o caso da apelada. Extrai-se do contrato social que a sociedade é composta por médicos etc. entendo que a sociedade simples limitada, desprovida do elemento de empresa' – o que é o 'elemento de empresa', não é? –, atende plenamente às disposições do Decreto-lei 406'. Então, realmente há uma claudicância, vamos assim dizer, na jurisprudência do STJ nesse tema, sobretudo no que diz respeito à sociedade de médicos. Ora o STJ nega o benefício, se a sociedade estiver constituída sob a forma ilimitada, ora ele concede e reconhece o benefício, ainda que seja limitada, se não houver esse caráter empresarial" (GRUPENMACHER, Betina Treiger. ISS e sociedade de profissionais. *Revista de Direito Tributário,* São Paulo: Malheiros, n. 121, 2013. p. 222-223).

2. Adoção do ISS fixo em favor de clínica médica mesmo que o contrato social tenha previsão de responsabilidade limitada, conforme decidido pela 2ª Turma do STJ no REsp 1.645.813, 2017. "Quanto à natureza da sociedade recorrida, assim se manifestou o Tribunal local (fls. 206-207, e-STJ): 'Analisando os documentos que instruíram a petição inicial, é possível afirmar que a apelante preenche, sim, os requisitos estabelecidos no dispositivo legal transcrito. Ela tem por objeto social a prestação de serviços médicos, como se vê na cláusula 3ª do contrato constitutivo' (fls. 21/24). Por conseguinte, enquadra-se no item 1 da Tabela Anexa ao Decreto-Lei n. 406/68, que abrange os serviços de 'médicos, inclusive análises clínicas, eletricidade médica, radioterapia, ultrassonografia, radiologia, tomografia e congêneres'. Ademais, trata-se de sociedade uniprofissional, porque constituída exclusivamente por dois médicos, devidamente inscritos no Conselho Regional de Medicina do Estado de São Paulo, cuja responsabilidade pessoal pelos serviços prestados é inegável, nos termos da legislação aplicável à profissão médica. Por fim, não há nos autos nenhum indício de que a apelante tenha estrutura empresarial, destacando-se a circunstância de que o capital social é de apenas R$ 1.500,00 (mil e quinhentos reais). Ressalte-se que não têm relevo, para a definição do caráter empresarial de uma sociedade, as seguintes circunstâncias: (a) responsabilidade limitada dos sócios; (b) finalidade lucrativa; (c) distribuição de lucros; (d) possibilidade de abertura de filiais. Esses traços, afinal, são comuns às sociedades simples e às sociedades empresárias, sem que, em tese, possam descaracterizá-las como tais. *In casu,* o Tribunal *a quo* consignou que 'trata-se de sociedade uniprofissional, porque constituída exclusivamente por dois médicos, devidamente inscritos no Conselho Regional de Medicina do Estado de São Paulo, cuja responsabilidade pessoal pelos serviços prestados é inegável, nos termos da legislação aplicável à profissão médica' (fl. 207, e-STJ)".

3. Possibilidade de aplicação do regime de tributação fixa do ISS para uma sociedade pluriprofissional (por exemplo, composta por médicos – subitem 4.01 e dentistas – 4.12), desde que demonstrado o trabalho pessoal e sem caráter empresarial, como decidiu a 2ª Turma do STJ no REsp 1.703.408, 2017. "A controvérsia *sub examine* versa sobre o regime especial de incidência do ISS sobre as sociedades civis uniprofissionais previsto no art. 9º, §§ 1º e 3º, do DL 406/1968. O Tribunal recorrido entendeu que o fato de os sócios auferirem lucros e arcarem com os prejuízos, com retiradas mensais, a exemplo de qualquer outra sociedade empresarial, descaracteriza a natureza de trabalho unipessoal. Sustentou, ainda, que o quadro societário não é composto por profissionais da mesma atividade, possuindo os sócios registro perante Conselhos distintos, o que também enseja a exclusão do tratamento diferenciado estabelecido na norma. Malgrado os fundamentos adotados pelo acórdão de origem estejam bem delimitados, a jurisprudência do STJ é pacífica em firmar que a tributação privilegiada do ISS exige que a sociedade uni ou pluriprofissional preste serviço em caráter personalíssimo sem intuito empresarial. Somente seria possível reconhecer a benesse fiscal se a sociedade tiver por objeto a prestação de serviço especializado, com responsabilidade pessoal dos sócios e sem caráter empresarial (AgRg nos EREsp 1.182.817/RJ, Rel. Ministro Mauro Campbell Marques, 1ª S., julgado em 22/8/2012, *DJe* 29/8/2012). Para avaliação do regime jurídico tributário a que está submetido o recorrente, no intuito de desconstituição do caráter empresarial definido no acórdão *a quo*, entretanto, não basta examinar a organização estatutária formal da sociedade ou os fundamentos do acórdão recorrido. Seria imprescindível incursionar na própria natureza e na forma de prestação dos serviços profissionais (AgRg no REsp 1.205.175, Rel. Min. Luiz Fux, Primeira Turma, *DJe* 16.11.2010), para verificar o atendimento às características de uma sociedade simples efetivamente pluriprofissional beneficiária do tratamento fiscal pretendido. Esse tipo de avaliação, todavia, implica revolvimento do contexto fático-probatório em que decidida a controvérsia, encontrando óbice na Súmula 07/STJ, consoante apontado na decisão de inadmissibilidade do Tribunal de origem".

4. Cabimento do ISS fixo em favor de sociedade de médicos constituída sob a forma de responsabilidade limitada, conforme decisão da 1ª Turma do STJ no AgInt no REsp 1417214, 2017. "TRIBUTÁRIO. IMPOSTO SOBRE SERVIÇOS DE QUALQUER NATUREZA – ISSQN. VALOR FIXO. SOCIEDADE DE MÉDICOS CONSTITUÍDA SOB A FORMA DE RESPONSABILIDADE LIMITADA. POSSIBILIDADE. 1. A sociedade de médicos, constituída sob a forma de responsabilidade limitada, pode se submeter à tributação pelo ISSQN, em valor fixo, conforme previsão do § 3º do art. 9º do DL n. 406/1968. 2. Hipótese em que o Tribunal de Justiça entendeu pela possibilidade da tributação privilegiada, porquanto a sociedade de médicos, embora constituída sob a forma de responsabilidade limitada, não tem caráter empresarial, situação essa não passível de revisão em recurso especial, conforme enunciado da Súmula 7 do STJ".

4.02 – Análises clínicas, patologia, eletricidade médica, radioterapia, quimioterapia, ultrassonografia, ressonância magnética, radiologia, tomografia e congêneres.

Análises clínicas. Local da prestação. REsp 1.439.753, 1ª T (3 x 2), 2014: conferir acórdão transcrito nesta obra na nota 8.2.3 feita ao art. 4º da LC n. 116.

4.03 – Hospitais, clínicas, laboratórios, sanatórios, manicômios, casas de saúde, prontos-socorros, ambulatórios e congêneres.

1. Comentário à Súmula 274 do STJ, que trata da incidência do ISS sobre o valor total dos serviços de assistência médica, incluindo as refeições, medicamentos e diárias. "Esse critério – que pressupõe a taxatividade da lista anexa à lei complementar – faz com que os serviços hospitalares submetam-se exclusivamente ao ISS, a teor do item 4 da lista anexa à LC n. 116/2003. E como a lista não ressalva a incidência do ICMS sobre os medicamentos, também sobre esses, e sobre as diárias hospitalares, incide o imposto municipal sobre serviços, considerando-se que o serviço hospitalar compreende, de forma indissociável, a internação e os medicamentos ministrados ao doente, e não apenas o trabalho dos médicos e demais profissionais de saúde que atuam no seu tratamento" (MACHADO SEGUNDO, Hugo de Brito. *Direito tributário nas súmulas do STF e do STJ*. São Paulo: Atlas, 2010. p. 201).

2. O serviço hospitalar envolve uma operação mista que contém serviço-meio de hospedagem e fornecimentos de alimentação, bebidas e medicamentos, todos alcançados pelo ISS com base no subitem 4.03. "Está na atividade específica dos hospitais, cujo escopo é assistência médica e hospitalização, a prestação de serviços, com o consequente abrigo e fornecimento de alimentos, bebidas e remédios. O hospital presta serviços aos doentes ou acidentados. Assiste-os. Ministra-lhes remédios. Faz exames e intervenções. Acompanha os respectivos tratamentos. Não podemos negar que o fornecimento de abrigo, refeições e remédios, aos enfermos, acompanhantes ou familiares, constitui atividade acessória e indispensável à execução da obrigação de fazer que o hospital possui: prestar hospitalização e assistência médica. O legislador considera os serviços de hospitais como serviços tributáveis pelo ISS, não fazendo distinção alguma com referência ao fornecimento de abrigo, alimentos ou remédios, relativamente à sua sujeição ao ICM. Em parecer, já ressaltou Ruy Barbosa Nogueira: 'os remédios e refeições fornecidos aos pacientes, como também dados eventualmente aos acompanhantes, aos médicos, enfermeiros e funcionários do estabelecimento não constituem objeto da atividade.' E mais: 'Os hospitais e congêneres, adquirem remédios e alimentos para uso na sua atividade de prestação de serviços, sendo portanto, em relação à circulação de mercadorias, os consumidores finais.' Realmente, os hospitais são estabelecimentos prestadores de serviços, não desnaturando tal atividade o fornecimento de abrigo, alimentação e remédios. Por não ser estabelecimento comercial, nem equiparado a bares e restaurantes, os hospitais possuem uma atividade (hospitalização e assistência médica) sujeita exclusivamente ao ISS" (MORAES, Bernardo Ribeiro de. *Doutrina e prática do Imposto sobre Serviços*. São Paulo: Revista dos Tribunais, 1975, p. 183)

3. A respeito das atividades acessórias relativas ao subitem 4.03. "Referem-se a serviços de hospitalização e de assistência médica que são prestados nos diversos estabelecimentos mencionados no subitem sob exame. O abrigo de doente em estabelecimento hospitalar é diferente do abrigo em estabelecimento de hospedagem que é aberto ao público em geral. O fornecimento de alimentação ou de remédios no interior de estabelecimento hospitalar tampouco tem o condão de transformá-lo em um estabelecimento comercial. O abrigo, a alimentação, o remédio constituem atividades acessórias da atividade hospitalar, sem as quais o serviço de assistência médico-hospitalar seria inviabilizado. Esses serviços hospitalares, quando prestados por instituições de assistência social (irmandades religiosas, por exemplo) não são passíveis de tributação pelo ISS, por força da imunidade tributária prevista no art. 150, VI, c, da Constituição Federal. Os serviços de assistência médica propiciados por clínicas, laboratórios, sanatórios, manicômios, casas de saúde, pronto-socorros, ambulatórios e congêneres igualmente são tributados pelo ISS" (HARADA, Kiyoshi. *ISS*: doutrina e prática. São Paulo: Atlas, 2008. p. 108).

4.04 – Instrumentação cirúrgica.

4.05 – Acupuntura.

4.06 – Enfermagem, inclusive serviços auxiliares.

4.07 – Serviços farmacêuticos.

---

1. Entendimento pacificado no STJ em favor da incidência do ISS. Ambas turmas de Direito Público do STJ consolidaram o entendimento no sentido de que "os serviços farmacêuticos constam do item 4.07 da lista anexa à LC n. 116/03 como serviços sujeitos à incidência do ISSQN. Assim, a partir da vigência dessa Lei, o fornecimento de medicamentos manipulados por farmácias, por constituir operação mista que agrega necessária e substancialmente a prestação de um típico serviço farmacêutico, não está sujeita a ICMS, mas a ISSQN" (REsp 881.035/RS, 1ª T., 2008, e REsp 975.105/RS, 2ª T., 2009).

2. Tema 379 em RG no STF (RE 605.552, ago/2020): incidência. "No tocante às farmácias de manipulação, incide o ISS sobre as operações envolvendo o preparo e o fornecimento de medicamentos encomendados para posterior entrega aos fregueses, em caráter pessoal, para consumo".

– "EMENTA Tributário. ISS. ICMS. Farmácias de manipulação. Fornecimento de medicamentos manipulados. Hipótese de incidência. Repercussão geral. 1. Os fatos geradores do ISS e do ICMS nas operações mistas de manipulação e fornecimento de medicamentos por farmácias de manipulação dão margem a inúmeros conflitos por sobreposição de âmbitos de incidência. Trata-se, portanto, de matéria de grande densidade constitucional. 2. Repercussão geral reconhecida" (RE 605552 RG, 2011).

3. Incidência do ISS sobre os serviços farmacêuticos de manipulação de medicamentos. "O serviço de manipulação de medicamentos sob prescrição médica é tão importante quanto a própria prescrição. Exige formação técnica adequada, específica do conhecimento do profissional. A aplicação da técnica magistral consegue adaptar o medicamento às necessidades do paciente, em vista das variações do veículo, do princípio ativo, da conjugação de substâncias e da forma de administrar o medicamento. Trata-se de um serviço de enorme responsabilidade e, justamente por isso, restrita aos profissionais de farmácia. Não há, assim, como refutar a tese de que a manipulação de medicamentos é nitidamente uma prestação de serviços, uma obrigação de fazer aos termos do direito privado. Ou seja, salta aos olhos que a preponderância da atividade é o serviço prestado e não a venda do produto elaborado. Da mesma forma que o protético não vende prótese, o dentista não vende anestesia, o hospital não vende remédios, o laboratório de análise não vende ampolas de extração de sangue, o farmacêutico ao manipular a prescrição médica não está vendendo medicamento. Todos estão prestando serviços. Neste teor, fácil distinguir o fornecimento do medicamento, resultado da manipulação, ao sentido expresso na Constituição Federal (art. 155, II), relativo à circulação de mercadorias. Já se sabe que mercadorias são bens destinados à venda. Foram produzidos ou adquiridos para venda ao público, aos interessados para comprá-los. Tais mercadorias têm valor de mercado que se calcula pela demanda ou procura dos consumidores. Se um não o desejar, outros podem adquiri-los, fato que não ocorre na preparação de um medicamento de uso exclusivo e encomendado para fins individuais. No caso de manipulação de medicamentos, o resultado do serviço teria utilidade exclusiva do paciente, não podendo ser objeto de comercialização. A incidência do ISS está compreendida no subitem 4.07 da lista de serviços. Todavia, temos, também, produtos de manipulação elaborados na Farmácia, para consumidores ou usuários diversos, que, apesar de manipulados e embalados no próprio estabelecimento, são dispostas em prateleiras para venda ao público em geral. São comuns, neste caso, os produtos de beleza, cosméticos, sabonetes especiais, cremes etc., vendidos em drogarias e até mesmo nas chamadas farmácias de manipulação. Esses produtos são mercadorias, produzidos para venda, sofrendo, assim, tributação do ICMS. Em conclusão, temos, portanto, incidência do ISS quando há a prestação de serviços de medicamentos manipulados para pacientes ou usuários específicos, feitos exclusivamente para uso individual. Temos, também, incidência do ISS nos trabalhos ambulatoriais exercidos por farmacêuticos, tais como aplicação de injeções, curativos e outros. Por outro lado, temos a incidência do ICMS quando os produtos manipulados, ou não, são destinados à venda em geral, sem encomenda específica" (TAUIL, Roberto A. *ISS*: perguntas e respostas. Juiz de Fora: Juizforana, 2009. p. 104-105).

4. ISS no Simples Nacional sobre a comercialização de medicamentos e produtos magistrais produzidos por manipulação de fórmulas. Por meio da LC n. 147/2014, foi alterada a LC n. 123/2006, prevendo expressamente a incidência do ISS sobre as farmácias de manipulação. Confiram-se, ainda, o art. 18, §§ 3º e 4º, VII, LC n. 123/2006 e o art. 13 da LC n. 147/2014.

4.08 – Terapia ocupacional, fisioterapia e fonoaudiologia.

4.09 – Terapias de qualquer espécie destinadas ao tratamento físico, orgânico e mental.

4.10 – Nutrição.

4.11 – Obstetrícia.

4.12 – Odontologia.

4.13 – Ortóptica.

4.14 – Próteses sob encomenda.

4.15 – Psicanálise.

4.16 – Psicologia.

4.17 – Casas de repouso e de recuperação, creches, asilos e congêneres.

4.18 – Inseminação artificial, fertilização in vitro e congêneres.

4.19 – Bancos de sangue, leite, pele, olhos, óvulos, sêmen e congêneres.

4.20 – Coleta de sangue, leite, tecidos, sêmen, órgãos e materiais biológicos de qualquer espécie.

Crítica ao REsp 1.439.753, da 1ª Turma do STJ, que definiu como Município competente aquele onde se deu a coleta de material biológico (subitem 4.20), e não onde ocorreu a análise clínica laboratorial (atividade-fim tipificada no subitem 4.02). "Do exposto, conclui-se que, sob o ponto de vista técnico, na prestação de serviços de análise clínica laboratorial e coleta dos materiais biológicos pelo próprio contribuinte, não haveria que se falar em sujeição ao ISS sobre a mera coleta, já que (i) essa seria uma etapa do serviço de análise clínica e não prestação de serviço autônoma e (ii) a incidência do ISSQN ocorre sobre a atividade-fim, visto que esse o fato gerador. O mesmo raciocínio também é aplicável na hipótese de o posto de coleta entrar-se em Município distinto daquele onde se situa o laboratório prestador de serviços, na medida em que o posto de coleta funcionaria como mero auxiliar (atividade-meio) com vista ao cumprimento da atividade principal contratada de análise clínica (atividade-fim), essa realizada no laboratório do prestador. Entretanto, a 1ª Turma do Superior Tribunal de Justiça, baseando-se, data vênia, em interpretação distorcida acerca da competência territorial do ISSQN objeto do julgamento do Recurso Especial n. 1.060.210/SC, entendeu que o ISS incidente sobre o serviço de análises clínicas seria devido no local onde estabelecido o posto de coleta, uma vez que a competência territorial seria determinada pelo local onde a contratação do serviço é concretizada e a riqueza tributável é gerada, bem como onde são entregues os laudos conclusivos. Tal entendimento destoa dos posicionamentos já manifestados pelo Superior Tribunal de Justiça, sobre a questão e traz insegurança aos contribuintes. E nesse contesto, pelos argumentos aqui expostos, espera-se que a análise da questão seja revisitada em posteriores julgamentos e retomada a linha de raciocínio aplicada no julgamento o Recurso Especial n. 1.060.210/SC, sobretudo para zelar pela segurança jurídica do contribuinte que, diante das guinadas jurisprudenciais e a falta de observância à linearidade das interpretações alcançadas pelos Tribunais Superiores, vê-se constantemente em situações de insegurança para realizar seus investimentos e cumprir com suas obrigações tributárias" (RESENDE, Henrique Andrade Fontes de; LOPES, Marina Souza de Moraes. Aspecto territorial do fato gerador do ISSQN nos serviços de coleta e análises clínicas laboratoriais: a distorção interpretativa aplicada pelo STJ no julgamento do REsp 1.439.753/PE. *RDDT* n. 241, 2015, p. 77).

4.21 – Unidade de atendimento, assistência ou tratamento móvel e congêneres.

4.22 – Planos de medicina de grupo ou individual e convênios para prestação de assistência médica, hospitalar, odontológica e congêneres.

---

1. Local de ocorrência do ISS após a LC n. 157/2016. A LC n. 157 acrescentou o inciso XXIII no art. 3º da LC n. 116, modificando o local de ocorrência do ISS do local do estabelecimento prestador para o local "do domicílio do tomador dos serviços".

– Conferir: LC n. 175/2020 e notas sobre o art. 3º, XXIII, da LC n. 123.

2. Planos de Saúde. Base de cálculo restrita à comissão. "OPERADORAS DE PLANOS DE SAÚDE. HIÓTESE DE INCIDÊNCIA. BASE DE CÁLCULO. REPETIÇÃO. PRESCRIÇÃO. As operadoras de plano de saúde efetivamente prestam serviço tributável pelo ISS. Matéria pacificada pelo STF, em sede de repercussão geral (RE 651703/PR – tema 581 da repercussão geral): As operadoras de planos de saúde e de seguro-saúde realizam prestação de serviço sujeita ao Imposto Sobre Serviços de Qualquer Natureza – ISSQN, previsto no art. 156, III, da CRFB/88. A base de cálculo do serviço em questão compreende tão somente a comissão, vale dizer: a receita auferida sobre a diferença entre o valor recebido pelo contratante e o que é repassado para os terceiros prestadores dos serviços, conforme assentado em sede jurisprudencial" (TJRS, 1ª Câmara Cível, Apelação Cível n. 70077512879, 2019).

– "COMPETÊNCIA. LOCAL DO ESTABELECIMENTO DO PRESTADOR. PRESENÇA DE UNIDADE ECONÔMICA OU PROFISSIONAL (FILIAL). 1. A alegação genérica de violação do art. 535 do Código de Processo Civil, sem explicitar os pontos em que teria sido omisso o acórdão recorrido, atrai a aplicação do disposto na Súmula 284/STF. 2. A jurisprudência do Superior Tribunal de Justiça, interpretando o art. 12, 'a', do Decreto-Lei n. 406/68, entendia que a competência tributária para cobrança do ISS era da municipalidade onde o serviço era prestado. 3. Com o advento da Lei Complementar n. 116/2003, a competência passou a ser o local do estabelecimento prestador do serviço, considerando-se como tal a localidade em que há uma unidade econômica ou profissional, isto é, onde a atividade é desenvolvida, independentemente de ser formalmente considerada como sede ou filial da pessoa jurídica (arts. 3º e 4º). 4. Precedentes..." (STJ, REsp 1.245.310, 2ª T., 2011).

4.23 – Outros planos de saúde que se cumpram através de serviços de terceiros contratados, credenciados, cooperados ou apenas pagos pelo operador do plano mediante indicação do beneficiário.

Local de ocorrência do ISS após a LC n. 157/2016. A LC n. 157 acrescentou o inciso XXIII no art. 3º da LC n. 116, modificando o local de ocorrência do ISS do local do estabelecimento prestador para o local "do domicílio do tomador dos serviços".

– Conferir: LC n. 175/2020 e notas sobre o art. 3º, XXIII, da LC n. 123.

---

5 – Serviços de medicina e assistência veterinária e congêneres.

5.01 – Medicina veterinária e zootecnia.

5.02 – Hospitais, clínicas, ambulatórios, prontos-socorros e congêneres, na área veterinária.

5.03 – Laboratórios de análise na área veterinária.

5.04 – Inseminação artificial, fertilização in vitro e congêneres.

5.05 – Bancos de sangue e de órgãos e congêneres.

5.06 – Coleta de sangue, leite, tecidos, sêmen, órgãos e materiais biológicos de qualquer espécie.

5.07 – Unidade de atendimento, assistência ou tratamento móvel e congêneres.

5.08 – Guarda, tratamento, amestramento, embelezamento, alojamento e congêneres.

5.09 – Planos de atendimento e assistência médico-veterinária.

ISS devido no local do domicílio do tomador. De acordo com o inciso XXIII do art. 3º da LC n. 116, acrescentado pela LC n. 157, o imposto será devido no local "do domicílio do tomador dos serviços".

– Conferir as notas sobre o art. 3º, XXIII, da LC n. 123.

---

6 – Serviços de cuidados pessoais, estética, atividades físicas e congêneres.

6.01 – Barbearia, cabeleireiros, manicuros, pedicuros e congêneres.

6.02 – Esteticistas, tratamento de pele, depilação e congêneres.

6.03 – Banhos, duchas, sauna, massagens e congêneres.

6.04 – Ginástica, dança, esportes, natação, artes marciais e demais atividades físicas.

6.05 – Centros de emagrecimento, spa e congêneres.

6.06 – Aplicação de tatuagens, piercings e congêneres. (Incluído pela LC n. 157/2016.)

7 – Serviços relativos a engenharia, arquitetura, geologia, urbanismo, construção civil, manutenção, limpeza, meio ambiente, saneamento e congêneres.

7.01 – Engenharia, agronomia, agrimensura, arquitetura, geologia, urbanismo, paisagismo e congêneres.

---

1. Adoção do ISS fixo para as sociedades de engenharia (subitem 7.01), ainda que o contribuinte seja uma sociedade com previsão contratual de responsabilidade limitada. "TRIBUTÁRIO E PROCESSUAL CIVIL. RECURSO ESPECIAL. ISSQN. ART. 9º, § 3º, DO DECRETO-LEI N. 406/1968. SOCIEDADE LIMITADA. PESSOALIDADE NA PRESTAÇÃO DO SERVIÇO E INEXISTÊNCIA DE CARÁTER EMPRESARIAL CONSTATADAS PELO TRIBUNAL DE ORIGEM. SÚMULA 7 DO STJ. COISA JULGADA EM MATÉRIA TRIBUTÁRIA. EFEITOS PROSPECTIVOS. CLÁUSULA REBUS SIC STANTIBUS. FATOS INALTERADOS. SÚMULA 7 DO STJ. 1. A orientação jurisprudencial da Segunda Turma deste Tribunal Superior firmou-se no sentido de que, constituída a sociedade de profissionais sob a forma de sociedade por cota de responsabilidade limitada, e apresentando ela caráter empresarial, inaplicável a tributação mais benéfica a que se refere o art. 9º, § 3º, do Decreto-Lei n. 406/1968. 2. Afirmou o Tribunal de origem que 'a natureza das atividades descritas implica assunção de responsabilidade pessoal, por se tratar de serviços especializados'. Constatou, ainda, que inexiste caráter empresarial da sociedade e que, 'na prestação de serviços de engenharia, há obrigatoriedade, nos termos da Lei Federal n. 5.194/1966 e 6.496/1977, de que todo contrato para execução de obras ou prestação de quaisquer serviços profissionais referentes à engenharia fica sujeito à 'Anotação de Responsabilidade Técnica (ART), o que confirma o caráter pessoal do serviço prestado'. 3. Para afastar o entendimento a que chegou a Corte a quo, de modo a albergar as peculiaridades do caso e verificar a inexistência de responsabilidade pessoal e a indicação de caráter empresarial da sociedade, como sustentado neste recurso especial, é necessário o revolvimento do acervo fático-probatório dos autos, o que se mostra inviável em recurso especial, por óbice da Súmula 7/STJ: 'A pretensão de simples reexame de prova não enseja recurso especial.' 4. A jurisprudência do STJ é no sentido de que, em matéria tributária, admite-se nova discussão a respeito da controvérsia após o trânsito em julgado da decisão, caso as circunstâncias fáticas tenham sido modificadas posteriormente, em decorrência da cláusula rebus sic stantibus que lhe é inerente. Precedentes... 5. Na hipótese dos autos, o Tribunal de origem afirmou que 'a Fazenda Pública se limita a bater na mesma tese de que a apelada seria sociedade empresária limitada e que o trabalho não seria exercido de forma pessoal, mas não logrou demonstrar uma alteração de situação fática da apelada a ensejar a tributação na forma regular'. Incidência da Súmula 7 do STJ'" (STJ, REsp 1.629.504, 2ªT., 2017)

2. Aplicação do ISS fixo em favor de sociedade pluriprofissional de engenheiro e arquiteto (subitem 7.01). "TRIBUTÁRIO. ISS. ART. 9º, §§ 1º e 3º, DO DECRETO-LEI N. 406/68. SOCIEDADE PLURIPROFISSIONAL DE ARQUITETOS E ENGENHEIROS. INEXISTÊNCIA DE CARÁTER EMPRESARIAL. RECOLHIMENTO DO ISS SOBRE ALÍQUOTA FIXA. POSSIBILIDADE. CONCLUSÃO DO TRIBUNAL DE ORIGEM COM BASE EM FATOS E PROVAS DOS AUTOS. ÓBICE DA SÚMULA 7/STJ. 1. O Tribunal a quo ao analisar os fatos e as provas dos autos, concluiu que a parte agravada não apresenta natureza de organização empresarial, permitindo o recolhimento do ISS sobre alíquota fixa. A alteração destas conclusões demandaria, necessariamente, novo exame do acervo fático-probatório constante dos autos, providência vedada em recurso especial, conforme o óbice previsto na Súmula 7/STJ. Precedente" (STJ, 1ª T., AgRg no REsp 1.486.568, 2014).

3. Empresário individual ("firma individual") prestador de serviço de engenharia (7.01) não faz jus ao ISS fixo por não ser uma sociedade. "TRIBUTÁRIO. ISS. PRESTAÇÃO DE SERVIÇOS DE ENGENHARIA. SOCIEDADE UNIPROFISSIONAL. AUSÊNCIA DE COMPROVAÇÃO. INCIDÊNCIA DA SÚMULA 7/STJ. ACÓRDÃO FUNDAMENTADO COM BASE EM LEGISLAÇÃO LOCAL. SÚMULA 280/STF. 1. O Tribunal de origem consignou que 'o artigo 9º, § 3º, do Decreto-lei 406/68 não é aplicável ao caso em epígrafe, pois se refere aos serviços prestados por sociedades, cujos profissionais assumam a responsabilidade pessoal pelo trabalho. Por sociedade, pressupõe-se a associação de duas ou mais pessoas. É dos autos que o apelante é firma individual, composta por único sócio, não podendo, portanto, ser enquadrado na tributação especial estabelecida pelo artigo 9º, § 3º, do Decreto-lei 406/68 ou artigo 199 do CTM' (fl. 142, e-STJ). 2. A verificação acerca do cumprimento dos requisitos para enquadramento no regime de tributação do ISS previsto no art. 9º, § 3º, do DL 406/68 exige a análise de matéria fático-probatória, vedada em Recurso Especial, ante a incidência da Súmula 7/STJ. 3. Ademais, a questão foi analisada com base no disposto em lei local. Dessa forma, inviável a análise da matéria em Recurso Especial, ante o óbice da Súmula 280/STJ" (STJ, REsp 1.661.650, 2ª T., 2017).

7.02 – Execução, por administração, empreitada ou subempreitada, de obras de construção civil, hidráulica ou elétrica e de outras obras semelhantes, inclusive sondagem, perfuração de poços, escavação, drenagem e irrigação, terraplanagem, pavimentação, concretagem e a instalação e montagem de produtos, peças e equipamentos (exceto o fornecimento de mercadorias produzidas pelo prestador de serviços fora do local da prestação dos serviços, que fica sujeito ao ICMS).

---

1. Modalidades de execução de obras de construção civil abrangidas pelo subitem 7.02. "O item 7.02, sob exame, prevê as modalidades por administração, empreitada ou subempreitada. Pelo contrato de empreitada, o poder público comete ao particular a execução de obra, por sua conta e risco, mediante remuneração previamente ajustada, nos moldes do que acontece na empreitada civil (arts. 610 a 619 do Código Civil). A diferença reside no fato de que a empreitada pública só pode ser contratada mediante certame licitatório e o contrato respectivo conter cláusulas exorbitantes, cláusulas essas inexistentes na contratação de direito civil, onde vige o princípio da ampla liberdade na contratação e na execução do contrato. A empreitada, quanto ao regime de remuneração, pode ser por preço global, ou por preço unitário, conforme se trate de preço certo e total, ou preço por unidades determinadas (metro de área construída, por exemplo). Denomina-se empreitada integral quando o empreendimento é contratado em sua integralidade, compreendendo todas as etapas da obra, instalações e serviços necessários para início de uso, em condições de segurança estrutural e operacional. A administração utiliza-se do regime de tarefa para execução de pequenas obras, por preço certo, com ou sem fornecimento de materiais. Registre-se que o fato de o contrato de empreitada envolver fornecimento de materiais nele previstos não tem o condão de descaracterizar a obrigação de fazer, pois os materiais fornecidos são meros instrumentos para consecução do objeto contratado, que é execução de serviço resultando em obra acabada e em condições de uso regular, incluída a propriedade material que nela se integrou. Assim, não concordamos com o posicionamento de autores que desdobram o contrato de empreitada, uno e indivisível, em contrato de fornecimento de materiais, de um lado, e em contrato de empreitada de lavor, de outro lado. Ora isso, é desconhecer, data vênia, as duas modalidades de empreitada: a empreitada de lavor, que só abrange obra ou serviço, e a empreitada mista que, além da obra, o empreiteiro se obriga a fornecer os materiais necessários à execução da obra contratada. A subempreitada é a transferência, pela empreiteira, da execução parcial da obra a terceiro não participante do processo licitatório, por conta e risco da primeira, sempre que não houver vedação no contrato administrativo celebrado, ou no edital de licitação. Nada mais é do que empreitada secundária, para execução de trabalhos parcelados, repassados pelo empreiteiro-construtor. O fato de ter sido vetado, por impropriedade técnica, o inciso II do § 2º do art. 7º, da Lei Complementar n. 116/03, que versava sobre dedução das subempreitadas sujeitas ao imposto, de forma alguma pode implicar dupla tributação, como já vimos. O contrato de execução por administração consiste na celebração de contrato administrativo, pelo qual o poder público defere a terceiro a incumbência de orientar e superintender a execução de obra, mediante pagamento de uma remuneração proporcional ao custo total da obra, ficando os encargos econômicos (materiais, mão de obra, direitos trabalhistas etc.) com o comitente (proprietário ou dono da obra). O art. 35, c, da Resolução n. 109, de 9 de abril de 1956, do Conselho Federal de Engenharia e Arquitetura, define o contrato de execução por administração como 'ajuste em que o responsável assume a integral direção e responsabilidade da obra, ou do serviço de que foi encarregado por quem financia o custo da mesma e lhe remunera o serviço de administrador'. Difere do contrato de empreitada por dois aspectos: (a) na administração, o preço sempre corresponde a um determinado percentual sobre o custo da obra, ao passo que na empreitada há um preço prefixado pelo valor total da obra; (b) na administração, o administrador não assume o risco do empreendimento, enquanto que o empreiteiro assume esse risco" (HARADA, Kiyoshi. *ISS:* doutrina e prática. São Paulo: Atlas, 2008. p. 122-123).

2. Ausência de prestação de serviço quando o construtor constrói para si mesmo. "E o construtor que constrói para si mesmo? Não é prestador de serviço, porque falta, na espécie, a bilateralidade da relação que o caracteriza. E não é industrial, ainda que se fale em 'indústria da construção civil', porque a indústria, como ficou dito, só abrange coisas móveis. Trata-se, enfim, de uma espécie de trabalho não qualificado pela lei, que escapa tanto ao ISS como ao IPI, em razão da sistemática desses tributos" (RAMOS, José Nabantino; VERGUEIRO, Vera Damiani. *Dicionário do imposto sobre serviços*. São Paulo: Revista dos Tribunais, 1975. p. 96-97).

3. Requisitos e condições para a incidência do ISS sobre os pré-moldados. "A doutrina é bastante carente sobre uma análise profunda sobre os pré-moldados, detida inclusive sobre as diferentes perspectivas e situações em que as operações podem desenvolver-se quando houver emprego, aplicação ou fornecimento de peças e estruturas pré-moldadas. Mesmo nos casos onde a produção/fabricação ocorra no próprio canteiro de obras, o que, em princípio, caracterizaria operação tipicamente de um serviço, para fins fiscais, como ocorre quando do uso da tecnologia do *tilt-up,* a SEFAZ/SP entende, ainda, que, ao verificar a presença de certos requisitos, poderá ou não exigir o ICMS sobre tais operações, onde, na quase totalidade das vezes, sequer haverá valor destacado ou individualizado para as peças ou estruturas fabricadas/produzidas. No cenário onde os pré-moldados são fabricados fora do local da obra, em que pese a existência de sólida, porém não farta, jurisprudência, tanto no plano administrativo como judicial, o tema ainda guarda incerteza e admite razoável margem de interpretação, gerando insegurança. O próprio STJ onde havia a expectativa de uma jurisprudência mais consistente e uniforme ainda titubeia. Como tivemos a oportunidade de destacar, a definição precisa se tais operações estarão sujeitas ao ICMS ou ao ISS dependerá da identificação de certos requisitos ou condições de uma determinada operação. São os elementos informadores, que podem ser assim enumerados. (i) A existência de um contrato de construção sob o regime de empreitada (parcial ou global, mas não por administração) ou mesmo subempreitada (lastreado no competente contrato); (ii) Existência de um projeto (ou mesmo de um anteprojeto ou projeto básico) de implantação ou arquitetura (uma vez aprovado pelo Poder Público competente, para o início de obra, será elaborado o Projeto Executivo, eventualmente acompanhado dos demais projetos detalhados e específicos que forem necessários, tais como instalação elétrica e hidráulica, terraplanagem, fundação, dentre outros, cuja execução poderá ser via subempreitada, inclusive. Ao final da obra, será bastante recomendável a elaboração do AS BUILT); (iii) Reunião de produtos, partes ou peças que resultem em edificações integradas permanentemente ao solo e que, se retiradas, teriam a sua funcionalidade comprometida ou sua estrutura física em si (em outras palavras, os materiais fornecidos e instalados não podem ser removidos sem que se altere a composição estrutural do imóvel; (iv) Execução de serviços de topografia, recepção de materiais e gerenciamento de obras (ainda que, isoladamente, o gerenciamento ou administração de obras não permita afastar a natureza de mercadoria dos pré-moldados); (v) Impossibilidade de individualização dos pré-moldados e que se constitua por um bem ou conjunto de bens não autônomos e que façam parte de um todo; (vi) Que o serviço seja registrado junto ao CREA; (vii) Emissão do competente ART; (viii) Existência de um engenheiro responsável. Observados os requisitos e condições acima, é bastante provável que o regime jurídico aplicável aos pré-moldados seja o do ISS, sem tributação pelo ICMS nem pelo IPI, devendo as receitas serem integralmente tributadas pela sistemática cumulativa do PIS e da Cofins. Quanto mais elementos associados ao ambiente natural de uma empreitada, quanto maior a especificidade, padronização e parametrização dos pré-moldados em conformidade com um determinado projeto, mais adequada será a caracterização da operação como um serviço de construção civil. Pelo que pudemos analisar, o fato de o serviço ser realizado fora do estabelecimento onde tais peças ou estruturas formam fabricadas/produzidas será relevante, mas não decisivo para informar se aos pré-moldados será aplicada a tributação pelo ISS ou ICMS. Igualmente, a escolha pelos termos, expressões e palavras na redação dos respectivos contratos será relevante, na medida em que, como vimos, o Fisco costuma diferenciar entre certas palavras, como são os casos de instalação e montagem. O detalhamento, se apenas mencionado ou discriminado, da parte de serviço (mão de obra) e materiais em um contrato de construção, em que pese surtir efeitos positivos sob a perspectiva do INSS, pode trazer consequências para outros tributos. Questão importante, também, será o cuidado na emissão de Nota Fiscal, especialmente para os casos que envolvam o transporte dos pré-moldados até o local da obra, já que essa 'circulação' deverá estar acompanhada de documental fiscal adequado. Nas operações de venda mercantil e prestações de serviços, a Nota Fiscal é o documento por excelência que retrata e formaliza tais transações. Sua emissão deverá ser realizada em conformidade com a legislação das três esferas (federal, estadual e municipal) a que se subordina a empresa. Nas hipóteses em que os pré-moldados forem comercializados de forma autônoma, assumindo a natureza jurídica de uma mercadoria, portanto sujeitos ao ICMS, a 'fábrica' deverá emitir NF de natureza mercantil, como uma saída tributada pelo ICMS. Para os demais casos, que acreditamos ser o cenário mais comum, considerando que os pré-moldados serão parte integrante e não autônoma da contratação global dos serviços de construção civil junto à construtora/fornecedora e, portanto, sujeitos à tributação pelo ISS, a saída física desses bens da 'fábrica' (nesse caso, a própria construtora/fornecedora) deverá estar acompanhada apenas de uma Nota de Remessa, com uma cópia da NF de Prestação de Serviços emitida pela construtora/fornecedora, correspondente à medição dos serviços de construção das obras, com emprego de materiais. As informações específicas sobre questões associadas com as obrigações assessórias (emissão de NF de Prestação de Serviços) deverão, oportunamente, ser confrontadas com a legislação específica de cada Município envolvido" (FARIA, Renato Vilela. Tributação dos pré-moldados: conflito entre ICMS, ISS e IPI e a perspectiva do PIS/Cofins. *In:* MACEDO, Alberto; CASTRO, Leonardo Freitas de Moraes e (coord.). *Tributação indireta empresarial:* indústria, comércio e serviços. São Paulo: Quartier Latin, 2016. p. 691-693).

4. A locação de bens móveis na construção civil pode ser uma simples forma de precificar o serviço de construção ou configurar uma autêntica locação. "Nos contratos de execução de obras de construção civil é praxe destacar-se do preço global uma tabela de preços relativa a horários de 'aluguel' de máquinas ou equipamentos (ferramentas, guinchos, compressores, máquinas de solda, perfuratrizes, guindastes, tratores, rompedores de concreto, lubrificadores de linha, etc.). Tal forma de preço é assim estabelecida em razão de ser muito difícil saber-se, *a priori*, quais as máquinas ou equipamentos que serão utilizados e o tempo da respectiva permanência na obra. Na hipótese, inexiste locação de bens móveis, mas simples forma de contratar preço (não muda de aspecto quando se contrata um aterro por empreitada, em razão do metro cúbico ou por hora de equipamento utilizado). Evidentemente, não podemos deixar de reconhecer a existência, para certos casos, de verdadeira locação de máquinas ou equipamentos, desde que tais bens fiquem na posse do locatário, para seu uso e gozo, ficando este com a guarda. Não será locação de bens móveis, quando o dono da máquina arca com as despesas de administração, operadores, combustíveis, lubrificantes, peças, manutenção, etc." (MORAES, Bernardo Ribeiro de. *Doutrina e prática do Imposto sobre Serviços.* São Paulo: Revista dos Tribunais, 1975. p. 247-248).

4.1. Pela indedutibilidade da locação de bens móveis quando associada à uma prestação de serviço de construção civil. "Ainda no que diz respeito à base de cálculo, matéria que tem causado polêmica é o serviço prestado com o uso de equipamentos ou máquinas. É fato que a locação de bens móveis foi excluída do campo de incidência do ISS, razão pela qual não integra a lista de serviços que compõem a LC n. 116/2003. A questão é a pretensão dos contribuintes em separar serviços em que os equipamentos ou máquinas 'ditos locados' fazem parte da efetiva prestação de serviço. A jurisprudência, em casos como este, tem sido unânime em afirmar que compõe a base de cálculo do ISS o valor dos equipamentos ou maquinários utilizados. Veja-se: '*MANDADO DE SEGURANÇA – RECOLHIMENTO DO ISS – LOCAÇÃO DE VEÍCULOS. (...) O Supremo Tribunal Federal, no julgamento do RE 116.121-3/SP, declarou, incidentalmente, a inconstitucionalidade da expressão 'locação de bens móveis', constante do item 79 da lista de serviços a que se refere o Decreto-lei 406.3 – De acordo com o referido entendimento, na locação de veículos não cabe a cobrança de ISS, a não ser que sejam locados com motoristas. 4 – Recurso conhecido e provido. Decisão unânime' (Classe do Processo: APELAÇÃO CÍVEL 20010110580434APC DF); 'DIREITO TRIBUTÁRIO. MANDADOD E SEGURANÇA. ISS. PRESTAÇÃO DE SERVIÇOS DE TERRAPLANAGEM COM MÁQUINAS E FORNECIMENTO DE OPERADOR: INCIDÊNCIA DO TRIBUTO. Tratando-se de simples locação (cessão de uso) de bens não ocorre a incidência do Imposto Sobre Serviços de Qualquer Natureza (ISS), por ausente prestação de serviço, segundo mansa e pacífica orientação do Supremo Tribunal Federal (RE 116121/SP, J. 11.10.2000). Contudo, havendo a 'locação' de bem (no caso, máquina) com operador, à evidência incide o referido imposto por tratar-se, então, de efetiva prestação de serviços, em que o bem, dito 'locado', é, na verdade, apenas 'usado' pelo prestador do serviço como instrumento do seu trabalho'. ApCiv 70020036539.* Temos então que, quando a atividade de locação fornecer mão de obra especializada para operar máquinas ou equipamentos locados, este serviço será caracterizado como auxiliar da construção e deverá ser enquadrado no item 7.02 da lista de serviços da Lei Complementar n. 116/2003" (SILVA, Cláudia Marchetti da. *ISS, ICMS e IPI aplicáveis à construção civil.* São Paulo: FiscoSoft Editora, 2014. p. 29-30).

5. Incidência apenas do ISS nos serviços de concretagem. "Empresas fornecem a seus clientes, *concreto usinado* (que doravante chamaremos apenas de *concreto*), feito de uma mistura, dosada de acordo com os critérios técnicos, de cimento, areia, água, brita (pedra) e, eventualmente, aditivos. Temos para nós que o fornecimento de concreto, para obras hidráulicas ou de construção civil, ainda que dosado em centrais, e transportado em betoneiras acopladas em caminhões, tipifica prestação de serviço, tributável exclusivamente por meio do ISS. De fato, os clientes das empresas de concretagem delas não adquirem cimento, brita, areia, água, aditivos etc. Adquirem-lhes, sim, *concreto*, que é fruto de uma preparação, cientificamente dosada, destes materiais. Não se vislumbra, *in casu*, nenhum contrato de compra e venda, mas simplesmente, empreitadas de obras ou, se preferirmos, prestações de serviços, com fornecimento de materiais" (CARRAZZA, Roque Antonio. ISS – base de cálculo – serviços de concretagem – questões conexas. *In:* HARADA, Kiyoshi. *Temas de direito tributário*. São Paulo: Juarez de Oliveira, 2000. p. 110-111).

5.1. Comentário favorável à Súmula 167 do STJ, que versa sobre o serviço de concretagem e sua submissão ao ISS. "Diante desse quadro, e considerando que a lista anexa ao DL 406/68 e à LC n. 116/2003 contempla o serviço de construção civil, mas ressalta a incidência do ICMS sobre mercadorias produzidas pelo prestador fora do local da prestação, estabeleceu-se a controvérsia entre Estados-membros e empresas de fornecimento de concreto. Os primeiros sustentando tratar-se o concreto de 'mercadoria produzida fora do local da obra', a sofrer a incidência do ICMS; o segundos, por sua vez, defendendo não se cuidar de mercadoria, mas de autêntica prestação de serviço de construção civil, pois o concreto seria preparado de forma individualizada para cada obra, dependendo das necessidades do tomador do serviço. O STJ, acertadamente, considerou terem razão os contribuintes prestadores de serviço de concretagem, pois o concreto fornecido não é uma 'mercadoria' que o prestador do serviço de construção esteja fornecendo, eis que não pode ser posto no comércio, mas o produto da prestação de um serviço (de elaboração do concreto), que só serve para a obra a que se destina, eis que a mistura entre massa, areia, água, etc. varia de acordo com o resultado pretendido em cada parte da obra, e deve ser supervisionada pelo profissional encarregado" (MACHADO SEGUNDO, Hugo de Brito. *Direito tributário nas súmulas do STF e do STJ*. São Paulo: Atlas, 2010. p. 193).

5.2. Dedução da concretagem na base de cálculo do ISS. Tem sido admitida a dedução da concretagem, na condição de materiais empregados na obra.

– "SERVIÇOS DE CONCRETAGEM. MATERIAIS EMPREGADOS. DEDUÇÃO DA BASE DE CÁLCULO. POSSIBILIDADE... 1. Acórdão embargado que admitiu a possibilidade de dedução, da base de cálculo do ISS, do valor do serviço de concretagem prestado na construção civil, com fundamento no que foi decidido pelo Pretório Excelso, por ocasião do julgamento do RE 603.497/MG, de relatoria da Ministra Ellen Gracie" (STJ, 1ª S., AgRg nos EREsp 1.360.375, 2014).

– "CONSTRUÇÃO CIVIL. BASE DE CÁLCULO. ABATIMENTO DO VALOR DOS MATERIAIS UTILIZADOS NA PRESTAÇÃO DE SERVIÇO VOLTADO PARA A CONSTRUÇÃO CIVIL. POSSIBILIDADE... I – Após o julgamento do RE n. 603.497, MG, a jurisprudência do Tribunal passou a seguir o entendimento do Supremo Tribunal Federal quanto à legalidade da dedução do custo dos materiais empregados na construção civil da base de cálculo do imposto sobre serviços, incluído o serviço de concretagem. Precedentes..." (STJ, 2ª T., EDcl no AgRg no REsp 1.557.058, 2018).

6. Exceto o fornecimento de mercadorias. Discussão em torno da constitucionalidade da dedução dos materiais e das subempreitadas da base de cálculo do ISS na construção. O STF, no RE 603.497, reconheceu a constitucionalidade da dedução dos materiais. Antes dessa decisão, o STJ não vinha admitindo a dedução, mas posteriormente realinhou a sua jurisprudência ao entendimento do STF.

– "TRIBUTÁRIO. IMPOSTO SOBRE SERVIÇOS – ISS. DEFINIÇÃO DA BASE DE CÁLCULO. DEDUÇÃO DOS GASTOS COM MATERIAIS EMPREGADOS NA CONSTRUÇÃO CIVIL. RECEPÇÃO DO ART. 9º, § 2º, *b*, DO DECRETO-LEI 406/1968 PELA CONSTITUIÇÃO DE 1988. RATIFICAÇÃO DA JURISPRUDÊNCIA FIRMADA POR ESTA CORTE. EXISTÊNCIA DE REPERCUSSÃO GERAL" (STF, Plenário, 603.497, 2010)

– Outros precedentes do STF neste mesmo sentido: ARE 958.421, 2ª T., 2016; ARE 728.060, 1ª T., 2014.

– No mesmo sentido, seguem precedentes do STJ: AgRg nos EAREsp 113.482, 1ª S., 2013; EDcl no AgRg no REsp 1.557.058, 2ª T., 2018; REsp 1.709.462, 2ª T., 2017; AgInt no AREsp 686.607, 1ª T., 2017.

6.1. Dedução dos materiais da base de cálculo do ISS sobre os serviços listados nos subitem 7.02 e 7.05: construção civil. O "preço do serviço" na construção civil abrange tanto a mão de obra própria, como, se for o caso, os materiais fornecidos pela construtora e, ainda, as subempreitadas contratadas. O art. 610 do Código Civil Brasileiro expressamente prevê que "o empreiteiro de uma obra pode contribuir para ela só com seu trabalho ou com ele e os materiais", sendo que o fornecimento de materiais não se presume (§ 1º). Logo, como parte componente do preço do serviço, os materiais fornecidos pela construtora entrariam normalmente na base de cálculo do ISS, se não fosse essa ressalva expressa do § 2º do art. 7º, bem como do art. 9º, § 2º, *a* do DL 406, que expressamente excluem "o valor dos materiais fornecidos". As construtoras optantes pelo Simples Nacional também poderão abater da receita bruta "o material fornecido", consoante art. 18, § 23 da LC n. 123.

6.2. Deduções das subempreitadas da base de cálculo do ISS na construção civil: art. 9º, § 2º, *b*, do DL 406/68. Muito embora a LC n. 116 seja omissa com relação à dedução das subempreitadas, aplica-se o art. 9º, § 2º, *b*, do DL 406/68, que não foi revogado expressa nem tacitamente pela LC n. 116. Vale frisar que a dedução alcança as subempreitadas "já tributadas pelo imposto", refletindo um excepcional aspecto de não cumulatividade para o ISS.

– "CONSTRUÇÃO CIVIL. BASE DE CÁLCULO. DEDUÇÃO DO VALOR DESPENDIDO COM SUBEMPREITADAS. POSSIBILIDADE. QUESTÃO SUBMETIDA A JULGAMENTO PELO STF, EM REGIME DE REPERCUSSÃO GERAL. PRECEDENTES... 1. Na forma da jurisprudência desta Corte, 'o Supremo Tribunal Federal, por ocasião do julgamento do RE 603.497/MG, sob a sistemática do art. 543-B do CPC, firmou posicionamento de que, mesmo após a entrada em vigor da Lei Complementar n. 116/2003, é legítima a dedução da base de cálculo do ISS do material empregado na construção civil, e, no julgamento do RE 599.582/RJ, reconheceu que essa orientação também é aplicável aos materiais utilizados nas subempreitadas' (STJ, REsp 1.678.847/MS, 2017). No mesmo sentido: STJ, AgRg no REsp 1.425.580/SP, Rel. Ministro Napoleão Nunes Maia Filho, Primeira Turma, *DJe* de 20/03/2017" (STJ, 2ª T., AgInt no AREsp 1273312, 2018).

– "MUNICÍPIO DE PORTO ALEGRE. BASE DE CÁLCULO DO TRIBUTO. EXCLUSÃO DOS VALORES RELATIVOS A MATERIAIS USADOS PELA CONSTRUÇÃO CIVIL. REPETIÇÃO DE INDÉBITO. ÔNUS DE SUCUMBÊNCIA. 1. A base de cálculo para a incidência do Imposto Sobre Serviços de Qualquer Natureza – ISSQN não deve incluir o valor dos materiais empregados pelo prestador de serviços em se tratando de construção civil. Inteligência da norma contida do inciso I do § 2º do art. 7º da Lei Complementar n. 116/03. Matéria que foi pacificada pelo Supremo Tribunal Federal por ocasião do julgamento do RE n. 603.497. 2. Caso concreto em que a parte autora logrou êxito em demonstrar que, por ocasião da prestação de serviços de construção de infraestrutura para o Poder Público no Município de Porto Alegre, houve retenção de valores relativos a ISSQN incluindo na base de cálculo as despesas com materiais empregados nos trabalhos e maquinário locado. Circunstância que contraria a previsão legal, autorizando a repetição de valores, mediante cálculo a ser verificado em liquidação de sentença, respeitada a prescrição quinquenal. Valor da repetição que deve ser acrescido do percentual da Taxa SELIC" (TJRS, 21ª Câmara Cível, Apelação Cível n. 70080616162, 2019).

– "REPETIÇÃO DE INDÉBITO. LIQUIDAÇÃO DE SENTENÇA. CUSTAS PROCESSUAIS. ISENÇÃO. HONORÁRIOS ADVOCATÍCIOS RECURSAIS. 1. A base de cálculo para a incidência do Imposto Sobre Serviços de Qualquer Natureza – ISSQN não deve incluir o valor dos materiais empregados pelo prestador de serviços em se tratando de construção civil. Inteligência da norma contida do inciso I do § 2º do art. 7º da Lei Complementar n. 116/03. Matéria que foi pacificada pelo Supremo Tribunal Federal por ocasião do julgamento do RE n. 603.497. 2. Caso concreto em que o Município de Charqueadas se insurge apenas contra a condenação à repetição de indébito, alegando a ausência de apresentação dos documentos pela parte autora. Contudo, a comprovação dos pagamentos realizados deverá ser verificada em liquidação de sentença, conforme entendimento consolidado do Superior Tribunal de Justiça no julgamento do Recurso Especial Repetitivo n. 1.111.003-PR" (TJRS, 21ª Câmara Cível, Apelação e Reexame Necessário n. 70080049562, 2019).

7. Não abatimento das subempreitadas da base de cálculo do ISS no âmbito do Simples Nacional: omissão do art. 18, § 23 da LC n. 123. Tanto os materiais como as subempreitadas compõem o preço do serviço ou a receita bruta da construtora, de tal forma que a exclusão desses valores dependerá de uma lei complementar nacional. No regime do Simples Nacional, o § 23 do art. 18 somente previu a dedução dos materiais, calando-se no que concerne às subempreitadas já tributadas pelo imposto. Por se tratar de um subsistema tributária apartado e regido por uma lei especial (LC n. 123), não cabe a aplicação *subsidiária* do art. 9º, § 2º, *b*, do DL 406, de tal forma que as subempreitadas não poderão ser deduzidas da base de cálculo do ISS, quando o contratante for contribuinte do Simples Nacional.

8. Ônus da prova acerca da dedutibilidade dos materiais e das subempreitadas. Cabe ao contribuinte provar o valor dos materiais e das subempreitadas que pretende deduzir da base de cálculo do ISS.

– "ISSQN INCIDENTE SOBRE A CONSTRUÇÃO CIVIL. DEDUÇÃO DE MATERIAIS EMPREGADOS NA OBRA DA BASE DE CÁLCULO DO IMPOSTO. POSSIBILIDADE, EM TESE. AUSÊNCIA DE DISCRIMINAÇÃO NAS NOTAS FISCAIS DOS MATERIAIS EMPREGADOS NA PRESTAÇÃO DO SERVIÇO. ÔNUS DA RECORRENTE NÃO CUMPRIDO. REVISÃO. REEXAME DE

FATOS E PROVAS. IMPOSSIBILIDADE. SÚMULA 7/STJ. RECURSO DO QUAL NÃO SE CONHECE. 1. O Supremo Tribunal Federal, por ocasião do julgamento do RE 603.497/MG, sob a sistemática do art. 543-B do CPC, firmou posicionamento de que, mesmo após a entrada em vigor da Lei Complementar n. 116/2003, é legítima a dedução da base de cálculo do ISS do material empregado na construção civil, e, no julgamento do RE 599.582/RJ, reconheceu que essa orientação também é aplicável aos materiais utilizados nas subempreitadas. No entanto, não é possível aplicar tal entendimento ao caso dos autos. 2. O Tribunal de origem, soberano na análise das circunstâncias fáticas e probatórias da causa, concluiu não ser possível descontar da base de cálculo do ISSQN o valor correspondente aos materiais utilizados, tendo em vista que a recorrente não fez prova de quais tenham sido utilizados, adquiridos ou produzidos e empregados na execução da obra. 3. Rever o entendimento consignado pela Corte local no sentido de que não houve comprovação do direito alegado requer revolvimento do conjunto fático-probatório, o que é inadmissível na via estreita do Recurso Especial, ante o óbice da Súmula 7/STJ: 'A pretensão de simples reexame de prova não enseja Recurso Especial'. 4. Recurso Especial não conhecido" (STJ, 2ª T., REsp 1.678.847, 2017).

– No mesmo sentido: AgInt no AREsp 895.947, 2ª T., 2016.

9. Fixação de teto na NFS-e para a dedução de materiais na construção civil. "A NFS-e pode fixar um teto para a indicação de materiais incorporados à obra. É comum as prefeituras aceitarem entre 40 e 50% de dedução de materiais empregados nas obras da construção civil. A ideia, portanto, é não permitir a emissão da NFS-e com percentuais acima do teto estabelecido. Nessa linha, convém até mesmo instituir o regime presumido de dedução de materiais, o que acaba facilitando a vida tanto do contribuinte quanto do próprio Fisco, que não mais precisará analisar grande quantidade de documentos fiscais e contábeis para concluir a respeito do correto percentual de dedução" (MANGIERI, Francisco Ramos. *Administração tributária municipal*: eficiência e inteligência fiscal municipal. Porto Alegre: Livraria do Advogado, 2015. p. 21).

10. Monitoramento de obras para fins de lançamento do ISS e IPTU, a partir do sistema SISOBRA-PREF. "Pode-se aproveitar a SISOBRA-PREF – Sistema de Gerenciamento de Obras (Módulo Prefeitura). O Sistema de Cadastro de Obras – Módulo Prefeitura foi desenvolvido pela Secretaria da Receita Previdenciária – SRP do Ministério da Previdência Social em parceria com a DATAPREV, está disponível desde julho de 2004, sem ônus, para as prefeituras municipais com o objetivo de padronizar o relatório de alvarás e documentos de habite-se que os municípios estão obrigados a enviar mensalmente para a SRP em cumprimento ao art. 50 da Lei n. 8.212/1991. Além da facilidade em emitir o relatório citado anteriormente, e do seu envio por meio digital a aplicação emite documentos de alvará e habite-se personalizados e de relatório gerencial a partir das informações armazenadas em um banco de dados próprio. O ente municipal que possuir sistema próprio de cadastramento de obras e emissão de alvará e habite-se, não precisará adotar o sistema SISOBRA-PREF, mas obrigatoriamente terá que adequar seu sistema para gerar o relatório de alvará e habite-se com o mesmo layout de arquivo especificado na Portaria INSS/DRP n. 53 de 22 de junho de 2004, republicado pela Portaria MPS/SRP n. 160 de 21 de junho de 2005. A adequação do sistema no layout da citada Portaria tornará possível a transmissão do Relatório de alvará e habite-se através do aplicativo SISOBRA-NET. O SISOBRA-PREF normalmente é operado pelo órgão municipal que tem a atribuição de emitir alvará de obras" (MANGIERI, Francisco Ramos. *Administração tributária municipal*: eficiência e inteligência fiscal municipal. Porto Alegre: Livraria do Advogado, 2015. p. 97-98).

11. ISS devido no local da execução da obra. De acordo com o inciso III do art. 3º da LC n. 116, o ISS será devido no local "da execução da obra".

7.03 – Elaboração de planos diretores, estudos de viabilidade, estudos organizacionais e outros, relacionados com obras e serviços de engenharia; elaboração de anteprojetos, projetos básicos e projetos executivos para trabalhos de engenharia.

7.04 – Demolição.

ISS devido no local da demolição. De acordo com o inciso IV do art. 3º da LC n. 116, o imposto será devido no local da demolição.

7.05 – Reparação, conservação e reforma de edifícios, estradas, pontes, portos e congêneres (exceto o fornecimento de mercadorias produzidas pelo prestador dos serviços, fora do local da prestação dos serviços, que fica sujeito ao ICMS).

ISS devido no local das edificações em geral, estradas, pontes, portos e congêneres. De acordo com o inciso V do art. 3º da LC n. 116, o imposto será devido no local "das edificações em geral, estradas, pontes, portos e congêneres".

7.06 – Colocação e instalação de tapetes, carpetes, assoalhos, cortinas, revestimentos de parede, vidros, divisórias, placas de gesso e congêneres, com material fornecido pelo tomador do serviço.

7.07 – Recuperação, raspagem, polimento e lustração de pisos e congêneres.

7.08 – Calafetação.

7.09 – Varrição, coleta, remoção, incineração, tratamento, reciclagem, separação e destinação final de lixo, rejeitos e outros resíduos quaisquer.

1. ISS devido no local da execução. De acordo com o inciso VI do art. 3º da LC n. 116, o imposto será devido no local "da execução da varrição, coleta, remoção, incineração, tratamento, reciclagem, separação e destinação final do lixo, rejeitos e outros resíduos quaisquer".

2. Local de ocorrência do ISS sobre o serviço previsto no subitem 7.09, quando a execução se dá em mais de um município. "O subitem 7.09 consta da relação dos serviços cujo ISS é devido no local da execução da atividade (art. 3º, VI, da LC n. 116). A norma ditada explica que o imposto será devido no local da execução da varrição, coleta, remoção, incineração, tratamento, reciclagem, separação e destinação final de lixo, rejeitos e outros resíduos. Temos, portanto, serviços de execução em municípios diferentes: em um se coleta, em outro se despeja. Em geral, devemos analisar e definir qual é a prestação-fim do contrato, mas tal definição não serve a este caso, porque ambas as atividades (coleta e destinação) se perfazem no objetivo principal do contrato. Deste modo, a única solução seria o desdobramento do preço do serviço, de acordo com a planilha de custos do prestador, certamente existente e obrigatória nas licitações desses serviços. Em outras palavras, o ISS será desdobrado conforme a distribuição do preço avençado. A parcela referente à coleta será recolhida no Município onde essa se realiza e aquele que trata do transporte e destinação no Município onde o lixo é despejado. Neste caso, os Municípios devem firmar um acordo e ambos aceitarem a distribuição da receita ora descrita" (TAUIL, Roberto A. *ISS*: perguntas e respostas. Juiz de Fora: Juizforana, 2009. p. 65).

7.10 – Limpeza, manutenção e conservação de vias e logradouros públicos, imóveis, chaminés, piscinas, parques, jardins e congêneres.

ISS devido no local da execução. De acordo com o inciso VII do art. 3º da LC n. 116, o imposto será devido no local "da execução da limpeza, manutenção e conservação de vias e logradouros públicos, imóveis, chaminés, piscinas, parques, jardins e congêneres".

7.11 – Decoração e jardinagem, inclusive corte e poda de árvores.

ISS devido no local da execução. De acordo com o inciso VIII do art. 3º da LC n. 116, o imposto será devido no local "da execução da decoração e jardinagem, do corte e poda de árvores".

7.12 – Controle e tratamento de efluentes de qualquer natureza e de agentes físicos, químicos e biológicos.

ISS devido no local da execução. De acordo com o inciso IX do art. 3º da LC n. 116, o imposto será devido no local "do controle e tratamento do efluente de qualquer natureza e de agentes físicos, químicos e biológicos".

7.13 – Dedetização, desinfecção, desinsetização, imunização, higienização, desratização, pulverização e congêneres.

7.14 – (VETADO)

7.15 – (VETADO)

7.16 – Florestamento, reflorestamento, semeadura, adubação, reparação de solo, plantio, silagem, colheita, corte e descascamento de árvores, silvicultura, exploração florestal e dos serviços congêneres indissociáveis da formação, manutenção e colheita de florestas, para quaisquer fins e por quaisquer meios. (Redação dada pela LC n. 157/2016.)

---

1. Alteração pela LC n. 157. A redação atual, da LC n. 157/2016 é substancialmente mais abrangente que a anterior, que se limitava a referir: "7.16 – Florestamento, reflorestamento, semeadura, adubação e congêneres" (redação original).

2. ISS devido no local da execução. De acordo com o inciso XII do art. 3º da LC n. 116, o imposto será devido no local "do florestamento, reflorestamento, semeadura, adubação, reparação do solo, plantio, silagem, colheita, corte, descascamento de árvores, silvicultura, exploração florestal e serviços congêneres indissociáveis da formação, manutenção e colheita de florestas para quaisquer fins e por quaisquer meios".

7.17 – Escoramento, contenção de encostas e serviços congêneres.

ISS devido no local da execução. De acordo com o inciso XIII do art. 3º da LC n. 116, o imposto será devido no local "da execução dos serviços de escoramento, contenção de encostas e congêneres".

7.18 – Limpeza e dragagem de rios, portos, canais, baías, lagos, lagoas, represas, açudes e congêneres.

ISS devido no local da execução. De acordo com o inciso XIV do art. 3º da LC n. 116, o imposto será devido no local "da limpeza e dragagem".

7.19 – Acompanhamento e fiscalização da execução de obras de engenharia, arquitetura e urbanismo.

ISS devido no local da execução da obra. De acordo com o inciso III do art. 3º da LC n. 116, o ISS será devido no local "da execução da obra".

7.20 – Aerofotogrametria (inclusive interpretação), cartografia, mapeamento, levantamentos topográficos, batimétricos, geográficos, geodésicos, geológicos, geofísicos e congêneres.

7.21 – Pesquisa, perfuração, cimentação, mergulho, perfilagem, concretação, testemunhagem, pescaria, estimulação e outros serviços relacionados com a exploração e explotação de petróleo, gás natural e de outros recursos minerais.

7.22 – Nucleação e bombardeamento de nuvens e congêneres.

8 – Serviços de educação, ensino, orientação pedagógica e educacional, instrução, treinamento e avaliação pessoal de qualquer grau ou natureza.

8.01 – Ensino regular pré-escolar, fundamental, médio e superior.

8.02 – Instrução, treinamento, orientação pedagógica e educacional, avaliação de conhecimentos de qualquer natureza.

---

1. Local de ocorrência do ISS nos serviços de ensino a distância (EAD). "Bastante difundido atualmente, o ensino a distância também é tributável pelo ISS. O local da incidência é no Município onde se localiza o estabelecimento prestador, ou seja, onde o contribuinte atua administrativamente, organiza, controla, produz o conteúdo das aulas e transmite as informações aos alunos por meio eletrônico ou postal. No entanto, é comum acontecer em tais cursos a promoção de aulas ou provas presenciais episódicas e temporárias. Essas aulas ou provas presenciais são realizadas, em geral, em escolas ou hotéis do local onde residem os alunos, cujas salas são alugadas especialmente para tais fins. Neste teor, a fiscalização de alguns Municípios entende que, neste caso, o local da incidência passa a ser onde os alunos assistem às aulas ou prestam exames. A questão não deixa de ser alvo de atenções, mas, a nosso ver, a incidência continua, mesmo assim a ser gravada no estabelecimento prestador da instituição, tendo em vista o seguinte raciocínio: a) as aulas e provas presenciais são prestações-meio ao objeto do curso; b) a remuneração do curso a distância é global, pelo valor total da prestação do serviço, não se desdobrando nas etapas a distância e presencial; c) o fato de ser presenciais tais eventos não significa que as atividades de administração, organização, controle e elaboração da matéria foram transferidas para o local, de sua execução" (TAUIL, Roberto A. ISS: perguntas e respostas. Juiz de Fora: Juizforana, 2009. p. 73-74).

2. Ensino a distância. Matriz e polos de apoio presencial. Aspecto espacial. *Vide* nota ao art. 4º desta lei.

– "PRESTAÇÃO DE SERVIÇO DE TREINAMENTO FÍSICO. SUBSUNÇÃO À NORMA. ENQUADRAMENTO NA LISTA ANEXA. A controvérsia presente cinge-se no enquadramento do conteúdo online disponibilizado pela recorrente Programa Q48 para incidência do Imposto Sobre Serviços de Qualquer Natureza (ISS). Em consulta ao sítio da empresa na internet e do cotejo das cláusulas do contrato firmado com os praticantes da atividade desenvolvida, vê-se tratar de prestação de serviço de orientação e treinamento físico, com treinos guiados por Educador Físico e que podem ser acessados por aparelhos eletrônicos. Atividade que se enquadra no descrito no item 8.02 da Lista Anexa à Lei Complementar n. 116/2003 Instrução, treinamento, orientação pedagógica e educacional, avaliação de conhecimentos de qualquer natureza. *In casu*, nem se há cogitar em interpretação extensiva, haja vista a plena subsunção à norma da atividade prestada, pois o serviço desenvolvido amolda-se perfeitamente ao descrito na legislação" (TJRS, 2ª Câmara Cível, Apelação Cível n. 70078865185, 2019).

3. Impossibilidade de separar a "venda" de materiais didáticos da prestação de serviço de ensino, incidindo o ISS sobre o valor total pago pelo aluno. "Em relação à natureza do promotor da operação, o fato da empresa ter incluído em seu objeto social a atividade de comércio de materiais didáticos, não tem o condão de alterar a natureza da operação, que continua sendo a prestação de serviços de ensino. Afinal, qual a destinação comercial dos materiais didáticos? O material didático destina-se única e exclusivamente a dar suporte para a transmissão do conhecimento (ensino) de um idioma estrangeiro. Aliás, o material didático é tão essencial à prestação dos serviços que a sua 'compra' é obrigatória por todos aqueles que estão interessados em aprender a nova língua. Sendo parte integrante e indissociável da prestação de serviços de ensino, o material didático só pode ser comprado por aqueles que irão estudar na empresa. Mal comparando. Podemos afirmar que o material didático está para o ensino, assim como o medicamento está para o hospital. Do mesmo modo que a escola de idiomas não vende material didático, o hospital também não vende medicamentos, porém, em ambos os casos, eles integram o preço cobrado e são indispensáveis para a prestação dos serviços" (PATROCÍNIO, José Antonio. *ISSQN:* Lei Complementar n. 116/2003 – teoria, jurisprudência e prática. São Paulo: FiscoSoft Editora, 2011. p. 171).

4. Utilização do Censo da Educação para monitorar e fiscalizar as escolas de 1º e 2º graus. "Trata-se de uma excelente estratégia para monitorar as escolas de 1º e 2º graus e para confrontar dados com os valores declarados na NFS-e. O chamado 'CENSO DA EDUCAÇÃO' é um documento que, dentre outras informações, traz o número de alunos matriculados por período em cada estabelecimento de ensino. Antigamente, conseguíamos tal documento solicitando às diretorias regionais de ensino do Estado. Hoje está mais fácil conseguir o documento. Para ter acesso basta acessar o *site* <www.qedu.org.br>. A partir desses dados, duas alternativas se abrem ao Fisco: 1 – confrontar o número de alunos matriculados com o faturamento informado pela NFS-e, arbitrando valores médios para cada série (jardim I, II, 1º ano, 2º colegial etc.). Nesse caso, o sistema deve indicar a falta de correspondência dos dados para que a fiscalização seja acionada. 2 – automatizar a emissão da NFS-e, que passaria a ser emitida pelo próprio sistema da Prefeitura a partir de cadastro preenchido pelas escolas, com os seguintes campos: – Cadastro de cursos e valores; – Cadastro de alunos, valores e bolsas. A partir desse banco de dados, a nota fiscal seria emitida mensal e automaticamente para os e-mails dos alunos cadastrados, sendo todo o faturamento confrontado periodicamente com o CENSO DA EDUCAÇÃO" (MANGIERI, Francisco Ramos. *Administração tributária municipal*: eficiência e inteligência fiscal municipal. Porto Alegre: Livraria do Advogado, 2015. p. 87-88).

---

9 – Serviços relativos a hospedagem, turismo, viagens e congêneres.

9.01 – Hospedagem de qualquer natureza em hotéis, apart-service condominiais, flat, apart-hotéis, hotéis residência, residence-service, suite service, hotelaria marítima, motéis, pensões e congêneres; ocupação por temporada com fornecimento de serviço (o valor da alimentação e gorjeta, quando incluído no preço da diária, fica sujeito ao Imposto Sobre Serviços).

9.02 – Agenciamento, organização, promoção, intermediação e execução de programas de turismo, passeios, viagens, excursões, hospedagens e congêneres.

9.03 – Guias de turismo.

---

1. Legislação federal reguladora do turismo e meios de hospedagem. Lei n. 11.771/2008, que dispõe sobre a Política Nacional do Turismo, especialmente os seus arts. 21 a 26. A Portaria n. 100/2011 do Ministério do Turismo institui o Sistema Brasileiro de Classificação de Meios de Hospedagem (SBClass), estabelece os critérios de classificação destes, e cria o Conselho Técnico Nacional de Classificação de Meios de Hospedagem (CTClass), especialmente seu art. 7º.

2. Atividades afins ou complementares aos serviços de hospedagem (subitem 9.01). A lista de serviços cataloga outras atividades afins ou complementares à hospedagem: subitens 6.05 (centros de emagrecimento, *spas* e congêneres) e 11.01 (estacionamento, quando cobrado a parte). No campo do ICMS, também pode-se falar nos serviços de telecomunicações cobrados a parte (telefone, internet, que se sujeitarão ao ICMS) e refeições cobradas fora da diária (sujeitas ao ICMS). Outrossim, há a locação imobiliária para temporada (Lei n. 8.245/91, arts. 48 a 50), não sujeita ao ISS.

– "2) Serviço de hospedagem em hotéis, motéis, pensões e similares – Base de cálculo – O preço do serviço cobrado do hóspede, incluído o valor da lavanderia/tinturaria, ainda que não executado diretamente pelo estabelecimento de hospedagem – Precedentes desta Corte e do STJ" (TJSP, Apelação 9000483-25.2005.8.26.0090, 15ª C., 2017).

3. Contrato de hospedagem é um contrato complexo que engloba diversos elementos essenciais a certos contratos. "Assim, podemos dizer ser o contrato de hospedagem um contrato complexo, nele ficando englobados diversos elementos essenciais a certos contratos, a saber: a) locação de espaço em bens imóveis. No contrato de hospedagem o hóspede loca determinado espaço em bem imóvel, mas para fins exclusivos de alojamento. Todavia, devemos ver que na hospedagem não há apenas a concessão de uso e gozo (locação) de coisa não fungível, no caso, do apartamento, do quarto ou do cômodo. Inexiste, na hospedagem, simples relação *ex locato*, pois o hospedeiro oferece mais bens do que o simples uso e fruição de bens imóveis. O imóvel destinado a hotel deve ser dotado de certas condições, v.g., ter área para estacionamento de veículos, instalações adequadas para o fim a que se destina; copa central e copas secundárias; cozinha; dormitórios com instalações sanitárias privativas. sala de recepção, etc.; b) prestação de serviços. O hoteleiro aloja o hóspede, oferecendo-lhe serviços específicos: café da manhã, roupa cama, luz, telefone, banhos quentes, toalhas, elevador, banhos quentes, toalhas, elevador, limpeza geral, arrumação do quarto, etc.; c) dação de uso de móveis. O hoteleiro se obriga, ara com o hóspede, em dar-lhe o uso de móveis da hospedaria, tais como: cama, mesa, armário, etc.; d) fornecimento de alimentação. O hoteleiro oferece aos hóspedes alimentos (comestíveis e líquidos), seja de forma especial ou comum com os demais interessados (restaurante aberto ao público). Às vezes tal alimentação é prestada com o café da manhã; e) depósito necessário. O hoteleiro é responsável pela bagagem do hóspede, sendo considerado, pelo art. 776 do CC, como credor pignoratício, independentemente de convenção, sobre as bagagens, joias ou dinheiro encontrado o em poder de seus fregueses, para a cobrança de estadias ou de outras despesas" (MORAES, Bernardo Ribeiro de. *Doutrina e prática do Imposto sobre Serviços*. São Paulo: Revista dos Tribunais, 1975, p. 338)

4. Incidência do ISS sobre o serviço de *apart-service* condominiais, dependendo do caso em concreto. "Assim sendo, a inclusão de novas modalidades de hospedagem como *flats*, apart-hotéis, hotéis-residência, *residences service*, hotelaria marítima etc. não oferece maiores dificuldades, desde que haja exploração do serviço de hotelaria. Dúvidas surgem, entretanto, em relação à inclusão de apart-service condominiais. José Eduardo Soares de Melo pondera que o negócio jurídico *apart-service* 'não guarda identidade com os hotéis, como também é o caso dos condomínios, que não desenvolvem uma atividade econômica, mas apenas têm por finalidade prover serviços necessários para o bom funcionamento dos prédios'. Em abono de seu ponto de vista, cita o trecho da lição de Edvaldo Brito: 'O condomínio constituído pelo 'apart-service' não celebra contrato de hospedagem, nem pode ser congênere de pensão que é estabelecimento do tipo antes mencionado (prestação de serviços de caráter pessoal), nem de hotel que Bernardo define como uma casa de hospedagem de tratamento esmerado que oferece alojamento e alimentação, com ideia de conforto. Por todo o exposto o ISS não incide sobre a atividade do 'apart-service' condominial'. Não discordamos desse posicionamento. Contudo, atento à realidade de nossos dias, devemos reconhecer que é cada vez mais frequente a terceirização, por parte de condomínios, da execução de vários dos serviços que lhes cabe. A empresa terceirizada, que presta serviços para o apart-service condominial seguramente é contribuinte do ISS. Não é possível concluir, de antemão, se o serviço de apart-service condominial é ou não tributável pelo ISS, sem o exame de cada caso concreto: a) Se o proprietário loca a sua unidade autônoma, diretamente ou por meio de uma imobiliária, não há incidência do ISS sobre essa locação. Nesse sentido a jurisprudência do STJ: 'DIREITO TRIBUTÁRIO — ISS — LOCAÇÃO DE UNIDADE SITUADA EM APART--HOTEL — AUSÊNCIA DE PRESTAÇÃO DE SERVIÇOS DE HOTELARIA — NÃO CONFIGURAÇÃO DO FATO TRIBUTÁVEL. I – A hipótese dos autos é de imóvel situado em apart-hotel que foi confiado à imobiliária, para que, em nome do proprietário, o cedesse em locação, entendendo o recorrente que sobre essa relação locatícia incide o ISS, porquanto aos locatários ocupantes são oferecidos serviços típicos de hospedagem em hotéis. II – O proprietário do imóvel e a imobiliária que o representa não são responsáveis pelo ISS referente aos serviços prestados pela administradora das unidades de apart-hotel, porquanto aqueles encerram simples relação da das cação com os ocupantes do imóvel, sendo imperiosa a anulação do auto de infração lavrado pelo recorrente. III – Recurso especial improvido (REsp n. 457.499-D1; Rel. Min. Francisco Falcão, 1ªT., *DJ* de 13-2-2006, p. 662)'. b) Na locação de unidades autônomas por meio de 'pool', com prestação de serviços típicos de hotelaria prestados por empregados do condomínio não há incidência de ISS: 'IMPOSTO ISS – Municipalidade de São Paulo – Serviços de administração de empreendimentos imobiliários e de bens imóveis – Administração de condomínio formado por apartamentos em 'flat service' – Serviços disponibilizados pelo condomínio, rateados entre os condôminos ou prestados por terceiros e a eles pagos pelos usuários das unidades residenciais — Serviços não prestados pela administradora – Desenvolvimento de atividades de hotelaria e hospedagem não caracterizado – Não sujeição passiva tributária da autora — Ação declaratória de inexistência de relação jurídico-tributária procedente — Sentença mantida — Recurso oficial e voluntário desprovidos (Ap. n. 470.251-Sp, Rel. Des. José Gonçalves Rostey, j. em 18-1-2006)'. No caso, a administradora do *pool* é contribuinte do ISS na condição de administradora de bens imóveis, como decidiu o acórdão referido na ementa supra. Na lista de serviços em vigor, ela estaria enquadrada no item 17.12 que cuida de 'administração em geral, inclusive de bens e negócios de terceiros'. c) Se as unidades do flat forem locadas por intermédio de uma administradora, que ao mesmo tempo explora a atividade hoteleira (serviços de restaurante, lavanderia, telefonia, salão, manobrista etc.)

não se pode afirmar que se trata de mera locação de imóveis para fins residenciais, nem de administração de bens de terceiros" (HARADA, Kiyoshi. *ISS:* doutrina e prática. São Paulo: Atlas, 2008. p. 130-132).

5. As reservas hoteleiras e o momento de ocorrência do ISS. O mero recebimento antecipado da hospedagem, conhecido como "reserva", não configura fato gerador do ISS, que prescinde da efetiva prestação do serviço de hospedagem.

5.1. Devolução parcial das reservas e reflexos no ISS. Uma vez cancelada a reserva com a consequente não efetivação do serviço de hospedagem, ainda que o estabelecimento hoteleiro fique total ou parcialmente com o valor pago a título de reserva, não haverá incidência do ISS, por não ocorrência da prestação do serviço.

6. Base de cálculo do ISS sobre serviço de hospedagem. "A base de cálculo do ISS nesses casos é o preço do serviço de hospedagem. Incluem-se no preço do serviço os valores correspondentes a tudo o que for oferecido como comodidade ao hóspede durante o período de sua estadia, ainda que prestados por meio de terceiros. O conceito de hospedagem pressupõe sempre a existência de uma série de comodidades que ficam à disposição daquele que contrata esses serviços, ou seja, envolvem outras atividades que são disponibilizadas à sua clientela. Além de alojar o hóspede, elas oferecem-lhe serviços específicos, tais como café da manhã, almoço, roupa de cama, toalhas, luz, telefone, televisão, banhos, arrumação e limpeza do quarto. Todos esses itens (comodidades) compõem o preço do serviço de hospedagem e como tal são tributados. No caso específico da alimentação e gorjeta há disposição expressa no próprio item da lista, no sentido de que não devem sujeitar-se ao ISS quando cobrados em separado do valor da diária. Se cobrados juntamente com a diária, integram a base de cálculo" (PATROCÍNIO, José Antônio. *ISSQN:* Lei Complementar n. 116/2003 – teoria, jurisprudência e prática. São Paulo: FiscoSoft Editora, 2011. p. 172).

6.1. Gorjetas: não incidência do ISS. Por não fazerem parte da diária (preço do serviço) e não serem uma receita do hotel, as gorjetas não devem ser incluídas na base de cálculo do ISS. Nesse sentido, vem entendendo o STJ (REsp 107.143 e 399.596) e o STF (RE n. 112.040).

6.2. ISS e o seu "cálculo por dentro" quando o estabelecimento cobrar o ISS a parte do seu hóspede. É comum alguns hotéis cobrarem "a parte" dos seus clientes o montante do ISS, isto é, de forma destacada e separada da diária. Neste caso, este valor cobrado a parte (2% a 5% sobre a diária) deverá ser considerado e embutido no preço total do serviço, para fins de apuração da base de cálculo do ISS. Por exemplo, o hotel oferta sua diária por R$ 200,00 mais 5% de ISS (R$ 10,00). A base de cálculo do ISS será R$ 210,00 e não R$ 200,00. Essa forma de precificar a diária, com o ISS cobrado por fora, não tem o condão de afastar o ISS de sua própria base de cálculo.

6.2.1. ISS é tributo cobrado "por dentro". "Embora a lei complementar não mencione, a maioria das normas municipais explicita que o imposto já está compreendido em sua própria base de cálculo. Ou seja, trata-se de tributo cobrado 'por dentro', diferentemente do IPI, que é acrescido ao valor das mercadorias. Baseado nessa conclusão, podemos afirmar que é ilegal a prática de certos prestadores (especialmente do ramo hoteleiro) de adicionar o ISS ao valor dos serviços, considerando a base de cálculo do tributo o montante dos serviços antes de sua incidência. Se as diárias cobradas por determinado hotel totalizam R$ 1.000,00, por exemplo, não é correto calcular o ISS sobre tal valor e adicioná-lo ao total pago pelo cliente. Imaginando que a alíquota seja 5%, ao considerar que este imposto deve ser calculado por fora, o prestador adicionará R$ 50,00 ao valor das diárias e exigirá R$ 1.050,00 como pagamento. Porém, o município terá legitimidade para exigir o imposto de 5% sobre o preço total pago pelo tomador ou seja, sobre R$ 1.050,00" (LEMOS, Alexandre Marques Andrade. *Gestão tributária de contratos e convênios*. 4. ed. Salvador: Open Editora, 2015. p. 426).

7. Utilização de boletins de ocupação hoteleira (BOH) para fins de fiscalização dos hotéis. "O BOH é o resultado do quantitativo das Fichas Nacionais de Registros de Hóspedes (FNRH) lançadas diariamente no sistema informando as entradas e saídas do hóspedes. Os hotéis alimentam o programa PGTUR (<www.pgtur.turismo.gov.br>), que gera o BOH mensal. As informações não são públicas, somente sendo acessadas por meio de senha. Daí a necessidade de solicitá-las ao órgão de turismo do Município. A ideia é cruzar as informações do BOH com o faturamento acursado pela NFS-e. As inconsistências encontradas serão fiscalizadas" (MANGIERI, Francisco Ramos. *Administração tributária municipal*: eficiência e inteligência fiscal municipal. Porto Alegre: Livraria do Advogado, 2015. p. 88).

---

10 – Serviços de intermediação e congêneres.

10.01 – Agenciamento, corretagem ou intermediação de câmbio, de seguros, de cartões de crédito, de planos de saúde e de planos de previdência privada.

10.02 – Agenciamento, corretagem ou intermediação de títulos em geral, valores mobiliários e contratos quaisquer.

10.03 – Agenciamento, corretagem ou intermediação de direitos de propriedade industrial, artística ou literária.

10.04 – Agenciamento, corretagem ou intermediação de contratos de arrendamento mercantil (*leasing*), de franquia (*franchising*) e de faturização (*factoring*).

---

1. Subitem 10.04 não pode ser confundido com os serviços de *leasing, franchising* ou *factoring*. "O que é alcançado pela tributação do ISS, nesse subitem, não é a operação de *leasing*, de *franchising* ou de *factoring*, mas a intermediação, a corretagem ou o agenciamento que conduza à celebração dos contratos respectivos entre as partes interessadas" (HARADA, Kiyoshi. ISS: exame do Item 10.04 da Lista de Serviços. *Revista de Estudos Tributários (RET)*, Porto Alegre: Síntese, n. 122, 2018. p. 205)

1.1. *Leasing*. "Contrato típico formado com elementos retirados de outros contratos tradicionais como os de locação de bens móveis, de compra e venda a prazo, de mútuo etc. Na forma da Lei n. 6.099/1074, é um contrato denominado de 'arrendamento mercantil' caracterizando-se como um negócio jurídico realizado entre pessoa jurídica (arrendadora) e pessoa física ou jurídica (arrendatária) tendo por objeto o arrendamento de bens adquiridos pela arrendadora, segundo especificações da arrendatária e para uso próprio desta (parágrafo único do at. 1º). Esse contrato envolve, necessariamente, uma operação de financiamento para aquisição do bem pela arrendadora, bem como a opção de compra pelo arrendatário, ao final do prazo contratual, pelo 'valor residual'" (HARADA, Kiyoshi. *Dicionário de direito público*. 2. ed. São Paulo: MP Editora, 2005. p. 247).

1.2. *Franchising*. "Modalidade peculiar de contrato mercantil, relativamente nova entre nós, consistente na cessão de uma marca ao franqueado pelo franqueador, para utilização exclusiva em determinada área geográfica, e prestação de serviços de treinamento de pessoal envolvendo fornecimento de máquinas e equipamentos pelo cedente. Normalmente, o franqueador transmite ao franqueado todo *know how* para eficiente exploração da marca cedida. Difere, portanto, das modalidades similares de contrato de representação comercial, de concessão de venda, de comissão e de mandato" (HARADA, Kiyoshi. *Dicionário de direito público*. 2. ed. São Paulo: MP Editora, 2005. p. 183).

1.3. *Factoring*. "Modalidade de contrato de cessão de crédito pela qual aquele que exerce atividade econômica (comerciante, industrial ou prestador de serviço)) cede e transfere a terceiros os créditos decorrentes de sua atividade, por um preço certo e ajustado, mediante determinado desconto. Envolve, de um lado, a pessoa, física ou jurídica, que emite e cede os títulos de crédito e, de outro lado, a pessoa contra a qual são sacados esses títulos, bem como a pessoa que adquire esses títulos mediante desconto. Trata-se de modalidade ainda não normatizada, pelo que aplicam-se as normas concernentes à cessão de crédito. Essa atividade enquadra-se dentre aquelas sujeitas à fiscalização do Banco Central" (HARADA, Kiyoshi. *Dicionário de direito público*. 2. ed. São Paulo: MP Editora, 2005. p. 175).

2. Local de ocorrência do ISS após a LC n. 157/2016. A LC n. 157 acrescentou o inciso XXV no art. 3º da LC n. 116, modificando o local de ocorrência do ISS do local do estabelecimento prestador para o local "do domicílio do tomador dos serviços".

– Confiram-se as notas ao art. 3º, XXIII, da LC n. 116.

10.05 – Agenciamento, corretagem ou intermediação de bens móveis ou imóveis, não abrangidos em outros itens ou subitens, inclusive aqueles realizados no âmbito de Bolsas de Mercadorias e Futuros, por quaisquer meios.

---

1. Operações na bolsa de valor. Questão infraconstitucional. "A análise da incidência do ISS sobre as operações realizadas pela parte agravante na Bolsa de Mercadorias e Futuros – BM&F demandaria o reexame da legislação infraconstitucional aplicada pelo Tribunal de origem, assim como dos fatos e provas nos quais ele se baseou. O recurso extraordinário, portanto, além de conter alegações de ofensas indiretas ou reflexas à Constituição, esbarra no óbice previsto na Súmula 279/STF" (STF, 2ª T., ARE 1032003 AgR, 2017).

2. Incide ISS sobre a intermediação de negócios na BM&F, cuja atividade é voltada para a comercialização de mercadorias. "Assim, afirmou a Corte Superior que sobre as operações de câmbio, comissões e taxas de descontos cobrados pelos estabelecimentos bancários e instituições financeiras, haverá a incidência inconteste do IOF. Por outro lado, quando se tratar de corretagem sobre fechamento de câmbio, tal qual a hipótese analisada, ou seja, não se trata da operação de câmbio propriamente dita, mas da intermediação da negociação, nos termos da Lei 5.601/70, haverá a incidência do imposto de competência municipal – ISS, previsto no item 80 do DL 406/68 (agenciamento, corretagem ou intermediação de câmbio e de seguro). Nesses casos, as empresas atuam como intervenientes na operação, prestando serviços para terceiros, sem assumir a condição de parte na operação por eles praticadas. Em síntese, nos termos da própria ementa, o STF não deixou margem de dúvida a respeito do tributo incidente sobre as operações de câmbio (IOF) e a intermediação prestada pelas sociedades corretoras (ISS). Seguindo a mesma linha de intelecção, foi trazido a conhecimento o entendimento sustentado nos autos do Recurso Especial 61.228/SP, pelo Ministro Relator Peçanha Martins. Nessa oportunidade, o Ministro Peçanha chamou a atenção para o fato de que quaisquer que sejam as operações e os efeitos negociados na Bolsa de Valores só poderão ser encaminhados e realizados através de sociedades corretoras nelas inscritas. Estaríamos diante, assim, de intermediação obrigatória, ou seja, serviço imprescindível e inafastável pela própria natureza. A atividade da empresa também foi analisada, afirmando-se que: '(...) o objeto de negociação nas referidas bolsas são os contratos, verdadeiros títulos e valores mobiliários. Não se negociam os próprios bens, mas somente os contratos por eles representados, pois não interessa aos investidores a liquidação física dos mesmos'. Tem-se, portanto, negócios jurídicos cujos objetos são ativos financeiros e outros, *commodities* e que, como visto, dependem da intermediação de uma corretora, autorizada pelo Bacen, para sua consecução. A fim de que não pairem dúvidas, o Ministro faz importante ressalva sobre a necessidade de não se confundir o negócio jurídico concretizado nas bolsas com a intermediação que a viabiliza, essa passível de incidência do ISS, nos termos da já mencionada jurisprudência do STF. Desta forma, o Ministro Peçanha concluiu pela incidência do ISS sobre a atividade de intermediação que viabiliza a concretização dos negócios jurídicos, uma vez que a hipótese de incidência estaria prevista no item 50 da lista de serviços da Lei Complementar n. 56/87. Lado outro, sobre o negócio jurídico concretizado nas bolsas de valores, os quais necessitam da autorização do Banco Central e são fiscalizados pela Comissão de Valores Mobiliários, não incide o ISS, uma vez que consubstanciam hipótese de incidência do IOF" (GOMES, Marcela Medrado Passos; SOUSA, Maria Helena Brito de. Incide ISS sobre a intermediação de negócios na Bolsa de Mercadorias e Futuro – BM&F, cuja atividade é voltada para a comercialização de mercadorias. *In:* CARVALHO, Paulo de Barros (coord.). *Teses jurídicas dos tribunais superiores*: direito tributário. São Paulo: Revista dos Tribunais, 2017. v. 2, p. 495-496).

3. Necessidade de lei municipal discriminando os demais serviços de agenciamento, corretagem ou intermediação não abrangidos nos itens ou subitens anteriores, bem como admitindo a incidência do ISS

sobre o agenciamento, corretagem ou intermediação no âmbito da Bolsa de Mercadorias e Futuros. "A primeira dúvida que surge é se o uso da expressão 'agenciamento, corretagem ou intermediação de bens móveis ou imóveis, não abrangidos em outros itens ou subitens' não estaria descaracterizando a natureza taxativa da lista, aceita unanimemente pela doutrina e jurisprudências atuais. Ora, bens móveis e imóveis não abrangidos em outros itens significam agenciamento, corretagem ou intermediação de qualquer natureza, ou seja, de bens em geral, conferindo grau de discrição ampla ao aplicador da lei. Ressalte-se que em todos os demais subitens há expressa indicação das atividades sujeitas à incidência do imposto e, às vezes, o acréscimo da expressão 'congêneres'. Entendo que, a exemplo dos subitens que contêm a expressão 'congêneres', neste caso sob exame cabe ao legislador ordinário de cada ente político discriminar quais os serviços não previstos no rol da lista nacional de serviços que pretende tributar. Não se pode esquecer que a especificação do serviço tributável integra a definição do fato gerador do ISS. Entender que o fisco pode tributar por analogia outros serviços não abrangidos na lista de serviços é tornar exemplificativo o rol de serviços tributáveis a exemplo do que fazia a antiga legislação do município de São Paulo, que após enumerar os serviços tributáveis acrescentava um item final: 'demais serviços não previstos nos itens anteriores'. A outra dúvida que pode eventualmente surgir diz respeito à inclusão de agenciamento, corretagem ou intermediação no âmbito de Bolsas de Mercadorias e Futuros, que não se confundem com as Bolsas de Valores. As Bolsas de Mercadorias e Futuros destinam-se a intermediar o contrato de compra e venda de safras agrícolas futuras ou outros produtos, como é o caso dos *commodities*. *Commodities* são produtos primários ou produtos resultantes da extração mineral ou vegetal, que permitem sua estocagem, por certo tempo, sem perda sensível de qualidade. Hoje, constituem, no mundo inteiro, uma forma de investimento por meio de Mercado de Futuros. Um investimento em commodities é feito da seguinte forma: compra-se no Mercado de Futuros um contrato de fornecimento de certa quantidade de determinado produto, para ser entregue em determinado prazo, por um preço previamente ajustado; antes do vencimento do contrato o comprador revende esse contrato por um preço maior obtendo lucros financeiros. Como todo investimento, o comprador corre o risco de queda do preço após o fechamento do negócio. Difere das operações de aplicações financeiras realizadas no âmbito das Bolsas de Valores, porque o objetivo principal das commodities é dar apoio à comercialização mercadorias que são bens móveis. A especulação financeira, que não é objetivo principal das *commodities*, nem sempre está presente. Muitas vezes, uma indústria pode comprar no Mercado de Futuros para garantir a matéria-prima básica de que necessita para dar continuidade à sua produção. A exemplo da Bolsa de Valores, o Mercado de Futuros é operado por corretoras, que percebem remuneração pela intermediação dos negócios, que é alcançada pela tributação do ISS. Nesse sentido é a jurisprudência do STJ, conforme ementas abaixo: 'EMENTA. TRIBUTÁRIO. ISS. EMPRESAS QUE ATUAM, COMO CORRETORAS, NA BOLSA DE MERCADORIA E FUTUROS – INCIDÊNCIA. 1. O mercado de futuros desenvolve-se com apoio fundamental na comercialização de mercadorias. A sua natureza jurídica não se enquadra no campo de atividade financeira pura, por ser a mercadoria (bem móvel) o lastro do seu funcionamento. 2. As empresas que atuam na intermediação de tais negócios nas Bolsas de Futuros não necessitam de autorização do Banco Central para o seu funcionamento, por não serem consideradas instituições financeiras, ao contrário do que ocorre com as empresas que atuam no mercado de títulos financeiros e perante a Bolsa de Valores. 3. A prestação de serviços executada por tais empresas está sujeita ao ISS. 4. Recurso do município de São Paulo provido (REsp 176.082-SP Rel. Min. José Delgado, 1ª T., *DJ* de 22-3-99, p. 71)'. 'EMENTA. ISS – INTERMEDIAÇÕES – OPERAÇÕES DE CÂMBIO, TÍTULOS E VALORES MOBILIÁRIOS – DL. NUM. 406/1968, ART 8º – DL. NUM. 834/1969 – LEI COMPLEMENTAR NUM. 56/1987 – PRECEDENTES STF. – A intermediação obrigatória de sociedades corretoras habilitadas, autorizadas pelo governo federal, para a concretização dos negócios jurídicos realizados nas bolsas de mercadorias e futuros, é tributada pelo ISS, por isso que se caracteriza como atividade profissional por elas prestada ao comprador. – Invertidos os anus da sucumbência, para condenar a recorrida ao pagamento dos honorários de advogado, no percentual de 15%. Recurso provido (REsp n. 61.228-SP Rel. Min. Peanha Martins, 2ª T., *DJ* de 30-9-96, p. 36674 e LEXSTJ-90/170)'" (HARADA, Kiyoshi. *ISS:* doutrina e prática. São Paulo: Atlas, 2008. p. 141-142).

10.06 – Agenciamento marítimo.

10.07 – Agenciamento de notícias.

10.08 – Agenciamento de publicidade e propaganda, inclusive o agenciamento de veiculação por quaisquer meios.

10.09 – Representação de qualquer natureza, inclusive comercial.

10.10 – Distribuição de bens de terceiros.

11 – Serviços de guarda, estacionamento, armazenamento, vigilância e congêneres.

11.01 – Guarda e estacionamento de veículos terrestres automotores, de aeronaves e de embarcações.

ISS devido no local onde estiver o bem. De acordo com o inciso XV do art. 3º da LC n. 116, o imposto será devido no local "onde estiver o bem guardado ou estacionado"

11.02 – Vigilância, segurança ou monitoramento de bens, pessoas e semoventes. (Redação dada pela LC n. 157/2016.)

---

1. Alteração pela LC n. 157. A redação atual, dada pela LC n. 157/2016, incluiu referência expressa aos semoventes, que já estavam implícitos na condição de espécie de "bens". A redação anterior referia apenas bens e pessoas: "11.02 – Vigilância, segurança ou monitoramento de bens e pessoas" (redação original).

2. ISS devido no local onde estiver o bem ou o semovente ou onde estiver domiciliada a pessoa. De acordo com o inciso XV do art. 3º da LC n. 116, o imposto será devido no local "dos bens, dos semoventes ou do domicílio das pessoas vigiados, seguros ou monitorados".

11.03 – Escolta, inclusive de veículos e cargas.

ISS devido no local do estabelecimento prestador. Enquanto os três outros subitens do item 11 da lista estejam previstos nos incisos XV, XVI e XVII do art. 3º da LC como exceções ao local do estabelecimento prestador, o serviço de escolta, inclusive de veículos e cargas (subitem 11.03), não constou naquelas exceções, de tal forma que o imposto será devido no local do estabelecimento prestador.

11.04 – Armazenamento, depósito, carga, descarga, arrumação e guarda de bens de qualquer espécie.

ISS devido no local onde estiver o bem. De acordo com o inciso XVII do art. 3º da LC n. 116, o imposto será devido no local "do armazenamento, depósito, carga, descarga, arrumação e guarda do bem".

---

12 – Serviços de diversões, lazer, entretenimento e congêneres.

ISS devido no local da execução. De acordo com o inciso XVIII do art. 3º da LC n. 116, o imposto será devido no local "da execução dos serviços de diversão, lazer, entretenimento e congêneres", exceto para a prestação de serviços tipificada no subitem 12.13, cujo elemento espacial será o município do estabelecimento prestador.

12.01 – Espetáculos teatrais.

12.02 – Exibições cinematográficas.

12.03 – Espetáculos circenses.

12.04 – Programas de auditório.

12.05 – Parques de diversões, centros de lazer e congêneres.

12.06 – Boates, *taxi-dancing* e congêneres.

12.07 – *Shows*, *ballet*, danças, desfiles, bailes, óperas, concertos, recitais, festivais e congêneres.

12.08 – Feiras, exposições, congressos e congêneres.

12.09 – Bilhares, boliches e diversões eletrônicas ou não.

12.10 – Corridas e competições de animais.

12.11 – Competições esportivas ou de destreza física ou intelectual, com ou sem a participação do espectador.

12.12 – Execução de música.

12.13 – Produção, mediante ou sem encomenda prévia, de eventos, espetáculos, entrevistas, *shows*, *ballet*, danças, desfiles, bailes, teatros, óperas, concertos, recitais, festivais e congêneres.

ISS devido no local do estabelecimento prestador. De acordo com o inciso XVIII do art. 3º da LC n. 116, o imposto será devido no local do estabelecimento prestador, pois esse subitem foi expressamente afastado da exceção ali contida.

12.14 – Fornecimento de música para ambientes fechados ou não, mediante transmissão por qualquer processo.

12.15 – Desfiles de blocos carnavalescos ou folclóricos, trios elétricos e congêneres.

12.16 – Exibição de filmes, entrevistas, musicais, espetáculos, *shows*, concertos, desfiles, óperas, competições esportivas, de destreza intelectual ou congêneres.

12.17 – Recreação e animação, inclusive em festas e eventos de qualquer natureza.

13 – Serviços relativos a fonografia, fotografia, cinematografia e reprografia.

13.01 – (VETADO)

---

1. Redação do subitem vetado. "13.01 – Produção, gravação, edição, legendagem e distribuição de filmes, *videotapes*, discos, fitas cassete, *compact disc, digital video disc* e congêneres".

2. Razões do veto. "O item 13.01 da mesma Lista de serviços mencionada no item anterior coloca no campo de incidência do imposto gravação e distribuição de filmes. Ocorre que o STF, no julgamento dos RREE 179.560-SP, 194.705-SP e 196.856-SP, cujo relator foi o Ministro Ilmar Galvão, decidiu que é legítima a incidência do ICMS sobre comercialização de filmes para videocassete, porquanto, nessa hipótese, a operação se qualifica como de circulação de mercadoria. Como consequência dessa decisão foram reformados acórdãos do Tribunal de Justiça do Estado de São Paulo que consideraram a operação de gravação de videoteipes como sujeita tão somente ao ISS. Deve-se esclarecer que, na espécie, tratava-se de empresas que se dedicam à comercialização de fitas por elas próprias gravadas, com a finalidade de entrega ao comércio em geral, operação que se distingue da hipótese de prestação individualizada do serviço de gravação de filmes com o fornecimento de mercadorias, isto é, quando feita por solicitação de outrem ou por encomenda, prevalecendo, nesse caso a incidência do ISS (retirado do Informativo do STF no 144)".

2.1. Crítica ao veto do subitem 13.01. "Esse subitem foi totalmente vetado sob o fundamento de que o STF firmou jurisprudência no sentido de incidência do ICMS sobre comercialização de filmes para vídeo cassete (RREE 179.560-SP, 194.705-SP e 196.856-SP). Além de interpretar, equivocadamente, a jurisprudência da Corte Suprema, confundindo venda de fitas gravadas pela vendedora, com a venda do serviço de gravação de filmes, o fundamento invocado pelo Executivo não abrange todas as atividade constantes do subitem vetado integralmente. O veto em relação à distribuição de filmes está correto, pois essa atividade já está abrangida pelo subitem 10.10 (distribuição de bens de terceiro). De fato, a posição da Suprema Corte é bem clara em distinguir essas duas hipóteses, conforme se verifica das ementas abaixo: 'EMENTA: ICMS: incidência: comercialização, mediante oferta ao público de fitas para 'videocassete' gravadas em série. Tal como sucede com relação a programas de computador ou *software* (cf. RE 176.626, Pertence, 11.12.98), a fita de vídeo pode ser o exemplar de uma obra oferecido ao público em geral – e nesse caso não seria lícito negar-lhe o qualificativo de mercadoria – ou o produto final de um serviço realizado sob encomendo. para atender à necessidade específica de determinado consumidor, hipótese em que se sujeita à competência tributária dos municípios. Se há, de fato, comercialização de filmes para 'videocassete', não se caracteriza, para fins de incidência do ISS municipal, a prestação de serviços que se realiza sob encomenda com a entrega do serviço ou do seu produto e não com sua oferta ao público consumidor (RE n. 252.329-SP, Rel. Min. Sepúlveda Pertence, 1ª T., *DJ* de 3-9-1999)'. 'ICMS — VENDA DE VÍDEOS. Tratando-se não de simples distribuição de filmes e videoteipes, mas de negócio jurídico a encerrar a comercialização, a compra e venda, em si, incidente é o ICMS (RE n. 164.599-SP, Rel. Min. Marco Aurélio, 2ªT., *DJ* de 29-10-1999).' Outrossim, pela Súmula n. 315 do STJ: 'o ICMS não incide na gravação e distribuição de filmes e videocassetes'" (HARADA, Kiyoshi. *ISS:* doutrina e prática. São Paulo: Atlas, 2008. p. 151-152).

3. ISS sobre a produção, gravação e distribuição de filmes. "A incidência do Imposto Sobre Serviços de Qualquer Natureza ('ISS') sobre as atividades de 'elaboração de filmes publicitários pelas produtoras cinematográficas' e 'gravação de filmes cinematográficos, de videoteipes e assemelhados' tem sido, desde a publicação da Lei Complementar n. 116/2003 ('LC n. 116/03'), alvo de controvérsia entre os contribuintes e as autoridades fiscais municipais. Isso porque, em princípio, tais atividades seriam passíveis da incidência do ISS por encontrarem previsão no item 13.01 da Lista de Serviços da LC n. 116/03, cuja redação era a seguinte: 'Produção, gravação, edição, legendagem e distribuição de filmes, *videotapes*, discos, fitas cassete, compact disc, digital video disc e congêneres'. Contudo, o referido item foi vetado pelo Presidente da República antes da publicação da lei, de modo que a Lista de Serviços acabou por não prever a incidência do ISS sobre as atividades de produção, gravação e distribuição de filmes, seja destinada ao comércio em geral ou ao atendimento de encomendas específicas de terceiros. O principal motivo do veto consistiu no fato de que o Supremo Tribunal Federal já havia decidido, em sede de Recurso Extraordinário, que a comercialização de filmes seria abarcada pela incidência do ICMS, e não do ISS. Apesar do veto presidencial, vários Municípios continuaram entendendo que o ISS seria devido pelas produtoras, gravadoras e distribuidoras de filmes, sob o fundamento de que deveria ser aplicada a tais atividades uma interpretação extensiva do conceito de cinematografia previsto em outro item da Lista de Serviços. Em meio a esse impasse, as disputas entre os Municípios e os contribuintes pela exigência do ISS sobre tais atividades têm chegado, inclusive, ao Superior Tribunal de Justiça ('STJ'), que se divide internamente em órgãos especializados para julgar a maioria das matérias, de modo que os processos envolvendo impostos são analisados pela Primeira e pela Segunda Turma. Diante disso, a Primeira Turma do STJ tem se manifestado sobre o assunto e mantido uma postura favorável aos contribuintes, concluindo pela não incidência do ISS sobre tais atividades. O argumento para tanto é o de que não é possível, para fins de tributação, enquadrar as atividades de produção, gravação e distribuição de filmes na hipótese de cinematografia. Isso porque, em primeiro lugar, existe veto presidencial expresso quanto à inclusão das atividades de produção, gravação e distribuição de filmes da Lista de Serviços da LC n. 116/03, de forma que não seria possível a interpretação extensiva de outro item da Lista para enquadrar essas atividades como tributáveis pelo imposto municipal. Além disso, na visão do STJ, a atividade de cinematografia não equivale à produção de filmes em si, mas somente a uma de suas etapas, posto que a produção cinematográfica se caracteriza por ser uma atividade bem mais ampla que a cinematografia e compreende, dentre outras atividades, o planejamento do filme, a contratação do elenco, a locação de espaços para filmagens e, certamente, a própria cinematografia. Nesse sentido, as decisões proferidas pela Primeira Turma são no sentido de que a atividade de cinematografia abrange tão somente 'os valores que o cineasta aufere na produção de determinado filme', não se permitindo, portanto, a confusão entre as receitas obtidas pelo produtor e pelo diretor do filme para fins incidência do ISS. Embora a matéria ainda não tenha sido especificamente analisada pela Segunda Turma do STJ, já existe uma sinalização no sentido de um posicionamento também favorável aos contribuintes. Ao analisar um caso relacionado à não incidência do ISS sobre a cessão de direitos autorais, a Segunda Turma do STJ fez uso justamente do racional estabelecido pela Primeira Turma nos casos envolvendo as atividades de produção, gravação e distribuição de filmes, mencionando expressamente os referidos julgados. Vale, contudo, acompanhar a evolução da discussão e consolidação da jurisprudência, e acompanhar como os Municípios vão se comportar diante do posicionamento do STJ sobre o tema" (CARPINETTI, Ana Carolina; MARINHO, Alice; PIAZZA, Beatriz Antunes. O ISS sobre a produção, gravação e distribuição de filmes. *Jota*, 2019. Disponível em: <https://www.jota.info/opiniao-e-analise/artigos/o-iss-sobre-a-producao-gravacao-e-distribuicao-de-filmes-31012019>. Acesso em: 16 jul. 2019).

13.02 – Fonografia ou gravação de sons, inclusive trucagem, dublagem, mixagem e congêneres.

13.03 – Fotografia e cinematografia, inclusive revelação, ampliação, cópia, reprodução, trucagem e congêneres.

13.04 – Reprografia, microfilmagem e digitalização.

13.05 – Composição gráfica, inclusive confecção de impressos gráficos, fotocomposição, clicheria, zincografia, litografia e fotolitografia, exceto se destinados a posterior operação de comercialização ou industrialização, ainda que incorporados, de qualquer forma, a outra mercadoria que deva ser objeto de posterior circulação, tais como bulas, rótulos, etiquetas, caixas, cartuchos, embalagens e manuais técnicos e de instrução, quando ficarão sujeitos ao ICMS. (Redação dada pela LC n. 157/2016.)

1. Alteração da LC n. 157. A redação atual, dada pela LC n. 157/2016, torna inequívoco que a composição gráfica abrange a confecção de impressos gráficos. De outro lado, afasta a possibilidade de tributação quando os serviços gráficos referidos no item sejam prestados para que o destinatário comercialize o produto ou o incorpore ao seu processo industrial. Veja-se a redação anterior, bem mais simples: "13.05 – Composição gráfica, fotocomposição, clicheria, zincografia, litografia, fotolitografia" (redação original).

1.1. Com a nova redação atribuída ao subitem 13.05 da lista pela LC n. 157/2016, a atividade de composição gráfica de livros, jornais e periódicos para uma editora ou empresa jornalística ("encomendante") deixou de ser uma hipótese de incidência do ISS (prestação de serviço), enquadrando-se como operação relativa à circulação de mercadoria sujeita ao ICMS. "Em 02/08/2019 foi publicado no DOM do Município de São Paulo o Parecer Normativo SF n. 1/2019, em que a Secretaria de Finanças manifesta-se no sentido de que a imunidade prevista no art. 150, VI, 'd', da Constituição Federal não se aplica no caso de prestação de serviço de composição gráfica de livros, jornais e periódicos quando executada por terceiros. Tal manifestação baseia-se no Parecer da Associação Brasileira das Secretarias de Finanças das Capitais (Abrasf), de 24/07/2015, que contém duas conclusões relevantes para a presente análise: (i) o item 13.05 da lista confere aos Municípios a competência para exigir o ISS sobre serviços de composição gráfica sem qualquer vinculação ou dependência de atos posteriores ou desnaturação por força de sua destinação; e (ii) a imunidade deve ser interpretada restritivamente, não se aplicando a insumos de livros, jornais e periódicos, como o serviço de composição gráfica realizado por terceiro. Porém, ao seguir tais conclusões, a Secretaria de Finanças paulistana deixou de considerar a alteração introduzida no item 13.05 da Lei Complementar n. 116/03 pela Lei Complementar n. 157, de 29/12/2016, e a jurisprudência do Supremo Tribunal Federal (STF), especialmente o julgamento em repercussão geral pelo Plenário do RE 330817 RG/RJ, sobre o alcance da imunidade tributária constante do art. 150, VI, *d*, da Constituição Federal (*DJU* de 31/08/2017). As alterações legislativas e a jurisprudência acabaram por solucionar o conflito de competências entre Estados e Municípios, ao menos com relação à atividade de composição gráfica e congêneres. O que a Administração paulistana não considerou é que o legislador, ao editar a Lei Complementar n. 157/2016, decidiu que os Municípios não têm competência para exigir o ISS sobre produtos das atividades de composição gráfica, inclusive confecção de impressos gráficos, fotocomposição, clicheria, zincografia, litografia e fotolitografia, se destinados a posterior operação de comercialização ou industrialização, tais como bulas, rótulos, etiquetas, caixas, cartuchos, embalagens e manuais técnicos e de instrução, pois estes ficarão sujeitos ao ICMS. Assim, considerando que os livros, jornais e periódicos se enquadram no conceito de mercadoria e serão objeto de comercialização, a prestação de serviço de composição gráfica desses itens como parte integrante de seu processo industrial está fora do âmbito de competência tributária dos Municípios, o que os impede de opinar acerca da imunidade" (MIGUEL, Carolina Romanini. Manifestação ilegal de Municípios sobre imunidade de ISS confirma urgência de reforma. *Jota,* 2019. Disponível em: <https://www.jota.info/opiniao-e-analise/artigos/manifestacao-ilegal-de-municipios-sobre-imunidade-de-iss-confirma-urgencia-da-reforma-22092019>. Acesso em: 23 set. 2019).

2. Atividade de fabricação de embalagem personalizada como modalidade de industrialização e não de prestação de serviço. "Acerca do (aparente) conflito existente entre as materialidades do ISSQN, do IPI e do ICMS, ao se considerar os elementos de análise, abaixo descritos, pode-se inferir qual tributo incidirá sobre determinado fato concreto: (i) A exata demarcação operada pela Constituição Federal do campo impositivo de cada ente político através da materialidade de cada um dos tributos, realizada pela Constituição Federal (se a industrialização, IPI, se circulação de mercadorias, ICMS, se serviços, ISSQN); (ii) O objeto da relação jurídica entre o prestados e o tomador do serviço (ISSQN), entre o industrializador e o adquirente do produto (IPI), e entre o comerciante e o adquirente da mercadoria

(ICMS, salvo nos casos de prestação de serviços de transporte interestadual e intermunicipal e de comunicações); e, (iii) As demais notas diferenciadoras, oriundas da análise do critério material de cada um dos tributos (conceito de industrialização, circulação de mercadorias e prestação de serviço). Somado a isso, observou-se também que, sendo a composição gráfica, num primeiro momento, um ato de reproduzir um manuscrito para caracteres tipográficos, e, num segundo momento, uma atividade anterior à impressão propriamente dita, indubitavelmente, tal 'serviço' constitui-se numa mera etapa do processo de fabricação de embalagens. Depreende-se, outrossim, que as condições personalização e sob encomenda, tomadas pela doutrina e, principalmente, pela jurisprudência (Súmula 156 do STJ), como critério diferenciador para fins de incidência do ISSQN, não foram mencionadas pela legislação, resultando assim, num critério não jurídico. Já com relação ao dato de que somente incidirá ISSQN *nos serviços de composição gráfica, mesmo quando sua prestação envolva também o fornecimento de mercadorias,* verificou-se que a atividade de composição gráfica – ou, como queira, a impressão gráfica – deve prevalecer, ou seja, preponderar em comparação aos demais atos que compõem o processo de fabricação de embalagem. De tudo o quanto exposto, ao se analisar o critério material do ISSQN, do IPI e do ICMS, verifica-se que a atividade de fabricação de embalagem com inserção de elemento gráfico, num primeiro momento, mais se identifica como uma modalidade de industrialização do que uma hipótese de prestação de serviço, na medida em que o produto final, não obstante ser o objeto da relação jurídica (entrega das embalagens prontas e acabadas), decorre de um processo de industrialização, oriundo de um conjunto de atos necessariamente interligados, sujeitando-se, portanto, à incidência do IPI" (NOMURA, Rogério Hideaki. O ISSQN e atividade de fabricação de embalagem com inserção de elemento gráfico. *Revista de Direito Tributário da APET*, ano 7, edição 27, 2010. p. 112-114).

3. Crítica ao acórdão proferido pelo STF na ADI 4.389 (fabricação de embalagem e subitem 13.05), por não ter levado em consideração o papel da lei complementar. "No presente estudo, demonstramos que, no caso de operações mistas (situação em que se enquadra a composição gráfica, que está prevista no subitem 13.05, da lista de serviços da LC n. 116/2003), onde não é possível aferir uma preponderância de material ou de serviço, a ponto de se definir pela incidência do ICMS-Mercadoria ou do ISS, toma relevância, no texto constitucional, não só o art. 155, II, que traz a materialidade do ICMS-Mercadoria, e o art. 156, III, que traz a materialidade do ISS; mas principalmente o art. 146, inciso I e III, 'a', que traz as normas jurídicas constitucionais que remetem à lei complementar tributária o papel de precisar a fronteira entre esses dois impostos. Nesses casos de penumbra, no limite entre as materialidades do ISS e do ICMS-Mercadoria, é a lei complementar tributária que atua, conferindo garantia ao Pacto Federativo e segurança jurídica ao sistema, evitando interpretações do texto constitucional com critérios que só se lastreiam no art. 155, II (e inclusive no art. 155, § 2º, I e II) e no art. 156, III, ignorando o art. 146, I e III, 'a', e que trazem extrema subjetividade e imprecisão para a definição da fronteira entre o serviço de qualquer natureza e a circulação de mercadoria. Nesse sentido, atualmente, quem exerce esse papel é a LC n. 116/2003, deixando claro, em seu art. 1º, 2§ 2, que se a atividade se encontra prevista na lista de serviços, e sem ressalva de incidência do ICMS sobre o material, a incidência é plena do ISS, o que justamente é o que ocorre com a composição gráfica em embalagens, prevista no subitem 13.05 da lista. Com essas premissas, debruçando-nos sobre o acórdão da ADI-MC 4.389 MC, constatamos que os argumento ali postos, com critérios de ordem econômica, e não jurídica, e de ordem financeira, para lastrear a decisão pela incidência do ICMS, e não do ISS, não procedem à luz das normas constitucionais tributárias em vigor, *data máxima vênia*, porque: (i) não levaram em consideração o papel da lei complementar tributária, de extrema relevância, definido, pela própria Constituição de 1988, e exercido pela LC n. 116/2003, como exposto acima; (ii) o ISS não tem como materialidade, prevista no art. 156, III, a prestação de serviço 'a usuário final' ou 'no varejo', corolário da afirmação, no voto, de que ele não pode incidir sobre serviços prestados sobre bem que fará 'parte de complexo processo produtivo destinado a pôr bens em comércio'; (iii) o princípio da não cumulatividade aplicável ao ICMS não altera a materialidade do ISS, prevista no art. 156, III; e (iv) o repasse de parte do produto da arrecadação do ICMS para os Municípios, previsto constitucionalmente (art. 158, IV), não justifica a não incidência do ISS sobre atividade que se enquadra na materialidade prevista no art. 156, III, e confirmada no subitem 13.05 da lista de serviços da LC n. 116/2003" (MACEDO, Alberto. ISS, ICMS-mercadoria e o caso Embalagens (ADI-MC 4.389 DF): a constitucionalização, pelo STF, de critérios que não são constitucionais. *In:* MACEDO, Alberto; CASTRO, Leonardo Freitas de Moraes e (coord.). *Tributação indireta empresarial*: indústria, comércio e serviços. São Paulo, Quartier Latin, 2016. p. 845-846).

4. Critérios que auxiliam na resolução de conflitos entre ISS e ICMS no serviço de composição gráfica, à luz da Súmula 156 do STJ. "O problema subsiste, contudo, em relação àquelas operações cuja própria caracterização como um 'serviço' ou como a 'venda de uma mercadoria' é problemática. É o que acontece, por exemplo, quando uma gráfica imprime determinado material para um cliente: está a prestar um serviço, ou a vender-lhe mercadorias, vale dizer, o produto impresso? O alfaiate, que tanto vende ternos prontos como os faz sob encomenda, por igual, submete-se ao ICMS, ou ao ISS? A doutrina tem utilizado, para traçar um critério que possa auxiliar na resolução do problema, as ideias de 'obrigação de fazer', para caracterizar o serviço, e de 'obrigação de dar', para caracterizar o fornecimento de mercadorias. Quando prepondera a obrigação de fazer sobre a obrigação de dar, trata-se de serviço. Quando a preponderância é da obrigação de dar, trata-se do fornecimento de uma mercadoria. Também tem auxiliado na distinção a ideia do produto feito de forma personalizada para quem contrata o contribuinte, em oposição ao produto feito de forma uniforme, para ser disponibilizado a qualquer um que nele demonstre interesse. É o caso, precisamente, do alfaiate, que ao elaborar um terno por encomenda, feito sob medida para o cliente, presta um serviço (sujeito ao ISS), mas ao vender ternos prontos, dispostos em prateleira, sujeita-se à incidência do ICMS. O STF adotou esse entendimento ao tratar da tributação do *software* (STF, 1ª T., RE 176.626/SP, j. em 10/11/1998, v.u., *DJ* de 11/12/1998, p. 10). O mesmo problema se coloca em relação ao IPI, sobretudo para diferenciar a prestação de serviço (sujeito ao ISS) da industrialização por encomenda (sujeita ao IPI). O STJ já entendeu, a esse respeito, que a confecção de sacos para embalagens de mercadorias, ainda que ostentando a marca ou o rótulo de quem a encomendou, deve ser considerada como operação de industrialização, e não de prestação de serviços. Seria preponderante, no caso, a fabricação das embalagens, sendo a fixação da marca do cliente um dado acessório" (MACHADO SEGUNDO, Hugo de Brito. *Direito tributário nas súmulas do STF e do STJ*. São Paulo: Atlas, 2010. p. 187-188).

5. Incidência do ISS sobre a produção de sacolas por encomenda e personalizadas (subitem 13.05 da lista). "PROCESSUAL CIVIL E TRIBUTÁRIO. AGRAVO INTERNO. ENUNCIADO ADMINISTRATIVO N. 3 DO STJ. PRODUÇÃO DE SACOLAS POR ENCOMENDA E PERSONALIZADAS. NÃO INCIDÊNCIA DE IPI. INCIDÊNCIA APENAS DE ISS. PRECEDENTES. INAPLICABILIDADE DA ALTERAÇÃO LEGISLATIVA PERPETRADA PELA LC N. 157/2016 AO ITEM 13.05 DA LISTA ANEXA A LC N. 116/2003. 1. A jurisprudência do STJ está pacificada no sentido de que a atividade de composição gráfica, personalizada e sob encomenda, não está sujeita à incidência do IPI, mas apenas de ISS. Nesse sentido: AgInt no REsp 1.620.382/PE, Rel. Ministro Benedito Gonçalves, Primeira Turma, *DJe* de 13/10/2017; AgRg no REsp 1.369.577/RJ, Rel. Ministro Herman Benjamin, Segunda Turma, *DJe* de 06/03/2014. Afastada a incidência de IPI tão somente no que diz respeito à atividade específica de composição gráfica, personalizada e sob encomenda, e não a toda produção da empresa, se houver, também, produção que não se enquadre na referida atividade personalizada sob encomenda. 2. Agravo interno não provido" (AgInt no REsp 1.730.920, 2ª T., 2019).

---

14 – Serviços relativos a bens de terceiros.

14.01 – Lubrificação, limpeza, lustração, revisão, carga e recarga, conserto, restauração, blindagem, manutenção e conservação de máquinas, veículos, aparelhos, equipamentos, motores, elevadores ou de qualquer objeto (exceto peças e partes empregadas, que ficam sujeitas ao ICMS).

Serviço de troca, substituição ou montagem de pneus está tipificado no subitem 14.01. Consequente sujeição ao ISS.

– "COMERCIALIZAÇÃO E SUBSTITUIÇÃO DE PNEUS. ATIVIDADE MISTA. INCIDÊNCIA DO ISS. RECURSO PROVIDO. 1. O Superior Tribunal de Justiça possui firme entendimento de que 'o critério adotado por esta Corte para definir os limites entre os campos de competência tributária de Estados e Municípios relativamente ao ICMS e ISSQN, seguindo orientação traçada no Supremo Tribunal Federal, é o de que nas operações mistas há que se verificar a atividade da empresa, se esta estiver sujeita à lista do ISSQN, o imposto a ser pago é o ISSQN [...]' (EDcl no AgRg no AgRg no REsp 1.168.488/SP, Rel. Ministro Humberto Martins, Segunda Turma, *DJe* 21/6/2010). 2. A Corte estadual procedeu a uma leitura equivocada ao afirmar que o serviço de substituição de pneus não está contido na lista anexa da legislação de regência do ISS. Isso porque a subsunção do fato à regra, no caso, é evidente: a substituição de pneus enquadra-se no item 69 da aludida lista. 3. Tratando-se de atividade mista desenvolvida pela recorrente e havendo a subsunção do serviço prestado à lista anexa (item 69), forçoso reconhecer a incidência na espécie do imposto municipal" (STJ, REsp 1.550.422, 2ª T., 2017).

– "SERVIÇO DE SUBSTITUIÇÃO DE PNEUS. AUSÊNCIA PARCIAL DE PREQUESTIONAMENTO. SÚMULA 282/STF. FUNDAMENTO CONSTITUCIONAL. COMPETÊNCIA DO STF. 1. Não se pode conhecer da insurgência contra a ofensa ao art. 144, § 1º do CTN, pois o referido dispositivo legal não foi analisado pela instância de origem. Dessa forma, não se pode alegar que houve prequestionamento nem ao menos implícito da questão. Ausente, portanto, esse indispensável requisito, o que atrai, por analogia, o óbice da Súmula 282/STF: 'É inadmissível o recurso extraordinário, quando não ventilada, na decisão recorrida, a questão federal suscitada'. 2. O Superior Tribunal de Justiça manifestou-se no sentido da necessidade de verificação da atividade da empresa no caso de operações mistas para a definição do imposto a ser recolhido. 'Se a atividade desenvolvida estiver sujeita à lista do ISSQN, o imposto a ser pago é o ISSNQ, inclusive sobre as mercadorias envolvidas, com a exclusão do ICMS sobre elas, a não ser que conste expressamente da lista a exceção' (EDcl no AgRg no AgRg no REsp 1.168.488/SP, Rel. Min. Humberto Martins, 2ª T., jun. 2010). 3. Nesse contexto, na presente hipótese, a execução de serviços de troca/substituição dos pneus vendidos pela recorrente, apesar de não encontrar previsão expressa no item 14.01 da Lista Anexa à LC n. 116/03, dela deve constar por força de interpretação extensiva, pois o serviço de montagem de pneus é correlato à atividade de manutenção e conservação de veículos. 4. Colhe-se que a apreciação das questões sobre a ilegalidade da complementação em relação à Constituição Federal e o recolhimento a título do ICMS pelo regime de substituição tributária foram solvidos com fulcro no art. 150, § 7º da Constituição Federal, portanto não pode o STJ se imiscuir na apreciação das questões postas pela recorrente, sob pena de invadir da competência do STF. Descabe analisar questão constitucional em Recurso Especial, mesmo que para viabilizar a interposição de Recurso Extraordinário. 5. Recurso Especial parcialmente conhecido e, nessa extensão, provido" (REsp 1.811.127, 2ª T., 2019).

14.02 – Assistência técnica.

14.03 – Recondicionamento de motores (exceto peças e partes empregadas, que ficam sujeitas ao ICMS).

14.04 – Recauchutagem ou regeneração de pneus.

14.05 – Restauração, recondicionamento, acondicionamento, pintura, beneficiamento, lavagem, secagem, tingimento, galvanoplastia, anodização, corte, recorte, plastificação, costura, acabamento, polimento e congêneres de objetos quaisquer (Redação dada pela LC n. 157/2016.)

---

1. Alteração pela LC n. 157. A redação atual, dada pela LC n. 157/2016, abrange inclusive a costura e o acabamento, que não constavam da redação original: "14.05 – Restauração, recondicionamento, acondicionamento, pintura, beneficiamento, lavagem, secagem, tingimento, galvanoplastia, anodização, corte, recorte, polimento, plastificação e congêneres, de objetos quaisquer" (redação original).

– Na ADI 5742 AgR, o STF (2018) negou à Confederação Nacional da Indústria (CNI) legitimidade para a propositura de Ação Direta de Inconstitucionalidade em face do subitem 14.05 da tabela anexa à Lei Complementar n. 116/2003, modificada pela Lei Complementar n. 157/2016, de modo a que os serviços de costura e acabamento constantes do dispositivo, quando caracterizados como insumos à produção de bens em operações comerciais ou industriais posteriores, não sofram a incidência do ISS, por falta de pertinência temática aos seus objetivos institucionais.

2. Não incidência do ISS na "industrialização por encomenda", mesmo sem a ressalva até então contida no item 72 da antiga lista. "Quanto a esta discussão sou da opinião de que não reside razão aos Municípios, pois, em que pese ter havido a modificação da redação do item da lista de serviços tributáveis pelo ISS, é certo que os Estados não têm competência residual para tributar os serviços não sujeitos à incidência do ISS. Portanto, a tributação do ICMS quando da vigência da lista anexa ao Decreto-lei n. 406/1968 não se dava porque havia a expressão 'de objetos não destinados à industrialização ou comercialização', mas sim porque o bem envolvido – em uma operação intermediária – era uma mercadoria. Ao se aceitar que a modificação de uma lei complementar que trata do ISS possa aumentar ou diminuir a competência tributária de um Estado (para exigir o ICMS), se estará subvertendo a ordem constitucional. Registre-se, por oportuno, que a tributação do ICMS em relação à atividade de industrialização por encomenda sempre se deu não porque o serviço não estava sujeito à incidência do ISS, mas sim porque o objeto industrializado é uma mercadoria (tributável pelo ICMS), e tal industrialização se refere à etapa intermediária para sua obtenção (para posterior venda ou nova industrialização). Desse modo, considerando que a operação de industrialização por encomenda constituiu-se em uma etapa intermediária da cadeia econômica a que está sujeita a mercadoria, a meu ver, não se poderia cogitar a incidência de outro tributo que não o ICMS (e, conforme o caso, o IPI). Em caso contrário, ou seja, negando-se a competência dos Estados para tributar tal atividade, implicará uma distorção no sistema constitucional tributária brasileiro, uma vez que se impediria a realização do princípio constitucional da não cumulatividade aplicável às operações de circulação de mercadorias, o qual garante o crédito de ICMS para ser abatido com o imposto devido na operação subsequente, sendo que, se a operação de industrialização por encomenda fosse tributada em qualquer situação pelo ISS, haveria o impedimento do crédito, implicando a tributação integral do valor da operação subsequente" (MOTA, Douglas. A industrialização por encomenda e o eterno conflito entre ICMS e ISS. *RDDT* n. 241, 2015. p. 35).

3. Sobre a não incidência do ISS na chamada "industrialização por encomenda", restringindo o subitem 14.05 aos serviços prestados ao usuário final. "Contudo, como o subitem 14.05 está encimado pelo item 14, concernente a 'serviços relativos a bens de terceiros', apenas os serviços prestados a usuários finais são passíveis de tributação pelo ISS. Quando prestada a fabricantes ou a comerciantes desses 'objetos quaisquer', a execução desses serviços constitui-se em etapa intermediária da industrialização e da comercialização, respectivamente, o que afasta a incidência cio ISS. Dúvida levantada por parcela ponderada da qualificada doutrina, quanto à tributação municipal sobre 'industrialização por encomenda', *data venia,* parece não ter procedência. Realmente, o fato gerador do IPI consuma-se no momento da saída do produto industrializado (art. 46, II, do CTN) e o do ISS é a prestação do serviço constante na lista (art. 1º da Lei Complementar n. 116/03). Logo, na industrialização por encomenda, o tomador é o usuário final. O que é feito sob encomenda resulta em produto personalizado, não destinado ao mercado em geral. Assemelha-se aos casos de: (a) *softwares* específicos, que diferem daqueles produzidos em massa; (b) composição gráfica por encomenda, a qual, segundo a Súmula 156 do STJ, sujeita-se apenas ao ISS, 'ainda que envolva fornecimento de mercadorias'" (HARADA, Kiyoshi. *ISS:* doutrina e prática. São Paulo: Atlas, 2008. p. 157).

4. Conflito entre ISS e IPI na industrialização por encomenda. "Do texto constitucional, salta aos olhos o fato de que, na verdade, a materialidade do IPI não consiste na industrialização vinculada a uma ideia imediata circulação do produto industrializado. Primeiro, porque o texto constitucional fala em imposto sobre produtos industrializados, e não em imposto sobre industrialização de produtos. Segundo porque a referência a 'operação' (art. 153, § 3º, II) dá a ideia de um imposto que incide numa cadeia de operações de circulação, assim como o ICMS, na característica de um imposto sobre consumo não cumulativo. Mas atente-se que não basta a circulação de produtos industrializados para que ocorra o fato gerador do IPI, pois se assim o fosse, estaríamos afirmando que um supermercado realiza o fato gerador do

IPI, sendo, portanto, seu contribuinte. Afinal, um supermercado faz circular produtos industrializados, assim como qualquer atacadista ou varejista. E também não basta a industrialização em si, pois se uma empresa industrial ou não, realiza as atividades de modificação da natureza, do funcionamento, do acabamento, da prestação ou da finalidade de um bem, ou de aperfeiçoamento desse bem para o consumo, mas bem esse que não é seu, mas sim de um terceiro, está na verdade prestando um serviço de qualquer natureza sobre bem de terceiro, incidindo aí o ISS. Assim no 'industrializar' sozinho, ou seja, no 'industrializar' um bem de um terceiro, o que se costuma denominar como 'industrialização por encomenda, o que ocorre, juridicamente falando, é um serviço sobre bem de terceiro, incidindo, portanto, o ISS. A própria lista de serviço complementar 116/2003 corrobora esse entendimento. Basta observar o item 14 da referida lista: '14 – serviços relativos a bens de terceiros'. Ou seja, somente se o serviço for relativo a bens próprios (modificando-os de alguma forma), os quais serão objeto de posterior circulação (circulação de produtos industrializados), é que esses serviços, em termos jurídicos tributários, ensejarão tecnicamente – juntamente com a circulação do produto industrializado correspondente – fato gerador do IPI. Em síntese, para que ocorra materialidade do IPI, dois elementos são fundamentais: a industrialização do produto e a circulação desse produto industrializado, ambos realizados pela mesma pessoa. Então, combinando-se os fundamentais critérios 'industrializar' com 'circulação de produtos industrializados' na materialidade do IPI, temos que o IPI só pode incidir sobre circulação, pelo alienante, de produtos industrializados pelo próprio alienante, sem prejuízo de eventual terceirização parcial dessa industrialização – industrialização por encomenda – ficar sujeita ao ISS. Essa construção interpretativa faz toda diferença para se traçar uma adequada fronteira constitucional entre o ISS e o IPI: enquanto no IPI a materialidade adstringe-se a serviços (de modificação da natureza, do funcionamento, do acabamento, da apresentação ou da finalidade de um bem, ou de aperfeiçoamento desse bem para consumo) sobre bens próprios, que serão posteriormente alienados, no ISS a materialidade restringe-se a serviços de qualquer natureza sobre bens de terceiros. A título de exemplo, se uma indústria que fabrica parafusos anodizados, em certo momento da vida empresarial, anodiza os parafusos e, em seguida, realizada a operação de circulação desses parafusos por ela anodizados, está realizando o fato gerador do IPI. Agora, se, em outra situação, a indústria percebe que reduzirá custos se terceirizar esse serviço de anodização para outra empresa, para depois, recebendo esses parafusos, então, além do

IPI na industrialização e venda desses parafusos anodizados, sobre os serviços que essa indústria contratou com terceiro, incidirá do ISS. Na verdade, quando industrial terceiriza um ou mais dos serviços do processo de industrialização, ele não deixa de realizar o fato gerador do IPI, dado que uma ou mais das etapas de modificação da natureza do bem esse industrial ainda faz, concluindo-se quando ocorrer a alienação do produto industrializado. Apenas surge nova relação jurídica – a partir da terceirização – que contribui para esse processo de industrialização, qual seja, a relação de prestação do serviço em que o industrial contrata terceiro para prestar serviço de parte desse processo de industrialização. Surge incidência do ISS quando da prestação do serviço, incidência esta que só será afetada em caso de previsão expressa na lei complementar do ISS da não incidência sobre o bem objeto sujeito a posterior comercialização ou industrialização" (MACEDO, Alberto. Impressão 3D e a tributação do consumo no Brasil. *In:* PISCITELLI, Tathiane (coord.). *Tributação da economia digital*. São Paulo: Revista dos Tribunais, 2018. p. 186-187).

14.06 – Instalação e montagem de aparelhos, máquinas e equipamentos, inclusive montagem industrial, prestados ao usuário final, exclusivamente com material por ele fornecido.

14.07 – Colocação de molduras e congêneres.

14.08 – Encadernação, gravação e douração de livros, revistas e congêneres.

14.09 – Alfaiataria e costura, quando o material for fornecido pelo usuário final, exceto aviamento.

14.10 – Tinturaria e lavanderia.

14.11 – Tapeçaria e reforma de estofamentos em geral.

14.12 – Funilaria e lanternagem.

14.13 – Carpintaria e serralheria.

14.14 – Guincho intramunicipal, guindaste e içamento. (Redação dada pela LC n. 157/2016.)

15 – Serviços relacionados ao setor bancário ou financeiro, inclusive aqueles prestados por instituições financeiras autorizadas a funcionar pela União ou por quem de direito.

---

1. Interpretação extensiva. "... SERVIÇOS BANCÁRIOS. INTERPRETAÇÃO EXTENSIVA. CABIMENTO... I... II. Na origem, o Tribunal a quo, em autos de Mandado de Segurança, deu provimento à Remessa Oficial e à

Apelação, a fim de denegar a ordem, por reconhecer a incidência do ISSQN sobre a prestação dos serviços bancários objeto das autuações feitas pelo ente municipal, considerando que, embora não estejam expressamente inseridos na Lista de Serviços anexa ao Decreto-lei 406/68, é viável sua tributação, por interpretação extensiva, nos termos da jurisprudência do STJ. Assentou, ainda, que a prova documental apresentada não lograra desconstituir os fundamentos do ato administrativo impugnado. III.. IV. A tese adotada pelo acórdão recorrido apresenta-se em harmonia com a orientação firmada pela 1ª Seção do Superior Tribunal de Justiça, sob o rito dos recursos especiais repetitivos, segundo a qual, não obstante seja taxativa a Lista de Serviços anexa ao Decreto-lei 406/68, é admissível interpretação extensiva dos itens ali existentes, para efeito de incidência de ISSQN sobre os serviços bancários, no caso em que forem apresentados com outra nomenclatura (STJ, REsp 1.111.234/PR, Rel. Ministra ELIANA CALMON, PRIMEIRA SEÇÃO, *DJe* de 08/10/2009)" (STJ, 2ª T., AREsp 1241661, 2018).

– "ATIVIDADES BANCÁRIAS. ENQUADRAMENTO DAS ATIVIDADES NA LISTA DE SERVIÇOS ANEXA À LEI COMPLEMENTAR 116/2003. POSSIBILIDADE DE INTERPRETAÇÃO EXTENSIVA. (...) 2. O Tribunal de origem, com base nos elementos de convicção, consignou que as atividades exercidas pelo recorrente se encontram sujeitas ao pagamento de ISS na forma prevista na lista anexa à Lei Complementar n. 116/2003. 3. *In casu*, rever tal entendimento, com o objetivo de acolher a pretensão recursal acerca da não incidência do ISS sobre as atividades por ele realizadas, demanda revolvimento de matéria fática, o que é inviável em Recurso Especial, à luz do óbice contido na Súmula 7/STJ" (STJ, 2ª T., REsp 1774744, 2018).

2. Súmula 424 do STJ. "É legítima a incidência de ISS sobre serviços bancários congêneres da lista anexa ao Decreto-Lei 406/1968 e à Lei Complementar n. 56/87".

3. Análise do REsp 1.111.234, que tratou da incidência do ISS sobre serviços bancários (item 15), com foco na tipificação de tais serviços na lista (tema 132 com tese julgada sob o rito dos recursos repetitivos). "Trata-se de recurso no qual se julgou a amplitude interpretativa da lista de serviços anexa ao Decreto-lei 406/68, com fito específico, no caso, de se concluir pela possibilidade de tributar, com o Imposto sobre Serviços de Qualquer Natureza (ISSQN), às operações bancárias não sujeitas à incidência do Imposto sobre Operações Financeiras (IOF), ainda que não expressamente nomeadas pela indigitada lista. Em seu voto, a Relatora, Ministra

Eliana Calmon, seguindo a orientação que vinha sendo manifestada por aquela Corte de que a lista anexa ao Decreto-lei 406/68, bem como à Lei Complementar n. 116/03, embora fosse taxativa, comportaria, dentro de cada item, interpretação extensiva. Para fins de gravar os serviços congêneres àqueles nele expressamente descritos, entendeu pela possibilidade de as atividades bancárias não listadas serem gravadas pelo imposto municipal. O voto não chega a tratar da definição de serviço, mas enfatiza a necessidade de se distinguir os serviços que constam da lista, independentemente do *nomen iuris* que lhe foram outorgados, daqueles que não se enquadram nem por semelhança em nenhum dos itens da lista. Com isso, a decisão denota duas razões de decidir: (i) que para ser alcançado pelo ISS, o nome dado a determinado serviço não precisa coincidir com aqueles constantes da lista do Decreto-lei 406/68 ou da Lei Complementar n. 116/03; e que (ii) para subsunção do fato a norma, deve-se utilizar o critério da igualdade ou semelhança da substância da atividade examinada com o serviços descritos na lista. Em relação ao segundo item, reforçou-se a necessidade da análise efetuada em sede de instância ordinária, conforme se observa no seguinte trecho do voto da Relatora: 'Nesta oportunidade é preciso registrar que embora não possa o STJ imiscuir-se na análise de cada um dos itens dos serviços, é preciso que as instâncias ordinárias, a quem compete a averiguação dos tipos de serviço que podem ser tributados pelo ISS, na interpretação extensiva, devendo se observar que os serviços prestados, mesmo com nomenclaturas diferentes, devem ser perquiridos quanto à substância de cada um deles. Assim, a incidência dependerá da demonstração da pertinência dos serviços concretamente prestados, aos constantes da Lista de Serviços. Neste mesmo julgado, a Corte Superior fez distinção entre: (i) a interpretação extensiva que importaria a ampliação do rol de serviços, com inclusão de outros de natureza distinta dos expressamente indicados; e (ii) a interpretação extensiva que resultaria simplesmente na inclusão, nos itens já constantes da lista, de serviços congêneres *de mesma natureza*, distintos apenas por sua denominação. Na conclusão dos Ministros, o primeiro caminho interpretativo ofenderia o princípio da legalidade estrita, enquanto o segundo seria legítimo" (PIRES, Cristiane. A listagem de serviços que constituem fatos geradores do Imposto Sobre Serviços de Qualquer Natureza – ISSQN (anexa ao Decreto-lei 406/1968 e à Lei Complementar n. 116/2003) comporta interpretação extensiva para abarcar os serviços congêneres àqueles previstos taxativamente. *In*: CARVALHO, Paulo de Barros (coord.). *Teses jurídicas dos tribunais superiores*: direito tributário. São Paulo: Revista dos Tribunais, 2017. v. 2, p. 269-270).

4. Acórdão do STJ. Decisão do STJ no REsp 1.111.234/PR, 1ª S., 2009, julgado sob o rito dos recursos repetitivos (tema 132), citada em quase todos os casos que envolvem a discussão do ISS sobre serviços bancários: "TRIBUTÁRIO – SERVIÇOS BANCÁRIOS – ISS – LISTA DE SERVIÇOS – TAXATIVIDADE – INTERPRETAÇÃO EXTENSIVA. 1. A jurisprudência desta Corte firmou entendimento de que é taxativa a Lista de Serviços anexa ao Decreto-lei 406/68, para efeito de incidência de ISS, admitindo-se, aos já existentes apresentados com outra nomenclatura, o emprego da interpretação extensiva para serviços congêneres. 2. Recurso especial não provido. Acórdão sujeito ao regime do art. 543-C do CPC e da Resolução STJ 08/08".

5. STF também admite a possibilidade de interpretação ampla da lista de serviços bancários. "EMENTA: CONSTITUCIONAL. TRIBUTÁRIO. ISS. LEI COMPLEMENTAR: LISTA DE SERVIÇOS: CARÁTER TAXATIVO. LEI COMPLEMENTAR 56, DE 1987: SERVIÇOS EXECUTADOS POR INSTITUIÇÕES AUTORIZADAS A FUNCIONAR PELO BANCO CENTRAL: EXCLUSÃO. I. – É taxativa, ou limitativa, e não simplesmente exemplificativa, a lista de serviços anexa à lei complementar, embora comportem interpretação ampla os seus tópicos. Cuida-se, no caso, da lista anexa à Lei Complementar n. 56/87. II. – Precedentes do Supremo Tribunal Federal. III. – Ilegitimidade da exigência do ISS sobre serviços expressamente excluídos da lista anexa à Lei Complementar n. 56/87. IV. – RE conhecido e provido" (STF, RE 361829, 2ª T., 2005).

6. Contra a cobrança do ISS sobre os subitens 15.02 a 15.08 da lista, por não se tratar de um serviço. "Os subitens 15.02 a 15.05, bem como os subitens 15.7 e 15.08 encerram uma impropriedade legislativa, não porque não correspondem a uma obrigação de fazer, que segundo a doutrina tradicional ensejaria a tributação pelo ISS, mas porque aludidos subitens de serviços caracteriza-se como atividades-meios para a execução de atividades típicas de instituições financeiras já tributadas pela União por meio do IOF. Como se sabe, não pode haver bitributação jurídica, a menos que haja expressa previsão constitucional, inexistente no caso. De fato, a jurisprudência do STF vem se desvencilhando da conceituação de serviço vinculada à prestação de serviço como exige o direito civil, para reconhecer a autonomia do Direito Tributário de definir os serviços que podem ser tributados pelo ISS. O STF promoveu uma reinterpretação do inciso III, do art. 156 da CF que se refere a 'serviços de qualquer natureza, não compreendidos no art. 155, II, definidos em lei complementar'. Em recente decisão plenária a

Corte Maior afastou definitivamente a ideia da existência de um conceito constitucional de serviço extraído do conceito ditado pelo direito comum, conforme de verifica do RE n. 651703, Rel. Min. Luis Fux, *DJe* de 26-4-2017. O STF não mais está invocando o disposto no art. 110 do CTN, mas reconhecendo a pertinência da aplicação de seu art. 109 que assegura a autonomia do legislador tributário. Mas, essa nova interpretação dada pelo Pretório Excelso Nacional em nada altera no caso sob exame, porque os subitens de serviços em questão configuram meras atividades-meios de atividades típicas exercidas pelas instituições financeiras que sofrem tributação por meio do IOF, de competência impositiva da União. Quanto ao subitem 15.06 ressalva-se a tributação do licenciamento eletrônico de veículos e a transferência de veículos que não se inserem no âmbito da atividade bancária propriamente dita" (HARADA, Kiyoshi. ISS: exame dos subitens 15.02 a 15.08 da lista de serviços. *Tributário.Net*, 2019. Disponível em: <https://tributario.com.br/harada/iss-exame-dos-subitens-15-02-15-08-da-lista-de-servicos/>. Acesso em: 16 jul. 2019).

7. Resolução do conflito de competência entre IOF ou ISS a partir da detecção se a atividade é meio ou fim. "APELAÇÃO CÍVEL. EMBARGOS À EXECUÇÃO FISCAL. CERTIDÃO DA DÍVIDA ATIVA. ISSQN. SERVIÇOS BANCÁRIOS (...) Por sua vez, embora as cobranças pelas atividades denominadas ('Rendas de empréstimo', 'Operações ativas' e 'Rendas ganhas na negociação') somente ocorram quando há uma operação de crédito, o recorrente é remunerado por tarifas específicas, independentes, que são a contraprestação pelo serviço bancário prestado. Assim, a incidência de IOF sobre as operações financeiras que ensejaram a cobrança das tarifas bancárias não obsta a incidência do ISS sobre o serviço bancário prestado, e não implica em bitributação por se tratar de fatos geradores distintos, com bases de cálculo diversas e sujeitos passivos (contribuintes) diferentes, pois o tributo federal incide sobre o valor da operação de crédito, ao passo que o imposto municipal incide sobre o valor cobrado pelo banco a título de oferecimento de serviço, que são as tarifas cobradas sob as rubricas já enumeradas. Além disso, as referidas atividades estão, de forma direta ou por similaridade (súmula 424 do STJ), englobados, respectivamente, nos itens 15.08 e 15.15 da lista anexa à LC n. 116/2003. Logo, por não serem meras etapas da operação financeira, mas sim serviços bancários próprios e autônomos, a cobrança do tributo mostra-se acertada" (TJRJ, 20ª CC, Apelação 0005531-34.2012.8.19.0037, 2017).

8. Incidência do ISS sobre os chamados "ressarcimentos de despesas", receitas bancárias contidas no Cosif. "As receitas decorrentes de 'ressarcimento de despesas' estão, normalmente, contidas em subcontas que integram o grupo 7.1.9.30.00-6 do plano de contas Cosif. São tarifas cobradas dos clientes por conta de despesas incorridas com o uso do telefone, Internet, fac-símile ou cópias de documentos, ditas a favor de seus clientes. Tais receitas são lançadas diretamente a crédito de contas de resultados credoras e debitadas nas contas-correntes dos clientes. Ou seja, são despesas operacionais do Banco suportadas por receitas ditas de ressarcimento, que passam a integrar o patrimônio da instituição financeira pelo aumento dos seus resultados. Vale notar, ainda, que os bancos fazem constar em tabelas previamente publicadas os valores de ressarcimento de tais despesas, dando a conhecer aos seus clientes o preço do serviço prestado. Não se trata, portanto, de mero ressarcimento, quando se apresenta a comprovação da despesa efetuada para um determinado cliente e este efetua o reembolso correspondente. Voltamos aqui a lembrar procedimentos usuais da contabilidade: quando se efetua despesa por conta de terceiro, esse valor não é lançado como despesa e, sim, como ativo circulante ('adiantamento a cliente', 'despesas reembolsáveis a receber' e outras terminologias contábeis). Ao receber o ressarcimento, a receita não é lançada em contas de resultado. A receita abate (credita) a conta do ativo circulante. Em outras palavras, as despesas e receitas não transitam nas contas de resultado. As saídas e entradas de tais valores não repercutem no patrimônio da empresa" (TAUIL, Roberto A. *ISS*: perguntas e respostas.. Juiz de Fora: Juizforana, 2009. p. 169-170).

8.1. Incidência do ISS sobre a conta Cosif 7.1.9.30.00-6 (recuperação de encargos e despesas), por corresponder a uma autêntica prestação de serviço, e não de ressarcimento. "As contas bancárias mais discutidas e guerreadas pelas instituições financeiras são as que registram as tarifas de ressarcimento de despesas cobradas dos clientes. Afirmam, as instituições financeiras, que os serviços relacionados nessas contas pelo fisco municipal corno incidentes de ISSQN, seriam, em sua interpretação, atividades acessórias, por serem necessárias para a execução dos serviços prestados. Argumentam, as instituições financeiras, que os valores registrados contabilmente nas contas ou subcontas, classificáveis no Cosif, como integrantes do grupo '7.1.9.30.00-6' — Recuperação de Encargos e Despesas – não seriam receitas ao alcance do ISSQN. Justificam que os valores registrados nesse grupo de contas não representam a remuneração pela prestação de um serviço, mas sim o ressarcimento, de despesas efetivadas na realização de atividades para seus clientes. Entendemos, no que diz respeito ao item 15 e aos seus subitens da nova Lista de Serviços, em face da redação dada pela Lei Complementar n. 116/2003, que é perfeitamente possível o lançamento sobre as receitas auferidas pelas tarifas de ressarcimento de despesas. Como diz a redação da nova Lista, tributável são os serviços relacionados ao setor bancário ou financeiro, inclusive aqueles prestados por instituições financeiras autorizadas a funcionar pela União ou por quem de direito. Ou seja, as tarifas cobradas referentes ao ressarcimento despesas de telefone, Internet, fac-símile, são relacionadas aos serviços do setor bancário e constituem uma parcela do que se denomina receita bruta para a constituição da base de cálculo e incidência do ISSQN. Essas receitas são originadas de tarifas muitas vezes debitadas diretamente na conta-corrente do cliente, sem esse ter sido comunicado ou verificado se realmente aquela era a despesa a ser ressarcida. Conforme se verifica, em qualquer instituição financeira, os valores de ressarcimento de despesa constam em tabelas previamente publicadas e são cobradas independentemente de comprovação e individualização. Não há comprovação alguma de que as tarifas cobradas, e que dão origem à receita registrada contabilmente pelas instituições financeiras, tenham correspondência com o custo efetivo do respectivo ressarcimento. Se fossem realmente meros ressarcimentos deveriam estar presentes, no mínimo, dois pressupostos – comprovação e individualização da despesa – essenciais para caracterização do ressarcimento. O fato de a instituição financeira prestar serviços de expediente com a preocupação de conservar e ampliar sua clientela, não desconstitui o fato gerador do imposto municipal. Registramos ainda que essas receitas provenientes de 'ressarcimento de despesas' são sempre contabilizadas em contas do grupo CONTAS DE, RESULTADO CREDORAS – Receitas Operacionais – Outras Receitas operacionais, conforme impõem o Cosif. O que nos leva a afirmar que são receitas par prestação de serviços e por isso alcançadas pelo ISSQN" (BRETANHA, João; RACIC, Jhonny Bertoletti; HIDALGO, Mauro. *ISSQN*: doutrina e prática no sistema financeiro nacional. Porto Alegre: CORAG, 2006. p. 285-286).

9. Considerações a respeito das tarifas bancárias e reflexos no ISS. "O interesse especial para a arrecadação do ISS são as tarifas incidentes sobre os serviços, que representam a remuneração auferida pelos bancos pelos serviços que prestam. Pode-se afirmar que para a realização da atividade de arrecadação do ISS é preciso conhecer os produtos dos bancos que se enquadram na modalidade serviços e, para detectar tais produtos, a verificação da circunstância de que ensejam a cobrança de tarifas e não apenas de encargos financeiros – pode constituir-se num valioso instrumento. As tarifas praticadas pelos bancos são divulgadas publicamente e, por determinação do Banco Central do Brasil, devem ser afixadas em locais públicos. O banco tem a obrigação de informar aos clientes – e também aos agentes de arrecadação do ISS – o valor das tarifas que pratica. Em nível de Banco Central, duas Resoluções regulamentam a cobrança das tarifas pelas instituições financeiras: a Resolução 2.303 e a Resolução 2.747, que se encontram anexas. Essa regulamentação, na verdade, consiste na vedação de cobrança de tarifas sobre determinados serviços. Não há, todavia, regulamentação acerca dos valores das tarifas, que ficam ao encargo do próprio banco. É importante destacar, também, que os bancos, em geral utilizam a redução de tarifas, praticando preços inferiores aos de suas próprias tabelas, ou até chegando à isenção, como alternativa negocial. Então, não é incomum encontrar situação em que o banco, relativamente a determinado cliente, não cobre os valores das tarifas, o que faz em face das vantagens que registra em relação às demais negociações com o mesmo cliente. Geralmente, a movimentação do cliente perante o banco é tão volumosa que os valores depositados, *floats* e encargos financeiros compensam folgadamente a isenção das tarifas. A questão que se coloca, nesse ponto e em relação ao ISS, é que o serviço foi prestado e que o banco está tendo a devida compensação por tal serviço. Todavia, como o faz de forma diversa da cobrança direta da tarifa, impede a apuração do valor devido a título de ISS. Essa especificidade do procedimento dos bancos, aliás, é o que justifica plenamente a utilização de alíquotas diferenciadas para o setor" (MARIN, Jeferson Dytz; LUNELLI, Carlos Alberto. *ISS: aspectos controversos e a tributação dos serviços bancários*. Curitiba: Juruá, 2009. p. 110-111).

10. Tributação do ISS em face das instituições financeiras mesmo fora do item 15. "As instituições integrantes do Sistema Financeiro Nacional possuem uma ampla área de atuação. Algumas instituições se dedicam com exclusividade às operações de crédito, câmbio etc. Muitas atuam também prestando serviços relacionados ao setor bancário ou financeiro, como previsto no item 15 da nova Lista de Serviços, alcançadas pela tributação municipal. Entretanto, existem instituições que desenvolvem múltiplas atividades, prestando outros serviços, além daqueles previstos no item 15, concorrendo com empresas que não integram o Sistema Financeiro Nacional. A seguir, analisaremos algumas atividades e os respectivos enquadramentos nos itens da vigente Lista de Serviços em que poderão atuar as instituições financeiras integrantes do Sistema Financeiro Nacional. A receita das instituições integrantes do Sistema Financeiro Nacional proveniente desses serviços obrigatoriamente *(sic)* serão registradas em contas do passivo no grupo Contas de Resultado Credoras (7.0.0.00.00.9), conforme verificamos anteriormente ao discorrermos sobre do Cosif — PLANO CONTÁBIL DAS INSTITUIÇÕES DO SISTEMA FINANCEIRO NACIONAL" (BRETANHA, João; RACIC, Jhonny Bertoletti; HIDALGO, Mauro. *ISSQN*: doutrina e prática no sistema financeiro nacional. Porto Alegre: CORAG, 2006. p. 289).

11. Relevância do Plano de Contas Cosif para a verificação da ocorrência do fato gerador do ISS sobre serviços bancários. "SERVIÇOS BANCÁRIOS – COSIF – NATUREZA DA OPERAÇÃO – SÚMULA 424 DO STJ – POSSIBILIDADE DE INCIDÊNCIA DO ISS EM SERVIÇOS CONGÊNERES AOS ESTABELECIDOS NA LISTA ANEXA AO DECRETO-LEI N. 406/68 E À LEI COMPLEMENTAR 56/87 – AUSÊNCIA DE DEMONSTRAÇÃO DE QUE A CONTA COSIF INDUZ À OPERAÇÃO NÃO TRIBUTÁVEL PELO ISSQN – ÔNUS DA PROVA DO EMBARGANTE – CERTIDÃO DE DÍVIDA ATIVA QUE MERECE SER MANTIDA HÍGIDA DIANTE DO FATO GERADOR EVIDENCIADO... I – O STJ assentou sua jurisprudência no sentido de que, conquanto seja taxativa a lista de serviço referente ao ISS, é facultada a interpretação extensiva dos seus itens com o intuito de se enquadrar serviços idênticos aos expressamente previstos, com nítido intuito de evitar a burla da atividade tributária. Significa dizer, observa-se, prioritariamente, a atividade desenvolvida e não a sua nomenclatura. II – A Certidão de Dívida Ativa regularmente inscrita goza da presunção de certeza e liquidez (art. 3º da Lei n. 6.830/80 e art. 204 do Código Tributário Nacional), somente sendo elidida através de prova robusta. III – Não tendo o embargante se desincumbido do ônus da demonstração de que as operações tributadas não se sujeitam à cobrança do ISS, impossível a desconstituição do crédito exequendo" (TJMS, Apelação 0811169-50.2014.8.12.0001, 3ª CC, 2017).

12. Relevância de prova pericial para comprovar a realização de uma operação financeira (IOF) ou prestação de serviço bancário (ISS, item 15). "Para tanto, necessário definir se as rubricas tributadas são operações tipicamente bancárias ou se constituem uma prestação de serviço que, nos termos da doutrina lembrada na sentença, poderia ser prestada por qualquer outra sociedade empresária. Não custa reiterar que essa definição era própria da prova pericial. Do laudo, deveria ter constado a discriminação de cada uma das rubricas sobre as quais incidiu o tributo. Daí, com base em tal descrição técnica, caberia ao julgador analisar o enquadramento da situação fática às hipóteses legais. Entretanto, as partes, especialmente a instituição bancária que a requereu, não zelaram pela efetividade da prova pericial que, ao fim e ao cabo, nada acrescentou ao processo. Mesmo assim, na esteira da técnica adotada pelo julgador de primeiro grau, as rubricas serão analisadas a partir dos elementos probatórios disponíveis, começando por aquelas inseridas na conta denominada 'Rendas de Empréstimos' – Cosif 7.1.1.05.00-6. De acordo com a Circular n. 1.273 do Bacen, na conta 'Rendas de Empréstimos' são registradas as rendas de operações de crédito que constituam receita efetiva da instituição no período. Com base nessa definição, estar-se-ia diante de uma atividade bancária típica. Mas, dentro dessa conta, a instituição bancária fez constar rubricas que denomina como 'tarifa' ou 'taxa' de contratação dos empréstimos, as quais, na própria conceituação do Banco, são cobradas sempre que necessário constatar as condições daqueles que contratam com o banco. Ou seja, são taxas ou tarifas cobradas pela prestação do serviço de abertura ou análise de cadastro, enquadrando-se no item 96 do Decreto n. 406/68 e no subitem 15.05 da Lei Complementar n. 116/2003 (...) No que tange à conta 'Rendas de Cobrança' – Cosif 7.1.7.40.00-7, está definida na Circular n. 1.273 do Bacen como a conta em que são registradas *as rendas de tarifas, portes e comissões por prestação de serviço de cobrança, que constituam receita efetiva da instituição, no período*. Nesta conta, a instituição bancária classificou uma infinidade de rubricas, inviáveis de definição pelo julgador, mas que, intuitivamente e pelos termos da Circular n. 1.273 do Bacen, representam serviços prestados ao cliente. A respeito do desconto/serviço de cobrança de títulos, por ocasião do julgamento da Apelação Cível n. 70069272557, externei o entendimento de que o contrato de desconto encerra tanto uma compra e venda - através da qual há a cessão do crédito por endosso mandato ou translativo –, como uma prestação de serviço, vale dizer, o serviço de cobrança dos títulos descontados, sobre o qual incide o ISS. Considerando que o Banco embargante não logrou comprovar que, na conta mencionada, lançou renda apenas do desconto dos títulos, viável a tributação feita pelo Município" (TJRS, 22ª CC, Apelação 70070485511, 2016).

13. Importância de prova pericial para diagnosticar a verdadeira natureza do recebimento como preço do serviço (sujeito ao ISS) ou mero reembolso. "Ora, sob o ângulo previamente colocado, oportuna a análise da conclusão do laudo pericial ao ratificar que, 'portanto, trata-se de receitas de serviços, e não financeiras, como disposto pela requerente', no que concerne às rendas 'tratadas nos autos de infração n. 65.745.736,

65.745.744, 65.745.752, 65.745.760', que 'dizem respeito a 'garantias', vinculadas a operações de câmbio, conforme previsto no Anexo I da Lei Complementar n. 116 de 31 de julho de 2003, item 15.13. Ao mesmo tempo, o laudo pericial consigna que 'os documentos juntados, visando demonstrar justamente a ocorrência das despesas que deram causa àquelas entradas de numerário, não foram suficientes ao convencimento desta perícia pelo menos até o momento', razão pela qual devem ser rechaçados os argumentos do Banco requerente de que não se configuram como receitas os valores ora questionados, eixo da discussão no que pertine à incidência do Imposto Sobre Serviços de Qualquer Natureza. De outra parte, depreende-se do parecer do assistente técnico da Municipalidade a particularidade de que 'lembrou a perícia que o Bacen anotou para essa conta: 'registrar a recuperação de encargos e despesas, que constituam receita efetiva da instituição'. O próprio Bacen orientou: 'a) são receitas; b) a forma de classificação contábil de quaisquer bens, direitos e obrigações não altera, de forma alguma, suas características para efeitos fiscais e tributários, que se regem por regulamentação própria' (Circular 1273/87)'" (TJSP, 14ª CC, Apelação 0000003-73.2012.8.26.0053, Re. Des. Henrique Harris Junior, 2017).

14. Formas da Administração Tributária Municipal operacionalizar a fiscalização e arrecadação do ISS no setor bancário. "Percebidas as hipóteses de incidência do ISS, resta a análise da forma de operacionalizar a arrecadação do ISS. Em geral, os Municípios acatam os valores declarados pelos bancos, realizando-se o lançamento do tributo por homologação. Todavia, é importante que os agentes de arrecadação fiscalizem os valores declarados pelos bancos, a fim de evitar a evasão de receitas. Uma das importantes diligências poderá ser realizada pelos agentes de arrecadação é a análise das rubricas contábeis, onde são registrados os valores das tarifas decorrentes da prestação de serviços. Os planos de contas dos bancos contêm algumas especificidades e diferenças em relação às denominações e estrutura de rubricas contábeis, usualmente utilizados nas demais empresas. De qualquer maneira, dirigindo-se à agência bancária, o agente de arrecadação deverá requerer a informação contábil acerca dos saldos das contas que compreendam as rendas de tarifas sobre serviços e os seus respectivos desdobramentos contábeis, para identificação precisa dos serviços sobre os quais incidirá o ISS. Uma das dificuldades que se apresenta, atualmente, é o fato de que algumas instituições financeiras mantêm escritas centralizadas, operando na forma de *'rateio de resultados'*, sem discriminação precisa de quais sejam os serviços sobre os quais foram cobrados tarifas. Essa sistemática pode implicar prejuízos ao Município, porque se deixam de considerar valores que ensejariam a incidência do ISS. Quando o banco aduz que a escrita é centralizada, é preciso requerer a exibição dos relatórios de rateio de resultados e, a partir dos percentuais devidos à agência, estimar o tributo, efetivando o lançamento. Ainda nesses casos, em que a instituição financeira coloca a questão em tais termos, o agente de arrecadação poderá utilizar outras estratégias e, a partir delas, efetuar o lançamento do tributo. Por exemplo, sugerem-se algumas alternativas: – requerer informação acerca do número de contas-correntes existentes na agência e, a partir do valor da tarifa de manutenção mensal, calcular o valor desse serviço, lançando o tributo; – verificar o número de títulos registrados em cobrança (em todas as suas modalidades) no mês anterior e no mês atual: a partir da diferença verificada, calcular o valor da tarifa cobrada pelo banco e lançar o tributo; – verificar o número de títulos baixados, lançando o tributo; – proceder na mesma verificação em relação aos empréstimos contratados, lançando o tributo sobre o valor das tarifas incidentes em tais operações etc. Finalmente, ainda é possível ao agente de arrecadação valer-se de informações de terceiros, que poderão auxiliar na obtenção de dados fidedignos: por exemplo, requerer ao oficial do Cartório de protesto de Títulos que informe a quantidade de títulos apresentada para protesto por determinado banco: esse é o número pelo qual deverá ser multiplicada a tarifa prevista para o envio de títulos ao cartório. Em qualquer caso, é indispensável que o agente de arrecadação obtenha junto à instituição financeira a tabela de tarifas de produtos e serviços, que servirá de importante subsídio na apuração dos valores sobre os quais incidirá o tributo" (MARIN, Jeferson Dytz; LUNELLI, Carlos Alberto. *ISS:* aspectos controversos e a tributação dos serviços bancários. Curitiba: Juruá, 2009. p. 122-123).

15.01 – Administração de fundos quaisquer, de consórcio, de cartão de crédito ou débito e congêneres, de carteira de clientes, de cheques pré-datados e congêneres.

---

1. Fundos de investimento. "... a exação instituída pela Lei Complementar n. 116/03 na prestação de serviços de administração de fundos quaisquer (subitem 15.01) tem amparo constitucional. Administrar um fundo não é atividade-meio, não envolve a transformação de risco típica das operações financeiras e não se inclui em qualquer das hipóteses de incidência do IOF. A prestação desse serviço constitui um fazer, independente e autônomo, por pessoa jurídica ou natural que tenha registro na CVM. Assim, administrar um fundo é prestar serviço sujeito ao ISS" (REIS, Emerson Vieira. Incidência do ISS na administração de fundos... *RDDT* 169/30, 2009).

2. Exportação de serviço de gestão de fundos de investimento: conceito de "resultado" como sinônimo de "fruição", tomando-se por base o objeto do contrato e a finalidade do serviço para o tomador (aspecto subjetivo). "Ação anulatória de débito fiscal. Município de São Paulo. ISSQN. Exportação de serviços de subgestão de fundos de investimentos para gestora localizada no exterior. Cláusula de exclusividade na fruição do serviço pela tomadora. Inteligência dos art. 156, § 3º, II da CF e art. 2º, I, e parágrafo único da LC n. 116/03. Resultado que deve ser entendido como 'fruição', com o aproveitamento ou efeito do serviço (proveito econômico) exclusivamente no exterior, tomando-se por base o objeto do contrato e a finalidade do serviço para o tomador. Hipótese de não incidência configurada. AIIMs anulados. Procedência da ação. Recurso provido" (TJSP, Apelação Cível 1033806-88.2016.8.26.0053, 18ª Câmara de Direito Público, 2019).

3. Sobre a administração de cartões de crédito e débito, o ISS é devido no Município onde está o estabelecimento prestador, assim entendido o local onde são credenciados os lojistas e onde se processam as operações. "Agora, com o julgamento do REsp n. 1.060.210/SC (Caso 'Potenza *Leasing*'), o STJ reconhece que mesmo na vigência do Decreto-lei n. 406/1968 o ISS já era (e ainda é) devido ao Município em que se localiza o estabelecimento prestador. Especificamente no que se refere às administradoras de cartões de crédito, esse precedente é relevante, pois deixa claro que o ISS não é devido onde, isoladamente, têm domicílio os titulares de cartões de crédito ou onde se realizam as operações com tais cartões, pelos seus usuários. Resta claro que o ISS será devido onde estiver situado o estabelecimento prestador, que será aquele com as condições necessárias para colocação de um cartão de crédito no sistema, para sua utilização por seu titular. Igualmente será devido ao Município em que estiver situado o estabelecimento com condições de credenciar estabelecimentos comerciais ao sistema, bem como de processar e dar o tratamento adequado às informações concernentes às operações realizadas com os cartões de crédito" (RONCAGLIA, Marcelo Marques. O aspecto espacial do ISS nas operações com cartões de crédito frente à jurisprudência do STJ (REsp n. 1.060.210/SC). *RDDT* n. 220, 2014. p. 103).

4. Prestadores do serviço de administração de fundos de investimento. "Todo fundo de investimento deve ter um administrador, que é a instituição responsável pela constituição e pelo registro do fundo de investimento perante a CVM (mediante protocolo e apresentação de uma série de documentos referentes ao fundo e ao administrador, conforme exigido pela regulamentação específica), bem como pela operação e investimentos do fundo e pela prestação de informações à CVM e aos quotistas. Há modalidades de fundos de investimento que devem ser administrados, necessariamente, por instituições financeiras (tais como os FIDCs – art. 32 da Instrução CVM n. 356/2001 – e os FIIs – art. 28 da Instrução CVM n. 4725/2008) e há outros fundos de investimento que podem ser administrados por instituições financeiras ou pessoas jurídicas não financeiras autorizadas pela CVM a exercer atividade de gestão de recursos de terceiros (tais como os FIAs, os FIMMs e o FIPs). A administração de um fundo de investimento compreende o conjunto de serviços relacionados direta ou indir3etamente ao funcionamento e à manutenção do fundo, a qual pode ser prestada pelo próprio administrador (se o administrador for detentor de todas as autorizações necessárias para tanto) ou por terceiros contratados. Dentre os serviços necessários à operacionalização de um fundo de investimento, destacam-se: (i) *a gestão da carteira de investimento*: atividade que envolve a compra, venda, negociação e exercício dos direitos referentes aos ativos e valores mobiliários integrantes da carteira de investimento do fundo, de acordo com os termos e condições estabelecidos no regulamento; (ii) a *tesouraria*: controle, registro e movimentação das contas-correntes de titularidade do fundo; (iii) *o controle e processamento de ativos*: escrituração (registro) das operações envolvendo os ativos do fundo; (iv) *a distribuição de quotas*: negociação ou alienação das quotas de emissão do fundo para os investidores; (v) *a escrituração da emissão, amortização e resgate de quotas*: controle e registro da titularidade das quotas e das operações envolvendo aquisição de quotas e o resgate dos investimentos; (vi) *a custódia*: guarda dos ativos e valores mobiliários integrantes da carteira de investimento do fundo; e (vii) *a auditoria*: auditoria das demonstrações financeiras do fundo, que ser realizada por auditor independente registrado perante a CVM" (PROCKNOR, Marina; BUSCHINELLI, Gabriel Saad Kik. Fundos de investimento: aspectos regulatórios. *In:* SANTI, Eurico Marcos Diniz de; CANADO, Vanessa Rahal. *Direito tributário*: tributação dos mercados financeiros e de capitais e dos investimentos internacionais. São Paulo; Saraiva, 2011. p. 173-175).

5. Local de ocorrência do ISS após a LC n. 157/2016. A LC n. 157 acrescentou o inciso XXIV no art. 3º da LC n. 116, modificando o local de ocorrência do ISS do local do estabelecimento prestador para o local "do domicílio do tomador dos serviços".

– Conferir: LC n. 175/2020 e notas sobre o art. 3º, XXIII, da LC n. 123.

15.02 – Abertura de contas em geral, inclusive conta-corrente, conta de investimentos e aplicação e caderneta de poupança, no País e no exterior, bem como a manutenção das referidas contas ativas e inativas.

15.03 – Locação e manutenção de cofres particulares, de terminais eletrônicos, de terminais de atendimento e de bens e equipamentos em geral.

Em favor da incidência do ISS sobre a "locação" e manutenção de cofres particulares. "Assim, é essencial na contratação de cofres de segurança a cooperação da instituição financeira, seja na segurança oferecida aos clientes, seja na vigilância permanente nos locais onde os bens estão depositados, que têm horário restrito, de abertura e fechamento do cofre, pelas próprias instituições. Parece-nos claro que o cliente, quando contrata a locação do cofre na instituição financeira, não está à procura de um espaço físico para guardar seus pertences, normalmente de grande valor financeiro, histórico etc. O que ele procura é a proteção e segurança que essas instituições podem ofertar, estando esses cofres dentro de suas dependências, que são extremamente seguras e bem vigiadas. Fica caracterizado que se trata 'de uma obrigação particular de vigilância e de tomar todas as medidas necessárias para assegurar, salvo força maior, a salvaguarda do cofre e dos objetos que ele contém'. Sobre a tarifa de serviços pela garantia da vigilância e integridade do cofre se compreendem a custódia do local e do cliente onde se encontra o cofre e a integridade externa deste'. Doutrinadores brasileiros defendem que no aluguel de cofres há locação de espaço e tratando-se de locação de bem móvel não pode ser considerado serviço, corno já decidiu o STF em caso de locação de guindastes" (BRETANHA, João; RACIC, Jhonny Bertoletti; HIDALGO, Mauro. *ISSQN*: doutrina e prática no sistema financeiro nacional. Porto Alegre: CORAG, 2006. p. 224-225)

15.04 – Fornecimento ou emissão de atestados em geral, inclusive atestado de idoneidade, atestado de capacidade financeira e congêneres.

15.05 – Cadastro, elaboração de ficha cadastral, renovação cadastral e congêneres, inclusão ou exclusão no Cadastro de Emitentes de Cheques sem Fundos – CCF ou em quaisquer outros bancos cadastrais.

15.06 – Emissão, reemissão e fornecimento de avisos, comprovantes e documentos em geral; abono de firmas; coleta e entrega de documentos, bens e valores; comunicação com outra agência ou com a administração central; licenciamento eletrônico de veículos; transferência de veículos; agenciamento fiduciário ou depositário; devolução de bens em custódia.

Incidência do ISS sobre serviço de transporte de valores. "Temos, de início, analisar qual é a prestação-fim da atividade, e considerar as demais prestações-meios que servem à consumação daquela. Surge, então, a pergunta: o transporte em si é, no caso, a prestação-fim da atividade? O artigo 730 do Código Civil define transporte ao dizer: 'Pelo contrato de transporte alguém se obriga, mediante retribuição, a transportar, de um lugar para outro, pessoas ou coisas'. A essência do contrato, portanto, é transferir pessoas ou coisas de um lugar para outro. Evidente que ao transporte adiciona-se a obrigação do transportador de zelar pela coisa transportada, ou seja, há um dever de custódia subjetivo inserido no contrato. Deste modo, os Bancos, o Comércio, enfim, os clientes dessa espécie de serviço poderiam contratar veículos comuns, caminhões, vans, moto boy, para executar o serviço ao transporte de seus valores, em custo até menor. Mas não o fazem, porque sabem que o serviço não se resume em transporte, a exigir especialidades que os transportadores 'normais' não possuem. Não se trata, simplesmente, de transportar valores, aliando-se a esse serviço outros atributos que acabam alcançando maior importância do que o puro fato de transportar. A empresa de transporte de valores não só transporta, mas tem de acionar os caixas eletrônicos, supri-los de numerário, registrar a operação de retirada ou de suprimento e colocá-los a funcionar. Qual seria, então, o fim colimado? O transporte ou o gerenciamento dos recursos em transporte? Ora, na verdade, transportar valores todos os tipos de transporte são. Um ônibus que transporta pessoas transporta valores, aliás, mais importantes que dinheiro. Ou seja, a empresa que presta serviços aos Bancos não integra o sentido comum de transporte, não se admitindo um contrato singelo de transporte, e, sim, um contrato muito mais amplo e cercado de atribuições complexas. Não é assim dizer que a finalidade é meramente o transporte, mas um conjunto de obrigações complexas às quais a empresa se obriga a cumprir. O que temos, portanto, não é serviço de transporte. Trata-se de um serviço financeiro, dotado de equipamento e pessoal técnico especializado, não só em dirigir veículos, zelar e carregar volumes. A especialização é mais ampla e de maior tecnicidade. Dito isso, somos de opinião que esses 'serviços de transporte de valores' estão enquadrados no item 15, mais precisamente no subitem 15.06. A prestação-fim é um serviço financeiro de coleta e entrega de bens e valores, sendo o transporte uma prestação-meio, da mesma forma que é a segurança, a custódia e o monitoramento desses bens. Sofre incidência do ISS e não do ICMS" (TAUIL, Roberto A. *ISS*: perguntas e respostas. Juiz de Fora: Juizforana, 2009. p. 173-174).

15.07 – Acesso, movimentação, atendimento e consulta a contas em geral, por qualquer meio ou processo, inclusive por telefone, fac-símile, internet e telex, acesso a terminais de atendimento, inclusive vinte e quatro horas; acesso a outro banco e a rede compartilhada; fornecimento de saldo, extrato e demais informações relativas a contas em geral, por qualquer meio ou processo.

15.08 – Emissão, reemissão, alteração, cessão, substituição, cancelamento e registro de contrato de crédito; estudo, análise e avaliação de operações de crédito; emissão, concessão, alteração ou contratação de aval, fiança, anuência e congêneres; serviços relativos a abertura de crédito, para quaisquer fins.

---

1. Contra a incidência do ISS sobre avais e fianças. "Nada obstante, as expressões 'prestação de garantia', 'aval', 'fiança', figuram equivocadamente, na Lei Complementar n. 116 como serviço. Ora, sujeitar-se ao ISS, já dissemos aqui, supõe obrigações de fazer, é flagrante obrigação de fazer. E prestações de garantia não é obrigação de fazer, é flagrante obrigação de dar. A prestação de garantia configura, de fato, uma operação financeira. Integra uma operação de crédito, não estando e não podendo estar, dessa forma, sujeita ao tributo municipal. O fim visado pelos contratos de garantia ao motivar seus clientes para celebrá-los é o de possibilitar a realização de negócios. E sem essa proteção, ou seja, sem essa garantia, sem o aval, sem a fiança, não seriam fechados, não seriam realizados. O credos exige que o cliente, devedor, apresente garantia do recebimento do crédito, caso ele não o satisfaça. O fato de alguém dar garantia não pode ser confundido com o fato de prestar serviço. Porque naquele não se tem presente nenhum *facere* para terceiro. Não é um esforço desenvolvido em favor de outrem, da essência do ISS. São inconfundíveis os fatos da garantia e prestar serviços, configurando, cada qual, um tipo distinto de obrigação. Como ensina Clóvis, no controle da obrigação não se confunde: na de dar, a prestação consiste na estrega de um bem, é uma coisa; na de fazer, o objeto da prestação é um ato do devedor. Ora, elemento essencial do ISS é a prestação de esforço humano a terceiros, desenvolvido em favor deles. Ora, isso não está presente nas situações de garantia constituídas por fiança ou por aval. De outra parte, é nítida a operação de crédito. É contrato subsidiário, sem o qual o contrato de crédito não se concretiza. Então, mesmo admitindo-se que fosse uma obrigação de fazer, por essa circunstância, não poderia, jamais, ser alvo do ISS. Mas, ainda, além disso, há outro argumento. É preciso que se tenha em conta que nem toda obrigação de fazer pode render espaço à exigência de ISS. E isso, posso lhes assegurar, não é construção minha não. Nem mesmo uma construção daqueles doutrinadores que escreveram ao tempo da existência do ISS. Não. Essas lições, reiteradamente citadas pro Clóvis, são de Savigny. Savigny diz que as obrigações de fazer, *faciende*, abrangem várias modalidades de trabalho e de serviço, além de fatos que não podem se incluir na ideia de trabalho. As obrigações de faze são muitas vezes resolvidas em prestações de trabalho por parte do devedor, como acontece nas locações de obras, porém, muitas outras vezes, consistem num ato ou fato para cuja execução não se exige um desenvolvimento de força ou intelectual. Quando alguém promete prestar uma fiança – o exemplo é de Savigny, não é meu –, a essência do ato objeto da prestação não consiste no insignificante esforço, no dispêndio de esforço que a prestação de fiança possa exigir, mas, sim, na necessidade de concluir um contrato. Aqui, se vem figurar, de um lado, os riscos e, de outro lado, as vantagens do crédito fornecido. Isso nos leva a outra verificação e outra constatação. Logo, se o que está em essência, emergindo, são os riscos, as vantagens ou os eventuais prejuízos no crédito fornecido, nós não estamos diante de contrato conotativo. E é da essência do ISS ter, enquanto incidência sobre fatos, subjacentemente, um contrato de natureza conotativa. Na hipótese de aval, de fiança, se tem nítida *alea*, que se opõe flagrantemente aos contratos conotativos. Verdade. A promessa de garantia, por não se assentar no esforço humano, é insuscetível de ser gravada pelo ISS; e, tendo presente em si a *alea*, não pode, de nenhuma forma, conter-se na essência do conceito de prestação de serviços. O aceite – já dizia Rubens Gomes de Sousa – é simples garantia, equiparável ao aval. É um empréstimo de crédito. Logo, não é um serviço. É nítida a obrigação de dar. Ademais disso, o aceite bancário, como aval, como fiança, consiste em operações. Ora, se consiste em operações, já não se há falar em ISS, porque o ISS não incide sobre operações" (BARRETO, Aires F. ISS, avais e fianças. *Revista de Direito Tributário,* São Paulo: Malheiros, n. 121, 2013. p. 227-228).

2. A discussão sobre a incidência do ISS sobre fianças, avais e outras garantias não têm natureza constitucional. "ISS. ATIVIDADES DE PRESTAÇÃO DE FIANÇAS, AVAIS E OUTRAS GARANTIAS. ARTIGO 156, III, DA CONSTITUIÇÃO FEDERAL. 1. O enquadramento de atividade econômica, para fins de incidência de ISS, cinge-se ao âmbito infraconstitucional. Súmulas 279 e 280 do STF" (STF, 2ª T., ARE 1099928 AgR, 2018).

3. Não incidência do ISS sobre tarifa de excesso de limite, cobrada para levantamento de informações e avaliação de viabilidade e de riscos para concessão de crédito. "2. A Primeira Seção, no julgamento do REsp 1.111.234/PR, na sistemática dos recursos repetitivos, decidiu que 'é taxativa a Lista de Serviços anexa ao Decreto-lei 406/68, para efeito de incidência de ISS, admitindo-se, aos já existentes apresentados com outra nomenclatura, o emprego da interpretação extensiva para serviços congêneres'. 3. O item 15.08 da lista anexa à LC n. 116/2003 refere-se à 'emissão, reemissão, alteração, cessão, substituição, cancelamento e registro de contrato de crédito; estudo, análise e avaliação de operações de crédito; emissão, concessão, alteração ou contratação de aval, fiança, anuência e congêneres; serviços relativos à abertura de crédito, para quaisquer fins'. 4. A tarifa de excesso de limite, conforme normatizado pelo Banco Central do Brasil, pode ser cobrada pelas instituições financeiras para o 'levantamento de informações e avaliação de viabilidade e de riscos para a concessão de crédito em caráter emergencial para cobertura de saldo devedor em conta de depósitos à vista e de excesso sobre o limite previamente pactuado de cheque especial, cobrada no máximo uma vez nos últimos trinta dias' (Resolução n. 3.919/2010). 5. O levantamento de informações e a avaliação da viabilidade e dos riscos na concessão do crédito enquadram-se na atividade de estudo, análise e avaliação de operação de crédito (fato gerador do imposto). 6. Na hipótese de a análise de riscos ser realizada pela mesma instituição financeira responsável pela concessão do crédito emergencial, por se caracterizar atividade meio, não haverá incidência do imposto, a qual fica restrita para o caso de os referidos serviços serem realizados por terceiros não vinculados à concessão do crédito (p. ex.: prestador de serviço de análise de riscos). 7. *In casu*, a instituição bancária recorrente realiza, por conta própria, a análise de risco para o fim de conceder o crédito emergencial, razão pela qual a tarifa de excesso de limite não pode sofrer a incidência do imposto. 8. Agravo conhecido para dar provimento ao recurso especial" (AREsp 669.755, STJ, 1ª T., 2018).

15.09 – Arrendamento mercantil (*leasing*) de quaisquer bens, inclusive cessão de direitos e obrigações, substituição de garantia, alteração, cancelamento e registro de contrato, e demais serviços relacionados ao arrendamento mercantil (*leasing*).

Local de ocorrência do ISS após a LC n. 157/2016. A LC n. 157 acrescentou o inciso XXV no art. 3º da LC n. 116, modificando o local de ocorrência do ISS do local do estabelecimento prestador para o local "do domicílio do tomador dos serviços".

– Conferir: LC n. 175/2020 e notas sobre o art. 3º, XXIII, da LC n. 123.

15.10 – Serviços relacionados a cobranças, recebimentos ou pagamentos em geral, de títulos quaisquer, de contas ou carnês, de câmbio, de tributos e por conta de terceiros, inclusive os efetuados por meio eletrônico, automático ou por máquinas de atendimento; fornecimento de posição de cobrança, recebimento ou pagamento; emissão de carnês, fichas de compensação, impressos e documentos em geral.

15.11 – Devolução de títulos, protesto de títulos, sustação de protesto, manutenção de títulos, reapresentação de títulos, e demais serviços a eles relacionados.

15.12 – Custódia em geral, inclusive de títulos e valores mobiliários.

15.13 – Serviços relacionados a operações de câmbio em geral, edição, alteração, prorrogação, cancelamento e baixa de contrato de câmbio; emissão de registro de exportação ou de crédito; cobrança ou depósito no exterior; emissão, fornecimento e cancelamento de cheques de viagem; fornecimento, transferência, cancelamento e demais serviços relativos a carta de crédito de importação, exportação e garantias recebidas; envio e recebimento de mensagens em geral relacionadas a operações de câmbio.

Contra a incidência do ISS sobre o subitem 15.13, por considerar tais atividades como serviços-meio ou atividades complementares às operações de câmbio. "Essas operações de câmbio são privativas da União, incidindo sobre elas o IOF, mais precisamente, o imposto sobre operações de câmbio IOC na forma do art. 63, II, do CTN. O subitem sob exame não cuida propriamente de operações de câmbio, mas de serviços relacionados a operações de câmbio como edição, alteração prorrogação, cancelamento etc. Contudo, tais serviços afiguram-se-nos como serviços meios ou complementares dos serviços de operações de câmbio em geral. De fato, alteração ou prorrogação do contrato de câmbio, por exemplo, não pode ser considerada como operação autônoma, que nada tenha a ver com o 'fechamento' do câmbio. Configurando atividade acessória de uma atividade típica a operação de câmbio, sujeita à incidência do IOC, não pode o município tributar pelo ISS. É o entendimento do STJ consagrado no REsp 616.041-MA, Rel. Min. José Delgado, 1ª T., *DJU* de 13-9-2004, p. 179" (HARADA, Kiyoshi. *ISS:* doutrina e prática. São Paulo: Atlas, 2008. p. 169).

15.14 – Fornecimento, emissão, reemissão, renovação e manutenção de cartão magnético, cartão de crédito, cartão de débito, cartão salário e congêneres.

15.15 – Compensação de cheques e títulos quaisquer; serviços relacionados a depósito, inclusive depósito identificado, a saque de contas quaisquer, por qualquer meio ou processo, inclusive em terminais eletrônicos e de atendimento.

15.16 – Emissão, reemissão, liquidação, alteração, cancelamento e baixa de ordens de pagamento, ordens de crédito e similares, por qualquer meio ou processo; serviços relacionados à transferência de valores, dados, fundos, pagamentos e similares, inclusive entre contas em geral.

15.17 – Emissão, fornecimento, devolução, sustação, cancelamento e oposição de cheques quaisquer, avulso ou por talão.

15.18 – Serviços relacionados a crédito imobiliário, avaliação e vistoria de imóvel ou obra, análise técnica e jurídica, emissão, reemissão, alteração, transferência e renegociação de contrato, emissão e reemissão do termo de quitação e demais serviços relacionados a crédito imobiliário.

16 – Serviços de transporte de natureza municipal.

ISS devido no local da execução. De acordo com o inciso XIX do art. 3º da LC n. 116, o imposto será devido no local "do Município onde está sendo executado o transporte".

16.01 – Serviços de transporte coletivo municipal rodoviário, metroviário, ferroviário e aquaviário de passageiros. (Redação dada pela LC n. 157/2016.)

---

1. Alteração da LC n. 157. A redação atual, dada pela LC n. 157/2016, especifica que se trata de transporte coletivo de passageiros, por quaisquer dos meios indicados: rodoviário, metroviário, ferroviário e aquaviário. Ficou fora o aéreo, que não costuma sequer existir. Redação anterior: "16.01 – Serviços de transporte de natureza municipal" (redação original). Essa especificação do transporte coletivo municipal se deu em razão da possibilidade destes serviços receberem uma alíquota inferior a 2%, conforme art. 8º-A, § 1º.

2. Não incidência do ISS sobre transporte intramunicipal quando estiver embutido numa operação de circulação de mercadoria ou corresponder a uma atividade-meio de um serviço de turismo. "O que interessa para o ISS é o deslocamento de pessoas ou coisa de natureza mercantil, pois o que é tributado é a prestação de serviço, pelo que o transporte próprio não tem a menor relevância jurídica. Sem o contrato de transporte, isto é, a obrigação de uma das partes da relação jurídica de receber pessoas ou coisas para, mediante paga, deslocá-las até o ponto de destino, não há que se falar em tributação. Logo, o comerciante que vende mercadoria para ser entregue no domicílio do comprador não firma contrato de transporte, mas de compra e venda. Da mesma forma não celebra contrato de transporte quem conduz turistas no exercício da atividade turística" (HARADA, Kiyoshi. *ISS:* doutrina e prática. São Paulo: Atlas, 2008. p. 170).

3. Serviço de transporte de passageiros que envolve simultaneamente trajetos intra e intermunicipal: ISS ou ICMS? "As maiores complicações surgem quando o contrato envolve ambas espécies de transporte. Aqui tratamos tanto do prestador que sai de Camaçari transportando pessoas que serão levadas para outro ponto do mesmo município, mas também conduzindo outros passageiros até o ponto final, já no município de Salvador, bem como daqueles casos em que o contrato prevê a locação dos veículos com motorista para ficar à disposição do tomador. No primeiro caso, a jurisprudência considera que, se o início e término do itinerário se dá em municípios diversos, trata-se de transporte intermunicipal, devendo incidir o ICMS. No segundo caso, não há trecho predefinido no instrumento contratual. Conforme a demanda do tomador, o prestador levará seus colaboradores para lugares diversos, de acordo com sua necessidade. E, sendo assim, não raramente o transporte será ora municipal, ora intermunicipal. A deficiência legislativa aqui tem relação com a própria definição do contrato de transporte no direito privado, que não oferece elementos suficientes para a conformação adequada de todas as feições contratuais. Em que pese a discordância de alguns, insistimos na interpretação de que tais contratos, quando envolverem veículos e motoristas à disposição do tomador para atendimento de demandas de transporte sem trecho predefinido, devem ser tidos como serviços de transporte municipal" (LEMOS, Alexandre Marques Andrade. *Gestão tributária de contratos e convênios.* 4. ed. Salvador: Open Editora, 2015. p. 405-406).

4. Aplicativos de transporte como exemplo de *fluidificação* dos conceitos de mercadoria, locação e serviço, propondo uma mudança de abordagem da natureza intrínseca à funcionalidade extrínseca do objeto contratado. "Muito ilustrativa é a situação dos aplicativos de transporte que é fonte de recente controvérsia no Município de São Paulo. Teriam essas atividades necessariamente a natureza de intermediação de negócios, ou poderiam possuir características de puro licenciamento de SW a depender do modelo de contratação? Considere que determinado aplicativo cobre simplesmente um valor fixo mensal de cada motorista para utilização de sua plataforma, licenciando a este o uso do correspondente SW. Outro concorrente seu pode apostar em outra forma de precificação, preferindo uma cobrança direta do usuário final (passageiro) de acordo com valor da corrida, remunerando o motorista por um percentual de sua receita. Nesses dois exemplos temos a utilidade (transporte) e as mesmas partes envolvidas (aplicativo, motorista, passageiro). Porém, a simples alteração da precificação da oferta e estrutura contratual já são suficientes para cambiar as características do negócio, podendo fazer preponderar no primeiro o simples licenciamento e no segundo o efetivo serviço de intermediação. Outra categoria distintiva poderia ser o pagamento em dinheiro pelo usuário diretamente ao motorista (funcionalidade presente em alguns aplicativos). Há quem sustente que essa pode ser a circunstância fundamental para diferenciação entre serviço de transporte e intermediação de negócios. Ou seja, a 'natureza jurídica intrínseca' ao objeto contratado cede espaço à sua funcionalidade extrínseca (pois depende da função exercida no modelo de negócios, e não de si mesma). Essa diferença, no município de São Paulo por exemplo, gera uma variação de alíquota de 2,9% (licenciamento) para 5% (intermediação), ou seja, inevitável fonte de mais controvérsia e contencioso. Não é admissível que um sistema tributário racional atribua uma diferente tributação para duas atividades iguais, que tenham como única diferença sua forma de precificação ou modelagem negocial" (FERREIRA, Luiz Guilherme de Medeiros; NÓBREGA, Marcos. A tributação na economia digital. *Jota*, 2019. Disponível em: <https://www.jota.info/opiniao-e-analise/artigos/a-tributacao-na-economia-digital-19092019>. Acesso em: 20 set. 2019).

16.02 – Outros serviços de transporte de natureza municipal. (Incluído pela LC n. 157/2016.)

Alteração da LC n. 157. O antigo subitem 16.01 foi desmembrado em dois porque a nova redação do subitem 16.01 ficou especificada para o transporte coletivo municipal de passageiros, em razão da possibilidade de tais serviços receberem uma tributação do ISS com alíquota inferior a 2%, conforme § 1º do art. 8º-A. Esses "outros serviços de transporte" estão normalmente subordinados à alíquota mínima de 2% do ISS.

---

17 – Serviços de apoio técnico, administrativo, jurídico, contábil, comercial e congêneres.

17.01 – Assessoria ou consultoria de qualquer natureza, não contida em outros itens desta lista; análise, exame, pesquisa, coleta, compilação e fornecimento de dados e informações de qualquer natureza, inclusive cadastro e similares.

17.02 – Datilografia, digitação, estenografia, expediente, secretaria em geral, resposta audível, redação, edição, interpretação, revisão, tradução, apoio e infraestrutura administrativa e congêneres.

17.03 – Planejamento, coordenação, programação ou organização técnica, financeira ou administrativa.

17.04 – Recrutamento, agenciamento, seleção e colocação de mão de obra.

17.05 – Fornecimento de mão de obra, mesmo em caráter temporário, inclusive de empregados ou trabalhadores, avulsos ou temporários, contratados pelo prestador de serviço.

ISS devido no local do estabelecimento tomador ou onde ele estiver domiciliado. De acordo com o inciso XX do art. 3º da LC n. 116, o imposto será devido no local "do estabelecimento tomador da mão de obra ou, na falta de estabelecimento, onde ele estiver domiciliado".

17.06 – Propaganda e publicidade, inclusive promoção de vendas, planejamento de campanhas ou sistemas de publicidade, elaboração de desenhos, textos e demais materiais publicitários.

Base de cálculo do ISS sobre serviço de publicidade deve estar vinculada ao ganho financeiro proporcionado pelo serviço prestado, excluindo os valores reembolsados a terceiros a título de impressão e produção de materiais de divulgação. "1. Discute-se nos autos se a base de cálculo do ISSQN sobre os serviços de propaganda e publicidade inclui ou não os valores reembolsados a terceiros a título de impressão e produção de materiais de divulgação. 2. Segundo disposto nos arts. 1º e 7º da LC n.

116/2003, o ISSQN tem como fato gerador a prestação de serviços constantes da lista anexa, sendo a base de cálculo o preço do serviço, o qual, à luz dos princípios da capacidade contributiva, da legalidade e da justiça tributária, deve estar vinculado ao ganho financeiro proporcionado pelo serviço prestado. Precedente: REsp 1.584.736/SE, Rel. Min. GURGEL DE FARIA, *DJe* 28.2.2018. 3. Assim, considerando que o fato gerador do ISS é o serviço prestado e concluindo o Tribunal estadual que o valor total da nota fiscal inclui serviços não prestados pela empresa ora recorrida, mas sim por terceiros, não advindo o lucro auferido pela empresa dos serviços prestados por estes terceiros, rever tal assertiva implica o revolvimento do suporte fático-probatório dos autos, o que é vedado em Recurso Especial" (STJ, AgInt no AREsp 562665, 1ª T., 2019).

17.07 – (VETADO)

17.08 – Franquia (*franchising*).

---

1. É constitucional a cobrança do ISS sobre franquia, a partir da LC n. 116/2003. O STF validou a incidência no Tema 300 em RG (RE 603.136, maio/2020), reconhecendo que o contrato de franquia é uma prestação de serviço: "É constitucional a incidência de Imposto sobre Serviços de Qualquer Natureza (ISS) sobre contratos de franquia (*franchising*) (itens 10.04 e 17.08 da lista de serviços prevista no Anexo da Lei Complementar n. 116/2003)". No STJ, essa cobrança já vinha sendo admitida após a LC n. 116: "1. Com a edição da LC n. 116/2003, que entrou em vigor a partir de 1º.1.2004, a atividade de franquia passou a ser expressamente prevista no item 17.08 da lista de serviços anexa, ficando, portanto, passível de tributação. Desde então esta Corte tem entendido que incide o ISS sobre os contratos de franquia, por expressa previsão legal" (STJ, 2ª T., AgInt nos EDcl no AREsp 1.182.466, 2018).

2. Incidência do ISS sobre a franquia (subitem 17.08), a partir da LC n. 116, destacando a não aplicação da jurisprudência do STJ contra esta cobrança, que fora construída à luz do DL 406. "Por envolver atividades complexas e em razão da jurisprudência formada pelo STJ, muitos autores de nomeada vêm se posicionando contra a tributação da franquia pelo ISS. A complexidade do contrato, por si só, não justifica a exclusão da franquia do rol de serviços tributáveis. A exemplo do *leasing*, o *franchising* é um contrato típico com definição legal, formado pela fusão de elementos caracterizadores de diversos tipos de contratos. Outrossim, não se pode interpretar a jurisprudência do STJ sem situá-la no tempo. Na época em que se formou a jurisprudência retromencionada, a lista de serviços então vigente apenas contemplava o *agenciamento, a corretagem ou a intermediação* de franquia" (HARADA, Kiyoshi. *ISS:* doutrina e prática. São Paulo: Atlas, 2008. p. 175-176).

17.09 – Perícias, laudos, exames técnicos e análises técnicas.

17.10 – Planejamento, organização e administração de feiras, exposições, congressos e congêneres.

ISS devido no local da execução. De acordo com o inciso XXI do art. 3º da LC n. 116, o imposto será devido no local "da feira, exposição, congresso ou congênere, a que se referir o planejamento, organização e administração".

17.11 – Organização de festas e recepções; bufê (exceto o fornecimento de alimentação e bebidas, que fica sujeito ao ICMS).

17.12 – Administração em geral, inclusive de bens e negócios de terceiros.

17.13 – Leilão e congêneres.

17.14 – Advocacia.

---

1. STF, tema 918 em repercussão geral, RE 940769, 2019, que versa sobre o ISS fixo das sociedades de advogados (subitem 17.14). Tese fixada: "É inconstitucional lei municipal que estabelece impeditivos à submissão de sociedades profissionais de advogados ao regime de tributação fixa em bases anuais na forma estabelecida por lei nacional".

2. Aplicação do ISS fixo para uma sociedade de consultoria jurídica (subitem 17.14) e contábil (17.19), mesmo sendo pluriprofissional e de grande porte. Conferir: STJ, REsp 1.512.652, 1ª T., 2015.

3. As sociedades de advogados fazem jus ao ISS fixo. "SOCIEDADE SIMPLES PLURIPROFISSIONAL DE ADVOGADOS. INEXISTÊNCIA DE CARÁTER EMPRESARIAL. SERVIÇO PRESTADO DE FORMA PESSOAL. RECOLHIMENTO DO ISS SOBRE ALÍQUOTA FIXA. POSSIBILIDADE. (...) 2. Não se constata violação ao art. 535 do CPC/73 pois o Tribunal de origem foi bastante claro ao estabelecer que, no caso concreto, remanesceu válida a tributação pela alíquota fixa, à luz do art. 9º do Decreto-lei 406/68, pelo que afastada a pretensão de declaração de inexistência de relação jurídico-tributária (fl. 390/e-STJ). 3. O entendimento do Sodalício a quo está em consonância com a orientação do Superior Tribunal de Justiça de que, tratando-se de sociedade em que o objeto social é a prestação de serviços técnicos de consultoria e de assessoria, prestados diretamente pelos sócios, em que o profissional responde pessoalmente pelos serviços prestados, essa sociedade faz jus ao recolhimento do ISS na forma do art. 9º, §§ 1º e 3º do DL 406/1968" (STJ, 2ª T., REsp 1.645.754, 2017).

4. A prestação de serviço de arbitragem não é motivo para excluir sociedade de advogados do ISS fixo. o Estatuto da OAB (Lei n. 8.906/94) permite que o advogado postule "em juízo ou fora dele" (art. 5º), inclusive em causa própria, não cabendo qualquer distinção tributária entre as atividades administrativas de mediação e arbitragem, para fins de enquadramento no regime fixo do ISS.

– "Sociedade uniprofissional de advogados – DL 406/68, art. 9º, parágrafos 1º e 3º – Entendimento do STJ no sentido de que a sociedade de advogados faz jus à benesse – EAOAB, art. 5º – Irrelevância das atividades de mediação e arbitragem – Recurso desprovido" (TJSP, Apelação Cível n. 1008846-39.2014.8.26.0053, 14ª Câmara de Direito Público, 2015).

5. A prestação de serviço de cobrança extrajudicial não é motivo para excluir sociedade de advogados do ISS fixo. "Apelação Cível – Mandado de Segurança – Sociedade de advogados – Cobrança de ISS com alíquota fixa, observado o regime especial do Decreto-Lei n. 406/1968 – Serviço de cobrança extrajudicial que faz parte das atribuições corriqueiras do advogado – Direito líquido e certo ao enquadramento fiscal diferenciado – Sentença reformada – Recurso provido" (TJSP, Apelação Cível n. 1016803-03.2015.8.26.0071, 13ª Câmara Extraordinária de Direito Público, 2017).

6. As sociedades de advogados (subitem 17.14) optantes pelo Simples Nacional não podem apurar o ISS no regime fixo. "As sociedades de advogados legalizadas, normalmente sujeitavam-se ao benefício relativo ao ISS uniprofissionalmente (pagamento de valor fixo por advogado ao invés do faturamento). Esse benefício será desconsiderado por ocasião da opção ao Simples Nacional, mediante forma específica de calcular específica. Por conseguinte, a análise de optar (ou não optar) pelo Simples Nacional deve levar em conta os critérios seguintes: faturamento bruto, quantidade de sócios e folha de pagamentos, implicando em distintas variáveis (vantagens ou não)" (MELO, José Eduardo Soares de. ISS e sociedades uniprofissionais. *In:* CARVALHO, Paulo de Barros (coord.). *Direito tributário e os novos horizontes do processo.* São Paulo: Noeses, 2015. p. 670-671).

17.15 – Arbitragem de qualquer espécie, inclusive jurídica.

17.16 – Auditoria.

17.17 – Análise de Organização e Métodos.

17.18 – Atuária e cálculos técnicos de qualquer natureza.

17.19 – Contabilidade, inclusive serviços técnicos e auxiliares.

1. Cabimento do ISS em favor de escritório de contabilidade, mesmo com previsão no contrato social de responsabilidade limitada. "Cuida-se de agravo regimental interposto por ALPHA E OMEGA ASSESSORIA CONTABIL LTDA. – ME contra decisão monocrática de minha relatoria que deu provimento ao agravo em recurso especial nos termos da seguinte ementa (fl. 388, e-STJ): *'TRIBUTÁRIO. ISS. SOCIEDADE LIMITADA. ESPÉCIE SOCIETÁRIA EM QUE A RESPONSABILIDADE DO SÓCIO É LIMITADA AO CAPITAL SOCIAL. CARÁTER EMPRESARIAL. PRECEDENTES. AGRAVO CONHECIDO. RECURSO ESPECIAL PROVIDO'*. Extrai-se dos autos que o recurso especial inadmitido foi interposto, com fundamento no artigo 105, III, 'a' e 'c', da Constituição Federal, contra acórdão do Tribunal de Justiça do Estado de São Paulo assim ementado (fl. 295, e-STJ): *'Mandado de segurança. Sentença denegatória. ISSQN. Tratamento diferenciado previsto no artigo 9º, § 3º, do Decreto-lei n. 406/68 – sociedade uniprofissional sem caráter empresarial formada por dois sócios (contador e técnico em contabilidade). Direito a recolhimento do tributo mediante alíquota fixa. Dá-se provimento ao recurso'*. Com efeito, a jurisprudência desta Corte chegou a afirmar que o benefício não se estende à sociedade limitada porque, nessa espécie societária, a responsabilidade do sócio é limitada ao capital social. Todavia, o entendimento foi reformulado no recente julgamento do Recurso Especial n. 1.512.652/RS, Rel. Min. Napoleão Maia, que tratou da aplicação da alíquota fixa do ISS à sociedade simples, que estava sendo enquadrada como empresária pelo mero fato de existir a responsabilização limitada dos sócios conforme sua cota social. No caso dos autos, não obstante a agravante ser sociedade limitada, o Tribunal de origem assentou que se ela dedica, precipuamente, à exploração do ofício intelectual de seus sócios, de forma pessoal, sem caráter empresarial" (STJ, 2ª T., AgRg no AREsp 792.878, 2015).

2. Parecer contrário ao desenquadramento de ofício por parte do Município com relação a uma sociedade de contabilidade (subitem 17.19) e consultoria econômica (17.20), que levou em consideração o

tamanho da organização e sua exposição pública. "A autoridade limita-se a concluir que, apenas pelo tamanho da organização e sua exposição pública, deve ela ser considerada uma empresa e não uma sociedade de prestação de serviços, nada obstante *não estar registrada na junta comercial e sim no registro* de sociedades civis e responder *profissionalmente, não a entidades empresariais,* mas aos Conselhos Regionais de Contabilidade e de Economia. *Sem se reportar a nenhum dispositivo que autorize tal inteligência, a autoridade arrola sete frágeis fundamentos: 1) Excesso de profissionais.* No entanto, nada no DL n. 406/1968 ou na LC n. 116/2003 impõe um número limite de funcionários para que uma sociedade de profissionais seja transformada em sociedade empresarial. 2) *Existência do mesmo nome (marca ou logotipo) nas diversas sociedades.* Nada na lei veda tal utilização. 3) *Utilização de pessoas diversas no desempenho de suas funções.* Tampouco existe fundamento legal que impeça que se utilizem serviços variados para a consecução de uma tarefa, desde que *o responsável pelo serviço seja o profissional que presta.* Todos os trabalhos de auditoria, contabilidade, consultoria só podem ter como responsáveis aquele prestador de serviços habilitado nos respectivos Conselhos, o que vale a dizer, ele é o único responsável pelo trabalho delegado. Tal delegação, própria de execução profissional, numa sociedade complexa como a nossa, é inerente à eficiência do serviço, tanto público, como privado, seja de advogados, economistas, contadores, magistrados, agentes fiscais, autoridades julgadoras, como aquela que promoveu o desenquadramento. Diversos profissionais são utilizados, mas apenas um é o responsável pelos serviços públicos ou privados prestados. Os magistrados, por exemplo, utilizam-se de especialistas não bacharéis para a realização de perícias destinadas a esclarecer a matéria fática, para bem julgar, o mesmo ocorrendo com os advogados, na defesa de seus clientes. A delegação de tarefas é inerente, no mundo moderno, ao bom exercício profissional, *não havendo na lei nenhuma proibição que assim ajam os profissionais sujeitos a regime especial de tributação pelo ISS* ('ubi lex non distinguire, distinguere non debemus'). 4) *O fato de manterem sucursais.* O próprio desenvolvimento do mundo moderno exige que as maiores sociedades profissionais tenham sucursais, como ocorre com os grandes escritórios de advocacia, que ou têm correspondentes, ou mantêm suas próprias filiais. *Nada na lei impede que isto ocorra.* 5) *Os sócios terem participações distintas.* Nada na lei impede que, numa sociedade de profissionais, haja profissionais com participação distinta na formação do capital, quase sempre decorrente do próprio prestígio do profissional. Numa sociedade de advogados, o advogado professor titular da Universidade terá, necessariamente, maior relevância que o recém-admitido na OAB, com participação diferenciada. Se a lei pretendesse eleger o critério de participações desiguais como causa de desenquadramento de profissionais liberais, assim teria disposto expressamente. Não há interpretação restritiva de princípios implícitos. Na teoria do direito, a restrição de direitos só pode decorrer de *determinações constitucionais ou legais explícitas*. 6) *Tamanho da sociedade*. Outra limitação *não constante de lei*. As sociedades de profissionais, numa sociedade cada vez maior e mais complexa, acompanham este desenvolvimento, sendo cada vez maiores. No Brasil, já há escritórios com mais de duas ou três centenas de advogados, como ocorre com as grandes empresas ou auditorias. Se o legislador quisesse distinguir uma sociedade de prestação de serviços de uma sociedade empresária, *não pelo serviço prestado, mas pelo tamanho, assim teria feito*. Mas não o fez! Não cabe, pois, ao intérprete oficial, 'pro domo sua' substituir-se ao legislador. 7) *Distintas atividades profissionais*. O ato de desenquadrar considerou as sociedades como um todo. Ocorre que cada sociedade é uniprofissional e exerce uma única atividade – ou seja, contabilidade e auditoria e consultoria econômica – não há, em cada uma, mistura de atividades. Por todos estes fundamentos, tal desenquadramento é ilegal" (MARTINS, Ives Gandra da Silva. ISS: sociedades prestadoras de serviços de contabilidade e consultoria econômica. Não é a dimensão da sociedade e o número de profissionais que definem o regime de tributação do ISS, mas o tipo de serviço prestado. *Revista Dialética de Direito Tributário, n.* 227, ago. 2014. p. 163-165).

17.20 – Consultoria e assessoria econômica ou financeira.

17.21 – Estatística.

17.22 – Cobrança em geral.

17.23 – Assessoria, análise, avaliação, atendimento, consulta, cadastro, seleção, gerenciamento de informações, administração de contas a receber ou a pagar e em geral, relacionados a operações de faturização (*factoring*).

17.24 – Apresentação de palestras, conferências, seminários e congêneres.

17.25 – Inserção de textos, desenhos e outros materiais de propaganda e publicidade, em qualquer meio (exceto em livros, jornais, periódicos e nas modalidades de serviços de radiodifusão sonora e de sons e imagens de recepção livre e gratuita). (Incluído pela LC n. 157/2016.)

---

1. Alteração pela LC n. 157. A LC n. 157 inseriu esse subitem 17.25 na lista de serviços.

2. Posicionamento do município de São Paulo em favor da incidência do ISS sobre a inserção de publicidade (subitem 17.25) mesmo antes da LC n. 157. "Ocorre que, mesmo antes da edição da Lei Complementar n. 157/2016, o Município de São Paulo modificou o seu entendimento e passou a exigir o imposto sobre a atividade em tela, uniformizando referido entendimento por meio da publicação do Parecer Normativo 1/2016. Eis os termos do citado parecer: Parecer normativo SF 01, de 09 de março de 2016: 'Incidência do Imposto sobre Serviços de Qualquer Natureza – ISS – em relação ais serviços de divulgação, disponibilização e inserção de propaganda e publicidade. Enquadramento no item 17.06 da lista de serviços. O Secretário Municipal de Finanças e Desenvolvimento Econômico, no uso de suas atribuições legais, Resolve: Art. 1º Os serviços de divulgação, disponibilização e inserção de propaganda e publicidade enquadram-se no item 17.06 da lista de serviços prevista no art. 1º da Lei Municipal n. 13.701, de 24 de dezembro de 2003 e alterações posteriores, sujeitando-se à incidência do Imposto sobre Serviços de Qualquer Natureza – ISS. § 1º O previsto no *caput* do presente artigo aplica-se à divulgação, disponibilização e inserção de propaganda e publicidade em rádio e televisão, mesmo no caso de recepção livre e gratuita, assim como em sítios virtuais, páginas ou endereços eletrônicos na internet, em quadros próprios para afixação de cartaz mural, conhecidos como outdoor e em estruturas próprias iluminadas para veiculação de mensagens, conhecidas como *backlight* e *frontlight*. § 2º O previsto no *caput* do presente artigo não se aplica à divulgação, disponibilização e inserção de propaganda e publicidade inserida no corpo editorial de livros, jornais e periódicos, em função da imunidade prevista no art. 150, VI, 'd' da Constituição Federal, ressalvadas as publicações com exclusiva finalidade de divulgação de propaganda e publicidade. Art. 2º Este Parecer Normativo, de caráter interpretativo, revoga as disposições em contrário, especialmente as Soluções de Consulta emitidas antes da data de publicação deste ato, independentemente de comunicação aos consulentes'. A partir da edição do referido Parecer Normativo, o órgão passa a manifestar entendimento no sentido de que a atividade de inserção de publicidade sempre esteve sujeita ao ISS, com base no item 17.06 da mencionada lista de serviços: '17.06– Programa de Publicidade, inclusive promoção de vendas, planejamento de campanhas ou sistemas de publicidade, elaboração de desenhos, textos e demais materiais publicitários'. Destaque-se ainda que o referido parecer se autointitula interpretativo para o fim exclusivo de retroagir os seus efeitos a fatos pretéritos. Nada obstante, como demonstrado, trata-se de nítida mudança de critério jurídico, motivo pelo qual deve ter efeito apenas prospectivos, conforme o art. 146 do Código Tributário Nacional. Asseveramos ainda, que mesmo para fins de efeitos prospectivos do Parecer Normativo 01/16, há que se partir da premissa de que a inserção de publicidade se enquadra efetivamente no item 17.06 da lista, com o que não podemos concordar, já que a inserção de publicidade foi objeto de expresso veto, não podendo concordar, já que a inserção de publicidade foi objeto de expresso veto, não podendo simplesmente por interpretação reenquadrar a mesma atividade em outro item da lista. Nesse ponto, importa esclarecer que o veto não significa ausência de competência do Município para tributar, mas, tão somente, a impossibilidade de constar da lista de serviços da forma como proposto, pois, como dito, a generalidade decorrente da redação pretendida poderia implicar em inconstitucionalidades. Noutras palavras, se de um lado a redação sem a generalidade duvidosa de outrora tem fundamento na outorga de competência constitucional para a tributação, pelo ISS, dos serviços de inserção de publicidade; de outro lado, enquanto tal exercício de competência não estiver especificado na lista executiva da Lei Complementar, não há que se falar em sua tributação. Por essa razão a despeito de, desde logo, nos posicionarmos pela competência municipal para tributação da inserção de publicidade, a convicção é no sentido de que somente após a reinserção da atividade na lista de serviço do ISS, respeitado, por certo, o princípio da anterioridade[7], é que se pode exigir a exação municipal sobre tal atividade. A despeito das considerações de ordem semântica, na pratica, após a publicação do Parecer Normativo 1/16, as soluções de consultar da Municipalidade paulistana, até então em sua maioria pela não tributação pelo ISS da inserção de publicidade, manifestaram-se em sentido oposto, a exemplo da Solução de Consulta 25/16, em desatendimento ao artigo 146 do Código Tributário Nacional e, de forma mais grave, em afronta aos princípios da legalidade, irretroatividade e da anterioridade. Mas recentemente, foi publicado o Parecer Normativo 02/18 segundo o qual, até a edição da Lei 16.757/17, que se adequa a legislação paulistana à Lei Complementar n. 157/16, a inserção de publicidade enquadrava-se no item 17.06 e com a alteração da legislação paulistana, o referido serviço se amolda àquele indicado no item 17.24, equivalente ao item 17.25 da Lei Complementar n. 157/16" (DIAS, Karem Jureidini; BARBOSA, Fernanda Possebon. Publicidade em aplicativos e jogos: tributação. *In:* PISCITELLI, Tathiane (coord.). *Tributação da economia digital.* São Paulo: Revista dos Tribunais, 2018. p. 147-150)

3. Veiculação de publicidade como serviço de comunicação sujeito ao ICMS. "Ora, uma vez que os veículos de divulgação de propaganda 'comunicam', conforme dicção do artigo 4º da Lei n. 4.680/65, segundo o qual os veículos de divulgação de propaganda caracterizam-se como 'meios de comunicação', ainda que, efetivamente, detenham a obrigação de dar consubstanciada na concessão de um espaço para veiculação da propaganda, é inegável que sua atividade envolve uma obrigação de fazer essencial à verificação da materialidade do ICMS-Comunicação, qual seja, a de comunicar, isto é, difundir a publicidade. A não ser nas hipóteses em que o detentos do espaço passível de utilização para a difusão de propagandas apenas tenha a obrigação de locá-lo, referindo-se única e exclusivamente a uma obrigação de dar, nos casos em que se responsabilize também pela transmissão da mensagem publicitária, esta se mostra como a sua atividade-fim, sendo o espaço físico ou virtual um mero meio, havendo, assim, ocorrência do fato gerador do ICMS-Comunicação. Dessa forma, concluímos que a veiculação de publicidade caracteriza-se como verdadeira obrigação de fazer, amoldando-se, perfeitamente, ao fato gerador do ICMS-Comunicação. Por outro lado, a conferência, pela Constituição Federal, da competência para a tributação dos serviços de comunicação aos Estados e ao Distrito Federal afasta a possibilidade de exigência do ISS pelos Municípios, o que, inclusive, foi salientado nas razões de veto ao subitem 17.07 à Lista Anexa da Lei Complementar n. 116/2003, a qual, ademais, por apresentar um rol taxativo de serviços, não permite a inclusão de referido serviço no subitem 17.06" (RUSCHMANN, Cristiano Frederico; SANTOS, Naila Radike Hinz dos. Não incidência do ICMS-comunicação sobre a veiculação de publicidade em mídia interna. *In:* MACEDO, Alberto; CASTRO, Leonardo Freitas de Moraes e (coord.). *Tributação indireta empresarial*: indústria, comércio e serviços. São Paulo, Quartier Latin, 2016. p. 597-598).

3.1. Posicionamento do Estado de São Paulo e do Tribunal de Impostos e Taxas em favor da incidência do ICMS (serviço de comunicação) sobre a vinculação de publicidade inserida em plataformas digitais, assim como nos aplicativos e jogos eletrônicos. "A despeito do nosso entendimento, fato é que a maioria das plataformas eletrônicas, a exemplo do Google, Facebook, Yahoo, Terra, dentre outros, foi atuada para o fim de se exigir o ICMS-Comunicação. Disso decorre que a publicidade inserida em tais plataformas, assim como nos aplicativos e jogos eletrônicos, também estaria possível de tributação pelos ICMS-Comunicação, segundo o entendimento fazendário, independentemente da existência de fornecimento próprio de infraestrutura comunicacional. Até meados de 2016, a jurisprudência do Tribunal de Impostos e Taxas – TIT era desfavorável aos contribuintes. Podemos citar como exemplo a decisão proferida nos autos do processo em que o sujeito passivo era a Google Brasil Internet Ltda: 'Infrações relacionadas: falta de pagamento do imposto – prestação de serviço de comunicação na modalidade de veiculação de publicidade através da rede 'internet'. Inocorrência de interpretação que viole o princípio da legalidade ou da segurança jurídica – aplicação de normas do direito posto. Não irregularidades da identificação do sujeito passivo – artigos 121, I, e 142, ambos do CTN. Atividade onerosa de veiculação de publicidade pela 'internet' não configura modalidade não configura modalidade de contrato de agência – artigo 710 do CC – precedente judicial-doutrinário. Ação fiscal não diz respeito à venda de espaço publicitário de outrem, mas sim à atividade onerosa de veiculação de publicidade pela 'internet'. Na inaplicabilidade da teoria da aparência para identificação do sujeito passivo – disciplina dos artigos 121,1 e 142, ambos do CTN. Recolhimento empreendido junto à Administração Tributária municipal não guarda relação com o AIIM. Prestação de serviço de valor adicionado" – artigo 61 da LGT. Inaplicabilidade da imunidade constitucional veiculada pela EC 42/03. Regularidade da multa aplicada – limites administrativos. Juros regularmente aplicados. Recurso ordinário – conhecimento e desprovimento'. Com a edição da Lei Complementar n. 157/16, o que se percebe é uma mudança da jurisprudência do Tribunal de Impostos e Taxas, que passou sob tal fundamento a cancelar os autos de infração. Exemplifica-se com a decisão obtida pelo Facebook Serviços Online do Brasil Ltda.: 'ICMS. Não emissão de documentos fiscais em serviços de comunicação (veiculação de publicidade na internet). Falta de inscrição no cadastro de contribuintes do ICMS. Não fornecimento/transmissão de arquivos eletrônicos à SEFAZ. – A questão controvertida nos autos é se a veiculação de publicidade na internet configura ou não serviço de comunicação, sujeito a incidência de ICMS. – Essa questão é objeto de conflito de competência entre Estados e Municípios, pois o fisco paulista entende pela incidência de ICMS sobre a veiculação de publicidade na internet e o fisco paulistano entende pela incidência de ICMS sobre a veiculação de publicidade na internet e o fisco paulistano entende pela incidência de ISS. – Nos termos do artigo 146, I, da Constituição Federal, os conflitos de competência entre os entes federados devem ser dirimidos por lei complementar. – A novel lei complementar 157/2016, ao modificar a lista de serviços anexa à Lei Complementar n. 116/2003, solucionou o conflito de competência em favor do fisco municipal, na medida em que prevê que a inserção de propaganda e publicidade em qualquer meio é fato gerador do ISS. – Recurso ordinário provido. AIIM improcedente'. Nada obstante, também localizamos decisão, proferida em 2017, ainda não transitada em julgado, convalidando a incidência do ICMS-Comunicação até a publicação da Lei Complementar n. 157/16, pois os serviços indicados no item 17.25 e prestados antes da eficácia a ele específica da Lei complementar Federal 157/2016, não se sujeitam à incidência do ISS, permanecendo sob a égide da Legislação do ICMS. Com o devido respeito aos ilustres julgadores, ousamos discordar de tal decisão, vez que não é possível que a mesma Constituição Federal tenha outorgado competência ao Estado e ao Município para a tributação da mesma atividade, ora como serviço de comunicação, ora como prestação de serviço sujeita ao ISS! Fato é que a admissão da vigência e validade da Lei Complementar n. 157/16 implica, por decorrência, no reconhecimento de que jamais tal atividade esteve sob a égide da tributação pelo ICMS-Comunicação, independentemente do entendimento meramente interpretativo exarado pela Fazenda Estadual. Nesse caso, tem-se apenas a validação do ente efetivamente competente, sem sequer a necessidade de declaração de inconstitucionalidade sem redução de texto, posto que em termos legislativos nunca houve disposição expressa acerca da tributação pelo ICMS-Comunicação da inserção de publicidade em plataformas que não correspondem ao oferecimento de infraestrutura comunicacional, como é o caso dos aplicativos e jogos eletrônicos. Ao contrário, a legislação está expressa no sentido da tributação pelo ISS" (DIAS, Karem Jureidini; BARBOSA, Fernanda Possebon. Publicidade em aplicativos e jogos: tributação. *In:* PISCITELLI, Tathiane (coord.). *Tributação da economia digital*. São Paulo: Revista dos Tribunais, 2018. p. 154-156).

4. Posicionamentos acerca da não incidência de ISS nem ICMS sobre os serviços de inserção de publicidade até o advento da LC n. 157, quando, então, passou a incidir o ISS. "A inclusão pela Lei Complementar n. 157/16 do item 17.25 à Lei Complementar n. 116/03 – constitucionalmente incumbida da definição de quais serviços são tributáveis pelo ISS – veio, de um lado, preencher os requisitos para o exercício da competência das municipalidades para a tributação, pelo ISS, dos serviços de inserção de publicidade, exceto de imunidade e; por outro lado, reconhecer expressamente, dirimindo qualquer conflito de competência, que tal serviço esteja na outorga da competência estadual para tributação. Isto porque, de acordo com o artigo 156, inciso III, da Constituição Federal, para constar na Lista de Serviços da Lei Complementar a atividade deve corresponder a uma materialidade, cuja competência da Lei Complementar dirimir conflitos exacionais entre os entes da Federação (artigo 146, I), exatamente como procedeu a Lei Complementar n. 157/16. Assim, da alteração da Lei Complementar n. 116/03, perpetrada pela Lei Complementar n. 157/16, é possível concluir que: (i) no passado tal serviço não estava previsto na lista anexa à Lei Complementar n. 116/03 – o que, salientamos, se deu por motivos de excessiva abrangência na proposta da redação do item 17.07 pelo que vetado –, o que significa que não havia possibilidade d exercício da competência municipal, mas não que foi transferida tal competência ao Estado; (ii) em razão do veto ao item 17.07 da Lei Complementar n. 116/03, bem como em face dos princípios da irretroatividade, da anterioridade, da legalidade e da segurança jurídica, inclusive em observância ao disposto no artigo 146 do Código Tributário Nacional, não é possível a tributação pretérita da inserção de publicidade em aplicativos e jogos eletrônicos, como indevidamente pretende o Município de São Paulo, por meio do Parecer Normativo 01/16; (iii) após a devida previsão legal por cada municipalidade para inclusão na legislação interna do item 1.25 da Lei Complementar n. 116/03 e desde que observada a anterioridade nonagesimal e de exercício, a inserção de publicidade em aplicativos e jogos eletrônicos passa a ser atividade sujeito a tributação pelo ISS; (iv) A Lei Complementar n. 157/16 dirimiu qualquer dúvida interpretativa que pudesse implicar em aparente conflito de competência restando indubitável que, ressalvado o fornecimento de infraestrutura comunicacional, o que não é o caso da inserção de publicidade em aplicativos e jogos eletrônicos, referida materialidade está no campo da competência municipal para a tributação, do que decorre que o serviço de inserção de publicidade nunca esteve na competência tributária dos Estados e do Distrito Federal para tributação pelo ICMS-Comunicação. Como última consideração, sabemos que não é uníssono no universo jurídico que se subsuma ao conceito de serviço, a atividade de inserção de conteúdo publicitário em páginas eletrônicas, aí incluídos os aplicativos e jogos eletrônicos. A uma, porque expressiva corrente doutrinária filiada à teoria civilista defende que o conceito de serviços comporta necessariamente uma obrigação de fazer e, partindo-se dessa premissa, é defensável que determinadas atividades, a exemplo da cessão de espaço publicitário esbarraria na Súmula Vinculante 31 do Supremo Tribunal Federal, que reputa inconstitucional a incidência do ISS sobre a locação de bens móveis. Nada obstante, quando à obrigação de fazer enquanto requisitos para caracterização de determinada atividade como serviço, recentemente o Supremo Tribunal Federal por ocasião do julgamento do Recurso Extraordinário 651.703/PR, com repercussão geral reconhecida, referente à tributação dos serviços prestados por operadoras de planos de saúde, manifestou-se pelo afastamento da discussão da obrigação de dar versus a obrigação de fazer, pois o legislador constitucional pretendeu captar todas as atividades empresariais cujos produtos fossem serviços, bens imateriais em contraposição aos bens materiais, sujeitos a remuneração no mercado. Em razão do exposto, reforçamos nossas conclusões sobre a incidência do ISS sobre a atividade de inserção de publicidade em aplicativos e jogos eletrônicos, sempre após a vigência da norma municipal fundamentada no tem 17.25 da Lei Complementar n. 116/03. Por decorrência, repisamos nossa conclusão de que não há outorga de competência para a tributação de tal atividade pelo ICMS-Comunicação" (DIAS, Karem Jureidini; BARBOSA, Fernanda Possebon. Publicidade em aplicativos e jogos: tributação. *In:* PISCITELLI, Tathiane (coord.). *Tributação da economia digital.* São Paulo: Revista dos Tribunais, 2018. p. 157-159).

5. Veiculação de publicidade como locação de bens móveis (*outdoors*, placas e painéis) ou serviço de comunicação (jornais, periódicos, rádio, TV, internet), não se submetendo ao ISS. "Insta, então, saber se a veiculação de publicidade classifica-se como obrigação de dar ou de fazer. A nosso ver, a natureza da obrigação variará *conforme as características do canal de comunicação.* No caso da publicidade em *outdoors*, placas e painéis, por exemplo, a obrigação do veículo de divulgação resume-se a ceder um espaço e tolerar o seu uso pelo anunciante, o que tipifica uma obrigação de dar meramente. É verdade que o veículo de divulgação terá a obrigação de instalar e manter a permanente visibilidade do local cedido; tais obrigações, contudo, integram as incumbências próprias do locador (CC, art. 566, inciso II), portanto não desqualificam a natureza locatícia da relação que mantém com o anunciante. Situação distinta sucede no caso de publicidade em jornais, periódicos, e mesmo em rádio, TV e internet. Nesses casos, o órgão de divulgação não se obriga perante o anunciante apenas a ceder-lhe um espaço físico na folha impressa, um espaço virtual no site ou alguns segundo na grade de programação. Mais que isso, os veículos assumem o compromisso de realizar uma séria de esforços materiais a serem por eles executados *após a contratação do anúncio*, e que consistem na preparação do próprio objeto de imprensa em cujo âmbito o anúncio será divulgado. O jornal está obrigado, perante o anunciante, a pôr o jornal 'na rua', isto é, a (i) confeccionar uma edição com artigos, reportagens e conteúdo típico de imprensa, (ii) imprimir quantidade de vias conforme a tiragem prometida e (iii) distribuir a tiragem nos pontos de venda. O mesmo se diga das obrigações de manter um site no ar com seu conteúdo típico, e de produzir a programação televisiva e radiofônica. Tudo isso é 'fazer', e fazer cuja inexecução implica inadimplemento do veículo de imprensa perante o anunciante. Se o jornal publica normalmente os anúncios vendidos, mas deixa todo o restante de suas folhas em branco, sem artigos e reportagens, terá inadimplido sua obrigação, muito embora o espaço cedido ao anunciante tenha sido plenamente respeitado. Se a TV divulga as chamadas publicitárias normalmente, na duração e momento combinados, mas não 'faz' a sua programação normal, deixando a tela 'branca' fora do momento do anúncio, terá igualmente inadimplido sua obrigação perante os anunciantes, revelando que esta obrigação não se resume a ceder espaço, ou seja, não se resume a 'dar'. Nesses casos, pois, entendemos tratar-se de efetiva *prestação de serviços de comunicação*, sujeita ao ICMS-comunicação. Curiosa ou coincidentemente, boa parte dessas hipóteses afinal tributáveis pelo ICMS, deixam de sê-lo em razão da existência de *imunidade*" (ANDRADE, Paulo Roberto. Veiculação de publicidade: ISS, ICMS ou nada?. *RDDT* n. 234, 2015. p. 92-93).

6. Possibilidade da tributação do ISS sobre veiculação de publicidade, uma vez previsto em lei complementar, ressalvando a hipótese de mera locação. "Em sendo locação, o ISS passa ao largo, já que seu fato gerador encerra uma obrigação de fazer. Soa válida essa conclusão de ocorrer a locação de painéis, fixos ou móveis, para inserção de publicidades, na medida em que envolve exclusivo direito ao uso de certo espaço. Induvidoso, contudo, que, no caso de o locador também inserir algum material publicitário por ele criado, ou de haver-se obrigado a manter limpa e conservada a publicidade posta nos painéis locados, cristalizou-se vera prestação de serviços, em princípio sujeita ao ISS, haja vista constituir atividade de publicidade e propaganda. Essa conclusão, entrementes, esbarra no fato de a lista da LC n. 116/2003 não contemplar a hipótese (em face do veto ao subitem 17.07), tampouco se afina com a diretriz jurisprudencial prevalecente, que aí vê serviço de comunicação sujeito ao ICMS" (OLIVEIRA, José Jayme de Macêdo. *Impostos municipais:* ISS, ITBI e IPTU. 2. ed. São Paulo: Saraiva, 2011. p. 240).

7. Não incidência do ICMS nem do ISS sobre a veiculação de publicidade (subitem 17.25) em mídia interna (serviço de comunicação *intramunicipal*). "Por outro lado, no que se refere à veiculação de publicidade em mídia interna, conjuntamente às disposições da Lei Complementar n. 87/96, será aplicável o artigo 68, inciso II, do Código Tributário Nacional, que segue formalmente em vigor, não tendo sido recepcionado pela nova Ordem Constitucional apenas no que se refere à competência da União para a exigência do Imposto Sobre Serviços de Comunicação, e traz consigo uma definição de serviços de comunicação delimitadora da hipótese de incidência do ICMS, conforme autorizado pela Constituição Federal em seu artigo 146, inciso III, alínea 'a', que afasta a competência tributária dos Estados e do Distrito Federal para a exigência do ICMS-Comunicação sobre os serviços que irradiem efeitos somente no âmbito intramunicipal. Tal conclusão, entretanto, não confere aos Municípios, a quem a Constituição Federal atribui competência residual para a tributação de serviços, autorização para a exigência do ISS sobre a veiculação de publicidade intramunicipal, considerando que o não exercício de uma competência tributária pelos Estados e pelo Distrito Federal não a transfere àqueles entes federativos' (RUSCHMANN, Cristiano Frederico e SANTOS, Naila Radike Hinz dos. Não incidência do ICMS-Comunicação sobre a veiculação de publicidade em mídia interna. *In:* MACEDO, Alberto; CASTRO, Leonardo Freitas de Moraes e (coord.). *Tributação indireta empresarial*: indústria, comércio e serviços. São Paulo, Quartier Latin, 2016. p. 602).

8. Diferença entre serviço de publicidade (subitem 17.25) e serviço de patrocínio (não tributado pelo ISS). "É preciso, contudo, que os realizadores de eventos estejam atentos às mudanças e intensifiquem, de forma coletiva e organizada, o inter-relacionamento com o poder público, no caminho das boas práticas fiscais e contábeis. Um dos temas relacionados a isso é a incidência do Imposto sobre Serviços (ISS) sobre os recursos que envolvem a realização de eventos culturais, artísticos e turísticos, dentre outros. A entrada em vigor, em 2017, da Lei Complementar n. 157, ao reinserir a propaganda e publicidade na lista de serviços alcançáveis pela tributação (item 17.25), tem gerado dúvidas entre os organizadores de evento, no que diz respeito aos contratos de patrocínio e de publicidade. Há certa confusão sobre a caracterização dessas espécies de contrato e, em consequência, sobre a incidência ou não do imposto. No âmbito do Município do Rio de Janeiro, um parecer (PG/PADM/022/2018/RRLM), elaborado pela Procuradoria-Geral em 2018, estabelece os contornos dos contratos de patrocínio e convênios de fomento, diferenciando-os do contrato de publicidade. No contrato de patrocínio, há um apoio prestacional a projetos ou atividades de terceiros, com o objetivo de divulgar o nome, imagem ou marca da entidade patrocinadora e, com isso, atender a um interesse institucional. No caso do contrato de publicidade, contrata-se uma empresa especializada para executar um termo de referência, pela veiculação ou produção de uma mensagem publicitária. Nessa segunda hipótese, há a execução de um serviço, que exige '(i) a gestão e organização dos meios para a prestação do serviço sob próprio risco e (ii) o desenvolvimento de atividade profissional', no que difere do patrocínio, cujo adimplemento não decorre da simples veiculação da mensagem publicitária, 'desconectada da atividade profissional do patrocinado'. Constitui elemento essencial para o adimplemento do contrato de patrocínio, a veiculação da imagem, nome ou marca do patrocinador (que pode não ser o único) associada à atividade profissional do patrocinado ou a determinado evento organizado por este. Sobre a contraprestação fixada no contrato de publicidade incide o ISS, nos termos da Lei Complementar n. 116/2003, que regulamenta o imposto de competência dos municípios. O Supremo Tribunal Federal tratou da matéria, no julgamento do Recurso Extraordinário n. 574.636/SP, ao examinar o patrocínio concedido a uma empresa privada pelo Município de São Paulo para realização da 1ª Maratona de São Paulo, concluindo que a hipótese não se caracterizava como aquisição de bens ou serviços, mas simples forma de promoção e divulgação no nome da cidade, não ocorrendo violação ao disposto no art. 37, XXI da Constituição da República. Os organizadores de eventos, portanto, precisam estar atentos à caracterização precisa de cada uma dessas verbas, para não atrair a ação do fisco local, visando à cobrança do ISS, incorrendo em custos inesperados. Note-se, também, que a simples utilização no nomen juris 'patrocínio' no instrumento contratual não é suficiente e pode gerar sanções mais graves, como o cometimento de crime de sonegação, caso demonstrada a intenção deliberada de fraudar a apuração de imposto devido" (SÁ, Antônio Carlos de. Grandes eventos: ISS sobre patrocínio *vs.* publicidade. *Jota,* 2019. Disponível em: <https://www.jota.info/opiniao-e-analise/artigos/grandes-eventos-iss-sobre-patrocinio-vs-publicidade-25112019>. Acesso em: 26 nov. 2019).

---

18 – Serviços de regulação de sinistros vinculados a contratos de seguros; inspeção e avaliação de riscos para cobertura de contratos de seguros; prevenção e gerência de riscos seguráveis e congêneres.

18.01 – Serviços de regulação de sinistros vinculados a contratos de seguros; inspeção e avaliação de riscos para cobertura de contratos de seguros; prevenção e gerência de riscos seguráveis e congêneres.

19 – Serviços de distribuição e venda de bilhetes e demais produtos de loteria, bingos, cartões, pules ou cupons de apostas, sorteios, prêmios, inclusive os decorrentes de títulos de capitalização e congêneres.

19.01 – Serviços de distribuição e venda de bilhetes e demais produtos de loteria, bingos, cartões, pules ou cupons de apostas, sorteios, prêmios, inclusive os decorrentes de títulos de capitalização e congêneres.

20 – Serviços portuários, aeroportuários, ferroportuários, de terminais rodoviários, ferroviários e metroviários.

ISS devido no local do porto, aeroporto, ferroporto, terminal rodoviário, ferroviário ou metroviário. De acordo com o inciso XXII do art. 3º da LC n. 116, o imposto será devido no local "do porto, aeroporto, ferroporto, terminal rodoviário, ferroviário ou metroviário", exceto quando os serviços forem prestados em águas marítimas (§ 2º do mesmo art. 3º).

20.01 – Serviços portuários, ferroportuários, utilização de porto, movimentação de passageiros, reboque de embarcações, rebocador escoteiro, atracação, desatracação, serviços de praticagem, capatazia, armazenagem de qualquer natureza, serviços acessórios, movimentação de mercadorias, serviços de apoio marítimo, de movimentação ao largo, serviços de armadores, estiva, conferência, logística e congêneres.

ISS devido no local do estabelecimento prestador, quando o serviço for prestador em águas marítimas. De acordo com o § 2º do art. 3º da LC n. 116, quando o serviço for prestado em água marítima, o imposto não será devido no local "do porto, aeroporto, ferroporto, terminal rodoviário, ferroviário ou metroviário", mas sim no local do estabelecimento prestador, Trata-se, pois, de uma "exceção da exceção", de tal forma que o local de incidência retorna para a regra do local do estabelecimento prestador.

20.02 – Serviços aeroportuários, utilização de aeroporto, movimentação de passageiros, armazenagem de qualquer natureza, capatazia, movimentação de aeronaves, serviços de apoio aeroportuários, serviços acessórios, movimentação de mercadorias, logística e congêneres.

20.03 – Serviços de terminais rodoviários, ferroviários, metroviários, movimentação de passageiros, mercadorias, inclusive suas operações, logística e congêneres.

---

1. Ressalvas acerca da tributação do ISS sobre os serviços de embarque e desembarque. "Nos termos do art. 21, XII, letras *d* e *e*, da Constituição Federal, a exploração dos serviços de transporte ferroviário interestadual e do serviço rodoviário interestadual e internacional de passageiros cabe à União diretamente, ou mediante autorização, concessão ou permissão. Nessas atividades, não há monopólio da União como no caso da exploração de terminais aeroportuários. São desenvolvidas por particulares mediante concessão, permissão ou autorização. No que se refere aos serviços de embarque e desembarque, movimentação de ônibus intermunicipais e interestaduais existe a cobrança da chamada Tarifa de Utilização dos Terminais (TUTE). A maioria dos Estados cobra a TUTE. No Estado de São Paulo ela tem previsão no Decreto n. 29.913, de 12 de maio de 1985 (arts. 83 e 84). O valor dessa tarifa é fixado pelo Departamento Estadual de Estradas de Rodagem. Entretanto, é altamente discutível a natureza jurídica da TUTE. No Estado de Sergipe, por exemplo, o Conselho Estadual de Transporte, por meio da Resolução n. 6, de 5 de dezembro de 1996, com suposto fundamento na Lei n. 3.480/94, autorizou o Departamento Estadual de Estradas de Rodagem de Sergipe a cobrança da chamada Tarifa de Gerenciamento de 4% e Tarifa de 1%, incidentes sobre o faturamento bruto das empresas de ônibus, tarifas essas cobradas diretamente das empresas de transportes que utilizam os terminais rodoviários. A Tarifa de Embarque não é paga pelo passageiro, mas pela empresa transportadora. Ora, sobre o preço do serviço de transporte já incide o ISS em se tratando de transporte intramunicipal (subitem 16.01 da atual lista de serviços), ou o ICMS em se tratando de transporte intermunicipal ou interestadual (art. 2º, II, da Lei Complementar n. 87/96). Outrossim, nos termos do art. 13, inciso III, da Lei Complementar n. 87/96, lei de regência nacional do ICMS, a base de cálculo do imposto é 'na prestação de serviço de transporte interestadual e intermunicipal e de comunicação, o preço do serviço'. Tratando-se de exação compulsória a cargo não do passageiro, mas da empresa operadora de transporte, essa Tarifa de Gerenciamento e Tarifa de Embarque tem natureza de taxa, sendo ela duplamente inconstitucional, por violação do princípio da legalidade (art. 150, I, da Constituição Federal) e por identidade de base de cálculo com a do ICMS (art. 145, § 2º, da Constituição Federal). É preciso o exame específico da legislação de cada Estado para verificar se a utilização dos terminais implica cobrança de tarifa englobando todos os serviços previstos no subitem sob exame, hipótese em que não há que se cogitar da tributação de serviços de logística, por exemplo. E mais, nos casos em que a TUTE, a Taxa de Gerenciamento, a Taxa de Embarque, não importa o nome dado, integrar a base de cálculo do ICMS fica afastada a incidência do ISS. Outrossim, os espaços utilizados por particulares na área abrangida pelos terminais, como lojas, escritórios, estacionamentos, publicidade etc., sujeitam-se ao pagamento do ISS de conformidade com a lista de serviços" (HARADA, Kiyoshi. *ISS:* doutrina e prática. São Paulo: Atlas, 2008. p. 186-187).

2. Não cabimento da imunidade do ISS sobre os serviços portuários.
– Conferir: STJ, AREsp 323.998, 1ª T., 2018.

---

21 – Serviços de registros públicos, cartorários e notariais.

21.01 – Serviços de registros públicos, cartorários e notariais.

---

1. Em favor da aplicação do regime fixo do ISS para os cartórios. "Em que pese nossa Corte Suprema ter inclinado pela constitucionalidade da incidência do ISS sobre os serviços de registros públicos, cartorários e notariais e ter decidido também pelo regime de tributação geral, nos termos do artigo 7º da Lei Complementar n. 116/2003, somos pela não tributação de tais serviços, já que os classificamos *como serviço público material*. Na hipótese de aceitação da tributação dos serviços de registros públicos, cartorários e notariais, acreditamos que a única forma de compatibilizar o entendimento do Supremo Tribunal Federal com as realidades social e jurídica é a admissão da tributação em regime especial fixo, porquanto (i) a ideia de lucro não afasta a natureza de trabalho realizado de forma pessoal e autônoma, (ii) a colaboração de substitutos e escreventes também não esvaziam o tratamento de profissional autônomo, (iii) os emolumentos tem natureza de taxa, (iv) a responsabilidade pelos seus atos e empregados é objetiva e (v) o tratamento jurídico do imposto sobre a renda e previdenciário é dado como pessoa física. À frente de tantas evidências, não é crível o Fisco pretender tributá-los de forma distinta dos demais contribuintes de profissão legalmente regulamentada, que presta, serviços personalíssimos, como o caso dos médicos e advogados, e que tenham um regime especial de tributação fixa. Tal circunstância, além de ser incoerente com o sistema de direito positivo, fere o princípio da isonomia tributária" (PEREIRA, Cláudio Augusto Gonçalves. Imposto sobre serviço de qualquer natureza e a base de cálculos nas atividades de registros públicos, cartórios e notariais. *In:* MACEDO, Alberto; CASTRO, Leonardo Freitas de Moraes e (coord.). *Tributação indireta empresarial*: indústria, comércio e serviços. São Paulo, Quartier Latin, 2016. p. 719-720).

– No mesmo sentido: "É possível encontrar diversos fundamentos para o entendimento de que o sistema de 'alíquota fixa' não se aplique aos serviços notariais e de registro públicos. Todavia em relação aos tabeliões e oficiais registrados que prestam serviços sob forma de trabalho pessoal sem o auxílio de empregados não estaria vedada a aplicação do regime especial do Dec.-lei 406/1968. Não obstante o amplo debate sobre a natureza empresarial ou não das atividades dos tabeliães e oficiais registradores, temos que essa discussão apenas tangencia a questão central do tema, uma vez que o foco a que se deve concentrar o debate é a atividade ser prestada ou não de maneira unipessoal. Não se pode perder de vista que ao que parece a norma que estabelece o 'privilégio' visa é a facilitação na cobrança do imposto de profissionais liberais, uma vez que como já dito, seria dispendioso exigir que todo serviço executado por certos profissionais liberais tenha que se exigir uma nota fiscal para o recolhimento do imposto. Esse empecilho, entretanto, não existirá para a cobrança do imposto dos cartórios extrajudiciais, pois os mesmos já possuem por exigência dos Tribunais de Justiça um rigoroso controle dos autos praticados pelos tabeliães e oficiais de registro. Seria consideravelmente fácil auferir a base de cálculo para a exigência do imposto. Raramente a prestação dos serviços notariais e de registro público é exercida sob a forma de trabalho pessoal do próprio contribuinte. Normalmente contam os tabeliães e oficiais de registro com um vasto quadro de funcionários. Inclusive é comum que tabelião titular nem mesmo compareça ao lugar de trabalho ou que desempenhe atividades ligadas ao cartório. Não faria sentido de o Supremo Tribunal Federal admitir a tributação dos serviços notariais e os municípios se verem tolhidos de efetuar corretamente a análise da base de cálculo do imposto. Revela notar ainda que normalmente quando se usa o sistema de 'alíquota fixa' o que acontece é que esmagadora maioria das vezes o valor estipulado para o pagamento do imposto fica muito aquém do que seria corretamente devido. É exatamente por esse motivo que os contribuintes preferem esse sistema, e parte da jurisprudência o nominar de privilegiado" (SANTOS JUNIOR, Adalmo Oliveira dos. A sistemática do ISSQN fixo e sua aplicabilidade nos serviços de registro públicos e notariais. *In:* BRITO, Edvaldo Pereira (coord.). *Revista Tributária e de Finanças Públicas*, ano 24, v. 126, 2016. p. 95-96).

2. Tributação do ISS sobre cartórios que obtiveram decisões judiciais transitadas em julgado antes da ADI 3089. Cabimento da cobrança do ISS sobre serviços cartorários a partir dos fatos geradores ocorridos depois da declaração de constitucionalidade do STF na ADI 3089, mesmo na hipótese de o contribuinte ter decisão judicial anterior transitada em julgado, pela inconstitucionalidade da cobrança.

– "COISA JULGADA QUE IMPEDIA A COBRANÇA DE ISS SOBRE SERVIÇOS NOTARIAIS. TESE APRECIADA PELO STF, QUE DECLAROU CONSTITUCIONAL A COBRANÇA DO ISS SOBRE SERVIÇOS DE REGISTROS PÚBLICOS, CARTORÁRIOS E NOTARIAIS (ADI n. 3.089/DF). TÍTULO EXECUTIVO POSTERIOR À DECLARAÇÃO DE CONSTITUCIONALIDADE. VALIDADE DA EXAÇÃO. I – Na origem, trata-se de execução fiscal que objetiva a cobrança de ISS sobre serviços notariais. Em via de sentença, foram julgados improcedentes os embargos à execução. II – Ao julgar a apelação, o Tribunal a quo reformou a sentença, extinguindo a execução fiscal em virtude da existência de coisa julgada sobre o caso concreto. Consignou-se que o embargante tem a seu favor decisão transitada em julgado que o isenta do recolhimento do ISS e que a decisão do STF na ADI n. 3.089/DF, pela compatibilidade da tributação de ISS sobre os serviços de registros públicos, é posterior à coisa julgada do caso concreto e, portanto, não deve prevalecer. III – Na vigência do CPC/1973, o art. 530 condicionava o cabimento dos embargos infringentes à existência de sentença de mérito reformada por acórdão não unânime. No caso em análise, o Tribunal a quo extinguiu a execução fiscal, sem resolução de mérito, diante da existência de coisa julgada o que, portanto, não autoriza o conhecimento dos embargos infringentes. Precedentes: AREsp n. 1.081.436/MT, Segunda Turma, *DJe* 27/6/2018 e AgInt no REsp n. 1.271.913/PR, Rel. Ministra Regina Helena Costa, Primeira Turma, *DJe* 28/11/2017. IV – No mérito, considerando que a relação jurídico-tributária é continuada, alteradas as circunstâncias no estado de direito da matéria pela decisão do STF na ADI n. 3.089/DF, é válida a cobrança de ISS sobre os serviços notariais após a declaração de constitucionalidade da exação. Precedentes..." (STJ, REsp 1.652.295, 2ª T., 2019).

3. Cobrança "por fora" do ISS sobre os serviços cartórios. De forma inconstitucional, alguns municípios estabeleceram em suas leis que o ISS deverá ser acrescentado ao valor dos emolumentos cartorários, numa nítida afronta à competência exclusiva estadual para regular o montante dessa taxa. Com efeito, o STF já pacificou a natureza de taxa dos emolumentos cartorários. Assim, somente os Estados e o Distrito Federal, na condição de titulares da competência administrativa sobre os serviços cartórios, poderiam majorar essa taxa (emolumentos) por via lei estadual. Nesse sentido, os Estados de São Paulo (Lei Paulista n. 15.600/2014) e do Rio de Janeiro (Lei Fluminense n. 7.128/2015) estabeleceram que o valor dos emolumentos corresponderá ao montante fixado em lei estadual mais o ISS cobrado pelos Municípios, ou seja, legalizou a cobrança "por fora" do ISS sobre esses serviços cartorários.

3.1. Cobrança "por fora" do ISS sobre os serviços cartorário através de lei estadual ou municipal. "Alguns Municípios, em atendimento ao pleito de cartórios, acabaram editando leis autorizando-os a cobrarem o ISS 'por fora' dos seus usuários. Vale explicar que essa cobrança 'por fora' do imposto implica em separar o valor do ISS do valor do serviço, prática relativamente comum nos serviços hoteleiros, por exemplo, quando cobram um valor 'x' pela diária 'mais o ISS'. Dessa forma, esses Municípios 'permitiram' que os cartórios cobrassem o valor dos emolumentos e, também ('por fora'), o valor do ISS, no importe de 2% a 5% do valor dos emolumentos. Exemplificando: o usuário paga R$ 1.000,00 pela lavratura da escritura (considerando só o que fica com o titular da serventia, já descontadas as parcelas que deverão ser repassadas aos órgãos estaduais), mais 5% (R$ 50,00) de ISS, totalizando R$ 1.050,00, sendo que R$ 1.000,00 se referem aos emolumentos que constituem receita do cartório (fixados de acordo com a lei estadual) e os R$ 50,00 ao ISS que deverá ser pago ao Fisco Municipal. Essa cobrança 'por fora' escancara a transferência do ônus tributário para o tomador do serviço, o que não há nada de errado ou de especial nisso, levando-se em conta que o ISS é um tributo sabidamente indireto, que admite essa transferência de encargo para o cliente (contribuinte 'de fato'). Logo, a cobrança tributária 'por fora' é algo absolutamente constitucional e legal. No entanto, no caso em apreço, essas leis municipais são formalmente inconstitucionais, eis que 'mexem' no valor dos emolumentos, aumentando o valor da taxa estadual que o usuário paga pela prestação do serviço público cartorário. Com efeito, os emolumentos são taxas de competência estadual, cabendo exclusivamente aos Estados fixarem os seus valores, consoante art. 1º da Lei Federal n. 10.169/2000, que traz normas gerais sobre a fixação dos emolumentos cartorários. Logo, os Municípios não têm competência legislativa para aumentarem o valor desses emolumentos. Somente uma lei estadual tem essa força. Por meio da Lei Paulista n. 15.600, de 11.12.2014, o Estado de São Paulo majorou os emolumentos cartorários, incluindo o ISS no cálculo ('por fora') dessa taxa. Essa lei inseriu um parágrafo único no art. 19 da Lei Estadual n. 11.331, de 26.12.2002 (que fixa os emolumentos no Estado) com a seguinte redação: 'são considerados emolumentos, e compõe o custo total dos serviços notariais e de registro, além das parcelas previstas neste artigo, a parcela dos valores tributários incidentes, instituídos pela lei do município da sede da serventia, por força de Lei Complementar Federal ou Estadual'. Dessa forma, os cartórios paulistas poderão repassar, licitamente, para os usuários do serviço, o encargo do ISS, levando em conta a alíquota prevista na lei municipal. Mas veja a diferença: esse repasse está autorizado em lei estadual, e não em lei municipal. Consequentemente, os Municípios serão beneficiados com essa medida, pois desmotivará totalmente o questionamento em torno desse imposto municipal, já que os cartórios repassarão tal encargo aos usuários dos serviços. Portanto, essa legislação paulista se mostra extremamente vantajosa para os Municípios e para os próprios cartórios, e atende rigorosamente à Constituição Federal e às Constituições Estaduais. Todavia, na visão do coautor Francisco Ramos Mangieri, como já dito em linhas atrás, falta razoabilidade e moralidade em tal conduta. Para ele, neste caso, é injustificável transferir o ônus do ISS ao tomador, já que estamos diante de uma atividade pública delegada – o que não dá chance de escolha para o usuário – e que proporciona lucros vultosos para os seus titulares" (MANGIERI, Francisco Ramos; MELO, Omar Augusto Leite. *ISS sobre cartórios*. 2. ed. Bauru: Edipro, 2014).

4. Serviço dos CRVAs. Não incidência. "Não há como enquadrar os titulares dos CRVAs como 'autoridade delegada' ou meramente 'autoridade'. Considerando discursivamente a análise até aqui desenvolvida o CRVA não é de titularidade do Estado, mas de um terceiro. Esse terceiro executa atividade própria de uma autarquia (Detran). 19 O ato material praticado pelo CRVA somente produzirá efeitos jurídicos se estiver em consonância com a legislação em geral e com a lei de trânsito em particular, e, no presente caso, em especial com as matérias previstas no art. 22 do CTB cuja competência foi delegada ao Detran. Esta autarquia a verdadeira responsável pelos atos materiais praticados pelos CRVAs. Observa-se, portanto, que o ato material praticado pelo CRVA tem natureza de atividade-meio e consiste em uma prestação de serviços ao Detran que por sua vez é quem pratica uma atividade-fim. (...) a natureza jurídica da atividade de CRVA não pode ser confundida com a natureza jurídica da prestação de 'Serviços de registros públicos, cartorários e notariais' previstos no item 21 e subitem 21.1 da Lista Anexa à LC n. 116/03. Se a atividade de CRVA não corresponde à prestação de 'Serviços de registros públicos, cartorários e notariais' e não está prevista na lista anexa à LC n. 116/03, então não incide ISS" (DANILEVICZ, Igor; DANILEVICZ, Thiago. O Imposto sobre Serviços de Qualquer Natureza (ISS) e a prestação de serviços pelos Centros de Registro de Veículos Automotores (CRVAs). *Revista Interesse Público* 79/157, 2013).

22 – Serviços de exploração de rodovia.

22.01 – Serviços de exploração de rodovia mediante cobrança de preço ou pedágio dos usuários, envolvendo execução de serviços de conservação, manutenção, melhoramentos para adequação de capacidade e segurança de trânsito, operação, monitoração, assistência aos usuários e outros serviços definidos em contratos, atos de concessão ou de permissão ou em normas oficiais.

1. Em favor da revogação tácita dos §§ 4º a 6º do art. 9º do DL 406 (subitem 22.01). "Considerando que o art. 9º do DL 406/68 não foi expressamente revogado pela LC n. 116/2003, subsistem vigentes e eficazes as disposições contidas nos supracitados parágrafos, mesmo porque esta última não fixou normas relativas a tal fato gerador do ISS, limitando-se a referências ao seu elemento espacial (art. 3º, § 2º). De outro ponto, não é absurdo defender que as disposições acima transcritas *[§§ 4º a 6º do art. 9º do DL 406]* foram revogadas pela LC n. 116, porquanto esta, em seu art. 10, assim o fez textualmente quanto à LC n. 100/99. Tal diretriz leva a que cada Município alcançado pela rodovia pedagiada tem direito ao ISS calculado proporcionalmente à parcela situada em seus limites territoriais, solução, embora não expressa na LC n. 116/2003, mas de certa juridicidade, em decorrência do contido em seu art. 3º, § 2º, e por analogia ao disposto em seu art. 7º, § 1º. E mais: resultam incogitáveis as reduções e acréscimos referidos em sobreditos regramentos. Com quem a verdade jurídica? Soam mais fortes os argumentos embaçadores da segunda corrente, máxime porque adminiculados na lei complementar em vigor" (OLIVEIRA, José Jayme de Macêdo. *Impostos municipais:* ISS, ITBI e IPTU. 2. ed. São Paulo: Saraiva, 2011. p. 232-233).

2. Local de ocorrência e reflexo na base de cálculo do ISS incidente sobre o serviço previsto no subitem 22.01, defendendo a vigência do art. 9º, §§ 4º, 5º e 6º do DL 406, mesmo após a LC n. 116. "Em razão da especificidade do aspecto espacial desse fato gerador, a abranger no seu polo ativo inúmeros municípios por onde passa a rodovia, a sua base de cálculo também obedece a um critério específico diferenciado dos demais serviços tributáveis, como se verá a seguir. A base de cálculo do ISS é o preço do serviço calculado sobre a parcela do preço correspondente à proporção direta da parcela da extensão da rodovia explorada, no território do município, ou da metade da extensão da ponte que une os dois municípios, sendo que essa base de cálculo é reduzida, nos municípios onde não haja posto de cobrança de pedágio, para 60% de seu valor e acrescida, nos municípios onde haja posto de cobrança de pedágio, para 60% de seu valor e acrescida, nos municípios onde haja posto de cobrança de pedágio, do complemento necessário à sua integridade em relação à rodovia explorada, tudo nos termos do art. 9º e §§ 4º e 5º do Decreto-lei n. 406/68, com redação dada pela Lei Complementar n. 100, de 21 de dezembro de 1999. De acordo com o § 6º, introduzido pela Lei Complementar retrorreferida, para efeitos dos § 4º e 5º, considera-se rodovia explorada o trecho limitado pelos pontos equidistantes entre cada posto de cobrança de pedágio ou entre o mais próximo deles e o ponto inicial ou terminal da rodovia. O critério de apuração da base de cálculo pelos diferentes municípios envolvidos, na proporção direta da parcela da extensão da rodovia explorada dentro de seu respectivo território, é mais uma prova irrefutável de que a prestação dos serviços de exploração de rodovia pedagiada configura fato gerador complexo, não havendo possibilidade de fracionamento das múltiplas atividades inerentes à execução desses serviços. Daí a absoluta inconstitucionalidade das cobranças do ISS feitas por diversos municípios de forma isolada, considerando individualmente determinado serviço como por exemplo o de *'reparação, conservação e reforma de edifícios, estradas, ponte'* (subitem 7.05). O que não pode, nem deve é confundir atividade-meio com a atividade-fim. Não há como prestar os serviços de exploração de rodovia sem a conservação e manutenção das estradas, sem prestar assistência aos usuários, sem manter um posto de cobrança do pedágio etc. Outrossim, não há como cindir a base de cálculo do ISS, que é o valor do pedágio pago pelo usuário da estrada para trafegar em condições de segurança. O usuário não paga pedágio para conservação ou manutenção de estrada que nem é sua. Paga em razão da prestação de serviços de exploração de rodovia que envolve múltiplas atividades para propiciar segurança no trânsito. Por oportuno, lembre-se que o art. 9º e parágrafos do Decreto-lei n. 406/68, com as alterações e acréscimos introduzidos pelas Leis Complementares n. 56/87 e 100/99, não foram revogados pela lei Complementar n. 116/03. Pouco importa que a Lei Complementar n. 100/99 tenha sido formalmente 'revogada' pela Lei Complementar n. 116/03 (art. 10), pois quando isso ocorreu aquela Lei Complementar n. 100/99, lei de efeito instantâneo, já havia cumprido a sua finalidade de introduzir o item 101 na lista anexa à Lei Complementar n. 56/87 e acrescentar os §§ 4, 5º e 6º ao art. 9º do Decreto-lei n. 406/68, tornando-se, por essa razão, imune à revogação. A revogação daquele art. 9º e parágrafos dar-se-á quando a Câmara Federal aprovar o PLC n. 183/2001 (corresponde ao PLC n. 70/2002 do Senado Federal que o aprovou) prevendo as alterações dos arts. 3º, 7º e 8º da Lei Complementar n. 116/2003, incluindo outros itens de serviços e revogando expressamente o art. 9º do Decreto-lei n. 406/68. Tanto é assim que nenhum município alterou a base de cálculo da tributação dos serviços de exploração de rodovia pedagiada, após a 'revogação' da Lei Complementar n. 100/99. A legislação do município de São Paulo, Lei n. 13.701, de 24 de dezembro de 2003, mantém em seu art. 14, § 9º, a mesma base de cálculo prevista no art. 9º do Decreto-lei n. 406/68 com os acréscimos de parágrafos incorporados pela Lei Complementar n. 100/99" (HARADA, Kiyoshi. *ISS:* doutrina e prática. São Paulo: Atlas, 2008. p. 192-193).

3. Cobrança indevida de ISS, pela concessionária, dos usuários de rodovia. Dano moral não reconhecido. Conferir: STJ, 2ª T., AgInt no REsp 1677435, 2018.

---

23 – Serviços de programação e comunicação visual, desenho industrial e congêneres.

23.01 – Serviços de programação e comunicação visual, desenho industrial e congêneres.

24 – Serviços de chaveiros, confecção de carimbos, placas, sinalização visual, banners, adesivos e congêneres.

24.01 – Serviços de chaveiros, confecção de carimbos, placas, sinalização visual, *banners*, adesivos e congêneres.

25 – Serviços funerários.

25.01 – Funerais, inclusive fornecimento de caixão, urna ou esquifes; aluguel de capela; transporte do corpo cadavérico; fornecimento de flores, coroas e outros paramentos; desembaraço de certidão de óbito; fornecimento de véu, essa e outros adornos; embalsamento, embelezamento, conservação ou restauração de cadáveres.

Particularidades envolvendo a incidência do ISS sobre o serviço tipificado no subitem 25.01. "O subitem sob exame mistura diversas atividades que, embora relacionadas com os funerais, muitas delas não se caracterizam como serviços funerários. São os casos de fornecimento de caixão, urna ou esquifes, flores, coroas e outros paramentos, véu, essa e outros adornos que caracterizam obrigação de dar, sujeitando-se à incidência do ICMS. Convém esclarecer que 'essa' corresponde ao estrado existente em uma igreja, onde se coloca o caixão ou esquife contendo o cadáver durante a cerimônia fúnebre. Aluguel de capela, por sua vez, não pode ser considerado como serviço, mas locação de bem imóvel, ainda que de forma temporária. Qualificam-se como serviços tributáveis o transporte do corpo cadavérico; o desembaraço da certidão de óbito; o embalsamamento, o embelezamento; e a conservação ou a restauração de cadáveres. Embalsamamento consiste em introdução de substâncias químicas que evitam a deterioração do cadáver. Embelezamento consiste nos serviços de maquiagem que se faz no defunto para melhorar o seu aspecto. Envolve aplicação de pó no rosto, algodão nos narizes, penteados e se for cadáver do sexo masculino, a raspagem de barbas. Se nos serviços funerários contratados incluir o fornecimento de caixão, coroas, véu etc. por parte da empresa funerária, o ISS incidirá sobre o valor total, pois no subitem em questão não há referência à exclusão do valor do material fornecido, pelo que incide o § 2º do art. 1º da Lei Complementar n. 116/03" (HARADA, Kiyoshi. *ISS:* doutrina e prática. São Paulo: Atlas, 2008. p. 195).

25.02 – Translado intramunicipal e cremação de corpos e partes de corpos cadavéricos. (Redação dada pela LC n. 157/2016.)

Alteração da LC n. 157. A redação atual aponta inclusive o translado intramunicipal, que não constava da redação anterior: "25.02 – Cremação de corpos e partes de corpos cadavéricos" (redação original).

25.03 – Planos ou convênio funerários.

25.04 – Manutenção e conservação de jazigos e cemitérios.

Solução de Consulta DISIT 8003, de 20-3-2018 no sentido de que "construção" de jazigos não é atividade de construção civil (subitem 7.02), mas sim prestação de serviços funerários (subitem 25.04); logo, sem direito ao desconto de materiais (art. 9º, § 2º do DL 406/68). "Assunto: Imposto sobre a Renda de Pessoa Jurídica – IRPJ. GESTÃO E MANUTENÇÃO DE CEMITÉRIOS. CONSTRUÇÃO DE JAZIGOS. PRESTAÇÃO DE SERVIÇOS. A construção de jazigos, classificada pela Comissão Nacional de Classificação – CONCLA na seção 96 do CNAE 2.2 (9603-3/99 – Atividades Funerárias e Serviços Relacionados Não Especificados Anteriormente), não é considerada atividade de construção civil, caracterizando-se como prestação de serviço. SOLUÇÃO DE CONSULTA VINCULADA À SOLUÇÃO DE CONSULTA COSIT N. 51, DE 27 DE FEVEREIRO DE 2015. Dispositivos Legais: Lei n. 9.249, de 1995, art. 15, e Lei n. 9.430, de 1996, arts. 1º e 25, inciso I; Decreto n. 3.000, de 1999 – Regulamento do Imposto de Renda, artigos 518 e 519 e CNAE 2.2".

25.05 – Cessão de uso de espaços em cemitérios para sepultamento. (Incluído pela LC n. 157/2016.)

26 – Serviços de coleta, remessa ou entrega de correspondências, documentos, objetos, bens ou valores, inclusive pelos correios e suas agências franqueadas; *courrier* e congêneres.

26.01 – Serviços de coleta, remessa ou entrega de correspondências, documentos, objetos, bens ou valores, inclusive pelos correios e suas agências franqueadas; courrier e congêneres.

---

1. Serviços de franqueada dos Correios (AGF). Não incidência. "Uma agência franqueada dos Correios (AGF) exerce atividade prevista na CNAE sob n. 5.310-5/02 ('atividade franqueada do Correio Nacional'), mais especificamente definida como 'atividade auxiliar relativa ao serviços postal', pela Lei n. 11.668/2008, regulamentada pelo Decreto n. 6.639/2008. (...) O serviço prestado consiste, unicamente, em auxiliar o serviço postal mediante o oferecimento e a intermediação de vendas de produtos e serviços disponibilizados pela ECT, inclusive os serviços de expediente relativos à produção e preparação dos objetos postados, antes do recebimento (da coleta) desses postados pela Empresa Brasileira de Correios e Telégrafos (ECT). (...) Diante da taxatividade da Lista de Serviços, um serviço somente pode ser tributado pelo ISS se estiver suficientemente definido em lei complementar. No caso da atividade auxiliar relativa ao serviço postal (atividade de franqueada dos Correios), contemplada na Lei n. 11.668/2008 (regulamentada pelo Decreto n. 6.639/2009), conclui-se pelo seu não enquadramento no subitem 26.01 da Lista de Serviços anexa à Lei Complementar n. 116/2003, na medida em que os serviços ali previstos (coleta, remessa ou entrega de objetos postais) representam autênticos serviços postais, que somente são prestados pela ECT, em razão do privilégio postal conferido pela Constituição Federal e Lei Postal, e ratificado na ADPF n. 4.784. Com efeito, muito embora apresente características (ou obrigações) presentes em vários outros serviços (intermediação, agenciamento, representação, triagem de documentos, apoio administrativo, cobrança, por exemplo), a atividade franqueada dos Correios é um serviço peculiar, independente e autônomo, que não se confunde com o próprio serviço postal (que está previsto no subitem

26.01), bem como com outros serviços tipificados na mesma lista (agenciamento, intermediação, digitação, franquia, v.g.). Inclusive, esse serviço diferenciado até possui regulamentação legal específica, surgida após o advento da LC n. 116/2003, o que reforça ainda mais a falta de previsão na lista de serviços. Em suma, não deve incidir o ISS sobre a atividade auxiliar aos serviços postais, prestada pelas agências franqueadas do Correio, por falta de definição em lei complementar" (MELO, Omar Augusto Leite. Não incidência do ISS sobre a atividade de franqueadas dos Correios (Subitem 26.01 da Lista). *RDDT* 210/73, 2013).

2. Serviços diversos prestados por franqueadas. Incidência. "ISS. Atividades prestadas por franqueadas. Enquadramento no item 26.01 da lista anexa à LC n. 116/03. Afronta reflexa. Fatos e provas. Cláusulas contratuais. Súmulas 279 e 454/STF. 1. 2. O Tribunal de origem, a partir da análise do contrato celebrado entre a agravante e a EBCT e da moldura fática delineada, entendeu que a incidência do ISS não se deu sobre a franquia em si, e sim, sobre a receita de serviços diversos prestados pela franqueada, os quais se enquadrariam no item 26.01 da lista anexa a LC n. 116/2003, segundo o qual são tributáveis os 'serviços de coleta, remessa ou entrega de correspondência, documentos, objetos, bens ou valores, inclusive pelos correios e suas agências franqueadas'. 3. Para ultrapassar o entendimento firmado pelo Tribunal de origem acerca da não incidência de ISS no caso em tela, seria necessário o reexame da causa à luz da legislação infraconstitucional, das provas dos autos e das cláusulas contratuais, o que não é cabível em sede de recurso extraordinário. Incidência das Súmula n. 279 e 454/STF" (STF, 2ª T., ARE 976765 ED-AgR, 2016).

---

27 – Serviços de assistência social.

27.01 – Serviços de assistência social.

28 – Serviços de avaliação de bens e serviços de qualquer natureza.

28.01 – Serviços de avaliação de bens e serviços de qualquer natureza.

29 – Serviços de biblioteconomia.

29.01 – Serviços de biblioteconomia.

30 – Serviços de biologia, biotecnologia e química.

30.01 – Serviços de biologia, biotecnologia e química.

31 – Serviços técnicos em edificações, eletrônica, eletrotécnica, mecânica, telecomunicações e congêneres.

31.01 – Serviços técnicos em edificações, eletrônica, eletrotécnica, mecânica, telecomunicações e congêneres.

32 – Serviços de desenhos técnicos.

32.01 – Serviços de desenhos técnicos.

33 – Serviços de desembaraço aduaneiro, comissários, despachantes e congêneres.

33.01 – Serviços de desembaraço aduaneiro, comissários, despachantes e congêneres.

34 – Serviços de investigações particulares, detetives e congêneres.

34.01 – Serviços de investigações particulares, detetives e congêneres.

35 – Serviços de reportagem, assessoria de imprensa, jornalismo e relações públicas.

35.01 – Serviços de reportagem, assessoria de imprensa, jornalismo e relações públicas.

36 – Serviços de meteorologia.

36.01 – Serviços de meteorologia.

37 – Serviços de artistas, atletas, modelos e manequins.

37.01 – Serviços de artistas, atletas, modelos e manequins.

Premiações de atleta profissional. Não incidência. "ISSQN. CESSÃO DE DIREITOS DE IMAGEM E PREMIAÇÕES RECEBIDAS POR ATLETAS PROFISSIONAIS.... 7. No que tange à incidência do ISSQN sobre a cessão de direitos de imagem e premiações recebidas por atleta profissional, o aresto vergastado consignou: '(...) Conforme se denota dos autos, não houve prestação de serviços de 'fazer', mas sim de 'dar', pois se trata de remuneração pelo uso do direito de imagem, sem qualquer cessão de marcas ou propaganda, muito menos poderiam ser enquadradas as premiações em serviços de atletas e manequins. As premiações recebidas são salários, portanto, não sujeitas ao ISS. (...) No entanto, no caso dos autos, não há similaridade entre os serviços previstos na legislação e aqueles prestados pela empresa apelada, de forma que, sem previsão legal, os autos de infração são nulos'. 8. A Corte local, com base em detalhada apreciação das provas constantes dos autos, mormente o contrato social da recorrente, outros contratos e notas fiscais, concluiu que a atividade prestada não configura serviço, não sendo possível seu enquadramento nos itens 3.02 e 37.01 da lista anexa à Lei Complementar n. 116/2003. 9. Modificar tal conclusão, de modo a acolher a tese do recorrente, demanda o reexame do acervo fático-probatório dos autos e a interpretação de cláusulas contratuais, o que é inviável em Recurso Especial. incidência das Súmulas 5/STJ e 7/STJ..." (STJ, 2ª T., REsp 1771646, 2018).

---

38 – Serviços de museologia.

38.01 – Serviços de museologia.

39 – Serviços de ourivesaria e lapidação.

39.01 – Serviços de ourivesaria e lapidação (quando o material for fornecido pelo tomador do serviço).

40 – Serviços relativos a obras de arte sob encomenda.

40.01 – Obras de arte sob encomenda.

Lei Complementar n. 175, de 23 de setembro de 2020*

Dispõe sobre o padrão nacional de obrigação acessória do Imposto Sobre Serviços de Qualquer Natureza (ISSQN), de competência dos Municípios e do Distrito Federal, incidente sobre os serviços previstos nos subitens 4.22, 4.23, 5.09, 15.01 e 15.09 da lista de serviços anexa à Lei Complementar n. 116, de 31 de julho de 2003; altera dispositivos da referida Lei Complementar; prevê regra de transição para a partilha do produto da arrecadação do ISSQN entre o Município do local do estabelecimento prestador e o Município do domicílio do tomador relativamente aos serviços de que trata; e dá outras providências.

1. Contexto da nova LC n. 175/2020 e a criação de um padrão nacional de obrigação acessória do ISS. A LC n. 157/2016 alterou o local de ocorrência do ISS sobre os serviços de planos de saúde (subitens 4.22, 4.23 e 5.09), administração de fundos, consórcios e cartões (15.01) e *leasing* (5.09), deslocando a incidência do Município do estabelecimento prestador (art. 4º da LC n. 116) para o local do domicílio do tomador do serviço (art. 3º, XXIII, XXIV e XXV). Todavia, na ADI 5835, rel. Min. Alexandre de Morais, mar/2018, foi concedida medida cautelar suspendendo a eficácia desses novos dispositivos inseridos na LC n. 116 pela LC n. 157, sob o principal argumento de que essa mudança espacial e pessoal no fato gerador do ISS implicaria um dever impossível ou de extrema complexidade para os contribuintes se adequarem. Para manter a tributação do ISS sobre essas atividades no Município de destino, a nova LC n. 175/2020 criou um padrão nacional de obrigação acessória com o fim de viabilizar e facilitar a cobrança, arrecadação e fiscalização do ISS sobre aqueles serviços.

2. LC n. 175 retornou o serviço de intermediação de *leasing, factoring* e *franchising* (subitem 10.04 da lista) para a regra do local do estabelecimento prestador. Na LC n. 157, o serviço de intermediação de *leasing, franchising* e *factoring* (subitem 10.04 da lista) também constava

* Disponível em: <http://www.planalto.gov.br/ccivil_03/leis/lcp/Lcp175.htm>. Acesso em: 26 set. 2020.

na exceção do inciso XXV do art. 3º, mas foi suprimido pela LC n. 175, retornando o seu elemento espacial para a regra do art. 4º da LC n. 116, ou seja, local do estabelecimento prestador.

3. Alterações na LC n. 116. A LC n. 175: a) alterou o inciso XXV do art. 3º da LC n. 116; b) inseriu os §§ 5º a 12 no art. 3º da LC n. 116, esclarecendo pontos polêmicos em torno da definição do tomador dos serviços de plano de saúde, *leasing* e administração de cartões, consórcio e fundos de investimentos, que também motivaram o ajuizamento de ações diretas de inconstitucionalidade contra a LC n. 157; c) acrescentou um inciso IV ao § 2º do art. 6º da LC n. 117, referente aos serviços tipificados no subitem 15.01; e d) revogou o § 3º do art. 6º.

4. Transição gradativa e compartilhamento do ISS entre Municípios de origem (estabelecimento do prestador) e do destino (domicílio do tomador). O art. 15 da LC n. 175 prevê uma inédita repartição de receitas de ISS entre os Municípios de origem e do destino, com relação aos anos de 2021 e 2022. A partir de 2023, o ISS ficará 100% com o Município do domicílio do tomador.

O PRESIDENTE DA REPÚBLICA Faço saber que o Congresso Nacional decreta e eu sanciono a seguinte Lei Complementar:

Art. 1º Esta Lei Complementar dispõe sobre o padrão nacional de obrigação acessória do Imposto Sobre Serviços de Qualquer Natureza (ISSQN), de competência dos Municípios e do Distrito Federal, incidente sobre os serviços previstos nos subitens 4.22, 4.23, 5.09, 15.01 e 15.09 da lista de serviços anexa à Lei Complementar n. 116, de 31 de julho de 2003; altera dispositivos da referida Lei Complementar; prevê regra de transição para a partilha do produto da arrecadação do ISSQN entre o Município do local do estabelecimento prestador e o Município do domicílio do tomador relativamente aos serviços de que trata, cujo período de apuração esteja compreendido entre a data de publicação desta Lei Complementar e o último dia do exercício financeiro de 2022; e dá outras providências.

Art. 2º O ISSQN devido em razão dos serviços referidos no art. 1º será apurado pelo contribuinte e declarado por meio de sistema eletrônico de padrão unificado em todo o território nacional.

§ 1º O sistema eletrônico de padrão unificado de que trata o *caput* será desenvolvido pelo contribuinte, individualmente ou em conjunto com outros contribuintes sujeitos às disposições desta Lei Complementar, e seguirá leiautes e padrões definidos pelo Comitê Gestor das Obrigações Acessórias do ISSQN (CGOA), nos termos dos arts. 9º a 11 desta Lei Complementar.

§ 2º O contribuinte deverá franquear aos Municípios e ao Distrito Federal acesso mensal e gratuito ao sistema eletrônico de padrão unificado utilizado para cumprimento da obrigação acessória padronizada.

§ 3º Quando o sistema eletrônico de padrão unificado for desenvolvido em conjunto por mais de um contribuinte, cada contribuinte acessará o sistema exclusivamente em relação às suas próprias informações.

§ 4º Os Municípios e o Distrito Federal acessarão o sistema eletrônico de padrão unificado dos contribuintes exclusivamente em relação às informações de suas respectivas competências.

Art. 3º O contribuinte do ISSQN declarará as informações objeto da obrigação acessória de que trata esta Lei Complementar de forma padronizada, exclusivamente por meio do sistema eletrônico de que trata o art. 2º, até o 25º (vigésimo quinto) dia do mês seguinte ao de ocorrência dos fatos geradores.

Parágrafo único. A falta da declaração, na forma do *caput*, das informações relativas a determinado Município ou ao Distrito Federal sujeitará o contribuinte às disposições da respectiva legislação.

Art. 4º Cabe aos Municípios e ao Distrito Federal fornecer as seguintes informações diretamente no sistema eletrônico do contribuinte, conforme definições do CGOA:

I – alíquotas, conforme o período de vigência, aplicadas aos serviços referidos no art. 1º desta Lei Complementar;

II – arquivos da legislação vigente no Município ou no Distrito Federal que versem sobre os serviços referidos no art. 1º desta Lei Complementar;

III – dados do domicílio bancário para recebimento do ISSQN.

§ 1º Os Municípios e o Distrito Federal terão até o último dia do mês subsequente ao da disponibilização do sistema de cadastro para fornecer as informações de que trata o *caput*, sem prejuízo do recebimento do imposto devido retroativo a janeiro de 2021.

§ 2º Na hipótese de atualização, pelos Municípios e pelo Distrito Federal, das informações de que trata o *caput*, essas somente produzirão efeitos no período de competência mensal seguinte ao de sua inserção no sistema, observado o disposto no art. 150, inciso III, alíneas *b* e *c*, da Constituição Federal, no que se refere à base de cálculo e à alíquota, bem como ao previsto no § 1º deste artigo.

§ 3º É de responsabilidade dos Municípios e do Distrito Federal a higidez dos dados que esses prestarem no sistema previsto no *caput*, sendo vedada a imposição de penalidades ao contribuinte em caso de omissão, de inconsistência ou de inexatidão de tais dados.

Art. 5º Ressalvadas as hipóteses previstas nesta Lei Complementar, é vedada aos Municípios e ao Distrito Federal a imposição a contribuintes não estabelecidos em seu território de qualquer outra obrigação acessória com relação aos serviços referidos no art. 1º, inclusive a exigência de inscrição nos cadastros municipais e distritais ou de licenças e alvarás de abertura de estabelecimentos nos respectivos Municípios e no Distrito Federal.

Art. 6º A emissão, pelo contribuinte, de notas fiscais de serviços referidos no art. 1º pode ser exigida, nos termos da legislação de cada Município e do Distrito Federal, exceto para os serviços descritos nos subitens 15.01 e 15.09, que são dispensados da emissão de notas fiscais.

Art. 7º O ISSQN de que trata esta Lei Complementar será pago até o 15º (décimo quinto) dia do mês subsequente ao de ocorrência dos fatos geradores, exclusivamente por meio de transferência bancária, no âmbito do Sistema de Pagamentos Brasileiro (SPB), ao domicílio bancário informado pelos Municípios e pelo Distrito Federal, nos termos do inciso III do art. 4º.

§ 1º Quando não houver expediente bancário no 15º (décimo quinto) dia do mês subsequente ao de ocorrência dos fatos geradores, o vencimento do ISSQN será antecipado para o 1º (primeiro) dia anterior com expediente bancário.

§ 2º O comprovante da transferência bancária emitido segundo as regras do SPB é documento hábil para comprovar o pagamento do ISSQN.

Art. 8º É vedada a atribuição, a terceira pessoa, de responsabilidade pelo crédito tributário relativa aos serviços referidos no art. 1º desta Lei Complementar, permanecendo a responsabilidade exclusiva do contribuinte.

Art. 9º É instituído o Comitê Gestor das Obrigações Acessórias do ISSQN (CGOA).

Art. 10. Compete ao CGOA regular a aplicação do padrão nacional da obrigação acessória dos serviços referidos no art. 1º.

§ 1º O leiaute, o acesso e a forma de fornecimento das informações serão definidos pelo CGOA e somente poderão ser alterados após decorrido o prazo de 3 (três) anos, contado da definição inicial ou da última alteração.

§ 2º A alteração do leiaute ou da forma de fornecimento das informações será comunicada pelo CGOA com o prazo de pelo menos 1 (um) ano antes de sua entrada em vigor.

Art. 11. O CGOA será composto de 10 (dez) membros, representando as regiões Sul, Sudeste, Centro-Oeste, Nordeste e Norte do Brasil, da seguinte forma:

I – 1 (um) representante de Município capital ou do Distrito Federal por região;

II – 1 (um) representante de Município não capital por região.

§ 1º Para cada representante titular será indicado 1 (um) suplente, observado o critério regional adotado nos incisos I e II do *caput*.

§ 2º Os representantes dos Municípios previstos no inciso I do *caput* serão indicados pela Frente Nacional de Prefeitos (FNP), e os representantes previstos no inciso II do *caput*, pela Confederação Nacional de Municípios (CNM).

§ 3º O CGOA elaborará seu regimento interno mediante resolução.

Art. 12. É instituído o Grupo Técnico do Comitê Gestor das Obrigações Acessórias do ISSQN (GTCGOA), que auxiliará o CGOA e terá a participação de representantes dos contribuintes dos serviços referidos no art. 1º desta Lei Complementar.

§ 1º O GTCGOA será composto de 4 (quatro) membros:

I – 2 (dois) membros indicados pelas entidades municipalistas que compõem o CGOA;

II – 2 (dois) membros indicados pela Confederação Nacional das Instituições Financeiras (CNF), representando os contribuintes.

§ 2º O GTCGOA terá suas atribuições definidas pelo CGOA mediante resolução.

Art. 13. Em relação às competências de janeiro, fevereiro e março de 2021, é assegurada ao contribuinte a possibilidade de recolher o ISSQN e de declarar as informações objeto da obrigação acessória de que trata o art. 2º desta Lei Complementar até o 15º (décimo quinto) dia do mês de abril de 2021, sem a imposição de nenhuma penalidade.

Parágrafo único. O ISSQN de que trata o *caput* será atualizado pela taxa referencial do Sistema Especial de Liquidação e de Custódia (Selic) para títulos federais, a partir do 1º (primeiro) dia do mês subsequente ao mês de seu vencimento normal até o mês anterior ao do pagamento, e pela taxa de 1% (um por cento) no mês de pagamento.

Art. 14. A Lei Complementar n. 116, de 31 de julho de 2003, passa a vigorar com as seguintes alterações:

"Art. 3º ....

....

XXV – do domicílio do tomador do serviço do subitem 15.09.

....

§ 5º Ressalvadas as exceções e especificações estabelecidas nos §§ 6º a 12 deste artigo, considera-se tomador dos serviços referidos nos incisos XXIII, XXIV e XXV do *caput* deste artigo o contratante do serviço e, no caso de negócio jurídico que envolva estipulação em favor de unidade da pessoa jurídica contratante, a unidade em favor da qual o serviço foi estipulado, sendo irrelevantes para caracterizá-la as denominações de sede, filial, agência, posto de atendimento, sucursal, escritório de representação ou contato ou quaisquer outras que venham a ser utilizadas.

§ 6º No caso dos serviços de planos de saúde ou de medicina e congêneres, referidos nos subitens 4.22 e 4.23 da lista de serviços anexa a esta Lei Complementar, o tomador do serviço é a pessoa física beneficiária vinculada à operadora por meio de convênio ou contrato de plano de saúde individual, familiar, coletivo empresarial ou coletivo por adesão.

§ 7º Nos casos em que houver dependentes vinculados ao titular do plano, será considerado apenas o domicílio do titular para fins do disposto no § 6º deste artigo.

§ 8º No caso dos serviços de administração de cartão de crédito ou débito e congêneres, referidos no subitem 15.01 da lista de serviços anexa a esta Lei Complementar, prestados diretamente aos portadores de cartões de crédito ou débito e congêneres, o tomador é o primeiro titular do cartão.

§ 9º O local do estabelecimento credenciado é considerado o domicílio do tomador dos demais serviços referidos no subitem 15.01 da lista de serviços anexa a esta Lei Complementar relativos às transferências realizadas por meio de cartão de crédito ou débito, ou a eles conexos, que sejam prestados ao tomador, direta ou indiretamente, por:

I – bandeiras;

II – credenciadoras; ou

III – emissoras de cartões de crédito e débito.

§ 10. No caso dos serviços de administração de carteira de valores mobiliários e dos serviços de administração e gestão de fundos e clubes de investimento, referidos no subitem 15.01 da lista de serviços anexa a esta Lei Complementar, o tomador é o cotista.

§ 11. No caso dos serviços de administração de consórcios, o tomador de serviço é o consorciado.

§ 12. No caso dos serviços de arrendamento mercantil, o tomador do serviço é o arrendatário, pessoa física ou a unidade beneficiária da pessoa jurídica, domiciliado no País, e, no caso de arrendatário não domiciliado no País, o tomador é o beneficiário do serviço no País." (NR)

"Art. 6º ....

....

§ 2º ....

....

IV – as pessoas referidas nos incisos II ou III do § 9º do art. 3º desta Lei Complementar, pelo imposto devido pelas pessoas a que se refere o inciso I do mesmo parágrafo, em decorrência dos serviços prestados na forma do subitem 15.01 da lista de serviços anexa a esta Lei Complementar.

§ 3º (Revogado).

...." (NR)

Art. 15. O produto da arrecadação do ISSQN relativo aos serviços descritos nos subitens 4.22, 4.23, 5.09, 15.01 e 15.09 da lista de serviços anexa à Lei Complementar n. 116, de 31 de julho de 2003, cujo período de apuração esteja compreendido entre a data de publicação desta Lei Complementar e o último dia do exercício financeiro de 2022 será partilhado entre o Município do local do estabelecimento prestador e o Município do domicílio do tomador desses serviços, da seguinte forma:

I – relativamente aos períodos de apuração ocorridos no exercício de 2021, 33,5% (trinta e três inteiros e cinco décimos por cento) do produto da arrecadação pertencerão ao Município do local do estabelecimento prestador do serviço, e 66,5% (sessenta e seis inteiros e cinco décimos por cento), ao Município do domicílio do tomador;

II – relativamente aos períodos de apuração ocorridos no exercício de 2022, 15% (quinze por cento) do produto da arrecadação pertencerão ao Município do local do estabelecimento prestador do serviço, e 85% (oitenta e cinco por cento), ao Município do domicílio do tomador;

III – relativamente aos períodos de apuração ocorridos a partir do exercício de 2023, 100% (cem por cento) do produto da arrecadação pertencerão ao Município do domicílio do tomador.

§ 1º Na ausência de convênio, ajuste ou protocolo firmado entre os Municípios interessados ou entre esses e o CGOA para regulamentação do disposto no *caput* deste artigo, o Município do domicílio do tomador do serviço deverá transferir ao Município do local do estabelecimento prestador a parcela do imposto que lhe cabe até o 5º (quinto) dia útil seguinte ao seu recolhimento.

§ 2º O Município do domicílio do tomador do serviço poderá atribuir às instituições financeiras arrecadadoras a obrigação de reter e de transferir ao Município do estabelecimento prestador do serviço os valores correspondentes à respectiva participação no produto da arrecadação do ISSQN.

Art. 16. Revoga-se o § 3º do art. 6º da Lei Complementar n. 116, de 31 de julho de 2003.

Art. 17. Esta Lei Complementar entra em vigor na data de sua publicação.

Brasília, 23 de setembro de 2020; 199º da Independência e 132º da República.

JAIR MESSIAS BOLSONARO
Jorge Antonio de Oliveira Francisco
José Levi Mello do Amaral Júnior

Referências bibliográficas

ABREU, Anselmo Zilet. Incidência do ISS sobre os serviços prestados pelas sociedades uniprofissionais. *In*: MACEDO, Alberto; CASTRO, Leonardo Freitas de Moraes e (coord.). *Tributação indireta empresarial:* indústria, comércio e serviços. São Paulo: Quartier Latin, 2016.

AGUIAR, Thatiana. A tributação das novas tecnologias à luz do constructivismo lógico – semântico e da retórica realista – um estudo sobre a superposição de discursos vencedores. *In*: CARVALHO, Paulo de Barros (coord.). *30 anos da Constituição Federal e o sistema tributário brasileiro*. São Paulo: Noeses, 2018.

ALVES, Anna Emilia Cordelli. ISS: aspectos relevantes decorrentes da análise do artigo 1º da Lei Complementar n. 116, de 31 de julho de 2003. *Revista Dialética de Direito Tributário,* n. 99, dez. 2003.

ALVES, Francielli Honorato. O uso do *software* no exercício da competência tributária municipal e o necessário respeito ao princípio da legalidade. *In*: CARVALHO, Paulo de Barros (coord.). *30 anos da Constituição Federal e o sistema tributário brasileiro*. São Paulo: Noeses, 2018.

ANDRADE, Paulo Roberto. ISS e a locação de bens móveis conjugada com serviços: a necessidade de correta qualificação jurídica dos fatos. *Revista Dialética de Direito Tributário,* 226/125, jul. 2014.

ANDRADE, Paulo Roberto. Veiculação de publicidade: ISS, ICMS ou nada?. *Revista Dialética de Direito Tributário,* n. 234, mar. 2015.

ANDRADE, Valentino Aparecido de. Da obrigação de fazer e sua construção conceitual no direito tributário (o ISS e o *leasing*). *Revista Dialética de Direito Tributário,* 130/86, jul. 2006.

ANTUNES, Carlos Soares. A identificação do local da prestação de serviços para o fim de oneração pelo ISS no entendimento do Superior Tribunal de Justiça. *Revista Dialética de Direito Tributário,* 213/24, jun. 2013.

ARZUA, Heron. O ISS: as fundações e as organizações não econômicas. *Revista Dialética de Direito Tributário*, n. 225, jun. 2014.

ASSAN, Ozires Eilel. *ISS*. Campinas: Agá Juris, 1998.

ASSUMPÇÃO, Letícia Franco Maculan. O ISSQN sobre atos notariais e de registro. *RET* 82/22, nov.-dez. 2011.

ÁVILA, Humberto. ICMS como imposto sobre o consumo: inocorrência de prestação onerosa de serviço de comunicação no caso de inadimplemento do consumidor. *Revista Dialética de Direito Tributário,* 186/110, mar. 2011.

ÁVILA, Humberto. Imposto sobre a Prestação de Serviços de Qualquer Natureza. ISS. Normas constitucionais aplicáveis. Precedentes do Supremo Tribunal Federal. Hipótese de incidência, base de cálculo e local da prestação. *Leasing* financeiro: análise da incidência. *Revista Dialética de Direito Tributário,* 122/120, nov. 2005.

ÁVILA, Humberto. Veiculação de material publicitário em páginas na internet. Exame da competência para instituição do imposto sobre serviços de comunicação. Ausência de prestação de serviço de comunicação. *Revista Dialética de Direito Tributário,* 173/153, fev. 2010.

BAPTISTA, Marcelo Caron. *ISS:* do texto à norma. São Paulo: Quartier Latin, 2005.

BARRETO, Aires F. ISS: conflitos de competência. Tributação de serviços e as decisões do STJ. *Revista Dialética de Direito Tributário,* 60/7, jul. 2000.

BARRETO, Aires F. ISS: serviços de despachos aduaneiros/momento de ocorrência do fato imponível/local da prestação/base de cálculo/arbitramento. *Revista de Direito Tributário,* 66/115, 1994.

BARRETO, Aires F. ISS e responsabilidade tributária. *Revista Dialética de Direito Tributário,* 122/7, nov. 2005.

BARRETO, Aires F. ISS e IOF: estremação da incidência: descontos como elementos adjetivos. *Revista Dialética de Direito Tributário,* 163/109, abr. 2009.

BARRETO, Aires F. *ISS na Constituição e na lei.* 3. ed. São Paulo: Dialética, 2009.

BARRETO, Aires F. *ISS na Constituição e na lei.* 4. ed. São Paulo: Noeses, 2018.

BARRETO, Aires F. ISS: alguns limites constitucionais do critério espacial. *Revista Dialética de Direito Tributário,* 208/7, jan. 2013.

BARRETO, Aires F. ISS, avais e fianças. *Revista de Direito Tributário,* São Paulo: Malheiros, n. 121, 2013.

BARRETO, Aires F. ISS na Constituição: sociedades de trabalho. Tributação mitigada, como exigência dos princípios da igualdade e da capacidade contributiva. *Revista Dialética de Direito Tributário,* n. 222, mar. 2014.

BARRETO, Paulo Ayres. Ampliação das hipóteses de retenção do ISS na fonte: limites normativos. *In:* ROCHA, Valdir de Oliveira (coord.). *Grandes questões atuais do direito tributário*. São Paulo: Dialética, 2012. v. 16.

BARROS, Maurício. Tributação das operações com criptomoedas: entre liberland, regulação e a rigidez constitucional. *In:* PISCITELLI, Tathiane (coord.). *Tributação da economia digital*. São Paulo: Revista dos Tribunais, 2018.

BATISTA, Luiz Rogério Sawaya. Exportação de serviços no imposto sobre serviços de qualquer natureza. *In:* MACEDO, Alberto; CASTRO, Leonardo Freitas de Moraes e (coord.). *Tributação indireta empresarial:* indústria, comércio e serviços. São Paulo: Quartier Latin, 2016.

BECHO, Renato Lopes. *Sujeição passiva e responsabilidade tributária*. São Paulo: Dialética, 2000.

BELLO, Raquel Discacciati. Imunidade tributária das empresas prestadoras de serviços públicos. *Revista de Informação Legislativa,* n. 132, 1996.

BERNARDES, Flávio Couto. O aspecto espacial da norma tributária do imposto sobre serviços em face da Lei Complementar n. 116/2003. *RDIT* 1/73, jun. 2004.

BIM, Eduardo Fortunato. A inconstitucionalidade da alíquota mínima para o ISS: a violação do Pacto Federativo pela EC n. 37/02. *Revista Dialética de Direito Tributário,* 94/37, jul. 2003.

BORGES, José Cassiano; REIS, Maria Lúcia Américo dos. *ISS ao alcance de todos*. Rio de Janeiro: Lumen Juris, 2010.

BOTALLO, Eduardo Domingos. *IPI:* princípios e estrutura. São Paulo: Dialética, 2009.

BRANCO, Carlos Augusto Coelho. Tributação sobre os serviços conexos aos serviços de telecomunicação. *Revista Dialética de Direito Tributário,* 63/29, dez. 2000.

BRAZUNA, José Luis Ribeiro. ISS: Lei Complementar n. 116/2003 e o tratamento dos profissionais liberais e das sociedades profissionais. *RFDT* 06/107, dez. 2003.

BRAZUNA, José Luis Ribeiro. Não incidência do ISS sobre serviços prestados por associações não imunes, após a Lei Complementar 116. *Revista Dialética de Direito Tributário,* n. 155, ago. 2008.

BRETANHA, João; RACIC, Jhonny Bertoletti; HIDALGO, Mauro. *ISSQN*: doutrina e prática no sistema financeiro nacional. Porto Alegre: CORAG, 2006.

CALIENDO, Paulo. *Direito tributário e análise econômica do direito*. São Paulo: Elsevier, 2009.

CARDOSO, Alessandro Mendes. A incidência do ISSQN e de preço público sobre a exploração econômica de serviços públicos concedidos. *Revista Dialética de Direito Tributário,* 115/7, abr. 2005.

CARNEIRO, Daniel Dix. *ISS*. Rio de Janeiro: Freitas Bastos, 2009.

CARPINETTI, Ana Carolina; LARA, Henrique Amaral. A não incidência do ICMS sobre as receitas auferidas pelas empresas prestadoras de serviços de telecomunicação com a locação de bens móveis. *Revista Dialética de Direito Tributário,* 223/17, abr. 2014.

CARPINETTI, Ana Carolina; MARINHO, Alice; PIAZZA, Beatriz Antunes. O ISS sobre a produção, gravação e distribuição de filmes. *Jota,* 2019. Disponível em: <https://www.jota.info/opiniao-e-analise/artigos/o-iss-sobre-a-producao-gravacao-e-distribuicao-de-filmes-31012019>. Acesso em: 16 jul. 2019.

CARRAZZA, Roque Antonio. ICMS: sua não incidência sobre prestações de serviços de telecomunicação internacional (serviços de longa distância internacional), bem como sobre os serviços que os viabilizam (serviços auxiliares). *Revista Dialética de Direito Tributário,* 60/99, jul. 2000.

CARRAZZA, Roque Antonio. *ICMS*. 16. ed. São Paulo: Malheiros, 2012.

CARRAZZA, Roque Antonio. Grupo de empresas – autocontrato – não incidência de ISS – questões conexas. *Revista Dialética de Direito Tributário,* 94/130-132, jul. 2003.

CARRAZZA, Roque Antonio. ICMS-comunicação: sua não incidência sobre a denominada tarifa de assinatura básica mensal – questões conexas. *Revista Dialética de Direito Tributário,* 155/84, ago. 2008.

CARRAZZA, Roque Antonio. ISS – base de cálculo – serviços de concretagem – questões conexas. *In:* HARADA, Kiyoshi. *Temas de direito tributário*. São Paulo: Juarez de Oliveira, 2000.

CARVALHO, Cristiano. *Teoria da decisão tributária*. São Paulo: Saraiva, 2013.

CARVALHO, Cristiano; MACHADO, Rafael Bicca. ISS e as sociedades uniprofissionais. *RTFP* 55/158, abr. 2004.

CARVALHO, Paulo de Barros. Não incidência do ISS sobre atividades de franquia (*franchising*). *RET* 56/65, jul./ago. 2007.

CAVALCANTI, Denise Lucena. Os danos provenientes da tributação oculta: cidadania fiscal e transparência. *In:* CARVALHO, Paulo de Barros (coord.). *Direito tributário e os novos horizontes do processo*. São Paulo: Noeses, 2015.

CINTRA, Carlos César Sousa. Algumas controvérsias em torno dos critérios material e temporal da regra-matriz de incidência do ISS: análise pragmática. *In:* CARVALHO, Paulo de Barros (coord.). *Direito tributário e os novos horizontes do processo*. São Paulo: Noeses, 2015.

COÊLHO, Sacha Calmon Navarro; MOREIRA, André Mendes. ICMS-comunicação – taxa de recarga – não incidência – direito da operadora de estornar débitos de ICMS lançados a esse título – inaplicabilidade do art. 166 do CTN ao caso da consulente. *Revista Dialética de Direito Tributário,* 142/120, jul. 2007.

COLNAGO, Cláudio de Oliveira Santos. A LC 116 e os efeitos da alteração do critério espacial possível da regra-matriz de incidência do ISS. *RTFP* 55/70, abr. 2004.

COSTA, Adriano Soares da. Breves notas sobre a LC n. 116/2003 e as cláusulas gerais: os limites da taxatividade. *RTFP* 56/39, jun. 2004.

COUTINHO NETO, Francisco Leocádio Ribeiro. ISS: tributação de serviços pela LC157/16. *Revista de Direito Tributário Contemporâneo,* n. 12, ano 3, maio/jun. 2018.

CURY, Fabio Lemos. A partir da vigência da Lei Complementar 116/03, a competência tributária ativa para a cobrança do ISSQN recai sobre o município em que o serviço é efetivamente realizado, desde que, no local, haja unidade econômica ou profissional do estabelecimento prestador. *In:* CARVALHO, Paulo de Barros. *Teses jurídicas dos tribunais superiores:* direito tributário. São Paulo: Revista dos Tribunais, 2017. v. 2.

DÁCOMO, Natália de Nardi. *Hipótese de incidência do ISS*. São Paulo: Noeses, 2006.

DANILEVICZ, Igor; DANILEVICZ, Thiago. O Imposto sobre Serviços de Qualquer Natureza (ISS) e a prestação de serviços pelos Centros de Registro de Veículos Automotores (CRVAs). *Revista Interesse Público,* 79/157, maio-jun. 2013.

DIAS, Karem Jureidini; BARBOSA, Fernanda Possebon. Publicidade em aplicativos e jogos: tributação. *In:* PISCITELLI, Tathiane (coord.). *Tributação da economia digital.* São Paulo: Revista dos Tribunais, 2018.

DINIZ, Eduardo Saad; RAMOS, Giulia. *Tax compliance,* crimes tributários e representação fiscal para fins penais. *In:* CARVALHO, Paulo de Barros (coord.). *30 anos da Constituição Federal e o sistema tributário brasileiro.* São Paulo: Noeses, 2018.

DOLÁCIO DE OLIVEIRA, Yonne. ISS: a tributação minorada das sociedades profissionais. *Revista Dialética de Direito Tributário,* 27/135-137.

DOLÁCIO DE OLIVEIRA, Yonne. *In:* MARTINS, Ives Gandra da Silva (coord.). *Comentários ao Código Tributário Nacional.* São Paulo: Saraiva, 1998. v. 2.

DOTTA NETO, Milton. Local de incidência do ISS e o "ensino a distância" com polo de apoio presencial. *Revista Direito Tributário Atual,* São Paulo: Dialética, n. 33, p. 208-218, 2015.

FARIA, Renato Vilela. Tributação dos pré-moldados: conflito entre ICMS, ISS e IPI e a perspectiva do PIS/Cofins. *In:* MACEDO, Alberto; CASTRO, Leonardo Freitas de Moraes e (coord.). *Tributação indireta empresarial:* indústria, comércio e serviços. São Paulo: Quartier Latin, 2016.

FERRAGUT, Maria Rita. Responsabilidade tributária dos sócios, administradores de *compliance* de risco de transmissão de passivos fiscais. *In:* CARVALHO, Paulo de Barros (coord.). *30 anos da Constituição Federal e o sistema tributário brasileiro.* São Paulo: Noeses, 2018.

FERRAGUT, Maria Rita. *Presunções no direito tributário.* São Paulo: Dialética, 2001.

FERRAZ, Diogo; FILIPPO, Luciano Gomes. Legalidade/constitucionalidade do Cadastro de Empresas Prestadoras de Outros Municípios – Cepom/RJ. *Revista Dialética de Direito Tributário,* 156/134, set. 2008.

FERRAZ, Roberto; BOARETO, Luiz Alfredo. ISS – a taxatividade das listas de serviços instituídas pelas Leis Complementares 56/87 e 116/2003 e os serviços bancários – matéria submetida à sistemática dos recursos repetitivos no STJ. *Revista Dialética de Direito Tributário,* 168/134, set. 2009.

FERREIRA, Luiz Guilherme de Medeiros; NÓBREGA, Marcos. A tributação na economia digital. *Jota,* 2019. Disponível em: <https://www.jota.info/opiniao-e-analise/artigos/a-tributacao-na-economia-digital-19092019>. Acesso em: 20 set. 2019.

FORCENETTE, Rodrigo. Tratamento jurídico tributário do ato cooperativo: jurisprudência do STF e STJ. *In:* CARVALHO, Paulo de Barros (coord.). *30 anos da Constituição Federal e o sistema tributário brasileiro*. São Paulo: Noeses, 2018.

FRANCIULLI NETTO, Domingos. ICMS sobre operações eletrônicas (provedores de acesso à internet). *RFDT* 10/9, ago. 2004.

GASPAR, Walter. *ISS*: teoria e prática. Rio de Janeiro: Lumen Juris, 1997.

GASPAR, Walter. Transporte de turista: incide o ISS. *Revista Dialética de Direito Tributário,* n. 31, abr. 1998.

GODOI, Marciano Seabra de. *Crítica à jurisprudência atual do STF em matéria tributária*. São Paulo: Dialética, 2011.

GOMES, Daniel Soares. Esclarecimentos sobre qual país de destino no transporte internacional deve ser registrado no Siscoserv: módulo aquisição. *Revista de Estudos Tributários* (RET), Porto Alegre: Síntese, n. 111, p. 238-241, set./out. 2016.

GOMES, Marcela Medrado Passos; SOUSA, Maria Helena Brito de. Incide ISS sobre a intermediação de negócios na Bolsa de Mercadorias e Futuro – BM&F, cuja atividade é voltada para a comercialização de mercadorias. *In:* CARVALHO, Paulo de Barros (coord.). *Teses jurídicas dos tribunais superiores*: direito tributário. São Paulo: Revista dos Tribunais, 2017. v. 2.

GONÇALVES, Beatriz de Sousa; NUNES, Heloá de Conceição. Errar é humano, não restituir é desumano. *Jota*, 2019. Disponível em: <https://www.jota.info/opiniao-e-analise/artigos/errar-e-humano-nao-restituir-e-desumano-17102019>. Acesso em: 18 out. 2019.

GOUVEIA, Carlos Marcelo. Considerações a respeito da não incidência do ISS sobre contratos de patrocínio. *Revista Dialética de Direito Tributário,* 202/49-56, jul. 2012.

GRANATO, Marcelo de Azevedo. O lugar da informação: considerações sobre a interpretação do termo "resultado" na Lei Complementar 116/2003. *Revista Dialética de Direito Tributário,* 227/73, ago. 2014.

GRUND, Fabíola Fernandez; RIVERO, Juliana Burkhart. Tributação de valores remetidos ao exterior pela aquisição de *software* e por serviços de administração e suporte a estes relacionados. *Revista Dialética de Direito Tributário,* 119/19, ago. 2005.

GRUPENMACHER, Betina Treiger. Imposto sobre serviços: critério espacial – a questão do domicílio do prestador e o papel do Poder Judiciário enquanto guardião das instituições democrática. *In:* GRUPENMACHER, Betina Treiger (coord). *Tributação*: democracia e liberdade. São Paulo: Noeses, 2014.

GRUPENMACHER, Betina Treiger. ISS e sociedade de profissionais. *Revista de Direito Tributário*, São Paulo: Malheiros, n. 121, 2013.

HARADA, Kiyoshi. ISS: exame do item 10.04 da Lista de Serviços. *Revista de Estudos Tributários* (RET), Porto Alegre: Síntese, n. 122, jul./ago. 2018.

HARADA, Kiyoshi. *Dicionário de direito público*. 2. ed. São Paulo: MP Editora, 2005.

HARADA, Kiyoshi. *ISS*: doutrina e prática. São Paulo: Atlas, 2008.

HARADA, Kiyoshi. *ISS*: doutrina e prática. São Paulo: Atlas, 2014.

HARADA, Kiyoshi. ISS. Base de cálculo dos serviços prestados por notários e registradores. *RET* 82/12, nov.-dez. 2011.

HARADA, Kiyoshi. ISS: o local do fato na hipótese de incidência. *RET* 65/22, jan./fev. 2009.

HARADA, Kiyoshi. Imposto sobre Serviços: polêmica sobre alíquotas máximas e mínimas. *Revista de Estudos Tributários* (RET), n. 47, jan./fev. 2006.

HARADA, Kiyoshi. ISS: exame dos subitens 15.02 a 15.08 da lista de serviços. *Tributário.Net*, 2019. Disponível em: <https://tributario.com.br/harada/iss-exame-dos-subitens-15-02-15-08-da-lista-de-servicos/>. Acesso em: 16 jul. 2019.

HENRIQUES, Elcio Fiori. O fato gerador do ICMS-comunicação e o serviço de veiculação de imagens por outdoor. *Revista Dialética de Direito Tributário,* 164/14, maio 2009.

KFOURI JR., Anis. Tributação dos direitos autorais: a não incidência do ISS nas operações de cessão de direitos autorais. *In:* MACEDO, Alberto; CASTRO, Leonardo Freitas de Moraes e (coord.). *Tributação indireta empresarial:* indústria, comércio e serviços. São Paulo: Quartier Latin, 2016.

LAKS, Larissa. O princípio da territorialidade tributária e o debate acerca da incidência do Imposto Sobre Serviços de Qualquer Natureza nas importações de serviços. *Revista Tributária e de Finanças Públicas,* n. 129, ano 24, jul./ago. 2016.

LARA, Daniela Silveira. Tributação da internet das coisas. *In:* PISCITELLI, Tathiane (coord.). *Tributação da economia digital*. São Paulo: Revista dos Tribunais, 2018.

LEMOS, Alexandre Marques Andrade. *Gestão tributária de contratos e convênios*. 4. ed. Salvador: Open Editora, 2015.

LIMA, Eduardo Amorim de; MELO, Omar Augusto Leite. Do ISSQN fixo devido pelas sociedades civis prestadoras de serviços profissionais. *Revista Dialética de Direito Tributário,* 95/55, ago. 2003.

LIMA, José Antônio Balieiro. ISS: ainda sobre a tributação da locação de bens móveis. *In:* MACEDO, Alberto; CASTRO, Leonardo Freitas de Moraes e (coord.). *Tributação indireta empresarial:* indústria, comércio e serviços. São Paulo: Quartier Latin, 2016.

LIMA, Luatom Bezerra Adelino de. Da extensão da imunidade recíproca às empresas públicas e sociedades de economia mista e os impostos indiretos. *RET* 57/116, set.-out. 2007.

LIMA, Tarciano José Faleiro de. *Exportação de serviços*. Porto Alegre: Rígel, 2018.

LOPES, Ana Teresa Lima Rosa. Tributação do *software* no Brasil: mercadoria ou serviço?. *Revista Tributária e de Finanças Públicas,* ano 24, n. 127, mar./abr. 2016.

LOPES FILHO, Juraci Mourão. O critério espacial do ISS incidente sobre a coleta, o tratamento e a destinação de lixo. *Revista Dialética de Direito Tributário,* 214/60, jul. 2013.

LUNARDELLI, Pedro Guilherme Accorsi. ICMS. ISS. Alterações e pontos controvertidos da lei complementar n. 116/2003. *In:* CAMPILONGO, Paulo A. Fernandes (coord.). *ICMS:* aspectos jurídicos relevantes. São Paulo: Quartier Latin, 2008.

MACEDO, Alberto. ISS: o conceito econômico de serviços já foi judicializado há tempos também pelo direito privado. *In:* CARVALHO, Paulo de Barros (coord.). *Direito tributário e os novos horizontes do processo*. São Paulo: Noeses, 2015.

MACEDO, Alberto. Impressão 3D e a tributação do consumo no Brasil. *In:* PISCITELLI, Tathiane (coord.). *Tributação da economia digital*. São Paulo: Revista dos Tribunais, 2018.

MACEDO, Alberto. ISS, ICMS-mercadoria e o caso Embalagens (ADI-MC 4.389 DF): a constitucionalização, pelo STF, de critérios que não são constitucionais. *In:* MACEDO, Alberto; CASTRO, Leonardo Freitas de Moraes e (coord.). *Tributação indireta empresarial:* indústria, comércio e serviços. São Paulo: Quartier Latin, 2016.

MACHADO, Hugo de Brito. Local da ocorrência do fato gerador do ISS. *Revista Dialética de Direito Tributário,* 58/45, jul. 2000.

MACHADO SEGUNDO, Hugo de Brito. *Direito tributário nas súmulas do STF e do STJ*. São Paulo: Atlas, 2010.

MACHADO SEGUNDO, Hugo de Brito; MACHADO, Raquel Cavalcanti Ramos. A forma de calcular o ISS incidente sobre a atividade de notas e registros públicos. *Revista Dialética de Direito Tributário,* 160/51, jan. 2009.

MANGIERI, Francisco Ramos. *Administração tributária municipal*: eficiência e inteligência fiscal municipal. Porto Alegre: Livraria do Advogado, 2015.

MANGIERI, Francisco Ramos; MELO, Omar Augusto Leite. *ISS sobre o "leasing"*. Ed. Tributo Municipal, 2011.

MANGIERI, Francisco Ramos; MELO, Omar Augusto Leite. *ISS na construção* civil. 3. ed. Tributo Municipal, 2012.

MANGIERI, Francisco Ramos; MELO, Omar Augusto Leite. *ISS sobre cartórios*. São Paulo: Edipro, 2008.

MANGIERI, Francisco Ramos; MELO, Omar Augusto Leite. *ISS sobre o "leasing" e cartões de crédito e débito*. 2. ed. Porto Alegre: Livraria do Advogado, 2018.

MARCHETTI, Cláudia. CIDE-tecnologia e Siscoserv: uma relação de *compliance*. *In:* MADRUGA, Edgar; SILVA, Fábio Almeida e; OLIVEIRA, Fábio Rodrigues de (coord.). *"Compliance" tributário*: práticas, riscos e atualidades. Santos: Realejo Edições, 2018.

MARIN, Jeferson Dytz; LUNELLI, Carlos Alberto. *ISS*: aspectos controversos e a tributação dos serviços bancários. Curitiba: Juruá, 2009.

MARINS, James; BERTOLDI, Marcelo M. *Simples Nacional*: Estatuto da Microempresa e da Empresa de Pequeno Porte comentado. São Paulo: Revista dos Tribunais, 2007.

MARTINS, Daniele de Moura. ICMS e ISS: tributações sobre serviço de voz na internet. *Revista Dialética de Direito Tributário,* 209/24, fev. 2013.

MARTINS, Ives Gandra da Silva. ISS: sociedades prestadoras de serviços de contabilidade e consultoria econômica. Não é a dimensão da sociedade e o número de profissionais que definem o regime de tributação do ISS, mas o tipo de serviço prestado. *Revista Dialética de Direito Tributário, n.* 227, ago. 2014.

MARTINS, Ives Gandra da Silva. Serviços de telecomunicação iniciados no Brasil e concluídos no exterior – hipótese de não imposição do ICMS – operadoras locais sem concessão para ligações internacionais não são contribuintes do ICMS para tais efeitos, se devido fosse, que não é. *Revista Dialética de Direito Tributário,* 73/159-169, out. 2001.

MARTINS, Ives Gandra da Silva. Imunidade tributária dos correios e telégrafos. *Revista Dialética de Direito Tributário,* 74/58-65, nov. 2001.

MARTINS, Ives Gandra da Silva. Limites da Constituição e da Lei de Responsabilidade Fiscal: autonomia financeira, administrativa e política das unidades federativas. *RTFP* 97/307, mar.-abr. 2011.

MARTINS, Ives Gandra da Silva. Reembolso de despesas pagas a operadores portuários por armadores estrangeiros não é fato gerador do ISS. *Revista Dialética de Direito Tributário,*214/135, jul. 2013.

MARTINS, Ives Gandra da Silva; SOUZA, Fátima Fernandes Rodrigues de. ICMS. Exegese do art. 155, II, § 2º, IX, *b*, da CF. *RFDT* 6/161, dez. 2003.

MARTINS, Ives Gandra da Silva; RODRIGUES, Marilene Talarico Martins. Advocacia – função essencial à da justiça na dicção constitucional razão do regime diferenciado de tributação fixa e do ISS – inteligência do Decreto-lei n. 406, artigo 9º, §§ 1º e 3º, e das Leis Complementares ns. 116 e 157 – parecer. *Revista de Estudos Tributários* (RET), Porto Alegre: Síntese, n. 121, p. 56/90, maio/jun. 2018.

MARTINS, Sergio Pinto. As cooperativas e a tributação pelo ISS de acordo com a Lei Complementar n. 116/2003. *Rep. IOB de Jurisprudência* 20/03, 1/18879.

MARTINS, Sergio Pinto. *Manual do Imposto sobre Serviços*. 8. ed. São Paulo: Atlas, 2010.

MARTINS, Vinícius Alves Portela. ISS sobre vídeo por demanda programado (Netflix): é possível?. *In:* BRITO, Edvaldo Pereira (coord.). *Revista Tributária e de Finanças Públicas,* ano 24, v. 126, jan./fev. 2016.

MASSAIA, Isabel Delfino Silva. Do impasse na tributação de *software* & cloud services. *Revista de Estudos Tributários* (RET), Porto Alegre: Síntese, n. 124, nov./dez. 2018, p. 84-88, 2018.

MEDINA, José Miguel Garcia; RICCI, Henrique Cavalheiro. O ISS e os materiais, medicamentos e refeições oferecidos por hospitais. *Revista Dialética de Direito Tributário,* 165/90, jun. 2009.

MEIRA JÚNIOR, José Julberto. Substituição tributária no ISS (retenção): considerações gerais para a sua compreensão. *RTFP* 56/177, jun. 2004.

MELO, José Eduardo Soares de. *ICMS:* teoria e prática. 11. ed. São Paulo: Dialética, 2009.

MELO, José Eduardo Soares de. ICMS/ISS TV por assinatura e a cabo, *courrier* e Internet. *RDT* n. 71.

MELO, José Eduardo Soares de. *ISS:* aspectos teóricos e práticos. 5. ed. São Paulo: Dialética, 2008.

MELO, José Eduardo Soares de. ISS: importação e exportação de serviços. entendimentos e jurisprudência. *In:* CARVALHO, Paulo de Barros (coord.). *30 anos da Constituição Federal e o sistema tributário brasileiro*. São Paulo: Noeses, 2018.

MELO, José Eduardo Soares de. ISS e sociedades uniprofissionais. *In:* CARVALHO, Paulo de Barros (coord.). *Direito tributário e os novos horizontes do processo*. São Paulo: Noeses, 2015.

MELO, Omar Augusto Leite. Não incidência do ISS sobre a atividade de franqueadas dos Correios (subitem 26.01 da lista). *Revista Dialética de Direito Tributário,* 210/73, mar. 2013.

MELO, Omar Augusto Leite. Local de ocorrência do ISS nos serviços de licenciamento, cessão e desenvolvimento de *software*. *Revista Dialética de Direito Tributário,* n. 227, ago. 2014.

MIGUEL, Carolina Romanini. Manifestação ilegal de Municípios sobre imunidade de ISS confirma urgência de reforma. *Jota,* 2019. Disponível em: <https://www.jota.info/opiniao-e-analise/artigos/manifestacao-ilegal-de-municipios-sobre-imunidade-de-iss-confirma-urgencia-da-reforma-22092019>. Acesso em: 23 set. 2019.

MIGUEL, Luciano Garcia; OZAI, Ivan Ozawa. ICMS e a tributação das mercadorias digitais. *In:* CARVALHO, Paulo de Barros (coord.). *Revista de Direito Tributário Contemporâneo,* ano 1, v. 1, jul./ago. 2016.

MONTEIRO, Alexandre Luiz Moraes do Rêgo. Tributação das operadoras de torres de telecomunicação (ERBs): análise da incidência do ISSQN à luz da jurisprudência consolidada do Supremo Tribunal Federal. *In:* MACEDO, Alberto; CASTRO, Leonardo Freitas de Moraes e (coord.).

Tributação indireta empresarial: indústria, comércio e serviços. São Paulo: Quartier Latin, 2016.

MONTEIRO, Luiz de Sá. O imposto sobre serviços e as sociedades de profissionais. *Revista da Secretaria de Assuntos Jurídicos da Prefeitura Municipal de Recife*, n. 1, ano I, mar. 1973.

MORAES, Bernardo Ribeiro de. *Doutrina e prática do Imposto sobre Serviços*. São Paulo: Revista dos Tribunais, 1975.

MORAES, Bernardo Ribeiro de. ISSQN: fornecimento de mão de obra temporária – base de cálculo. *Revista Dialética de Direito Tributário,* 60/26, jul. 2000.

MOREIRA, André Mendes. *A tributação dos serviços de comunicação*. São Paulo: Dialética, 2006.

MOREIRA, André Mendes; ESTANISLAU, César Vale. A tributação do serviço de comunicação multimídia à luz do direito regulatório. *In:* MACEDO, Alberto; CASTRO, Leonardo Freitas de Moraes e (coord.). *Tributação indireta empresarial:* indústria, comércio e serviços. São Paulo: Quartier Latin, 2016.

MOTA, Douglas. A industrialização por encomenda e o eterno conflito entre ICMS e ISS. *Revista Dialética de Direito Tributário*, n. 241, out. 2015.

MUNIZ, Bruno Barchi. Tributação das gorjetas: nova regulamentação, velhas inconstitucionalidades. *In:* CARVALHO, Paulo de Barros (coord.). *30 anos da Constituição Federal e o sistema tributário brasileiro*. São Paulo: Noeses, 2018.

NAVARRO, Carlos Eduardo de Arruda; PEREIRA, André Luiz dos Santos. Reflexões acerca do papel do Siscoserv na fiscalização do ISS. *In:* MACEDO, Alberto; CASTRO, Leonardo Freitas de Moraes e (coord.). *Tributação indireta empresarial:* indústria, comércio e serviços. São Paulo: Quartier Latin, 2016.

NICHELE, Rafael. A inconstitucionalidade da legislação do Município de Porto Alegre ao criar requisitos para o gozo da sistemática de tributação fixa do ISS para sociedades de advogados: matéria reconhecida em repercussão geral nos autos do RE 940.769/RS. *Revista de Estudos Tributários* (RET), Porto Alegre: Síntese, n. 113, p. 228-242, jan./fev. 2017.

NOMURA, Rogério Hideaki. O ISSQN e atividade de fabricação de embalagem com inserção de elemento gráfico. *Revista de Direito Tributário da APET*, ano 7, edição 27, set. 2010.

OLIVEIRA, Celso Marcelo de. *Manual do ISS*. Campinas: LZM, 2004.

OLIVEIRA, Jonathan José Formiga de. Correlação, convergência e discrepâncias entre os tributos de bases de incidência relacionadas: ISS, ICMS, IPI, CPRB, PIS/PASEP e Cofins. *In:* MADRUGA, Edgar; SILVA, Fábio Almeida e; OLIVEIRA, Fábio Rodrigues de (coord.). *"Compliance" tributário*: práticas, riscos e atualidades. Santos: Realejo Edições, 2018.

OLIVEIRA, José Jayme de Macêdo. *Impostos municipais*: ISS, ITBI e IPTU. 2. ed. São Paulo: Saraiva, 2011.

PAÇO, Daniel Hora do; DOUEK, Leonardo Gil. Limite para cobrança e quantificação do ISS: efetiva prestação do serviço. *Revista Dialética de Direito Tributário,* 225/39, jun. 2014.

PAIVA, João Vitor. Lei de Abuso de Autoridade e os efeitos no contencioso tributário. *Jota,* 2019. Disponível em: <https://www.jota.info/opiniao-e-analise/artigos/lei-de-abuso-de-autoridade-e-os-efeitos-no-contencioso-tributario-17102019>. Acesso em: 19 out. 2019.

PALMA, Clotilde Celorico. A tributação da economia digital e a evolução recente na União Europeia. *In:* PISCITELLI, Tathiane (coord.). *Tributação da economia digital*. São Paulo: Revista dos Tribunais, 2018.

PATROCÍNIO, José Antonio. *ISSQN:* Lei Complementar n. 116/2003 – teoria, jurisprudência e prática. São Paulo: FiscoSoft Editora, 2011.

PATROCÍNIO, José Antonio. *ISS:* teoria, prática e jurisprudência. Lei complementar 116/2003, anotada e comentada. 2. ed. São Paulo: FiscoSoft, 2015.

PAULSEN, Leandro; MELO, José Eduardo Soares de. *Impostos federais, estaduais e municipais.* 11. ed. São Paulo: Saraiva, 2018.

PEREIRA, Cláudio Augusto Gonçalves. O ISS e o regime de estimativa. *RET* 77/65, jan./fev. 2011.

PEREIRA, Cláudio Augusto Gonçalves. Imposto sobre serviço de qualquer natureza e a base de cálculos nas atividades de registros públicos, cartórios e notariais. *In:* MACEDO, Alberto; CASTRO, Leonardo Freitas de Moraes e (coord.). *Tributação indireta empresarial:* indústria, comércio e serviços. São Paulo: Quartier Latin, 2016.

PIRES, Cristiane. Caracterização da exportação de serviços para fins de fruição de isenção do ISS prevista no art. 156, § 3º, II, da CF/1988 e art. 2º da LC 116/2003: uma abordagem pragmática. *Revista Tributária e de Finanças Públicas*, ano 24, n. 127, maio/jun. 2016.

PIRES, Cristiane. A listagem de serviços que constituem fatos geradores do Imposto Sobre Serviços de Qualquer Natureza – ISSQN (anexa ao Decreto-lei 406/1968 e à Lei Complementar 116/2003) comporta interpretação extensiva para abarcar os serviços congêneres àqueles previstos taxativamente. *In:* CARVALHO, Paulo de Barros (coord.). *Teses jurídicas dos tribunais superiores*: direito tributário. São Paulo: Revista dos Tribunais, 2017. v. 2.

PISANI, José Roberto. ISS: serviços profissionais – LC n. 116/2003. *Revista Dialética de Direito Tributário,* 97/65, out. 2003.

PISCITELLI, Tathiane. Os desafios da tributação do comércio eletrônico. *In:* CARVALHO, Paulo de Barros (coord.). *Revista de Direito Tributário Contemporâneo,* ano 1, v. 1, jul./ago. 2016.

PIVA, Sílvia Helena Gomes. *O ISSQN e a determinação do local da incidência tributária*. São Paulo: Saraiva, 2012.

POMPERMAIER, Cleide Regina Furlani. *O ISS nos Serviços Notariais e de Registros Públicos*: teoria e prática. Blumenau: Nova Letra, 2010.

PORTO, Éderson Garin. *A colaboração no direito tributário*: por um novo perfil de relação obrigacional tributária. Porto Alegre: Livraria do Advogado, 2016.

PROCKNOR, Marina; BUSCHINELLI, Gabriel Saad Kik. Fundos de investimento: aspectos regulatórios. *In:* SANTI, Eurico Marcos Diniz de; CANADO, Vanessa Rahal. *Direito tributário*: tributação dos mercados financeiros e de capitais e dos investimentos internacionais. São Paulo: Saraiva, 2011.

RAMOS, José Nabantino; VERGUEIRO, Vera Damiani. *Dicionário do imposto sobre serviços*. São Paulo: Revista dos Tribunais, 1975.

RAUSCH, Aluizio Porcaro. O Brasil, a OCDE e a incoerência na tributação sobre o consumo. *Jota*, 2019. Disponível em: <https://www.jota.info/opiniao-e-analise/artigos/o-brasil-a-ocde-e-a-incoerencia-na-tributacao-do-consumo-06092019>. Acesso em: 9 set. 2019.

REIS, Emerson Vieira. Não incidência do ISS sobre licenciamento ou cessão de direito de uso de programas de computador. *Revista Dialética de Direito Tributário,* 160/25, jan. 2009.

REIS, Emerson Vieira. Incidência do ISS na administração de fundos... *Revista Dialética de Direito Tributário*. 169/30, out. 2009.

RESENDE, Henrique Andrade Fontes de; LOPES, Marina Souza de Moraes. Aspecto territorial do fato gerador do ISSQN nos serviços de coleta e análises clínicas laboratoriais: a distorção interpretativa aplicada pelo STJ no julgamento do REsp 1.439.753/PE. *Revista Dialética de Direito Tributário,* n. 241, out. 2015.

REZENDE, João Pedro Quintanilha; PERLINGEIRO, Vanessa; MARTINEZ, Victor. A exclusão de sociedade do Simples por exigibilidade de débito em valor irrisório. *Jota,* 2019. Disponível em: <https://www.jota.info/opiniao-e-analise/artigos/a-exclusao-de-sociedade-do-simples-por-exigibilidade-de-debito-em-valor-irrisorio-16082019>. Acesso em: 19 ago. 2019.

RISTOW, Rafael Pinheiro Lucas; FARIA, Ligia Ferreira de. *Streaming* e a incidência (ou não) do ICMS: Caso "TV por Assinatura x *Streaming*". *RET* n. 113, jan./fev. 2017. p. 111.

ROCHA, Pedro Felipe de Oliveira. Da análise individualizada dos depósitos bancários como requisito de validade para o lançamento por presunção de omissão de receita. *Revista Tributária e de Finanças Públicas,* n. 128, ano 24, maio/jun. 2016.

ROCHA, Sérgio André; CASTRO, Diana Rodrigues Prado de. Plano de ação 1 do BEPS e as diretrizes gerais da OCDE. *In:* PISCITELLI, Tathiane (coord.). *Tributação da economia digital*. São Paulo: Revista dos Tribunais, 2018.

RODRIGUES, Rodrigo Dalcin. A incidência do ISSQN dissociada do preço do serviço (por meio de alíquotas fixas ou variáveis). *Revista Dialética de Direito Tributário,* 161/78, fev. 2009.

RONCAGLIA, Marcelo Marques. O ISS e a importação e exportação de serviços. *Revista Dialética de Direito Tributário,* 129/98, jun. 2006.

RONCAGLIA, Marcelo Marques. O aspecto espacial do ISS nas operações com cartões de crédito frente à jurisprudência do STJ (REsp n. 1.060.210/SC). *Revista Dialética de Direito Tributário,* n. 220, jan. 2014.

ROSE, Marco Túlio de. A incidência do ISS sobre a atividade de cooperativas. *RET* 14/34, jul./ago. 2000.

ROSENBLATT, Paulo; VALADARES, Victor David de Azevedo. A imunidade recíproca dos Correios e a necessidade de superação da jurisprudência do Supremo Tribunal Federal. *Revista Tributária e de Finanças Públicas,* n. 130, ano 24, set./out. 2016.

RUSCHMANN, Cristiano Frederico; SANTOS, Naila Radike Hinz dos. Não incidência do ICMS-comunicação sobre a veiculação de publicidade em mídia interna. *In:* MACEDO, Alberto; CASTRO, Leonardo Freitas de Moraes e (coord.). *Tributação indireta empresarial:* indústria, comércio e serviços. São Paulo: Quartier Latin, 2016.

SÁ, Antônio Carlos de. Grandes eventos: ISS sobre patrocínio *vs.* publicidade. *Jota,* 2019. Disponível em: <https://www.jota.info/opiniao-e-analise/artigos/grandes-eventos-iss-sobre-patrocinio-vs-publicidade-25112019>. Acesso em: 26 nov. 2019.

SADDY, André; ROLIM, João Dácio. Regime jurídico de recursos públicos relacionados à parceria público-privada (PPP) para construção de obras e prestação de serviços... sobre as subvenções para investimento. *Revista Dialética de Direito Tributário,* 218/142, nov. 2013.

SANTIAGO, Igor Maules; BREYNER, Frederico Menezes. Locação de veículos com motorista. *Revista Dialética de Direito Tributário,* 168/66, set. 2009.

SANTO, Luciana Dornelles do Espírito; SCHMIDT, Eduardo da Rocha; PIRES, Alexandra Costa. As sociedades uniprofissionais e o ISS. *Revista Dialética de Direito Tributário,* 210/55, mar. 2013.

SANTOS JUNIOR, Adalmo Oliveira dos. A sistemática do ISSQN fixo e sua aplicabilidade nos serviços de registro públicos e notariais. *In:* BRITO, Edvaldo Pereira (coord.). *Revista Tributária e de Finanças Públicas,* ano 24, v. 126, jan./fev. 2016.

SANTOS, Ramon Tomazela. A compensação entre os prejuízos e os lucros apurados por controladas e coligadas no exterior e o registro do Imposto de Renda diferido: a mensuração do prejuízo do exterior. *Revista Dialética de Direito Tributário,* 213/110, jun. 2013.

SARAIVA FILHO, Oswaldo Othon de Pontes. Imunidade tributária recíproca e a ECT. *RFDT* 26/19, mar./abr. 2007.

SCHOUERI, Luís Eduardo. *Direito tributário.* 2. ed. São Paulo: Saraiva, 2012.

SEIXAS, Luiz Felipe Monteiro. Sonegação fiscal no Brasil: reflexões sob a perspectiva da economia do crime. *Revista Tributária e de Finanças Públicas,* ano 24, n. 127, mar./abr. 2016.

SILVA, Cláudia Marchetti da. *ISS, ICMS e IPI aplicáveis à construção civil.* São Paulo: FiscoSoft Editora, 2014.

SILVA, Daniel Cavalcante. Cobrança do Imposto sobre Serviços de Qualquer Natureza (ISSQN) em face das bolsas concedidas pelo programa Universidade para Todos (Prouni): análise sobre a sua legalidade. *Revista Dialética de Direito Tributário,* 221/7, fev. 2014.

SILVA, Ricardo Almeida Ribeiro da. Municípios e reforma tributária: propostas não podem retirar recursos, autonomia política e criatividade fiscal de municípios. *Jota,* 2019. Disponível em: <https://www.jota.info/opiniao-e-analise/colunas/coluna-da-abdf/municipios-e-reforma-tributaria-04112019>. Acesso em: 5 nov. 2019.

SILVA, Sérgio André Rocha Gomes da. Da ilegalidade da inclusão, na base de cálculo do imposto sobre serviços, do montante das despesas incorridas para a prestação do serviço. *Revista Dialética de Direito Tributário,* 54/100, mar. 2000

SOARES, Monique da Silva Soares. Comércio eletrônico e tributação. *Revista de Estudos Tributários* (RET), Porto Alegre: Síntese, n. 111, p. 9/15, set./out. 2016.

SOUSA, Maria Helena Brito de. O ISS é espécie tributária que pode se caracterizar como tributo direto ou indireto, sendo necessário avaliar se seu valor é repassado ou não ao preço cobrado pelo serviço. *In:* CARVALHO, Paulo de Barros (coord.). *Teses jurídicas dos tribunais superiores*: direito tributário. São Paulo: Revista dos Tribunais, 2017. v. 2.

SOUZA, Cristiano Silvestrin de. O local do fato na hipótese de incidência do Imposto sobre Serviços. *Revista de Estudos Tributários* (RET), 65/32, jan./fev. 2009.

SOUZA, Rubens Gomes de. Imposto sobre serviços de qualquer natureza: serviços técnico-profissionais de construção civil prestados por pessoa jurídica. Isenção prevista no art. 11 do Decreto-lei 406 de 1968. Seu alcance em face da relação de fatos geradores da incidência do imposto, contida no Decreto-lei 834 de 1969. Inteligência da norma de interpretação ditada pelo art. 111 do Código Tributário Nacional. *Revista da Secretaria de Assuntos Jurídicos da Prefeitura Municipal de Recife*, n. 1, ano 1, mar. 1973.

TAUIL, Roberto A. *ISS*: perguntas e respostas. Juiz de Fora: Juizforana, 2009.

TEIXEIRA, Alessandra M. Brandão; SOUZA, Bárbara Amaranto de. O Siscoserv e a tributação da importação dos serviços: confissão de dívida? *Revista Dialética de Direito Tributário,* 233/24, fev. 2015.

TOFFANELLO, Rafael Dias. Aspecto espacial da hipótese de incidência do Imposto sobre Serviços. *Revista de Estudos Tributários* (RET), 67/95, maio-jun. 2009.

TORRES, Heleno (coord). *ISS na Lei Complementar n. 116/03 e na Constituição*. Barueri: Manole, 2004.

TREVISAN, Vinicius Monte Serrat; TREVISAN, Paulo Roberto. A impossibilidade de cobrança do ISS em relação aos serviços públicos sem caráter econômico. *Revista Tributária e de Finanças Públicas,* n. 128, ano 24, maio/jun. 2016.

TRINDADE, Caio de Azevedo. Aspecto espacial da hipótese de incidência do ISS. Inconstitucionalidade da jurisprudência do Superior Tribunal de Justiça. Instrumentos processuais de impugnação. *Revista Dialética de Direito Tributário,* 95/38 e 48, ago. 2003.

TROIANELLI, Gabriel Lacerda. A multa tributária: proporcionalidade, não confisco e a atuação do poder judiciário. *In:* ROCHA, Valdir de Oliveira (coord.). *Grandes questões atuais do direito tributário.* São Paulo: Dialética, 2012. v. 16.

TURELA, Alexandre de Almeida; PEREIRA, Eduardo Peres. O fortalecimento dos cofres públicos municipais como condição essencial à intensificação democrática brasileira. *Revista Tributária e de Finanças Públicas,* n. 131, ano 24, nov./dez. 2016.

VALENTIN NETO, Geraldo; FERRARI, Bruna Camargo. A importação de serviços e o reajustamento da base de cálculo do IRRF. *Revista Dialética de Direito Tributário,* 211/57, abr. 2013.

VARANDA, Rodrigo. Uma nova reflexão sobre as sociedades cooperativas e o imposto sobre serviços. *Revista Dialética de Direito Tributário,* 163/98, abr. 2009.

VEITZMAN, Flávio. Impressão em 3D. *In:* PISCITELLI, Tathiane (coord.). *Tributação da economia digital.* São Paulo: Revista dos Tribunais, 2018.

VILLAÇA, Ana Cristina Othon de Oliveira. Serviços notariais e de registro público e a incidência do ISS. *Revista Dialética de Direito Tributário,* 119/9, ago. 2005.

XAVIER, Alberto. A tributação da prestação internacional de serviços, em especial de serviços técnicos e de assistência técnica. *Revista Dialética de Direito Tributário,* 235/7, abr. 2015.

XAVIER, Alberto. Da tributação dos rendimentos pagos a titulares de *data center* residentes no exterior. *Revista Dialética de Direito Tributário,* n. 234, mar. 2015.